L'ODYSSÉE D'HOMÈRE,

TRADUIT

PAR MADAME DACIER,

AVEC LE TEXTE EN REGARD.

TOME SECOND.

PARIS.
DE L'IMPRIMERIE D'AUGUSTE DELALAIN,
Libraire, rue des Mathurins-S.-Jacques, N°. 5.

1818.

L'ODYSSÉE
D'HOMÈRE,

TRADUIT

PAR MADAME DACIER,

AVEC LE TEXTE EN REGARD.

TOME SECOND.

PARIS.

DE L'IMPRIMERIE D'AUGUSTE DELALAIN,
Libraire, rue des Mathurins-S.-Jacques, N°. 5.

1818.

Toutes mes Editions sont revêtues de ma signature.

August Delalain

L'ODYSSÉE
D'HOMÈRE,
GREC-FRANÇAIS.

Tome II.

ΟΜΗΡΟΥ

ΟΔΥΣΣΕΙΑΣ

ΡΑΨΩΔΙΑ Ν.

Κοιμώμενον Ὀδυσσέα, μετὰ τῶν δώρων, ἐκτιθέασιν οἱ Φαίακες εἰς τὴν γῆν τῶν Ἰθακησίων· καὶ τὴν μὲν ναῦν αὐτῶν ὑποστρέφουσαν, λίθον ποιεῖ Ποσειδῶν. Ἀθηνᾶ δὲ ἐπὶ τῷ αἰγιαλῷ Ὀδυσσεῖ συμβουλεύει περὶ τῆς μνηστηροφονίας· καὶ τὰ χρήματα ἔν τινι σπηλαίῳ ἀποκρύπτει, καὶ εἰς γέροντα μεταμορφοῖ τὸν Ὀδυσσέα.

Νῦ, Ἰθάκης ἐπέβη Φαιήκων πομπῇ Ὀδυσσεύς.

Ὣς ἔφαθ'· οἱ δ' ἄρα πάντες ἀκὴν ἐγένοντο σιωπῇ,
Κηληθμῷ δ' ἔσχοντο κατὰ μέγαρα σκιόεντα.

L'ODYSSÉE D'HOMÈRE.

LIVRE TREIZIÈME.

ARGUMENT.

Alcinoüs et toute sa cour ont pris tant de plaisir à entendre le récit des aventures d'Ulysse, qu'ils lui font de nouveaux présens. Ils mettent en foule dans son vaisseau tout ce qui est nécessaire pour son voyage. Ulysse prend congé du roi, et s'embarque. Ceux qui le conduisent le descendent à terre, sur le rivage d'Ithaque, pendant qu'il est endormi, et s'en retournent. A leur retour, et près du rivage, Neptune change ce beau vaisseau en un rocher conservant néanmoins la figure de vaisseau. Ce prodige étonnoit tous les Phéaciens; mais Alcinoüs, se remettant en mémoire un ancien oracle, qu'il tenoit de son père, les engagea à apaiser Neptune, au moyen d'un sacrifice de douze taureaux choisis. Ulysse, réveillé de son sommeil, ne reconnoît point sa terre natale, et, se croyant trompé par les Phéaciens, s'abandonne à de tristes pensées, lorsque Minerve s'approche de lui, sous la figure d'un jeune berger; elle lui donne ses conseils sur la manière dont il doit se conduire pour tuer les poursuivans, l'oblige à retirer dans une grotte voisine toutes ses richesses, et le métamorphose en vieillard.

Ulysse finit le récit de ses aventures. Le silence règne dans l'assemblée des Phéaciens, et tous ceux qui sont

Τὸν δ᾽ αὖτ᾽ Ἀλκίνοος ἀπαμείβετο, φωνήσέν τε·

« Ὦ Ὀδυσεῦ, ἐπεὶ ἵκευ ἐμὸν ποτὶ χαλκοβατὲς δῶ
» Ὑψερεφὲς, τῷ σ᾽ οὔτι παλιμπλαγχθέντα γ᾽ ὀΐω   5
» Ἂψ ἀπονοστήσειν, εἰ καὶ μάλα πολλὰ πέπονθας.
» Ὑμέων δ᾽ ἀνδρὶ ἑκάστῳ ἐφιέμενος τάδε εἴρω,
» Ὅσσοι ἐνὶ μεγάροισι γερούσιον αἴθοπα οἶνον
» Αἰεὶ πίνετ᾽ ἐμοῖσιν, ἀκουάζεσθέ δ᾽ ἀοιδοῦ·
» Εἵματα μὲν δὴ ξείνῳ ἐϋξέστῃ ἐνὶ χηλῷ   10
» Κεῖται, καὶ χρυσὸς πολυδαίδαλος, ἄλλα τε πάντα
» Δῶρ᾽, ὅσα Φαιήκων βουληφόροι ἐνθάδ᾽ ἔνεικαν·
» Ἀλλ᾽ ἄγε οἱ δῶμεν τρίποδα μέγαν, ἠδὲ λέβητα,
» Ἀνδρακάς· ἡμεῖς δ᾽ αὖτις ἀγειρόμενοι κατὰ δῆμον
» Τισόμεθ᾽· ἀργαλέον γὰρ ἕνα προικὸς χαρίσασθαι. » 15

Ὣς ἔφατ᾽ Ἀλκίνοος· τοῖσιν δ᾽ ἐπιήνδανε μῦθος·
Οἱ μὲν κακκείοντες ἔβαν οἰκόνδε ἕκαστος.

Ἦμος δ᾽ ἠριγένεια φάνη ῥοδοδάκτυλος ἠώς,
Νῆ᾽ ἄρ᾽ ἐπεσσεύοντο, φέρον δ᾽ εὐήνορα χαλκόν·
Καὶ τὰ μὲν εὖ κατέθηχ᾽ ἱερὸν μένος Ἀλκινόοιο,   20
Αὐτὸς ἰὼν διὰ νηὸς ὑπὸ ζυγά, μή τιν᾽ ἑταίρων
Βλάπτοι ἐλαυνόντων, ὁπότε σπερχοίατ᾽ ἐρετμοῖς.
Οἱ δ᾽ εἰς Ἀλκινόοιο κίον, καὶ δαῖτ᾽ ἀλέγυνον·
Τοῖσι δὲ βοῦν ἱέρευσ᾽ ἱερὸν μένος Ἀλκινόοιο
Ζηνὶ κελαινεφέϊ Κρονίδῃ, ὃς πᾶσιν ἀνάσσει.   25
Μῆρα δὲ κείαντες δαίνυντ᾽ ἐρικυδέα δαῖτα

dans cette salle magnifique ne sont occupés que du plaisir qu'ils ont eu à l'entendre. Enfin Alcinoüs prenant la parole, dit :

« Ulysse, puisque vous êtes venu dans mon palais, je
» ne crois pas qu'à votre départ de cette île, vous vous
» égariez de votre chemin, et que vous éprouviez les
» mêmes traverses que vous avez éprouvées avant que
» d'y arriver. » Et s'adressant aux princes de sa cour, il leur dit : « Princes, qui êtes reçus tous les jours à ma
» table, et qui avez le plaisir d'entendre ce chantre
» divin, écoutez l'ordre que j'ai à vous donner. Nous
» avons déjà régalé notre hôte d'habits magnifiques, de
» beaucoup d'or en masse, et de plusieurs autres présens
» que vous, qui, par vos conseils, m'aidez à gouverner
» mes peuples, lui avez donnés libéralement. Mais que
» chacun de nous lui donne encore un trépied et une
» cuvette, et dans la première assemblée du peuple,
» nous retirerons, par une imposition générale, la
» dépense que nous aurons faite ; car il n'est pas juste
» qu'elle tombe sur un seul. »

Tous les princes approuvèrent l'ordre d'Alcinoüs et l'expédient qu'il ouvroit, et en même-temps ils se retirèrent chacun dans son palais, pour aller prendre quelque repos.

Le lendemain, dès que l'étoile du matin eut fait place à l'aurore, ils vont tous porter leurs cuvettes et leurs trépieds dans le vaisseau. Le roi s'y rendit aussi, et il voulut prendre la peine de placer et de ranger lui-même tous ces vases sous les bancs, afin que les rameurs n'en pussent être incommodés dans leur manœuvre. L'assemblée retourne ensuite au palais, où l'on prépara un grand festin. Alcinoüs offrit en sacrifice un taureau, au Dieu qui règne sur les Dieux et sur les hommes. Quand on eut fait brûler les cuisses sur l'autel, selon la coutume,

Τερπόμενοι· μετὰ δέ σφιν ἐμέλπετο θεῖος ἀοιδὸς
Δημόδοκος, λαοῖσι τετιμένος· αὐτὰρ Ὀδυσσεὺς
Πολλὰ πρὸς ἠέλιον κεφαλὴν τρέπε παμφανόωντα,
Δῦναι ἐπειγόμενος· δὴ γὰρ μενέαινε νέεσθαι.   30.
Ὡς δ᾽ ὅτ᾽ ἀνὴρ δόρποιο λιλαίεται, ᾧτε πανῆμαρ
Νειὸν ἀνέλκητον βόε οἴνοπε πηκτὸν ἄροτρον,
Ἀσπασίως δ᾽ ἄρα τῷ κατέδυ φάος ἠελίοιο,
Δόρπον ἐποίχεσθαι, βλάβεται δέ τε γούνατ᾽ ἰόντι·
Ὡς Ὀδυσῆ᾽ ἀσπαστὸν ἔδυ φάος ἠελίοιο.   35
Αἶψα δὲ Φαιήκεσσι φιληρέτμοισι μετηύδα,
Ἀλκινόῳ δὲ μάλιστα πιφαυσκόμενος φάτο μῦθον·

« Ἀλκίνοε κρεῖον, πάντων ἀριδείκετε λαῶν,
» Πέμπετέ με σπείσαντες ἀπήμονα· χαίρετε δ᾽ αὐτοί·
» Ἤδη γὰρ τετέλεσται, ἅ μοι φίλος ἤθελε θυμὸς,   40
» Πομπὴ καὶ φίλα δῶρα, τά μοι θεοὶ οὐρανίωνες
» Ὄλβια ποιήσειαν· ἀμύμονα δ᾽ οἴκοι ἄκοιτιν
» Νοστήσας εὕροιμι, σὺν ἀρτεμέεσσι φίλοισιν.
» Ὑμεῖς δ᾽ αὖθι μένοντες εὐφραίνοιτε γυναῖκας
» Κουριδίας, καὶ τέκνα· θεοὶ δ᾽ ἀρετὴν ὀπάσειαν   45
» Παντοίην· καὶ μήτι κακὸν μεταδήμιον εἴη. »

Ὡς ἔφαθ᾽· οἱ δ᾽ ἄρα πάντες ἐπῄνεον, ἠδ᾽ ἐκέλευον

on se mit à table, et le chantre Démodocus, que les peuples honoroient comme un Dieu, rendit le repas délicieux par ses chants admirables. Mais Ulysse tournoit souvent la tête pour voir le soleil, dont la course lui paroissoit trop lente. Il auroit souhaité que cet astre eût hâté son coucher pour seconder l'impatience qu'il avoit de partir. Comme un laboureur qui, du soc de sa charrue a fendu le sein d'un guéret, et y a tracé de pénibles sillons toute la journée, voit avec plaisir le soleil se précipiter dans l'Océan, et amener l'heure du souper, il s'en retourne avec joie, la lassitude lui faisant presque manquer les genoux; le coucher du soleil fait le même plaisir à Ulysse. Sans perdre un moment, il adresse la parole aux Phéaciens, et surtout au roi, à qui il parle en ces termes :

« Alcinoüs, que l'éclat de la majesté fait aisément
» reconnoître pour le maître de ces peuples, et vous,
» princes des Phéaciens, faites promptement, je vous
» prie, vos libations, afin que vous me renvoyiez dans
» l'heureux état où vous m'avez mis, et que je vous dise
» les derniers adieux. Tout ce que je désirois de vous
» est exécuté, et votre générosité a surpassé toutes mes
» espérances. Non-seulement vous me fournissez tout ce
» qui est nécessaire pour mon voyage, mais vous m'avez
» comblé de présens ; veuillent les Dieux les rendre
» heureux pour moi ! Que je retrouve dans mon palais
» ma femme telle que je la désire, et tous mes amis en
» parfaite santé ! Et pour vous, puissiez-vous être ici
» long-temps la consolation et la joie de vos femmes et
» de vos enfans, et que les Dieux vous donnent toutes
» les vertus; qu'ils répandent sur vous à pleines mains
» toutes sortes de prospérités, et qu'ils détournent tous
» les maux de dessus vos peuples ! »

Ce compliment plut merveilleusement au roi et à

Πεμπέμεναι τὸν ξεῖνον, ἐπεὶ κατὰ μοῖραν ἔειπεν.
Καὶ τότε κήρυκα προσέφη μένος Ἀλκινόοιο·

« Ποντόνοε, κρητῆρα κερασσάμενος, μέθυ νεῖμον 50
» Πᾶσιν ἀνὰ μέγαρον· ὄφρ᾽ εὐξάμενοι Διὶ πατρὶ,
» Τὸν ξεῖνον πέμπωμεν ἑὴν ἐς πατρίδα γαῖαν· »

Ὣς φάτο· Ποντόνοος δὲ μελίφρονα οἶνον ἐκίρνα·
Νώμησεν δ᾽ ἄρα πᾶσιν ἐπισταδόν· οἱ δὲ θεοῖσιν
Ἔσπεισαν μακάρεσσι, τοὶ οὐρανὸν εὐρὺν ἔχουσιν, 55
Αὐτόθεν ἐξ ἑδρέων· ἀνὰ δ᾽ ἵστατο δῖος Ὀδυσσεὺς,
Ἀρήτῃ δ᾽ ἐν χερσὶ τίθει δέπας ἀμφικύπελλον,
Καί μιν φωνήσας ἔπεα πτερόεντα προσηύδα·

« Χαῖρέ μοι, ὦ βασίλεια, διαμπερὲς, εἰσόκε γῆρας
» Ἔλθῃ, καὶ θάνατος, τά τ᾽ ἐπ᾽ ἀνθρώποισι πέλονται·
» Αὐτὰρ ἐγὼ νέομαι· σὺ δὲ τέρπεο τῷδ᾽ ἐνὶ οἴκῳ, 61
» Παισί τε, καὶ λαοῖσι, καὶ Ἀλκινόῳ βασιλῆϊ. »

Ὣς εἰπὼν, ὑπὲρ οὐδὸν ἐβήσετο δῖος Ὀδυσσεύς.
Τῷ δ᾽ ἅμα κήρυκα προίει μένος Ἀλκινόοιο,
Ἡγεῖσθαι ἐπὶ νῆα θοὴν, καὶ θῖνα θαλάσσης. 65
Ἀρήτη δ᾽ ἄρα οἱ δμωὰς ἅμ᾽ ἔπεμπε γυναῖκας·
Τὴν μὲν, φᾶρος ἔχουσαν ἐϋπλυνὲς, ἠδὲ χιτῶνα,
Τὴν δ᾽ ἑτέρην, χηλὸν πυκινὴν ἅμ᾽ ἔπεμπε κομίζειν·
Ἡ δ᾽ ἄλλη σῖτόν τ᾽ ἔφερεν, καὶ οἶνον ἐρυθρόν.
Αὐτὰρ ἐπεί ῥ᾽ ἐπὶ νῆα κατήλυθον, ἠδὲ θάλασσαν, 70
Αἶψα τά γ᾽ ἐν νηῒ γλαφυρῇ πομπῆες ἀγαυοὶ
Δεξάμενοι κατέθεντο, πόσιν καὶ βρῶσιν ἅπασαν.
Κὰδ δ᾽ ἄρ᾽ Ὀδυσσῆϊ στόρεσαν ῥῆγός τε, λίνον τὲ,
Νηὸς ἐπ᾽ ἰκριόφιν γλαφυρῆς, (ἵνα νήγρετον εὕδοι,)
Πρύμνης· ἂν δὲ καὶ αὐτὸς ἐβήσετο, καὶ κατέλεκτο 75

toute sa cour. Sur l'heure on donna ordre que tout fût prêt pour le départ. Et le roi s'adressant au héraut Pontonoüs, lui dit :

« Pontonoüs, remplissez une urne du plus excellent
» vin, et présentez-en dans des coupes à tous ceux qui
» sont ici présens, afin qu'après qu'ils auront tous fait
» les libations, nous laissions partir notre hôte, et qu'il
» s'embarque, sans perdre un moment, pour s'en retour-
» ner dans sa chère patrie. »

Pontonoüs obéit. Il remplit une urne de vin, et en verse dans les coupes à toute l'assemblée ; chacun, sans se lever de son siége, fait les libations aux Dieux immortels qui habitent le brillant Olympe : Ulysse seul se leva, et présentant sa coupe à la reine, il lui parla en ces termes :

« Grande princesse, soyez toujours heureuse au
» milieu de vos états, et que ce ne soit qu'au bout d'une
» longue vieillesse que, rassasiée de jours, vous payiez
» le tribut que tous les hommes doivent à la nature. Je
» m'en retourne dans ma patrie, comblé de vos bien-
» faits. Que la joie et les plaisirs n'abandonnent jamais
» cette demeure, et que toujours aimée et estimée du
» roi votre époux, et des princes vos enfans, vous rece-
» viez continuellement de vos sujets les marques d'amour
» et de respect qu'ils vous doivent ! »

En achevant ces mots, Ulysse sortit de la salle. Alcinoüs lui donna un héraut pour le conduire à son vaisseau, et la reine Arété lui donna plusieurs de ses femmes pour porter les présens et les provisions. L'une étoit chargée des tuniques et des manteaux, l'autre portoit la cassette, une troisième portoit le pain et le vin. Quand on fut arrivé au port, ceux qui devoient conduire Ulysse, embarquent les provisions, et dressent un lit pour lui sur le tillac, où ils étendent des peaux et des étoffes pour servir de couvertures. Ulysse monte, et se

Σιγῇ· τοὶ δὲ κάθιζον ἐπὶ κληῖσιν ἕκαστος
Κόσμῳ· πεῖσμα δ' ἔλυσαν ἀπὸ τρητοῖο λίθοιο·
Ἔνθ' οἱ ἀνακλινθέντες ἀνερρίπτουν ἅλα πηδῷ·
Καί τῷ νήδυμος ὕπνος ἐπὶ βλεφάροισιν ἔπιπτε,
Νήγρετος, ἥδιστος, θανάτῳ ἄγχιστα ἐοικώς· 80
Ἡ δ', ὥστ' ἐν πεδίῳ τετράοροι ἄρσενες ἵπποι,
Πάντες ἅμ' ὁρμηθέντες ὑπὸ πληγῇσιν ἱμάσθλης,
Ὑψόσ' ἀειρόμενοι, ῥίμφα πρήσσουσι κέλευθον·
Ὣς ἄρα τῆς πρύμνη μὲν ἀείρετο, κῦμα δ' ὄπισθε
Πορφύρεον μέγα θῦε πολυφλοίσβοιο θαλάσσης. 85
Ἡ δὲ μάλ' ἀσφαλέως θέεν ἔμπεδον· οὐδέ κεν ἴρηξ
Κίρκος ὁμαρτήσειεν, ἐλαφρότατος πετεηνῶν.
Ὣς ἡ ῥίμφα θέουσα θαλάσσης κύματ' ἔταμνεν,
Ἄνδρα φέρουσα, θεοῖς ἐναλίγκια μήδε' ἔχοντα·
Ὃς πρὶν μὲν μάλα πολλὰ πάθ' ἄλγεα ὃν κατὰ θυμόν,
Ἀνδρῶν τε πτολέμους, ἀλεγεινά τε κύματα πείρων· 91
Δὴ τότε γ' ἀτρέμας εὗδε, λελασμένος ὅσσ' ἐπεπόνθει.
Εὖτ' ἀστὴρ ὑπερέσχε φαάντατος, ὅς τε μάλιστα
Ἔρχεται ἀγγέλλων φάος Ἠοῦς ἠριγενείης·
Τῆμος δὴ νήσῳ προσεπίλνατο ποντοπόρος νηῦς. 95

Φόρκυνος δέ τις ἐστὶ λιμήν, ἁλίοιο γέροντος,
Ἐν δήμῳ Ἰθάκης· δύο δὲ προβλῆτες ἐν αὐτῷ
Ἀκταὶ ἀπορρῶγες, λιμένος ποτιπεπτηυῖαι·
Αἵτ' ἀνέμων σκεπόωσι δυσαήων μέγα κῦμα
Ἔκτοθεν· ἔντοσθεν δὲ ἄνευ δεσμοῖο μένουσι 100
Νῆες ἐΰσσελμοι, ὅταν ὅρμου μέτρον ἵκωνται.
Αὐτὰρ ἐπὶ κρατὸς λιμένος τανύφυλλος ἐλαίη·
Ἀγχόθι δ' αὐτῆς, ἄντρον ἐπήρατον, ἠεροειδές,
Ἱρὸν νυμφάων, αἳ Νηϊάδες καλέονται.
Ἐν δὲ κρητῆρές τε καὶ ἀμφιφορῆες ἔασι 105
Λάϊνοι· ἔνθα δ' ἔπειτα τιθαιβώσσουσι μέλισσαι.

couche ; les rameurs se placent sur leurs bancs en bon
ordre, détachent le câble qui arrêtoit le vaisseau à un
rocher, et en se courbant et se renversant, ils font
blanchir la mer sous l'effort de leurs rames. Cependant
le sommeil s'empare des paupières d'Ulysse ; mais un
sommeil si doux et si profond, que ce prince ressembloit moins à un homme endormi qu'à un homme mort.
Comme on voit un quadrige partir de la barrière au
premier signal, et fendre rapidement les airs, la tête
des chevaux toujours relevée ; le vaisseau d'Ulysse fendoit la mer avec la même rapidité, la poupe toujours
haute, et laissoit derrière lui de longs sillons de flots
tout blancs d'écume ; le vol de l'épervier même, qui est
le plus vite des oiseaux, n'auroit pu égaler sa vitesse, si
grande étoit la légèreté du vaisseau, qui portoit un
homme dont la sagesse étoit égale à celle des Dieux.
Jusque-là ce prince avoit essuyé des maux infinis, soit
dans les guerres qu'il avoit heureusement terminées,
soit sur la mer ; mais alors, plongé dans un profond
sommeil, il oublioit toutes ses peines.

Quand la brillante étoile qui annonce l'arrivée de
l'aurore se leva, le vaisseau aborda aux terres d'Ithaque.
Il y a dans cette côte un port qu'on appelle port du
vieillard Phorcyne, un des Dieux marins ; il est entre
deux grandes rades hérissées de rochers qui avancent
extrêmement dans la mer, et qui le mettent à l'abri des
vents. Dès que les vaisseaux y sont entrés, ils n'ont
rien à craindre, et ils y sont en sûreté sans être attachés. Ce port est couronné d'un bois d'oliviers, qui,
par leur ombre, y entretiennent une fraîcheur agréable,
et près de ce bois est un antre profond et délicieux,
consacré aux nymphes qu'on appelle Naïades. Tout
autour de l'antre, en dedans, on voit de grandes urnes
et des cruches de belle pierre qui servent de ruches à
des essaims d'abeilles qui y font leur miel. On y voit

Ἐν δ' ἱστοὶ λίθεοι περιμήκεες, ἔνθα τε Νύμφαι
Φάρε' ὑφαίνουσιν ἁλιπόρφυρα, θαῦμα ἰδέσθαι.
Ἐν δ' ὕδατ' ἀενάοντα· δύω δέ τέ οἱ θύραι εἰσίν·
Αἱ μὲν πρὸς Βορέαο, καταιβαταὶ ἀνθρώποισιν,   110
Αἱ δ' αὖ πρὸς Νότου, εἰσὶ θεώτεραι· οὐδέ τι κείνῃ
Ἄνδρες ἐσέρχονται, ἀλλ' ἀθανάτων ὁδός ἐστιν.
Ἔνθ' οἵγ' εἰσέλασαν, πρὶν εἰδότες. ἡ μὲν ἔπειτα
Ἠπείρῳ ἐπέκελσεν, ὅσον τ' ἐπὶ ἥμισυ πάσης,
Σπερχομένη· τοίων γὰρ ἐπείγετο χέρσ' ἐρετάων.   115
Οἱ δ' ἐκ νηὸς βάντες ἐϋζύγου ἠπειρόνδε,
Πρῶτον Ὀδυσσῆα γλαφυρῆς ἐκ νηὸς ἄειραν,
Αὐτῷ σύν τε λίνῳ, καὶ ῥήγεϊ σιγαλόεντι,
Κὰδ δ' ἄρ' ἐπὶ ψαμάθῳ ἔθεσαν, δεδμημένον ὕπνῳ.
Ἐκ δὲ κτήματ' ἄειραν, ἅ οἱ Φαίηκες ἀγαυοὶ   120
Ὤπασαν οἴκαδ' ἰόντι, διὰ μεγάθυμον Ἀθήνην.
Καὶ τὰ μὲν οὖν παρὰ πυθμέν' ἐλαίης ἀθρόα θῆκαν
Ἐκτὸς ὁδοῦ, μή πού τις ὁδιτάων ἀνθρώπων,
Πρίν γ' Ὀδυσῆ' ἔγρεσθαι, ἐπελθὼν δηλήσαιτο.
Αὐτοὶ δ' αὖτ' οἶκόνδε πάλιν κίον· οὐδ' Ἐνοσίχθων 125
Λήθετ' ἀπειλάων, τὰς ἀντιθέῳ Ὀδυσῆϊ
Πρῶτον ἐπηπείλησε· Διὸς δ' ἐξείρετο βουλήν·

« Ζεῦ πάτερ, οὐκέτ' ἔγωγε μετ' ἀθανάτοισι Θεοῖσι
» Τιμήεις ἔσομαι, ὅτε με βροτοὶ οὔτι τίουσι
» Φαίηκες, τοί πέρ τοι ἐμῆς ἔξεισι γενέθλης.   130
» Καὶ γὰρ νῦν Ὀδυσῆα φάμην κακὰ πολλὰ παθόντα
» Οἴκαδ' ἐλεύσεσθαι· νόστον δέ οἱ οὔποτ' ἀπηύρων
» Πάγχυ, ἐπεὶ σὺ πρῶτον ὑπέσχεο, καὶ κατένευσας.

aussi de grands métiers taillés dans la pierre, sur lesquels les belles nymphes travaillent à des étoffes de pourpre, qui sont la merveille des yeux. Ce lieu charmant est arrosé par des fontaines dont l'eau ne tarit jamais. Pour y entrer, il y a deux portes, l'une au septentrion, toujours ouverte aux hommes, et l'autre au midi, plus divine, car elle n'est ouverte qu'aux Dieux. Les rameurs d'Ulysse entrent dans ce port, qu'ils connoissent depuis long-temps, et leur vaisseau avance dans les terres jusqu'à la moitié de sa longueur, si grand étoit le mouvement qu'ils lui avoient imprimé par la force de leurs rames. Ils descendent à terre, enlèvent Ulysse tout endormi avec son lit, et l'exposent sur le rivage, sans qu'il s'éveille. Ils prennent toutes les hardes et tous les beaux présens que les Phéaciens lui avoient faits par l'inspiration de la généreuse Minerve. Ils les mettent au pied d'un olivier, hors du chemin, de peur qu'ils ne fussent exposés au pillage, si quelque voyageur venoit à passer par là avant son réveil. Cela étant fait, ils se rembarquent, et reprennent le chemin de Schérie. Neptune n'oublia pas les menaces qu'il avoit faites à Ulysse, et s'adressant à Jupiter comme pour interroger sa providence, il lui dit :

« Grand Jupiter, père des Dieux et des hommes, je
» ne serai donc plus honoré parmi les Dieux immortels,
» puisque des mortels comme les Phéaciens, qui même
» sont descendus de moi, me méprisent. Je me persua-
» dois qu'Ulysse ne retourneroit dans sa patrie qu'après
» avoir souffert encore bien des peines, et soutenu les
» nouveaux travaux que je lui préparois, car je ne lui
» avois pas absolument fermé toutes les voies de retour,
» depuis que vous lui aviez promis qu'il arriveroit chez
» lui, et que vous lui aviez confirmé cette promesse par
» un signe de tête, qui est le sceau assuré de l'infailli-
» bilité de tout ce que vous promettez. Bien loin qu'il

» Οἱ δ᾽ εὕδοντ᾽ ἐν νηῒ θοῇ ἐπὶ πόντον ἄγοντες
» Κάτθεσαν εἰν Ἰθάκῃ, ἔδοσαν δέ οἱ ἄσπετα δῶρα, 135
» Χαλκόν τε, χρυσόν τε ἅλις, ἐσθῆτά θ᾽ ὑφαντὴν,
» Πόλλ᾽, ὅσ᾽ ἂν οὐδέ ποτε Τροίης ἐξήρατ᾽ Ὀδυσσεὺς,
» Εἴπερ ἀπήμων ἦλθε, λαχὼν ἀπὸ ληΐδος αἶσαν. »

Τὸν δ᾽ ἀπαμειβόμενος προσέφη νεφεληγερέτα Ζεύς·
« Ὦ πόποι, Ἐννοσίγαι᾽ εὐρυσθενὲς, οἷον ἔειπες, 140
» Οὔτι σ᾽ ἀτιμάζουσι Θεοί· χαλεπὸν δέ κεν εἴη
» Πρεσβύτατον καὶ ἄριστον ἀτιμίῃσιν ἰάλλειν.
» Ἀνδρῶν δ᾽ εἴπερ τίς τε βίῃ καὶ κάρτεϊ εἴκων
» Οὔτι τίει, σοὶ δ᾽ ἔστι καὶ ἐξοπίσω τίσις αἰέν.
» Ἔρξον, ὅπως ἐθέλεις, καί τοι φίλον ἔπλετο θυμῷ. »

Τὸν δ᾽ ἠμείβετ᾽ ἔπειτα Ποσειδάων ἐνοσίχθων· 146
« Αἶψά κ᾽ ἐγὼν ἔρξαιμι, Κελαινεφὲς, ὡς ἀγορεύεις·
» Ἀλλὰ σὺν αἰεὶ θυμὸν ὀπίζομαι, ἠδ᾽ ἀλεείνω.
» Νῦν αὖ Φαιήκων ἐθέλω περικαλλέα νῆα
» Ἐκ πομπῆς ἀνιοῦσαν ἐν ἠεροειδέϊ πόντῳ 150
» Ῥαῖσαι· ἵν᾽ ἤδη σχῶνται, ἀπολλήξωσι δὲ πομπῆς
» Ἀνθρώπων· μέγα δέ σφιν ὄρος πόλει ἀμφικαλύψαι. »

Τὸν δ᾽ ἀπαμειβόμενος προσέφη νεφεληγερέτα Ζεύς·
« Ὦ πέπον, ὡς μὲν ἐμῷ θυμῷ δοκεῖ εἶναι ἄριστα,
» Ὁππότε κέν δὴ πάντες, ἐλαυνομένην προσίδωνται
» Λαοὶ ἀπὸ πτόλιος, θεῖναι λίθον ἐγγύθι γαίης 156

» ait souffert à ce retour le moindre travail, la moindre
» peine, les Phéaciens l'ont conduit sur la vaste mer,
» l'ont posé tout endormi sur les côtes d'Ithaque, et l'ont
» comblé de présens ; car ils lui ont donné tant d'airain,
» tant d'or, et une si grande quantité d'habits, qu'il n'en
» auroit jamais tant emporté de Troie, s'il étoit arrivé
» heureusement dans son palais avec tout son butin. »

Le maître du tonnerre lui répond : « Dieu puissant,
» qui ébranlez quand il vous plaît les fondemens de la
» terre, quel discours venez-vous de tenir ? Les Dieux
» immortels ne cesseront jamais de vous honorer. Il
» seroit difficile de mépriser un Dieu aussi ancien que
» vous, aussi respectable. Que s'il y a quelque mortel
» qui, malgré sa foiblesse, ait l'insolence de vous refu-
» ser l'honneur qui vous est dû, les voies de la vengeance
» ne vous sont-elles pas toujours ouvertes ? Faites donc
» ce que vous trouverez à propos, satisfaites-vous, et
» que rien ne vous retienne. »

« Je me satisferai très-promptement, repartit Nep-
» tune, comme vous m'en donnez la permission. Mais
» je crains toujours de vous offenser, et je redoute votre
» colère. Pour plus grande sûreté, je vais donc vous
» communiquer mon dessein. Je veux faire périr ce beau
» vaisseau des Phéaciens au milieu de la mer, pendant
» qu'il s'en retourne, afin qu'instruits par cet exemple,
» ils renoncent à ramener désormais les hommes qui
» abordent chez eux, et je veux couvrir leur ville
» d'une haute montagne qui menacera toujours de les
» écraser. »

« Eh bien ! répondit le maître des Dieux, voici de
» quelle manière je crois que vous devez exécuter cette
» vengeance. Quand tout le peuple sera sorti de la ville
» pour voir arriver ce beau vaisseau, et qu'on le verra
» voguer à pleines voiles, changez-le tout à coup en un
» grand rocher près de la terre, et conservez-lui la

» Νηΐ θοῇ ἴκελον, (ἵνα θαυμάσσωσιν ἄπαντες
» Ἄνθρωποι·) μέγα δέ σφιν ὄρος πόλει ἀμφικαλύψαι."

Αὐτὰρ ἐπεί τόγ᾽ ἄκουσε Ποσειδάων ἐνοσίχθων,
Βῆ ῥ᾽ ἴμεν ἐς Σχερίην, ὅθι Φαίηκες γεγάασιν, 160
Ἔνθ᾽ ἔμεν· ἡ δὲ μάλα σχεδὸν ἤλυθε ποντοπόρος νηῦς
Ῥίμφα διωκομένη· τῆς δὲ σχεδὸν ἦλθ᾽ Ἐνοσίχθων,
Ὅς μιν λᾶαν ἔθηκε, καὶ ἐῤῥίζωσεν ἔνερθε,
Χειρὶ καταπρηνεῖ ἐλάσας· ὁ δὲ νόσφι βεβήκει.
Οἱ δὲ πρὸς ἀλλήλους ἔπεα πτερόεντ᾽ ἀγόρευον 165
Φαίηκες δολιχήρετμοι ναυσίκλυτοι ἄνδρες·
Ὧδε δέ τις εἴπεσκεν ἰδὼν ἐς πλησίον ἄλλον·

« Ὤ μοι, τίς δὴ νῆα θοὴν ἐπέδησ᾽ ἐνὶ πόντῳ,
» Οἴκαδ᾽ ἐλαυνομένην, καὶ δὴ προὐφαίνετο πᾶσα. »

Ὣς ἄρα τις εἴπεσκε· τὰ δ᾽ οὐκ ἴσαν, ὡς ἐτέτυκτο.
Τοῖσιν δ᾽ Ἀλκίνοος ἀγορήσατο καὶ μετέειπεν· 171

« Ὤ πόποι, ἦ μάλα δή με παλαίφατα θέσφαθ᾽ ἱκάνει
» Πατρὸς ἐμοῦ, ὃς ἔφασκε Περσειδάων ἀγάσασθαι
» Ἡμῖν, οὕνεκα πομποὶ ἀπήμονες εἰμὲν ἁπάντων.
» Φῆ ποτε Φαιήκων ἀνδρῶν περικαλλέα νῆα 175
» Ἐκ πομπῆς ἀνιοῦσαν ἐν ἠεροειδέϊ πόντῳ
» Ῥαισέμεναι, μέγα δ᾽ ἧμιν ὄρος πόλει ἀμφικαλύψαι.
» Ὣς ἀγόρευ᾽ ὁ γέρων· τάδε δὴ νῦν πάντα τελεῖται.
» Ἀλλ᾽ ἄγεθ᾽, ὡς ἂν ἐγὼν εἴπω, πειθώμεθα πάντες.

» figure de vaisseau, afin que tous les hommes soient
» émerveillés et étonnés de ce prodige ; ensuite couvrez
» leur ville d'une haute montagne, qui ne cessera jamais
» de les effrayer. »

Neptune n'eut pas plutôt entendu cet avis, qu'il se rendit très-promptement à l'île de Schérie, qui est la patrie des Phéaciens, et attendit là le retour du vaisseau. Il n'eut pas le temps de s'impatienter, car dans le moment on vit ce vaisseau qui fendoit les ondes avec une merveilleuse légèreté. Neptune s'en approche, et le poussant du plat de la main, il le change en un grand rocher, auquel il donne de profondes racines, qui, en l'arrêtant sur les flots, appuient ses fondemens dans les abîmes. Ce Dieu s'éloigna en même temps. Les Phéaciens qui étoient tous sortis de la ville, étonnés de ce prodige, se disoient l'un à l'autre :

« Grands Dieux, qui est-ce qui a lié notre vaisseau
» sur la mer à la fin de sa course ? car le vaisseau parois-
» soit tout entier. »

Ils tenoient tous le même langage, et aucun ne savoit comment cela étoit arrivé, lorsque Alcinoüs s'avançant au milieu d'eux, leur parla en ces termes :

« Mes amis, voici l'accomplissement des anciens
» oracles que mon père m'avoit annoncés. Il me disoit
» toujours que Neptune étoit irrité contre nous, de ce
» que nous étions les meilleurs pilotes qu'il y eût au
» monde, et que nous ne relevions point de lui. Et il
» ajoutoit qu'un jour ce Dieu feroit périr au milieu des
» flots un de nos meilleurs vaisseaux qui reviendroit de
» conduire un mortel dans sa patrie, et qu'il couvriroit
» notre ville d'une montagne qui nous effraieroit tou-
» jours. Voilà les anciennes prophéties que m'annonçoit
» ce bon vieillard, et les voilà à moitié accomplies.
» Mais allons, exécutons tous l'ordre que je vais donner;
» renoncez tous désormais à conduire les étrangers qui

» Πομπῆς μὲν παύσασθε βροτῶν, ὅτε κέν τις ἵκηται
» Ἡμέτερον προτὶ ἄστυ· Ποσειδάωνι δὲ ταύρους   181
» Δώδεκα κεκριμένους ἱερεύσομεν, αἴκ᾽ ἐλεήσῃ,
» Μήδ᾽ ἡμῖν περιμήκες ὄρος πόλει ἀμφικαλύψῃ. »

Ὣς ἔφαθ᾽· οἱ δ᾽ ἔδδεισαν, ἑτοιμάσσαντο δὲ ταύρους.
Ὣς οἱ μέν ῥ᾽ εὔχοντο Ποσειδάωνι ἄνακτι   185
Δήμου Φαιήκων ἡγήτορες, ἠδὲ μέδοντες,
Ἑσταότες περὶ βωμόν· ὁ δ᾽ ἔγρετο δῖος Ὀδυσσεὺς,
Εὕδων ἐν γαίῃ πατρωΐῃ, οὐδέ μιν ἔγνω,
Ἤδη δὴν ἀπεών· περὶ γὰρ θεὸς ἠέρα χεῦεν,
Παλλὰς Ἀθηναίη, κούρη Διός· ὄφρα μιν αὐτὸν   190
Ἄγνωστον τεύξειεν, ἕκαστά τε μυθήσαιτο·
Μή μιν πρὶν ἄλοχος γνοίη, ἀστοί τε, φίλοι τὲ,
Πρὶν πᾶσαν μνηστῆρσιν ὑπερβασίην ἀποτῖσαι.
Τοὔνεχ᾽ ἄρ᾽ ἀλλοειδέα φαινέσκετο πάντα ἄνακτι,
Ἀτραπιτοί τε διηνεκέες, λιμένες τὲ πάνορμοι,   195
Πέτραι τ᾽ ἠλίβατοι, καὶ δένδρεα τηλεθόωντα.
Στῆ δ᾽ ἄρ᾽ ἀναΐξας, καί ῥ᾽ εἴσιδε πατρίδα γαῖαν·
Ὤμωξέν τ᾽ ἄρ᾽ ἔπειτα, καὶ ὢ πεπλήγετο μηρὼ
Χερσὶ καταπρηνέσσ᾽, ὀλοφυρόμενος δ᾽ ἔπος ηὔδα·

« Ὤ μοι ἐγώ, τέων αὖτε βροτῶν ἐς γαῖαν ἱκάνω;
» Ἦ ῥ᾽ οἵγ᾽ ὑβρισταί τε, καὶ ἄγριοι, οὐδὲ δίκαιοι,   201
» Ἦε φιλόξεινοι, καί σφιν νόος ἐστὶ θεουδής;
» Πῆ δὴ χρήματα πολλὰ φέρω τάδε, πῆ δὲ καὶ αὐτὸς
» Πλάζομαι; αἴθ᾽ ὄφελον μεῖναι παρὰ Φαιήκεσσιν
» Αὐτοῦ· ἐγὼ δέ κεν ἄλλον ὑπερμενέων βασιλήων   205
» Ἐξικόμην, ὅς κέν μ᾽ ἐφίλει καὶ ἔπεμπε νέεσθαι.
» Νῦν δ᾽ οὔτ᾽ ἄρ πη θέσθαι ἐπίσταμαι, οὐδὲ μὲν αὐτοῦ

» arriveront chez nous; promettez que vous n'en con-
» duirez jamais aucun, et immolons à Neptune douze
» taureaux choisis pour tâcher de l'apaiser, et pour
» l'empêcher d'achever sa vengeance, en couvrant notre
» ville de cette haute montagne dont nous sommes
» encore menacés. » Ainsi parla le roi. Les peuples
furent saisis de frayeur et préparèrent le sacrifice.

Pendant que les princes et chefs des Phéaciens faisoient leurs prières à Neptune autour de son autel, Ulysse, qui étoit profondément endormi sur sa terre natale, se réveilla de son sommeil; il ne reconnut point du tout cette terre chérie; il en étoit absent depuis trop long-temps, et la déesse Minerve l'enveloppa sur-le-champ d'un épais nuage, afin qu'il ne pût la reconnoître, et qu'elle eût le temps de l'avertir de tout ce qu'il avoit à faire. Car il falloit qu'il ne fût reconnu ni de sa femme, ni de ses amis, ni de ses citoyens, avant qu'il eût tiré vengeance de l'injustice et de l'insolence des poursuivans. Voilà pourquoi cette Déesse fit que toute la face du pays lui parut changée, les grands chemins, les ports, la plage, les rochers qui s'avançoient dans la mer, et les arbres mêmes, en un mot, rien n'étoit reconnoissable pour lui. Il se leva plein d'étonnement, jetant sa vue de tous côtés, et frappant ses cuisses, il dit avec de profonds soupirs:

« Ah! malheureux que je suis, dans quel pays est-ce
» que je me trouve? vais je tomber entre les mains
» d'hommes cruels et sauvages, ou entre les mains
» d'hommes hospitaliers et pieux? où vais-je porter
» toutes les richesses que j'ai avec moi? où vais-je moi-
» même m'égarer et me perdre? plût aux Dieux que je
» fusse demeuré parmi les Phéaciens, ou que j'eusse été
» à la cour de quelque autre prince, qui m'auroit bien
» reçu et m'auroit renvoyé dans mes états! Présente-
» ment je ne sais où cacher tous ces présens pour les

» Καλλείψω, μήπως μοι ἕλωρ ἄλλοισι γένηται.
» Ὦ πόποι, οὐκ ἄρα πάντα νοήμονες, οὐδὲ δίκαιοι
» Ἦσαν Φαιήκων ἡγήτορες, ἠδὲ μέδοντες,   210
» Οἵ μ' εἰς ἄλλην γαῖαν ἀπήγαγον· ἦ τέ μ' ἔφαντο
» Ἄξειν εἰς Ἰθάκην εὐδείελον· οὐδ' ἐτέλεσσαν.
» Ζεύς σφέας τίσαιτο ἱκετήσιος, ὅς τε καὶ ἄλλους
» Ἀνθρώπους ἐφορᾷ, καὶ τίνυται, ὅς τις ἁμάρτῃ.
» Ἀλλ' ἄγε δὴ τὰ χρήματ' ἀριθμήσω, καὶ ἴδωμαι, 215
» Μή τί μοι οἴχωνται κοίλης ἐπὶ νηὸς ἄγοντες. »

Ὣς εἰπὼν, τρίποδας περικαλλέας, ἠδὲ λέβητας,
Ἠρίθμει, καὶ χρυσὸν, ὑφαντά τε εἵματα καλά.
Τῶν μὲν ἄρ' οὔτι πόθει· ὁ δ' ὀδύρετο πατρίδα γαῖαν,
Ἑρπύζων παρὰ θῖνα πολυφλοίσβοιο θαλάσσης,   220
Πόλλ' ὀλοφυρόμενος· σχεδόθεν δέ οἱ ἦλθεν Ἀθήνη,
Ἀνδρὶ δέμας εἰκυῖα νέῳ, ἐπιβώτορι μήλων,
Παναπάλῳ, οἷοί τε ἀνάκτων παῖδες ἔασιν,
Δίπτυχον ἀμφ' ὤμοισιν ἔχουσ' εὐεργέα λώπην·
Ποσσὶ δ' ὑπαὶ λιπαροῖσι πέδιλ' ἔχε, χειρὶ δ' ἄκοντα.
Τὴν δ' Ὀδυσεὺς γήθησεν ἰδὼν, καὶ ἐναντίος ἦλθε, 226
Καί μιν φωνήσας, ἔπεα πτερόεντα προσηύδα·

« Ὦ φίλ', ἐπεί σε πρῶτα κιχάνω τῷδ' ἐνὶ χώρῳ,
» Χαῖρέ τε, καὶ μή μοί τι κακῷ νόῳ ἀντιβολήσαις·
» Ἀλλὰ σάω μὲν ταῦτα, σάω δ' ἐμέ· σοὶ γὰρ ἔγωγε 230
» Εὔχομαι, ὥς τε θεῷ, καί σευ φίλα γούναθ' ἱκάνω.
» Καί μοι ταῦτ' ἀγόρευσον ἐτήτυμον, ὄφρ' εὖ εἰδῶ,
» Τίς γῆ; τίς δῆμος; τίνες ἀνέρες ἐγγεγάασιν;
» Ἤ πού τις νήσων εὐδείελος, ἠέ τις ἀκτὴ

» mettre en sûreté, car il n'y a pas d'apparence de les
» laisser ici, ils deviendroient bientôt la proie du pre-
» mier passant. Grands Dieux! les princes et les chefs
» des Phéaciens n'étoient donc pas sages ni si justes que
» je pensois. Ils m'avoient promis de me remener à ma
» chère Ithaque, et ils m'ont exposé sur une terre étran-
» gère! Que Jupiter, protecteur des supplians, et dont
» les yeux sont toujours ouverts sur les voies des hommes
» pour punir ceux qui font mal, punisse la perfidie de
» ces malheureux qui m'ont trompé! mais il faut que
» je compte tous mes trésors, et que je voie si ces per-
» fides, en se retirant, ne m'en ont pas emporté une
» partie. »

En finissant ces mots, il fait une revue exacte de ses
trépieds, de ses cuvettes, de ses barres d'or et de ses
habits, et il trouve qu'il n'y manquoit rien. Délivré de
cette inquiétude, il ne fait plus que soupirer après sa
chère patrie, en parcourant le rivage de la mer. Pendant qu'il est plongé dans ces tristes pensées, Minerve
s'approche de lui sous la figure d'un jeune berger,
beau, bien fait, de bonne mine, et tel que peuvent être
les fils des plus grands rois. Il avoit sur ses épaules un
manteau d'une belle étoffe très-fine, à ses pieds de beaux
brodequins, et un long javelot à la main. Ulysse fut
ravi de sa rencontre; et en l'abordant, il lui parla ainsi:

« Berger, puisque vous êtes le premier que je trouve
» dans cette terre étrangère, je vous salue de tout mon
» cœur, et je vous prie de ne point former contre moi
» de mauvais desseins; sauvez-moi toutes ces richesses,
» et sauvez-moi moi-même; je vous adresse mes prières
» comme à un Dieu, et j'embrasse vos genoux comme
» votre suppliant. Mais avant toutes choses, dites-moi,
» je vous prie, sans me rien déguiser, quelle est cette
» terre, quel est son peuple, et quels sont les hommes

» Κεῖθ' ἁλὶ κεκλιμένη ἐριβώλακος ἠπείροιο; » 235

Τὸν δ' αὖτε προσέειπε θεὰ γλαυκῶπις Ἀθήνη·
« Νήπιος εἷς, ὦ ξεῖν', ἢ τηλόθεν εἰλήλουθας,
» Εἰ δὴ τήνδε τε γαῖαν ἀνείρεαι· οὐδέ τι λίην
» Οὕτω νώνυμός ἐστιν· ἴσασι δέ μιν μάλα πολλοί,
» Ἠμὲν ὅσοι ναίουσι πρὸς ἠῶ τ', ἠέλιόν τε, 240
» Ἠδ' ὅσσοι μετόπισθε ποτὶ ζόφον ἠερόεντα.
» Ἤτοι μὲν τρηχεῖα, καὶ οὐχ ἱππήλατός ἐστιν,
» Οὐδὲ λίην λυπρή, ἀτὰρ οὐδ' εὐρεῖα τέτυκται.
» Ἐν μὲν γάρ οἱ σῖτος ἀθέσφατος, ἐν δέ τε οἶνος
» Γίγνεται· αἰεὶ δ' ὄμβρος ἔχει, τεθαλυῖά τ' ἐέρση. 245
» Αἰγίβοτος δ' ἀγαθή, καὶ βούβοτος· ἔστι μὲν ὕλη
» Παντοίη, ἐν δ' ἀρδμοὶ ἐπηετανοὶ παρέασιν.
» Τῷ τοι, ξεῖν', Ἰθάκης γε καὶ ἐς Τροίην ὄνομ' ἵκει,
» Τήν περ τηλοῦ φασὶν Ἀχαιΐδος ἔμμεναι αἴης. »

Ὣς φάτο· γήθησεν δὲ πολύτλας δῖος Ὀδυσσεύς, 250
Χαίρων ᾗ γαίῃ πατρωίῃ, ὥς οἱ ἔειπε
Παλλὰς Ἀθηναίη, κούρη Διὸς Αἰγιόχοιο,
Καί μιν φωνήσας ἔπεα πτερόεντα προσηύδα·
Οὐδ' ὅγ' ἀληθέα εἶπε, πάλιν δ' ὅγε λάζετο μῦθον,
Αἰεὶ ἐνὶ στήθεσσι νόον πολυκερδέα νωμῶν· 255

« Πυνθανόμην Ἰθάκης γε καὶ ἐν Κρήτῃ εὐρείῃ,
» Τηλοῦ ὑπὲρ πόντου· νῦν δ' εἰλήλουθα καὶ αὐτὸς
» Χρήμασι σὺν τοῖσδεσσι· λιπὼν δ' ἔτι παισὶ τοσαῦτα
» Φεύγω, ἐπεὶ φίλον υἷα κατέκτανον Ἰδομενῆος,
» Ὀρσίλοχον πόδας ὠκύν, ὃς ἐν Κρήτῃ εὐρείῃ 260
» Ἀνέρας ἀλφηστὰς νίκα ταχέεσσι πόδεσσιν·

» qui l'habitent; est-ce une île, ou n'est-ce ici que la
» plage de quelque continent? »

« Il faut que vous soyez bien peu instruit, lui répon-
» dit Minerve, ou que vous veniez de bien loin, puisque
» vous me demandez quelle est cette terre. Ce n'est pas
» un pays inconnu. Il est célèbre jusque dans les climats
» qui voient lever le soleil, et dans ceux qui le voient
» se précipiter dans l'onde. Véritablement c'est un pays
» âpre, et qui n'est pas propre à nourrir des chevaux;
» mais s'il n'a pas de plaines fort spacieuses, il n'est pas
» non plus stérile et sec. Cette terre porte du froment et
» du vin en abondance; elle a les pluies nécessaires
» dans les saisons, et les rosées qui réjouissent les plantes.
» Les chèvres et les bœufs y trouvent des pâturages
» excellens; il y a toutes sortes de bois et de forêts, et
» elle est arrosée de quantité de sources dont les nymphes
» ne laissent jamais tarir les eaux dans la plus grande
» sécheresse. Enfin, étranger, le nom d'Ithaque est
» surtout connu dans les campagnes de Troie, quoique
» cette île soit fort loin de l'Achaïe. »

A ces paroles Ulysse sentit une joie qu'on ne peut
exprimer, de se retrouver dans sa patrie, selon le rapport que lui venoit de faire la fille de Jupiter. Il répondit à cette Déesse, non pas dans la pure vérité, mais en
forgeant sur-le-champ une fable, et conservant toujours le caractère d'homme rusé et dissimulé;

« J'ai fort entendu parler d'Ithaque, lui dit-il, dans
» l'île de Crète, qui est fort éloignée et au milieu de la
» mer. Je suis venu ici avec toutes ces richesses, j'en ai
» laissé autant à mes enfans, et je cherche ici un asile,
» ayant été obligé de prendre la fuite à cause d'un
» meurtre que j'ai commis, en tuant le fils d'Idoménée,
» le brave Orsiloque, qui étoit si léger à la course, que,
» dans les plaines de Crète, il surpassoit ceux qui avoient

» Οὕνεκά με στερέσαι τῆς ληΐδος ἤθελε πάσης
» Τρωϊάδος, τῆς εἵνεκ᾽ ἐγὼ πάθον ἄλγεα θυμῷ,
» Ἀνδρῶν τε πτολέμους, ἀλεγεινά τε κύματα πείρων·
» Οὕνεκ᾽ ἄρ᾽ οὐχ ᾧ πατρὶ χαριζόμενος θεράπευον 265
» Δήμῳ ἔνι Τρώων, ἀλλ᾽ ἄλλων ἦρχον ἑταίρων·
» Τὸν μὲν ἐγὼ κατιόντα βάλον χαλκήρεϊ δουρὶ
» Ἀγρόθεν, ἐγγὺς ὁδοῖο λοχησάμενος σὺν ἑταίρῳ.
» Νὺξ δὲ μάλα δνοφερὴ κάτεχ᾽ οὐρανόν, οὐδέ τις ἡμέας
» Ἀνθρώπων ἐνόησε· λάθον δέ ἑ θυμὸν ἀπούρας. 270
» Αὐτὰρ ἐπειδὴ τόν γε κατέκτανον ὀξέϊ χαλκῷ,
» Αὐτίκ᾽ ἐγὼν ἐπὶ νῆα κιὼν Φοίνικας ἀγαυοὺς
» Ἐλλισάμην, καί σφιν μενοεικέα ληΐδα δῶκα·
» Τούς μ᾽ ἐκέλευσα Πύλονδε καταστῆσαι καὶ ἐφέσσαι,
» Ἢ εἰς Ἤλιδα δῖαν, ὅθι κρατέουσιν Ἐπειοί. 275
» Ἀλλ᾽ ἤτοι σφέας κεῖθεν ἀπώσατο ἲς ἀνέμοιο,
» Πόλλ᾽ ἀεκαζομένους· οὐδ᾽ ἤθελον ἐξαπατῆσαι.
» Κεῖθεν δὲ πλαγχθέντες ἱκάνομεν ἐνθάδε νυκτός·
» Σπουδῇ δ᾽ ἐς λιμένα προερέσσαμεν, οὐδέ τις ἡμῖν
» Δόρπου μνῆστις ἔην, μάλα περ χατέουσιν ἑλέσθαι·
» Ἀλλ᾽ αὕτως ἀποβάντες ἐκείμεθα νηὸς ἅπαντες· 281
» Ἔνθ᾽ ἐμὲ μὲν γλυκὺς ὕπνος ἐπήλυθε κεκμηῶτα·
» Οἱ δὲ χρήματ᾽ ἐμὰ γλαφυρῆς ἐκ νηὸς ἑλόντες,
» Κάτθεσαν, ἔνθά περ αὐτὸς ἐπὶ ψαμάθοισιν ἐκείμην.
» Οἱ δ᾽ ἐς Σιδονίην εὖ ναιομένην ἀναβάντες 285
» Ὤχοντ᾽· αὐτὰρ ἐγὼ λιπόμην ἀκαχήμενος ἦτορ. »

» acquis le plus de réputation. Notre querelle vint de
» ce qu'il vouloit m'ôter ma part du butin qui m'étoit
» échue à Troie, et que j'avois acquise par tant de tra-
» vaux et de dangers que j'avois essuyés et à la guerre et
» sur la mer; car il conservoit contre moi quelque res-
» sentiment de ce qu'à Troie je refusai d'obéir à son
» père, et que je voulois commander séparément mes
» compagnons. Je le perçai d'un coup de pique, dans un
» chemin où je lui avois dressé une embuscade, assisté
» d'un de mes amis. La nuit étoit fort obscure, personne
» ne nous vit, et je le tuai sans être aperçu. Dès le len-
» demain, à la pointe du jour, je trouvai heureusement
» un vaisseau de Phénicie, qui étoit prêt à faire voile;
» je priai ces Phéniciens de me recevoir et de me rendre
» ou à Pylos, ou en Elide, où règnent les Epéens; et
» pour les y engager, je leur donnai une partie de mon
» butin; mais les vents contraires les éloignèrent tou-
» jours de ces côtes, quelques efforts qu'ils fissent pour
» y aborder; car ils n'avoient aucune mauvaise inten-
» tion; nous fûmes jetés hier pendant la nuit sur cette
» plage, nous avons eu beaucoup de peine à gagner ce
» port, et nous étions si accablés de travail et de lassi-
» tude, que nous ne pensâmes pas seulement à prendre
» un léger repas, quoique nous en eussions un grand
» besoin, mais étant tous descendus du vaisseau, nous
» nous couchâmes sur le rivage. J'étois si las que je fus
» bientôt enseveli dans un profond sommeil. Les Phéni-
» ciens, pour profiter du vent qui venoit de changer,
» ont débarqué ce matin toutes mes richesses, les ont
» fidèlement mises près du lieu où j'étois endormi; et
» s'étant rembarqués, ont fait voile vers Sidon. C'est
» ainsi que je suis demeuré seul dans cette terre étran-
» gère, livré à de cruelles inquiétudes, dont je n'at-
» tends le soulagement que de votre secours. »

Ὣς φάτο· μείδησεν δὲ θεὰ γλαυκῶπις Ἀθήνη,
Χειρί τέ μιν κατέρεξε· δέμας δ' ἤϊκτο γυναικὶ
Καλῇ τε, μεγάλῃ τε, καὶ ἀγλαὰ ἔργ' εἰδυίῃ·
Καί μιν φωνήσασ' ἔπεα πτερόεντα προσηύδα· 290

« Κερδαλέος κ' εἴη καὶ ἐπίκλοπος, ὅς σε παρέλθοι
» Ἐν πάντεσσι δόλοισι, καὶ εἰ θεὸς ἀντιάσειε.
» Σχέτλιε, ποικιλομῆτα, δόλων ἆτ', οὐκ ἄρ' ἔμελλες,
» Οὐδ' ἐν σῇ περ ἐὼν γαίῃ, λήξειν ἀπατάων,
» Μύθων τε κλοπίων, οἵ τοι πεδόθεν φίλοι εἰσίν; 295
» Ἀλλ' ἄγε μηκέτι ταῦτα λεγώμεθα, εἰδότες ἄμφω
» Κέρδε'· ἐπεὶ σὺ μέν ἐσσι βροτῶν ὄχ' ἄριστος ἁπάντων
» Βουλῇ καὶ μύθοισιν· ἐγὼ δ' ἐν πᾶσι θεοῖσι
» Μήτι τε κλέομαι καὶ κέρδεσιν· οὐδὲ σύ γ' ἔγνως
» Παλλάδ' Ἀθηναίην, κούρην Διός, ἥτε τοι αἰὲν 300
» Ἐν πάντεσσι πόνοισι παρίσταμαι, ἠδὲ φυλάσσω·
» Καὶ δέ σε Φαιήκεσσι φίλον πάντεσσιν ἔθηκα·
» Νῦν δ' αὖ δεῦρ' ἱκόμην, ἵνα τοι σὺν μῆτιν ὑφήνω,
» Χρήματά τε κρύψω, ὅσα τοι Φαίηκες ἀγαυοὶ
» Ὤπασαν, οἴκαδ' ἰόντι, ἐμῇ βουλῇ τε, νόῳ τε· 305
» Εἴπω θ', ὅσσα τοι αἶσα δόμοις ἔνι ποιητοῖσι
» Κήδε' ἀνασχέσθαι· σὺ δὲ τετλάμεναι καὶ ἀνάγκῃ,
» Μηδέ τῳ ἐκφάσθαι, μήτ' ἀνδρῶν, μήτε γυναικῶν,

Ainsi parla Ulysse. La Déesse sourit de voir sa dissimulation ; elle le prit par la main : ce n'étoit plus sous la figure d'un pasteur, mais sous celle d'une femme d'une excellente beauté, d'une taille majestueuse, et telle que sont les personnes qui ont été bien élevées. Elle lui parla en ces termes :

« Celui-là seroit bien fin et bien subtil, qui vous sur-
» passeroit en toutes sortes de dissimulations et de ruses.
» Un Dieu même y seroit embarrassé. O le plus dissi-
» mulé des mortels, homme inépuisable en feintes, en
» détours et en finesses ! Dans le sein même de votre
» patrie, vous ne pouvez vous empêcher de recourir à
» vos fables et à vos déguisemens, qui vous sont fami-
» liers dès votre naissance. Mais laissons là les trompe-
» ries, que nous connoissons si bien tous deux ; car si
» vous êtes le premier des mortels pour imaginer des
» fables pleines d'invention et de prudence ; je puis dire
» que parmi les Dieux j'ai la réputation d'exceller dans
» ces ressources, que la sagesse peut fournir. Ne recon-
» noissez-vous point encore la fille de Jupiter, la déesse
» Minerve, qui vous assiste, qui vous soutient et qui
» vous conserve dans tous vos travaux, et qui vous a
» rendu si agréable aux yeux des Phéaciens, que vous
» en avez reçu toutes sortes d'assistances ? Présentement,
» je suis venue ici pour vous donner les conseils dont
» vous avez besoin, et pour mettre en sûreté tous ces
» beaux présens, dont les Phéaciens vous ont comblé à
» votre départ, par mes inspirations secrètes. Je veux
» aussi vous apprendre tous les chagrins et tous les périls
» auxquels la destinée va encore vous exposer dans votre
» propre palais. C'est à vous de vous munir de force
» pour les supporter courageusement, puisque c'est une
» nécessité. Gardez-vous bien surtout de vous faire con-
» noître à personne ; ni à homme, ni à femme, et de

» Πάντων, ούνεκ᾽ ἄρ᾽ ἦλθες ἀλώμενος· ἀλλὰ σιωπῇ 309
» Πάσχειν ἄλγεα πολλὰ, βίας ὑποδέγμενος ἀνδρῶν. »

Τὴν δ᾽ ἀπαμειβόμενος προσέφη πολύμητις Ὀδυσσεύς.
« Ἀργαλέον σε, θεὰ, γνῶναι βροτῷ ἀντιάσαντι,
» Καὶ μάλ᾽ ἐπισταμένῳ· σὲ γὰρ αὐτὴν παντὶ εἴσκεις.
» Τοῦτο δ᾽ ἐγὼν εὖ οἶδ᾽, ὅτι μοι πάρος ἠπίη ἦσθα,
» Ἕως ἐνὶ Τροίῃ πολεμίζομεν υἷες Ἀχαιῶν· 315
» Αὐτὰρ ἐπεὶ Πριάμοιο πόλιν διεπέρσαμεν αἰπὴν,
» Βῆμεν δ᾽ ἐν νήεσσι, θεὸς δ᾽ ἐκέδασσεν Ἀχαιούς,
» Οὔ σέ γ᾽ ἔπειτα ἴδον, κούρη Διὸς, οὐδ᾽ ἐνόησα
» Νηὸς ἐμῆς ἐπιβᾶσαν, ὅπως τί μοι ἄλγος ἀλάλκοις·
» Ἀλλ᾽ αἰεὶ φρεσὶν ᾗσιν ἔχων δεδαϊγμένον ἦτορ 320
» Ἠλώμην, εἵως με θεοὶ κακότητος ἔλυσαν·
» Πρίν γ᾽ ὅτε Φαιήκων ἀνδρῶν ἐν πίονι δήμῳ
» Θάρσυνάς τ᾽ ἐπέεσσι, καὶ ἐς πόλιν ἤγαγες αὐτή.
» Νῦν δέ σε πρὸς πατρὸς γουνάζομαι, (οὐ γὰρ οἴω
» Ἥκειν εἰς Ἰθάκην εὐδείελον, ἀλλά τιν᾽ ἄλλην 325
» Γαῖαν ἀναστρέφομαι· σὲ δὲ κερτομέουσαν ὀΐω
» Ταῦτ᾽ ἀγορευέμεναι, ἵν᾽ ἐμὰς φρένας ἠπεροπεύσῃς·)
» Εἰπέ μοι, εἰ ἐτεόν γε φίλην ἐς πατρίδ᾽ ἱκάνω. »

Τὸν δ᾽ ἠμείβετ᾽ ἔπειτα θεὰ γλαυκῶπις Ἀθήνη·
« Αἰεί τοι τοιοῦτον ἐνὶ στήθεσσι νόημα· 330
» Τῷ σε καὶ οὐ δύναμαι προλιπεῖν δύστηνον ἐόντα,

» découvrir vos desseins. Souffrez dans le silence tous les
» maux, tous les affronts et toutes les insolences que
» vous aurez à essuyer des poursuivans et de vos sujets
» mêmes. »

« Grande Déesse, repartit Ulysse, il seroit difficile à
» l'homme le plus clairvoyant de vous reconnoître
» quand vous voulez vous cacher; car vous prenez
» comme il vous plaît toutes sortes de figures. Je sais fort
» bien, et je ne l'oublierai jamais, que vous m'avez été
» toujours favorable pendant que nous avons combattu
» sous les murs d'Ilion. Mais dès le moment qu'après
» avoir saccagé cette superbe ville, nous nous fûmes
» embarqués, et que Dieu eut dispersé tous les Grecs,
» vous ne vous êtes plus montrée à moi, et je ne vous ai
» plus vue sur mon vaisseau vous tenir près de moi,
» pour me garantir des maux dont j'étois continuelle-
» ment assailli; mais abandonné à moi-même, j'ai été
» errant, accablé de travaux et le cœur rongé de cha-
» grins, jusqu'à ce moment que les Dieux ont enfin dai-
» gné me délivrer de toutes ces misères. Il est vrai que
» lorsque je gagnai les côtes des Phéaciens, vous m'en-
» courageâtes par vos paroles, et vous eûtes la bonté de
» me conduire vous-même jusque dans le palais d'Alci-
» noüs. Aujourd'hui j'embrasse vos genoux, et je vous
» conjure au nom de votre père, de me dire s'il est vrai
» que je sois de retour dans ma patrie; car je me défie
» de ce bonheur, et je crains que ce ne soit encore ici
» quelque terre étrangère, et que vous ne m'ayez parlé
» comme vous avez fait que pour vous moquer de moi,
» et pour m'abuser par de vaines espérances; dites-moi
» donc, je vous prie, s'il est bien vrai que je sois sur les
» terres d'Ithaque. »

« Vous êtes toujours le même, repartit Minerve, et
» voilà de vos soupçons. Mais je ne veux pas vous aban-

» Οὕνεκ' ἐπητής τ' ἐσσί, καὶ ἀγχίνοος, καὶ ἐχέφρων.
» Ἀσπασίως γάρ κ' ἄλλος ἀνὴρ ἀλαλήμενος ἐλθὼν
» Ἵετ' ἐνὶ μεγάροις ἰδέειν παῖδάς τ', ἄλοχόν τε·
» Σοὶ δ' οὔπω φίλον ἐστὶ δαήμεναι, οὐδὲ πυθέσθαι, 335
» Πρίν γέ τι σῆς ἀλόχου πειρήσεαι, ἥτε τοι αὔτως
» Ἧσται ἐνὶ μεγάροισιν· ὀϊζυραὶ δέ οἱ αἰεὶ
» Φθίνουσιν νύκτες τε καὶ ἤματα δακρυχεούσῃ.
» Αὐτὰρ ἐγὼ τὸ μὲν οὔποτ' ἀπίστεον, ἀλλ' ἐνὶ θυμῷ
» Ἤδε', ὃ νοστήσεις ὀλέσας ἄπο πάντας ἑταίρους. 340
» Ἀλλά τοι οὐκ ἐθέλησα Ποσειδάωνι μάχεσθαι,
» Πατροκασιγνήτῳ, ὅς τοι χόλον ἔνθετο θυμῷ,
» Χωόμενος, ὅτι οἱ υἱὸν φίλον ἐξαλάωσας.
» Ἀλλ' ἄγε τοι δείξω Ἰθάκης ἕδος, ὄφρα πεποίθῃς.
» Φόρκυνος μὲν ὅδ' ἐστὶ λιμήν, ἁλίοιο γέροντος· 345
» Ἥδε δ' ἐπὶ κρατὸς λιμένος τανύφυλλος ἐλαίη·
» Ἀγχόθι δ' αὐτῆς ἄντρον ἐπήρατον, ἠεροειδές,
» Ἱρὸν Νυμφάων, αἳ Νηϊάδες καλέονται.
» Τοῦτο δέ τοι σπέος εὐρὺ κατηρεφές, ἔνθα σὺ πολλὰς
» Ἔρδεσκες Νύμφῃσι τεληέσσας ἑκατόμβας· 350
» Τοῦτο δὲ Νήριτόν ἐστιν ὄρος, καταειμένον ὕλῃ. »

Ὣς εἰποῦσα θεὰ σκέδασ' ἠέρα· εἴσατο δὲ χθών·

» donner et vous précipiter par là dans des malheurs
» inévitables. Car je vois que vous êtes un homme sage,
» d'un esprit toujours présent et plein de modération et
» de prudence, et voilà les gens qui sont dignes de ma
» protection. Tout autre qui reviendroit d'un aussi long
» voyage, auroit de l'impatience de revoir sa femme et
» ses enfans. Et vous, bien loin d'avoir cette impatience,
» vous ne voulez pas seulement aller apprendre de leurs
» nouvelles avant que d'avoir éprouvé la fidélité de
» votre femme. Sa conduite est telle que vous pouvez la
» désirer ; car elle est toujours enfermée dans votre
» palais, et passe tristement les jours et les nuits à sou-
» pirer et à répandre des larmes. Si je ne vous ai pas
» secouru depuis votre embarquement, c'est que je
» n'ignorois pas que vous vous tireriez de tous ces dan-
» gers ; je savois fort bien qu'après avoir perdu tous vos
» compagnons, vous retourneriez enfin dans votre
» patrie ; et je n'ai pas voulu sans nécessité m'opposer
» au Dieu de la mer, qui est mon oncle, et qui a conçu
» contre vous une haine implacable, parce que vous
» avez aveuglé son cher fils. Mais pour vous faire voir
» que je ne vous trompe point, je vais vous faire recon-
» noître les lieux, et vous montrer Ithaque telle que
» vous l'avez laissée. Voilà le port du vieillard Phor-
» cyne, un des Dieux marins ; le bois d'olivier qui le
» couronne, c'est le même que vous y avez toujours vu ;
» voilà près de ce bois l'antre obscur et délicieux des
» nymphes qu'on appelle Naïades, c'est le même où
» vous avez offert tant de fois à ces nymphes des héca-
» tombes parfaites ; cette montagne couverte d'une forêt,
» c'est le mont Nérite. »

En achevant ces mots, la Déesse dissipa le nuage
dont elle l'avoit environné, et dans l'instant il reconnut
la terre qui l'avoit nourri. On ne sauroit exprimer les

Γηθήσας τ' ἄρ' ἔπειτα πολύτλας δῖος Ὀδυσσεὺς,
Χαίρων ἡ γαίῃ· κύσε δὲ ζείδωρον ἄρουραν·
Αὐτίκα δὴ Νύμφῃς ἠρήσατο χεῖρας ἀνασχών·   355

« Νύμφαι Νηϊάδες, κοῦραι Διὸς, οὔποτ' ἔγωγε
» Ὄψεσθ' ὔμμ' ἐφάμην· νῦν δ' εὐχωλῇς ἀγανῇσι
» Χαίρετ'· ἀτὰρ καὶ δῶρα διδώσομεν, ὡς τοπάρος πέρ,
» Αἴκεν ἐᾷ πρόφρων με Διὸς θυγάτηρ ἀγελείη
» Αὐτόν τε ζώειν, καί μοι φίλον υἱὸν ἀέξῃ. »   360

Τὸν δ' αὖτε προσέειπε θεὰ γλαυκῶπις Ἀθήνη·
« Θάρσει, μή σοι ταῦτα μετὰ φρεσὶ σῇσι μελόντων.
» Ἀλλ' ἄγε, χρήματα μὲν μυχῷ ἄντρου θεσπεσίοιο
» Θείομεν αὐτίκα νῦν, ἵνα πέρ τάδε τοι σόα μίμνῃ·
» Αὐτοὶ δὲ φραζώμεθ', ὅπως ὄχ' ἄριστα γένηται. » 365

Ὣς εἰποῦσα, θεὰ δῦνε σπέος ἠεροειδὲς,
Μαιομένη κευθμῶνας ἀνὰ σπέος· αὐτὰρ Ὀδυσσεὺς
Ἆσσον πάντ' ἐφόρει χρυσὸν καὶ ἀτειρέα χαλκὸν,
Εἵματά τ' εὐποίητα, τά οἱ Φαίηκες ἔδωκαν.
Καὶ τὰ μὲν εὖ κατέθηκε· λίθον δ' ἐπέθηκε θύρῃσι 370
Παλλὰς Ἀθηναίη, κούρη Διὸς αἰγιόχοιο.
Τὼ δὲ καθεζομένω, ἱερῆς παρὰ πυθμέν' ἐλαίης,
Φραζέσθην μνηστῆρσιν ὑπερφιάλοισιν ὄλεθρον.
Τοῖσι δὲ μύθων ἦρχε θεὰ γλαυκῶπις Ἀθήνη·

« Διογενὲς Λαερτιάδη, πολυμήχαν' Ὀδυσσεῦ, 375
» Φράζευ, ὅπως μνηστῆρσιν ἀναιδέσι χεῖρας ἐφήσῃς,
» Οἳ δή τοι τρίετες μέγαρον κατακοιρανέουσιν,
» Μνώμενοι ἀντιθέην ἄλοχον, καὶ ἔδνα διδόντες.

transports de joie qu'il sentit en revoyant cette terre chérie, il la baisa, et en élevant ses mains, il adressa aux nymphes cette prière :

Belles Naïades, filles de Jupiter, je n'espérois pas d'être assez heureux pour vous revoir de ma vie; puisque j'ai ce bonheur, contentez-vous présentement, douces nymphes, des vœux sincères que je vous présente. Bientôt, si la grande Minerve, qui préside aux assemblées des peuples, continue de me favoriser, et qu'elle conserve ma vie et celle de mon fils, je vous offrirai, comme je faisois autrefois, des sacrifices qui vous marqueront ma joie et ma reconnoissance.

« Ne doutez point de mon secours, repartit Minerve, » et qu'aucune défiance ne vous inquiète. Retirons » d'abord dans le fond de l'antre toutes ces richesses, » afin que vous les conserviez, et nous délibérerons » ensuite sur le parti que nous devons prendre. »

En parlant ainsi, elle entre dans cette caverne obscure, et cherche dans tous les coins une cachette fidèle. Ulysse la suivoit, et portoit tout l'or, le cuivre et les habits que les Phéaciens lui avoient donnés. Il les met dans l'endroit que Minerve lui montra, et en sortant, la Déesse ferma l'entrée de la caverne avec une grosse pierre. Ils s'assirent tous deux ensuite au pied d'un olivier, et se mirent à consulter sur les moyens qu'ils devoient choisir pour punir l'insolence des poursuivans. Minerve parla la première, et dit :

« Divin fils de Laërte, sage Ulysse, c'est ici qu'il » faut employer tout votre esprit, pour trouver les » moyens de faire mordre la poussière à ces insolens, » qui depuis trois années commandent dans votre palais, » et poursuivent votre femme, en lui offrant tous les » jours de nouveaux présens. Elle ne fait que soupirer

» Ἡ δὲ σὺν αἰεὶ νόστον ὀδυρομένη κατὰ θυμὸν,
» Πάντας μέν ῥ᾽ ἔλπει, καὶ ὑπίσχεται ἀνδρὶ ἑκάστῳ, 380
» Ἀγγελίας προϊεῖσα· νόος δέ οἱ ἄλλα μενοινᾷ. »

Τὴν δ᾽ ἀπαμειβόμενος προσέφη πολύμητις Ὀδυσσεύς,
» Ὢ πόποι, ἦ μάλα δὴ Ἀγαμέμνονος Ἀτρείδαο
» Φθίσεσθαι κακὸν οἶτον ἐνὶ μεγάροισιν ἔμελλον,
» Εἰ μή μοι σὺ ἕκαστα, θεὰ, κατὰ μοῖραν ἔειπες. 385
» Ἀλλ᾽ ἄγε μῆτιν ὕφηνον, ὅπως ἀποτίσομαι αὐτούς·
» Πὰρ δέ μοι αὐτὴ στῆθι, μένος πολυθαρσὲς ἐνεῖσα,
» Οἶον, ὅτε Τροίης λύομεν λιπαρὰ κρήδεμνα.
» Αἴ κέ μοι ὣς μεμαυῖα παρασταίης, Γλαυκῶπι,
» Καί κε τριηκοσίοισιν ἐγὼν ἄνδρεσσι μαχοίμην, 390
» Σὺν σοὶ, πότνια θεὰ, ὅτε μοι πρόφρασσ᾽ ἐπαρήγοις. »

Τὸν δ᾽ ἠμείβετ᾽ ἔπειτα θεὰ γλαυκῶπις Ἀθήνη·
« Καὶ λίην τοι ἔγωγε παρέσσομαι, οὐδέ με λήσεις,
» Ὁππότε κεν δὴ ταῦτα πενώμεθα· καί τιν᾽ ὀΐω
» Αἵματί τ᾽, ἐγκεφάλῳ τε, παλαξέμεν ἄσπετον οὖδας,
» Ἀνδρῶν μνηστήρων, οἵ τοι βίοτον κατέδουσιν. 395
» Ἀλλ᾽ ἄγε σ᾽ ἄγνωστον τεύξω πάντεσσι βροτοῖσι·
» Κάρψω μὲν χρόα καλὸν ἐνὶ γναμπτοῖσι μέλεσσι,
» Ξανθὰς δ᾽ ἐκ κεφαλῆς ὀλέσω τρίχας, ἀμφὶ δὲ λαῖφος
» Ἕσσω, ὅ κεν στυγέῃσιν ἰδὼν ἄνθρωπος ἔχοντα. 400
» Κνυζώσω δέ τοι ὄσσε, πάρος περικαλλέ᾽ ἐόντε,
» Ὡς ἂν ἀεικέλιος πᾶσι μνηστῆρσι φανείης,
» Σῇ τ᾽ ἀλόχῳ, καὶ παιδὶ, τὸν ἐν μεγάροισιν ἔλειπες.
» Αὐτὸς δὲ πρώτιστα συβώτην εἰσαφικέσθαι,
» Ὅς τοι ὑῶν ἐπίουρος· ὅμως δέ τοι ἤπια οἶδε, 405
» Παῖδά τε σὸν φιλέει, καὶ ἐχέφρονα Πηνελόπειαν.
» Δήεις τόν γε σύεσσι παρήμενον· αἱ δὲ νέμονται

» après votre retour ; elle les amuse tous, et se promet à
» chacun, en leur envoyant très-souvent des messages.
» Mais ses pensées ne répondent guère à ses démonstra-
» tions. »

« Grands Dieux, s'écria Ulysse, un sort aussi funeste
» que celui d'Agamemnon m'attendoit donc dans mon
» palais, si vous n'aviez eu la bonté de m'avertir de tout
» ce qui se passe ! Continuez-moi, grande Déesse, votre
» protection. Enseignez-moi comment je dois châtier
» ces insolens, tenez-vous près de moi, inspirez-moi la
» même force et le même courage que vous m'inspi-
» râtes, lorsque nous saccageâmes la superbe ville de
» Priam ; car si vous daignez m'assister de même, grande
» Minerve, fussent-ils trois cents, je les attaquerai seul,
» et je suis sûr de les vaincre. »

« Je vous assisterai, sans doute, reprit Minerve, et je
» ne vous perdrai pas de vue un moment, quand nous
» exécuterons ce grand exploit, et je pense que bientôt
» quelqu'un de ces poursuivans, qui consument votre bien,
» et qui se nourrissent de vaines espérances, inondera
» de son sang la salle du festin. Mais avant toutes choses,
» je vais vous rendre méconnoissable à tous les mortels.
» Je vais dessécher et rider votre peau, faire tomber ces
» beaux cheveux blonds, vous couvrir de haillons si
» vilains, qu'on aura de la peine à les regarder ; et ces
» yeux si beaux et si pleins de feux, je vais les changer
» en des yeux éteints et éraillés, afin que vous parois-
» siez difforme à ces poursuivans, à votre femme et à
» votre fils. Ainsi changé, la première chose que vous
» devez faire, c'est d'aller trouver votre fidèle Eumée,
» à qui vous avez donné l'intendance d'une partie de
» vos troupeaux, c'est un homme plein de sagesse, et
» qui est entièrement dévoué à votre fils et à la sage
» Pénélope. Vous le trouverez au milieu de ses trou-

» Πὰρ Κόρακος πέτρῃ, ἐπί τε κρήνῃ Ἀρεθούσῃ,
» Ἔσθουσαι βάλανον μενοεικέα, καὶ μέλαν ὕδωρ
» Πίνουσαι, τά θ' ὕεσσι τρέφει τεθαλυῖαν ἀλοιφήν. 410
» Ἔνθα μένειν, καὶ πάντα παρήμενος ἐξερέεσθαι,
» Ὄφρ' ἂν ἐγὼν ἔλθω Σπάρτην ἐς καλλιγύναικα,
» Τηλέμαχον καλέουσα, τεὸν φίλον υἱὸν, Ὀδυσσεῦ·
» Ὅς τοι ἐς εὐρύχορον Λακεδαίμονα πὰρ Μενέλαον 414
» Ὤχετο, πευσόμενος μετὰ σὸν κλέος, εἴπου ἔτ' εἴης. »

Τὴν δ' ἀπαμειβόμενος προσέφη πολύμητις Ὀδυσσεύς·
« Τίπτε τ' ἄρ' οὔ οἱ ἔειπες, ἐνὶ φρεσὶ πάντ' εἰδυῖα;
» Ἦ ἵνα πού καὶ κεῖνος ἀλώμενος ἄλγεα πάσχῃ
» Πόντον ἐπ' ἀτρύγετον; βίοτον δέ οἱ ἄλλοι ἔδουσι. »

Τὸν δ' ἠμείβετ' ἔπειτα θεὰ γλαυκῶπις Ἀθήνη· 420
« Μὴ δή τοι κεῖνός γε λίην ἐνθύμιος ἔστω·
» Αὐτή μιν πόμπευον, ἵνα κλέος ἐσθλὸν ἄροιτο,
» Κεῖσ' ἐλθών· ἀτὰρ οὔτιν' ἔχει πόνον· ἀλλὰ ἔκηλος
» Ἧσται ἐν Ἀτρείδαο δόμοις, παρὰ δ' ἄσπετα κεῖται.
» Ἦ μέν μιν λοχόωσι νέοι σὺν νηῒ μελαίνῃ, 425
» Ἱέμενοι κτεῖναι, πρὶν πατρίδα γαῖαν ἱκέσθαι.
» Ἀλλὰ τά γ' οὐκ ὀίω, πρὶν καί τινα γαῖα καθέξει
» Ἀνδρῶν μνηστήρων, οἵ τοι βίοτον κατέδουσιν. »

Ὣς ἄρα μιν φαμένη ῥάβδῳ ἐπεμάσσατ' Ἀθήνη·
Κάρψε μέν οἱ χρόα καλὸν ἐνὶ γναμπτοῖσι μέλεσσι, 430
Ξανθὰς δ' ἐκ κεφαλῆς ὄλεσε τρίχας, ἀμφὶ δὲ δέρμα
Πάντεσσιν μελέεσσι παλαιοῦ θῆκε γέροντος·
Κνύζωσεν δέ οἱ ὄσσε, πάρος περικαλλέ' ἐόντε.
Ἀμφὶ δέ μιν ῥάκος ἄλλο κακὸν βάλεν, ἠδὲ χιτῶνα,
Ῥωγαλέα, ῥυπόωντα, κακῷ μεμορυγμένα καπνῷ. 435
Ἀμφὶ δέ μιν μέγα δέρμα ταχείης ἕσσ' ἐλάφοιο

» peaux qui paissent sur la roche Coracienne, près de la
» fontaine d'Aréthuse, où ils se nourrissent du fruit des
» chênes, qui est la nourriture la plus propre pour les
» engraisser. Demeurez là près de lui, et faites-vous
» instruire de tout ce que vous devez savoir, pendant
» que j'irai à Sparte pour faire venir votre fils, qui est
» allé chez Ménélas pour tâcher d'apprendre de vos
» nouvelles, et de découvrir si vous êtes encore vivant. »

« Mais, sage Minerve, répondit Ulysse, permettez-
» moi de vous demander pourquoi vous ne l'avez pas
» informé de ce qui me regarde, vous qui savez toutes
» choses. Est-ce pour le faire errer comme moi sur la
» vaste mer avec des peines infinies, pendant que ses
» ennemis, profitant de son absence, consumeront son
» bien ? »

« Ne soyez point en peine de votre fils, répondit la
» sage Minerve, je lui ai fait entreprendre ce voyage,
» et je l'ai conduit moi-même, afin qu'il se fît une bonne
» réputation. Il n'est exposé à aucun danger; il est en
» repos dans le palais du fils d'Atrée, où il est traité avec
» beaucoup de magnificence, et où il a tout à souhait. Il
» est vrai que ces jeunes princes, qui commettent tant
» de désordres dans votre maison, l'attendent au pas-
» sage sur un vaisseau, et lui ont dressé une embuscade
» pour le tuer à son retour; mais leur pernicieux dessein
» leur sera funeste. »

En finissant ces mots, elle le toucha de sa verge, et
d'abord sa peau devint ridée, ses beaux cheveux blonds
disparurent, ses yeux vifs et pleins de feu ne parurent
plus que des yeux éteints, en un mot, ce ne fut plus
Ulysse, mais un vieillard accablé d'années et hideux à
voir. La Déesse changea ses beaux habits en vieux haillons enfumés et rapetassés, qui lui servoient de manteau, et par-dessus elle l'affubla d'une vieille peau de

Ψιλόν· δῶκε δέ οἱ σκῆπτρον καὶ ἀεικέα πήρην,
Πυκνὰ ῥωγαλέην· ἐν δὲ στρόφος ἦεν ἀορτήρ.
Τώ γ' ὣς βουλεύσαντε διέτμαγον· ἡ μὲν ἔπειτα
Εἰς Λακεδαίμονα δῖαν ἔβη μετὰ παῖδ' Ὀδυσῆος. 440

cerf, dont tout le poil étoit tombé; elle lui mit à la main un gros bâton, et sur ses épaules une besace toute rapiécée, qui, attachée à une corde, lui pendoit jusqu'à la moitié du corps. Après que la Déesse et lui eurent pris ensemble ces mesures, ils se séparèrent, et Minerve prit le chemin de Sparte pour lui ramener son fils.

ΟΜΗΡΟΥ

ΟΔΥΣΣΕΙΑΣ

ΡΑΨΩΔΙΑ Ξ.

Ξενισμὸς Ὀδυσσέως γίνεται ἐν τῷ ἀγρῷ παρ' Εὐμαίῳ, τῷ ὑφορβῷ· καὶ ποικίλη τις ὁμιλία.

ΑΛΛΗ.

Ὀδυσσέως παρουσία πρὸς τὸν Εὔμαιον, καὶ λόγοι γίνονται, ἀναπλάττοντος ἑαυτὸν, καὶ πράξεις τινὰς ἐκτιθεμένου.

Ξι' δ' Ὀδυσῆα ξείνισεν Εὔμαιος ἀγρῷ ὑφορβός.

Αὐτὰρ ὁ ἐκ λιμένος προσέβη τρηχεῖαν ἀταρπὸν,
Χῶρον ἀν' ὑλήεντα δι' ἄκριας· ᾗ οἱ Ἀθήνη

L'ODYSSÉE D'HOMÈRE.

LIVRE QUATORZIÈME.
ARGUMENT.

Ulysse ayant quitté Minerve, prend le chemin de la maison d'Eumée; en y arrivant, il se trouve exposé au plus grand de tous les dangers. Quatre gros chiens, qui veilloient à la garde des troupeaux, se mirent à aboyer et à courir sur ce prince, déguisé sous de vieux haillons et portant sa besace; et ce ne fut qu'à force de cris, et en leur jetant des pierres, qu'Eumée parvint à le délivrer. Après le bon accueil que lui fit son intendant, et l'entretien qu'ils eurent ensemble, Ulysse se mit à raconter des aventures toutes supposées, parmi lesquelles cependant il fait entendre à ce serviteur fidèle, qu'il ne doit pas désespérer de revoir son maître dans peu. Eumée fait un sacrifice, autant en sa faveur que pour demander le retour d'Ulysse. Après le repas dont ce sacrifice fut suivi, Ulysse allant se coucher, et sentant la froideur de la nuit, fait une petite histoire d'une aventure qui lui étoit arrivée devant Troie, uniquement dans le dessein d'obtenir un manteau, dont Eumée le couvre, après quoi ce vigilant berger, se revêtant de son équipage et de ses armes, sort de sa maison pour aller passer la nuit en rase campagne, et veiller lui-même auprès des troupeaux de son maître.

Mais Ulysse, en s'éloignant du port, où il s'étoit entretenu avec Minerve, marche par des chemins

Πέφραδε δῖον ὑφορβὸν, ὅ οἱ βιότοιο μάλιστα
Κήδετο οἰκήων οὓς κτήσατο δῖος Ὀδυσσεύς.
Τὸν δ' ἄρ' ἐνὶ προδόμῳ εὖρ' ἥμενον, ἔνθα οἱ αὐλὴ   5
Ὑψηλὴ δέδμητο, περισκέπτῳ ἐνὶ χώρῳ,
Καλή τε, μεγάλη τε, περίδρομος· ἥν ῥα συβώτης
Αὐτὸς δείμαθ' ὕεσσιν, ἀποιχομένοις ἄνακτος.
Νόσφιν δεσποίνης, καὶ Λαέρταο γέροντος,
Ῥυτοῖσιν λάεσσι, καὶ ἐθρίγκωσεν ἀχέρδῳ·   10
Σταυροὺς δ' ἐκτὸς ἔλασσε διαμπερὲς ἔνθα καὶ ἔνθα,
Πυκνοὺς καὶ θαμέας, τὸ μέλαν δρυὸς ἀμφικεάσσας.
Ἔντοσθεν δ' αὐλῆς συφεοὺς δυοκαίδεκα ποίει
Πλησίον ἀλλήλων, εὐνὰς συσίν· ἐν δὲ ἑκάστῳ
Πεντήκοντα σύες χαμαιευνάδες ἐρχατόωντο,   15
Θήλειαι τοκάδες· τοὶ δ' ἄρσενες ἐκτὸς ἴαυον,
Πολλὸν παυρότεροι· τοὺς γὰρ μινύθεσκον ἔδοντες
Ἀντίθεοι μνηστῆρες, ἐπεὶ προΐαλλε συβώτης
Αἰεὶ ζατρεφέων σιάλων τὸν ἄριστον ἁπάντων·
Οἱ δὲ τριηκόσιοί τε καὶ ἑξήκοντα πέλοντο.   20
Πὰρ δὲ κύνες, θήρεσσιν ἐοικότες, αἰὲν ἴαυον
Τέσσαρες, οὓς ἔθρεψε συβώτης, ὄρχαμος ἀνδρῶν.
Αὐτὸς δ' ἀμφὶ πόδεσσιν ἑοῖς ἀράρισκε πέδιλα,
Τάμνων δέρμα βόειον, ἐΰχροες· οἱ δὲ δὴ ἄλλοι
Ὤχοντ' ἄλλυδις ἄλλος, ἅμ' ἀγρομένοισι σύεσσιν   25
Οἱ τρεῖς· τὸν δὲ τέταρτον ἀποπροέηκε πόλινδε,
Σῦν ἀγέμεν μνηστῆρσιν ὑπερφιάλοισιν ἀνάγκῃ,
Ὄφρ' ἱερεύσαντες κρειῶν κορεσαίατο θυμόν.
Ἐξαπίνης δ' Ὀδυσῆα ἴδον κύνες ὑλακόμωροι·
Οἱ μὲν, κεκλήγοντες ἐπέδραμον· αὐτὰρ Ὀδυσσεὺς   30
Ἕζετο κερδοσύνῃ· σκῆπτρον δέ οἱ ἔκπεσε χειρός.
Ἔνθα κεν ᾧ παρὰ σταθμῷ ἀεικέλιον πάθεν ἄλγος,
Ἀλλὰ συβώτης ὦκα ποσὶ κραιπνοῖσι μετασπὼν
Ἔσσυτ' ἀνὰ πρόθυρον· σκῦτος δέ οἱ ἔκπεσε χειρός.
Τοὺς μὲν ὁμοκλήσας σεῦεν κύνας ἄλλυδις ἄλλῃ   35

raboteux au travers des bois et des montagnes, pour aller au lieu où la Déesse lui avoit dit qu'il trouveroit l'intendant de ses troupeaux, qui avoit soin de tous ses autres pasteurs et de ses domestiques. Il le trouva sous un des portiques qui régnoient tout autour d'une belle maison, bâtie de grosses pierres dans un lieu fort découvert. Ce serviteur fidèle l'avoit bâtie de ses épargnes, sans en parler ni à Pénélope, ni au bon vieillard Laërte, au milieu d'une basse-cour fort vaste, qu'il avoit environnée d'une haie vive fortifiée en dehors, d'espace en espace, de gros pieds de chêne qu'il avoit taillés. Dans cette basse cour il avoit fait douze belles étables pour les femelles qui avoient des petits; dans chacune il y en avoit cinquante; les mâles couchoient dehors, et ils étoient moins nombreux que les femelles, car les poursuivans en diminuoient journellement le nombre; l'intendant étant forcé de leur envoyer tous les jours un des plus gras pour leurs sacrifices et leurs festins. Il n'y en avoit plus que trois cent soixante. Quatre gros chiens, d'une grandeur prodigieuse, et semblables à des bêtes féroces, veilloient à la garde des troupeaux; l'intendant les nourrissoit de sa main, et alors il étoit assis sous ce portique, travaillant à se faire une chaussure de cuir de bœuf avec tout son poil. Trois de ses bergers étoient allés mener leurs troupeaux en différens pâturages, et le quatrième, il l'avoit envoyé à la ville porter à ces fiers poursuivans le tribut ordinaire pour leur table. Les chiens, apercevant tout d'un coup Ulysse, se mirent à aboyer et à courir sur lui. Ulysse, pour se garantir, se couche à terre et jette son bâton, ce prince étoit exposé au plus grand de tous les dangers et dans sa maison même, si ce maître pasteur ne fût accouru promptement. Dès qu'il eut entendu l'aboi des chiens, son cuir lui tomba des mains, il sortit du portique et courut en diligence à l'endroit où il entendoit le bruit. A force de

Πυκνῇσιν λιθάδεσσιν· ὁ δὲ προσέειπεν ἄνακτα·

« Ὦ γέρον, ἦ ὀλίγου σὲ κύνες διεδηλήσαντο
» Ἐξαπίνης· καί κέν μοι ἐλεγχείην κατέχευας.
» Καὶ δέ μοι ἄλλα θεοὶ δόσαν ἄλγεά τε, στοναχάς τε.
» Ἀντιθέου γὰρ ἄνακτος ὀδυρόμενος καὶ ἀχεύων   40
» Ἧμαι, ἄλλοισιν δὲ σύας σιάλους ἀτιτάλλω
» Ἔδμεναι· αὐτὰρ κεῖνος ἐελδόμενός που ἐδωδῆς
» Πλάζετ' ἐπ' ἀλλοθρόων ἀνδρῶν δῆμόν τε, πόλιν τὲ,
» Εἴπου ἔτι ζώει, καὶ ὁρᾷ φάος ἠελίοιο.
» Ἀλλ' ἔπεο, κλισίηνδ' ἴομεν, γέρον, ὄφρα καὶ αὐτὸς
» Σίτου καὶ οἴνοιο κορεσσάμενος κατὰ θυμὸν,   46
Εἴπῃς, ὁππόθεν ἐσσί, καὶ ὁππόσα κήδε' ἀνέτλης. »

Ὣς εἰπὼν κλισίηνδ' ἡγήσατο δῖος ὑφορβός·
Εἷσεν δ' εἰσαγαγὼν, ῥῶπας δ' ὑπέχευε δασείας·
Ἐστόρεσεν δ' ἐπὶ δέρμα ἰονθάδος ἀγρίου αἰγὸς,   50
Αὐτοῦ ἐνεύναιον, μέγα καὶ δασύ· χαῖρε δ' Ὀδυσσεὺς,
Ὅττι μὶν ὡς ὑπέδεκτο· ἔπος τ' ἔφατ', ἔκ τ' ὀνόμαζε·

Ζεύς τοι δοίη, ξεῖνε, καὶ ἀθάνατοι θεοὶ ἄλλοι
« Ὅ,ττι μάλιστ' ἐθέλεις, ὅτι μὲ πρόφρων ὑπέδεξο. »

Τὸν δ' ἀπαμειβόμενος προσέφης, Εὔμαιε συβῶτα· 55
» Ξεῖν', οὔ μοι θέμις ἔστ', οὐδ' εἰ κακίων σέθεν ἔλθοι,
» Ξεῖνον ἀτιμῆσαι· πρὸς γὰρ Διός εἰσιν ἅπαντες
» Ξεῖνοί τε, πτωχοί τε· δόσις δ' ὀλίγη τέ, φίλη τέ

cris et de pierres il écarte enfin ces chiens, et ayant délivré Ulysse, il lui parla en ces termes :

« Vieillard, il s'en est peu fallu que mes chiens ne
» vous aient dévoré ; vous m'auriez exposé à une dou-
» leur très-sensible et à des regrets éternels. Les Dieux
» m'ont envoyé assez d'autres déplaisirs sans celui-là. Je
» passe ma vie à pleurer l'absence, et peut-être la mort
» de mon cher maître, que sa bonté et sa sagesse éga-
» loient aux Dieux, et j'ai la douleur de fournir pour la
» table de ses plus mortels ennemis tout ce que j'ai de
» plus beau et de meilleur, pendant que ce cher maître
» manque peut-être des choses les plus nécessaires à la
» vie dans quelque terre étrangère, si tant est même
» qu'il vive encore et qu'il jouisse de la lumière du soleil.
» Mais, bon homme, entrez, je vous prie, dans ma mai-
» son, afin qu'après vous être rafraîchi, et après avoir
» repris vos forces par quelque nourriture, vous m'ap-
» preniez d'où vous êtes et tout ce que vous avez souf-
» fert. »

En achevant ces mots, il le fait entrer et le conduit lui-même. Dès qu'ils sont dans la maison, il jette à terre quelques broussailles tendres qu'il couvre d'une grande peau de chèvre sauvage, où il le fit asseoir. Ulysse est ravi de ce bon accueil et lui témoigne sa reconnoissance :

« Mon hôte, lui dit-il, que Jupiter et tous les autres
» Dieux accomplissent tout ce que vous désirez, pour
» vous récompenser de la bonne réception que vous me
» faites. »

Divin Eumée, vous lui répondîtes : « Bon homme,
» il ne m'est pas permis de mépriser un étranger, non
» pas même quand il seroit dans un état plus vil et plus
» méprisable que celui où vous êtes ; car tous les étran-
» gers et tous les pauvres viennent de Jupiter. Je ne suis
» pas en état de leur faire de grandes charités, il faut me

» Γίγνεται ἡμετέρη· ἡ γὰρ δμώων δίκη ἐστίν,
» Αἰεὶ δειδιότων, ὅτ᾽ ἐπικρατέωσιν ἄνακτες. 60
» Οἱ νέοι· ἡ γὰρ τοῦ γε θεοὶ κατὰ νόστον ἔδησαν,
» Ὅς κεν ἔμ᾽ ἐνδυκέως ἐφίλει, καὶ κτῆσιν ὅπασσεν,
» Οἷά τε ᾧ οἰκῆϊ ἄναξ εὔθυμος ἔδωκεν,
» Οἶκόν τε, κλῆρόν τε, πολυμνήστην τε γυναῖκα,
» Ὅς οἱ πολλὰ κάμῃσι, θεὸς δ᾽ ἐπὶ ἔργον ἀέξει· 65
» Ὡς καὶ ἐμοὶ τόδε ἔργον ἀέξεται, ᾧ ἔπι μίμνω.
» Τῷ κέ με πόλλ᾽ ὤνησεν ἄναξ, εἰ αὐτόθ᾽ ἐγήρα·
» Ἀλλ᾽ ὄλεθ᾽· ὡς ὤφελλ᾽ Ἑλένης ἀπὸ φῦλον ὀλέσθαι
» Πρόχνυ, ἐπεὶ πολλῶν ἀνδρῶν ὑπὸ γούνατ᾽ ἔλυσεν,
» Καὶ γὰρ ἐκεῖνος ἔβη Ἀγαμέμνονος εἵνεκα τιμῆς 70
» Ἴλιον εἰς εὔπωλον, ἵνα Τρώεσσι μάχοιτο. »

Ὡς εἰπὼν, ζωστῆρι θοῶς συνέεργε χιτῶνα·
Βῆ δ᾽ ἴμεν ἐς συφεοὺς, ὅθι ἔθνεα ἔρχατο χοίρων·
Ἔνθεν ἑλὼν δύ᾽ ἔνεικε, καὶ ἀμφοτέρους ἱέρευσεν·
Εὗσέ τε, μίστυλλέν τε, καὶ ἀμφ᾽ ὀβελοῖσιν ἔπειρεν. 75
Ὀπτήσας δ᾽ ἄρα πάντα φέρων παρέθηκ᾽ Ὀδυσῆϊ,
Θέρμ᾽ αὐτοῖς ὀβελοῖσιν· ὁ δ᾽ ἄλφιτα λευκὰ πάλυνεν·
Ἐν δ᾽ ἄρα κισσυβίῳ μελιηδέα οἶνον·
Αὐτὸς δ᾽ ἀντίον ἷζεν, ἐποτρύνων δὲ προσηύδα·

« Ἔσθιε νῦν, ὦ ξεῖνε, τά τε δμώεσσι πάρεστι 80
» Χοίρε᾽· ἀτὰρ σιάλους γε σύας μνηστῆρες ἔδουσιν,
» Οὐκ ὄπιδα φρονέοντες ἐνὶ φρεσὶν, οὐδ᾽ ἐλεητύν.
» Οὐ μὲν σχέτλια ἔργα θεοὶ μάκαρες φιλέουσιν,
» Ἀλλὰ δίκην τίουσι καὶ αἴσιμα ἔργ᾽ ἀνθρώπων.

» contenter de leur donner peu. C'est là le devoir des
» bons domestiques, ils doivent être toujours dans la
» crainte, surtout quand ils ont de jeunes maîtres dont
» ils doivent ménager le bien. J'aurois plus de liberté si
» mon cher maître étoit ici, mais les Dieux lui ont fermé
» toute voie de retour. Je puis dire qu'il m'aimoit : il
» m'auroit donné une maison, un héritage et une
» femme honnête et vertueuse, en un mot, tout ce
» qu'un bon maître peut donner à un domestique affec-
» tionné et fidèle, qui lui a rendu tous les services qui
» ont dépendu de lui, et dont Dieu a béni le labeur,
» comme il a béni le mien dans tout ce qui m'a été
» confié. Certainement j'aurois tiré de grands avan-
» tages de l'affection de ce prince, s'il avoit vieilli dans
» son palais. Mais il ne vit plus. Ah ! plût aux Dieux
» qu'Hélène fût périe avec toute sa race, ou qu'elle
» n'eût jamais vu la lumière du jour ; car elle a été cause
» de la mort d'une infinité de grands personnages ! Mon
» maître alla comme les autres faire la guerre aux
» Troyens, et aider Agamemnon à tirer vengeance de
» l'injure qu'il avoit reçue. »

Ayant ainsi parlé, il releva sa tunique à sa ceinture, et courut promptement à une des étables, et il apporta deux jeunes cochons ; il les égorgea, les prépara, les mit par morceaux, et après les avoir fait rôtir, il les servit à Ulysse avec les broches mêmes et les saupoudra de fleur de farine : il mêla ensuite l'eau et le vin, dans une urne, et s'étant assis vis-à-vis d'Ulysse, il le presse de manger :

« Étranger, lui dit-il, mangez de cette viande, qu'on
» donne ici aux pasteurs ; nos cochons engraissés sont
» réservés pour les poursuivans, gens sans considération
» et sans miséricorde. Cependant les Dieux n'aiment
» point les injustices, ils punissent les violences et
» récompensent les bonnes actions. Les pirates mêmes

» Καὶ μὲν δυσμενέες καὶ ἀνάρσιοι, οἵτ᾽ ἐπὶ γαίης 85
» Ἀλλοτρίης βῶσιν, καί σφιν Ζεὺς ληίδα δώῃ,
» Πλησάμενοι δέ τε νῆας ἔβαν οἰκόνδε ἕκαστος·
» Καὶ μὲν τοῖς ὄπιδος κρατερὸν δέος ἐν φρεσὶ πίπει·
» Οἴδε δὲ καί τι ἴσασι, θεοῦ δέ τιν᾽ ἔκλυον αὐδήν,
» Κείνου λυγρὸν ὄλεθρον, ὅτ᾽ οὐκ ἐθέλουσι δικαίως 90
» Μνᾶσθαι, οὐδὲ νέεσθαι ἐπὶ σφέτερ᾽· ἀλλὰ ἕκηλοι
» Κτήματα δαρδάπτουσιν ὑπέρβιον, οὐδ᾽ ἔτι φειδώ.
» Ὅσσαι γὰρ νύκτες τὲ, καὶ ἡμέραι ἐκ Διός εἰσιν,
» Οὔποθ᾽ ἓν ἱερεύουσ᾽ ἱερήϊον, οὐδὲ δύ᾽ οἴω·
» Οἶνον δὲ φθινύθουσιν ὑπέρβιον ἐξαφύοντες. 95
» Ἡ γάρ οἱ ζωή γ᾽ ἦν ἄσπετος· οὔτινι τόσση
» Ἀνδρῶν ἡρώων, οὔτ᾽ Ἠπείροιο μελαίνης,
» Οὔτ᾽ αὐτῆς Ἰθάκης· οὔτε ξυνεείκοσι φωτῶν
» Ἔστ᾽ ἄφενος τοσσοῦτον· ἐγὼ δέ κέ τοι καταλέξω·
» Δώδεκ᾽ ἐν Ἠπείρῳ ἀγέλαι· τόσα πώεα οἰῶν, 100
» Τόσσα συῶν συβόσια, τόσ᾽ αἰπόλια πλατέ᾽ αἰγῶν
» Βόσκουσι ξεῖνοί τε, καὶ αὐτοῦ βώτορες ἄνδρες.
» Ἔνθα δέ τ᾽ αἰπόλια πλατέ᾽ αἰγῶν ἕνδεκα πάντα
» Ἐσχατιῇ βόσκοντ᾽· ἐπὶ δ᾽ ἀνέρες ἐσθλοὶ ὄρονται.
» Τῶν αἰεί σφιν ἕκαστος ἐπ᾽ ἤματι μῆλον ἀγινεῖ, 105
» Ζατρεφέων αἰγῶν, ὅς τις φαίνηται ἄριστος.
» Αὐτὰρ ἐγὼ σῦς τάσδε φυλάσσω τὲ, ῥύομαί τε,

» les plus cruels et les plus féroces, qui vont à main
» armée faire des descentes dans les pays étrangers, et
» qui, après les avoir ravagés et avoir fait un grand
» butin, s'en retournent sur leurs vaisseaux, on les voit
» tous les jours, frappés de la crainte des Dieux, cher-
» cher à se mettre à couvert de la vengeance divine:
» mais les poursuivans persévèrent dans leurs violences
» sans aucun remords. Assurément ils ont eu des nou-
» velles de la mort d'Ulysse, ou ils l'ont apprise par
» quelque réponse des Dieux ; voilà pourquoi ils ne
» veulent point demander la reine dans les formes, ni
» s'en retourner chez eux; mais ils demeurent dans ce
» palais à consumer et à dissiper les biens de mon
» maître avec insolence et sans aucun ménagement ;
» car, et tous les jours et toutes les nuits, ils ne se con-
» tentent pas d'offrir une ou deux victimes, ils font un
» dégât prodigieux; notre meilleur vin est au pillage, en
» un mot, ils vivent à discrétion. Mon maître avoit des
» richesses immenses avant leur arrivée ; il n'y avoit
» point de prince si riche ni ici à Ithaque, ni dans le
» continent; les richesses de vingt de nos plus riches
» princes n'égaloient pas les siennes, et je m'en vais vous
» en faire le détail. Il avoit dans le continent voisin
» douze troupeaux de bœufs, autant de troupeaux de
» moutons, autant de troupeaux de cochons et autant de
» troupeaux de chèvres. Tous ces troupeaux étoient sous
» la conduite de ses bergers et de bergers étrangers; et
» ici dans cette île il avoit onze grands troupeaux de
» chèvres qui paissoient à l'extrémité de cette île, sous
» les yeux de bergers fidèles. Chacun d'eux est obligé
» d'envoyer tous les matins à ces poursuivans le meil-
» leur chevreau qu'ils aient dans leur bergerie. Et moi,
» qui vous parle, je veille sur les bergers qui gardent
» ces troupeaux de cochons, et je suis forcé comme les

Tome II. 3

» Καί σφι συῶν τὸν ἄριστον ἐῦ κρίνας ἀποπέμπω. »

Ὣς φάθ'· ὁ δ' ἐνδυκέως κρέα τ' ἤσθιε, πῖνέ τε οἶνον
Ἁρπαλέως, ἀκέων· κακὰ δὲ μνηστῆρσι φύτευεν.   110
Αὐτὰρ ἐπεὶ δείπνησε, καὶ ἤραρε θυμὸν ἐδωδῇ,
Καί οἱ πλησάμενος δῶκε σκύφος, ᾧ περ ἔπινεν,
Οἴνου ἐνίπλειον· ὁ δ' ἐδέξατο, χαῖρε δὲ θυμῷ,
Καί μιν φωνήσας ἔπεα πτερόεντα προσηύδα·

« Ὦ φίλε, τίς γάρ σε πρίατο κτεάτεσσιν ἑοῖσιν, 115
» Ὧδε μάλ' ἀφνειὸς καὶ καρτερὸς, ὡς ἀγορεύεις;
» Φῆς δ' αὐτὸν φθίσθαι Ἀγαμέμνονος εἵνεκα τιμῆς.
» Εἰπέ μοι, αἴκε πόθι γνώω τοιοῦτον ἐόντα.
» Ζεὺς γάρ που τύγε οἶδε, καὶ ἀθάνατοι θεοὶ ἄλλοι,
» Εἰ κέ μιν ἀγγείλαιμι ἰδών· ἐπὶ πολλὰ δ' ἀλήθην. »

Τὸν δ' ἠμείβετ' ἔπειτα συβώτης, ὄρχαμος ἀνδρῶν 121
« Ὦ γέρον, οὔτις ἐκεῖνον ἀνὴρ ἀλαλήμενος ἐλθὼν
» Ἀγγέλλων πείσειε γυναῖκά τε καὶ φίλον υἱόν.
» Ἀλλ' ἄλλως κομιδῆς κεχρημένοι ἄνδρες ἀλῆται
» Ψεύδοντ' οὐδ' ἐθέλουσιν ἀληθέα μυθήσασθαι.   125
» Ὃς δ' ἂν ἀλητεύων Ἰθάκης ἐς δῆμον ἵκηται,
» Ἐλθὼν ἐς δέσποιναν ἐμὴν, ἀπατήλια βάζει.
» Ἡ δ' εὖ δεξαμένη, φιλέει καὶ ἕκαστα μεταλλᾷ,
» Καί οἱ ὀδυρομένῃ βλεφάρων ἄπο δάκρυα πίπτει,
» Ἣ θέμις ἐστὶ γυναικὸς, ἐπὴν πόσις ἄλλοθ' ὄληται.
» Αἶψά κε καὶ σὺ, γεραιὲ, ἔπος παρατεκτήναιο, 131
» Εἴ τις τοι χλαῖνάν τε, χιτῶνά τε, εἵματα δοίη.

» autres de leur envoyer tous les jours le cochon le plus
» gras de mes étables. »

Pendant qu'il parloit ainsi, Ulysse continuoit son repas, et pensoit aux moyens de se venger de ces princes insolens et superbes. Après qu'il fut rassasié, il prit la coupe où il avoit bu, la remplit de vin, et la présenta à Eumée, qui la reçut avec joie, ravi de l'honnêteté que lui faisoit cet étranger. Alors Ulysse prenant la parole, lui dit :

« Mon cher hôte, comment appelez-vous cet homme
» si vaillant et si riche, qui a eu le bonheur de vous
» acheter pour vous donner l'intendance de ses trou-
» peaux, et que vous dites que la querelle d'Agamemnon
» a fait périr? Apprenez-moi son nom, afin que je voie
» si je ne l'aurois point connu. Jupiter et les autres
» Dieux savent si je ne pourrai pas vous en donner des
» nouvelles, et si je ne l'ai pas vu, car j'ai parcouru
» diverses contrées. »

« Ah! mon ami, répondit l'intendant des bergers, ni
» ma maîtresse, ni son fils n'ajouteront plus de foi
» à tous les voyageurs qui se vanteront d'avoir vu
» Ulysse ; on sait que les étrangers qui ont besoin d'as-
» sistance, forgent des mensonges pour se rendre
» agréables, et ne disent presque jamais la vérité. Tous
» ceux qui passent ici ne cherchent qu'à amuser ma maî-
» tresse par leurs contes. Elle les reçoit, les traite le
» mieux du monde, et passe les jours à les questionner;
» elle écoute leurs discours, les boit avec avidité, s'ar-
» rête sur tout ce qui la flatte, et pendant qu'ils parlent,
» on voit son beau visage baigné de pleurs, comme c'est
» la coutume des femmes vertueuses dont les maris sont
» morts éloignés d'elles. Et peut-être que vous-même,
» bon homme, vous inventeriez de pareilles fables, si
» on vous donnoit de meilleurs habits à la place de ces

» Τοῦ δ᾽ ἤδη μέλλουσι κύνες, ταχέες τ᾽ οἰωνοί,
» Ῥινὸν ἀπ᾽ ὀστεόφιν ἐρύσαι· ψυχὴ δὲ λέλοικεν·
» Ἤ τόν γ᾽ ἐν πόντῳ φάγον ἰχθύες, ὀστέα δ᾽ αὐτοῦ 135
» Κεῖται ἐπ᾽ ἠπείρου, ψαμάθῳ εἰλυμένα πολλῇ.
» Ὣς ὁ μὲν ἔνθ᾽ ἀπόλωλε· φίλοισι δὲ κήδε᾽ ὀπίσσω
» Πᾶσιν, ἐμοὶ δὲ μάλιστα, τετεύχαται· οὐ γὰρ ἔτ᾽ ἄλλον
» Ἤπιον ὧδε ἄνακτα κιχήσομαι, ὁππόσ᾽ ἐπέλθω,
» Οὐδ᾽ εἴ κεν πατρὸς καὶ μητέρος αὖτις ἵκωμαι 140
» Οἶκον, ὅθι πρῶτον γενόμην, καί μ᾽ ἔτρεφον αὐτοί.
» Οὐδέ τι τῶν ἔτι τόσσον ὀδύρομαι, ἀχνύμενός περ,
» Ὀφθαλμοῖσιν ἰδέσθαι, ἐὼν ἐν πατρίδι γαίῃ·
» Ἀλλά μ᾽ Ὀδυσσῆος πόθος αἴνυται οἰχομένοιο,
» Τὸν μὲν ἐγὼν, ὦ ξεῖνε, καὶ οὐ παρεόντ᾽ ὀνομάζειν
» Αἰδέομαι· περὶ γάρ μ᾽ ἐφίλει καὶ κήδετο θυμῷ· 146
» Ἀλλά μιν ἠθεῖον καλέω, καὶ νόσφιν ἐόντα· »

Τὸν δ᾽ αὖτε προσέειπε πολύτλας δῖος Ὀδυσσεύς.
« Ὦ φίλ᾽, ἐπειδὴ πάμπαν ἀναίνεαι, οὐδέ τι φῆσθα,
» Κεῖνον ἐλεύσεσθαι, θυμὸς δέ τοι αἰὲν ἄπιστος· 150
» Ἀλλ᾽ ἐγὼ οὐκ αὔτως μυθήσομαι, ἀλλὰ σὺν ὅρκῳ,
» Ὡς νεῖται Ὀδυσεύς· εὐαγγέλιον δέ μοι ἔστω,
» Αὐτίκ᾽, ἐπεί κεν κεῖνος ἰὼν τὰ ἃ δώμαθ᾽ ἵκηται,
» Ἕσσαι μὲ χλαῖνάν τε, χιτῶνά τε, εἵματα καλά·
» Πρὶν δέ κε, καὶ μάλα περ κεχρημένος, οὔτι δεχοίμην.
» Ἐχθρὸς γάρ μοι κεῖνος, ὁμῶς Ἀΐδαο πύλῃσι 156
» Γίνεται, ὃς πενίῃ εἴκων ἀπατήλια βάζει.
» Ἴστω νῦν Ζεὺς πρῶτα θεῶν, ξενίη τε τράπεζα,

» haillons. Mais il est certain que l'ame de mon maître
» n'anime plus son corps, et que ce corps est quelque
» part la proie des chiens ou des oiseaux ; peut-être
» même qu'il a servi de pâture aux poissons dans le
» fond de la mer, et que ses os sont sur quelque rivage
» éloigné, ensevelis sous des monceaux de sable. Sa mort
» est une source de douleurs pour tous ses amis, et
» surtout pour moi. Car quelque part que je puisse aller,
» jamais je ne trouverai un si bon maître, non pas même
» quand je retournerois dans la maison de mon père et
» de ma mère, qui m'ont élevé avec tant de soin. La
» douleur que j'ai de ne plus voir ces chers parens,
» quelque grande qu'elle soit, ne me coûte point tant de
» larmes, et je ne la supporte pas si impatiemment que
» celle de ne plus voir mon cher Ulysse. Et je vous
» assure, mon bon homme, que tout absent qu'il est, je
» me fais encore un scrupule et je me reproche de le
» nommer par son nom ; il m'aimoit si tendrement, il
» avoit tant de bonté pour moi, et je conserve pour lui
» tant de respect, que je l'appelle ordinairement mon
» père. »

« Mon ami, quoique vous refusiez de croire à mes
» paroles, lui répondit le divin Ulysse, et que vous per-
» sistiez dans votre défiance, en vous opiniâtrant à sou-
» tenir que jamais Ulysse ne reviendra, je ne laisse pas
» de vous assurer, et même avec serment, que vous le
» verrez bientôt de retour. Que la récompense pour la
» bonne nouvelle que je vous annonce, soit prête tout
» à l'heure dès qu'il arrivera. Je vous demande que
» vous changiez ces haillons en magnifiques habits, mais
» je ne le demande qu'après qu'il sera arrivé ; quelque
» besoin que j'en aie, je ne les recevrois pas aupara-
» vant ; car je hais comme la mort ceux qui, cédant à la
» pauvreté, ont la bassesse d'inventer des fourberies. Je
» prends donc ici à témoin, premièrement le souverain

» Ἱστίη τ' Ὀδυσῆος ἀμύμονος, ἣν ἀφικάνω,
» Ἡ μέν τοι τάδε πάντα τελείεται, ὡς ἀγορεύω· 160
» Τοῦ δ' αὐτοῦ λυκάβαντος ἐλεύσεται ἐνθάδ' Ὀδυσσεύς·
» Τοῦ μὲν φθίνοντος μηνὸς, τοῦ δ' ἱσταμένοιο,
» Οἴκαδε νοστήσει, καὶ τίσεται, ὅς κεν ἐκείνου
» Ἐνθάδ' ἀτιμάζει ἄλοχον, καὶ φαίδιμον υἱόν. »

Τὸν δ' ἀπαμειβόμενος προσέφης, Εὔμαιε συβῶτα·
« Ὦ γέρον, οὔτ' ἄρ' ἐγὼν εὐαγγέλιον τόδε τίσω, 166
» Οὔτ' Ὀδυσεὺς ἔτι οἶκον ἐλεύσεται· ἀλλὰ ἔκηλος
» Πῖνε, καὶ ἄλλα παρὲξ μεμνώμεθα, μηδέ με τούτων
» Μίμνησκ'· ἦ γὰρ θυμὸν ἐνὶ στήθεσσιν ἐμοῖσιν
» Ἄχνυμαι, ὁππότε τις μνήσῃ κεδνοῖο ἄνακτος. 170
» Ἀλλ' ἤτοι ὅρκον μὲν ἐάσομεν· αὐτὰρ Ὀδυσσεὺς
» Ἔλθοι, ὅπως μὶν ἔγωγ' ἐθέλω, καὶ Πηνελόπεια,
» Λαέρτης θ' ὁ γέρων, καὶ Τηλέμαχος θεοειδής.
» Νῦν αὖ παιδὸς ἄλαστον ὀδύρομαι, ὃν τέκ' Ὀδυσσεὺς,
» Τηλεμάχου· τὸν ἐπεὶ θρέψαν θεοὶ, ἔρνεϊ ἶσον, 175
» Καί μιν ἔφην ἔσσεσθαι ἐν ἀνδράσιν οὔτι χερείω
» Πατρὸς ἑοῖο φίλοιο, φρένας καὶ εἶδος ἀγητόν·
» Τοῦ δέ τις ἀθανάτων βλάψε φρένας ἔνδον ἐΐσας,
» Ἠέ τις ἀνθρώπων· ὁ δ' ἔβη, μετὰ πατρὸς ἀκουήν,
» Ἐς Πύλον ἠγαθέην· τὸν δὲ μνηστῆρες ἀγαυοὶ 180
» Οἴκαδ' ἰόντα λοχῶσιν, ὅπως ἀπὸ φῦλον ὄληται
» Νώνυμον ἐξ Ἰθάκης Ἀρκεισίου ἀντιθέοιο.
» Ἀλλ' ἤτοι κεῖνον μὲν ἐάσομεν, ἤ κεν ἁλώῃ,
» Ἤ κε φύγοι, καί κέν οἱ ὑπέρσχοι χεῖρα Κρονίων·
» Ἀλλ' ἄγε μοι σὺ, γεραιὲ, τὰ σαυτοῦ κήδε' ἔνισπε,
» Καί μοι τοῦτ' ἀγόρευσον ἐτήτυμον, ὄφρ' εὖ εἰδῶ, 186
» Τίς; πόθεν εἰς ἀνδρῶν; πόθι τοι πόλις, ἠδὲ τοκῆες;

» des Dieux, ensuite cette table hospitalière où vous
» m'avez reçu, et le sacré foyer d'Ulysse où je me suis
» retiré, que tout ce que je viens de vous dire s'ac-
» complira. Ulysse reviendra dans cette même année :
» oui, il reviendra à la fin d'un mois, et au commen-
» cement de l'autre vous le verrez dans sa maison, et il
» se vengera avec éclat de tous ceux qui osent traiter sa
» femme et son fils avec tant d'insolence. »

Eumée, peu sensible à ces belles promesses, répondit :
« Bon homme, je n'espère pas de vous donner jamais la
» récompense de ces bonnes nouvelles que vous m'an-
» noncez, car je ne verrai jamais de retour mon cher
» Ulysse ; mais buvez en repos, parlons de toute autre
» chose, et ne me rappelez point un si triste souvenir.
» Je n'entends jamais parler de ce roi si bon, si respec-
» table, que mon cœur ne soit accablé de douleur.
» Laissons là vos sermens, et qu'Ulysse revienne comme
» je le désire et comme le désirent Pénélope, le vieil-
» lard Laërte et le jeune Télémaque. Le malheur de ce
» jeune prince réveille mon affliction ; après les soins
» que les Dieux avoient pris de lui, en l'élevant comme
» une jeune plante, j'espérois que nous le verrions
» entrer dans le monde avec distinction et avec éclat, et
» que dans toutes les qualités de l'esprit et du corps il éga-
» leroit son père ; mais quelque Dieu ennemi, ou quelque
» homme malintentionné lui a renversé l'esprit, car il
» est allé à Pylos pour apprendre des nouvelles de son
» père, et ces fiers poursuivans lui dressent des embûches
» à son retour, pour faire périr en lui toute la race du
» divin Arcésius. Mais ne prévenons point les malheurs
» qui le menacent, peut-être périra-t-il, peut-être aussi
» qu'il se tirera heureusement de ces piéges, et que Jupi-
» ter étendra sur lui son bras puissant. Bon homme,
» racontez-moi toutes vos aventures, et dites-moi sans
» déguisement qui vous êtes, d'où vous êtes, quelle est

» Ὁπποίης δ' ἐπὶ νηὸς ἀφίκεο; πῶς δέ σε ναῦται
» Ἤγαγον εἰς Ἰθάκην; τίνες ἔμμεναι εὐχετόωντο;
» Οὐ μὲν γάρ τί σε πεζὸν ὄΐομαι ἐνθάδ' ἱκέσθαι.» 190

Τὸν δ' ἀπαμειβόμενος προσέφη πολύμητις Ὀδυσσεύς·
« Τοιγὰρ ἐγώ τοι ταῦτα μάλ' ἀτρεκέως ἀγορεύσω,
» Εἴη μὲν νῦν νῶϊν ἐπὶ χρόνον ἠμὲν ἐδωδὴ,
» Ἠδὲ μέθυ γλυκερὸν, κλισίης ἔντοσθεν ἐοῦσι,
» Δαίνυσθαί τ' ἀκέοντ', ἄλλοι δ' ἐπὶ ἔργον ἔποιεν· 195
» Ῥηϊδίως κεν ἔπειτα καὶ εἰς ἐνιαυτὸν ἅπαντα
» Οὔτι διαπρήξαιμι, λέγων ἐμὰ κήδεα θυμοῦ,
» Ὅσσα γε δὴ ξύμπαντα θεῶν ἰότητι μόγησα.
» Ἐκ μὲν Κρητάων γένος εὔχομαι εὐρειάων,
» Ἀνέρος ἀφνειοῖο πάϊς· πολλοὶ δὲ καὶ ἄλλοι   200
» Υἱέες ἐν μεγάροις ἠμὲν τράφεν, ἠδ' ἐγένοντο,
» Γνήσιοι ἐξ ἀλόχου· ἐμὲ δ' ὠνητὴ τέκε μήτηρ
» Παλλακὶς, ἀλλά με ἶσον ἰθαγενέεσσιν ἐτίμα
» Κάστωρ Ὑλακίδης, τοῦ ἐγὼ γένος εὔχομαι εἶναι·
» Ὅς ποτ' ἐνὶ Κρήτεσσι, θεὸς ὥς, τίετο δήμῳ,   205
» Ὄλβῳ τὲ, πλούτῳ τὲ, καὶ υἱάσι κυδαλίμοισιν.
» Ἀλλ' ἤτοι τὸν κῆρες ἔβαν θανάτοιο φέρουσαι
» Εἰς Ἀΐδαο δόμους· τοὶ δὲ ζωὴν ἐδάσαντο
» Παῖδες ὑπέρθυμοι, καὶ ἐπὶ κλήρους ἐβάλοντο·
» Αὐτὰρ ἐμοὶ μάλα παῦρα δόσαν, καὶ οἰκί' ἔνειμαν.
» Ἠγαγόμην δὲ γυναῖκα πολυκλήρων ἀνθρώπων, 211
» Εἵνεκ' ἐμῆς ἀρετῆς· ἐπεὶ οὐκ ἀποφώλιος ἦα,
» Οὐδὲ φυγοπτόλεμος· νῦν δ' ἤδη πάντα λέλοιπεν·
» Ἀλλ' ἔμπης καλάμην γέ σ' ὄΐομαι εἰσορόωντα
» Γινώσκειν· ἦ γάρ με δύη ἔχει ἤλιθα πολλή.   215

» votre ville, quels sont vos parens, sur quel vaisseau
» vous êtes venu, comment vos matelots vous ont
» amené à Ithaque, et quels matelots ce sont ; car la
» mer est le seul chemin qui puisse mener dans une île. »

Le prudent Ulysse lui répondit : « Mon hôte, je vous
» dirai dans la pure vérité tout ce que vous me deman-
» dez, mais croyez que quand nous serions ici une année
» entière à table, et que tous vos gens iroient cependant
» vaquer à leurs affaires, ce temps là ne me suffiroit pas
» pour vous raconter tous les malheurs que j'ai essuyés
» par la volonté des Dieux. Je suis de la grande île de
» Crète, et fils d'un homme riche. Nous sommes plu-
» sieurs enfans ; tous les autres sont nés de femmes légi-
» times, et moi je suis fils d'une étrangère, que mon
» père avoit achetée, et dont il avoit fait sa concubine.
» Mais mon père, qui avoit nom Castor, fils d'Hylax,
» me regardoit et m'aimoit comme tous ses autres enfans
» nés d'un véritable mariage. Voilà pour ce qui con-
» cerne mon père, qui étoit honoré comme un Dieu
» par tous les peuples de Crète, à cause de sa fortune,
» de ses richesses et de ce grand nombre d'enfans tous
» fort estimés. Mais après que la Parque cruelle l'eut
» précipité dans le palais de Pluton, mes frères firent
» un partage de ses biens, tirèrent les lots au sort et ne
» me laissèrent que très-peu de chose avec une maison.
» J'eus le bonheur d'épouser une femme d'une famille
» riche, et dont le père et la mère, assez contens de ma
» bonne mine et de ma réputation, voulurent bien me
» choisir pour gendre ; car je n'étois pas mal fait, et je
» passois pour un homme qui ne fuyoit pas dans les
» batailles ; présentement l'âge m'a ravi toutes ces bonnes
» qualités. Mais je me flatte qu'encore, comme dit le
» proverbe, le chaume vous fera juger de la moisson,
» et qu'à m'examiner vous ne laisserez pas de démêler
» ce que j'ai pu être dans ma jeunesse ; quoique je

» Ἡ μὲν δὴ θάρσος μοι Ἄρης τ᾽ ἔδοσαν καὶ Ἀθήνη,
» Καὶ ῥηξηνορίην· ὁπότε κρίνοιμι λόχονδε
» Ἄνδρας ἀριστῆας, κακὰ δυσμενέεσσι φυτεύων·
» Οὔποτέ μοι θάνατον προτιόσσετο θυμὸς ἀγήνωρ,
» Ἀλλὰ πολὺ πρώτιστος ἐπάλμενος ἔγχει, ἔλεσκον 220
» Ἀνδρῶν δυσμενέων, ὅ, τε μοὶ εἴξειε πόδεσσι.
» Τοῖος ἔ᾽ ἐν πολέμῳ· ἔργον δέ μοι οὐ φίλον ἔσκεν,
» Οὐδ᾽ οἰκωφελίη, ἥτε τρέφει ἀγλαὰ τέκνα·
» Ἀλλά μοι αἰεὶ νῆες ἐπήρετμοι φίλαι ἦσαν,
» Καὶ πόλεμοι, καὶ ἄκοντες εὔξεστοι, καὶ ὀϊστοί, 225
» Λυγρὰ, τά τ᾽ ἄλλοισίν γε καταριγηλὰ πέλονται.
» Αὐτὰρ ἐμοὶ τὰ φίλ᾽ ἔσκε, τά που θεὸς ἐν φρεσὶ θῆκεν·
» Ἄλλος γάρ τ᾽ ἄλλοισιν ἀνὴρ ἐπιτέρπεται ἔργοις.
» Πρὶν μὲν γὰρ Τροίης ἐπιβήμεναι υἷας Ἀχαιῶν,
» Εἰνάκις ἀνδράσιν ἦρξα, καὶ ὠκυπόροισι νέεσσιν, 230
» Ἄνδρας ἐς ἀλλοδαπούς· καί μοι μάλα τύγχανε πάντα·
» Τῶν ἐξαιρεύμην μενοεικέα, πολλὰ δ᾽ ὀπίσσω
» Λάγχανον· αἶψα δὲ οἶκος ὀφέλλετο, καί ῥα ἔπειτα
» Δεινός τ᾽, αἰδοῖός τε, μετὰ Κρήτεσσι τετύγμην.
» Ἀλλ᾽ ὅτε δὴ τήνδε στυγερὴν ὁδὸν εὐρύοπα Ζεὺς 235
» Ἐφράσαθ᾽, ἣ πολλῶν ἀνδρῶν ὑπὸ γούνατ᾽ ἔλυσε,
» Δὴ τότε μ᾽ ἤνωγον καὶ ἀγακλυτὸν Ἰδομενῆα
» Νήεσσ᾽ ἡγήσασθαι ἐς Ἴλιον· οὐδέ τι μῆχος
Ἦεν ἀνήνασθαι, χαλεπὴ δ᾽ ἔχε δήμου φῆμις.

» paroisse accablé de misère et d'infirmités, je puis dire
» que Mars et Minerve m'avoient inspiré une force et
» une audace qui paroissoient dans toutes les occasions,
» surtout lorsque avec des hommes choisis et déterminés,
» je dressois à mes ennemis quelque embuscade. Jamais
» mon courage ne m'a laissé envisager la mort; mais, la
» lance à la main, me jetant le premier au milieu des
» ennemis, je leur faisois lâcher le pied, ou mordre la
» poussière. Voilà quel j'étois à la guerre, tout autre
» genre de vie ne me touchoit point; je n'ai jamais aimé
» le travail, ni le labourage, ni l'économie domestique
» qui donne le moyen de nourrir et d'élever ses enfans.
» Mais j'ai aimé les vaisseaux bien équipés, la guerre,
» les javelots, les flèches; toutes choses qui paroissent
» si tristes et si affreuses à tant d'autres: je ne prenois
» plaisir et je ne m'occupois uniquement qu'aux choses
» pour lesquelles Dieu m'avoit donné de l'inclination;
» car les goûts des hommes sont différens; celui-ci se
» plaît à une chose, et celui-là à une autre. Avant que
» les Grecs entreprissent la guerre contre Troie, j'avois
» déjà commandé en chef neuf expéditions de mer contre
» des étrangers, et le succès en avoit été aussi heureux
» que j'avois pu le désirer. Comme général, j'avois
» choisi pour moi ce qu'il y avoit de plus précieux dans
» le butin, et j'avois encore partagé le reste avec mes
» troupes. J'avois acquis de grandes richesses, ma mai-
» son devenoit tous les jours plus opulente, j'étois un
» personnage considérable, et tout le monde m'hono-
» roit et me respectoit. Mais après que Jupiter eut engagé
» les Grecs à cette funeste entreprise, qui a coûté la vie
» à tant de héros, on me força de conduire les vais-
» seaux de Crète à Ilion avec le célèbre Idoménée. Je
» n'avois aucun prétexte plausible de refuser cet hon-
» neur, et je craignois les reproches du peuple, car la
» réputation d'un homme de guerre est une fleur que la

» Ἔνθα μὲν εἰνάετες πολεμίζομεν υἷες Ἀχαιῶν, 240
» Τῷ δεκάτῳ δὲ πόλιν Πριάμου πέρσαντες ἔβημεν
» Οἴκαδε σὺν νήεσσι· θεὸς δ' ἐκέδασσεν Ἀχαιούς.
» Αὐτὰρ ἐμοὶ δειλῷ κακὰ μήδετο μητίετα Ζεύς·
» Μῆνα γὰρ οἶον ἔμεινα τεταρπόμενος τεκέεσσι,
» Κουριδίῃ τ' ἀλόχῳ, καὶ κτήμασιν· αὐτὰρ ἔπειτα 245
» Αἴγυπτόνδε μὲ θυμὸς ἀνώγει ναυτίλλεσθαι,
» Νῆας ἐῢ στείλαντα σὺν ἀντιθέοις ἑτάροισιν.
» Ἐννέα νῆας στεῖλα, θοῶς δ' ἐσαγείρατο λαός.
» Ἑξῆμαρ μὲν ἔπειτα ἐμοὶ ἐρίηρες ἑταῖροι
» Δαίνυντ'· αὐτὰρ ἐγὼν ἱερήϊα πολλὰ παρεῖχον, 250
» Θεοῖσίν τε ῥέζειν, αὐτοῖσί τε δαῖτα πένεσθαι.
» Ἑβδομάτῃ δ' ἀναβάντες ἀπὸ Κρήτης εὐρείης,
» Ἐπλέομεν Βορέῃ ἀνέμῳ ἀκραέϊ, καλῷ,
» Ῥηϊδίως, ὡσεί τε κατὰ ῥόον· οὐδέ τις οὖν μοι
» Νηῶν πημάνθη, ἀλλ' ἀσκηθέες καὶ ἄνουσοι 255
» Ἥμεθα· τὰς δ' ἄνεμος τε, κυβερνῆταί τ' ἴθυνον.
» Πεμπταῖοι δ' Αἴγυπτον ἐϋρρείτην ἱκόμεσθα·
» Στῆσα δ' ἐν Αἰγύπτῳ ποταμῷ νέας ἀμφιελίσσας·
» Ἔνθ' ἤτοι μὲν ἐγὼ κελόμην ἐρίηρας ἑταίρους
» Αὐτοῦ πὰρ νήεσσι μένειν, καὶ νῆας ἔρυσθαι· 260
» Ὀπτῆρας δὲ κατὰ σκοπιὰς ὤτρυνα νέεσθαι.
» Οἱ δ', ὕβρει εἴξαντες, ἐπισπόμενοι μένεϊ σφῷ,
» Αἶψα μάλ' Αἰγυπτίων ἀνδρῶν περικαλλέας ἀγροὺς
» Πόρθεον, ἐκ δὲ γυναῖκας ἆγον, καὶ νήπια τέκνα,
» Αὐτούς τ' ἔκτεινον· τάχα δ' ἐς πόλιν ἵκετ' αὐτή· 265
» Οἱ δὲ, βοῆς ἀΐοντες, ἅμ' ἠοῖ φαινομένηφιν

» moindre chose ternit. Nous fîmes la guerre dans les
» plaines d'Ilion neuf ans entiers, et la dixième année,
» après avoir saccagé cette superbe ville de Priam, nous
» nous embarquâmes pour retourner dans nos maisons.
» A ce retour, Jupiter dispersa notre flotte, et me des-
» tina dès ce moment à des malheurs infinis. J'arrivai
» heureusement à Crète, mais à peine avois-je été un
» mois à me délasser, à me réjouir avec ma femme et
» mes enfans, et à jouir de mes richesses, que l'envie
» me prit d'aller faire une course sur le fleuve Egyptus.
» J'armai neuf vaisseaux, et je nommai ceux qui devoient
» me suivre. Ces troupes furent assemblées très-promp-
» tement. Avant que de partir, nous passâmes six jours
» à faire bonne chère, et je leur fournis quantité de
» victimes pour faire des sacrifices aux Dieux, et pour
» consumer le reste à leurs tables. Nous nous embar-
» quâmes le septième jour, et nous nous éloignâmes du
» rivage de Crète; portés par le Borée qui nous étoit
» très-favorable, nous voguions aussi doucement que
» si, dans une rivière, nous n'avions fait que suivre le
» courant de l'eau. Aucun de mes vaisseaux ne fut
» endommagé, et je n'eus pas un seul malade; le vent et
» l'adresse de mes pilotes nous menèrent si droit, que
» le cinquième jour nous arrivâmes dans le fleuve. J'ar-
» rêtai là ma flotte, et j'ordonnai à mes compagnons de
» demeurer sur leurs vaisseaux et de chercher un abri
» sur la rive. J'en choisis seulement un petit nombre
» pour les envoyer découvrir le pays. Ces imprudens se
» laissant emporter à leur férocité et à leur courage, au
» lieu d'exécuter mes ordres, se mirent à piller les fer-
» tiles champs des Egyptiens, à emmener leurs femmes
» et leurs enfans, et à faire main-basse sur tout ce qui
» s'opposoit à leur furie. Le bruit affreux que ce grand
» désordre causoit, retentit jusque dans la ville voisine;
» les citoyens, attirés par les cris, parurent en armes au

» Ἦλθον· πλῆτο δὲ πᾶν πεδίον τε καὶ ἵππων,
» Χαλκοῦ τε στεροπῆς· ἐν δὲ Ζεὺς τερπικέραυνος
» Φῦζαν ἐμοῖς ἑτάροισι κακὴν βάλεν, οὐδέ τις ἔτλη
» Μεῖναι ἐναντίβιον· περὶ γὰρ κακὰ πάντοθεν ἔστη. 270
» Ἔνθ' ἡμέων πολλοὺς μὲν ἀπέκτανον ὀξέϊ χαλκῷ,
» Τοὺς δ' ἄγαγον ζωοὺς, σφίσιν ἐργάζεσθαι ἀνάγκη.
» Αὐτὰρ ἐμοὶ Ζεὺς αὐτὸς ἐνὶ φρεσὶ τοῦτο νόημα
» Ποίησ', (ὡς ὄφελον θανέειν, καὶ πότμον ἐπισπεῖν
» Αὐτοῦ ἐν Αἰγύπτῳ· ἔτι γάρ νύ με πῆμ' ὑπέδεκτο·) 275
» Αὐτίκ' ἀπὸ κρατὸς κυνέην εὔτυκτον ἔθηκα,
» Καὶ σάκος ὤμοιϊν· δόρυ δ' ἔκβαλον ἔκτοσε χειρός·
» Αὐτὰρ ἐγὼ βασιλῆος ἐναντίον ἤλυθον ἵππων,
» Καὶ κύσα γούναθ' ἑλών· ὁ δ' ἐρύσατο, καί μ' ἐλέησεν·
» Ἐς δίφρον δέ μ' ἔσας ἄγεν οἴκαδε δακρυχέοντα. 280
» Ἦ μέν μοι μάλα πολλοὶ ἐπήϊσσον μελίῃσιν,
» Ἰέμενοι κτεῖναι· (δὴ γὰρ κεχολώατο λίην·)
» Ἀλλ' ἀπὸ κεῖνος ἔρυκε· Διὸς δ' ὠπίζετο μῆνιν
» Ξεινίου, ὅς τε μάλιστα νεμεσσᾶται κακὰ ἔργα.
» Ἔνθα μὲν ἑπτάετες μένον αὐτόθι, πολλὰ δ' ἄγειρα 285
» Χρήματ' ἀν' Αἰγυπτίους ἄνδρας, δίδοσαν γὰρ ἅπαντες.
» Ἀλλ' ὅτε δὴ ὄγδοόν μοι ἐπιπλόμενον ἔτος ἦλθε,
» Δὴ τότε Φοῖνιξ ἦλθεν ἀνὴρ, ἀπατήλια εἰδὼς,
» Τρώκτης, ὃς δὴ πολλὰ κάκ' ἀνθρώποισιν ἐώργει·
» Ὅς μ' ἄγε παρπεπιθὼν ᾗσιν φρεσὶν, ὄφρ' ἱκόμεσθα
» Φοινίκην, ὅθι τοῦγε δόμοι καὶ κτήματ' ἔκειτο. 291
» Ἔνθα παρ' αὐτῷ μεῖνα τελεσφόρον εἰς ἐνιαυτόν.
» Ἀλλ' ὅτε δὴ μῆνές τε, καὶ ἡμέραι ἐξετελεῦντο,
» Ἂψ περιτελλομένου ἔτεος, καὶ ἐπήλυθον ὧραι,
» Ἐς Λιβύην μ' ἐπὶ νηὸς ἐέσσατο ποντοπόροιο, 295
» Ψεύδεα βουλεύσας· ἵνα οἱ σὺν φόρτον ἄγοιμι,
» Κεῖθι δέ μ' ὡς περάσῃσι, καὶ ἄσπετον ὦνον ἕλοιτο.

» point du jour. Toute la campagne fut pleine d'infan-
» terie et de cavalerie, et elle paroissoit en feu par l'éclat
» de l'airain dont elle étoit toute couverte. Là le maître
» du tonnerre souffla la terreur et la fuite parmi mes
» compagnons ; aucun n'eut le courage de se défendre,
» car ils étoient enveloppés de toutes parts. Les Egyp-
» tiens en tuèrent un grand nombre, firent les autres
» prisonniers, et les réduisirent en un triste esclavage.
» Dans cette extrémité, Jupiter m'inspira une pensée;
» que ne mourus-je plutôt sur la place ! car de grands
» malheurs m'attendoient encore : je détache mon
» casque, je le jette à terre, j'abandonne mon bouclier
» et ma pique, et m'approchant du char du roi, j'em-
» brasse ses genoux. Il eut pitié de moi, et me sauva la
» vie; il me fit même monter sur son char près de lui,
» et me mena dans son palais. En chemin, nous fûmes
» souvent environnés de soldats, qui, la pique baissée,
» vouloient se jeter sur moi pour me tuer, tant ils
» étoient irrités de l'acte d'hostilité que j'avois osé com-
» mettre ; mais le roi me garantit, et craignit la colère
» de Jupiter, qui préside à l'hospitalité, et qui punit
» sévèrement ceux qui la violent. Je demeurai dans son
» palais sept années entières, j'amassai beaucoup de
» bien, car tous les Egyptiens me faisoient des présens.
» Quand la huitième année fut venue, il se présenta à
» moi un Phénicien très-instruit dans toutes sortes de
» ruses et de fourberies, insigne fripon, qui avoit fait
» une infinité de maux aux hommes. Cet imposteur, me
» séduisant par ses belles paroles, me persuada d'aller
» avec lui en Phénicie, où il avoit sa maison et son
» bien. Je demeurai chez lui un an entier. Quand l'an-
» née fut révolue, il me proposa de passer avec lui en
» Libye, et forgea mille mensonges dans la vue de me
» porter à faire les avances pour la charge de son vais-
» seau; son dessein étoit de me vendre en Libye, et de

» Τῷ ἑπόμην ἐπὶ νηὸς, οἰόμενός περ, ἀνάγκῃ.
» Ἡ δ᾽ ἔθεεν Βορέῃ ἀνέμῳ ἀκραέϊ, καλῷ,
» Μέσσον ὑπὲρ Κρήτης· Ζεὺς δέ σφιν μήδετ᾽ ὄλεθρον.
» Ἀλλ᾽ ὅτε δὴ Κρήτην μὲν ἐλείπομεν, οὐδέ τις ἄλλη 301
» Φαίνετο γαιάων, ἀλλ᾽ οὐρανὸς, ἠδὲ θάλασσα,
» Δὴ τότε κυανέην νεφέλην ἔστησε Κρονίων
» Νηὸς ὑπὲρ γλαφυρῆς, ἤχλυσε δὲ πόντος ὑπ᾽ αὐτῆς.
» Ζεὺς δ᾽ ἄμυδις βρόντησε, καὶ ἔμβαλε νηῒ κεραυνόν.
» Ἡ δ᾽ ἐλελίχθη πᾶσα, Διὸς πληγεῖσα κεραυνῷ, 306
» Ἐν δὲ θεείου πλῆτο, πέσον δ᾽ ἐκ νηὸς ἅπαντες.
» Οἱ δὲ, κορώνῃσιν ἴκελοι, περὶ νῆα μέλαιναν
» Κύμασιν ἐμφορέοντο· θεὸς δ᾽ ἀποαίνυτο νόστον.
» Αὐτὰρ ἐμοὶ Ζεὺς αὐτὸς, ἔχοντί περ ἄλγεα θυμῷ,
» Ἱστὸν ἀμαιμάκετον νηὸς κυανοπρώροιο 311
» Ἐν χείρεσσιν ἔθηκεν, ὅπως ἔτι πῆμα φύγοιμι.
» Τῷ ῥα περιπλεχθεὶς, φερόμην ὀλοοῖς ἀνέμοισιν·
» Ἐννῆμαρ φερόμην, δεκάτῃ δέ με νυκτὶ μελαίνῃ
» Γαίῃ Θεσπρωτῶν πέλασεν μέγα κῦμα κυλίνδον. 315
» Ἔνθα μὲ Θεσπρωτῶν βασιλεὺς ἐκομίσσατο Φείδων
» Ἥρως ἀπριάτην· τοῦ γὰρ φίλος υἱὸς ἐπελθὼν
» Αἴθρῳ καὶ καμάτῳ δεδμημένον ἦγεν ἐς οἶκον,
» Χειρὸς ἀναστήσας, ὄφρ᾽ ἵκετο δώματα πατρός.
» Ἀμφὶ δέ με χλαῖνάν τε, χιτῶνά τε, εἵματα ἕσσεν.
» Ἔνθ᾽ Ὀδυσῆος ἐγὼ πυθόμην· κεῖνος γὰρ ἔφασκεν, 321
» Ξεινίσαι, ἠδὲ φιλῆσαι, ἰόντ᾽ ἐς πατρίδα γαῖαν.
» Καί μοι κτήματ᾽ ἔδειξεν, ὅσα ξυναγείρατ᾽ Ὀδυσσεὺς,
» Χαλκόν τε, χρυσόν τε, πολύκμητόν τε σίδηρον.

» faire un grand profit. Quoique ses grandes promesses
» commençassent à m'être suspectes, je le suivis par
» nécessité. Nous voilà donc embarqués ; notre vaisseau
» couroit par un vent de nord qui le porta à la hauteur
» de Crète : Jupiter avoit résolu la perte de ce vaisseau.
» Dès que nous fûmes éloignés de cette île, et que nous
» ne vîmes plus que les flots et le ciel, le fils de Saturne
» assembla au-dessus de nous un nuage noir, qui couvrit
» la mer d'une affreuse obscurité ; ce nuage fut accom-
» pagné de tonnerres et d'éclairs, et ce Dieu irrité lança
» sur notre vaisseau sa foudre enflammée ; le coup de
» tonnerre fut si violent, que tout l'assemblage du vais-
» seau en fut ébranlé ; une odeur de soufre le remplit,
» tout l'équipage tomba dans l'eau, et l'on voyoit tous
» ces malheureux, portés sur les flots comme des oiseaux
» marins, faire leurs efforts pour se sauver ; mais toute
» voie de salut leur étoit fermée. Jupiter, touché de
» mon affliction, fit tomber entre mes mains le grand
» mât du navire, afin que je m'en servisse pour me tirer
» de ce danger. J'embrassai ce mât de toute ma force,
» et je fus en cet état le jouet des vents neuf jours
» entiers. Enfin, le dixième jour, pendant une nuit fort
» noire, le flot me poussa contre la terre des Thespro-
» tiens. Le héros Phidon, qui étoit roi de cette terre,
» me reçut avec beaucoup de générosité, et ne me
» demanda point de rançon ; et son fils étant arrivé sur
» le rivage, et m'ayant trouvé demi-mort de froid et de
» fatigue, me mena dans son palais, en me soutenant
» lui-même, car je n'avois psesque pas la force de mar-
» cher. Le roi me fit donner des habits magnifiques. Là
» j'entendis beaucoup parler d'Ulysse, et le roi lui-
» même me dit qu'il l'avoit reçu et traité dans son palais,
» comme il passoit chez lui pour s'en retourner dans sa
» patrie. Il me montra même toutes les richesses qu'U-
» lysse avoit amassées dans ce voyage, l'airain, l'or, le

» Καί νύ κεν ἐς δεκάτην γενεὴν ἕτερόν γ᾽ ἔτι βόσκοι·
» Τόσσα οἱ ἐν μεγάροις κειμήλια κεῖτο ἄνακτος· 326
» Τὸν δ᾽ ἐς Δωδώνην φάτο βήμεναι, ὄφρα θεοῖο
» Ἐκ δρυὸς ὑψικόμοιο Διὸς βουλὴν ἐπακούσῃ,
» Ὅππως νοστήσῃ Ἰθάκης ἐς πίονα δῆμον,
» Ἤδη δὴν ἀπεὼν, ἢ ἀμφαδὸν, ἠὲ κρυφιδόν. 330
» Ὤμοσε δὲ πρὸς ἔμ᾽ αὐτὸν, ἀποσπένδων ἐνὶ οἴνῳ,
» Νῆα κατειρύσθαι, καὶ ἐπαρθέας ἔμμεν᾽ ἑταίρους,
» Οἳ δή μιν πέμψουσι φίλην ἐς πατρίδα γαῖαν.
» Ἀλλ᾽ ἐμὲ πρὶν ἀπέπεμψε· τύχησε γὰρ ἐρχομένη νηῦς
» Ἀνδρῶν Θεσπρωτῶν ἐς Δουλίχιον πολύπυρον. 335
» Ἔνθ᾽ ὅγε μ᾽ ἠνώγει πέμψαι βασιλῆϊ Ἀκάστῳ
» Ἐνδυκέως· τοῖσιν δὲ κακὴ φρεσὶν ἥνδανε βουλὴ
» Ἀμφ᾽ ἐμοί, ὄφρ᾽ ἔτι πάγχυ δύης ἐπὶ πῆμα γενοίμην.
» Ἀλλ᾽ ὅτε γαίης πολλὸν ἀπέπλω ποντοπόρος νηῦς,
» Αὐτίκα δούλιον ἦμαρ ἐμοὶ περιμηχανόωντο. 340
» Ἐκ μέν με χλαῖνάν τε, χιτῶνά τε, εἵματ᾽ ἔδυσαν,
» Ἀμφὶ δέ μοι ῥάκος ἄλλο κακὸν βάλον, ἠδὲ χιτῶνα,
» Ῥωγαλέα, τὰ καὶ αὐτὸς ἐν ὀφθαλμοῖσιν ὅρηαι.
» Ἑσπέριοι δ᾽ Ἰθάκης εὐδειέλου ἔργ᾽ ἀφίκοντο·
» Ἔνθ᾽ ἐμὲ μὲν κατέδησαν ἐϋσσέλμῳ ἐνὶ νηΐ, 345
» Ὅπλῳ ἐϋστρεφέϊ στερεῶς· αὐτοὶ δ᾽ ἀποβάντες
» Ἐσσυμένως παρὰ θῖνα θαλάσσης δόρπον ἕλοντο.
» Αὐτὰρ ἐμοὶ δεσμὸν μὲν ἀνέγναμψαν θεοὶ αὐτοὶ
» Ῥηϊδίως· κεφαλῇ δὲ κατὰ ῥάκος ἀμφικαλύψας,
» Ξεστὸν ἐφόλκαιον καταβὰς ἐπέλασσα θαλάσσῃ 350
» Στῆθος· ἔπειτα δὲ χερσὶ διήρεσα ἀμφοτέρῃσι
» Νηχόμενος, μάλα δ᾽ ὦκα θύρηφ᾽ ἔα ἀμφὶς ἐκείνων.
» Ἔνθ᾽ ἀναβὰς, ὅθι τὲ δρίος ἦν πολυανθέος ὕλης,
» Κείμην πεπτηώς· οἱ δὲ μεγάλα στενάχοντες
» Φοίτων· ἀλλ᾽ οὐ γάρ σφιν ἐφαίνετο κέρδιον εἶναι 355

» fer; et j'en vis une si grande quantité, qu'elle pour-
» roit suffire à nourrir pendant dix générations deux
» familles comme la sienne. Sur ce que je parus étonné
» que tous ces trésors fussent là sans lui, il me dit
» qu'Ulysse les avoit laissés pour aller à Dodone con-
» sulter le chêne miraculeux, et recevoir de lui la
» réponse de Jupiter même, pour savoir comment il
» devoit retourner à Ithaque après une si longue
» absence, et s'il devoit y entrer ouvertement, ou sans
» se faire connoître. Ce prince jura même, en me par-
» lant à moi-même, et au milieu des libations, que le
» vaisseau et les rameurs qui devoient le mener dans sa
» patrie étoient prêts. Je n'eus pas le temps d'attendre,
» car la commodité d'un vaisseau de Thesprotie, qui
» partoit pour Dulichium, s'étant offerte, il me ren-
» voya sur ce vaisseau, et ordonna au patron de me
» remettre fidèlement entre les mains du roi Acaste. Ce
» patron et ses compagnons, loin d'exécuter cet ordre,
» conçurent un méchant dessein contre moi pour me
» rendre encore le jouet de la fortune. Dès que le vais-
» seau fut assez loin de la terre, ils commencèrent par
» m'ôter la liberté, ils me dépouillèrent de mes habits,
» et me donnèrent ces vieux haillons tout rapiécés que
» vous voyez sur moi. Etant arrivés le soir sur les côtes
» d'Ithaque, ils me lièrent avec une bonne corde au
» mât du vaisseau, et me laissant là ils descendirent à
» terre, et se mirent à souper. Les Dieux rompirent
» facilement mes liens. Je mis mes haillons autour de
» ma tête, et me laissant aller le long du gouvernail, je
» me jetai dans l'eau, et nageai de toute ma force. Je me
» trouvai bientôt assez loin de ces scélérats, pour oser
» prendre terre; j'abordai dans un endroit près d'un
» beau bois, où je me cachai. Ces barbares fort affligés
» firent quelque légère perquisition, mais ils ne jugèrent
» pas à propos de me chercher plus long-temps et avec

» Μαίεσθαι προτέρω· τοὶ μὲν πάλιν αὖτις ἔβαινον
» Νηὸς ἐπὶ γλαφυρῆς· ἐμὲ δ᾽ ἔκρυψαν θεοὶ αὐτοὶ
» Ῥηϊδίως, καί με σταθμῷ ἐπέλασσαν ἄγοντες
» Ἀνδρὸς ἐπισταμένου· ἔτι γάρ νύ μοι αἶσα βιῶναι. »

    Τὸν δ᾽ ἀπαμειβόμενος προσέφης, Εὔμαιε συβῶτα,
« Ἆ δειλὲ ξείνων, ἦ μοι μάλα θυμὸν ὄρινας,   361
» Ταῦτα ἕκαστα λέγων, ὅσα δὴ πάθες, ἠδ᾽ ὅσ᾽ ἀληθής·
» Ἀλλὰ τάδ᾽ οὐ κατὰ κόσμον ὄἴομαι, οὐδέ με πείσεις,
» Εἰπὼν ἀμφ᾽ Ὀδυσῆϊ· τί σε χρὴ τοῖον ἐόντα
» Μαψιδίως ψεύδεσθαι; ἐγὼ δ᾽ εὖ οἶδα καὶ αὐτὸς 365
» Νόστον ἐμοῖο ἄνακτος, ὅτ᾽ ἤχθετο πᾶσι θεοῖσι
» Πάγχυ μάλ᾽, ὅττι μιν οὔτι μετὰ Τρώεσσι δάμασσαν,
» Ἠὲ φίλων ἐν χερσὶν, ἐπεὶ πόλεμον τολύπευσε.
» Τῷ κέν οἱ τύμβον μὲν ἐποίησαν παναχαιοὶ,
» Ἠδέ κε καὶ ᾧ παιδὶ μέγα κλέος ἤρατ᾽ ὀπίσσω. 370
» Νῦν δέ μιν ἀκλειῶς Ἅρπυιαι ἀνηρείψαντο.
» Αὐτὰρ ἐγὼ παρ᾽ ὕεσσιν ἀπότροπος· οὐδὲ πόλινδε
» Ἔρχομαι, εἰ μή πού τι περίφρων Πηνελόπεια
» Ἐλθέμεν ὀτρύνῃσιν, ὅτ᾽ ἀγγελίη ποθὲν ἔλθῃ.
» Ἀλλ᾽ οἱ μὲν τὰ ἕκαστα παρήμενοι ἐξερέουσιν, 375
» Ἠμὲν οἳ ἄχνυνται δὴν οἰχομένοιο ἄνακτος,
» Ἠδ᾽ οἳ χαίρουσιν βίοτον νήποινον ἔδοντες·
» Ἀλλ᾽ ἐμοὶ οὐ φίλον ἐστὶ μεταλλῆσαι, καὶ ἔρεσθαι,
» Ἐξ οὗ δή μ᾽ Αἰτωλὸς ἀνὴρ ἐξήπαφε μύθῳ,
» Ὅς τ᾽ ἄνδρα κτείνας, πολλὴν ἐπὶ γαῖαν ἀληθεὶς, 380
» Ἤλυθ᾽ ἐμὸν πρὸς σταθμόν· ἐγὼ δέ μιν ἀμφαγάπαζον.
» Φῆ δέ μιν ἐν Κρήτεσσι πὰρ Ἰδομενῆϊ ἰδέσθαι
» Νῆας ἀκειόμενον, τάς οἱ ξυνέαξαν ἄελλαι·

» plus d'exactitude, ils se rembarquèrent promptement.
» C'est ainsi que les Dieux m'ont sauvé de leurs mains,
» et qu'ils m'ont conduit dans la maison d'un homme
» sage et plein de vertu. Car c'est l'ordre du destin que
» je conserve encore la vie. »

« Ah! malheureux étranger, reprit Eumée, que vous
» m'avez touché par le récit de vos tristes aventures!
» La seule chose où je ne saurois vous croire, c'est dans
» ce que vous avez dit d'Ulysse. A quoi bon un homme
» comme vous, à votre âge, blesse-t-il ainsi la vérité, en
» contant des fables très-inutiles? Je suis sûr que les
» Dieux se sont opposés au retour de mon cher maître.
» Ils n'ont voulu ni le faire tomber sous les coups des
» Troyens, ni le faire mourir entre les bras de ses amis,
» après qu'il eut terminé si glorieusement cette guerre;
» car tous les Grecs lui auroient élevé un tombeau
» magnifique, et la gloire du père auroit rejailli sur le
» fils; mais ils ont permis qu'il ait été sans honneur la
» proie des harpies. Pour moi, j'en suis si affligé, que
» je me suis confiné dans cette ferme; et je ne vais
» jamais à la ville que lorsque la sage Pénélope me
» demande pour me faire part des nouvelles qu'elle a
» reçues de quelque endroit. Dès qu'on me voit dans le
» palais, on m'environne en foule pour me demander
» ce que j'ai appris. Les uns s'affligent de la longue
» absence de ce cher maître, et les autres s'en réjouissent,
» parce qu'ils consument impunément son bien. Pour
» moi, je n'en demande plus de nouvelles depuis que
» j'ai été trompé par un Étolien, qui, obligé de prendre
» la fuite pour un meurtre qu'il avoit commis, après
» avoir erré dans plusieurs contrées, arriva dans ma
» maison, où je le reçus le mieux qu'il me fut possible.
» Il me dit qu'il avoit vu Ulysse chez Idoménée, dans
» l'île de Crète, où il radouboit ses vaisseaux qui avoient
» été maltraités par la tempête, et m'assura qu'il revien-

» Καὶ φάτ᾽ ἐλεύσεσθαι, ἢ ἐς θέρος, ἢ ἐς ὀπώρην,
» Πολλὰ χρήματ᾽ ἄγοντα, σὺν ἀντιθέοις ἑταίροισι. 385
» Καὶ σὺ, γέρον πολυπενθὲς, ἐπεὶ σέ μοι ἤγαγε δαίμων,
» Μήτε τί μοι ψεύδεσσι χαρίζεο, μήτε τι θέλγε.
» Οὐ γὰρ τοὔνεκ᾽ ἐγώ σ᾽ αἰδέσσομαι, οὐδὲ φιλήσω,
» Ἀλλὰ Δία ξένιον δείσας, αὐτόν τ᾽ ἐλεήσας. »

Τὸν δ᾽ ἀπαμειβόμενος προσέφη πολύμητις Ὀδυσσεύς·
« Ἦ μάλα τίς τοι θυμὸς ἐνὶ στήθεσσιν ἄπιστος, 391
» Οἷόν σ᾽ οὐδ᾽ ὀμόσας πὲρ ἐπήγαγον, οὐδέ σε πείθω.
» Ἀλλ᾽ ἄγε νῦν ῥήτρην ποιησόμεθ᾽· αὐτὰρ ὕπερθε
» Μάρτυροι ἀμφοτέροισι θεοὶ, τοὶ Ὄλυμπον ἔχουσιν.
» Εἰ μέν κεν νοστήσῃ ἄναξ τεὸς ἐς τόδε δῶμα, 395
» Ἕσσας μὲ χλαῖνάν τε, χιτῶνά τε, εἵματα, πέμψαι
» Δουλίχιόνδ᾽ ἰέναι, ὅθι μοι φίλον ἔπλετο θυμῷ·
» Εἰ δέ κε μὴ ἔλθῃσιν ἄναξ τεὸς, ὡς ἀγορεύω,
» Δμῶας ἐπισσεύσας, βαλέειν μεγάλης κατὰ πέτρης,
» Ὄφρα καὶ ἄλλος πτωχὸς ἀλεύεται ἠπεροπεύειν.» 400

Τὸν δ᾽ ἀπαμειβόμενος προσεφώνεε δῖος ὑφορβός·
« Ξεῖν᾽, οὕτω γάρ κέν μοι ἐϋκλείη τ᾽, ἀρετή τε,
» Εἴη ἐπ᾽ ἀνθρώπους ἅμα τ᾽ αὐτίκα, καὶ μετέπειτα,
» Ὅς σ᾽ ἐπεὶ ἐς κλισίην ἄγαγον, καὶ ξείνια δῶκα,
» Αὖθις δὲ κτείναιμι, φίλον δ᾽ ἀπὸ θυμὸν ἑλοίμην, 405
» Πρόφρων δή κεν ἔπειτα Δία Κρονίωνα λιτοίμην.

» droit sur la fin de l'été ou au commencement de l'au-
» tomne, avec tous ses compagnons, et comblé de
» richesses. Et vous, bon homme, qui avez tant souf-
» fert, puisque les Dieux vous ont conduit chez moi,
» ne me flattez point et ne m'abusez point comme lui
» par des contes faits à plaisir. Ce ne seront point ces
» contes qui m'obligeront à vous bien traiter et à vous
» respecter, ce sera Jupiter qui préside à l'hospitalité, et
» dont j'ai toujours la crainte devant les yeux; ce sera la
» compassion que j'ai naturellement pour tous les misé-
» rables. »

« Il faut que vous soyez le plus défiant et le plus
» incrédule de tous les hommes, répondit Ulysse, puis-
» qu'après tous les sermens que je vous ai faits, je ne
» puis ni vous persuader, ni vous ébranler. Mais fai-
» sons, je vous prie, un traité vous et moi, et que les
» Dieux, qui habitent l'Olympe, en soient témoins; si
» votre roi revient dans ses états, comme je vous l'ai
» dit, vous me donnerez des habits, et vous m'enverrez
» sur un vaisseau à Dulichium, d'où j'irai partout où
» il me plaira; et s'il ne revient pas, vous exciterez
» contre moi tous vos domestiques, et vous leur ordon-
» nerez de me précipiter de ces grands rochers, afin que
» ce châtiment apprenne à tous les pauvres qui arrive-
» ront chez vous, à ne pas vous abuser par leurs vaines
» fables. »

« Etranger, lui répondit Eumée, que deviendroit la
» réputation que j'ai acquise parmi les hommes, et pour
» le présent et pour l'avenir? que deviendroit ma vertu,
» qui est encore plus précieuse que la réputation, si,
» après vous avoir reçu dans ma maison, et vous avoir
» fait tous les bons traitemens qui ont dépendu de moi,
» et que demande l'hospitalité, j'allois vous ôter cette
» même vie que je vous ai conservée? après une action
» si barbare, de quel front oserois-je adresser mes

» Νῦν δ' ὥρη δόρποιο· τάχιστά μοι ἔνδον ἑταῖροι
» Εἶεν, ἵν' ἐν κλισίῃ λαρὸν τετυκοίμεθα δόρπον. »

Ὣς οἱ μὲν τοιαῦτα πρὸς ἀλλήλους ἀγόρευον.
Ἀγχίμολον δὲ σύες τὲ, καὶ ἀνέρες ἦλθον ὑφορϐοί, 410
Τὰς μὲν ἄρα ἔρξαν κατὰ ἤθεα κοιμηθῆναι·
Κλαγγὴ δ' ἄσπετος ὦρτο συῶν αὐλιζομενάων.
Αὐτὰρ ὁ οἷς ἑτάροισιν ἐκέκλετο δῖος ὑφορϐός·

« Ἄξεθ' ὑῶν τὸν ἄριστον, ἵνα ξείνῳ ἱερεύσω
» Τηλεδαπῷ· πρὸς δ' αὐτοὶ ὀνησόμεθ', οἵπερ ὀϊζὺν 415
» Δὴν ἔχομεν, πάσχοντες ὑῶν ἕνεκ' ἀργιοδόντων·
» Ἄλλοι δ' ἡμέτερον κάματον νήποινον ἔδουσιν. »

Ὣς ἄρα φωνήσας κέασε ξύλα νηλέϊ χαλκῷ·
Οἱ δ' ὗν εἰσῆγον μάλα πίονα πενταέτηρον·
Τὸν μὲν ἔπειτ' ἔστησαν ἐπ' ἐσχάρῃ· οὐδὲ συϐώτης 420
Λήθετ' ἄρ' ἀθανάτων, (φρεσὶ γὰρ κέχρητ' ἀγαθῇσιν,)
Ἀλλ' ὅγ' ἀπαρχόμενος, κεφαλῆς τρίχας ἐν πυρὶ βάλλεν
Ἀργιόδοντος ὑός, καὶ ἐπεύχετο πᾶσι θεοῖσι,
Νοστῆσαι Ὀδυσῆα πολύφρονα ὅνδε δόμονδε.
Κόψε δ' ἀνασχόμενος σχίζῃ δρυὸς, ἣν λίπε κείων· 425
Τὸν δ' ἔλιπε ψυχή· τοὶ δ' ἔσφαξάν τε καὶ εὗσαν·
Αἶψα δέ μιν διέχευαν· ὁ δ' ὠμοθετεῖτο συϐώτης,
Πάντοθεν ἀρχόμενος μελέων, ἐς πίονα δημόν.
Καὶ τὰ μὲν ἐν πυρὶ βάλλε, παλύνας ἀλφίτου ἀκτῇ,
Μίστυλλόν τ' ἄρα τἆλλα, καὶ ἀμφ' ὀϐελοῖσιν ἔπειραν,
Ὤπτησάν τε περιφραδέως, ἐρύσαντό τε πάντα· 431
Βάλλον δ' εἰν ἐλεοῖσιν ἀολλέα· ἂν δὲ συϐώτης
Ἵστατο δαιτρεύσων· (περὶ γὰρ φρεσὶν αἴσιμα ᾔδη·)

» prières au Dieu qui protége les étrangers? mais l'heure
» du souper approche, et nos bergers seront bientôt ici
» pour prendre avec moi un léger repas. »

Pendant qu'ils s'entretiennent ainsi, les bergers arrivent avec leurs troupeaux qu'ils enferment dans les étables; toute la basse-cour retentit des cris de toutes ces bêtes qu'on ramène des pâturages: alors Eumée crie à ses bergers:

« Amenez-moi promptement la victime la plus grasse
» que vous ayez dans votre troupeau, que j'offre un
» sacrifice à Jupiter en faveur de cet étranger, qui est
» notre hôte, et que nous en profitions en même temps,
» nous qui avons tous les jours tant de fatigues à garder
» ces troupeaux, pendant que d'autres se nourrissent
» tranquillement des fruits de nos peines. »

Ayant ainsi parlé, il fendit du bois pour le sacrifice. Les bergers amenèrent la victime la plus grasse; c'étoit un cochon de cinq ans, et la présentèrent à l'autel. Eumée n'oublia pas alors les Dieux; car il étoit plein de piété. Il prend les soies du haut de la tête de cette victime, et les jette dans le feu comme les prémices, et demande à tous les Dieux, par des vœux très-ardens, qu'Ulysse revienne enfin dans son palais. Sa prière finie, il assomme la victime avec le tronc du même chêne dont il avoit coupé le bois pour l'autel, et qu'il avoit réservé pour cette fonction. La victime tombe sans vie; les bergers l'égorgent en même temps, la font passer par les flammes, et la mettent en quartiers. Eumée prend de petits morceaux de tous les membres, les met sur la graisse dont il avoit enveloppé les cuisses, et après avoir répandu dessus de la fleur de farine, il les jette au feu pour les faire brûler. Le reste fut ensuite coupé par morceaux, mis en broche et rôti avec soin. On les mit sur des tables de cuisine, et le maître pasteur se leva pour faire lui-même les portions; car il

Καὶ τὰ μὲν ἕπταχα πάντα διεμοιρᾶτο δαΐζων·
Τὴν μὲν ἴαν Νύμφῃσι καὶ Ἑρμῇ Μαιάδος υἱῖ   435
Θῆκεν ἐπευξάμενος, τὰς δ᾽ ἄλλας νεῖμεν ἑκάστῳ·
Νώτοισιν δ᾽ Ὀδυσῆα διηνεκέεσσι γέραιρεν
Ἀργιόδοντος ὑός· κύδαινε δὲ θυμὸν ἄνακτος·
Καί μιν φωνήσας προσέφη πολύμητις Ὀδυσσεύς·

« Αἴθ᾽ οὕτως, Εὔμαιε, φίλος Διὶ πατρὶ γένοιο, 440
» Ὡς ἐμοί, ὅττι μὲ τοῖον ἐόντ᾽ ἀγαθοῖσι γεραίρεις. »

Τὸν δ᾽ ἀπαμειβόμενος προσέφης, Εὔμαιε συβῶτα·
« Ἔσθιε, δαιμόνιε ξείνων, καὶ τέρπεο τοῖσδε,
» Οἷα πάρεστι· θεὸς δὲ τὸ μὲν δώσει, τὸ δ᾽ ἐάσει,
» Ὅ, ττι κὲν ᾧ θυμῷ ἐθέλει· δύναται γὰρ ἅπαντα. » 445

Ἦ ῥα, καὶ ἄργματα θῦσε θεοῖς αἰειγενέτῃσι·
Σπείσας δ᾽ αἴθοπα οἶνον, Ὀδυσσῆϊ πτολιπόρθῳ
Ἐν χείρεσσιν ἔθηκεν, ὁ δ᾽ ἕζετο ᾗ παρὰ μοίρῃ.
Σίτου δέ σφιν ἔνειμε Μεσαύλιος, ὅν ῥα συβώτης
Αὐτὸς κτήσατο οἶος, ἀποιχομένοιο ἄνακτος,   450
Νόσφιν δεσποίνης· καὶ Λαέρταο γέροντος.
Πὰρ δ᾽ ἄρα μιν Ταφίων πρίατο κτεάτεσσιν ἑοῖσιν·
Οἱ δ᾽ ἐπ᾽ ὀνείαθ᾽ ἑτοῖμα προκείμενα χεῖρας ἴαλλον.
Αὐτὰρ ἐπεὶ πόσιος καὶ ἐδητύος ἐξ ἔρον ἕντο,
Σίτου μέν σφιν ἀφεῖλε Μεσαύλιος· οἱ δ᾽ ἐπὶ κοῖτον,
Σίτου καὶ κρειῶν κεκορημένοι, ἐσσεύοντο.   456
Νὺξ δ᾽ ἄρ᾽ ἐπῆλθε κακὴ σκοτομήνιος, ὗε δ᾽ ἄρα Ζεὺς
Πάννυχος· αὐτὰρ ἄη Ζέφυρος μέγας αἰὲν ἔφυδρος.
Τοῖς δ᾽ Ὀδυσεὺς μετέειπε, συβώτεω πειρητίζων,
Εἴπως οἱ ἐκδὺς χλαῖναν πόροι, ἤ τῳ ἑταίρων   460
Ἄλλον ἐποτρύνειεν· ἐπεὶ ἕο κήδετο λίην·

« Κέκλυθι νῦν, Εὔμαιε, καὶ ἄλλοι πάντες ἑταῖροι,
» Εὐξάμενός τι ἔπος ἐρέω· οἶνος γὰρ ἀνώγει

étoit plein d'équité. Il en fit sept parts; il en offrit une aux nymphes, une autre à Mercure, fils de Maïa, en accompagnant son offrande de prières. Ses trois bergers et lui eurent aussi chacun leur part, et Ulysse fut régalé de la partie la plus honorable, qui étoit le dos de la victime. Ulysse, ravi de cette distinction, en témoigna sa reconnoissance en ces termes:

« Eumée, daigne le grand Jupiter vous aimer autant
» que je vous aime, pour le bon accueil que vous me
» faites, en me traitant avec tant d'honneur, malgré
» l'état misérable où je me trouve. »

Eumée lui répondit: « Etranger que j'honore comme
» je dois, faites bonne chère des mets que je puis vous
» offrir; Dieu nous donne une chose et nous en refuse
» une autre, mêlant notre vie de biens et de maux,
» comme il lui plaît; car il est tout-puissant. »

En finissant ces mots, il jette au feu les prémices de sa portion, et prenant la coupe pleine de vin, après en avoir fait les libations, il la présente à Ulysse sans se lever de sa place. Un esclave, qu'Eumée avoit acheté de quelques marchands taphiens, depuis le départ de son maître, et qu'il avoit acheté de son argent sans le secours de Pénélope ni du bon vieillard Laërte, servit le pain. Quand ils eurent mangé et bu, et qu'ils furent rassasiés, l'esclave desservit, et peu de temps après ils allèrent se coucher. La nuit fut très-froide et très-obscure. Jupiter versa un déluge d'eaux, et le zéphyr, toujours chargé de pluies, fit entendre ses souffles orageux. Ulysse adressant la parole à ces bergers, pour piquer Eumée, et pour voir s'il ne lui feroit pas donner quelque bon habit qui pût le défendre du froid, car il avoit grand soin de lui:

« Eumée, dit-il, et vous bergers, écoutez-moi, je
» vous prie, et permettez que je me vante un peu
» devant vous: le vin sera mon excuse, il a la vertu de

» Ἠλεὸς, ὅς τ' ἐφέηκε πολύφρονά περ μάλ' ἀεῖσαι,
» Καί θ' ἁπαλὸν γελάσαι, καί τ' ὀρχήσασθαι ἀνῆκεν,
» Καί τι ἔπος προέηκεν, ὅπερ τ' ἄῤῥητον ἄμεινον. 465
» Ἀλλ' ἐπεὶ οὖν τὸ πρῶτον ἀνέκραγον, οὐκ ἐπικεύσω·
» Εἴθ' ὡς ἡβώοιμι, βίη τέ μοι ἔμπεδος εἴη,
» Ὡς ἔθ' ὑπὸ Τροίῃ λόχον ἤγομεν ἀρτύναντες.
» Ἡγείσθην δ' Ὀδυσεύς τε, καὶ Ἀτρείδης Μενέλαος, 470
» Τοῖσι δ' ἅμα τρίτος ἦρχον ἐγώ· αὐτοὶ γὰρ ἄνωγον.
» Ἀλλ' ὅτε δή ῥ' ἱκόμεσθα ποτὶ πτόλιν, αἰπύ τε τεῖχος,
» Ἡμεῖς μὲν περὶ ἄστυ κατὰ ῥωπήϊα πυκνά,
» Ἂν δόνακας καὶ ἕλος ὑπὸ τεύχεσι πεπτηῶτες
» Κείμεθα· νὺξ δ' ἄρ' ἐπῆλθε κακή, Βορέαο πεσόντος,
» Πηγυλίς, αὐτὰρ ὕπερθε χιὼν γένετ', ἠύτε πάχνη, 476
» Ψυχρή, καὶ σακέεσσι περιτρέφετο κρύσταλλος.
» Ἔνθ' ἄλλοι πάντες χλαίνας ἔχον, ἠδὲ χιτῶνας,
» Εὗδον δ' εὔκηλοι, σάκεσιν εἰλυμένοι ὤμους·
» Αὐτὰρ ἐγὼ χλαῖναν μὲν ἰὼν ἑτάροισιν ἔλειπον 480
» Ἀφραδίαις, ἐπεὶ οὐκ ἐφάμην ῥιγωσέμεν ἔμπης·
» Ἀλλ' ἑπόμην σάκος οἶον ἔχων καὶ ζῶμα φαεινόν.
» Ἀλλ' ὅτε δὴ τρίχα νυκτὸς ἔην, μετὰ δ' ἄστρα βεβήκει,
» Καὶ τότ' ἐγὼν Ὀδυσῆα προσηύδων ἐγγὺς ἐόντα,
» Ἀγκῶνι νύξας· (ὁ δ' ἄρ' ἐμμαπέως ὑπάκουσε·) 485
» Διογενὲς Λαερτιάδη, πολυμήχαν' Ὀδυσσεῦ,
» Οὔτι ἔτι ζωοῖσι μετέσσομαι, ἀλλά με χεῖμα
» Δάμναται· οὐ γὰρ ἔχω χλαῖναν· παράμ' ἤπαφε δαίμων,
» Οἰοχίτων' ἔμεναι· νῦν δ' οὐκ ἔτι φευκτὰ πέλονται.
» Ὣς ἐφάμην· ὁ δ' ἔπειτα νόον σχέθε τόνδ' ἐνὶ θυμῷ,
» Οἷος ἐκεῖνος ἔην βουλευέμεν, ἠδὲ μάχεσθαι. 491
» Φθεγξάμενος δ' ὀλίγῃ ὀπί με πρὸς μῦθον ἔειπε·

» rendre les hommes fous ; il fait chanter, rire et dan-
» ser le plus sage, et tire des cœurs des secrets qu'on
» feroit souvent beaucoup mieux de cacher. Je vais vous
» dire aussi des folies, puisque la parole est lâchée, je
» continuerai. Ah! plût aux Dieux que j'eusse encore la
» vigueur et la force que j'avois quand nous dressâmes
» une embuscade aux Troyens, sous les remparts de
» Troie! Ulysse et Ménélas étoient les chefs de cette
» entreprise, et ils me firent l'honneur de me choisir
» pour partager avec eux ce commandement. Quand
» nous fûmes près des murailles, nous nous cachâmes
» sous nos armes dans des broussailles et des roseaux
» d'un marais qui en étoit proche. La nuit il se leva
» tout à coup un vent du nord, si froid qu'il glaçoit, et
» il tomba beaucoup de neige, qui se geloit en tom-
» bant; en un moment nos boucliers furent hérissés de
» glace. Les autres avoient de bonnes tuniques et de
» bons manteaux, et dormoient tranquillement, les
» épaules couvertes de leurs boucliers. Mais moi, j'avois
» eu l'imprudence de laisser dans ma tente mon man-
» teau, ne pensant point que la nuit dût être si froide,
» et j'avois marché avec ma seule tunique ceinte et mes
» armes. Vers la troisième veille de la nuit, lorsque les
» astres commencèrent à pencher vers leur coucher, je
» poussai du coude Ulysse, qui étoit couché près de
» moi : il se réveilla promptement, et je lui dis : Géné-
» reux Ulysse, vous pouvez compter que je ne serai pas
» long-temps en vie, je suis pénétré de froid, car je
» n'ai point de manteau ; un Dieu ennemi m'a induit
» à venir ici en tunique, et voilà un temps auquel il
» m'est impossible de résister. Dans le moment, Ulysse
» trouva moyen de me secourir; comme il étoit homme
» de grande ressource, et aussi bon pour le conseil que
» pour les combats, voici ce qui lui vint dans l'esprit;
» il s'approcha de mon oreille, et me dit tout bas: taisez-

» Σίγα νῦν, μήτις σεῦ Ἀχαιῶν ἄλλος ἀκούσῃ.
» Ἦ, καὶ ἐπ' ἀγκῶνος κεφαλὴν σχέθεν, εἶπέ τε μῦθον·
» Κλῦτε, φίλοι, θεῖός μοι ἐνύπνιον ἦλθεν ὄνειρος· 495
» Λίην γὰρ νηῶν ἑκὰς ἤλθομεν· ἀλλά τις εἴη
» Εἰπεῖν Ἀτρείδῃ Ἀγαμέμνονι, ποιμένι λαῶν,
» Εἰ πλέονας παρὰ ναῦφιν ἐποτρύνειε νέεσθαι.
» Ὣς ἔφατ'· ὦρτο δ' ἔπειτα Θόας, Ἀνδραίμονος υἱός,
» Καρπαλίμως, ἀπὸ δὲ χλαῖναν θέτο φοινικόεσσαν,
» Βῆ δὲ θέειν ἐπὶ νῆας· ἐγὼ δ' ἐνὶ εἵματι κείνου 501
» Κείμην ἀσπασίως· φάε δὲ χρυσόθρονος ἠώς.
» Ὣς νῦν ἡβώοιμι, βίη τέ μοι ἔμπεδος εἴη,
» Δοίη κέν τις χλαῖναν ἐνὶ σταθμοῖσι συφορβῶν,
» Ἀμφότερον, φιλότητι καὶ αἰδοῖ φωτὸς ἑῆος· 505
» Νῦν δ' μ' ἀτιμάζουσι, κακὰ χροῒ εἵματ' ἔχοντα. »

Τὸν δ' ἀπαμειβόμενος προσέφης, Εὔμαιε συβῶτα·
« Ὦ γέρον, αἶνος μέν τοι ἀμύμων, ὃν κατέλεξας,
» Οὐδέ τί πω παρὰ μοῖραν ἔπος νηκερδὲς ἔειπες.
» Τῷ οὔτ' ἐσθῆτος δευήσεαι, οὔτε τευ ἄλλου, 510
» Ὧν ἐπέοιχ' ἱκέτην ταλαπείριον ἀντιάσαντα,
» Νῦν· ἀτὰρ ἠῶθέν γε τὰ σὰ ῥάκεα δνοπαλίξεις.
» Οὐ γὰρ πολλαὶ χλαῖναι, ἐπημοιβοί τε χιτῶνες
» Ἐνθάδε ἕννυσθαι, μία δ' οἴη φωτὶ ἑκάστῳ.
» Αὐτὰρ ἐπὴν ἔλθῃσιν Ὀδυσσῆος φίλος υἱός, 515
» Αὐτός τοι χλαῖνάν τε, χιτῶνά τε, εἵματα δώσει,
» Πέμψει δ', ὅππῃ σὲ κραδίη θυμός τε κελεύει. »

Ὣς εἰπὼν ἀνόρουσε· τίθει δ' ἄρα οἷ πυρὸς ἐγγὺς
Εὐνήν, ἐν δ' οἰῶν τε καὶ αἰγῶν δέρματ' ἔβαλλεν.
Ἔνθ' Ὀδυσεὺς κατέλεκτ'· ἐπὶ δὲ χλαῖναν βάλεν αὐτῷ

» vous, de peur que quelqu'un des Grecs ne vous
» entende, et en même temps, la tête appuyée sur son
» coude, il haussa un peu la voix, et dit : Mes amis,
» écoutez ce que j'ai à vous dire; pendant mon sommeil,
» un songe s'est apparu à moi de la part des Dieux. Nous
» voilà fort éloignés de nos vaisseaux, et nous sommes
» en petit nombre; que quelqu'un aille donc prompte-
» ment prier Agamemnon de nous envoyer un renfort.
» A ces mots, Thoas, fils d'Andrœmon, se leva, et sans
» attendre un autre ordre, il jette à terre son manteau
» de pourpre et se met à courir. Je pris ce manteau, et
» m'étant réchauffé, je dormis tranquillement jusqu'au
» point du jour. Plût aux Dieux donc que j'eusse aujour-
» d'hui la même jeunesse et la même vigueur, et que
» quelqu'un des bergers qui sont ici, me donnât un bon
» manteau et par amitié et par respect pour un homme
» de bien ; mais ils me méprisent à cause de ces vieux
» haillons. »

« Bon homme, lui répondit Eumée, vous nous faites
» là, sur un sujet véritable, un apologue très-ingé-
» nieux, vous avez très-bien parlé, et votre discours ne
» sera pas inutile; vous ne manquerez ni de manteau
» pour vous couvrir cette nuit, ni d'aucune de ces
» choses dont on doit faire part à un étranger, qu'on a
» reçu dans sa maison, et qui a besoin de secours. Mais
» demain, dès le matin, vous reprendrez vos haillons;
» car nous n'avons pas ici plusieurs manteaux ni plu-
» sieurs tuniques de rechange; chacun de nos bergers
» n'en a qu'un. Quand notre jeune prince, le fils
» d'Ulysse, sera de retour, il vous donnera des tuniques,
» des manteaux, et toutes sortes de bons habits, et il
» vous renverra partout où vous voudrez aller. »

En finissant ces mots, il se leva, approcha du feu le
lit d'Ulysse, et y étendit des peaux de brebis et de
chèvres, et Ulysse s'étant couché, il le couvrit d'un

Πυκνὴν καὶ μεγάλην, ἥ οἱ παρεκέσκετ᾽ ἀμοιβὰς, 521
Ἕννυσθαι, ὅτέ τις χειμὼν ἔκπαγλος ὅροιτο.

Ὣς ὁ μὲν ἔνθ᾽ Ὀδυσεὺς κοιμήσατο, τοὶ δὲ παρ᾽ αὐτὸν
Ἄνδρες κοιμήσαντο νεηνίαι, οὐδὲ συβώτῃ
Ἥνδανεν αὐτόθι κοῖτος, ὑῶν ἄπο κοιμηθῆναι· 525
Ἀλλ᾽ ὅγ᾽ ἄρ᾽ ἔξω ἰὼν ὡπλίζετο· χαῖρε δ᾽ Ὀδυσσεὺς
Ὅττι ῥά οἱ βιότου περικήδετο, νόσφιν ἐόντος.
Πρῶτον μὲν ξίφος ὀξὺ περὶ στιβαροῖς βάλετ᾽ ὤμοις,
Ἀμφὶ δὲ χλαῖναν ἕεσσατ᾽ ἀλεξάνεμον μάλα πυκνὴν,
Ἂν δὲ νάκην ἕλετ᾽ αἰγὸς ἐϋτρεφέος μεγάλοιο· 530
Εἵλετο δ᾽ ὀξὺν ἄκοντα, κυνῶν ἀλκτῆρα καὶ ἀνδρῶν.
Βῆ δ᾽ ἴμεναι κείων, ὅθι πὲρ σύες ἀργιόδοντες
Πέτρῃ ὑπὸ γλαφυρῇ εὗδον, Βορέω ὑπ᾽ ἰωγῇ.

manteau très-ample et très-épais, qu'il avoit pour se garantir du froid pendant l'hiver le plus rude. Les jeunes bergers se couchèrent près de lui ; mais Eumée ne jugea pas à propos de s'arrêter à dormir loin de ses troupeaux, il se prépara pour aller dehors.

Ulysse étoit ravi de voir les soins que ce bon pasteur prenoit de son bien pendant son absence. Premièrement il mit sur ses épaules son bouclier, d'où pendoit une large épée ; il mit ensuite un bon manteau qui pouvoit le défendre contre la rigueur du temps ; il prit aussi une grande peau de chèvre, et arma son bras d'un long javelot, pour s'en servir contre les chiens et contre les voleurs. En cet équipage il sortit pour aller dormir sous quelque roche, à l'abri des souffles de Borée, près de ses troupeaux.

ΟΜΗΡΟΥ
ΟΔΥΣΣΕΙΑΣ

ΡΑΨΩΔΙΑ Ο.

Τηλέμαχον Ἀθηνᾶ ὄναρ ἐπιστᾶσα εἰς Ἰθάκην ἐπανελθεῖν προτρέπεται· ὃς δῶρα παρὰ Μενελάου λαβὼν πέμπεται· καὶ ἐμβαίνειν μέλλων εἰς τὴν ναῦν, Θεοκλύμενον τινὰ Ἀργεῖον μάντιν ἀναλαμβάνει ἐπὶ φόνῳ φεύγοντα. Καὶ Εὔμαιος Ὀδυσσεῖ διηγεῖται, ὡς Φοίνικες αὐτὸν ληϊσάμενοι ἐκ Συρίας νήσου, ἀπέδοντο Λαέρτῃ· καὶ ἡ Τηλεμάχου ναῦς κατάγεται εἰς Ἰθάκην, καὶ ταύτην εἰς ἄστυ ἀποπέμψας, αὐτὸς πρὸς Εὔμαιον ἔρχεται.

Οὗ, ἐπέβη Ἰθάκης Λακεδαίμονος ἐξ Ὀδυσείδης.

Ἡ δ' εἰς εὐρύχορον Λακεδαίμονα Παλλὰς Ἀθήνη
Ὤχετ', Ὀδυσσῆος μεγαθύμου φαίδιμον υἱὸν

L'ODYSSÉE D'HOMÈRE.

LIVRE QUINZIÈME.
ARGUMENT.

Minerve apparoît à Télémaque pendant la nuit, pour l'exhorter à s'en retourner à Ithaque. Dès le lever du roi, ce jeune prince se présenta pour lui en demander la permission, et partit de Lacédémone, avec le fils de Nestor, comblé d'honneurs et chargé de présens. Ménélas lui-même, tenant à la main une coupe d'or pleine de vin, se mit au-devant de leur char pour qu'ils fissent des libations à Jupiter. En même temps un aigle, tenant dans ses serres une oie domestique, vint fondre au-devant des chevaux, ce qu'Hélène expliqua d'abord comme un signe du retour d'Ulysse. Télémaque arrivé près de Pylos, et craignant d'y être retenu par Nestor, engage Pisistrate de le mener tout droit au rivage, où il s'embarque. Un devin d'Argos, appelé Théoclymène, et qui avoit commis un meurtre, s'y présenta au moment de son départ, et le supplie de favoriser sa fuite. Télémaque le reçoit dans son vaisseau, dont la route fut dirigée vers les îles Echinades, pour arriver à Ithaque du côté du septentrion, et d'éviter ainsi l'embuscade qu'on lui dressoit du côté du midi. Arrivé au port, il ordonne à ses compagnons de mener le vaisseau à la ville; et tout seul, armé d'une pique, il va à pied à la maison d'Eumée.

MINERVE, qui venoit de quitter Ulysse sur le rivage d'Ithaque, se rend à Lacédémone, pour faire souvenir

Νόστου ὑπομνήσουσα, καὶ ὀτρυνέουσα νέεσθαι.
Εὗρε δὲ Τηλέμαχον, καὶ Νέστορος ἀγλαὸν υἱὸν
Εὕδοντ᾽ ἐν προδόμῳ Μενελάου κυδαλίμοιο· 5
Ἤτοι Νεστορίδην μαλακῷ δεδμημένον ὕπνῳ·
Τηλέμαχον δ᾽ οὐχ ὕπνος ἔχε γλυκὺς, ἀλλ᾽ ἐνὶ θυμῷ
Νύκτα δι᾽ ἀμβροσίην μελεδήματα πατρὸς ἔγειρεν.
Ἀγχοῦ δ᾽ ἱσταμένη προσέφη γλαυκῶπις Ἀθήνη·

« Τηλέμαχ᾽, οὐκ ἔτι καλὰ δόμων ἄπο δὴν ἀλάλησαι,
» Κτήματά τε προλιπὼν, ἄνδρας τ᾽ ἐν σοῖσι δόμοισιν 11
» Οὕτω ὑπερφιάλους· μή τοι κατὰ πάντα φάγωσι
» Κτήματα δασσάμενοι, σὺ δὲ τηϋσίην ὁδὸν ἔλθῃς.
» Ἀλλ᾽ ὄτρυνε τάχιστα βοὴν ἀγαθὸν Μενέλαον,
» Πεμπέμεν, ὄφρ᾽ ἔτι οἴκοι ἀμύμονα μητέρα τέτμῃς· 15
» Ἤδη γάρ ῥα πατήρ τε, κασίγνητοί τε κέλονται
» Εὐρυμάχῳ γήμασθαι· ὁ γὰρ περιβάλλει ἅπαντας
» Μνηστῆρας δώροισι, καὶ ἐξώφελλεν ἔεδνα·
» Μή νύ τι, σεῦ ἀέκητι, δόμων ἐκ κτῆμα φέρηται·
» Οἶσθα γὰρ, οἷος θυμὸς ἐνὶ στήθεσσι γυναικός· 20
» Κείνου βούλεται οἶκον ὀφέλλειν, ὅς κεν ὀπυίοι,
» Παίδων δὲ προτέρων καὶ κουριδίοιο φίλοιο
» Οὐκέτι μέμνηται τεθνηότος, οὐδὲ μεταλλᾷ.
» Ἀλλὰ σύγ᾽ ἐλθὼν αὐτὸς ἐπιτρέψειας ἕκαστα
» Δμωάων, ἥτις τοι ἀρίστη φαίνεται εἶναι, 25
» Εἰσόκε τοι φήνωσι θεοὶ κυδρὴν παράκοιτιν.
» Ἄλλο δέ τοί γε ἔπος ἐρέω· σὺ δὲ σύνθεο θυμῷ.
» Μνηστήρων σ᾽ ἐπιτηδὲς ἀριστῆες λοχόωσιν
» Ἐν πορθμῷ Ἰθάκης τε, Σάμοιό τε παιπαλοέσσης,

Télémaque de s'en retourner, et pour le presser de partir. Elle trouva ce jeune prince et le fils de Nestor couchés sous un portique dans le palais de Ménélas. Le fils de Nestor étoit plongé dans un doux sommeil ; mais Télémaque n'avoit pas fermé les paupières ; car les inquiétudes et les chagrins que lui causoient les nouvelles incertaines qu'il avoit de son père, le tenoient souvent éveillé. La Déesse s'approchant de son lit, lui parla en ces termes :

« Télémaque, il n'est pas honnête que vous demeu-
» riez plus long-temps éloigné de vos états, et que vous
» laissiez ainsi tout votre bien en proie à des gens pleins
» d'insolence et qui acheveront de le consumer, ou
» qui le partageront entre eux pendant que vous faites
» un voyage fort inutile. Levez-vous, et sans perdre un
» moment, pressez le vaillant Ménélas de vous ren-
» voyer, si vous voulez trouver encore votre mère dans
» les mêmes sentimens où vous l'avez laissée. Déjà son
» père même et ses frères font tout ce qu'ils peuvent
» pour l'obliger d'épouser Eurymaque, qui, comme le
» plus riche des poursuivans, fait les présens les plus
» magnifiques, et offre une plus grosse dot. Prenez donc
» bien garde qu'elle ne fasse sortir de votre maison la
» plus grande partie de votre bien. Vous connoissez
» l'humeur des femmes ; elles font tout pour l'avantage
» d'un second mari, et oublient très-promptement le
» premier, et ruinent les enfans qu'elles en ont eus.
» Quand vous serez de retour chez vous, vous confierez
» toutes choses aux soins de la plus fidèle domestique
» que vous ayez, jusqu'à ce que les Dieux vous aient
» donné une femme prudente et habile, qui puisse gou-
» verner votre maison. J'ai encore un avis à vous
» donner, gravez-le bien dans votre esprit ; les plus
» déterminés des poursuivans vous ont dressé une
» embuscade sur votre chemin, entre l'île d'Ithaque et

» Ἱέμενοι κτεῖναι, πρὶν πατρίδα γαῖαν ἱκέσθαι.   30
» Ἀλλὰ τά γ' οὐκ ὀίω· πρὶν καί τινα γαῖα καθέξει
» Ἀνδρῶν μνηστήρων, οἵ τοι βίοτον κατέδουσιν.
» Ἀλλὰ ἑκὰς νήσων ἀπέχειν εὐεργέα νῆα·
» Νυκτὶ δ' ὁμῶς πλείειν· πέμψει δέ τοι οὖρον ὄπισθεν
» Ἀθανάτων, ὅς τις σὲ φυλάσσει τὲ, ῥύεταί τε.   35
» Αὐτὰρ ἐπὴν πρώτην ἀκτὴν Ἰθάκης ἀφίκηαι,
» Νῆα μὲν ἐς πόλιν ὀτρῦναι καὶ πάντας ἑταίρους·
» Αὐτὸς δὲ πρώτιστα συβώτην εἰσαφικέσθαι,
» Ὅς τοι ὑῶν ἐπίουρος· ὁμῶς δέ τοι ἤπια οἶδεν.
» Ἔνθα δὲ νύκτ' ἀέσαι· τὸν δ' ὀτρῦναι πόλιν εἴσω 40
» Ἀγγελίην ἐρέοντα περίφρονι Πηνελοπείῃ,
» Οὕνεκά οἱ σῶς ἐσσὶ, καὶ ἐκ Πύλου εἰλήλουθας. »

Ἡ μὲν ἄρ' ὣς εἰποῦσ' ἀπέβη πρὸς μακρὸν Ὄλυμπον.
Αὐτὰρ ὁ Νεστορίδην ἐξ ἡδέος ὕπνου ἔγειρεν,
Λὰξ ποδὶ κινήσας, καί μιν πρὸς μῦθον ἔειπεν·   45

« Ἔγρεο, Νεστορίδη Πεισίστρατε, μώνυχας ἵππους
» Ζεῦξον ὑφ' ἅρματ' ἄγων, ὄφρα πρήσωμεν ὁδοῖο. »

Τὸν δ' αὖ Νεστορίδης Πεισίστρατος ἀντίον ηὔδα·
« Τηλέμαχ', οὔπως ἐστὶν, ἐπειγομένους περ ὁδοῖο,
» Νύκτα διὰ δνοφερὴν ἐλάαν· τάχα δ' ἔσσεται ἠώς. 50
» Ἀλλὰ μέν', εἰσόκε δῶρα φέρων ἐπιδίφρια θείη
» Ἥρως Ἀτρεΐδης, δουρικλειτὸς Μενέλαος,
» Καὶ μύθοις ἀγανοῖσι παραυδήσας ἀποπέμψῃ.
» Τοῦ γάρ τε ξεῖνος μιμνήσκεται ἤματα πάντα
» Ἀνδρὸς ξεινοδόκου, ὅς κεν φιλότητα παράσχῃ. » 55

» l'île de Samos, résolus de vous tuer à votre passage;
» mais j'espère qu'avant qu'ils aient exécuté leur perni-
» cieux dessein, quelqu'un de ces perfides descendra
» dans la sombre demeure de Pluton. Eloignez votre
» vaisseau de ces endroits qui vous seroient funestes, ne
» voguez que la nuit. Celui des Dieux qui vous garde et
» qui veille à votre sûreté, vous enverra un vent favo-
» rable. Dès que vous serez arrivé à la première pointe
» d'Ithaque, ne manquez pas de renvoyer sur l'heure
» à la ville votre vaisseau avec tout l'équipage; et sans
» vous arrêter à qui que ce soit, allez trouver l'inten-
» dant de vos troupeaux, votre cher Eumée, qui est
» toujours le plus fidèle et le plus affectionné de tous vos
» serviteurs. Après avoir passé la nuit chez lui, vous
» l'enverrez au palais, porter en diligence, à la sage
» Pénélope, la bonne nouvelle que vous êtes de retour
» de Pylos et en parfaite santé. »

En finissant ces mots, la Déesse s'éleva dans les airs,
et s'en retourna dans l'Olympe. Elle n'eut pas plus tôt
disparu, que Télémaque, poussant le fils de Nestor,
l'éveille, et lui dit :

« Pisistrate, levez-vous, je vous prie, et allez promp-
» tement atteler votre char, afin que nous nous mettions
» en chemin. »

Pisistrate lui répondit : « Mon cher Télémaque,
» quelque impatience que nous ayons de partir, nous
» ne saurions nous mettre en chemin pendant une nuit
» si obscure; l'aurore va bientôt se montrer. Attendez
» donc, et donnez le temps au généreux Ménélas de
» faire porter dans votre char les présens qu'il vous
» destine, et de vous faire toutes sortes d'honnêtetés et
» de caresses en vous disant adieu. Les étrangers con-
» servent toujours un agréable souvenir des hôtes qui
» les ont reçus chez eux, quand ils leur ont donné toutes
» les marques d'amitié que l'hospitalité demande. »

Ὡς ἔφατ'· αὐτίκα δὲ χρυσόθρονος ἤλυθεν ἠώς·
Ἀγχίμολον δέ σφ' ἦλθε βοὴν ἀγαθὸς Μενέλαος,
Ἀνστὰς ἐξ εὐνῆς, Ἑλένης πάρα καλλικόμοιο.
Τὸν δ' ὡς οὖν ἐνόησεν Ὀδυσσῆος φίλος υἱὸς,
Σπερχόμενός ῥα χιτῶνα περὶ χροΐ σιγαλόεντα 60
Δῦνεν, καὶ μέγα φᾶρος ἐπὶ στιβαροῖς βάλετ' ὤμοις
Ἥρως· βῆ δὲ θύραζε, παριστάμενος δὲ προσηύδα
Τηλέμαχος, φίλος υἱὸς Ὀδυσσῆος θείοιο·

« Ἀτρείδη Μενέλαε, διοτρεφὲς, ὄρχαμε λαῶν,
» Ἤδη νῦν μ' ἀπόπεμπε φίλην ἐς πατρίδα γαῖαν· 65
» Ἤδη γάρ μοι θυμὸς ἐέλδεται οἴκαδ' ἱκέσθαι.»

Τὸν δ' ἠμείβετ' ἔπειτα βοὴν ἀγαθὸς Μενέλαος·
« Τηλέμαχ', οὔτι σ' ἔγωγε πολὺν χρόνον ἐνθάδ' ἐρύξω
» Ἱέμενον νόστοιο· νεμεσσῶμαι δὲ καὶ ἄλλῳ
» Ἀνδρὶ ξεινοδόκῳ, ὅς κ' ἔξοχα μὲν φιλέῃσιν, 70
» Ἔξοχα δ' ἐχθαίρῃσιν· ἀμείνω δ' αἴσιμα πάντα.
» Ἶσόν τοι κακόν ἐσθ', ὅς σ' οὐκ ἐθέλοντα νέεσθαι
» Ξεῖνον ἐπετρύνῃ, καὶ ὃς ἐσσύμενον κατερύκῃ.
» Χρὴ ξεῖνον παρεόντα φιλεῖν, ἐθέλοντα δὲ πέμπειν.
» Ἀλλὰ μέν', εἰσόκε δῶρα φέρων ἐπιδίφρια θείω 75
» Καλά, σὺ δ' ὀφθαλμοῖσιν ἴδῃς· εἴπω δὲ γυναιξὶν,
» Δεῖπνον ἐνὶ μεγάροις τετυκεῖν, ἅλις ἔνδον ἐόντων.
» Ἀμφότερον, κῦδός τε, καὶ ἀγλαΐη, καὶ ὄνειαρ,
» Δειπνήσαντας ἴμεν πολλὴν ἐπ' ἀπείρονα γαῖαν.
» Εἰ δ' ἐθέλεις τρεφθῆναι ἀν' Ἑλλάδα καὶ μέσον Ἄργος,
» Ὄφρα τοι αὐτὸς ἕπωμαι, ὑποζεύξω δέ τοι ἵππους, 81
» Ἄστεα δ' ἀνθρώπων ἡγήσομαι· οὐδέ τις ἡμέας

Il parla ainsi, et peu de temps après l'Aurore sur un char tout éclatant d'or vint annoncer le jour. Ménélas, quittant la couche de la belle Hélène, arrive près de ces princes. Dès que le fils d'Ulysse l'aperçut, il met promptement une tunique d'une grande beauté, jette sur ses épaules un grand manteau très-magnifique, et va au-devant de Ménélas; il le reçoit à la porte, et après les premières civilités, il lui dit :

« Fils d'Atrée, que Jupiter fait régner avec tant de
» gloire sur ses peuples, permettez que je parte pour m'en
» retourner chez moi; des affaires pressantes demandent
» ma présence. »

« Télémaque, répondit Ménélas, je ne vous retien-
» drai pas plus long-temps chez moi malgré vous, dans
» l'impatience que vous avez de vous en retourner. Et
» je ne saurois approuver ces hôtes excessifs et dans
» l'empressement et dans l'indifférence qu'ils témoignent
» à ceux qu'ils ont reçus chez eux. Il est mieux de gar-
» der en tout de justes bornes; et je trouve qu'il y a la
» même impolitesse à congédier ceux qui désirent de
» rester, qu'à faire des violences pour retenir ceux qui
» veulent partir. Il faut aimer et bien traiter ceux qui
» veulent demeurer avec nous, et laisser la liberté à
» ceux qui veulent nous quitter. Mais attendez au moins
» que j'aie fait porter dans votre char les présens qu'on
» doit faire à ses hôtes, et que j'aie le plaisir que vous
» les voyiez de vos yeux. Cependant je vais ordonner aux
» femmes de mon palais de vous préparer à dîner de ce
» qui se trouvera dans la maison. On ne doit pas se
» mettre en chemin, sans avoir mangé; la politesse et
» l'honnêteté de l'hôte ne le peuvent souffrir, et le
» besoin des voyageurs s'y oppose. Si vous vouliez, pour
» vous divertir, vous détourner et traverser la Grèce
» et le pays d'Argos, je ferais atteler mon char pour
» vous accompagner et pour vous conduire moi-même

» Αὔτως ἀποπέμψει, δώσει δέ τι ἕν γε φέρεσθαι,
» Ἤέ τινα τριπόδων ἐϋχάλκων, ἠὲ λεβήτων,
» Ἠὲ δύ᾽ ἡμιόνους, ἠὲ χρύσειον ἄλεισον. » 85

Τὸν δ᾽ αὖ Τηλέμαχος πεπνυμένος ἀντίον ηὔδα·
« Ἀτρείδη Μενέλαε διοτρεφές, ὄρχαμε λαῶν,
» Βούλομαι ἤδη νεῖσθαι ἐφ᾽ ἡμέτερ᾽· (οὐ γὰρ ὄπισθεν
» Οὖρον ἰὼν κατέλειπον ἐπὶ κτεάτεσσιν ἐμοῖσι·)
» Μὴ πατέρ᾽ ἀντίθεον διζήμενος, αὐτὸς ὄλωμαι, 90
» Ἤ τί μοι ἐκ μεγάρων κειμήλιον ἐσθλὸν ὄληται. »

Αὐτὰρ ἐπεὶ τόγ᾽ ἄκουσε βοὴν ἀγαθὸς Μενέλαος,
Αὐτίκ᾽ ἄρ᾽ ᾗ ἀλόχῳ, ἠδὲ δμωῇσι κέλευσε,
Δεῖπνον ἐνὶ μεγάροις τετυκεῖν, ἅλις ἔνδον ἐόντων.
Ἀγχίμολον δέ οἱ ἦλθε Βοηθοΐδης Ἐτεωνεύς, 95
Ἀνστὰς ἐξ εὐνῆς, ἐπεὶ οὐ πολὺ ναῖεν ἀπ᾽ αὐτοῦ·
Τὸν πῦρ κῆαι ἄνωγε βοὴν ἀγαθὸς Μενέλαος,
Ὀπτῆσαί τε κρεῶν· ὁ δ᾽ ἄρ᾽ οὐκ ἀπίθησεν ἀκούσας.
Αὐτὸς δ᾽ ἐς θάλαμον κατεβήσατο κηώεντα,
Οὐκ οἶος, ἅμα τῷγ᾽ Ἑλένη κίε καὶ Μεγαπένθης. 100
Ἀλλ᾽ ὅτε δή ῥ᾽ ἵκανον, ὅθ᾽ οἱ κειμήλια κεῖτο,
Ἀτρείδης μὲν ἔπειτα δέπας λάβεν ἀμφικύπελλον,
Υἱὸν δὲ κρητῆρα φέρειν Μεγαπένθε᾽ ἄνωγεν
Ἀργύρεον· Ἑλένη δὲ παρίστατο φωριαμοῖσιν,
Ἔνθ᾽ ἔσαν οἱ πέπλοι παμποίκιλοι, οὓς κάμεν αὐτή.
Τῶν ἕν᾽ ἀειραμένη Ἑλένη φέρε, δῖα γυναικῶν, 106
Ὃς κάλλιστος ἔην ποικίλμασιν, ἠδὲ μέγιστος·
Ἀστὴρ δ᾽ ὣς ἀπέλαμπεν, ἔκειτο δὲ νείατος ἄλλων.
Βὰν δ᾽ ἰέναι προτέρω διὰ δώματος, ἕως ἵκοντο
Τηλέμαχον· τὸν δὲ προσέφη ξανθὸς Μενέλαος· 110

« Τηλέμαχ᾽, ἤτοι νόστον, ὅπως φρεσὶ σῇσι μενοινᾷς,
» Ὥς τοι Ζεὺς τελέσειεν, ἐρίγδουπος πόσις Ἥρης.
» Δώρων δ᾽, ὅσσ᾽ ἐν ἐμῷ οἴκῳ κειμήλια κεῖται,
» Δώσω, ὃ κάλλιστον καὶ τιμηέστατόν ἐστι·

» dans toutes nos belles villes ; il n'y en a pas une seule
» où nous ne fussions très-bien reçus, et qui ne vous fît
» présent de quelque trépied, de quelque cuvette, de
» quelque couple de mulets, ou de quelque coupe d'or. »

Le sage Télémaque répondit : « Grand roi, je suis
» obligé de m'en retourner promptement ; je n'ai laissé
» personne chez moi pour prendre soin de mes affaires,
» et j'ai tout sujet de craindre que pendant que je cours
» inutilement pour apprendre des nouvelles de mon
» père, je ne me sois perdu moi-même, et que je ne me
» trouve ruiné. »

Ménélas ayant entendu ses raisons, donne ordre à Hélène et à ses femmes de préparer le dîner. En même temps arrive le fidèle Etéonée, fils de Boéthoüs, qui ne quittoit jamais Ménélas. Le roi lui ordonne d'allumer du feu et de faire promptement rôtir les viandes. Et lui cependant descend avec Hélène et son fils Mégapenthès, dans un cabinet magnifique, d'où s'exhaloit un parfum délicieux ; dans ce cabinet étoit tout ce qu'il y avoit de plus précieux et de plus rare en meubles et en toutes sortes de vases les mieux travaillés. Il prend une belle coupe à deux fonds, et fait prendre à son fils une urne d'argent ; et Hélène ayant ouvert un de ses coffres, où étoient les voiles en broderie qu'elle avoit travaillés de ses belles mains, elle choisit le plus grand, le plus magnifique, et celui qui étoit d'un dessein le plus beau et le plus varié ; il étoit brillant comme l'astre du jour, et il se trouva au-dessous de tous les autres. Chargés tous trois de ces présens, ils retournent trouver Télémaque, et Ménélas lui dit, en l'abordant :

« Prince, que Jupiter, mari de la respectable Junon,
» vous ramène dans votre patrie aussi heureusement que
» vous pouvez le désirer ! Mais recevez, je vous prie,
» ces présens, qui sont ce que j'ai de plus beau et de
» plus précieux dans tous mes meubles ; c'est une double

» Δώσω τοι κρητῆρα τετυγμένον· ἀργύρεος δὲ 115
» Ἔστιν ἅπας, χρυσῷ δ᾽ ἐπὶ χείλεα κεκράανται·
» Ἔργον δ᾽ Ἡφαίστοιο· πόρεν δέ ἑ Φαίδιμος ἥρως,
» Σιδονίων βασιλεύς, ὅθ᾽ ἑὸς δόμος ἀμφεκάλυψεν·
» Κεῖσέ με νοστήσαντα· τεῒν δ᾽ ἐθέλω τόδ᾽ ὀπάσσαι. »

Ὣς εἰπὼν, ἐν χερσὶ τίθει δέπας ἀμφικύπελλον 120
Ἥρως Ἀτρείδης· ὁ δ᾽ ἄρα κρητῆρα φαεινὸν
Θῆκ᾽ αὐτοῦ προπάροιθε φέρων κρατερὸς Μεγαπένθης
Ἀργύρεον· Ἑλένη δὲ παρίστατο καλλιπάρῃος,
Πέπλον ἔχουσ᾽ ἐν χερσὶν, ἔπος τ᾽ ἔφατ᾽, ἔκ τ᾽ ὀνόμαζεν·

« Δῶρόν τοι καὶ ἐγώ, τέκνον φίλε, τοῦτο δίδωμι, 125
» Μνῆμ᾽ Ἑλένης χειρῶν, πολυηράτου ἐς γάμου ὥρην,
» Σῇ ἀλόχῳ φορέειν· τείως δὲ φίλῃ παρὰ μητρὶ
» Κείσθω ἐνὶ μεγάρῳ· σὺ δέ μοι χαίρων ἀφίκοιο
» Οἶκον ἐϋκτίμενον, καὶ σὴν ἐς πατρίδα γαῖαν. »

Ὣς εἰποῦσ᾽ ἐν χερσὶ τίθει· ὁ δ᾽ ἐδέξατο χαίρων. 130
Καὶ τὰ μὲν ἐς πείρινθα τίθει Πεισίστρατος ἥρως
Δεξάμενος, καὶ πάντα ἑῷ θηήσατο θυμῷ·
Τοὺς δ᾽ ἦγε πρὸς δῶμα κάρη ξανθὸς Μενέλαος·
Ἑζέσθην δ᾽ ἄρ᾽ ἔπειτα κατὰ κλισμούς τε, θρόνους τέ.
Χέρνιβα δ᾽ ἀμφίπολος προχόῳ ἐπέχευε φέρουσα 135
Καλῇ, χρυσείῃ, ὑπὲρ ἀργυρέοιο λέβητος,
Νίψασθαι· παρὰ δὲ ξεστὴν ἐτάνυσσε τράπεζαν.
Σῖτον δ᾽ αἰδοίη ταμίη παρέθηκε φέρουσα,
Εἴδατα πόλλ᾽ ἐπιθεῖσα, χαριζομένη παρεόντων.
Πὰρ δὲ Βοηθοΐδης κρέα δαίετο, καὶ νέμε μοίρας, 140
Ὠνοχόει δ᾽ υἱὸς Μενελάου κυδαλίμοιο·
Οἱ δ᾽ ἐπ᾽ ὀνείαθ᾽ ἑτοῖμα προκείμενα χεῖρας ἴαλλον.
Αὐτὰρ ἐπεὶ πόσιος καὶ ἐδητύος ἐξ ἔρον ἕντο,
Καὶ τότε Τηλέμαχος καὶ Νέστορος ἀγλαὸς υἱὸς
Ἵππους τε ζεύγνυντ᾽, ἀνὰ θ᾽ ἅρματα ποικίλ᾽ ἔβαινον·
Ἐκ δ᾽ ἔλασαν προθύροιο καὶ αἰθούσης ἐριδούπου. 146

» coupe d'argent, mais dont les bords sont de l'or le
» plus fin. Elle est d'un très-beau travail, c'est un
» ouvrage de Vulcain même. Le roi des Sidoniens m'en
» fit présent, quand il me reçut chez lui, à mon retour
» de Troie, et je ne saurois en faire un meilleur usage
» que de vous la donner. »

En finissant ces mots, il lui remet la coupe entre les mains. Mégapenthès s'avance, et met au pied du prince l'urne d'argent. La belle Hélène se présente ensuite, tenant entre ses mains le voile merveilleux qu'elle avoit fait elle-même; elle le présente à Télémaque, et lui dit:

« Mon cher fils, je vous fais aussi ce présent, qui vous
« fera toujours souvenir du travail d'Hélène; il vous
» servira, le jour de vos noces, à orner la princesse que
» vous épouserez! jusqu'à ce jour si désirable vous le
» donnerez à garder à la reine votre mère. Je vous sou-
» haite un heureux voyage. Daignent les Dieux vous
» conduire eux-mêmes dans vos états! »

Elle lui remet en même temps ce voile entre les mains. Télémaque le reçoit avec toutes les marques de joie et de reconnoissance, et le prince Pisistrate le prenant des mains de Télémaque, le serre dans une cassette, et ne peut se lasser d'admirer la beauté de ces présens. Ménélas mène ensuite les princes dans la salle, où ils s'asseient sur de beaux sièges; une belle esclave porte sur un bassin d'argent une aiguière d'or pour donner à laver, et dresse une table très-propre et très-polie; la maîtresse de l'office la couvre de ce qu'elle a de plus exquis. Etéonée coupe les viandes et sert les portions, et le fils de Ménélas fait l'office d'échanson et présente le vin dans des coupes. Après que la bonne chère et la diversité des mets eurent chassé la faim, Télémaque et le fils de Nestor montèrent dans leur char, et poussant leurs chevaux, ils traversèrent la cour et sortirent des portiques. Ménélas les suivit jusqu'à la

Τοὺς δὲ μέτ᾽, Ἀτρείδης ἔκιε ξανθὸς Μενέλαος,
Οἶνον ἔχων ἐν χειρὶ μελίφρονα δεξιτερῇφι,
Χρυσέῳ ἐν δέπαϊ, ὄφρα λείψαντε κιοίτην.
Στῆ δ᾽ ἵππων προπάροιθε· δεδισκόμενος δὲ προσηύδα· 150

« Χαίρετον, ὦ κούρω, καὶ Νέστορι ποιμένι λαῶν
» Εἰπεῖν· ἦ γὰρ ἔμοιγε, πατὴρ ὣς, ἤπιος ἦεν,
» Εἵως ἐν Τροίῃ πολεμίζομεν υἷες Ἀχαιῶν. »

Τὸν δ᾽ αὖ Τηλέμαχος πεπνυμένος ἀντίον ηὔδα·
« Καὶ λίην κείνῳ γὲ, διοτρεφὲς, ὡς ἀγορεύεις, 153
» Πάντα τάδ᾽ ἐλθόντες καταλέξομεν· αἲ γὰρ ἐγὼν ὣς
» Νοστήσας, Ἰθάκηνδε κιὼν, Ὀδυσεῖ ἐνὶ οἴκῳ
» Εἴποιμ᾽, ὡς παρὰ σεῖο τυχὼν φιλότητος ἁπάσης
» Ἔρχομαι, αὐτὰρ ἄγω κειμήλια πολλὰ καὶ ἐσθλά. »

Ὣς ἄρα οἱ εἰπόντι ἐπέπτατο δεξιὸς ὄρνις, 160
Αἰετὸς, ἀργὴν χῆνα φέρων ὀνύχεσσι πέλωρον,
Ἥμερον ἐξ αὐλῆς· οἱ δ᾽ ἰύζοντες ἕποντο
Ἀνέρες ἠδὲ γυναῖκες· ὁ δέ σφισιν ἐγγύθει ἰ θὼν
Δεξιὸς ἤϊξε πρόσθ᾽ ἵππων, οἱ δὲ ἰδόντες
Γήθησαν, καὶ πᾶσιν ἐνὶ φρεσὶ θυμὸς ἰάνθη. 165
Τοῖσι δὲ Νεστορίδης Πεισίστρατος ἤρχετο μύθων·

« Φράζεο δὴ, Μενέλαε διοτρεφὲς, ὄρχαμε λαῶν,
» Εἰ νῶϊν τόδ᾽ ἔφηνε θεὸς τέρας, ἠέ σοι αὐτῷ. »

Ὣς φάτο· μερμήριξε δ᾽ ἀρηίφιλος Μενέλαος,
Ὅππως οἱ κατὰ μοῖραν ὑποκρίναιτο νοήσας. 170
Τὸν δ᾽ Ἑλένη τανύπεπλος ὑποφθαμένη φάτο μῦθον·

porte, tenant à la main une coupe d'or pleine de vin, afin qu'ils ne partissent qu'après avoir fait des libations. Il se mit au-devant de leur char, et leur présentant la coupe, il leur dit :

« Jeunes princes, rendez-vous toujours Jupiter favo-
» rable. Dites à Nestor, qui gouverne si justement ses
» peuples, que je prie les Dieux de lui envoyer toutes
» sortes de prospérités ; il a toujours eu pour moi une
» bonté de père, pendant que nous avons combattu sous
» les remparts d'Ilion. »

Le prudent Télémaque lui répondit : « Grand roi,
» quand nous serons arrivés à Pylos, nous ne manque-
» rons pas de dire à Nestor toutes les amitiés que vous
» nous faites pour lui. Plût aux Dieux qu'étant de retour
» à Ithaque, je puisse aussi conter à Ulysse toutes les
» marques de bonté et de générosité que j'ai reçues de
» vous, et lui montrer les beaux présens dont vous
» m'avez honoré. »

Comme il disoit ces mots, un aigle vola à sa droite, tenant dans ses serres une oie domestique d'une grosseur prodigieuse, qu'il avoit enlevée du milieu d'une basse-cour. Un nombre infini d'hommes et de femmes le suivoient avec de grands cris. Cet aigle volant du côté des princes, et toujours à leur droite, vint fondre au-devant des chevaux. Ce signe leur parut favorable, et la joie s'empara de leur cœur. Le fils de Nestor, le sage Pisistrate, prenant alors la parole, dit à Ménélas :

« Grand prince, je vous prie d'examiner ce prodige,
» et de déclarer si Dieu l'a envoyé pour vous ou pour
» nous, car il nous regarde assurément les uns ou les
» autres. »

Ménélas se met en même temps à penser profondément en lui-même comment il expliqueroit ce signe. Mais la belle Hélène ne lui en donna pas le temps, car le prévenant, elle dit par une subite inspiration :

« Κλῦτέ μευ, αὐτὰρ ἐγὼ μαντεύσομαι, ὡς ἐνὶ θυμῷ
» Ἀθάνατοι βάλλουσι, καὶ ὡς τελέεσθαι οἴω.
» Ὡς ὅδε χῆν' ἥρπαξ', ἀτιταλλομένην ἐνὶ οἴκῳ,
» Ἐλθὼν ἐξ ὄρεος, ὅθι οἱ γενεή τε, τόκος τε· 175
» Ὣς Ὀδυσεὺς κακὰ πολλὰ παθὼν, καὶ πόλλ' ἐπαληθείς.
» Οἴκαδε νοστήσει, καὶ τίσεται· ἠὲ καὶ ἤδη
» Οἴκοι, ἀτὰρ μνηστῆρσι κακὸν πάντεσσι φυτεύει. »

Τὴν δ' αὖ Τηλέμαχος πεπνυμένος ἀντίον ηὔδα·
« Οὕτω νῦν Ζεὺς θείη, ἐρίγδουπος πόσις Ἥρης, 180
» Τῷ κέν τοι καὶ κεῖθι, θεῷ ὣς, εὐχετοῴμην. »

Ἦ, καὶ ἐφ' ἱπποιῖν μάστιν βάλεν· οἱ δὲ μάλ' ὦκα
Ἤϊξαν πεδίονδε διὰ πτόλιος μεμαῶτες.
Οἱ δὲ πανημέριοι σεῖον ζυγὸν ἀμφὶς ἔχοντες·
Δύσετό τ' ἠέλιος, σκιόωντό τε πᾶσαι ἀγυιαί. 185
Ἐς Φηρὰς δ' ἵκοντο, Διοκλῆος ποτὶ δῶμα,
Υἱέος Ὀρσιλόχοιο, τὸν Ἀλφειὸς τέκε παῖδα.
Ἔνθα δὲ νύκτ' ἄεσαν· ὁ δὲ τοῖς πὰρ ξείνια θῆκεν.
Ἦμος δ' ἠριγένεια φάνη ῥοδοδάκτυλος Ἠώς,
Ἵππους τε ζεύγνυντ', ἀνά θ' ἅρματα ποικίλ' ἔβαινον·
Ἐκ δ' ἔλασαν προθύροιο καὶ αἰθούσης ἐριδούπου.
Μάστιξεν δ' ἐλάαν· τὼ δ' οὐκ ἄκοντε πετέσθην.
Αἶψα δ' ἔπειθ' ἵκοντο Πύλου αἰπὺ πτολίεθρον·
Καὶ τότε Τηλέμαχος προσεφώνεε Νέστορος υἱόν·

« Νεστορίδη, πῶς κέν μοι ὑποσχόμενος τελέσειας
» Μῦθον ἐμόν; ξεῖνοι δὲ διαμπερὲς εὐχόμεθ' εἶναι 196
» Ἐκ πατέρων φιλότητος· ἀτὰρ καὶ ὁμήλικες ἐσμέν·

« Princes, écoutez-moi, je vais vous déclarer l'expli-
» cation de ce signe, telle que les Dieux me l'inspirent,
» et l'événement la justifiera. Comme cet aigle parti
» d'une montagne, où il est né et où il a laissé ses aiglons,
» a enlevé d'une basse-cour cette oie domestique, de
» même Ulysse, après avoir souffert beaucoup de maux
» et erré dans plusieurs contrées, retournera dans sa
» maison, et punira les poursuivans aussi facilement
» que cet aigle a déchiré l'oie qu'il a enlevée. Peut-être
» même qu'à l'heure que je parle, Ulysse est déjà chez
» lui, et qu'il prend les mesures pour se venger de ces
» insolens. »

Télémaque, ravi d'entendre cette prophétie, s'écria,
en s'adressant à Hélène: « Ah! que le maître du ton-
» nerre accomplisse ainsi votre prédiction, et je vous
» promets que dans Ithaque je vous adresserai mes vœux
» comme à une Déesse. »

En finissant ces mots, il poussa ses vigoureux coursiers, qui, ayant bientôt traversé la ville, prirent le
chemin de Pylos. Ils marchèrent le reste du jour avec
beaucoup de diligence; et après le coucher du soleil,
lorsque les chemins étoient déjà couverts de ténèbres,
ils arrivèrent à Phères dans le palais de Dioclès, fils
d'Orsiloque, né sur les bords de l'Alphée, ils passèrent
la nuit chez lui, et en reçurent tous les bons traitemens
qu'exige l'hospitalité. Le lendemain, dès que l'aurore
eut fait voir ses premiers rayons, ils prirent congé de
Dioclès, et étant montés sur leur char, ils traversèrent
la cour et continuèrent leur voyage. Ils arrivèrent bientôt aux portes de Pylos; alors Télémaque dit au fils de
Nestor:

« Mon cher Pisistrate, voulez-vous m'obliger? Pro-
» mettez-moi que vous m'accorderez la prière que je
» vais vous faire. Nous sommes depuis long-temps unis
» de père en fils par les sacrés liens de l'hospitalité;

» Ἥδε δ᾽ ὁδὸς καὶ μᾶλλον ὁμοφροσύνῃσιν ἐνήσει.
» Μή με παρὲξ ἄγε νῆα, διοτρεφὲς, ἀλλὰ λίπ᾽ αὐτοῦ,
» Μή με γέρων ἀέκοντα κατάσχῃ ᾧ ἐνὶ οἴκῳ,   200
» Ἱέμενος φιλέειν· ἐμὲ δὲ χρεὼν θᾶσσον ἱκέσθαι. »

Ὣς φάτο· Νεστορίδης δ᾽ ἄρ᾽ ἑῷ συμφράσσατο θυμῷ,
Ὅππως οἱ κατὰ μοῖραν ὑποσχόμενος τελέσειεν.
Ὧδε δέ οἱ φρονέοντι δοάσσατο κέρδιον εἶναι·
Στρέψ᾽ ἵππους ἐπὶ νῆα θοὴν, καὶ θῖνα θαλάσσης·   205
Νηῒ δ᾽ ἐνὶ πρύμνῃ ἐξαίνυτο κάλλιμα δῶρα,
Ἐσθῆτα, χρυσόν τε, τά οἱ Μενέλαος ἔδωκε·
Καί μιν ἐποτρύνων ἔπεα πτερόεντα προσηύδα·

« Σπουδῇ νῦν ἀνάβαινε, κέλευέ τε πάντας ἑταίρους,
» Πρὶν ἐμὲ οἴκαδ᾽ ἱκέσθαι, ἀπαγγεῖλαί τε γέροντι. 210
» Εὖ γὰρ ἐγὼ τόδε οἶδα κατὰ φρένα καὶ κατὰ θυμὸν,
» Οἷος ἐκείνου θυμὸς ὑπέρβιος, οὔ σε μεθήσει·
» Ἀλλ᾽ αὐτὸς καλέων δεῦρ᾽ εἴσεται· οὐδὲ σέ φημι
» Ἂψ ἰέναι κενεόν· μάλα γὰρ κεχολώσεται ἔμπης. »

Ὣς ἄρα φωνήσας ἔλασεν καλλίτριχας ἵππους   215
Ἂψ Πυλίων εἰς ἄστυ, θοῶς δ᾽ ἄρα δώμαθ᾽ ἵκανε.
Τηλέμαχος δ᾽ ἑτάροισιν ἐποτρύνων ἐκέλευσεν·

« Ἐγκοσμεῖτε τὰ τεύχε᾽, ἑταῖροι, νηῒ μελαίνῃ·
» Αὐτοί τ᾽ ἀμβαίνωμεν, ἵνα πρήσσωμεν ὁδοῖο. »

Ὣς ἔφαθ᾽· οἱ δ᾽ ἄρα τοῦ μάλα μὲν κλύον, ἠδ᾽ ἐπίθοντο.

» nous sommes de même âge, et le voyage que nous
» venons de faire ensemble va encore serrer davantage
» les nœuds de notre amitié; je vous conjure donc de ne
» pas m'obliger à m'éloigner de mon vaisseau, laissez-
» moi ici, et souffrez que je m'embarque et que je
» n'entre point dans la ville, de peur que votre père ne
» veuille me retenir pour me donner de nouvelles
» marques de son affection, quelque pressé que je sois
» de m'en retourner; vous savez que mes affaires
» demandent que j'arrive promptement à Ithaque. »

Pisistrate, ne pouvant le refuser, pensa en lui-même comment il devoit faire pour lui accorder ce qu'il demandoit. Enfin il trouva que le plus sûr étoit de le conduire lui-même sur le rivage; il détourne ses chevaux et prend le chemin de la mer. Dans le moment il fait embarquer les présens que Ménélas lui avoit faits, l'or, l'argent et le voile précieux que la belle Hélène lui avoit donné; alors, le pressant de partir, il lui dit:

« Mon cher Télémaque, montez, sans différer, sur
» ce vaisseau, et ordonnez à vos rameurs de s'éloigner
» promptement de la côte avant que je sois de retour
» chez mon père, et que je lui aie appris votre départ;
» car, connoissant son humeur comme je la connois, je
» suis sûr qu'il ne vous laisseroit point embarquer, il
» viendroit lui-même pour vous retenir, et je ne pense
» pas que toute votre résistance pût rendre son voyage
» vain, car si vous le refusiez, il se mettroit véritable-
» ment en colère. »

En finissant ces mots, il le quitte, prend le chemin de la ville, et bientôt il arrive dans le palais de Nestor. Cependant Télémaque s'adresse à ses compagnons, et leur dit:

« Mes amis, préparez vos rames, déployez les voiles,
» et fendons promptement le sein de la vaste mer. »

Ils obéissent, on prépare tout pour le départ, et

Αἶψα δ᾽ ἄρ᾽ εἴσβαινον, καὶ ἐπὶ κληῗσι κάθιζον· 221
Ἤτοι ὁ μὲν τὰ πονεῖτο, καὶ εὔχετο· θῦε δ᾽ Ἀθήνῃ
Νηΐ παρὰ πρύμνῃ· σχεδόθεν δέ οἱ ἤλυθεν ἀνὴρ
Τηλεδαπὸς, φεύγων ἐξ Ἄργεος, ἄνδρα κατακτὰς,
Μάντις· ἀτὰρ γενεήν γε Μελάμποδος ἔκγονος ἦεν, 225
Ὃς πρὶν μὲν ποτ᾽ ἔναιε Πύλῳ ἔνι, μητέρι μήλων,
Ἀφνειὸς Πυλίοισι μέγ᾽ ἔξοχα δώματα ναίων·
Δὴ τότε γ᾽ ἄλλον δῆμον ἀφίκετο, πατρίδα φεύγων,
Νηλέα τε μεγάθυμον, ἀγαυότατον ζωόντων,
Ὅς οἱ χρήματα πολλὰ τελεσφόρον εἰς ἐνιαυτὸν 230
Εἶχε βίῃ· ὁ δὲ τέως μὲν ἐνὶ μεγάροις Φυλάκοιο
Δεσμῷ ἐν ἀργαλέῳ δέδετο, κρατέρ᾽ ἄλγεα πάσχων,
Εἵνεκα Νηλῆος κούρης, ἄτης τε βαρείης,
Τήν οἱ ἐπὶ φρεσὶ θῆκε θεὰ δασπλῆτις Ἐριννύς·
Ἀλλ᾽ ὁ μὲν ἔκφυγε κῆρα, καὶ ἤλασε βοῦς ἐριμύκους 235
Ἐς Πύλον ἐκ Φυλάκης, καὶ ἐτίσατο ἔργον ἀεικὲς,
Ἀντίθεον Νηλῆα, κασιγνήτῳ τε γυναῖκα
Ἠγάγετο πρὸς δώμαθ᾽. ὁ δ᾽ ἄλλων ἵκετο δῆμον,
Ἄργος ἐς ἱππόβοτον· τόθι γάρ νυ οἱ αἴσιμον ἦεν
Ναιέμεναι πολλοῖσιν ἀνάσσοντ᾽ Ἀργείοισιν. 240
Ἔνθα δ᾽ ἔγημε γυναῖκα, καὶ ὑψερεφὲς θέτο δῶμα,
Γείνατο δ᾽ Ἀντιφάτην καὶ Μάντιον, υἷε κραταιώ.
Ἀντιφάτης μὲν ἔτικτεν Οἰκλῆα μεγάθυμον·
Αὐτὰρ Οἰκλείης λαοσσόον Ἀμφιάρηον,
Ὃν περὶ κῆρι φίλει Ζεύς τ᾽ αἰγίοχος, καὶ Ἀπόλλων 245
Παντοίην φιλότητ᾽· οὐδ᾽ ἵκετο γήραος οὐδὸν,
Ἀλλ᾽ ὄλετ᾽ ἐν Θήβῃσι, γυναίων εἵνεκα δώρων.
Τοῦ δ᾽ υἱεῖς ἐγένοντ᾽ Ἀλκμαίων, Ἀμφίλοχός τε.
Μάντιος αὖ τέκετο Πολυφείδεά τε, Κλεῖτόν τε·

Télémaque, de son côté, offre sur la poupe un sacrifice à Minerve, pour implorer son secours. Dans ce moment il se présente à lui un étranger, obligé de quitter Argos pour un meurtre qu'il avoit commis. C'étoit un devin, descendu en droite ligne du célèbre Mélampus, qui demeuroit anciennement dans la ville de Pylos, qui nourrit de si beaux troupeaux, où il possédoit de grandes richesses et habitoit un superbe palais; mais ensuite il avoit été forcé de quitter sa patrie et de se retirer dans un autre pays, pour s'éloigner de Nélée son oncle, qui étoit le plus fier et le plus glorieux des mortels, et qui lui ayant enlevé des biens infinis, les retint un an entier. Ce pauvre malheureux alla à la ville de Phylacus pour exécuter une entreprise très-difficile à laquelle il s'étoit engagé, mais il fut retenu prisonnier dans le palais de Phylacus, où il souffrit beaucoup de maux à cause de la fille de Nélée, et de la violente impression que les terribles Furies avoient faite sur son esprit. Mais enfin il évita la mort, et il fit par son habileté ce qu'il n'avoit pu faire par la force; il emmena les bœufs de Phylacus à Pylos, et voyant que Nélée ne vouloit pas lui tenir la parole qu'il lui avoit donnée, il le vainquit dans un combat singulier, et le força de lui donner sa fille pour son frère Bias; après quoi il se retira à Argos, où le destin vouloit qu'il régnât sur les peuples nombreux des Argiens. Il s'y maria, et y bâtit un magnifique palais. Il eut deux fils, Antiphate et Mantius, tous deux pleins de valeur; d'Antiphate sortit le magnanime Oïclée, et d'Oïclée vint le brave Amphiaraüs, à qui Jupiter et Apollon donnèrent à l'envi des marques de l'affection la plus singulière. Il ne parvint pas jusqu'à la vieillesse, car, encore jeune, il périt à Thèbes; le présent qu'on fit à sa femme Eryphile avança sa mort. Cet Amphiaraüs eut deux fils, Alcméon et Amphiloque; Mantius en eut aussi deux, Polyphide et Clytus. Ce dernier fut

Ἀλλ᾽ ἤτοι Κλεῖτον χρυσόθρονος ἥρπασεν Ἠὼς, 250
Κάλλεος εἵνεκα οἷο, ἵν᾽ ἀθανάτοισι μετείη.
Αὐτὰρ ὑπέρθυμον Πολυφείδεα μάντιν Ἀπόλλων
Θῆκε βροτῶν ὄχ᾽ ἄριστον, ἐπεὶ θάνεν Ἀμφιάρηος,
Ὅς ῥ᾽ Ὑπερησίηνδ᾽ ἀπενάσσατο, πατρὶ χολωθείς·
Ἔνθ᾽ ὅγε ναιετάων μαντεύετο πᾶσι βροτοῖσι. 255
Τοῦ μὲν ἄρ᾽ υἱὸς ἐπῆλθε, Θεοκλύμενος δ᾽ ὄνομ᾽ ἦεν,
Ὅς τότε Τηλεμάχου πέλας ἵστατο· τὸν δ᾽ ἐκίχανε
Σπένδοντ᾽, εὐχόμενόν τε, θοῇ παρὰ νηὶ μελαίνῃ·
Καί μιν φωνήσας ἔπεα πτερόεντα προσηύδα·

« Ὦ φίλ᾽, ἐπεί σε θύοντα κιχάνω τῷδ᾽ ἐνὶ χώρῳ,
» Λίσσομ᾽ ὑπὲρ θυέων καὶ δαίμονος, αὐτὰρ ἔπειτα 261
» Σῆς τ᾽ αὐτοῦ κεφαλῆς, καὶ ἑταίρων, οἵ τοι ἕπονται,
» Εἰπέ μοι εἰρομένῳ νημερτέα, μηδ᾽ ἐπικεύσῃς.
» Τίς; πόθεν εἶς ἀνδρῶν; πόθι τοι πόλις, ἠδὲ τοκῆες; »

Τὸν δ᾽ αὖ Τηλέμαχος πεπνυμένος ἀντίον ηὔδα· 265
« Τοιγὰρ ἐγώ τοι, ξεῖνε, μάλ᾽ ἀτρεκέως ἀγορεύσω·
» Ἐξ Ἰθάκης γένος εἰμί, πατὴρ δέ μοι ἐστὶν Ὀδυσσεὺς,
» Εἴ ποτ᾽ ἔην· νῦν δ᾽ ἤδη ἀπέφθιτο λυγρῷ ὀλέθρῳ.
» Τοὕνεκα νῦν ἑτάρους τε λαβὼν καὶ νῆα μέλαιναν,
» Ἦλθον πευσόμενος πατρὸς δὴν οἰχομένοιο. » 270

Τὸν δ᾽ αὖτε προσέειπε Θεοκλύμενος θεοειδής·
« Οὕτω τοι καὶ ἐγὼν ἐκ πατρίδος, ἄνδρα κατακτὰς
» Ἔμφυλον· πολλοὶ δὲ κασίγνητοί τε, ἔται τέ,
» Ἄργος ἂν᾽ ἱππόβοτον, μέγα δὲ κρατέουσιν Ἀχαιοί·
» Τῶν ὑπαλευάμενος θάνατον, καὶ κῆρα μέλαιναν 275

enlevé par la belle Aurore pour sa grande beauté, dont la terre n'étoit pas digne; elle voulut le faire asseoir avec les immortels, et le magnanime Polyphide; Apollon le rendit le plus éclairé de tous les devins après la mort d'Amphiaraüs. Ce Polyphide, irrité contre Mantius son père, se retira à Hypérésie, ville du pays d'Argos, où il faisoit ses prédictions à tous ceux qui alloient le consulter. L'étranger qui se présenta à Télémaque, pendant qu'il faisoit ses libations à Minerve, étoit fils de ce dernier, et il s'appeloit Théoclymène. Il s'approcha du fils d'Ulysse, et lui dit:

« Puisque je suis assez heureux pour vous trouver au
» milieu de vos prières et de votre sacrifice, je vous
» conjure par ce même sacrifice, au nom de la Divinité
» à laquelle vous l'offrez, par votre tête qui doit être si
» chère à vos peuples, et par le salut de tous vos com-
» pagnons, répondez-moi, sans aucun déguisement, à
» une chose que j'ai à vous demander: dites-moi qui
» vous êtes, de quel pays vous êtes, et quels sont vos
» parens. »

Le sage Télémaque lui répond: « Etranger, je vous
» dirai la vérité toute pure sans aucun déguisement: Je
» suis d'Ithaque, mon père se nomme Ulysse, s'il est
» vrai qu'il soit encore en vie, car je crains bien qu'il
» ne soit mort depuis long-temps; c'étoit pour en
» apprendre des nouvelles que j'avois quitté mes états,
» et que je m'étois embarqué avec mes compagnons;
» mais j'ai fait un voyage inutile. »

« J'ai aussi été obligé de quitter ma patrie, répondit
» Théoclymène, pour avoir tué un de mes compatriotes,
» qui a dans Argos beaucoup de frères et de parens,
» tous les plus puissans de la Grèce. Je cherche à me
» mettre à couvert de leur ressentiment, et à fuir la
» mort dont ils me menacent; car c'est ma destinée
» d'errer dans tous les climats. Ayez donc la bonté de

» Φεύγω· ἐπεί νύ μοι αἶσα κατ' ἀνθρώπους ἀλάλησθαι.
» Ἀλλά με νηὸς ἔφεσσαι, ἐπεί σε φυγὼν ἱκέτευσα,
» Μή με κατακτείνωσι· διωκέμεναι γὰρ ὀίω. »

Τὸν δ' αὖ Τηλέμαχος πεπνυμένος ἀντίον ηὔδα·
« Οὐ μὲν δή σ' ἐθέλοντά γ' ἀπώσω νηὸς ἐΐσης· 280
» Ἀλλ' ἕπευ, αὐτὰρ κεῖθι φιλήσεαι, οἷά κ' ἔχωμεν. »

Ὣς ἄρα φωνήσας οἱ ἐδέξατο χάλκεον ἔγχος,
Καὶ τόδ' ἐπ' ἰκριόφιν τάνυσεν νεὸς ἀμφιελίσσης·
Ἂν δὲ καὶ αὐτὸς νηὸς ἐβήσατο ποντοπόροιο.
Ἐν πρύμνῃ δ' ἄρ' ἔπειτα καθέζετο· πὰρ δέ οἱ αὐτῷ 285
Εἷσε Θεοκλύμενον· τοὶ δὲ πρυμνήσι' ἔλυσαν.
Τηλέμαχος δ' ἑτάροισιν ἐποτρύνας ἐκέλευσεν
Ὅπλων ἅπτεσθαι· τοὶ δ' ἐσσυμένως ἐπίθοντο.
Ἱστὸν δ' εἰλάτινον κοίλης ἔντοσθε μεσόδμης
Στῆσαν ἀείραντες, κατὰ δὲ προτόνοισιν ἔδησαν· 290
Ἕλκον δ' ἱστία λευκὰ ἐϋστρέπτοισι βοεῦσι.
Τοῖσιν δ' ἴκμενον οὖρον ἵει γλαυκῶπις Ἀθήνη,
Λάβρον ἐπαιγίζοντα δι' αἰθέρος, ὄφρα τάχιστα
Νηῦς ἀνύσειε θέουσα θαλάσσης ἁλμυρὸν ὕδωρ.
Δύσετό τ' ἠέλιος, σκιόωντό τε πᾶσαι ἀγυιαί. 295
Ἡ δὲ Φερὰς ἐπέβαλλεν, ἐπειγομένη Διὸς οὔρῳ·
Ἠδὲ παρ' Ἤλιδα δῖαν, ὅθι κρατέουσιν Ἐπειοί.
Ἔνθεν δ' αὖ νήσοισιν ἐπιπροέηκε θοῇσιν,
Ὁρμαίνων, ἤ κεν θάνατον φύγοι, ἤ κεν ἁλῴη.

Τὼ δ' αὖτ' ἐν κλισίῃ Ὀδυσεὺς καὶ δῖος ὑφορβὸς 300
Δορπείτην· παρὰ δέ σφιν ἐδόρπεον ἀνέρες ἄλλοι.
Αὐτὰρ ἐπεὶ πόσιος καὶ ἐδητύος ἐξ ἔρον ἕντο,
Τοῖς Ὀδυσεὺς μετέειπε, συβώτεω πειρητίζων,
Εἴ μιν ἔτ' ἐνδυκέως φιλέοι, μεῖναί τε κελεύοι
Αὐτοῦ ἐνὶ σταθμῷ, ἦ ὀτρύνειε πόλινδε· » 305

« Κέκλυθι νῦν, Εὔμαιε, καὶ ἄλλοι πάντες ἑταῖροι,

» me recevoir dans votre vaisseau, puisque dans ma
» fuite je suis devenu votre suppliant. Vous auriez à
» vous reprocher ma mort si je tombois entre leurs
» mains, car ils ne manqueront pas de me poursuivre. »

« Je n'ai garde de vous refuser une chose si juste,
» répondit le sage Télémaque ; montez dans mon vais-
» seau, nous vous y recevrons le mieux qu'il nous sera
» possible. »

En finissant ces mots, il prend la pique de Théoclymène, la couche le long du vaisseau où il l'aide à monter, et s'étant assis sur la poupe, il le fait asseoir près
de lui. En même temps on délie les câbles, et Télémaque ordonne à ses compagnons d'appareiller ; on
dresse le mât, on déploie les voiles sur les antennes, et
Minerve leur envoie un vent très-favorable qui les fait
voguer rapidement sur les flots de la vaste mer. Ils
passent les courans de Crunes et de Chalcis, qui a de si
belles eaux ; et après le coucher du soleil, lorsque la
nuit eut répandu ses sombres voiles sur la terre, le
vaisseau arriva à la hauteur de Phées, et de là il côtoya
l'Elide, près de l'embouchure du Pénée, qui est de la
domination des Epéens. Alors Télémaque, au lieu de
prendre le droit chemin à gauche entre Samos et
Ithaque, poussa vers les îles appelées Pointues, qui
font partie des Echinades, pour arriver à Ithaque par
le côté du septentrion, et pour éviter par ce moyen
l'embuscade qu'on lui dressoit du côté du midi dans le
détroit de Samos.

Pendant ce temps-là Ulysse et Eumée étoient à table
avec les bergers. Le souper étant fini, Ulysse, pour
éprouver Eumée, et pour voir s'il avoit pour lui une
véritable affection, et s'il voudroit le retenir plus long-
temps, ou s'il seroit bien aise de se défaire de lui et de
l'envoyer à la ville, lui parla en ces termes :

« Eumée, et vous bergers, j'ai envie d'aller demain

» Ἠῶθεν προτὶ ἄστυ λιλαίομαι ἀπονέεσθαι
» Πτωχεύσων, ἵνα μή σε κατατρύχω καὶ ἑταίρους.
» Ἀλλά μοι εὖ θ᾽ ὑπόθευ, καὶ ἅμ᾽ ἡγεμόν᾽ ἐσθλὸν ὄπασσον,
» Ὅς κέ με κεῖσ᾽ ἀγάγῃ· κατὰ δὲ πτόλιν αὐτὸς ἀνάγκῃ
» Πλάγξομαι, αἴ κέν τις κοτύλην καὶ πύρνον ὀρέξῃ. 311
» Καί κ᾽ ἐλθὼν πρὸς δώματ᾽ Ὀδυσσῆος θείοιο,
» Ἀγγελίην εἴποιμι περίφρονι Πηνελοπείῃ·
» Καί κεν μνηστήρεσσιν ὑπερφιάλοισι μιγείην,
» Εἴ μοι δεῖπνον δοῖεν, ὀνείατα μυρί᾽ ἔχοντες. 315
» Αἶψά κεν εὖ δρώοιμι μετὰ σφίσιν, ὅ, ττι θέλοιεν.
» Ἐκ γάρ τοι ἐρέω, σὺ δὲ σύνθεο, καί μευ ἄκουσον,
» Ἑρμείαο ἕκητι διακτόρου, ὅς ῥά τε πάντων
» Ἀνθρώπων ἔργοισι χάριν καὶ κῦδος ὀπάζει,
» Δρηστοσύνῃ οὐκ ἄν μοι ἐρίσσειεν βροτὸς ἄλλος, 320
» Πῦρ τ᾽ εὖ νῆσαι, διά τε ξύλα δανὰ κεάσσαι,
» Δαιτρεῦσαί τε, καὶ ὀπτῆσαι, καὶ οἰνοχοῆσαι·
» Οἷά τε τοῖς ἀγαθοῖσι παραδρώωσι χέρηες. »

Τὸν δὲ μέγ᾽ ὀχθήσας προσέφης, Εὔμαιε συβῶτα·
« Ὤ μοι ξεῖνε, τίη τοι ἐνὶ φρεσὶ τοῦτο νόημα 325
» Ἔπλετο; ἦ σύ γε πάγχυ λιλαίεαι αὐτόθ᾽ ὀλέσθαι,
» Εἰ δὴ μνηστήρων ἐθέλεις καταδῦναι ὅμιλον,
» Τῶν ὕβρις τέ, βίη τέ, σιδήρεον οὐρανὸν ἵκει.
» Οὔ τοι τοιοίδ᾽ εἰσὶν ὑποδρηστῆρες ἐκείνων,
» Ἀλλὰ νέοι, χλαίνας εὖ εἱμένοι, ἠδὲ χιτῶνας, 330
» Αἰεὶ δὲ λιπαροὶ κεφαλὰς καὶ καλὰ πρόσωπα,

» à la ville dès le matin mendier mon pain, pour ne
» vous être pas ici plus long-temps à charge, ni à vous
» ni à vos bergers. C'est pourquoi je vous prie de ne me
» pas refuser vos avis, et de me donner un bon guide
» pour me conduire. Puisque la nécessité me réduit à ce
» misérable état, j'irai par toute la ville demander de
» porte en porte quelque reste de vin ou quelque mor-
» ceau de pain. J'entrerai dans le palais d'Ulysse pour
» tâcher de donner de bonnes nouvelles à la sage Péné-
» lope. J'aurai même l'audace d'aborder les fiers pour-
» suivans, pour voir s'ils voudront bien me donner
» quelques restes de tant de mets qu'on sert sur leur
» table, et je m'offrirai à leur rendre tous les services
» qu'ils pourront exiger de moi ; car je vous dirai une
» chose, je vous prie de l'entendre et de ne pas l'ou-
» blier, c'est que par une faveur toute particulière de
» Mercure, qui, comme vous savez, est le Dieu qui
» répand sur toutes les actions des hommes cette grâce
» qui les fait réussir, il n'y a personne de si adroit ni de
» si prompt que moi à allumer du feu ou à fendre du
» bois, soit à faire la cuisine ou à servir d'écuyer tran-
» chant ou même d'échanson ; en un mot, tout ce que
» les riches peuvent attendre du service des pauvres, je
» le sais mieux que personne. »

A cette proposition Eumée entra dans une véritable
colère. « Eh ! bon homme, lui dit-il ; quelle pensée
» vous est venue dans l'esprit ? Avez-vous donc envie
» de périr à la ville sans aucun secours, puisque vous
» vous proposez d'approcher de ces fiers poursuivans,
» dont la violence et l'insolence montent jusqu'aux
» cieux ? Vraiment les esclaves qui les servent ne sont
» pas faits comme vous ; ce sont de beaux jeunes hommes
» qui ont des tuniques magnifiques et des manteaux
» superbes, et qu'on voit toujours brillans d'essences et
» parfumés des meilleurs parfums. Voilà les gens qui les

» Οἵ σφιν ὑποδρώωσιν· ἐΰξεστοι δὲ τράπεζαι
» Σίτου, καὶ κρειῶν, ἠδ᾽ οἴνου βεβρίθασιν.
» Ἀλλὰ μέν'· οὐ γάρ τίς τοι ἀνιᾶται παρεόντι,
» Οὔτ᾽ ἐγώ, οὔτε τὶς ἄλλος ἑταίρων, οἵ μοι ἔασιν. 335
» Αὐτὰρ ἐπὴν ἔλθῃσιν Ὀδυσσῆος φίλος υἱὸς,
» Κεῖνός σε χλαῖνάν τε, χιτῶνά τε, εἵμχτα ἕσσει,
» Πέμψει δ᾽, ὅππη σὲ κραδίη, θυμός τε κελεύει. »

Τὸν δ᾽ ἠμείβετ᾽ ἔπειτα πολύτλας, δῖος Ὀδυσσεύς·
« Αἴθ᾽ οὕτως, Εὔμαιε, φίλος Διῒ πατρὶ γένοιο, 340
» Ὡς ἐμοί, ὅττι μ᾽ ἔπαυσας ἄλης καὶ ὀϊζύος αἰνῆς·
» Πλαγκτοσύνης δ᾽ οὐκ ἔστι κακώτερον ἄλλο βροτοῖσιν.
» Ἀλλ᾽ ἕνεκ᾽ οὐλομένης γαστρὸς κακὰ κήδε᾽ ἔχουσιν
» Ἀνέρες, ὃν κεν ἵκηται ἄλη, καὶ πῆμα, καὶ ἄλγος.
» Νῦν δ᾽ ἐπεὶ ἰσχανάας, μεῖναί τε μὲ κεῖνον ἄνωγας,
» Εἴπ᾽ ἄγε μοι περὶ μητρὸς Ὀδυσσῆος θείοιο, 346
» Πατρός θ᾽, ὃν κατέλειπεν ἰὼν ἐπὶ γήραος οὐδῷ,
» Εἴπου ἔτι ζώουσιν ὑπ᾽ αὐγὰς ἠελίοιο,
» Ἢ ἤδη τεθνᾶσι, καὶ εἰν ἀΐδαο δόμοισι. »

Τὸν δ᾽ αὖτε προσέειπε συβώτης, ὄρχαμος ἀνδρῶν·
» Τοιγὰρ ἐγώ τοι, ξεῖνε, μάλ᾽ ἀτρεκέως ἀγορεύσω· 350
» Λαέρτης μὲν ἔτι ζώει, Διῒ δ᾽ εὔχεται αἰεὶ,
» Θυμὸν ἀπὸ μελέων φθίσθαι οἷς ἐν μεγάροισιν·
» Ἐκπάγλως γὰρ παιδὸς ὀδύρεται οἰχομένοιο,
» Κουριδίης τ᾽ ἀλόχοιο δαΐφρονος, ἥ ἑ μάλιστα 355
» Ἤκαχ᾽ ἀποφθιμένη; καὶ ἐν ὠμῷ γήραϊ θῆκεν.
» Ἡ δ᾽ ἄχεϊ οὗ παιδὸς ἀπέφθιτο κυδαλίμοιο,
» Λευγαλέῳ θανάτῳ· ὡς μὴ θάνοι, ὅς τις ἔμοιγε
» Ἐνθάδε ναιετάων φίλος εἴη καὶ φίλα ἕρδοι.

« servent; et leurs tables sont toujours chargées des mets
» les plus délicats, et on y sert les vins les plus exquis.
» Je vous assure que vous n'êtes à charge ici, ni à moi,
» ni à aucun de mes compagnons, et que nous vous y
» voyons avec une extrême joie. Quand le fils d'Ulysse
» sera venu, il vous donnera des habits tels que vous les
» devez avoir, et il vous fournira les moyens d'aller
» partout où vous voudrez. »

Ulysse, ravi de ces marques d'affection, lui en témoigna sa reconnoissance en ces termes: « Mon cher Eumée,
» je souhaite de tout mon cœur que Jupiter vous favorise
» autant que je vous aime, par la charité que vous avez
» eue de me retirer chez vous et de mettre fin à ma
» misère. C'est le plus grand de tous les malheurs que la
» mendicité. Quand on est réduit en cet état, la misère,
» la faim et le froid forcent à faire et à souffrir les choses
» les plus indignes. Mais puisque vous voulez me retenir, et que vous me forcez à demeurer chez vous,
» dites-moi, je vous prie, des nouvelles de la mère
» d'Ulysse et de son père, qu'à son départ il laissa dans
» un âge assez avancé; apprenez-moi donc s'ils jouissent
» encore de la lumière du soleil, ou s'ils sont descendus
» tous deux dans la nuit éternelle ? »

« Je vais satisfaire votre curiosité, répondit Eumée;
» le bon vieillard Laërte vit encore, et il ne cesse
» d'adresser tous les jours ses prières aux Dieux pour
» leur demander la fin de sa vie, car il n'a pu recevoir
» de consolations depuis le départ de son fils; et la mort
» de sa femme, survenue depuis ce temps là, a mis le
» comble à son affliction, et avancé sa vieillesse. Cette
» mère infortunée, ne pouvant supporter l'absence de
» son fils, a fini une malheureuse vie par une mort plus
» malheureuse. Qu'une pareille mort n'arrive jamais à
» ceux qui habitent en cette île, qui me sont chers et
» qui m'ont fait du bien. Pendant tout le temps que son

» Ὄφρα μὲν οὖν δὴ κείνη ἔην, ἀχέουσά περ ἔμπης, 360
» Τόφρα τί μοι φίλον ἔσκε μεταλλῆσαι καὶ ἔρεσθαι,
» Οὕνεκά μ' αὐτὴ θρέψεν ἅμα Κτιμένῃ τανυπέπλῳ,
» Θυγατέρ' ἰφθίμῃ, τὴν ὁπλοτάτην τέκε παίδων·
» Τῇ ὁμοῦ ἐτρεφόμην, ὀλίγον δέ τί μ' ἧσσον ἐτίμα.
» Αὐτὰρ ἐπεί ῥ' ἥβην πολυήρατον ἱκόμεθ' ἄμφω, 365
» Τὴν μὲν ἔπειτα Σάμηνδ' ἔδοσαν, καὶ μυρί' ἕλοντο.
» Αὐτὰρ ἐμὲ χλαῖνάν τε, χιτῶνά τε, εἵματ' ἐκείνη
» Καλὰ μάλ' ἀμφιέσασα, ποσὶν δ' ὑποδήματα δοῦσα,
» Ἀγρόνδε προΐαλλε· φίλει δέ με κηρόθι μᾶλλον.
» Νῦν δ' ἤδη τούτων ἐπιδεύομαι· ἀλλά μοι αὐτῷ 370
» Ἔργον ἀέξουσιν μάκαρες θεοὶ, ᾧ ἐπιμίμνω·
» Τῶν ἔφαγόν τ', ἔπιόν τε, καὶ αἰδοίοισιν ἔδωκα.
» Ἐκ δ' ἄρα δεσποίνης, οὐ μείλιχόν ἐστιν ἀκοῦσαι
» Οὔτ' ἔπος, οὔτε τι ἔργον· ἐπεὶ κακὸν ἔμπεσεν οἴκῳ,
» Ἄνδρες ὑπερφίαλοι· μέγα δὲ δμῶες χατέουσιν 375
» Ἀντία δεσποίνης φάσθαι, καὶ ἕκαστα πυθέσθαι·
» Καὶ φαγέμεν, πιέμεν τέ· ἔπειτα δὲ καί τι φέρεσθαι
» Ἀγρόνδ', οἷά τε θυμὸν ἀεὶ δμώεσσιν ἰαίνει. »

Τὸν δ' ἀπαμειβόμενος προσέφη πολύμητις Ὀδυσσεύς·
« Ὦ πόποι, ὡς ἄρα τυτθὸς ἐὼν, Εὔμαιε συβῶτα, 380
» Πολλὸν ἀπεπλάγχθης σῆς πατρίδος ἠδὲ τοκήων.
» Ἀλλ' ἄγε μοι τόδε εἰπὲ, καὶ ἀτρεκέως κατάλεξον,
» Ἠὲ διεπράθετο πτόλις ἀνδρῶν εὐρυάγυια,
» Ἦ ἔνι ναιετάασκε πατὴρ καὶ πότνια μήτηρ·
» Ἦ σέ γε μουνωθέντα παρ' οἴεσιν, ἢ παρὰ βουσὶν, 385
» Ἄνδρες δυσμενέες νηυσὶν λάβον, ἠδ' ἐπέρασσαν

» affliction l'a laissée en vie, je n'avois pas de plus
» grand plaisir que d'être auprès d'elle, pour l'entrete-
» nir et pour tâcher de la consoler, car elle avoit eu la
» bonté de permettre que je fusse élevé avec la belle
» Ctimène, la plus jeune de ses filles, et je puis dire
» qu'elle n'avoit guère moins de tendresse pour moi que
» pour cette princesse. Mais après que nous fûmes tous
» deux sortis de l'enfance, son père et sa mère la
» marièrent à Samos, et reçurent des présens infinis de
» leur gendre. Et pour moi, après m'avoir bien équipé
» de toutes choses, la reine m'envoya dans cette terre,
» et son affection pour moi a toujours augmenté. Je sens
» bien la perte que j'ai faite, et les secours dont je suis
» privé. Mais les Dieux ont béni mon application et
» mon travail assidu dans les choses qui m'ont été con-
» fiées, et j'ai eu par leur bonté de quoi me nourrir et
» de quoi assister ceux qui m'ont paru dignes de secours.
» Pour ce qui est de ma maîtresse Pénélope, je ne
» prends plus plaisir ni à en parler, ni à en entendre
» parler; une calamité affreuse est tombée sur sa mai-
» son; une foule de princes insolens et superbes se sont
» attachés à elle et la ruinent : elle en est toujours si
» obsédée, que ses fidèles serviteurs n'ont la liberté ni
» de lui parler, ni de l'avertir de ce qui se passe, ni de
» recevoir ses ordres; à peine ont-ils de quoi fournir à
» leur entretien, bien loin de pouvoir nous envoyer ici
» quelque douceur pour nos domestiques. »

« Hélas ! mon cher Eumée, c'est donc depuis votre
» enfance que vous êtes éloigné de votre patrie et de vos
» parens? Racontez-moi, je vous prie, vos aventures,
» et dites-moi si c'est que la ville où habitoient votre
» père et votre mère a été saccagée par vos ennemis; ou
» si des pirates vous ayant trouvé seul, dans les pâtu-
» rages, à la tête de vos troupeaux, vous ont enlevé dans
» leur navire, vous ont amené à Ithaque, et vous ont

» Τοῦδ' ἀνδρὸς πρὸς δώμαθ', ὁ δ' ἄξιον ὦνον ἔδωκεν. »

Τὸν δ' αὖτε προσέειπε συβώτης, ὄρχαμος ἀνδρῶν·
» Ξεῖν', ἐπεὶ ἄρ δὴ ταῦτά μ' ἀνείρεαι, ἠδὲ μεταλλᾷς,
» Σιγῇ νῦν ξυνίει καὶ τέρπεο, πινέ τε οἶνον   390
» Ἥμενος· αἴδε δὲ νύκτες ἀθέσφατοι· ἔστι μὲν εὕδειν,
» Ἔστι δὲ τερπομένοισιν ἀκουέμεν· οὐδέ τί σε χρὴ
» Πρὶν ὥρη, καταλέχθαι· ἀνίη καὶ πολὺς ὕπνος.
» Τῶν δ' ἄλλων ὅτινα κραδίη καὶ θυμὸς ἀνώγει,
» Εὑδέτω ἐξελθών· ἅμα δ' ἠοῖ φαινομένηφι   395
» Δειπνήσας, ἅμ' ὕεσσιν ἀνακτορίῃσιν ἑπέσθω.
» Νῶϊ δ' ἐνὶ κλισίῃ πίνοντέ τε, δαινυμένω τὲ,
» Κήδεσιν ἀλλήλων τερπώμεθα λευγαλέοισι,
» Μνωομένω· μετὰ γάρ τε καὶ ἄλγεσι τέρπεται ἀνήρ,
» Ὅστις δὴ μάλα πολλὰ πάθῃ καὶ πόλλ' ἐπαληθῇ. 400
» Τοῦτο δέ τοι ἐρέω, ὅ μ' ἀνείρεαι, ἠδὲ μεταλλᾷς.
» Νῆσός τις Συρίη κικλήσκεται, (εἴπου ἀκούεις,)
» Ὀρτυγίης καθύπερθεν, ὅθι τροπαὶ ἠελίοιο,
» Οὔτι περιπληθὴς λίην τόσον· ἀλλ' ἀγαθὴ μὲν,
» Εὔβοτος, εὔμηλος, οἰνοπληθὴς, πολύπυρος·   405
» Πείνη δ' οὔποτε δῆμον ἐσέρχεται, οὐδέ τις ἄλλη
» Νοῦσος ἐπὶ στυγερὴ πέλεται δειλοῖσι βροτοῖσιν·
» Ἀλλ' ὅτε γηράσκωσι πόλιν κατὰ φῦλ' ἀνθρώπων,
» Ἐλθὼν ἀργυρότοξος Ἀπόλλων, Ἀρτέμιδι ξὺν,
» Οἷς ἀγανοῖς βελέεσσιν ἐποιχόμενος κατέπεφνεν. 410
» Ἔνθα δύω πόλιες, δίχα δέ σφισι πάντα δέδασται·
» Τῇσιν δ' ἀμφοτέρῃσι πατὴρ ἐμὸς ἐμβασίλευε
» Κτήσιος Ὁρμενίδης, ἐπιείκελος ἀθανάτοισιν.
» Ἔνθα δὲ Φοίνικες ναυσίκλυτοι ἤλυθον ἄνδρες

» vendu à Laërte tout ce qu'ils ont voulu, et beaucoup
» moins que vous ne valez. »

« Étranger, puisque vous voulez savoir mes aven-
» tures, repartit Eumée, je ne vous refuserai pas ce
» plaisir. Écoutez-moi donc avec attention sans quitter
» la table; les nuits sont fort longues, on a le temps de
» dormir et de se divertir à faire des contes, il ne faut
» pas vous coucher de si bonne heure, le trop dormir
» lasse et fait mal. Si quelqu'un de nos bergers a envie
» de se coucher, il peut sortir; car il faut que demain
» à la pointe du jour il ait déjeuné, et qu'il mène ses
» troupeaux aux pâturages. Mais, pour nous, demeu-
» rons ici à table, à boire et à manger, à nous divertir
» en racontant l'histoire de nos malheurs; car tout
» homme qui a beaucoup couru et beaucoup souffert
» dans ses courses, prend un plaisir singulier à s'en sou-
» venir et à en parler. Je m'en vais donc, puisque vous
» le voulez, vous raconter les particularités les plus
» remarquables de ma vie. Au delà de l'île d'Ortygie est
» une île appelée Syrie, si jamais vous avez entendu ce
» nom. C'est dans cette île que se voient les conversions
» du soleil. Elle n'est pas fort considérable pour sa gran-
» deur, mais elle est fort bonne; car on y nourrit des
» grands troupeaux de bœufs et de nombreux troupeaux
» de moutons, et elle porte beaucoup de vin et une
» grande quantité de froment. Jamais la famine n'a
» désolé ses peuples, et les maladies contagieuses n'y ont
» jamais fait sentir leur venin. Ses habitans ne meurent
» que quand ils sont parvenus à une extrême vieillesse,
» et alors c'est Apollon lui-même, ou sa sœur Diane, qui
» terminent leurs jours avec leurs douces flèches. Il y a
» dans cette île deux villes qui partagent tout son terri-
» toire. Mon père Crésius, fils d'Orménus, semblable
» aux immortels, en étoit roi. Un jour quelques Phé-
» niciens, gens célèbres dans la marine, et grands

» Τρῶκται, μυρί' ἄγοντες ἀθύρματα νηῒ μελαίνῃ. 415
» Ἔσκε δὲ πατρὸς ἐμοῖο γυνὴ Φοίνισσ' ἐνὶ οἴκῳ,
» Καλή τε, μεγάλη τὲ, καὶ ἀγλαὰ ἔργ' εἰδυῖα.
» Τὴν δ' ἄρα Φοίνικες πολυπαίπαλοι ἠπερόπευον·
» Πλυνούσῃ τίς πρῶτα μίγη, κοίλῃ παρὰ νηΐ,
» Εὐνῇ καὶ φιλότητι· τά τε φρένας ἠπεροπεύει 420
» Θηλυτέρῃσι γυναιξὶ, καὶ εἴ κ' εὐεργὸς ἔῃσιν.
» Εἰρώτα δὴ ἔπειτα, τίς εἴη, καὶ πόθεν ἔλθοι·
» Ἡ δὲ μάλ' αὐτίκα πατρὸς ἐπέφραδεν ὑψερεφὲς δῶ·
» Ἐκ μὲν Σιδῶνος πολυχάλκου εὔχομαι εἶναι·
» Κούρη δ' εἴμ' Ἀρύβαντος ἐγὼ ῥυδὸν ἀφνειοῖο· 425
» Ἀλλά μ' ἀνήρπαξαν Τάφιοι, ληΐστορες ἄνδρες,
» Ἀγρόθεν ἐρχομένην· πέρασαν δέ με δεῦρ' ἀγαγόντες
» Τοῦδ' ἀνδρὸς πρὸς δώμαθ'· ὁ δ' ἄξιον ὦνον ἔδωκεν.
» Τὴν δ' αὖτε προσέειπεν ἀνήρ, ὃς ἐμίσγετο λάθρη·
» Ἦ ῥά κε νῦν πάλιν αὖτις ἅμ' ἡμῖν οἴκαδ' ἕποιο, 430
» Ὄφρα ἴδῃς πατρὸς καὶ μητέρος ὑψερεφὲς δῶ,
» Αὐτούς τ'; ἦ γὰρ ἔτ' εἰσὶ, καὶ ἀφνειοὶ καλέονται.
» Τὸν δ' αὖτε προσέειπε γυνὴ, καὶ ἀμείβετο μύθῳ·
» Εἴη κὲν καὶ τοῦτ', εἴ μοι ἐθέλοιτέ γε, ναῦται,
» Ὅρκῳ πιστωθῆναι, ἀπήμονά μ' οἴκαδ' ἀπάξειν. 435
» Ὣς ἔφαθ'· οἱ δ' ἄρα πάντες ἀπώμνυον, ὡς ἐκέλευεν.
» Αὐτὰρ ἐπεί ῥ' ὄμοσάν τε, τελεύτησάν τε τὸν ὅρκον,
» Τοῖς δ' αὖτις μετέειπε γυνὴ, καὶ ἀμείβετο μύθῳ·
» Σιγῇ νῦν, μή τις μὲ προσαυδάτω ἐπέεσσιν
» Ὑμετέρων ἑτάρων, συμβλήμενος, ἢ ἐν ἀγυιῇ, 440
» Ἤ που ἐπὶ κρήνῃ· μή τις ποτὶ δῶμα γέροντι
» Ἐλθὼν ἐξείπῃ· ὁ δ' ὀϊσσάμενος καταδήσῃ
» Δεσμῷ ἐν ἀργαλέῳ, ὑμῖν δ' ἐπιφράσσετ' ὄλεθρον.
» Ἀλλ' ἔχετ' ἐν φρεσὶ μῦθον, ἐπείγετε δ' ὦνον ὁδαίων.

» trompeurs, abordèrent à nos côtes, portant dans leur
» vaisseau quantité de choses curieuses et rares. Il y
» avoit alors dans le palais de mon père une femme
» phénicienne, grande, belle, et très-habile à toutes
» sortes de beaux ouvrages. Ces Phéniciens déçurent
» cette femme par leurs insinuations et par leurs four-
» beries. Un jour qu'elle lavoit des hardes à la fontaine,
» l'un d'eux obtint d'elle les dernières faveurs, et se
» rendit absolument maître de son esprit ; malheur
» ordinaire aux personnes mêmes les plus habiles qui se
» sont laissé abuser. Il lui demanda donc qui elle étoit
» et d'où elle étoit. Elle lui enseigna d'abord le palais
» de mon père, et lui dit qu'elle étoit de l'opulente ville
» de Sidon, et fille d'Arybas, homme très-riche et très-
» puissant ; que des corsaires taphiens l'avoient enlevée,
» comme elle revenoit de la campagne, et l'avoient
» menée dans l'île de Syrie, où ils l'avoient vendue à
» mon père, qui en avoit donné un grand prix. Mais,
» lui répondit le Phénicien qui l'avoit abusée, voudriez-
» vous venir avec nous pour vous retrouver dans votre
» maison, et revoir votre père et votre mère, s'ils
» vivent encore, et s'ils sont aussi riches que vous nous
» l'assurez? Je le voudrois de tout mon cœur, repartit
» cette femme, si tous vos matelots me promettent avec
» serment de me ramener chez moi, sans me faire nul
» outrage. Tous les matelots lui firent en même temps le
» serment qu'elle demandoit, après quoi elle leur dit :
» Tenez, je vous prie, ce complot secret, et qu'aucun
» de votre troupe ne s'avise de m'aborder, ni de me
» parler, soit dans les chemins ou à la fontaine, de peur
» que quelqu'un ne le voie et ne coure au palais le rap-
» porter à notre vieillard, qui, entrant d'abord en
» quelque soupçon, ne manqueroit pas de me charger
» de chaînes, et de trouver les moyens de vous faire tous
» périr. Gardez bien le secret, et hâtez-vous d'acheter

» Ἀλλ' ὅτε κέν δὴ νηῦς πλείη βιότοιο γένηται, 445
» Ἀγγελίη μοι ἔπειτα θοῶς ἐς δώμαθ' ἱκέσθω·
» Οἴσω γὰρ καὶ χρυσὸν, ὅτις χ' ὑποχείριος ἔλθῃ·
» Καὶ δέ κεν ἄλλ' ἐπίβαθρον ἐγὼν ἐθέλουσά γε δοίην·
» Παῖδα γὰρ ἀνδρὸς ἑῆος ἐνὶ μεγάροις ἀτιτάλλω,
» Κερδαλέον δὴ τοῖον, ἁματροχόωντα θύραζε, 450
» Τόν κεν ἄγοιμ' ἐπὶ νηός· ὁ δ' ὑμῖν μυρίον ὦνον
» Ἄλφοι, ὅπη περάσητε πρὸς ἀλλοθρόους ἀνθρώπους.
» Ἡ μὲν ἄρ' ὣς εἰποῦσ', ἀπέβη πρὸς δώματα καλά·
» Οἱ δ' ἐνιαυτὸν ἅπαντα παρ' ἡμῖν αὖθι μένοντες
» Ἐν νηΐ γλαφυρῇ βίοτον πολὺν ἐμπολόωντο· 455
» Ἀλλ' ὅτε δὴ κοίλη νηῦς ἤχθετο τοῖσι νέεσθαι,
» Καὶ τότ' ἄρ' ἄγγελον ἧκαν, ὃς ἀγγείλειε γυναικί·
» Ἦλυθ' ἀνὴρ πολύϊδρις ἐμοῦ πρὸς δώματα πατρὸς,
» Χρύσεον ὅρμον ἔχων, μετὰ δ' ἠλέκτροισιν ἔερτο·
» Τὸν μὲν ἄρ' ἐν μεγάρῳ δμωαὶ καὶ πότνια μήτηρ 460
» Χείρεσιν ἀμφαφόωντο, καὶ ὀφθαλμοῖσιν ὁρῶντο·
» Ὦνον ὑπισχόμεναι· ὁ δὲ τῇ κατένευσε σιωπῇ.
» Ἤτοι ὁ καννεύσας κοίλην ἐπὶ νῆα βεβήκει·
» Ἡ δ' ἐμὲ χειρὸς ἑλοῦσα δόμων ἐξῆγε θύραζε·
» Εὗρε δ' ἐνὶ προδόμῳ ἠμὲν δέπας, ἠδὲ τραπέζας 465
» Ἀνδρῶν δαιτυμόνων, οἵ μευ πατέρ' ἀμφεπένοντο·
» Οἱ μὲν ἄρ' ἐς θῶκον πρόμολον, δήμοιό τε φῆμιν·
» Ἡ δ' αἶψα τρί' ἄλεισα κατακρύψασ' ὑπὸ κόλπῳ
» Ἔκφερεν· αὐτὰρ ἐγὼν ἑπόμην ἀεσιφροσύνῃσι·

» les provisions pour le voyage. Quand votre vaisseau
» sera chargé, vous n'aurez qu'à m'envoyer un messa-
» ger pour m'en donner avis. Je vous apporterai tout
» l'or qui se trouvera sous ma main. Je tâcherai même
» de vous payer un prix encore plus grand pour mon
» passage ; car j'élève dans le palais le jeune prince, qui
» est déjà fort avisé, et qui commence à marcher et à
» sortir dehors, pourvu qu'on le tienne. Je n'oublierai
» rien pour vous l'amener. En quelque contrée que vous
» vouliez l'aller vendre, vous en aurez un prix infini.
» En finissant ces mots, elle les quitte et s'en retourne
» dans le palais. Ces Phéniciens demeurèrent encore un
» an entier dans le port, d'où ils venoient tous les jours
» à la ville vendre leurs marchandises et acheter des
» provisions. Quand le vaisseau eut sa charge et qu'il
» fut en état de s'en retourner, ils dépêchèrent un de
» leurs matelots à cette femme pour l'en avertir. C'étoit
» un homme très-fin et très-rusé, qui vint dans le palais
» de mon père comme pour y vendre un beau collier
» d'or qui avoit de beaux grains d'ambre. Toutes les
» femmes du palais, et ma mère même, ne pouvoient se
» lasser de le manier et de l'admirer, et en offroient une
» certaine somme. Cependant le fourbe fit signe à notre
» Phénicienne, et le signe fait et aperçu, il s'en retourne
» promptement dans son vaisseau. En même temps cette
» femme me prend par la main, et me mène dehors
» comme pour me promener. En sortant elle trouve
» dans le vestibule des tables dressées et des coupes d'or
» sur le buffet, car les officiers de mon père préparoient
» le souper, et par hasard ils étoient sortis, attirés par
» quelque rumeur qu'on avoit entendue devant le palais.
» Elle ne perdit pas l'occasion, elle cacha sous sa robe
» trois coupes et continua son chemin, je la suivois avec
» innocence sans connoître mon malheur. Après le

» Δύσετό τ' ήέλιος, σκιόωντό τε πᾶσαι ἀγυιαί· 470
» Ἡμεῖς δ' ἐς λιμένα κλυτὸν ἤλθομεν ὦκα κιόντες,
» Ἔνθ' ἄρα Φοινίκων ἦν ἀνδρῶν ὠκύαλος νηῦς.
» Οἱ μὲν ἔπειτ' ἀναβάντες ἐπέπλεον ὑγρὰ κέλευθα,
» Νὼ ἀναβησάμενοι· ἐπὶ δὲ Ζεὺς οὖρον ἴαλλεν.
» Ἑξῆμαρ μὲν ὁμῶς πλέομεν νύκτας τὲ καὶ ἦμαρ· 475
» Ἀλλ' ὅτ' ἄρ' ἕβδομον ἦμαρ ἐπὶ Ζεὺς θῆκε Κρονίων,
» Τὴν μὲν ἔπειτα γυναῖκα βάλ' Ἄρτεμις ἰοχέαιρα·
» Ἄντλῳ δ' ἐνδούπησε πεσοῦσ', ὡς εἰναλίη κήξ·
» Καὶ τὴν μὲν φώκῃσι καὶ ἰχθύσι κύρμα γενέσθαι
» Ἔκβαλον· αὐτὰρ ἐγὼ λιπόμην, ἀκαχήμενος ἦτορ. 480
» Τοὺς δ' Ἰθάκῃ ἐπέλασσε φέρων ἄνεμός τε καὶ ὕδωρ·
» Ἔνθα μὲ Λαέρτης πρίατο κτεάτεσσιν ἑοῖσιν.
» Οὕτω τήνδε τὲ γαῖαν ἐγὼν ἴδον ὀφθαλμοῖσιν. »

Τὸν δ' αὖ διογενὴς Ὀδυσεὺς ἠμείβετο μύθῳ·
« Εὔμαι', ἦ μάλα δή μοι ἐνὶ φρεσὶ θυμὸν ὄρινας, 485
» Ταῦτα ἕκαστα λέγων, ὅσα δὴ πάθες ἄλγεα θυμῷ.
» Ἀλλ' ἤτοι σοὶ μὲν παρὰ καὶ κακῷ ἐσθλὸν ἔθηκε
» Ζεύς, ἐπεὶ ἀνδρὸς δώματ' ἀφίκεο πολλὰ μογήσας
» Ἠπίου, ὅς δή τοι παρέχει βρῶσίν τε, πόσιν τὲ,
» Ἐνδυκέως· ζώεις δ' ἀγαθὸν βίον· αὐτὰρ ἔγωγε 490
» Πολλὰ βροτῶν ἐπὶ ἄστε' ἀλώμενος ἐνθάδ' ἱκάνω. »

Ὣς οἱ μὲν τοιαῦτα πρὸς ἀλλήλους ἀγόρευον·
Καδδραθέτην δ' οὐ πολλὸν ἐπὶ χρόνον, ἀλλὰ μίνυνθα·
Αἶψα γὰρ ἠὼς ἦλθεν εὔθρονος. Οἱ δ' ἐπὶ χέρσου
Τηλεμάχου ἕταροι λύον ἱστία· κὰδ δ' ἕλον ἱστὸν 495
Καρπαλίμως, τὴν δ' εἰς ὅρμον προέρυσσαν ἐρετμοῖς.
Ἐκ δ' εὐνὰς ἔβαλον, κατὰ δὲ πρυμνήσι' ἔδησαν.
Ἐκ δὲ καὶ αὐτοὶ βαῖνον ἐπὶ ῥηγμῖνι θαλάσσης,
Δεῖπνόν τ' ἐντύνοντο, κερῶντό τε αἴθοπα οἶνον.

» soleil couché, et les chemins étant déjà couverts de
» ténèbres, nous arrivâmes au port où étoit le vaisseau
» des Phéniciens. Ils nous font embarquer prompte-
» ment et mettent à la voile, poussés par un vent favo-
» rable que Jupiter leur envoya. Nous voguâmes en cet
» état six jours et six nuits. Le septième jour Diane
» décocha ses flèches sur cette femme Phénicienne, qui
» mourut tout d'un coup et tomba au pied du mât. On
» la jeta d'abord dans la mer, où elle servit de pâture
» aux poissons. Je fus fort étonné et affligé de me voir
» seul entre les mains de ces corsaires. Sur le soir le
» même vent nous poussa à Ithaque, où Laërte n'épar-
» gna rien pour m'acheter. Voilà de quelle manière
» j'ai été porté dans cette île. »

« Mon cher Eumée, lui dit Ulysse, le récit que vous
« m'avez fait de tout ce que vous avez souffert si jeune
» encore, m'a sensiblement touché. Mais Jupiter a eu
» la bonté de faire succéder à tous ces maux un grand
» bien, puisque vous êtes arrivé dans la maison d'un
» homme en qui vous avez trouvé un maître fort doux,
» qui vous aime et qui vous fournit avec soin la nour-
» riture, les habits et tout ce dont vous avez besoin,
» de sorte que vous menez ici une vie fort douce. Mais
» moi, après avoir erré dans plusieurs contrées, j'ar-
» rive ici dans l'état où vous me voyez. »

C'est ainsi que s'entretenoient Ulysse et Eumée. Ils
n'eurent pas beaucoup de temps pour dormir; car l'aurore vint bientôt sur son char d'or annoncer la lumière
aux hommes. Cependant Télémaque et ses compagnons
arrivent au port, plient les voiles, abattent le mât, et
à force de rames ils font entrer leur vaisseau dans le
port, ils jettent l'ancre, arrêtent le vaisseau avec les
câbles, et descendent sur le rivage où ils préparent leur

Αὐτὰρ ἐπεὶ πόσιος καὶ ἐδητύος ἐξ ἔρον ἔντο, 500
Τοῖσι δὲ Τηλέμαχος πεπνυμένος ἤρχετο μύθων·

« Ὑμεῖς μὲν νῦν ἄστυδ' ἐλαύνετε νῆα μέλαιναν·
» Αὐτὰρ ἐγὼν ἀγρόνδ' ἐπελεύσομαι, ἠδὲ βοτῆρας·
» Ἑσπέριος δ' εἰς ἄστυ ἰδὼν ἐμὰ ἔργα κάτειμι·
» Ἠῶθεν δέ κεν ὔμμιν ὁδοιπόριον παραθείμην, 505
» Δαῖτ' ἀγαθὴν κρειῶν τε καὶ οἴνου ἡδυπότοιο. »

Τὸν δ' αὖτε προσέειπε Θεοκλύμενος θεοειδής·
« Πῇ γὰρ ἐγώ, φίλε τέκνον, ἴω; τεῦ δώμαθ' ἵκωμαι
» Ἀνδρῶν, οἳ κραναὴν Ἰθάκην κατακοιρανέουσιν;
» Ἦ ἰθὺς σῆς μητρὸς ἴω καὶ σοῖο δόμοιο; » 510

Τὸν δ' αὖ Τηλέμαχος πεπνυμένος ἀντίον ηὔδα·
« Ἄλλως μέν σ' ἂν ἔγωγε καὶ ἡμέτερόνδε κελοίμην
» Ἔρχεσθ'· οὐ γάρ τοι ξενίων ποθή· ἀλλὰ σοὶ αὐτῷ
» Χεῖρον· ἐπεί τοι ἐγὼν μὲν ἀπέσσομαι, οὐδέ σε μήτηρ
» Ὄψεται· οὐ μὲν γάρ τι θαμὰ μνηστῆρσ' ἐνὶ οἴκῳ 515
» Φαίνεται, ἀλλ' ἀπὸ τῶν ὑπερωΐῳ ἱστὸν ὑφαίνει.
» Ἀλλά τοι ἄλλον φῶτα πιφαύσκομαι, ὃν κεν ἵκηαι,
» Εὐρύμαχον, Πολύβοιο δαΐφρονος ἀγλαὸν υἱόν,
» Τὸν νῦν ἶσα θεῷ Ἰθακήσιοι εἰσορόωσι.
» Καὶ γὰρ πολλὸν ἄριστος ἀνήρ, μέμονέν τε μάλιστα
» Μητέρ' ἐμὴν γαμέειν, καὶ Ὀδυσσῆος γέρας ἕξειν. 521
» Ἀλλὰ τά τε Ζεὺς οἶδεν Ὀλύμπιος αἰθέρι ναίων,
» Εἰ καί σφιν πρὸ γάμοιο τελευτήσει κακὸν ἦμαρ. »

Ὣς ἄρα οἱ εἰπόντι ἐπέπτατο δεξιὸς ὄρνις,

dîner. Quand ils eurent fait leur repas, le prudent Télémaque leur dit :

« Mes compagnons, remenez le vaisseau à la ville, je vais seul visiter une petite terre qui est près d'ici, et voir mes bergers; sur le soir, après avoir vu comment tout se passe chez moi, je vous rejoindrai, et demain pour notre heureuse arrivée, je vous donnerai un grand dîner, où la bonne chère et le bon vin vous feront oublier toutes vos fatigues. »

« Mais, mon cher fils, repartit le devin Théoclymène, où irai-je cependant ? dans quelle maison d'Ithaque pourrai-je me retirer ? puis-je prendre la liberté d'aller tout droit dans le palais de la reine votre mère ? »

« Dans un autre temps, lui répondit le sage Télémaque, je ne souffrirois pas que vous allassiez ailleurs que dans mon palais, et rien ne vous y manqueroit; on vous y rendroit tous les devoirs que l'hospitalité exige. Mais aujourd'hui ce seroit un parti trop dangereux; car outre que je ne serois point avec vous, vous ne pourriez voir ma mère, qui ne se montre que très-rarement aux poursuivans, et qui se tient loin d'eux dans son appartement, toujours occupée à ses ouvrages. Je vais vous enseigner une maison où vous pourrez aller, c'est chez Eurymaque, fils du sage Polybe. Tous les peuples d'Ithaque le révèrent comme un Dieu, et c'est de tous les poursuivans celui qui a le plus de mérite. Aussi espère-t-il d'épouser ma mère, et de monter sur le trône d'Ulysse. Mais Jupiter, qui habite les cieux, sait s'il ne fera point périr tous ces poursuivans avec ce prétendu mariage. »

Comme il disoit ces mots, on vit voler à sa droite

Κίρκος, Ἀπόλλωνος ταχὺς ἄγγελος· ἐν δὲ πόδεσσι 525.
Τίλλε πέλειαν ἔχων, κατὰ δὲ πτερὰ χεῦεν ἔραζε,
Μεσσηγὺς νηός τε καὶ αὐτοῦ Τηλεμάχοιο.
Τὸν δὲ Θεοκλύμενος ἑτάρων ἀπονόσφι καλέσσας,
Ἔν τ᾽ ἄρα οἱ φῦ χειρὶ, ἔπος τ᾽ ἔφατ᾽, ἔκ τ᾽ ὀνόμαζε·

« Τηλέμαχ᾽, οὔ τοι ἄνευ θεοῦ ἔπτατο δεξιὸς ὄρνις·
» Ἔγνων γάρ μιν ἐσάντα ἰδὼν, οἰωνὸν ἐόντα. 531
» Ὑμετέρου δ᾽ οὐκ ἔστι γένος βασιλεύτερον ἄλλο
» Ἐν δήμῳ Ἰθάκης, ἀλλ᾽ ὑμεῖς καρτεροὶ αἰεί. »

Τὸν δ᾽ αὖ Τηλέμαχος πεπνυμένος ἀντίον ηὔδα·
« Αἲ γὰρ τοῦτο, ξεῖνε, ἔπος τετελεσμένον εἴη· 535
» Τῷ κε τάχα γνοίης φιλότητά τε πολλά τε δῶρα
» Ἐξ ἐμεῦ, ὡς ἄν τις σὲ συναντόμενος μακαρίζοι. »

Ἦ, καὶ Πείραιον προσεφώνεε πιστὸν ἑταῖρον·
« Πείραιε Κλυτίδη, σὺ δέ μοι τά περ ἄλλα μάλιστα
» Πείθῃ ἐμῶν ἑτάρων, οἵ μοι Πύλον εἰς ἅμ᾽ ἕποντο· 540
» Καὶ νῦν μοι τὸν ξεῖνον ἄγων ἐν δώμασι σοῖσιν,
» Ἐνδυκέως φιλέειν καὶ τιέμεν, εἰσόκεν ἔλθω. »

Τὸν δ᾽ αὖ Πείραιος δουρικλυτὸς ἀντίον ηὔδα·
« Τηλέμαχ᾽, εἰ γάρ κεν σὺ πολὺν χρόνον ἐνθάδε μίμνοις,
» Τόνδε δ᾽ ἐγὼ κομιῶ, ξενίων δέ οἱ οὐ ποθὴ ἔσται. » 545

Ὣς εἰπὼν, ἐπὶ νηὸς ἔβη, ἐκέλευσε δ᾽ ἑταίρους
Αὐτούς τ᾽ ἀμβαίνειν, ἀνά τε πρυμνήσια λῦσαι.
» Οἱ δ᾽ αἶψ᾽ ἔσβαινον, καὶ ἐπὶ κληῖσι κάθιζον.

un vautour, qui est le plus prompt des messagers d'Apollon; il tenoit dans ses serres une colombe, dont il arrachoit les plumes, qu'il répandoit à terre entre Télémaque et son vaisseau. Théoclymène tirant en même temps ce jeune prince à l'écart, lui met la main dans la sienne, et lui dit :

« Cet oiseau qui vole à votre droite, n'est point venu » sans l'ordre de quelque dieu. Je n'ai pas plus tôt jeté » les yeux sur lui, que je l'ai reconnu pour un oiseau » des augures. Il n'y a point dans Ithaque de race plus » royale que la vôtre. Je vous prédis donc que vous » aurez toujours le dessus sur tous vos ennemis. »

« Que votre prédiction s'accomplisse, Théoclymène, « lui répondit Télémaque, vous recevrez de moi toute » sorte d'amitié, et des présens si considérables, que « tous ceux qui vous verront vous diront heureux. »

Il adresse en même temps la parole à son fidèle com- » pagnon Pirée, fils de Clytius : « Mon cher Pirée, » lui dit-il, de tous mes compagnons qui m'ont suivi » à Pylos, vous m'avez toujours paru le plus attaché » à moi et le plus prompt à exécuter mes ordres; je » vous prie de mener chez vous cet hôte que je vous » confie, ayez de lui tous les soins, et faites-lui tous les » honneurs qu'il mérite, jusqu'à ce que je sois de retour » à Ithaque. »

Le vaillant Pirée lui répond : « Télémaque, vous » pouvez vous assurer, que quelque long séjour que « vous fassiez ici, j'aurai soin de l'hôte que vous me » confiez, et qu'il ne manquera chez moi d'aucune des » choses que demande l'hospitalité. »

En finissant ces mots, il monte dans son vaisseau, et commande à ses compagnons de s'embarquer et de délier les câbles; ils obéissent et se placent sur les bancs.

Τηλέμαχος δ' ὑπὸ ποσσὶν ἐδήσατο καλὰ πέδιλα,
Εἵλετο δ' ἄλκιμον ἔγχος, ἀκαχμένον ὀξέϊ χαλκῷ, 550
Νηὸς ἀπ' ἰκριόφιν· τοὶ δὲ πρυμνήσι' ἔλυσαν.
Οἱ μὲν ἀνώσαντες πλέον ἐς πόλιν, ὡς ἐκέλευσεν
Τηλέμαχος, φίλος υἱὸς Ὀδυσσῆος θείοιο.
Τὸν δ' ὦκα προβιβῶντα πόδες φέρον, ὄφρ' ἵκετ' αὐλὴν,
Ἔνθα οἱ ἦσαν ὕες μάλα μυρίαι, ᾗσι συβώτης   555
Ἐσθλὸς ἐὼν ἐνίαυεν, ἀνάκτεσιν ἤπια εἰδώς.

Cependant Télémaque met ses brodequins, arme son bras d'une bonne pique, et, pendant que ses compagnons remènent le vaisseau à la ville, comme il l'avoit ordonné, il se met en chemin pour aller visiter ses nombreux troupeaux, sur lesquels le bon Eumée, toujours plein d'affection pour ses maîtres, veilloit avec beaucoup d'attention et de fidélité.

ΟΜΗΡΟΥ

ΟΔΥΣΣΕΙΑΣ

ΡΑΨΩΔΙΑ Π.

Ἐλθόντος εἰς τοὺς ἀγροὺς Τηλεμάχου, πέμπεται Εὔμαιος εἰς τὴν πόλιν, ὀφείλων ἀπαγγεῖλαι τοῦ δεσπότου τὴν παρουσίαν· γίνεται δὲ ἐν τοῖς ἑξῆς Ὀδυσσέως πρὸς τὸν υἱὸν ἀναγνωρισμός, κατὰ βούλησιν Ἀθηνᾶς· καὶ τῶν ἐπὶ τὴν ἐνέδραν Τηλεμάχου τεταγμένων ἐπὶ τὴν πόλιν ὑποστροφή.

Πί δ᾽ ἄρα Τηλέμαχος ἀναγνωρίζει πατέρα ὅν.

Τω δ᾽ αὖτ᾽ ἐν κλισίῃς Ὀδυσεὺς καὶ θεῖος ὑφορβὸς
Ἐντύνοντο ἄριστον ἅμ᾽ ἠοῖ, κειαμένω πῦρ,

L'ODYSSÉE D'HOMÈRE.

LIVRE SEIZIEME.

ARGUMENT.

Télémaque, arrivé chez Eumée, envoie à la ville ce fidèle serviteur pour annoncer son retour à Pénélope. Ce ne fut que durant son absence, et par le secours de Minerve, qu'Ulysse parvint à se faire connoître à Télémaque pour son père, et qu'ensemble ils concertèrent la conduite qu'ils devoient tenir dans une circonstance si critique. Eumée même devoit être exclus du secret. Dans cet intervalle, le vaisseau envoyé en embuscade revint, et déjà les poursuivans assemblés tendirent entre eux d'autres embûches à Télémaque. Le héraut Médon, qui avoit tout entendu, en avertit Pénélope ; et cette mère tendre et indignée, suivie de ses femmes, sort de son appartement, et en présence des autres, reproche à Antinoüs son insolence et sa perfidie, lui dont le père s'étoit réfugié chez Ulysse dans le temps qu'il étoit poursuivi et en danger d'être mis en pièces.

A la pointe du jour, Ulysse et Eumée, ayant allumé du feu, préparèrent le déjeuner, et envoyèrent ensuite

Ἐκπεμψάν τε νομῆας ἄμ' ἀγρομενοῖσι σύεσσι.
Τηλέμαχον δὲ περίσσαινον κύνες ὑλακόμωροι,
Οὐδ' ὕλαον προσιόντα· νόησε δὲ δῖος Ὀδυσσεὺς 3
Σαίνοντάς τε κύνας, περί τε κτύπος ἦλθε ποδοῖιν·
Αἶψα δ' ἄρ' Εὔμαιον ἔπεα πτερόεντα προσηύδα·
« Εὔμαι', ἦ μάλα τίς τοι ἐλεύσεται ἐνθάδ' ἑταῖρος,
» Ἢ καὶ γνώριμος ἄλλος· ἐπεὶ κύνες οὐχ ὑλάουσιν,
» Ἀλλὰ περισσαίνουσι· ποδῶν δ' ὑπὸ δοῦπον ἀκούω. »

Οὔπω πᾶν εἴρητο ἔπος, ὅτε οἱ φίλος υἱὸς 10
Ἔστη ἐνὶ προθύροισι· ταφὼν δ' ἀνόρουσε συβώτης·
Ἐκ δ' ἄρα οἱ χειρῶν πέσεν ἄγγεα, τοῖς ἐπονεῖτο,
Κιρνὰς αἴθοπα οἶνον· ὁ δ' ἀντίος ἤλυθ' ἄνακτος·
Κύσσε δέ μιν κεφαλήν τε, καὶ ἄμφω φάεα καλὰ, 15
Χεῖράς τ' ἀμφοτέρας· θαλερὸν δέ οἱ ἔκπεσε δάκρυ.
Ὡς δὲ πατὴρ ὃν παῖδα φίλα φρονέων ἀγαπάζει,
Ἐλθόντ' ἐξ ἀπίης γαίης δεκάτῳ ἐνιαυτῷ,
Μοῦνον τηλύγετον, τῷ ἔπ' ἄλγεα πολλὰ μογήσῃ·
Ὣς τότε Τηλέμαχον θεοειδέα δῖος ὑφορβὸς 20
Πάντα κύσεν περιφὺς, ὡς ἐκ θανάτοιο φυγόντα·
Καί ῥ' ὀλοφυρόμενος ἔπεα πτερόεντα προσηύδα·

« Ἦλθες, Τηλέμαχε, γλυκερὸν φάος· οὔ σ' ἔτ' ἔγωγε
» Ὄψεσθαι ἐφάμην, ἐπεὶ ᾤχεο νηῒ Πύλονδε·
» Ἀλλ' ἄγε νῦν εἴσελθε, φίλον τέκος, ὄφρα σὲ θυμῷ 25
» Τέρψομαι εἰσορόων νέον ἄλλοθεν ἔνδον ἐόντα.
» Οὐ μὲν γάρ τι θάμ' ἀγρὸν ἐπέρχεαι, οὐδὲ νομῆας,
» Ἀλλ' ἐπιδημεύεις· ὡς γάρ νύ τοι εὔαδε θυμῷ,
» Ἀνδρῶν μνηστήρων προσορᾶν ἀΐδηλον ὅμιλον. »

Τὸν δ' αὖ Τηλέμαχος πεπνυμένος ἀντίον ηὔδα· 30

les bergers avec leurs troupeaux aux pâturages. Comme Télémaque approchoit de la maison, les chiens d'Eumée, au lieu d'aboyer, se mirent à le caresser et à témoigner leur joie. Ulysse, qui les vit le premier, et qui entendoit en même temps le bruit de quelqu'un qui marchoit, dit à Eumée: « Voici quelqu'un de vos » bergers qui vient, ou un autre homme de connois- » sance, car vos chiens n'aboient point, et par leurs » mouvemens ils marquent de la joie, et j'entends » marcher. »

A peine avoit-il achevé ces mots, que son cher fils parut à la porte du vestibule. Eumée l'apercevant, se leva avec précipitation et dans une surprise extrême. Les vaisseaux qu'il tenoit pour mêler le vin et l'eau, lui tombent des mains, il court au-devant de son maître, et sautant à son cou, il lui baise la tête, les yeux et les mains, et pleure de joie. Comme un père qui, après dix années d'absence, voit arriver d'une contrée éloignée son fils unique, qu'il aime tendrement, pour lequel il a eu de mortelles inquiétudes, ne peut se lasser de lui faire des caresses et de l'embrasser; de même ce fidèle pasteur ne se lassoit point d'embrasser Télémaque, qu'il regardoit comme échappé des bras de la mort.

« Mon cher Télémaque, lui dit-il, agréable lumière » à mes yeux, vous êtes revenu! Je n'espérois pas de « vous revoir de ma vie, depuis que vous partîtes pour » Pylos. Mais entrez, mon cher fils, que je me ras- » sasie de plaisir en vous voyant de retour d'un voyage » où vous étiez exposé à tant de dangers. Vous ne venez » pas souvent à la campagne voir vos bergers et vos » troupeaux, mais vous vous tenez à la ville, et vous » trouvez plus à propos d'observer la troupe insolente » des poursuivans. »

« Mon cher Eumée, reprit Télémaque, il est important

« Ἔσσεται οὕτως, ἄττα· σέθεν δ᾽ ἕνεκ᾽ ἐνθάδ᾽ ἱκάνω,
» Ὄφρα σέ τ᾽ ὀφθαλμοῖσιν ἴδω, καὶ μῦθον ἀκούσω,
» Εἴ μοι ἔτ᾽ ἐν μεγάροις μήτηρ μένει, ἦέ τις ἤδη
» Ἀνδρῶν ἄλλος ἔγημεν· Ὀδυσσῆος δέ που εὐνὴ
» Χήτει ἐνευναίων κὰκ᾽ ἀράχνια κεῖται ἔχουσα. » 35
 Τὸν δ᾽ αὖτε προσέειπε συβώτης, ὄρχαμος ἀνδρῶν·
» Καὶ λίην κείνη γε μένει τετληότι θυμῷ
» Σοῖσιν ἐνὶ μεγάροισιν· ὀϊζυραὶ δέ οἱ αἰεὶ
» Φθίνουσιν νύκτες τε καὶ ἤματα δακρυχεούσῃ. »
Ὣς ἄρα φωνήσας, οἱ ἐδέξατο χάλκεον ἔγχος·   40
Αὐτὰρ ὅγ᾽ εἴσω ἴεν, καὶ ὑπέρβη λάϊνον οὐδόν.
Τῷ δ᾽ ἕδρης ἐπιόντι πατὴρ ὑπόειξεν Ὀδυσσεύς·
Τηλέμαχος δ᾽ ἑτέρωθεν ἐρήτυε, φώνησέν τε·

 « Ἧσ᾽, ὦ ξεῖν᾽· ἡμεῖς δὲ καὶ ἄλλοθι δήομεν ἕδρην
» Σταθμῷ ἐν ἡμετέρῳ· πάρα δ᾽ ἀνὴρ, ὃς καταθήσει. » 45
Ὣς φάθ᾽· ὁ δ᾽ αὖθις ἰὼν κατ᾽ ἄρ᾽ ἕζετο· τῷ δὲ συβώτης
Χεῦεν ὕπο χλωρὰς ῥῶπας, καὶ κῶας ὕπερθεν,
Ἔνθα καθέζετ᾽ ἔπειτα Ὀδυσσῆος φίλος υἱός.
Τοῖσιν δὲ κρειῶν πίνακας παρέθηκε συβώτης
Ὀπταλέων, ἅ ῥα τῇ προτέρῃ ὑπέλειπον ἔδοντες·   50
Σῖτον δ᾽ ἐσσυμένως παρενήνεεν ἐν κανέοισιν,
Ἐν δ᾽ ἄρα κισσυβίῳ κίρνη μελιηδέα οἶνον·
Αὐτὸς δ᾽ ἀντίον ἷζεν Ὀδυσσῆος θείοιο.
Οἱ δ᾽ ἐπ᾽ ὀνείαθ᾽ ἑτοῖμα προκείμενα χεῖρας ἴαλλον.
Αὐτὰρ ἐπεὶ πόσιος καὶ ἐδητύος ἐξ ἔρον ἕντο,   55
Δὴ τότε Τηλέμαχος προσεφώνεε δῖον ὑφορβόν·

 « Ἄττα, πόθεν τοι ξεῖνος ὅδ᾽ ἵκετο; πῶς δέ ἑ ναῦται
» Ἤγαγον εἰς Ἰθάκην; τίνες ἔμμεναι εὐχετόωντο;
» Οὐ μὲν γάρ τι ἑ πεζὸν ὀΐομαι ἐνθάδ᾽ ἱκέσθαι. »
 Τὸν δ᾽ ἀπαμειβόμενος προσέφης, Εὔμαιε συβῶτα· 60
« Τοιγὰρ ἐγώ τοι, τέκνον, ἀληθέα πάντ᾽ ἀγορεύσω.
» Ἐκ μὲν Κρητάων γένος εὔχεται εὐρειάων·
» Φησὶ δὲ πολλὰ βροτῶν ἐπὶ ἄστεα δινηθῆναι
» Πλαζόμενος· ὣς γάρ οἱ ἐπέκλωσεν τάγε δαίμων.

» que j'observe de près les menées de ces princes. Mais
» avant que d'aller à la ville, j'ai voulu passer ici pour
» avoir le plaisir de vous voir, et pour savoir de vous
» si ma mère est encore dans le palais, si quelqu'un
» des princes ne l'a point épousée, et si la couche
» d'Ulysse est destinée à une éternelle viduité. »

« Votre mère, repartit le pasteur, demeure toujours
» dans votre palais avec un courage héroïque ; elle
» passe les jours et les nuits fort tristement à soupirer
» et à répandre des larmes. » En parlant ainsi, il prit
la pique du jeune prince, qui entre en même temps.
Ulysse voulut lui céder sa place, mais Télémaque le
retint, et lui dit :

« Asseyez-vous, étranger, je trouverai ailleurs un
» autre siége, je suis dans ma maison, et voilà un
» homme qui ne m'en laissera pas manquer. » Ulysse se
remet à sa place, et aussitôt Eumée étend à terre des
broussailles et les couvre de peaux. Le fils d'Ulysse s'assied. Eumée leur sert des plats de viandes rôties qui
étoient restées du jour précédent, leur présente du pain
dans des corbeilles, mêle le vin et l'eau dans une urne,
et s'assied vis-à-vis d'Ulysse. Le repas étant fini, Télémaque prenant la parole, et s'adressant à Eumée, lui
dit :

« Mon cher Eumée, dites-moi, je vous prie, qui est
» cet étranger ? comment est-il venu, et qui sont les
» matelots qui l'ont amené ? »

« Mon fils, lui dit Eumée, je vous dirai la vérité
» telle que je l'ai apprise : cet étranger dit qu'il est de
» l'île de Crète, qu'il a été errant dans plusieurs con-
» trées et qu'il a vu plusieurs villes, pour subir la des-
» tinée à laquelle il a plu à Dieu de l'assujettir. Il y
» a deux jours que s'étant sauvé de dessus un vaisseau

» Νῦν δ' αὖ Θεσπρωτῶν ἀνδρῶν ἐκ νηός ἀποδρὰς   65
» Ἤλυθ' ἐμὸν πρὸς σταθμόν· ἐγὼ δέ σοι ἐγγυαλίξω·
» Ἔρξον, ὅπως ἐθέλεις· ἱκέτης δέ τοι εὔχεται εἶναι. »

Τὸν δ' αὖ Τηλέμαχος πεπνυμένος ἀντίον ηὔδα·
« Εὔμαι', ἦ μάλα τοῦτο ἔπος θυμαλγὲς ἔειπες·
» Πῶς γὰρ δὴ τὸν ξεῖνον ἐγὼν ὑποδέξομαι οἴκῳ;   70
» Αὐτὸς μὲν νέος εἰμί, καὶ οὔπω χερσὶ πέποιθα
» Ἄνδρ' ἀπαμύνασθαι, ὅτε τις πρότερος χαλεπήνῃ·
» Μητρὶ δ' ἐμῇ δίχα θυμὸς ἐνὶ φρεσὶ μερμηρίζει,
» Ἢ αὐτοῦ παρ' ἐμοί τε μένῃ, καὶ δῶμα κομίζῃ,
» Εὐνήν τ' αἰδομένη πόσιος, δήμοιό τε φῆμιν,   75
» Ἦ ἤδη ἅμ' ἕπηται Ἀχαιῶν, ὅς τις ἄριστος
» Μνᾶται ἐνὶ μεγάροισιν ἀνὴρ, καὶ πλεῖστα πόρῃσιν.
» Ἀλλ' ἤτοι τὸν ξεῖνον, ἐπεὶ τεὸν ἵκετο δῶμα,
» Ἕσσω μιν χλαῖνάν τε, χιτῶνά τε, εἵματα καλά·
» Δώσω δὲ ξίφος ἄμφηκες καὶ ποσσὶ πέδιλα,   80
» Πέμψω δ', ὅππῃ μιν κραδίη θυμός τε κελεύει.
» Εἰ δ' ἐθέλεις σύ, κόμισσον ἐνὶ σταθμοῖσιν ἐρύξας·
» Εἵματα δ' ἐνθάδ' ἐγὼ πέμψω, καὶ σῖτον ἅπαντα,
» Ἔδμεναι, ὡς ἂν μή σε κατατρύχῃ καὶ ἑταίρους.
» Κεῖσε δ' ἂν οὔ μιν ἔγωγε μετὰ μνηστῆρας ἐῷμι   85
» Ἔρχεσθαι· λίην γὰρ ἀτάσθαλον ὕβριν ἔχουσι,
» Μή μιν κερτομέωσιν, ἐμοὶ δ' ἄχος ἔσσεται αἰνόν.
» Πρῆξαι δ' ἀργαλέον τι μετὰ πλεόνεσσιν ἐόντα
» Ἄνδρα καὶ ἴφθιμον· ἐπειὴ πολὺ φέρτεροί εἰσι. »

Τὸν δ' αὖτε προσέειπε πολύτλας δῖος Ὀδυσσεύς·   90
« Ὦ φίλ', ἐπεὶ θήν μοι καὶ ἀμείψασθαι θέμις ἐστίν,
» Ἦ μάλα μεῦ καταδάπτετ' ἀκούοντος φίλον ἦτορ,
» Οἷα φατὲ μνηστῆρας ἀτάσθαλα μηχανάασθαι
» Ἐν μεγάροις, ἀέκητι σέθεν τοιούτου ἐόντος.
» Εἰπέ μοι, ἠὲ ἑκὼν ὑποδάμνασαι, ἦ σέ γε λαοὶ   95
» Ἐχθαίρουσ' ἀνὰ δῆμον, ἐπισπόμενοι θεοῦ ὀμφῇ·

» qui appartenoit aux Thesprotiens, il arriva dans ma
» bergerie. Je vous le remets entre les mains, vous en
» userez comme il vous plaira ; il n'est plus mon sup-
» pliant, mais le vôtre. »

« Ce que vous me dites là me fait beaucoup de peine,
» repartit Télémaque ; car comment puis-je recevoir cet
» hôte dans mon palais ? je suis jeune, et je n'ai encore
» ni assez d'autorité, ni assez de force pour le mettre à
» couvert des insultes auxquelles il va être exposé, et
» pour le défendre. Et la Reine ma mère est combattue,
» et ne sait si, respectant la couche d'Ulysse et sa
» propre réputation, elle demeurera chez moi à avoir
» soin de mes états comme une bonne mère, ou si,
» prenant le parti de se remarier, elle choisira pour
» mari celui qui lui fera les plus grands avantages. Mais
» puisque cet étranger est venu chez vous, je vais lui
» donner de beaux habits, des brodequins et une épée,
» et le faire conduire partout où il aura dessein d'aller.
» Ou plutôt gardez-le ici vous-même, et je lui enverrai
» de chez moi des habits et sa nourriture, afin qu'il ne
» soit à charge, ni à vous, ni à vos bergers ; car, en
» un mot, je ne souffrirai point qu'il vienne au milieu
» de ces poursuivans ; ils sont d'une trop grande inso-
» lence, ils ne manqueroient pas de l'affliger par leurs
» brocards et de l'insulter même, ce qui me mettroit
» au désespoir. Car l'homme le plus vaillant et le plus
» courageux ne pourroit se défendre contre tant d'enne-
» mis. Il faut céder à la force. »

Ulysse prenant alors la parole, et s'adressant à Télémaque, dit : « Oh, mon cher Prince ! puisque j'ai la
» liberté de répondre, je vous avoue que je souffre,
» et que je suis très-affligé de vous entendre dire à
» vous-même les désordres et les insolences que com-
» mettent ces poursuivans dans votre maison malgré
» vous, à l'âge où vous êtes. Dites-moi donc, je vous
» prie, est-ce volontairement que vous subissez le joug ?
» ou est-ce que vos peuples ont de l'aversion pour vous,

» Ἤ τι κασιγνήτοις ἐπιμέμφεαι, οἷσί περ ἀνὴρ
» Μαρναμένοισι πέποιθε, καὶ εἰ μέγα νεῖκος ὄρηται.
» Αἲ γὰρ ἐγὼν οὕτω νέος εἴην τῷδ' ἐνὶ θυμῷ,
» Ἦ παῖς ἐξ Ὀδυσῆος ἀμύμονος, ἠὲ καὶ αὐτὸς   100
» Ἔλθοι ἀλητεύων· (ἔτι γὰρ καὶ ἐλπίδος αἶσα·)
» Αὐτίκ' ἔπειτ' ἀπ' ἐμεῖο κάρη τάμοι ἀλλότριος φώς,
» Εἰ μὴ ἐγὼ κείνοισι κακὸν πάντεσσι γενοίμην,
» Ἐλθὼν ἐς μέγαρον Λαερτιάδεω Ὀδυσῆος.
» Εἰ δ' αὖ με πληθύϊ δαμασαίατο μοῦνον ἐόντα, 105
» Βουλοίμην κ' ἐν ἐμοῖσι κατακτάμενος μεγάροισι
» Τεθνάμεν, ἢ τάδε γ' αἰὲν ἀεικέα ἔργ' ὁράασθαι,
» Ξείνους τε στυφελιζομένους, δμωάς τε γυναῖκας
» Ῥυστάζοντας ἀεικελίως κατὰ δώματα καλά·
» Καὶ οἶνον διαφυσσόμενον, καὶ σῖτον ἔδοντας   110
» Μάψ, αὔτως, ἀτέλεστον, ἀνηνύστῳ ἐπὶ ἔργῳ. »

Τὸν δ' αὖ Τηλέμαχος πεπνυμένος ἀντίον ηὔδα·
« Τοιγὰρ ἐγώ τοι, ξεῖνε, μάλ' ἀτρεκέως ἀγορεύσω,
» Οὔτε τί μοι πᾶς δῆμος ἀπεχθόμενος χαλεπαίνει,
» Οὔτε κασιγνήτοις ἐπιμέμφομαι, οἷσί περ ἀνὴρ 115
» Μαρναμένοισι πέποιθε, καὶ εἰ μέγα νεῖκος ὄρηται·
» Ὧδε γὰρ ἡμετέρην γενεὴν μούνωσε Κρονίων·
» Μοῦνον Λαέρτην Ἀρκείσιος υἱὸν ἔτικτε,
» Μοῦνον δ' αὖ Ὀδυσῆα πατὴρ τέκεν· αὐτὰρ Ὀδυσσεὺς
» Μοῦνον ἔμ' ἐν μεγάροισι τεκὼν λίπεν, οὐδ' ἀπόνητο·
» Τῷ νῦν δυσμενέες μάλα μυρίοι εἴσ' ἐνὶ οἴκῳ.   120
» Ὅσσοι γὰρ νήσοισιν ἐπικρατέουσιν ἄριστοι,
» Δουλιχίῳ τε, Σάμῃ τε, καὶ ὑλήεντι Ζακύνθῳ,
» Ἠδ' ὅσσοι κραναὴν Ἰθάκην κατακοιρανέουσιν,
» Τόσσοι μητέρ' ἐμὴν μνῶνται, τρύχουσι δὲ οἶκον. 125
» Ἡ δ' οὔτ' ἀρνεῖται στυγερὸν γάμον, οὔτε τελευτὴν
» Ποιῆσαι δύναται· τοὶ δὲ φθινύθουσιν ἔδοντες

» et que, prétextant quelque oracle des Dieux, ils
» veulent changer de maître ; ou avez-vous à vous
» plaindre de vos frères qui ne font pas leur devoir à
» votre égard ? car ordinairement l'amitié des frères est
» une grande ressource et un grand appui dans les occa-
» sions les plus difficiles. Plût aux Dieux qu'avec le
» courage que j'ai, j'eusse aussi votre âge ! Plût aux
» Dieux que je fusse le fils d'Ulysse, ou Ulysse lui-
» même revenu de ses voyages ! J'espère qu'il revien-
» dra, il y a encore lieu de l'espérer ; je veux que
» l'étranger m'enlève la tête de dessus les épaules, si
» arrivant seul dans le palais d'Ulysse, je ne faisois périr
» tous ces insolens. Que si j'étois enfin obligé de céder
» au nombre, j'aimerois encore mille fois mieux mourir
» dans mon palais, les armes à la main, que de souf-
» frir tous les jours des choses si honteuses, et de voir
» mes hôtes traités indignement, les femmes de ma
» maison insultées et traînées avec violence par des
» esclaves, et mes biens consumés ou pillés, et cela sans
» fin et sans remède. »

Le sage Télémaque lui répond : « Etranger, je vous
» dirai la vérité. Mes peuples n'ont point d'aversion pour
» moi ; je sais que les frères sont d'un puissant secours
» dans les occasions les plus difficiles ; mais je n'en ai
» point ; le fils de Saturne n'a donné à notre maison
» qu'un seul rejeton d'âge en âge. Arcésius, mon bisaïeul,
» n'eut de fils que Laërte, Laërte n'eut qu'Ulysse, et
» Ulysse n'a eu que moi, qui n'ai pu lui être d'aucun
» secours. Aujourd'hui son palais est rempli d'ennemis ;
» car les plus grands princes des îles voisines, de Duli-
» chium, de Samos, de Zacynthe, et les principaux
» d'Ithaque recherchent ma mère, et ruinent notre
» maison. Ma mère ne peut consentir à un mariage
» qu'elle abhorre, mais elle ne les refuse pas non plus,
» elle les amuse, et cependant ils consument tout mon

» Οἶκον ἐμόν· τάχα δή με διαῤῥαίσουσι καὶ αὐτόν.
» Ἀλλ' ἤτοι μὲν ταῦτα θεῶν ἐν γούνασι κεῖται.
» Ἄττα, σὺ δ' ἔρχεο θᾶσσον, ἐχέφρονι Πηνελοπείῃ 130
» Εἴφ', ὅτι οἱ σῶς εἰμί, καὶ ἐκ Πύλου εἰλήλουθα.
» Αὐτὰρ ἐγὼν αὐτοῦ μενέω· σὺ δὲ δεῦρο νέεσθαι,
» Οἴῃ ἀπαγγείλας· τῶν δ' ἄλλων μή τις Ἀχαιῶν
» Πευθέσθω· πολλοὶ γάρ ἐμοὶ κακὰ μηχανόωνται. »

Τὸν δ' ἀπαμειβόμενος προσέφης, Εὔμαιε συβῶτα·
« Γιγνώσκω, φρονέω· τά γε δὴ νοέοντι κελεύεις. 136
» Ἀλλ' ἄγε μοι τόδε εἰπὲ καὶ ἀτρεκέως κατάλεξον,
» Εἰ καὶ Λαέρτῃ αὐτὴν ὁδὸν ἄγγελος ἔλθω
» Δυσμόρῳ· ὃς τείως μὲν Ὀδυσσῆος μέγ' ἀχεύων,
» Ἔργα τ' ἐποπτεύεσκε, μετὰ δμώων δ' ἐνὶ οἴκῳ 140
» Πῖνε καὶ ἦσθ', ὅτε θυμὸς ἐνὶ στήθεσσιν ἀνώγοι·
» Αὐτὰρ νῦν, ἐξ οὗ σύ γε ᾤχεο νηὶ Πύλονδε
» Οὔπω μίν φασιν φαγέμεν καὶ πιέμεν αὔτως,
» Οὐδ' ἐπὶ ἔργα ἰδεῖν, ἀλλὰ στοναχῇ τε γόῳ τε
» Ἧσται ὀδυρόμενος, φθινύθει δ' ἀμφ' ὀστεόφιν χρώς. »

Τὸν δ' αὖ Τηλέμαχος πεπνυμένος ἀντίον ηὔδα· 146
« Ἄλγιον, ἀλλ' ἔμπης μιν ἐάσομεν, ἀχνύμενόν περ.
» Εἰ γάρ πως εἴη αὐτάγρετα πάντα βροτοῖσι,
» Πρῶτόν κεν τοῦ πατρὸς ἑλοίμεθα νόστιμον ἦμαρ.
» Ἀλλὰ σύ γ' ἀγγείλας ὀπίσω κίε, μηδὲ κατ' ἀγροὺς
» Πλάζεσθαι μετ' ἐκεῖνον· ἀτὰρ πρὸς μητέρα εἰπεῖν, 151
» Ἀμφίπολον ταμίην ὀτρυνέμεν ὅττι τάχιστα
» Κρύβδην· κείνη γάρ κεν ἀπαγγείλειε γέροντι. »

Ἦ ῥα, καὶ ὦρσε συφορβόν· ὁ δ' εἵλετο χερσὶ πέδιλα·
Δησάμενος δ' ὑπὸ ποσσὶ πόλινδ' ἴεν· οὐδ' ἄρ' Ἀθήνην
Λῆθεν ἀπὸ σταθμοῖο κιὼν Εὔμαιος ὑφορβός· 156
Ἀλλ' ἥγε σχεδὸν ἦλθε, δέμας δ' ἤϊκτο γυναικὶ
Καλῇ τε, μεγάλῃ τέ, καὶ ἀγλαὰ ἔργ' εἰδυίῃ.

» bien, et ils trouveront enfin le moyen de me perdre
» moi-même; mais tout cela est entre les mains des
» Dieux. Mon cher Eumée, allez promptement appren-
» dre à la sage Pénélope que je suis de retour de Pylos
» en parfaite santé. Vous reviendrez dès que vous lui aurez
» parlé; mais ne parlez qu'à elle seule, et qu'aucun
» des princes ne le sache, car ils ne cherchent qu'à
» me tendre des pièges pour me faire périr. »

« J'entends, et je sais ce qu'il faut faire, répond,
» Eumée, je ne connois que trop toutes vos raisons.
» Mais dites-moi, je vous prie, ne puis-je pas, che-
» min faisant, aller annoncer cette bonne nouvelle au
» malheureux Laërte? Après le départ d'Ulysse, ce père
» affligé se retira à la campagne; là il veilloit sur le
» travail de ses laboureurs, et mangeoit avec ses domes-
» tiques. Mais depuis que vous êtes parti pour Pylos,
» il ne mange ni ne boit, et néglige entièrement ses
» affaires; sa seule nourriture, ce sont les larmes et les
» soupirs, ce n'est plus qu'un spectre, et il n'a plus
» que la peau collée sur les os. »

» Cela est très-fâcheux, dit Télémaque; mais lais-
» sons-le encore dans sa douleur, quelque affligé qu'il
» soit; nous ne pouvons pas faire tout ce que nous vou-
» drions. Si cela étoit, nous verrions bientôt le retour
» de mon père. Dès que vous aurez parlé à ma mère,
» revenez promptement, et ne vous détournez point
» pour aller trouver Laërte; contentez vous de dire à
» la Reine de lui envoyer secrètement et sans délai la
» maîtresse de l'office, qui ne manquera pas d'aller bien
» vite lui apprendre cette bonne nouvelle. »

Eumée, pressé de partir, s'équipe et se met en chemin. Il n'eut pas plus tôt passé le seuil de la porte, que
Minerve, s'étant aperçue de son départ, approcha de
la maison. Elle avoit pris la figure d'une femme d'une
merveilleuse beauté et d'une taille majestueuse. Elle

Στῆ δὲ κατ' ἀντίθυρον κλισίης Ὀδυσῆϊ φανεῖσα·
Οὐδ' ἄρα Τηλέμαχος ἴδεν ἀντίον, οὐδ' ἐνόησεν· 160
(Οὐ γάρ πω πάντεσσι θεοὶ φαίνονται ἐναργεῖς·)
Ἀλλ' Ὀδυσεύς τε, κύνες τε ἴδον· καί ῥ' οὐχ ὑλάοντο,
Κνυζηθμῷ δ' ἑτέρωσε διὰ σταθμοῖο φόβηθεν.
Ἡ δ' ἄρ' ἐπ' ὀφρύσι νεῦσε· νόησε δὲ δῖος Ὀδυσσεύς·
Ἐκ δ' ἦλθεν μεγάροιο παρὲκ μέγα τειχίον αὐλῆς, 165
Στῆ δὲ πάροιθ' αὐτῆς· τὸν δὲ προσέειπεν Ἀθήνη·

« Διογενὲς Λαερτιάδη, πολυμήχαν' Ὀδυσσεῦ,
» Ἤδη νῦν σῷ παιδὶ ἔπος φάο, μηδ' ἐπίκευθε,
» Ὡς ἂν μνηστῆρσιν θάνατον καὶ κῆρ' ἀραρόντε
» Ἔρχησθον προτὶ ἄστυ περικλυτόν· οὐδ' ἐγὼ αὐτὴ 170
» Δηρὸν ἀπὸ σφῶϊν ἔσομαι, μεμαυῖα μάχεσθαι. »

Ἧ, καὶ χρυσείῃ ῥάβδῳ ἐπεμάσσατ' Ἀθήνη·
Φᾶρος μέν οἱ πρῶτον ἐϋπλυνές, ἠδὲ χιτῶνα,
Θῆκ' ἀμφὶ στήθεσσι· δέμας δ' ὤφελλε καὶ ἥβην.
Ἂψ δὲ μελαγχροιῆς γένετο, γναθμοὶ δὲ τάνυσθεν· 175
Κυάνεαι δ' ἐγένοντο ἐθειράδες ἀμφὶ γένειον.
Ἡ μὲν ἄρ' ὣς ἔρξασα, πάλιν κίεν· αὐτὰρ Ὀδυσσεὺς
Ἤϊεν ἐς κλισίην· θάμβησε δέ μιν φίλος υἱός.
Ταρβήσας δ' ἑτέρωσε βάλ' ὄμματα, μὴ θεὸς εἴη,
Καί μιν φωνήσας ἔπεα πτερόεντα προσηύδα· 180

« Ἀλλοῖός μοι, ξεῖνε, φάνης νέον, ἠὲ πάροιθεν,
» Ἄλλα δὲ εἵματ' ἔχεις, καί τοι χρὼς οὐκ ἔθ' ὁμοῖος.
» Ἦ μάλα τις θεός ἐσσι, τοὶ οὐρανὸν εὐρὺν ἔχουσιν.
» Ἀλλ' ἴληθ', ἵνα τοι κεχαρισμένα δώσομεν ἱρά,
» Ἠδὲ χρύσεα δῶρα τετυγμένα· φείδεο δ' ἡμέων. » 185
Τὸν δ' ἠμείβετ' ἔπειτα πολύτλας δῖος Ὀδυσσεύς·

s'arrêta devant la porte, ne se laissant voir qu'à Ulysse seul ; Télémaque ne la vit point, et ne s'aperçut pas même de sa présence ; car les Dieux ne se manifestent qu'à ceux dont ils veulent être vus ; Ulysse seul la vit, ses chiens l'aperçurent aussi, ils n'aboyèrent pourtant pas ; mais lui rendant hommage par leurs caresses, ils se retirent au fond de la chambre. La Déesse fit signe de ses sourcils ; Ulysse entendit ce signe, sortit dans la cour, et s'arrêta près d'elle. Alors Minerve lui adressa ces paroles :

« Fils de Laërte, Ulysse, qui êtes si fécond en res-
» sources dans les extrémités les plus difficiles, il n'est
» plus temps de vous cacher à votre fils ; découvrez-
» vous à lui, afin qu'après avoir pris ensemble les
» mesures pour faire périr tous ces fiers poursuivans,
» vous alliez à la ville ; je ne serai pas long-temps éloi-
» gnée de vous, et je combattrai à vos côtés. »

En finissant ces mots, elle le toucha de sa verge d'or ; dans le moment, il se trouva couvert de ses beaux habits, il recouvra sa belle taille, sa bonne mine et sa première beauté ; son teint devint animé, ses yeux brillans et pleins de feu, ses joues arrondies, et sa tête fut couverte de ses beaux cheveux. Après cette métamorphose, la Déesse disparut. Ulysse rentre dans la chambre ; son fils le voit avec étonnement, et saisi de crainte et de respect, il détourne la vue, de peur que ce ne soit un dieu, et lui adressant la parole avec humilité, il lui parle en ces termes :

« Étranger, vous m'apparoissez dans un état bien
» différent de celui où vous étiez tout à l'heure ; vos
» habits sont changés, votre taille n'est plus la même ;
» je n'en doute point, vous êtes quelqu'un des Dieux
» qui habitent l'Olympe. Mais soyez-nous propice, afin
» que nous vous fassions des sacrifices, et que nous vous
» présentions des offrandes qui vous soient agréables ;

« Οὔ τίς τοι θεός εἰμι, τί μ' ἀθανάτοισιν ἐΐσκεις;
» Ἀλλὰ πατὴρ τεός εἰμι, τοῦ εἴνεκα σὺ στεναχίζων
» Πάσχεις ἄλγεα πολλὰ, βίας ὑποδέγμενος ἀνδρῶν. »

Ὣς ἄρα φωνήσας υἱὸν κύσε, κὰδ δὲ παρειῶν   190
Δάκρυον ἧκε χαμᾶζε· πάρος δ' ἔχε νωλεμὲς αἰεί.
Τηλέμαχος δ', (οὐ γάρ πω ἐπείθετο ὃν πατέρ' εἶναι,)
Ἐξαῦτίς μιν ἔπεσσιν ἀμειβόμενος προσέειπεν·

Οὐ σύγ' Ὀδυσσεύς ἐσσι, πατὴρ ἐμός· ἀλλά με δαίμων
« Θέλγει, ὄφρ' ἔτι μᾶλλον ὀδυρόμενος στεναχίζω·   195
» Οὐ γάρ πως ἂν θνητὸς ἀνὴρ τάδε μηχανόωτο
» Ὧ αὐτοῦ γε νόῳ, ὅτε μὴ θεὸς αὐτὸς ἐπελθὼν,
» Ῥηϊδίως ἐθέλων θείη νέον, ἠδὲ γέροντα.
» Ἦ γάρ τοι νέον ἦσθα γέρων, καὶ ἀεικέα ἕσσο,
» Νῦν δὲ θεοῖσιν ἔοικας, οἳ οὐρανὸν εὐρὺν ἔχουσι. » 200

Τὸν δ' ἀπαμειβόμενος προσέφη πολύμητις Ὀδυσσεύς·
« Τηλέμαχ', οὔ σε ἔοικε φίλον πατέρ' ἔνδον ἐόντα
» Οὔτε τι θαυμάζειν περιώσιον, οὔτ' ἀγάασθαι.
» Οὐ μὲν γάρ τοι ἔτ' ἄλλος ἐλεύσεται ἐνθάδ' Ὀδυσσεύς.
» Ἀλλ' ὅδ' ἐγὼ τοιόσδε, παθὼν κακὰ, πολλά τ' ἀνατλὰς,
» Ἤλυθον εἰκοστῷ ἔτεϊ ἐς πατρίδα γαῖαν.   206
» Αὐτάρ τοι τόδε ἔργον Ἀθηναίης ἀγελείης,
» Ἥ τέ με τοῖον ἔθηκεν, ὅπως ἐθέλει· (δύναται γάρ·)
» Ἄλλοτε μὲν πτωχῷ ἐναλίγκιον, ἄλλοτε δ' αὖτε
» Ἀνδρὶ νέῳ, καὶ καλὰ περὶ χροῒ εἵματ' ἔχοντι.

» épargnez-nous. » — « Je ne suis point un dieu, répartit
» Ulysse; pourquoi me regardez-vous comme un des
» immortels? Je suis Ulysse, je suis votre père, dont la
» longue absence vous a coûté tant de larmes et de
» soupirs, et vous a exposé aux injures et aux inso-
» lences de ces princes. »

En achevant ces mots, il embrasse son fils et le baise tendrement; les larmes coulent le long de ses joues, car jusque-là il avoit eu la force de les retenir. Mais Télémaque ne peut encore se persuader que ce soit son père.

« Non; vous n'êtes point mon père, vous n'êtes point
» Ulysse, lui dit-il; c'est quelque dieu qui veut m'abu-
» ser par un faux espoir, pour me précipiter dans une
» douleur plus amère. Il n'y a point d'homme mortel
» qui puisse par lui-même opérer tous ces miracles, à
» moins qu'un Dieu, venant à son secours, ne veuille
» se servir de son pouvoir, et le rendre et vieux et jeune
» comme il lui plaît. Tout à l'heure vous étiez un vieil-
» lard, et vous n'aviez que des haillons, et présentement
» vous ressemblez parfaitement aux Dieux qui habitent
» l'Olympe. »

« Mon cher Télémaque, lui dit Ulysse, que votre
» surprise et votre admiration cessent, et reprenez pour
» votre père les sentimens que vous devez avoir. Il ne
» reviendra point ici d'autre Ulysse; il n'y en a point
» d'autre que moi qui ai essuyé tant de peines et tant
» de travaux, et qui suis enfin revenu dans ma patrie
» la vingtième année après mon départ. Le miracle que
» vous voyez, c'est l'ouvrage de Minerve qui préside
» aux assemblées des peuples. Elle m'a rendu tel qu'elle
» a voulu, car son pouvoir n'a point de bornes. Tantôt
» elle m'a rendu semblable à un mendiant, et tantôt elle
» m'a donné la figure d'un jeune homme de bonne mine
» et vêtu magnifiquement. Il est aisé aux immortels,

» Ρηΐδιον δὲ θεοῖσι, τοὶ οὐρανὸν εὐρὺν ἔχουσιν,
» Ἠμὲν κυδῆναι θνητὸν βροτὸν, ἠδὲ κακῶσαι. »

Ὣς ἄρα φωνήσας, κατ᾽ ἄρ᾽ ἕζετο· Τηλέμαχος δὲ
Ἀμφιχυθεὶς πατέρ᾽ ἐσθλὸν ὀδύρετο, δάκρυα λείβων.
Ἀμφοτέροισι δὲ τοῖσιν ὑφ᾽ ἵμερος ὦρτο γόοιο·   216
Κλαῖον δὲ λιγέως, ἁδινώτερον, ἤ τ᾽ οἰωνοὶ
Φῆναι, ἢ αἰγυπιοὶ γαμψώνυχες, οἷσί τε τέκνα
Ἀγρόται ἐξείλοντο, πάρος πετεεινὰ γενέσθαι·
Ὣς ἄρα τοί γ᾽ ἐλεεινὸν ὑπ᾽ ὀφρύσι δάκρυον εἶβον.
Καί νύ κ᾽ ὀδυρομένοισιν ἔδυ φάος ἠελίοιο,   220
Εἰ μὴ Τηλέμαχος προσεφώνεεν ὃν πατέρ᾽ αἶψα·

« Ποίη γὰρ νῦν δεῦρο, πάτερ φίλε, νηΐ σε ναῦται
» Ἤγαγον εἰς Ἰθάκην; τίνες ἔμμεναι εὐχετόωντο;
» Οὐ μὲν γάρ τί σε πεζὸν ὀΐομαι ἐνθάδ᾽ ἱκέσθαι. »

Τὸν δ᾽ αὖτε προσέειπε πολύτλας, δῖος Ὀδυσσεύς· 225
« Τοιγὰρ ἐγώ τοι, τέκνον, ἀληθείην καταλέξω,
» Φαίηκές μ᾽ ἄγαγον ναυσίκλυτοι, οἵ τε καὶ ἄλλους
» Ἀνθρώπους πέμπουσιν, ὅτις σφέας εἰσαφίκηται.
» Καί μ᾽ εὕδοντ᾽ ἐν νηῒ θοῇ ἐπὶ πόντον ἄγοντες
» Κάτθεσαν εἰς Ἰθάκην· ἔπορον δέ μοι ἀγλαὰ δῶρα,
» Χαλκόν τε, χρυσόν τε ἅλις, ἐσθῆτά θ᾽ ὑφαντήν. 231
» Καὶ τὰ μὲν ἐνὶ σπήεσσι θεῶν ἰότητι κέονται.
» Νῦν δ᾽ αὖ δεῦρ᾽ ἱκόμην, ὑποθημοσύνῃσιν Ἀθήνης,
» Ὄφρα κε δυσμενέεσσι φόνου πέρι βουλεύσωμεν.
» Ἀλλ᾽ ἄγε μοι μνηστῆρας ἀριθμήσας κατάλεξον, 235
» Ὄφρ᾽ εἰδέω, ὅσσοι τὲ, καὶ οἵτινες ἀνέρες εἰσί·
» Καί κεν ἐμὸν κατὰ θυμὸν ἀμύμονα μερμηρίξας,
» Φράσσομαι, εἴ κεν νῶϊ δυνησόμεθ᾽ ἀντιφέρεσθαι,
» Μούνω ἄνευθ᾽ ἄλλων, ἦ καὶ διζησόμεθ᾽ ἄλλους. »

Τὸν δ᾽ αὖ Τηλέμαχος πεπνυμένος ἀντίον ηὔδα· 240

» qui habitent le haut Olympe, d'environner un homme
» de majesté et de gloire, et de le revêtir de misère et
» de pauvreté. »

Après avoir parlé, Ulysse s'assied. Télémaque se jette au cou de son père, et le tenant étroitement embrassé, il fond en larmes. Ulysse pleure de même; ils ne peuvent tous deux se rassasier de pleurs. Ils ne s'expriment que par leurs sanglots et par leurs larmes, et ils poussent des cris comme des aigles ou des éperviers à qui les laboureurs ont enlevé leurs petits avant qu'ils puissent se servir de leurs ailes.

Ainsi Ulysse et Télémaque fondoient en pleurs. Cet état avoit pour eux tant de charmes, que le soleil les y auroit encore trouvés à son coucher, si Télémaque, faisant effort sur lui-même, n'eût demandé à Ulysse sur quel vaisseau il étoit arrivé à Ithaque, et quels matelots l'avoient conduit : « Car, lui dit-il, mon père, vous
» ne pouvez y être venu que par mer. »

« Je vous dirai la vérité en peu de mots, répondit
» Ulysse. Des Phéaciens, gens célèbres dans la marine, et
» qui sont accoutumés à conduire sur la vaste mer les
» étrangers qui arrivent chez eux, m'ont amené, et
» pendant que je dormois, ils m'ont descendu à terre
» sur ce prochain rivage, et ils ont fidèlement mis près
» de moi les présens que j'avois reçus de leurs princes,
» tout l'airain, tout l'or et tous les habits. Je les ai retirés
» par les conseils des Dieux dans un antre voisin, et
» c'est par l'inspiration de Minerve que je suis venu
» ici, afin que nous consultions ensemble sur les moyens
» de faire périr les poursuivans. Mais nommez-les-moi
» tous, afin que je sache combien ils sont et quels
» hommes ce sont : quand vous m'aurez instruit, je
» verrai si nous pourrons les attaquer nous deux seuls,
» ou si nous chercherons du secours. »

Télémaque, étonné de cette proposition, repartit :

« Ὦ πάτερ, ἤτοι σεῖο μέγα κλέος αἰὲν ἄκουον,
» Χεῖράς τ' αἰχμητὴν ἔμεναι, καὶ ἐπίφρονα βουλήν.
» Ἀλλὰ λίην μέγα εἶπες, ἄγη μ' ἔχει· οὐδέ κεν εἴη,
» Ἄνδρε δύω πολλοῖσι καὶ ἰφθίμοισι μάχεσθαι.
» Μνηστήρων δ' οὔτ' ἀρ δεκὰς ἀτρεκὲς, οὐδὲ δύ' οἶαι, 245
» Ἀλλὰ πολὺ πλέονες· τάχα δ' εἴσεαι ἐνθάδ' ἀριθμόν.
» Ἐκ μὲν Δουλιχίοιο δύω καὶ πεντήκοντα
» Κοῦροι κεκριμένοι, ἓξ δὲ δρηστῆρες ἕπονται·
» Ἐκ δὲ Σάμης πίσυρές τε καὶ εἴκοσι κοῦροι ἔασιν,
» Ἐκ δὲ Ζακύνθου ἔασιν ἐείκοσι φῶτες Ἀχαιῶν, 250
» Ἐκ δ' αὐτῆς Ἰθάκης δυοκαίδεκα πάντες ἄριστοι·
» Καί σφιν ἄμ' ἐστὶ Μέδων κῆρυξ, καὶ θεῖος ἀοιδὸς,
» Καὶ δοιὼ θεράποντε, δαήμονε δαιτροσυνάων.
» Τῶν εἴ κεν πάντων ἀντήσομεν ἔνδον ἐόντων,
» Μὴ πολύπικρα καὶ αἰνὰ βίας ἀποτίσεαι ἐλθών. 255
» Ἀλλὰ σύ γ', εἰ δύνασαι τίν' ἀμύντορα μερμηρίξαι,
» Φράζευ· ὅ κεν τίς νῶϊν ἀμύνοι πρόφρονι θυμῷ. »

Τὸν δ' αὖτε προσέειπε πολύτλας, δῖος Ὀδυσσεύς·
« Τοιγὰρ ἐγὼν ἐρέω, σὺ δὲ σύνθεο, καί μευ ἄκουσον,
» Καὶ φράσαι, εἰ καὶ νῶϊν Ἀθήνη, σὺν Διῒ πατρὶ, 260
» Ἀρκέσει, ἠέ τιν' ἄλλον ἀμύντορα μερμηρίξω. »

Τὸν δ' αὖ Τηλέμαχος πεπνυμένος ἀντίον ηὔδα·
« Ἐσθλώ τοι τούτω γ' ἐπαμύντορε, τοὺς ἀγορεύεις,
» Ὕψι περ ἐν νεφέεσσι καθημένω· ὥτε καὶ ἄλλοις
» Ἀνδράσι τε κρατέουσι, καὶ ἀθανάτοισι θεοῖσι. » 265

Τὸν δ' αὖτε προσέειπε πολύτλας, δῖος Ὀδυσσεύς·
« Οὐ μέν τοι κείνω γε πολὺν χρόνον ἀμφὶς ἔσεσθον
» Φυλόπιδος κρατερῆς, ὁπότε μνηστῆρσι καὶ ἡμῖν
» Ἐν μεγάροισιν ἐμοῖσι μένος κρίνηται Ἄρηος.
» Ἀλλὰ σὺ μὲν νῦν ἔρχευ, ἅμ' ἠοῖ φαινομένηφιν, 270
» Οἴκαδε, καὶ μνηστῆρσιν ὑπερφιάλοισιν ὁμίλει·

« Mon père, ce n'est pas sans raison que l'univers est
» rempli de votre gloire, et que j'ai toujours ouï dire
» que vous étiez aussi invincible dans les combats que
» supérieur dans les conseils par votre sagesse. Mais
» vous venez de dire un grand mot, j'en suis dans l'ad-
» miration et dans la surprise ; je ne crois pas possible
» que deux hommes seuls combattent contre un si grand
« nombre de vaillans hommes ; car ils ne sont ni dix
» ni vingt, mais un beaucoup plus grand nombre, et
» vous n'avez qu'à compter. De Dulichium cinquante-
» deux, tous gens de distinction ; ils ont avec eux six
» officiers. De Samos, vingt-quatre. Vingt de Zacynthe,
» et douze d'Ithaque, tous les plus braves et les mieux
» faits. Ils ont avec eux le héraut Médon, un chantre
» divin et deux officiers. Si nous les attaquons quand ils
» seront tous ensemble dans le palais, je crains que vous
» ne succombiez en voulant punir leur insolence. Mais
» voyez si vous ne connoîtriez point quelqu'un qui pût
» venir à notre secours, et nous soutenir dans une entre-
» prise si périlleuse. »

« Je connois assurément quelqu'un qui pourroit nous
» secourir, reprit Ulysse, et vous en conviendrez.
» Croyez-vous que la déesse Minerve et son père Jupiter
» soient un assez bon secours, ou si nous en cherche-
» rons quelque autre ? »

« Voilà deux merveilleux défenseurs, repartit Télé-
» maque ; quoique assis au-dessus des nuées, ils font sentir
» de là leur pouvoir à tous les hommes et à tous les
» Dieux. »

« Je vous assure, Télémaque, dit Ulysse, que ces
» deux puissans défenseurs ne se tiendront pas long-
» temps éloignés du combat, dès que Mars aura donné
» dans mon palais le signal de cette furieuse attaque.
» Demain dès la pointe du jour vous irez à la ville,
» et vous vous tiendrez avec les poursuivans à votre

Tome II.

» Αὐτὰρ ἐμὲ προτὶ ἄστυ συβώτης ὕστερον ἄξει,
» Πτωχῷ λευγαλέῳ ἐναλίγκιον, ἠδὲ γέροντι.
» Εἰ δέ μ' ἀτιμήσουσι δόμον κάτα, σὸν δὲ φίλον κῆρ
» Τετλάτω ἐν στήθεσσι, κακῶς πάσχοντος ἐμεῖο, 275
» Ἤν περ καὶ διὰ δῶμα ποδῶν ἕλκωσι θύραζε,
» Ἢ βέλεσιν βάλλωσι· σὺ δ' εἰσορόων ἀνέχεσθαι·
» Ἀλλ' ἤτοι παύεσθαι ἀνωγέμεν ἀφροσυνάων,
» Μειλιχίοις ἐπέεσσι παραυδῶν· οἱ δέ τοι οὐχὶ
» Πείσονται· δὴ γάρ σφι παρίσταται αἴσιμον ἦμαρ. 280
» Ἄλλο δέ τοι ἐρέω, σὺ δ' ἐνὶ φρεσὶ βάλλεο σῇσιν·
» Ὁππότε κεν πολύβουλος ἐνὶ φρεσὶ θήσει Ἀθήνη,
» Νεύσω μέν τοι ἐγὼ κεφαλῇ· σὺ δ' ἔπειτα νοήσας,
» Ὅσσα τοι ἐν μεγάροισιν ἀρήϊα τεύχεα κεῖται,
» Ἐς μυχὸν ὑψηλοῦ θαλάμου καταθεῖναι ἀείρας 285
» Πάντα μάλ'· αὐτὰρ μνηστῆρας μαλακοῖς ἐπέεσσι
» Παρφάσθαι, ὅτε κέν σε μεταλλῶσιν ποθέοντες,
» Ἐκ καπνοῦ κατέθηκ'· ἐπεὶ οὐκέτι τοῖσιν ἐῴκει,
» Οἷά ποτε Τροίηνδε κιὼν κατέλειπεν Ὀδυσσεύς,
» Ἀλλὰ κατήκισται, ὅσσον πυρὸς ἵκετ' ἀϋτμή. 290
» Πρὸς δ' ἔτι μοι τόδε μεῖζον ἐνὶ φρεσὶ θῆκε Κρονίων,
» Μήπως οἰνωθέντες, ἔριν στήσαντες ἐν ὑμῖν,
» Ἀλλήλους τρώσητε, καταισχύνητέ τε δαῖτα,
» Καὶ μνηστύν· αὐτὸς γὰρ ἐφέλκεται ἄνδρα σίδηρος.
» Νῶϊν δ' οἴοισιν δύο φάσγανα καὶ δύο δοῦρε 295
» Καλλιπέειν, καὶ δοιὰ βοάγρια χερσὶν ἑλέσθαι·
» Ὡς ἂν ἐπιθύσαντες ἑλοίμεθα· τοὺς δέ κ' ἔπειτα
» Παλλὰς Ἀθηναίη θέλξει καὶ μητίετα Ζεύς.

» ordinaire, je vous y suivrai bientôt, car Eumée m'y
» conduira, et j'y paroîtrai sous la figure d'un vieux
» mendiant accablé d'années et couvert de haillons. Que
» si vous voyez que ces insolens me méprisent et me
» maltraitent, supportez-le avec patience, quelque
» chose que j'en puisse souffrir, quand même ils me
» traîneroient par les pieds hors de la porte, ou qu'ils
» me chasseroient à grands coups; voyez-le sans vous
» emporter, et contentez-vous de leur remontrer avec
» douceur, et de les prier de cesser leurs violences. Il
» est sûr qu'ils ne céderont ni à vos conseils, ni à vos
» prières, car ils touchent à leur dernier moment. J'ai
» un autre avis à vous donner, et ne l'oubliez pas : c'est
» que dès que Minerve, de qui viennent tous les bons
» conseils, m'aura envoyé ses inspirations, je vous ferai
» un signe de tête; sitôt que vous apercevrez ce signe,
» vous prendrez toutes les armes qui sont dans l'appar-
» tement bas, vous les porterez au haut du palais; et si
» ces Princes, qui se verront par là privés de ces armes,
» vous demandent pourquoi vous les transportez, vous
» leur direz avec douceur que vous les ôtez de la fumée,
» parce qu'elles ne ressemblent plus à ces armes si bril-
» lantes qu'Ulysse avoient laissées en partant pour
» Troie, et qu'elles sont toutes gâtées de la vapeur du
» feu. Vous ajouterez à cela une raison plus forte encore;
» Jupiter, leur direz-vous, m'a inspiré cette pensée
» pour votre conservation; je crains que dans le vin
» il ne s'excite entre vous des querelles, que vous n'en
» veniez aux mains, que vous ne déshonoriez et ne souil-
» liez votre table par le sang, car le fer attire l'homme,
» et que vous ne ruiniez par là vos desseins. Voilà ce
« que vous leur direz. Vous ne laisserez que deux épées,
» deux javelots et deux boucliers, dont nous nous sai-
» sirons quand nous voudrons les immoler à notre ven-
» geance; Minerve et Jupiter les disposeront à goûter

» Ἄλλο δέ τοι ἐρέω, σὺ δ' ἐνὶ φρεσὶ βάλλεο σῇσιν·
» Εἰ ἐτεόν γ' ἐμός ἐσσι, καὶ αἵματος ἡμετέροιο, 300
» Μή τις ἔπειτ' Ὀδυσῆος ἀκουσάτω ἔνδον ἐόντος,
» Μήτ' οὖν Λαέρτης ἴστω τόγε, μήτε συβώτης,
» Μήτε τὶς οἰκήων, μήτ' αὐτὴ Πηνελόπεια·
» Ἀλλ' οἶοι σύ τ', ἐγώ τε, γυναικῶν γνώομεν ἰθύν.
» Καί κε τέο δμώων ἀνδρῶν ἔτι πειρηθεῖμεν, 305
» Ἠμὲν ὅπου τίς νῶ τίει καὶ δείδιε θυμῷ,
» Ἠδ' ὅτις οὐκ ἀλέγει, σὲ δ' ἀτιμᾷ τοῖον ἐόντα. »

Τὸν δ' ἀπαμειβόμενος προσεφώνεε φαίδιμος υἱός·
« Ὦ πάτερ, ἤτοι ἐμὸν θυμὸν καὶ ἔπειτά γ' οἴω
» Γνώσεαι· οὐ μὲν γάρ τι χαλιφροσύναι γέ μ' ἔχουσιν·
» Ἀλλ' οὔτοι τόδε κέρδος ἐγὼν ἔσσεσθαι οἴω 311
» Ἡμῖν ἀμφοτέροισι· σὲ δὲ φράζεσθαι ἄνωγα.
» Δηθὰ γὰρ αὔτως εἴσῃ ἑκάστου πειρητίζων,
» Ἔργα μετερχόμενος· τοὶ δ' ἐν μεγάροισιν ἔκηλοι
» Χρήματα δαρδάπτουσιν ὑπέρβιον, οὐδ' ἔπι φειδώ. 315
» Ἀλλ' ἤτοί σε γυναῖκας ἐγὼ δεδάασθαι ἄνωγα,
» Αἴ τέ σ' ἀτιμάζουσι, καὶ αἱ νηλιτεῖς εἰσιν·
» Ἀνδρῶν δ' οὐκ ἂν ἔγωγε κατὰ σταθμοὺς ἐθέλοιμι
» Ἡμέας πειράζειν, ἀλλ' ὕστερα ταῦτα πένεσθαι,
» Εἰ ἐτεόν γέ τι οἶσθα Διὸς τέρας Αἰγιόχοιο. » 320

Ὣς οἱ μὲν τοιαῦτα πρὸς ἀλλήλους ἀγόρευον.
Ἡ δ' ἄρ' ἔπειτ' Ἰθάκηνδε κατήγετο νηῦς εὐεργής,
Ἡ φέρε Τηλέμαχον Πυλόθεν καὶ πάντας ἑταίρους·
Οἱ δ' ὅτε δὴ λιμένος πολυβενθέος ἐντὸς ἵκοντο,
Νῆα μὲν οἵγε μέλαιναν ἐπ' ἠπείροιο ἔρυσσαν, 325

» vos raisons. J'ai encore une autre chose à vous dire ;
» et je vous prie de vous en bien souvenir, si vous êtes
» véritablement mon fils, si vous êtes de mon sang,
» gardez-vous bien de dire à qui que ce soit qu'Ulysse
» est dans le palais ; que personne ne le sache, ni Laërte,
» ni Eumée, ni aucun de nos domestiques, ni Péné-
» lope même ; ne soyons que nous deux à observer les
» démarches des femmes du palais, et à éprouver les sen-
» timens de tous vos domestiques, pour connoître ceux
» qui conservent dans leur cœur l'amour et le respect
» qu'ils nous doivent, et ceux qui nous sont infidèles,
» et qui, à l'âge où vous êtes, osent vous manquer de
» respect. »

Alors le sage Télémaque prenant la parole, dit :
« Mon père, j'espère vous faire connoître que je ne
» déshonore point votre sang, et je ne suis ni impru-
» dent ni foible. Mais je prendrai la liberté de vous
» représenter que les moyens que vous proposez pour-
» ront bien nous être funestes, et je vous prie d'y pen-
» ser. Vous perdrez un temps infini à pénétrer les
» sentimens de chacun et à examiner leur conduite.
» Cependant vos ennemis tranquilles consument votre
» bien avec insolence et sans aucun ménagement. Con-
» tentez-vous donc d'examiner les démarches des femmes
» du palais, pour distinguer celles qui vous sont infi-
» dèles d'avec celles à qui on ne peut rien reprocher,
» et ne nous amusons point à sonder les pensées de
» tous nos domestiques. Nous les connoîtrons assez quand
» nous aurons exécuté notre entreprise, s'il est vrai que
» vous ayez vu un prodige qui vous ait été envoyé par
» Jupiter. »

Pendant cette conversation d'Ulysse et de Télémaque,
le vaisseau qui avoit porté ce jeune prince à Pylos,
arriva à Ithaque avec ses compagnons. Dès qu'ils furent
entrés dans le port, ils tirèrent le vaisseau sur le rivage,

Τεύχεα δέ σφ' ἀπένεικαν ὑπέρθυμοι θεράποντες·
Αὐτίκα δ' ἐς Κλυτίοιο φέρον περικαλλέα δῶρα.
Αὐτὰρ κήρυκα πρόεσαν δόμον εἰς Ὀδυσῆος,
Ἀγγελίην ἐρέοντα περίφρονι Πηνελοπείῃ,
Οὕνεκα Τηλέμαχος μὲν ἐπ' ἀγροῦ, νῆα δ' ἀνώγει 330
Ἄστυδ' ἀποπλείειν· ἵνα μὴ δείσασ' ἐνὶ θυμῷ
Ἰφθίμη βασίλεια τέρεν κατὰ δάκρυον εἴβοι.

Τὼ δὲ συναντήτην κῆρυξ, καὶ δῖος ὑφορβὸς,
Τῆς αὐτῆς ἕνεκ' ἀγγελίης, ἐρέοντε γυναικί.
Ἀλλ' ὅτε δή ῥ' ἵκοντο δόμον θείου βασιλῆος, 335
Κῆρυξ μέν ῥα μέσῃσι μετὰ δμωῇσιν ἔειπεν·

« Ἤδη τοι, βασίλεια, φίλος πάϊς εἰλήλουθε. »

Πηνελοπείῃ δ' εἶπε συβώτης ἄγχι παραστὰς
Πάνθ', ὅσα οἱ φίλος υἱὸς ἀνώγει μυθήσασθαι.
Αὐτὰρ ἐπειδὴ πᾶσαν ἐφημοσύνην ἀπέειπε, 240
Βῆ ῥ' ἴμεναι μεθ' ὕας, λίπε δ' ἕρκεά τε, μέγαρόν τε.
Μνηστῆρες δ' ἀκάχοντο, κατήφησάν τ' ἐνὶ θυμῷ·
Ἐκ δ' ἦλθον μεγάροιο παρὲκ μέγα τειχίον αὐλῆς,
Αὐτοῦ δὲ προπάροιθε θυράων ἑδριόωντο·
Τοῖσιν δ' Εὐρύμαχος, Πολύβου πάϊς, ἦρχ' ἀγορεύειν·

« Ὦ φίλοι, ἦ μέγα ἔργον ὑπερφιάλως τετέλεσται 346
» Τηλεμάχῳ, ὁδὸς ἥδε· φάμεν δέ οἱ οὐ τελέεσθαι.
» Ἀλλ' ἄγε νῆα μέλαιναν ἐρύσσομεν, ἥτις ἀρίστη·
» Ἐς δ' ἐρέτας ἁλιῆας ἀγείρομεν, οἵ κε τάχιστα
» Κείνοις ἀγγείλωσι θοῶς οἰκόνδε νέεσθαι. » 350

Οὔπω πᾶν εἴρηθ', ὅτ' ἄρ' Ἀμφίνομος ἴδε νῆα,
Στρεφθεὶς ἐκ χώρης, λιμένος πολυβενθέος ἐντὸς,
Ἱστία τε στέλλοντας, ἐρετμά τε χερσὶν ἔχοντας.
Ἡδὺ δ' ἄρ' ἐκγελάσας μετεφώνεεν οἷς ἑτάροισι·

« Μή τιν' ἔτ' ἀγγελίην ὀτρύνομεν· οἵδε γὰρ ἔνδον·
» Ἤ τίς σφιν τόδ' ἔειπε θεῶν, ἢ εἴσιδον αὐτοὶ 356
» Νῆα παρερχομένην, τὴν δ' οὐκ ἐδύναντο κιχῆναι. »

le désarmèrent, et portèrent chez Clytius tous les présens que Télémaque avoit reçus. En même temps ils envoyèrent un héraut au palais annoncer à la chaste Pénélope que son fils étoit arrivé, qu'il étoit resté chez Eumée, et qu'il avoit renvoyé son vaisseau. Ils prirent cette précaution, de peur que la Reine, voyant revenir ce vaisseau sans son fils, n'en fût alarmée et ne s'abandonnât à la douleur.

Le héraut et Eumée se rencontrèrent en chemin comme ils alloient porter la même nouvelle. Quand ils furent arrivés dans le palais et entrés dans l'appartement de Pénélope, le héraut lui dit devant toutes ses femmes :

« Grande Reine, le prince votre fils est arrivé. »

Mais Eumée s'approchant de son oreille, lui dit tout ce dont Télémaque l'avoit chargé. Et dès qu'il eut exécuté ses ordres, il sortit, et s'en retourna à ses troupeaux. Cette nouvelle, qui fut bientôt répandue, consterna les poursuivans, et les remplit de tristesse. Ils sortent tous du palais, et s'étant assemblés hors de la cour, ils tiennent là leur conseil devant la porte. Eurymaque, fils de Polybe, prit la parole, et dit :

« Certainement voilà une hardie entreprise que ce
» voyage de Télémaque; nous croyions qu'il n'en revien-
» droit jamais. Dépêchons donc promptement un vais-
» seau à nos compagnons qui sont en embuscade, pour
» leur annoncer qu'ils n'ont qu'à revenir. »

A peine il achevoit ces mots, qu'Amphinomus s'étant tourné, vit un vaisseau qui étoit déjà dans le port et dont on plioit les voiles. Ravi de joie, il dit à ses amis en souriant :

Il n'est pas nécessaire de dépêcher un vaisseau, voilà
» nos compagnons dans le port. Quelque dieu les a sans
» doute avertis, ou bien ils ont vu eux-mêmes passer
» le vaisseau de Télémaque, et n'ont pu le joindre. »

Ὣς ἔφαθ'· οἱ δ' ἀνστάντες ἔβαν ἐπὶ θῖνα θαλάσσης.
Αἶψα δὲ νῆα μέλαιναν ἐπ' ἠπείροιο ἔρυσσαν,
Τεύχεα δέ σφ' ἀπένεικαν ὑπέρθυμοι θεράποντες.   360
Αὐτοὶ δ' εἰς ἀγορὴν κίον ἀθρόοι, οὐδέ τιν' ἄλλων
Εἴων, οὔτε νέων μεταΐζειν, οὔτε γερόντων·
Τοῖσιν δ' Ἀντίνοος μετέφη, Εὐπείθεος υἱός·

« Ὦ πόποι, ὡς τόνδ' ἄνδρα θεοὶ κακότητος ἔλυσαν.
» Ἤματα μὲν σκοποὶ ἷζον ἐπ' ἄκριας ἠνεμοέσσας 365
» Αἰὲν ἐπασσύτεροι· ἅμα δ' ἠελίῳ καταδύντι,
» Οὔποτ' ἐπ' ἠπείρου νύκτ' ἄσαμεν, ἀλλ' ἐνὶ πόντῳ
» Νηῒ θοῇ πλείοντες ἐμίμνομεν ἠῶ δῖαν,
» Τηλέμαχον λοχόωντες, ἵνα φθίσωμεν ἑλόντες
» Αὐτόν· τὸν δ' ἄρα τέως μὲν ἀπήγαγεν οἴκαδε δαίμων·
» Ἡμεῖς δ' ἐνθάδε οἷ φραζώμεθα λυγρὸν ὄλεθρον 370
» Τηλεμάχῳ· μηδ' ἥμας ὑπεκφύγοι· οὐ γὰρ ὀΐω,
» Τούτου γε ζώοντος, ἀνύσσεσθαι τάδε ἔργα.
» Αὐτὸς μὲν γὰρ ἐπιστήμων βουλῇ τε νόῳ τέ·
» Λαοὶ δ' οὐκ ἔτι πάμπαν ἐφ' ἡμῖν ἦρα φέρουσιν. 375
» Ἀλλ' ἄγετε, πρὶν κεῖνον ὁμηγυρίσασθαι Ἀχαιοὺς
» Εἰς ἀγορήν· οὐ γάρ τι μεθησέμεναί μιν ὀΐω,
» Ἀλλ' ἀπομηνίσει, ἐρέει δ' ἐν πᾶσιν ἀναστάς,
» Οὕνεκά οἱ φόνον αἰπὺν ἐράπτομεν, οὐδ' ἐκίχημεν.
» Οἱ δ' οὐκ αἰνήσουσιν ἀκούοντες κακὰ ἔργα,   380
» Μή τι κακὸν ῥέξωσι, καὶ ἡμέας ἐξελάσωσι
» Γαίης ἡμετέρης, ἄλλον δ' ἀφικώμεθα δῆμον.
» Ἀλλὰ φθέωμεν ἑλόντες ἐπ' ἀγροῦ νόσφι πόληος,
» Ἢ ἐν ὁδῷ· βίοτον δ' αὐτοὶ καὶ κτήματ' ἔχωμεν,
» Δασσάμενοι κατὰ μοῖραν ἐφ' ἡμέας, οἰκία δ' αὖτε

Il dit: les princes se lèvent en même temps et courent au rivage. On met le vaisseau à sec, on le désarme, et ils s'en retournent tous pour tenir une assemblée, dont ils eurent soin d'exclure tous ceux qui leur étoient suspects. Quand l'assemblée fut formée, Antinoüs, fils d'Eupeïthès, leur parla ainsi :

« Mes amis, je puis vous assurer que ce sont les Dieux
» eux-mêmes qui ont garanti cet homme des maux qui
» le menaçoient ; car tous les jours nous avions grand
» soin de placer des sentinelles sur tous les caps et sur
» toutes les pointes de rocher ; et dès que le soleil étoit
» couché, nous ne nous amusions pas à passer la nuit
» sur le rivage; nous croisions dans le détroit jusqu'au
» jour, en attendant toujours Télémaque sur ce passage
» pour le faire périr. Pendant que nous étions ainsi aux
» aguets pour le perdre, quelque dieu l'a sauvé et l'a
» conduit heureusement dans son palais. Tendons-lui
» donc ici tous ensemble d'autres embûches, et prenons
» si bien nos mesures qu'il ne puisse échapper. Car pen-
» dant qu'il sera en vie, je ne crois pas que nous réus-
» sissions jamais dans nos desseins ; il est prudent et
» sage, et ses peuples ne sont pas entièrement pour
» nous. C'est pourquoi hâtons-nous avant qu'il ait appelé
» tous les Grecs à une assemblée ; car ne pensez pas qu'il
» se relâche et qu'il s'adoucisse ; vous le verrez plus
» ardent et plus irrité que jamais : il ne manquera pas
» de déclarer en pleine assemblée que nous avons été
» l'attendre pour l'assassiner ; et que notre embuscade
» n'a pas réussi ; et ses peuples n'approuveront jamais
» une action si noire. Craignons qu'ils ne prennent sa
» défense, et qu'ils ne nous chassent de notre patrie, et
» que nous ne soyons obligés d'aller chercher quelque
» asile chez les étrangers. Prévenons-le, et allons le
» tuer à sa campagne ou sur le chemin, quand il revien-
» dra. Partageons entre nous sa dépouille, et laissons

* 7

» Κείνου μητέρι δοῖμεν ἔχειν, ἠδ' ὅς τις ὀπυίοι.   386
» Εἰ δ' ὑμῖν ὅδε μῦθος ἀφανδάνει, ἀλλὰ βούλεσθε
» Αὐτόν τε ζώειν καὶ ἔχειν πατρώϊα πάντα,
» Μή οἱ χρήματ' ἔπειτα ἅλις θυμηδέ' ἔδωμεν
» Ἐνθάδ' ἀγειρόμενοι, ἀλλ' ἐκ μεγάροιο ἕκαστος   390
» Μνάσθω ἐέδνοισιν διζήμενος· ἡ δ' ἂν ἔπειτα
» Γήμαιθ', ὅς κεν πλεῖστα πόροι, καὶ μόρσιμος ἔλθοι. »
  Ὣς ἔφαθ'· οἱ δ' ἄρα πάντες ἀκὴν ἐγένοντο σιωπῇ.
Τοῖσιν δ' Ἀμφίνομος ἀγορήσατο καὶ μετέειπεν,
Νίσου φαίδιμος υἱός, Ἀρητιάδαο ἄνακτος·   395
Ὅς ῥ' ἐκ Δουλιχίου πολυπύρου, ποιήεντος,
Ἡγεῖτο μνηστῆρσι· μάλιστα δὲ Πηνελοπείῃ
Ἥνδανε μύθοισι· φρεσὶ γὰρ κέχρητ' ἀγαθῇσιν.
Ὅς σφιν ἐϋφρονέων ἀγορήσατο καὶ μετέειπεν·

  « Ὦ φίλοι, οὐκ ἂν ἔγωγε κατακτείνειν ἐθέλοιμι   400
» Τηλέμαχον· δεινὸν δὲ γένος βασιλήϊον ἐστι
» Κτείνειν· ἀλλὰ πρῶτα θεῶν εἰρώμεθα βουλάς·
» Εἰ μέν κ' αἰνήσωσι Διὸς μεγάλοιο θέμιστες,
» Αὐτός τε κτενέω, τούς τ' ἄλλους πάντας ἀνώξω·
« Εἰ δέ κ' ἀποτρωπῶσι θεοί, παύσασθαι ἄνωγα. »   405

  Ὣς ἔφατ' Ἀμφίνομος· τοῖσιν δ' ἐπιήνδανε μῦθος·
Αὐτίκ' ἔπειτ' ἀναστάντες ἔβαν δόμον εἰς Ὀδυσῆος,
Ἐλθόντες δ' ἐκάθιζον ἐπὶ ξεστοῖσι θρόνοισιν.

  Ἡ δ' αὖτ' ἄλλ' ἐνόησε περίφρων Πηνελόπεια,
Μνηστήρεσσι φανῆναι ὑπέρβιον ὕβριν ἔχουσι·   410
Πεύθετο γὰρ οὗ παιδὸς ἐνὶ μεγάροισιν ὄλεθρον·
Κῆρυξ γάρ οἱ ἔειπε Μέδων, ὃς ἐπεύθετο βουλάς.
Βῆ δ' ἰέναι μέγαρόνδε, σὺν ἀμφιπόλοισι γυναιξίν·
Ἀλλ' ὅτε δὴ μνηστῆρας ἀφίκετο δῖα γυναικῶν,
Στῆ ῥα παρὰ σταθμὸν τέγεος πύκα ποιητοῖο,   415
Ἄντα παρειάων σχομένη λιπαρὰ κρήδεμνα·
Ἀντίνοον δ' ἐνένιπτεν, ἔπος τ' ἔφατ', ἔκ τ' ὀνόμαζεν·

» seulement son palais à sa mère et à celui qu'elle choi-
» sira pour mari. Que si vous n'êtes pas de cet avis, et
» que vous vouliez que Télémaque vive et qu'il soit héri-
» tier de son père, cessons donc de nous tenir tous dans
» sa maison à manger son bien, et nous retirant chez
» nous, faisons de là nos poursuites; tâchons de gagner
» la Reine par nos présens, et qu'elle épouse celui qui
» lui fera les plus grands avantages, et qui lui est
» destiné. »

Il dit, et tous les princes étonnés gardoient un profond silence. Enfin Amphinomus, fils de Nisus et petit-fils du roi Arétius, qui étoit à la tête des poursuivans de Dulichium, et le moins désagréable aux yeux de Pénélope, parce qu'il étoit sage et modéré, rompit le premier le silence, et dit :

« Mes amis, je ne serois nullement d'avis de tuer
» Télémaque; c'est une chose terrible que de porter ses
» mains parricides sur un roi. Sachons auparavant la
» volonté de Jupiter. Si ces oracles sacrés approuvent
» ce meurtre, je serai le premier à l'exécuter, et je
» vous donnerai l'exemple; mais s'ils le condamnent, je
» vous conseille d'y renoncer. »

Ainsi parla Amphinomus, et son avis fut goûté de toute l'assemblée. Tous les princes se levèrent, rentrèrent dans le palais d'Ulysse, et s'assirent sur de beaux sièges dans la salle des festins.

Cependant la sage Pénélope prit la résolution d'aller trouver ces fiers poursuivans. Elle avoit été avertie des complots qu'on avoit formés contre la vie de son fils; car le héraut Médon, qui avoit tout entendu, lui en avoit fait le rapport. Elle sort de son appartement suivie de ses femmes. En arrivant à la salle où étoient les poursuivans, elle s'arrête sur le seuil de la porte, le visage couvert d'un voile, et adressant la parole à Antinoüs, elle lui dit :

« Ἀντίνο᾽, ὕϐριν ἔχων, κακομήχανε, καὶ δέ σε φασὶν
» Ἐν δήμῳ Ἰθάκης μεθ᾽ ὁμήλικας ἔμμεν᾽ ἄριστον
» Βουλῇ καὶ μύθοισι· σὺ δ᾽ οὐκ ἄρα τοῖος ἔησθα. 420
» Μάργε, τίη δὲ σὺ Τηλεμάχῳ θάνατόν τε, μόρον τὲ
» Ῥάπτεις, οὐδ᾽ ἱκέτας ἐμπάζεαι, οἶσιν ἄρα Ζεὺς
» Μάρτυρος; οὐδ᾽ ὁσίη κακὰ ῥάπτειν ἀλλήλοισιν.
» Ἦ οὐκ οἶσθ᾽, ὅτε δεῦρο πατὴρ τεὸς ἵκετο φεύγων,
» Δῆμον ὑποδδείσας; δὴ γὰρ κεχολώατο λίην,   425
» Οὕνεκα ληϊστῆρσιν ἐπισπόμενος Ταφίοισιν
» Ἤκαχε Θεσπρωτούς· οἱ δ᾽ ἡμῖν ἄρθμιοι ἦσαν·
» Τόν ῥ᾽ ἔθελον φθῖσαι, καὶ ἀποῤῥαῖσαι φίλον ἦτορ,
» Ἠδὲ κατὰ ζωὴν φαγέειν μενοεικέα πολλήν·
» Ἀλλ᾽ Ὀδυσεὺς κατέρυκε, καὶ ἔσχεθεν, ἱεμένους πέρ.
» Τοῦ νῦν οἶκον ἄτιμον ἔδεις, μνάᾳ δὲ γυναῖκα, 431
» Παῖδά τ᾽ ἀποκτείνεις, ἐμὲ δὲ μεγάλως ἀκαχίζεις.
» Ἀλλά σε παύσασθαι κέλομαι, καὶ ἀνωγέμεν ἄλλους. »

Τὴν δ᾽ αὖτ᾽ Εὐρύμαχος, Πολύϐου παῖς, ἀντίον ηὔδα·
« Κούρη Ἰκαρίοιο, περίφρων Πηνελόπεια,   435
» Θάρσει, μή τοι ταῦτα μετὰ φρεσὶ σῇσι μελόντων.
» Οὐκ ἔσθ᾽ οὗτος ἀνὴρ, οὐδ᾽ ἔσσεται, οὐδὲ γένηται,
» Ὅς κεν Τηλεμάχῳ σῷ υἱέϊ χεῖρας ἐποίσει,
» Ζώοντός γ᾽ ἐμέθεν καὶ ἐπὶ χθονὶ δερκομένοιο.
» Ὧδε γὰρ ἐξερέω, καὶ μὴν τετελεσμένον ἔσται, 440
» Αἶψά οἱ αἷμα κελαινὸν ἐρωήσει περὶ δουρὶ
» Ἡμετέρῳ· ἐπειὴ καὶ ἐμὲ πτολίπορθος Ὀδυσσεὺς
» Πολλάκι γούνασιν οἷσιν ἐφεσσάμενος, κρέας ὀπτὸν
» Ἐν χείρεσσιν ἔθηκεν, ἐπέσχε τὲ οἶνον ἐρυθρόν.
» Τῷ μοι Τηλέμαχος πάντων πολὺ φίλτατός ἐστιν 445

« Insolent et perfide Antinoüs, on vouloit te faire
» passer dans Ithaque pour un homme qui surpassoit
» tous ceux de ton âge en prudence et en sagesse ; qu'on
» a mal jugé de toi ! Monstre, pourquoi machines-tu
» la mort de Télémaque, sans aucun respect pour une
» maison dont vous êtes les supplians ? Jupiter a été le
» témoin de cette alliance ; cette sainte alliance défend
» à ceux qu'elle a unis, toutes voies de se nuire. Tu
» a donc oublié que ton père vint ici chercher un asile
» contre le ressentiment de tout un peuple qui deman-
» doit sa tête, irrité contre lui de ce qu'en donnant la
» chasse à des corsaires taphiens, il avoit ravagé les
» terres de Thesprotie, qui étoit notre amie et notre
» alliée. Ce peuple demandoit avec de fortes instances
» qu'on le lui livrât, car il vouloit le déchirer et le
» mettre en pièces, ou lui faire payer ses ravages et le
» ruiner ; mais Ulysse le refusa toujours, et apaisa enfin
» leur colère. Pour lui payer un si grand service, tu
» déshonores et tu ruines sa maison ; tu poursuis sa
» femme, tu assassines son fils, et tu m'accables de
» chagrins et de tristesse. Je t'ordonne de mettre fin à
» tes fureurs, et de contenir les autres dans le devoir
» par ton exemple. »

Eurymaque, fils de Polybe, prend la parole, et dit
à la Reine : « Fille d'Icarius, sage Pénélope, ayez
» bon courage, et ne vous affligez point ; il n'y a point
» d'homme, et il n'y en aura jamais qui ose mettre la
» main sur le prince votre fils pendant que je serai en
» vie, et que je jouirai de la lumière du soleil ; car je
» le déclare, et je ne parle point en vain, on verra
» bientôt couler son sang le long de ma pique. Je me
» souviens que dans mon enfance Ulysse, le destructeur
» des villes, me prenant sur ses genoux, me donnoit
» lui-même des mets de sa table, et me faisoit boire dans
» sa coupe ; c'est pourquoi Télémaque est le plus cher

» Ἀνδρῶν· οὐδέ τι μιν θάνατον τρομέεσθαι ἄνωγα
» Ἔκ γε μνηστήρων· θεόθεν δ' οὐκ ἔστ' ἀλέασθαι. »

»   Ὡς φάτο θαρσύνων, τῷ δ' ἤρτυεν αὐτὸς ὄλεθρον.
» Ἡ μὲν ἄρ' εἰσαναβᾶσ' ὑπερῴια σιγαλόεντα,
Κλαῖεν ἔπειτ' Ὀδυσῆα, φίλον πόσιν· ὄφρα οἱ ὕπνον   450
Ἡδὺν ἐπὶ βλεφάροισι βάλε γλαυκῶπις Ἀθήνη.

Ἑσπέριος δ' Ὀδυσῆϊ καὶ υἱέϊ δῖος ὑφορβὸς
Ἤλυθεν· οἱ δ' ἄρα δόρπον ἐπισταδὸν ὡπλίζοντο,
Σῦν ἱερεύσαντες ἐνιαύσιον· αὐτὰρ Ἀθήνη
Ἄγχι παρισταμένη Λαερτιάδην Ὀδυσῆα,   455
Ῥάβδῳ πεπληγυῖα, πάλιν ποίησε γέροντα·
Λυγρὰ δὲ εἵματα ἕσσε περὶ χροΐ· μή ἑ συβώτης
Γνοίη ἐσάντα ἰδών, καὶ ἐχέφρονι Πηνελοπείῃ
Ἔλθοι ἀπαγγέλλων, μηδὲ φρεσὶν εἰρύσσαιτο.
Τὸν καὶ Τηλέμαχος πρότερος πρὸς μῦθον ἔειπεν·   460

« Ἦλθες, δῖ' Εὔμαιε· τί δὴ κλέος ἔστ' ἀνὰ ἄστυ;
» Ἦ ῥ' ἤδη μνηστῆρες ἀγήνορες ἔνδον ἔασιν
» Ἐκ λόχου; ἢ ἔτι μ' αὖτ' εἰρύαται οἴκαδ' ἰόντα; »

Τὸν δ' ἀπαμειβόμενος προσέφης, Εὔμαιε συβῶτα·
« Οὐκ ἔμελέν μοι ταῦτα μεταλλῆσαι ἔρεσθαι,   465
» Ἄστυ καταβλώσκοντα· τάχιστά με θυμὸς ἄνωγεν
» Ἀγγελίην εἰπόντα, πάλιν δεῦρ' ἀπονέεσθαι.
» Ὡμήρησε δέ μοι παρ' ἑταίρων ἄγγελος ὠκὺς
» Κῆρυξ, ὃς δὴ πρῶτος ἔπος σῇ μητρὶ ἔειπεν.
» Ἄλλο δέ τοι τόδε οἶδα, τὸ γὰρ ἴδον ὀφθαλμοῖσιν,   470

» de mes amis; qu'il ne craigne point la mort de la
» part des poursuivans; mais pour celle que les Dieux
» lui enverront, il n'y a personne qui puisse l'en
» garantir. »

Il parla ainsi pour rassurer Pénélope par de fausses apparences; mais dans la vérité, il préparoit lui-même la mort à son fils. La Reine remonte dans son appartement, et se met à pleurer son cher Ulysse, jusqu'à ce que la déesse Minerve, pour suspendre ses peines, lui eût envoyé un doux sommeil.

Sur le soir, le fidèle Eumée arriva auprès d'Ulysse et de Télémaque. Il les trouva qui préparoient leur souper, après avoir immolé un cochon d'un an. Avant qu'il fût entré dans sa maison, Minerve s'étoit approchée d'Ulysse, et l'ayant frappé de sa verge d'or, elle lui avoit rendu sa première figure de vieillard, et avoit changé ses beaux habits en ses premiers haillons, de peur que ce pasteur ne le reconnût, et que, n'ayant pas la force de garder le secret, il n'allât aussitôt annoncer cette bonne nouvelle à Pénélope.

Télémaque le voyant, lui parla le premier en ces termes : « Vous voilà donc revenu, mon cher Eumée;
» quelles nouvelles dit-on à la ville? Les fiers pour-
» suivans, qu'on avoit envoyés en embuscade, sont-ils
» revenus à Ithaque, ou m'attendent-ils encore pour
» exécuter leurs mauvais desseins? »

« Je n'ai pas eu la curiosité, répondit Eumée, de
» m'informer de ce qu'on disoit quand je suis entré dans
» la ville. Dès que j'eus dit à la Reine ce que vous m'aviez
» ordonné de lui dire, je n'ai eu d'autre empressement
» que de revenir. En allant, j'ai rencontré en chemin
» le héraut que vos compagnons arrivés dans le port
» envoyoient à la Reine pour le même sujet. Nous
» sommes arrivés ensemble, et il a parlé le premier. La
» seule chose que je sais et que j'ai vue de mes yeux,

» Ἤδη ὑπὲρ πόλιος, ὅθι Ἑρμαῖος λόφος ἐστὶν,
» Ἧα κιὼν, ὅτε νῆα θοὴν ἰδόμην κατιοῦσαν
» Ἐς λιμέν' ἡμέτερον· πολλοὶ δ' ἔσαν ἄνδρες ἐν αὐτῇ·
» Βεβρίθει δὲ σάκεσσι καὶ ἔγχεσιν ἀμφιγύοισι·
» Καὶ σφέας ὠΐσθην τοὺς ἔμμεναι· οὐδέ τι οἶδα. » 475

Ὣς φάτο· μείδησεν δ' ἱερὴ ἲς Τηλεμάχοιο,
Ἐς πατέρ' ὀφθαλμοῖσιν ἰδών· ἀλέεινε δ' ὑφορβόν.
Οἱ δ' ἐπεὶ οὖν παύσαντο πόνου, τετύκοντό τε δαῖτα,
Δαίνυντ'· οὐδέ τι θυμὸς ἐδεύετο δαιτὸς ἐΐσης.
Αὐτὰρ ἐπεὶ πόσιος καὶ ἐδητύος ἐξ ἔρον ἕντο,   480
Δὴ τότε κοιμήσαντο, καὶ ὕπνου δῶρον ἕλοντο.

» c'est qu'en m'en revenant, comme je traversois la
» colline de Mercure, j'ai aperçu un vaisseau qui entroit
» dans le port; il étoit plein d'hommes, de lances et
» de boucliers. J'ai cru que c'étoient ces princes qui
» revenoient de leur embuscade, mais je n'en sais rien
« de certain. »

Il dit. Télémaque sourit en regardant son père; mais il évita d'être aperçu par Eumée, de peur qu'il n'entrât en quelque soupçon. Leur souper étant prêt, ils se mirent à table; et quand ils eurent soupé, ils se couchèrent, et jouirent des paisibles dons du sommeil.

ΟΜΗΡΟΥ

ΟΔΥΣΣΕΙΑΣ

ΡΑΨΩΔΙΑ Ρ.

Εἰς τὴν πόλιν ἐλθὼν Τηλέμαχος διηγεῖται τῇ μητρὶ Πηνελόπῃ τῆς ἀποδημίας τὰ κεφάλαια· ὕστερον δὲ Ὀδυσσεὺς ἀχθεὶς ὑπὸ τοῦ Εὐμαίου εἰς Ἰθάκην ἀπὸ τῶν ἀγρῶν, εἰς τὸ συμπόσιον τῶν μνηστήρων εἰσέρχεται. Ὁ δὲ Ποιητὴς ἀναγγέλλει, πῶς ὁ κύων ἀναγνωρίζει τὸν δεσπότην· καὶ ὡς Εὔμαιος μὲν εἰς τοὺς ἀγροὺς ὑποστρέφει, Ὀδυσσεὺς δὲ ἐν αὐτοῖς μένει.

Ῥῶ, βάλες, αἰπόλε τὲ, μνηστήρ τε, κύων ὃν ἀνέγνω.

Ἦμος δ᾽ ἠριγένεια φάνη ῥοδοδάκτυλος Ἠώς,
Δὴ τότ᾽ ἔπειθ᾽ ὑπὸ ποσσὶν ἐδήσατο καλὰ πέδιλα

L'ODYSSÉE D'HOMÈRE.

LIVRE DIX-SEPTIÈME.

ARGUMENT.

Télémaque, empressé de se montrer à sa mère, quitte la campagne, et affectant peu d'attention pour Ulysse, dit en partant à Eumée de mener son hôte à la ville, pour qu'il y cherche son pain en mendiant. En arrivant au palais, la fidèle Euryclée fut la première à l'apercevoir et à courir au-devant de lui, suivie de plusieurs autres femmes du palais, jetant toutes de grands cris. Pénélope descend de son appartement, se jette au cou de son fils, et le serre tendrement entre ses bras. Cependant Ulysse, conduit par Eumée, la besace sur les épaules, avança vers la ville. Ils endurèrent, sur la route, les invectives de Mélanthius, vrai traître à son maître, à qui il eut l'insolence de donner un grand coup de pied. Arrivé à son palais, il fut reconnu par son chien, qui mourut de joie dans le moment. En entrant ensuite dans la salle, il s'expose volontairement aux insultes des poursuivans, afin de mieux juger de leur caractère.

Dès que la belle Aurore eut annoncé le jour, le fils d'Ulysse mit ses brodequins, et prenant une pique, il

Τηλέμαχος, φίλος υἱὸς Ὀδυσσῆος θείοιο·
Εἴλετο δ' ἄλκιμον ἔγχος, ὅ οἱ παλάμηφιν ἀρήρει,
Ἄστυδε ἱέμενος, καὶ ἑὸν προσέειπε συβώτην·   5
 « Ἄττ', ἤτοι μὲν ἐγὼν εἶμ' ἐς πόλιν, ὄφρά με μήτηρ
» Ὄψεται· (οὐ γάρ μιν πρόσθεν παύσεσθαι ὀΐω
» Κλαυθμοῦ τε στυγεροῖο, γόοιό τε δακρυόεντος,
» Πρίν γ' αὐτόν μ' ἐσίδηται·) ἀτὰρ σοί γ' ὧδ' ἐπιτέλλω,
» Τὸν ξεῖνον δύστηνον ἄγ' ἐς πόλιν, ὄφρ' ἂν ἐκεῖθι 10
» Δαῖτα πτωχεύῃ· δώσει δέ οἱ, ὅς κ' ἐθέλῃσι,
» Πύρνον καὶ κοτύλην· ἐμὲ δ' οὔπως ἐστὶν ἅπαντας
» Ἀνθρώπους ἀνέχεσθαι, ἔχοντά περ ἄλγεα θυμῷ.
» Ὁ ξεῖνος δ' εἴ περ μάλα μηνίει, ἄλγιον αὐτῷ
» Ἔσσεται· ἦ γὰρ ἐμοὶ φίλ' ἀληθέα μυθήσασθαι. » 15
 Τὸν δ' ἀπαμειβόμενος προσέφη πολύμητις Ὀδυσσεύς·
 « Ὦ φίλος, οὐδέ τοι αὐτὸς ἐρύκεσθαι μενεαίνω·
» Πτωχῷ βέλτιόν ἐστι κατὰ πτόλιν, ἠὲ κατ' ἀγροὺς,
» Δαῖτα πτωχεύειν· δώσει δέ μοι, ὅς κ' ἐθέλῃσιν.
» Οὐ γὰρ ἐπὶ σταθμοῖσι μένειν ἔτι τηλίκος εἰμί,   20
» Ὥστ' ἐπιτειλαμένῳ σημάντορι πάντα πιθέσθαι.
» Ἀλλ' ἔρχευ· ἐμὲ δ' ἄξει ἀνὴρ ὅδε, ὃν σὺ κελεύεις,
» Αὐτίκ', ἐπεί με πυρὸς θερέω, ἀλέη τε γένηται·
» Αἰνῶς γὰρ τάδε εἵματ' ἔχω κακά· μή με δαμάσσῃ
» Στίβη ὑπηοίη· ἕκαθεν δέ τοι ἄστυ φάτ' εἶναι. » 25
 Ὣς φάτο· Τηλέμαχος δὲ διὰ σταθμοῖο βεβήκει,
Κραιπνὰ ποσὶ προβιβάς· κακὰ δὲ μνηστῆρσι φύτευεν.
Αὐτὰρ ἐπεί ῥ' ἵκανε δόμους εὖ ναιετάοντας,
Ἔγχος μέν ῥ' ἔστησε φέρων πρὸς κίονα μακρὴν,
Αὐτὸς δ' εἴσω ἴεν, καὶ ὑπέρβη λάϊνον οὐδόν.   30
Τὸν δὲ πολὺ πρώτη εἶδε τροφὸς Εὐρύκλεια,
Κώεα καστορνῦσα θρόνοις ἐνὶ δαιδαλέοισι·
Δακρύσασα δ' ἔπειτ' ἰθὺς κίεν· ἀμφὶ δ' ἄρ' ἄλλαι
Δμωαὶ Ὀδυσσῆος ταλασίφρονος ἠγερέθοντο,
Καὶ κύνεον ἀγαπαζόμεναι κεφαλήν τε καὶ ὤμους. 35

se disposa à se mettre en chemin pour s'en retourner à la ville. Mais avant que de partir, il parla ainsi à son fidèle Eumée :

« Mon cher Eumée, je m'en vais à la ville, afin que
» ma mère ait la consolation de me voir; car je suis sûr
» que, pendant qu'elle ne me verra point, elle ne
» mettra fin ni à ses regrets ni à ses larmes : le seul
» ordre que je vous donne en partant, c'est de mener
» votre hôte à la ville, où il mendiera son pain ; les gens
» charitables lui donneront ce qu'ils voudront ; car pour
« moi les chagrins dont je suis accablé, et le malheu-
» reux état où je me trouve, ne me permettent pas de
» me charger de tous les étrangers. Si votre hôte est
» fâché, son mal lui paroîtra encore plus insupportable;
» j'aime à dire toujours la vérité. »

Ulysse prenant la parole, lui répondit : « Mon Prince,
» je ne souhaite nullement d'être retenu ici ; un men-
» diant trouve beaucoup mieux de quoi se nourrir à la
» ville qu'à la campagne. A mon âge, je ne suis point
» propre à être aux champs, et à y rendre les services
» qu'un maître attendroit de moi ; vous n'avez qu'à
» partir ; celui à qui vous venez de donner vos ordres,
» aura soin de me mener dès que je me serai un peu
» chauffé, et que le temps sera adouci vers le haut du
» jour ; car je n'ai que ces méchans habits, et je crains
» que le froid du matin ne me saisisse, car vous dites
» que la ville est assez loin d'ici. »

Il dit, et Télémaque sort de la maison, et marche à grands pas, méditant la ruine des poursuivans. En arrivant dans son palais, il pose sa pique près d'une colonne et entre dans la salle. La nourrice Euryclée, qui étendoit des peaux sur les siéges, l'aperçoit la première, et les yeux baignés de larmes, elle court au-devant de lui. Toutes les femmes du palais l'environnent en même temps, et l'embrassent en jetant de grands cris.

Ἡ δ᾽ ἴεν ἐκ θαλάμοιο περίφρων Πηνελόπεια,
Ἀρτέμιδι ἰκέλη, ἠδὲ χρυσέῃ Ἀφροδίτῃ·
Ἀμφὶ δὲ παιδὶ φίλῳ βάλε πήχεε δακρύσασα.
Κύσσε δέ μιν κεφαλήν τε καὶ ἄμφω φάεα καλά,
Καί ῥ᾽ ὀλοφυρομένη ἔπεα πτερόεντα προσηύδα· 40

« Ἦλθες, Τηλέμαχε, γλυκερὸν φάος· οὔ σ᾽ ἔτ᾽ ἔγωγε
» Ὄψεσθαι ἐφάμην, ἐπεὶ ᾤχεο νηῒ Πύλονδε
» Λάθρη, ἐμεῦ ἀέκητι, φίλου μετὰ πατρὸς ἀκουήν·
» Ἀλλ᾽ ἄγε μοι κατάλεξον, ὅπως ἤντησας ὀπωπῆς. »

Τὴν δ᾽ αὖ Τηλέμαχος πεπνυμένος ἀντίον ηὔδα· 45
« Μῆτερ ἐμή, μή μοι γόον ὄρνυθι, μηδέ μοι ἦτορ
» Ἐν στήθεσσιν ὄρινε, φυγόντι περ αἰπὺν ὄλεθρον.
» Ἀλλ᾽ ὑδρηναμένη, καθαρὰ χροῒ εἵμαθ᾽ ἑλοῦσα,
» Εἰς ὑπερῷ᾽ ἀναβᾶσα, σὺν ἀμφιπόλοισι γυναιξίν,
» Εὔχεο πᾶσι θεοῖσι, τελέσσας ἑκατόμβας 50
» Ῥέξειν, αἴκε πόθι Ζεὺς ἄντιτα ἔργα τελέσσῃ.
» Αὐτὰρ ἐγὼν ἀγορήνδε ἐλεύσομαι, ὄφρα καλέσσω
» Ξεῖνον, ὅτις μοι κεῖθεν ἅμ᾽ ἕσπετο δεῦρο κιόντι.
» Τὸν μὲν ἐγὼ προὔπεμψα σὺν ἀντιθέοις ἑτάροισι·
» Πείραιον δέ μιν ἠνώγεα προτὶ οἶκον ἄγοντα 55
» Ἐνδυκέως φιλέειν καὶ τιέμεν, εἰσόκεν ἔλθω. »

Ὣς ἄρ᾽ ἐφώνησεν· τῇ δ᾽ ἄπτερος ἔπλετο μῦθος.
Ἡ δ᾽ ὑδρηναμένη, καθαρὰ χροῒ εἵμαθ᾽ ἑλοῦσα,
Εὔχετο πᾶσι θεοῖσι, τελέσσας ἑκατόμβας
Ῥέξειν, αἴκε πόθι Ζεὺς ἄντιτα ἔργα τελέσσῃ. 60
Τηλέμαχος δ᾽ ἄρ᾽ ἔπειτα δι᾽ ἐκ μεγάροιο βεβήκει,

La sage Pénélope descend de son appartement; elle ressembloit parfaitement à Diane et à la belle Vénus. Elle se jette au cou de son fils, le serre tendrement entre ses bras, et lui baisant la tête et les yeux :

« Mon cher Télémaque, lui dit-elle, d'une voix entre‑
» coupée de soupirs, vous êtes donc venu, agréable
» lumière! je n'espérois pas de vous revoir de ma vie,
» depuis le jour que vous vous embarquâtes pour Pylos,
» contre mon sentiment et à mon insçu, pour aller
» apprendre des nouvelles de votre père! mais dites-
» moi, je vous prie, tout ce que vous avez appris dans
» votre voyage, et tout ce que vous avez vu. »

« Ma mère, lui répond le prudent Télémaque, ne
» m'affligez point par vos larmes, et n'excitez point
» dans mon cœur de tristes souvenirs, puisque je suis
» échappé de la mort qui me menaçoit. Mais plutôt
» montez dans votre appartement avec vos femmes,
» purifiez-vous dans un bain, et après avoir pris vos
» habits les plus propres et les plus magnifiques, adressez
» vos prières aux Dieux, et promettez-leur des héca‑
» tombes parfaites, si Jupiter me donne les moyens de me
» venger de mes ennemis. Je m'en vais à la place pour
» faire venir un étranger qui s'est réfugié chez moi, et
» qui m'a suivi à mon retour de Pylos; je l'ai envoyé
» devant avec mes compagnons, et j'ai ordonné à Pirée
» de le mener chez lui, et de le traiter avec tout le
» respect et tous les égards que l'hospitalité demande. »

Ce discours de Télémaque fit impression sur l'esprit de Pénélope. Elle monte dans son appartement avec ses femmes; elle se purifie dans le bain, et après avoir pris ses habits les plus magnifiques, elle adresse ses prières aux Dieux, et leur promet des hécatombes parfaites, si Jupiter fait retomber sur la tête de leurs ennemis toutes leurs violences et leurs injustices. Cependant Télémaque sort du palais, une pique à la main, et suivi de deux

Ἔγχος ἔχων· ἅμα τῷ γε κύνες πόδας ἀργοὶ ἕποντο.
Θεσπεσίην δ' ἄρα τῷγε χάριν κατέχευεν Ἀθήνη·
Τὸν δ' ἄρα πάντες λαοὶ ἐπερχόμενον θηεῦντο.
Ἀμφὶ δέ μιν μνηστῆρες ἀγήνορες ἠγερέθοντο,   65
Ἐσθλ' ἀγορεύοντες, κακὰ δὲ φρεσὶ βυσσοδόμευον.
Αὐτὰρ ὁ τῶν μὲν ἔπειτα ἀλεύατο πουλὺν ὅμιλον,
Ἀλλ', ἵνα Μέντωρ ἦστο, καὶ Ἄντιφος, ἠδ' Ἁλιθέρσης,
Οἵ τε οἱ ἐξ ἀρχῆς πατρώϊοι ἦσαν ἑταῖροι,
Ἔνθα καθέζετ' ἰών· τοὶ δ' ἐξερέεινον ἕκαστα.   70
Τοῖς δ' ἐπὶ Πείραιος δουρικλυτὸς ἐγγύθεν ἦλθεν,
Ξεῖνον ἄγων ἀγορήνδε διὰ πτόλιν· οὐδ' ἄρ' ἔτι δὴν
Τηλέμαχος ξείνοιο ἑκὰς τράπετ', ἀλλὰ παρέστη.
Τὸν καὶ Πείραιος πρότερος πρὸς μῦθον ἔειπεν·

« Τηλέμαχ', αἶψ' ὄτρυνον ἐμὸν ποτὶ δῶμα γυναῖκας,
» Ὡς τοι δῶρ' ἀποπέμψω, ἅ τοι Μενέλαος ἔδωκε. »   76
    Τὸν δ' αὖ Τηλέμαχος πεπνυμένος ἀντίον ηὔδα·
« Πείραι', οὐ γάρ τ' ἴδμεν, ὅπως ἔσται τάδε ἔργα·
» Εἴ κεν ἐμὲ μνηστῆρες ἀγήνορες ἐν μεγάροισι
» Λάθρῃ κτείναντες, πατρώϊα πάντα δάσονται,   80
» Αὐτὸν ἔχοντά σε βούλομ' ἐπαυρέμεν, ἤ τινα τῶνδε·
» Εἰ δέ κ' ἐγὼ τούτοισι φόνον καὶ κῆρα φυτεύσω,
» Δὴ τότε μοι χαίροντι φέρειν πρὸς δώματα χαίρων. »
    Ὣς εἰπών, ξεῖνον ταλαπείριον ἦγεν ἐς οἶκον.
Αὐτὰρ ἐπεί ῥ' ἵκοντο δόμους εὖ ναιετάοντας,   85
Χλαῖναν μὲν κατέθεντο κατὰ κλισμούς τε, θρόνους τε·
Ἐς δ' ἀσαμίνθους βάντες ἐϋξέστας λούσαντο.
Τοὺς δ' ἐπεὶ οὖν δμῳαὶ λοῦσαν, καὶ χρῖσαν ἐλαίῳ,
Ἀμφὶ δ' ἄρα χλαίνας οὔλας βάλον, ἠδὲ χιτῶνας,
Ἐκ ῥ' ἀσαμίνθου βάντες ἐπὶ κλισμοῖσι κάθιζον.   90
Χέρνιβα δ' ἀμφίπολος προχόῳ ἐπέχευε φέρουσα,
Καλῇ, χρυσείῃ, ὑπὲρ ἀργυρέοιο λέβητος,
Νίψασθαι· πὰρ δὲ ξεστὴν ἐτάνυσσε τράπεζαν.
Σίτου δ' αἰδοίη ταμίη παρέθηκε φέρουσα,
Εἴδατα πόλλ' ἐπιθεῖσα, χαριζομένη παρεόντων.   95

grands chiens. Minerve lui donna une grâce toute divine. Le peuple, qui le voyoit passer, étoit dans l'admiration. Les princes s'empressent autour de lui, et lui font leurs complimens dans les termes les plus gracieux et les plus polis, lorsque dans leur cœur ils méditoient sa perte. Télémaque se tira de cette foule, et alla plus loin dans un lieu où étoient Mentor, Antiphus et Halitherse, les meilleurs amis de son père et les siens. Il s'assit avec eux, et dans le moment qu'ils lui demandoient des nouvelles de son voyage, on vit le brave Pirée qui menoit à la place l'étranger qui lui avoit été confié. Télémaque se lève promptement et va au-devant de lui.

Pirée, en l'abordant, lui dit : « Ordonnez tout à
» l'heure à des femmes de votre palais de venir chez
» moi, afin que je vous envoie les présens que Ménélas
» vous a faits. »

Le prudent Télémaque lui répond : « Pirée, nous ne
» savons pas encore ce que tout ceci pourra devenir. Si
» les fiers poursuivans viennent à bout de me tuer en
» traîtres dans mon palais et de partager mes biens,
» j'aime mieux que vous ayez ces présens qu'aucun d'eux;
» et si j'ai le bonheur de les faire tomber sous mes coups,
» alors vous aurez le plaisir de les faire porter chez moi,
» et je les recevrai avec joie. »

En finissant ces mots, il prit l'étranger Théoclymène et le mena dans son palais. Dès qu'ils furent entrés, ils se mirent au bain. Après que les femmes les eurent baignés et parfumés d'essences, et qu'elles leur eurent donné des habits magnifiques, ils se rendirent dans la salle et s'assirent sur de beaux siéges; une belle esclave porta une aiguière d'or sur un bassin d'argent, leur donna à laver, leur dressa une table propre que la maîtresse de l'office couvrit de toutes sortes de mets qu'elle avoit en réserve : Pénélope entre dans la salle, s'assied

Μήτηρ δ' ἀντίον ἶζε παρὰ σταθμὸν μεγάροιο,
Κλισμῷ κεκλιμένη, λέπτ' ἠλάκατα στρωφῶσα.
Οἱ δ' ἐπ' ὀνείαθ' ἑτοῖμα προκείμενα χεῖρας ἴαλλον.
Αὐτὰρ ἐπεὶ πόσιος καὶ ἐδητύος ἐξ ἔρον ἕντο,
Τοῖσι δὲ μύθου ἦρχε περίφρων Πηνελόπεια·   100
« Τηλέμαχ', ἤτοι ἐγὼν ὑπερώϊον εἰσαναβᾶσα
» Λέξομαι εἰς εὐνὴν, ἥ μοι στονόεσσα τέτυκται,
» Αἰεὶ δάκρυσ' ἐμοῖσι πεφυρμένη, ἐξ οὗ Ὀδυσσεὺς
» Ὤχεθ' ἅμ' Ἀτρείδησιν ἐς Ἴλιον· οὐδέ μοι ἔτλης,
» Πρὶν ἐλθεῖν μνηστῆρας ἀγήνορας εἰς τόδε δῶμα, 105
» Νόστον σοῦ πατρὸς σάφα εἰπέμεν, εἴπου ἄκουσας. »
    Τὴν δ' αὖ Τηλέμαχος πεπνυμένος ἀντίον ηὔδα·
« Τοιγὰρ ἐγώ τοι, μῆτερ, ἀληθείην καταλέξω·
» Ὠχόμεθ' ἔς τε Πύλον καὶ Νέστορα, ποιμένα λαῶν·
» Δεξάμενος δέ μ' ἐκεῖνος ἐν ὑψηλοῖσι δόμοισιν,   110
» Ἐνδυκέως ἐφίλει, ὡσεί τε πατὴρ ἑὸν υἷα
» Ἐλθόντα χρόνιον νέον ἄλλοθεν· ὣς ἐμὲ κεῖνος
» Ἐνδυκέως ἐκόμιζε, σὺν υἱάσι κυδαλίμοισιν.
» Αὐτὰρ Ὀδυσσῆος ταλασίφρονος οὔποτ' ἔφασκε
» Ζωοῦ, οὐδὲ θανόντος, ἐπιχθονίων τευ ἀκοῦσαι, 115
» Ἀλλά μ' ἐς Ἀτρείδην δουρικλειτὸν Μενέλαον
» Ἵπποισι προὔπεμψε καὶ ἅρμασι κολλητοῖσιν.
» Ἔνθ' ἴδον Ἀργείην Ἑλένην, ἧς εἵνεκα πολλὰ
» Ἀργεῖοι, Τρῶές τε, θεῶν ἰότητι μόγησαν.
» Εἴρετο δ' αὐτίκ' ἔπειτα βοὴν ἀγαθὸς Μενέλαος 120
» Ὅττευ χρηΐζων ἱκόμην Λακεδαίμονα δῖαν.
» Αὐτὰρ ἐγὼ τῷ πᾶσαν ἀληθείην κατέλεξα.
» Καὶ τότε δή μ' ἐπέεσσιν ἀμειβόμενος προσέειπεν·
» Ὢ πόποι, ἦ μάλα δὴ κρατερόφρονος ἀνδρὸς ἐν εὐνῇ
» Ἤθελον εὐνηθῆναι ἀνάλκιδες αὐτοὶ ἐόντες.   125
» Ὡς δ' ὁπότ' ἐν ξυλόχῳ ἔλαφος κρατεροῖο λέοντος
» Νεβροὺς κοιμήσασα νεηγενέας, γαλαθηνοὺς,
» Κνημούς τ' ἐξερέῃσι καὶ ἄγκεα ποιήεντα

vis-à-vis de la table près de la porte avec sa quenouille et ses fuseaux. Quand le Prince et son hôte Théoclymène eurent fini leur repas, la Reine, prenant la parole, dit :

« Télémaque, je vais donc remonter dans mon appar-
» tement, et je me coucherai ce soir dans cette triste
» couche, témoin de mes soupirs, et que je baigne
» toutes les nuits de mes larmes, depuis le malheureux
» jour que mon cher Ulysse a suivi les fils d'Atrée à
» Ilion ; et avant que les fiers poursuivans reviennent
» dans ce palais, vous n'avez pas encore daigné m'infor-
» mer si vous avez appris quelque nouvelle du retour
» de votre père. »

« Je vous dirai tout ce que j'ai appris, répondit Télé-
» maque. Nous arrivâmes à Pylos, chez le roi Nestor,
» qui me reçut comme un père reçoit son fils unique
» revenu d'un long voyage ; ce prince me traita avec la
» même bonté et la même tendresse. Il me dit qu'il
» n'avoit appris aucune nouvelle d'Ulysse, et qu'il ne
» savoit s'il étoit en vie, ni s'il étoit mort ; mais en
» même temps il me conseilla d'aller chez le fils d'Atrée,
» chez le vaillant Ménélas, et me donna un char et des
» chevaux, et le prince son fils aîné pour me con-
» duire. Là j'ai vu Hélène, pour laquelle les Grecs et
» les Troyens ont livré, par la volonté des Dieux, tant
» de combats, et soutenu tant de travaux devant les
» murs de Troie. Ménélas me reçut avec beaucoup de
» bonté. Il me demanda d'abord ce qui m'amenoit à
» Lacédémone ; je lui dis le sujet de mon voyage, et
» voici ce qu'il me répondit : « Grands Dieux ! s'écria-
» t il, ces lâches aspirent donc à la couche de cet homme
» si vaillant et si renommé ! Il en sera d'eux comme des
» jeunes faons qu'une biche a portés dans le repaire
» d'un lion ; après les y avoir posés comme dans un
» asile, elle s'en va dans les pâturages, sur les collines

» Βοσκομένη, ὁ δέ τ᾽ ὦκα ἑὴν εἰσήλυθεν εὐνὴν,
» Ἀμφοτέροισι δὲ τοῖσιν ἀεικέα πότμον ἐφῆκεν· 130
» Ὣς Ὀδυσεὺς κείνοισιν ἀεικέα πότμον ἐφήσει.
» Αἲ γάρ, Ζεῦ τε πάτερ, καὶ Ἀθηναίη, καὶ Ἄπολλον,
» Τοῖος ἐὼν, οἷός ποτ᾽ ἐϋκτιμένῃ ἐνὶ Λέσβῳ
» Ἐξ ἔριδος Φιλομηλείδῃ ἐπάλαισεν ἀναστὰς,
» Κὰδ δ᾽ ἔβαλε κρατερῶς, κεχάροντο δὲ πάντες Ἀχαιοί·
» Τοῖος ἐὼν μνηστῆρσιν ὁμιλήσειεν Ὀδυσσεύς· 136
» Πάντες κ᾽ ὠκύμοροί τε γενοίατο πικρόγαμοί τε.
» Ταῦτα δ᾽, ἅ μ᾽ εἰρωτᾷς καὶ λίσσεαι, οὐκ ἂν ἔγωγε
» Ἄλλα παρὲξ εἴποιμι παρακλιδὸν, οὐδ᾽ ἀπατήσω·
» Ἀλλὰ τὰ μέν μοι ἔειπε γέρων ἅλιος νημερτὴς, 140
» Τῶν οὐδέν τοι ἐγὼ κρύψω ἔπος, οὐδ᾽ ἐπικεύσω.
» Φῆ μιν ὅδ᾽ ἐν νήσῳ ἰδέειν κρατέρ᾽ ἄλγε᾽ ἔχοντα,
» Νύμφης ἐν μεγάροισι Καλυψοῦς, ἥ μιν ἀνάγκῃ
» Ἴσχει· ὁ δ᾽ οὐ δύναται ἣν πατρίδα γαῖαν ἱκέσθαι·
» Οὐ γάρ οἱ πάρα νῆες ἐπήρετμοι, καὶ ἑταῖροι, 145
» Οἳ καί μιν πέμποιεν ἐπ᾽ εὐρέα νῶτα θαλάσσης.
» Ὣς ἔφατ᾽ Ἀτρείδης δουρικλειτὸς Μενέλαος.
» Ταῦτα τελευτήσας νεόμην· ἔδοσαν δέ μοι οὖρον
» Ἀθάνατοι, τοί μ᾽ ὦκα φίλην ἐς πατρίδ᾽ ἔπεμψαν. »

Ὣς φάτο· τῇ δ᾽ ἄρα θυμὸν ἐνὶ στήθεσσιν ὄρινε. 150
Τοῖσι δὲ καὶ μετέειπε Θεοκλύμενος θεοειδής·

« Ὦ γύναι αἰδοίη Λαερτιάδεω Ὀδυσῆος
» Ἤτοι ὅδ᾽ οὐ σάφα οἶδεν· ἐμεῖο δὲ σύνθεο μῦθον·
» Ἀτρεκέως γάρ σοι μαντεύσομαι, οὐδ᾽ ἐπικεύσω·
» Ἴστω νῦν Ζεὺς πρῶτα θεῶν, ξενίη τὲ τράπεζα, 155
» Ἑστίη τ᾽ Ὀδυσῆος ἀμύμονος, ἣν ἀφικάνω,
» Ὡς ἤτοι Ὀδυσεὺς ἤδη ἐν πατρίδι γαίῃ
» Ἥμενος, ἢ ἕρπων, τάδε πευθόμενος κακὰ ἔργα,
» Ἐστὶν, ἀτὰρ μνηστῆρσι κακὸν πάντεσσι φυτεύει.

» et dans les vallées ; le lion, de retour dans son repaire,
» trouve ces hôtes et les met en pièces : de même Ulysse
» revenu dans son palais mettra à mort tous ces inso-
» lens. Grand Jupiter, et vous Minerve et Apollon, que
» ne voyons-nous aujourd'hui Ulysse tel qu'il étoit
» autrefois, lorsque dans la ville de Lesbos il se leva
» pour lutter contre le redoutable Philomélides, qui
» l'avoit défié. Il le terrassa, et réjouit tous les Grecs
» par cette insigne victoire. Ah ! si Ulysse au même
» état tomboit tout à coup sur ces poursuivans, ils ver-
» roient bientôt leur dernier jour, et ils feroient des
» noces bien funestes ! Sur toutes les choses que vous
» demandez, continua-t-il, je ne vous tromperai point,
» et je vous dirai sincèrement tout ce que le vieux Dieu
» marin m'a appris ; je ne vous cacherai rien. Il m'a
» dit qu'il avoit vu Ulysse accablé de déplaisirs dans
» le palais de la Nymphe Calypso, qui le retenoit mal-
» gré lui. Il ne peut absolument retourner dans sa patrie,
» car il n'a ni vaisseaux, ni rameurs qui puissent le
» conduire sur la vaste mer. Voilà ce que m'a dit le
» vaillant Ménélas, après quoi je suis parti de chez lui
» pour revenir à Ithaque. Je me suis rembarqué à Pylos,
» et les Dieux m'ont envoyé un vent favorable qui m'a
» conduit très-heureusement. »

Ces paroles touchèrent Pénélope, et rallumèrent dans son cœur quelque rayon d'espérance. Le divin Théoclymène se levant alors, et s'adressant à la Reine, dit :

« Grande Reine, Ménélas n'est pas assez bien informé :
» écoutez ce que j'ai à vous dire. Je vais vous faire une
» prophétie que l'événement justifiera : je prends à
» témoin Jupiter avant tous les immortels, cette table
» hospitalière qui m'a reçu, et ce foyer sacré où j'ai
» trouvé un asile, qu'Ulysse est dans sa patrie, qu'il y
» est caché, qu'il voit les indignités qui s'y commettent,
» et qu'il se prépare à se venger avec éclat de tous les

» Τοῖον ἐγὼ οἰωνὸν ἐϋσσέλμου ἐπὶ νηὸς 160
» Ἥμενος ἐφρασάμην, καὶ Τηλεμάχῳ ἐγεγώνευν. »

Τὸν δ᾽ αὖτε προσέειπε περίφρων Πηνελόπεια·
« Αἲ γὰρ τοῦτο, ξεῖνε, ἔπος τετελεσμένον εἴη·
» Τῷ κε τάχα γνοίης φιλότητά τε, πολλά τε δῶρα,
» Ἐξ ἐμεῦ, ὡς ἄν τίς σε συναντόμενος μακαρίζοι.» 165

Ὣς οἱ μὲν τοιαῦτα πρὸς ἀλλήλους ἀγόρευον·
Μνηστῆρες δὲ πάροιθεν Ὀδυσσῆος μεγάροιο
Δίσκοισιν τέρποντο, καὶ αἰγανέῃσιν ἱέντες
Ἐν τυκτῷ δαπέδῳ, ὅθι πέρ πάρος ὕβριν ἔχεσκον.
Ἀλλ᾽ ὅτε δὴ δειπνηστὸς ἔην, καὶ ἐπήλυθε μῆλα 170
Πάντοθεν ἐξ ἀγρῶν, οἱ δ᾽ ἤγαγον, οἳ τοπάρος πέρ,
Καὶ τότε δή σφιν ἔειπε Μέδων, (ὃς γάρ ῥα μάλιστα
Ἥνδανε κηρύκων, καί σφιν παρεγίνετο δαιτί·)

« Κοῦροι, ἐπειδὴ πάντες ἐτέρφθητε φρέν᾽ ἀέθλοις,
» Ἔρχεσθε πρὸς δώμαθ᾽, ἵν᾽ ἐντυνώμεθα δαῖτα· 175
» Οὐ μὲν γάρ τι χέρειον ἐν ὥρῃ δεῖπνον ἑλέσθαι. »

Ὣς ἔφαθ᾽· οἱ δ᾽ ἀνστάντες ἔβαν, πείθοντό τε μύθῳ.
Αὐτὰρ ἐπεί ῥ᾽ ἵκοντο δόμους εὖ ναιετάοντας,
Χλαίνας μὲν κατέθεντο κατὰ κλισμούς τε, θρόνους τε,
Οἱ δ᾽ ἱέρευον ὄϊς μεγάλους καὶ πίονας αἶγας· 180
Ἱέρευον δὲ σύας σιάλους καὶ βοῦν ἀγελαίην,
Δαῖτ᾽ ἐντυνόμενοι. Τοὶ δ᾽ ἐξ ἀγροῖο πόλινδε
Ὠτρύνοντ᾽ Ὀδυσεύς τ᾽ ἰέναι καὶ δῖος ὑφορβός.
Τοῖσι δὲ μύθων ἦρχε συβώτης, ὄρχαμος ἀνδρῶν·

« Ξεῖν᾽, ἐπεὶ ἂρ δὴ ἔπειτα πόλινδ᾽ ἰέναι μενεαίνεις
» Σήμερον, ὡς ἐπέτελλεν ἄναξ ἐμός, ἦ σ᾽ ἂν ἔγωγε 186
» Αὐτοῦ βουλοίμην σταθμῶν ῥυτῆρα γενέσθαι·
» Ἀλλὰ τὸν αἰδέομαι, καὶ δείδια, μή μοι ὀπίσσω

» poursuivans. Voilà ce que m'a signifié l'oiseau que
» j'ai vu pendant que j'étois sur le vaisseau, et que j'ai
» fait voir à Télémaque. »

« Ah! étranger, repartit la sage Pénélope, que votre
» prophétie s'accomplisse comme vous le promettez;
» vous recevrez bientôt des marques de ma bienveil-
» lance, et je vous ferai des présens si riches, que tous
» ceux qui vous verront vous diront heureux. »

Pendant qu'ils s'entretenoient ainsi, les princes pas-
soient le temps devant le palais à jouer au disque et à
lancer le javelot dans la même cour qui avoit été si
souvent le témoin de leurs insolences. Mais l'heure du
dîner étant venue, et les bergers ayant amené des champs
l'élite des troupeaux selon leur coutume, Médon s'approcha d'eux; c'étoit de tous les hérauts celui qui leur
étoit le plus agréable, et ils lui faisoient l'honneur de
l'admettre à leurs festins. Il leur parla en ces termes :

« Princes, vous vous êtes assez divertis à ces sortes
» de jeux et de combats; entrez dans le palais, afin que
» nous nous mettions à préparer le dîner. Ce n'est pas
» une chose si désagréable de dîner quand l'heure est
» venue. »

Tous les poursuivans obéissent à cette remontrance;
ils cessent en même temps leurs jeux, entrent dans le
palais, quittent leurs manteaux et se mettent à égorger
des moutons, des chèvres, des cochons engraissés et
un bœuf. Ils offrent les prémices aux Dieux, et le reste
est servi pour leur repas. Cependant Ulysse et Eumée
se préparoient à prendre le chemin de la ville. Avant
que de partir, Eumée dit à Ulysse :

« Mon hôte, puisque vous souhaitez d'aller aujour-
» d'hui à la ville, je vous y conduirai, comme mon
» maître me l'a ordonné en nous quittant. Je voudrois
» bien vous retenir ici et vous donner la garde de mes
» étables; mais je respecte les ordres que j'ai reçus : je

» Νεικείη· χαλεπαὶ δέ τ' ἀνάκτων εἰσὶν ὁμοκλαί.
» Ἀλλ' ἄγε νῦν ἴομεν· δὴ γὰρ μέμβλωκε μάλιστα 190
» Ἦμαρ, ἀτὰρ τάχα τοὶ ποτὶ ἕσπερα ῥίγιον ἔσται. »

Τὸν δ' ἀπαμειβόμενος προσέφη πολύμητις Ὀδυσσεύς·
« Γιγνώσκω, φρονέω· τά γε δὴ νοέοντι κελεύεις·
» Ἀλλ' ἴομεν· σὺ δ' ἔπειτα διαμπερὲς ἡγεμόνευε.
» Δὸς δέ μοι, εἴ ποθί τοι ῥόπαλον τετμημένον ἐστίν, 195
» Σκηρίπτεσθ', ἐπεὶ ἦ φάτ' ἀρισφαλέ' ἔμμεναι οὐδόν. »

Ἦ ῥα, καὶ ἀμφ' ὤμοισιν ἀεικέα βάλλετο πήρην
Πυκνὰ ῥωγαλέην· ἐν δὲ στρόφος ἦεν ἀορτήρ.
Εὔμαιος δ' ἄρα οἱ σκῆπτρον θυμαρὲς ἔδωκεν·
Τὼ βήτην· σταθμὸν δὲ κύνες καὶ βώτορες ἄνδρες 200
Ῥύατ' ὄπισθε μένοντες· ὁ δ' ἐς πόλιν ἦγεν ἄνακτα,
Πτωχῷ λευγαλέῳ ἐναλίγκιον ἠδὲ γέροντι,
Σκηπτόμενον· τὰ δὲ λυγρὰ περὶ χροῒ εἵματα ἕστο.
Ἀλλ' ὅτε δὴ στείχοντες ὁδὸν κάτα παιπαλόεσσαν
Ἄστεος ἐγγὺς ἔσαν, καὶ ἐπὶ κρήνην ἀφίκοντο 205
Τυκτήν, καλλίροον, ὅθεν ὑδρεύοντο πολῖται,
Τὴν ποίησ' Ἴθακος, καὶ Νήριτος, ἠδὲ Πολύκτωρ·
Ἀμφὶ δ' ἄρ' αἰγείρων ὑδατοτρεφέων ἦν ἄλσος
Πάντοσε κυκλοτερές, κατὰ δὲ ψυχρὸν ῥέεν ὕδωρ
Ὑψόθεν ἐκ πέτρης· βωμὸς δ' ἐφύπερθε τέτυκτο 211
Νυμφάων, ὅθι πάντες ἐπιρέζεσκον ὁδῖται·
Ἔνθα σφέας ἔκιχαν υἱὸς Δολίοιο Μελανθεύς,
Αἶγας ἄγων, αἳ πᾶσι μετέπρεπον αἰπολίοισι,
Δεῖπνον μνηστήρεσσι· δύω δ' ἅμ' ἕποντο νομῆες.
Τοὺς δὲ ἰδὼν νείκεσσεν, ἔπος τ' ἔφατ', ἔκ τ' ὀνόμαζεν
Ἔκπαγλον καὶ ἀεικές· (ὄρινε δὲ κῆρ Ὀδυσῆος·) 216

« Νῦν μὲν δὴ μάλα πάγχυ κακὸς κακὸν ἡγηλάζει·

» craindrois que Télémaque ne me fît des reproches,
» et les reproches des maîtres sont toujours fâcheux :
» partons donc, car le soleil est déjà haut, et sur le soir
» le froid vous seroit plus sensible. »

« Je connois votre honnêteté, répond le prudent
» Ulysse, et je sais tout ce que vous voudriez faire pour
» moi ; mais mettons-nous en chemin, je vous prie,
» soyez mon guide ; et si vous avez ici quelque bâton,
» donnez-le moi pour m'appuyer, puisque vous dites
» que le chemin est rude et difficile. »

En disant ces mots, il met sur ses épaules sa besace toute rapiécée, qui étoit attachée à une corde, et Eumée lui mit à la main un bâton assez fort pour le soutenir. Ils partent en cet état. Les bergers et les chiens demeurent à la bergerie pour la garder. Eumée, sans le savoir, conduisoit ainsi à la ville son maître et son roi, caché sous la figure d'un misérable mendiant, et couvert de méchans habits tous déchirés. Après avoir marché long-temps par des chemins très-raboteux, ils arrivèrent près de la ville, à une fontaine qui avoit un beau bassin bien revêtu, où les habitans alloient puiser de l'eau ; c'étoit l'ouvrage des trois frères, Ithacus, Nérite et Polyctor. Autour de cette fontaine étoit un bois de peupliers planté en rond et arrosé de plusieurs canaux, dont la source tomboit du haut d'une roche ; au-dessus de cette roche étoit un autel dédié aux nymphes, sur lequel tous les passans étoient accoutumés de faire des sacrifices et des vœux. Ce fut là que Mélanthius, fils de Dolius, qui, suivi de deux bergers, menoit à la ville les chèvres les plus grasses de tout le troupeau pour la table des princes, rencontra Ulysse et Eumée. Il ne les eut pas plus tôt aperçus, qu'il les accabla d'injures avec toutes sortes d'indignités, ce qui pensa faire perdre patience à Ulysse.

« Les voilà, s'écria-t-il : un fripon mène un autre

*8

» Ὡς αἰεὶ τὸν ὁμοῖον ἄγει Θεὸς ὡς τὸν ὁμοῖον.
» Πῆ δὴ τόνδε μολοβρὸν ἄγεις, ἀμέγαρτε συβῶτα,
» Πτωχὸν ἀνιηρὸν, δαιτῶν ἀπολυμαντῆρα;   220
» Ὃς πολλῆσι φλιῆσι παραστὰς θλίψεται ὤμους,
» Αἰτίζων ἀκόλους, οὐκ ἄορας, οὐδὲ λέβητας.
» Τόν κ᾽ εἴ μοι δοίης σταθμῶν ῥυτῆρα γενέσθαι,
» Σηκοκόρον τ᾽ ἔμεναι, θαλλόν τ᾽ ἐρίφοισι φορῆναι,
» Καί κεν ὀρὸν πίνων, μεγάλην ἐπιγουνίδα θεῖτο. 225
» Ἀλλ᾽ ἐπεὶ οὖν δὴ ἔργα κάκ᾽ ἔμμαθεν, οὐκ ἐθελήσει
» Ἔργον ἐποίχεσθαι, ἀλλὰ πτώσσων κατὰ δῆμον
» Βούλεται αἰτίζων βόσκειν ἣν γαστέρ᾽ ἄναλτον.
» Ἀλλ᾽ ἔκ τοι ἐρέω, τόδε καὶ τετελεσμένον ἔσται,
» Αἴ κ᾽ ἔλθῃ πρὸς δώματ᾽ Ὀδυσσῆος θείοιο,   230
» Πολλά οἱ ἀμφὶ κάρη σφέλα ἀνδρῶν ἐκ παλαμάων
» Πλευραὶ ἀποτρίψουσι, δόμον κάτα βαλλομένοιο. »

Ὣς φάτο· καὶ παριὼν λὰξ ἔνθορεν ἀφραδίῃσιν
Ἰσχίῳ· οὐδέ μιν ἐκτὸς ἀταρπιτοῦ ἐστυφέλιξεν,
Ἀλλ᾽ ἔμεν᾽ ἀσφαλέως· ὁ δὲ μερμήριξεν Ὀδυσσεὺς, 235
Ἠὲ μεταΐξας ῥοπάλῳ ἐκ θυμὸν ἕλοιτο,
Ἦ πρὸς γῆν ἐλάσει κάρη, ἀμφ᾽ οὔδας ἀείρας.
Ἀλλ᾽ ἐπετόλμησε, φρεσὶ δ᾽ ἔσχετο· τὸν δὲ συβώτης
Νείκεσεν ἄντα ἰδών· μέγα δ᾽ εὔξατο, χεῖρας ἀνασχών·

« Νύμφαι κρηναῖαι, κοῦραι Διὸς, εἴποτ᾽ Ὀδυσσεὺς,
» Ὕμμ᾽ ἐπὶ μηρί᾽ ἔκηε, καλύψας πίονι δημῷ,   241
» Ἀρνῶν, ἠδ᾽ ἐρίφων, τόδε μοι κρηήνατ᾽ ἐέλδωρ,
» Ὡς ἔλθοι μὲν κεῖνος ἀνήρ, ἀγάγοι δέ ἑ δαίμων·

» fripon, et chacun cherche son semblable. Dis-moi
» donc, vil gardeur de cochons, où mènes-tu cet affamé,
» ce gueux dont le ventre vide engloutira toutes les
» tables, et qui usera ses épaules contre tous les cham-
» branles des portes dont il faudra l'arracher ? Voilà
» une belle figure que tu mènes au palais parmi nos
» princes; crois-tu qu'il remportera le prix dans nos
» jeux, et qu'on lui donnera de belles femmes ou des
» trépieds ? Il sera trop heureux d'avoir quelques vieux
» restes. Tu ferois bien mieux de me le donner pour
» garder ma bergerie, ou pour nettoyer ma basse-cour,
» et pour porter de la pâture à mes chevreaux; je le nour-
» rirois de petit-lait, et il auroit bientôt un embonpoint
» raisonnable. Mais il est accoutumé à la fainéantise,
» et il aime bien mieux gueuser que de travailler. Cepen-
» dant j'ai une chose à te dire, et elle arrivera assuré-
» ment, c'est que s'il s'avise d'entrer dans le palais
» d'Ulysse, il aura bientôt les côtes rompues des esca-
» belles qui voleront sur lui. »

En finissant ces mots il s'approche d'Ulysse, et en passant il lui donne un grand coup de pied de toute sa
force. Ce coup, quoique rude, ne l'ébranla point et ne
le poussa pas hors du chemin ; il délibéra dans son cœur
s'il se jetteroit sur cet insolent, et s'il l'assommeroit avec
son bâton, ou si l'élevant en l'air il le froisseroit contre
la terre; mais il retint sa colère et prit le parti de souffrir. Eumée tança sévèrement ce brutal, et levant les
mains aux ciel, il fit à haute voix cette prière aux nymphes du lieu :

« Nymphes des Fontaines, filles de Jupiter, si jamais
» Ulysse a fait brûler sur votre autel des cuisses des
» agneaux et des chevreaux, après les avoir couvertes
» de graisse, exaucez mes vœux; que ce héros revienne
» heureusement dans son palais, et qu'un Dieu le con-
» duise ! S'il revient, il rabaissera bientôt cet orgueil

» Τῷ κέ τοι ἀγλαΐας γε διασκεδάσειεν ἁπάσας,
» Τὰς νῦν ὑβρίζων φορέεις, ἀλαλήμενος αἰὲν   245
» Ἄστυ κάτ᾽· αὐτὰρ μῆλα κακοὶ φθείρουσι νομῆες. »

Τὸν δ᾽ αὖτε προσέειπε Μελάνθιος, αἰπόλος αἰγῶν·
« Ὦ πόποι, οἷον ἔειπε κύων, ὀλοφώϊα εἰδώς;
» Τόν ποτ᾽ ἐγὼν ἐπὶ νηὸς ἐϋσσέλμοιο μελαίνης
» Ἄξω τῆλ᾽ Ἰθάκης, ἵνα μοι βίοτον πολὺν ἄλφοι.   250
» Αἲ γὰρ Τηλέμαχον βάλοι ἀργυρότοξος Ἀπόλλων
» Σήμερον ἐν μεγάροις, ἢ ὑπὸ μνηστῆρσι δαμείη,
» Ὡς Ὀδυσῆΐ γε τηλοῦ ἀπώλετο νόστιμον ἦμαρ. »

Ὣς εἰπών, τοὺς μὲν λίπεν αὐτόθι, ἦκα κιόντας,
Αὐτὰρ ὁ βῆ· μάλα δ᾽ ὦκα δόμους ἵκανεν ἄνακτος. 255
Αὐτίκα δ᾽ εἴσω ἴεν, μετὰ δὲ μνηστῆρσι κάθιζεν,
Ἀντίον Εὐρυμάχου· τὸν γὰρ φιλέεσκε μάλιστα.
Τῷ παρὰ μὲν κρειῶν μοῖραν θέσαν, οἳ πονέοντο·
Σῖτον δ᾽ αἰδοίη ταμίη παρέθηκε φέρουσα,
Ἔδμεναι. Ἀγχίμολον δ᾽ Ὀδυσεὺς καὶ δῖος ὑφορβὸς 260
Στήτην ἐρχομένω· περὶ δέ σφεας ἤλυθ᾽ ἰωὴ
Φόρμιγγος γλαφυρῆς· ἀνὰ γάρ σφισι βάλλετ᾽ ἀείδειν
Φήμιος· αὐτὰρ ὁ χειρὸς ἑλὼν προσέειπε συβώτην·

« Εὔμαι᾽, ἦ μάλα δὴ τάδε δώματα κάλ᾽ Ὀδυσῆος,
» Ῥεῖα δ᾽ ἀρίγνωτ᾽ ἐστὶ καὶ ἐν πολλοῖσιν ἰδέσθαι. 265
» Ἐξ ἑτέρων ἕτερ᾽ ἐστίν· ἐπήσκηται δέ οἱ αὐλὴ
» Τοίχῳ καὶ θριγκοῖσι, θύραι δ᾽ εὐεργέες εἰσὶ
» Δικλίδες· οὐκ ἄν τίς μιν ἀνὴρ ὑπεροπλίσσαιτο.
» Γιγνώσκω δ᾽, ὅτι πολλοὶ ἐν αὐτῷ δαῖτα τίθενται
» Ἄνδρες· ἐπεὶ κνίσση μὲν ἀνήνοθεν, ἐν δέ τε φόρμιγξ
» Ἠπύει, ἣν ἄρα δαιτὶ θεοὶ ποίησαν ἑταίρην. »   271

Τὸν δ᾽ ἀπαμειβόμενος προσέφης, Εὔμαιε συβῶτα·

» et ces airs de seigneur que tu te donnes, et l'insolence
» avec laquelle tu nous insultes sans sujet, quittant ton
» devoir pour venir te promener dans la ville et fai-
» néanter, pendant que tes méchans bergers ruinent les
» troupeaux de ton maître. »

« Ho! ho! répondit Mélanthius, que veut dire ce
» docteur avec ses belles sentences? puisqu'il est habile,
» je l'enverrai bientôt sur un vaisseau loin d'Ithaque,
» trafiquer pour moi. Plût aux Dieux être aussi sûr
» qu'aujourd'hui même Apollon tuera le jeune Télé-
» maque dans le palais avec ses flèches, ou qu'il le fera
» tomber sous les coups des poursuivans, que je le suis
» qu'Ulysse est mort, et qu'il n'y a plus de retour pour
» lui. »

En finissant ces mots, il les quitte et prend les devans.
Dès qu'il fut arrivé dans la salle, il s'assit à table avec
les princes, vis-à-vis d'Eurymaque, auquel il étoit particulièrement attaché. Les officiers lui servirent en même
temps une portion des viandes, et la maîtresse de l'office
lui présenta le pain. Ulysse et Eumée étant arrivés près
du palais, s'arrêtèrent : leurs oreilles furent d'abord frap-
pées du son d'une lyre, car le chantre Phémius avoit
déjà commencé à chanter. Ulysse prenant alors Eumée
par la main, lui dit :

« Eumée, voilà donc le palais d'Ulysse? Il est aisé à
» reconnoître entre tous les autres palais. Il est élevé et
» a plusieurs étages; sa cour est magnifique, toute
» ceinte d'une haute muraille garnie de créneaux; ses
» portes sont fortes et solides; il soutiendroit un siège
» et il ne seroit pas aisé de le forcer. Je vois qu'il y
» a un grand repas, car l'odeur des viandes vient jus-
» qu'ici, et j'entends une lyre que les Dieux ont des-
» tinée à être la compagne des festins. »

« Vous ne vous trompez pas, reprit Eumée; mais

« Ῥεῖ' ἔγνως· ἐπεὶ οὐδὲ τά τ' ἄλλα πὲρ ἔσσ' ἀνοήμων.
» Ἀλλ' ἄγε δὴ φραζώμεθ', ὅπως ἔσται τάδε ἔργα.
» Ἠὲ σὺ πρῶτος ἔσελθε δόμους εὖ ναιετάοντας, 275
» Δύσεο δὲ μνηστῆρας, ἐγὼ δ' ὑπολείψομαι αὐτοῦ·
» Εἰ δ' ἐθέλεις, ἐπίμεινον, ἐγὼ δ' εἶμι προπάροιθε·
» Μηδὲ σὺ δηθύνειν, μή τις σ' ἔκτοσθε νοήσας
» Ἢ βάλῃ, ἢ ἐλάσῃ· τάδε σὲ φράζεσθαι ἄνωγα. »

Τὸν δ' ἠμείβετ' ἔπειτα πολύτλας δῖος Ὀδυσσεύς· 280
« Γιγνώσκω, φρονέω· τά γε δὴ νοέοντι κελεύεις.
» Ἀλλ' ἔρχευ προπάροιθεν, ἐγὼ δ' ὑπολείψομαι αὐτοῦ·
» Οὐ γάρ τι πληγέων ἀδαήμων, οὐδὲ βολάων,
» Τολμήεις μοὶ θυμὸς, ἐπεὶ κακὰ πολλὰ πέπονθα
» Κύμασι καὶ πολέμῳ· μετὰ καὶ τόδε τοῖσι γενέσθω.
» Γαστέρα δ' οὔπως ἐστὶν ἀποκρύψαι μεμαυῖαν, 286
» Οὐλομένην, ἣ πολλὰ κάκ' ἀνθρώποισι δίδωσι.
» Τῆς ἕνεκεν καὶ νῆες ἐΰζυγοι ὁπλίσσονται
» Πόντον ἐπ' ἀτρύγετον, κακὰ δυσμενέεσσι φέρουσαι. »

Ὣς οἱ μὲν τοιαῦτα πρὸς ἀλλήλους ἀγόρευον. 290
Ἂν δὲ κύων κεφαλήν τε καὶ οὔατα κείμενος ἔσχεν
Ἄργος Ὀδυσσῆος ταλασίφρονος, ὅν ῥά ποτ' αὐτὸς
Θρέψε μὲν, οὐδ' ἀπόνητο· πάρος δ' εἰς Ἴλιον ἱρὴν
Ὤχετο· τὸν δὲ πάροιθεν ἀγίνεσκον νέοι ἄνδρες
Αἶγας ἐπ' ἀγροτέρας, ἠδὲ πρόκας, ἠδὲ λαγωούς. 295
Δὴ τότε κεῖτ' ἀπόθεστος, ἀποιχομένοιο ἄνακτος,
Ἐν πολλῇ κόπρῳ, ἥ οἱ προπάροιθε θυράων,
Ἡμιόνων τε, βοῶν τε, ἅλις κέχυτ'· ὄφρ' ἂν ἄγοιεν
Δμῶες Ὀδυσσῆος τέμενος μέγα κοπρήσοντες·
Ἔνθα κύων κεῖτ' Ἄργος, ἐνίπλειος κυνοραϊστέων. 300
Δὴ τότε γ', ὡς ἐνόησεν Ὀδυσσέα ἐγγὺς ἐόντα,
Οὐρῇ μέν ῥ' ὅγ' ἔσηνε, καὶ οὔατα κάββαλεν ἄμφω·
Ἆσσον δ' οὐκ ἔτ' ἔπειτα δυνήσατο οἷο ἄνακτος

» voyons un peu comment nous nous conduirons. Voulez-
» vous entrer le premier dans ce palais et vous pré-
» senter aux poursuivans, et j'attendrai ici? ou voulez-
» vous m'attendre, j'entrerai le premier, et vous me
» suivrez bientôt après, de peur que quelqu'un, en vous
» voyant seul dehors, ne vous chasse ou ne vous mal-
» traite. Voyez ce que vous jugez le plus à propos. »

« Je connois votre sagesse, repartit Ulysse, et je
» pénètre vos raisons. Vous n'avez qu'à entrer le pre-
» mier, et j'attendrai ici ; ne vous mettez point en
» peine de ce qui pourra m'arriver. Je suis accoutumé
» aux insultes et aux coups, et mon courage s'est exercé
» à la patience; car j'ai souffert des maux infinis et sur
» la terre et sur la mer : les mauvais traitemens que je
» pourrai essuyer ici ne feront qu'augmenter le nombre.
» Ventre affamé n'a point d'oreilles : la faim porte les
» hommes à tout faire et à tout souffrir. C'est elle qui
» met sur pied des armées et qui équipe des flottes pour
» porter la guerre dans les pays les plus éloignés. »

Pendant qu'ils parloient ainsi, un chien, nommé
Argus, qu'Ulysse avoit élevé, et dont il n'avoit pu tirer
aucun service, parce qu'avant qu'il fût assez fort pour
courir, ce prince avoit été obligé de partir pour Troie,
commença à lever la tête et à dresser les oreilles. Il
avoit été un des meilleurs chiens du pays, et il chassoit
également les lièvres, les daims, les chèvres sauvages
et toutes les bêtes fauves : mais alors, accablé de vieillesse et n'étant plus sous les yeux de son maître, il étoit
abandonné sur un tas de fumier que l'on avoit mis
devant la porte, en attendant que les laboureurs d'Ulysse
vinssent l'enlever pour fumer les terres. Ce chien étoit
donc couché sur ce fumier et tout couvert d'ordures ;
dès qu'il sentit Ulysse s'approcher, il le caressa de sa
queue et baissa les oreilles; mais il n'eut pas la force
de se lever pour se traîner à ses pieds. Ulysse, qui le

Ἐλθέμεν· αὐτὰρ ὁ νόσφιν ἰδὼν ἀπομόρξατο δάκρυ,
Ῥεῖα λαθὼν Εὔμαιον· ἄφαρ δ' ἐρεείνετο μύθῳ· 305

« Εὔμαι', ἦ μάλα θαῦμα, κύων ὅδε κεῖτ' ἐνὶ κόπρῳ·
» Καλὸς μὲν δέμας ἐστὶν, ἀτὰρ τόδε γ' οὐ σάφα οἶδα,
» Εἰ δὴ καὶ ταχὺς ἔσκε θέειν ἐπὶ εἴδεϊ τῷδε,
» Ἦ αὔτως, οἷοί τε τραπεζῆες κύνες ἀνδρῶν
» Γίγνοντ', ἀγλαΐης δ' ἕνεκεν κομέουσιν ἄνακτες. » 310

Τὸν δ' ἀπαμειβόμενος προσέφης, Εὔμαιε συβῶτα·
« Καὶ λίην ἀνδρός γε κύων ὅδε τῆλε θανόντος.
» Εἰ τοῖος δ' εἴη ἠμὲν δέμας, ἠδὲ καὶ ἔργα,
» Οἷόν μιν Τροίηνδε κιὼν κατέλειπεν Ὀδυσσεὺς,
» Αἶψά κε θηήσαιο, ἰδὼν ταχυτῆτα καὶ ἀλκήν. 315
» Οὐ μὲν γάρ τι φύγεσκε βαθείης βένθεσιν ὕλης
» Κνώδαλον, ὅ, ττι ἴδοιτο· καὶ ἴχνεσι γὰρ περιῄδη·
» Νῦν δ' ἔχεται κακότητι· ἄναξ δέ οἱ ἄλλοθι πάτρης
» Ὤλετο· τὸν δὲ γυναῖκες ἀκηδέες οὐ κομέουσι.
» Δμῶες δ', εὖτ' ἂν μηκέτ' ἐπικρατέωσιν ἄνακτες, 320
» Οὐκ ἔτ' ἔπειτ' ἐθέλουσιν ἐναίσιμα ἐργάζεσθαι·
» Ἥμισυ γάρ τ' ἀρετῆς ἀποαίνυται εὐρύοπα Ζεὺς
» Ἀνέρος, εὖτ' ἄν μιν κατὰ δούλιον ἦμαρ ἕλῃσιν. »

Ὣς εἰπὼν, εἰσῆλθε δόμους εὖ ναιετάοντας·
Βῆ δ' ἰθὺς μεγάροιο μετὰ μνηστῆρας ἀγανούς. 325
Ἄργον δ' αὖ κατὰ μοῖρ' ἔλαβεν μέλανος θανάτοιο,
Αὐτίκ' ἰδόντ' Ὀδυσῆα ἐεικοστῷ ἐνιαυτῷ.
Τὸν δὲ πολὺ πρῶτος ἴδε Τηλέμαχος θεοειδὴς
Ἐρχόμενον κατὰ δῶμα συβώτην· ὦκα δ' ἔπειτα
Νεῦσ' ἐπὶ οἷ καλέσας· ὁ δὲ, παπτήνας ἕλε δίφρον 330
Κείμενον, ἐνθάδε δαιτρὸς ἐφίζεσκεν, κρέα πολλὰ
Δαιόμενος μνηστῆρσι, δόμον κάτα δαινυμένοισι.
Τὸν κατέθηκε φέρων πρὸς Τηλεμάχοιο τράπεζαν

reconnut d'abord, versa des larmes, qu'il essuya promptement, de peur qu'Eumée ne les aperçut; et adressant la parole à ce fidèle berger :

« Eumée, lui dit-il, je m'étonne qu'on laisse ce chien
» sur ce fumier ; il est parfaitement beau ; mais je ne
» sais si sa légèreté et sa vitesse répondent à sa beauté,
» ou s'il est comme ces chiens inutiles qui ne sont bons
» qu'autour des tables, et que les princes nourrissent
» par vanité. »

« Ce chien, reprit Eumée, appartenoit à un maître
» qui est mort loin d'ici. Si vous l'aviez vu dans sa
» beauté et dans sa vigueur, tel qu'il étoit après le départ
» d'Ulysse, vous auriez bien admiré sa vitesse et sa
» force. Il n'y avoit pas de bête qu'il n'attaquât dans le
» fort des forêts dès qu'il l'avoit aperçue, ou qu'il avoit
» relevé les voies. Présentement il est accablé sous le
» poids des années et entièrement abandonné ; car son
» maître, qui l'aimoit, est mort loin de sa patrie, comme
» je vous l'ai dit, et les femmes de ce palais, négligentes
» et paresseuses, ne se donnent pas la peine de le soi-
» gner, et le laissent périr. C'est la coutume des domes-
» tiques, dès que leurs maîtres sont absens, ou foibles
» et sans autorité, ils se relâchent et ne pensent plus
» à faire leur devoir ; car Jupiter ôte à un homme la
» moitié de sa vertu, dès le premier jour qu'il le rend
» esclave. »

Ayant cessé de parler, il entre dans le palais et s'en va tout droit à la salle où étoient les poursuivans. Dans le moment le chien d'Ulysse accomplit sa destinée, et mourut de joie d'avoir revu son maître vingt ans après son départ. Télémaque fut le premier qui aperçut Eumée comme il entroit dans la salle ; il lui fit signe de s'approcher. Eumée regarde de tous côtés pour chercher un siége, et voyant celui de l'officier qui étoit occupé à couper les viandes pour faire les portions, il le prit, le

Ἀντίον· ἔνθα δ' ἄρ' αὐτὸς ἐφέζετο· τῷ δ' ἄρα κῆρυξ
Μοῖραν ἑλὼν ἐτίθει, κανέου τ' ἐκ σῖτον ἀείρας. 335
Ἀγχίμολον δὲ μετ' αὐτὸν ἐδύσετο δώματ' Ὀδυσσεὺς,
Πτωχῷ λευγαλέῳ ἐναλίγκιος, ἠδὲ γέροντι,
Σκηπτόμενος· τὰ δὲ λυγρὰ περὶ χροΐ εἵματα ἕστο·
Ἷζε δ' ἐπὶ μελίνου οὐδοῦ ἔντοσθε θυράων,
Κλινάμενος σταθμῷ κυπαρισσίνῳ, ὅν ποτε τέκτων 340
Ξέσσεν ἐπισταμένως, καὶ ἐπὶ στάθμην ἴθυνε.
Τηλέμαχος δ' ἐπὶ οἷ καλέσας προσέειπε συβώτην,
Ἄρτον τ' οὖλον ἑλὼν περικαλλέος ἐκ κανέοιο,
Καὶ κρέα, ὡς οἱ χεῖρες ἐχάνδανον ἀμφιβαλόντι·

« Δὸς τῷ ξείνῳ ταῦτα φέρων· αὐτόν τε κέλευε, 345
» Αἰτίζειν μάλα πάντας ἐποιχόμενον μνηστῆρας·
» Αἰδὼς δ' οὐκ ἀγαθὴ κεχρημένῳ ἀνδρὶ προΐκτῃ. »

Ὣς φάτο· βῆ δὲ συφορβὸς, ἐπεὶ τὸν μῦθον ἄκουσεν,
Ἀγχοῦ δ' ἱστάμενος ἔπεα πτερόεντα προσηύδα·

« Τηλέμαχός τοι, ξεῖνε, διδοῖ τάδε, καί σε κελεύει
» Αἰτίζειν μάλα πάντας ἐποιχόμενον μνηστῆρας· 351
» Αἰδῶ δ' οὐκ ἀγαθὴν φησ' ἔμμεναι ἀνδρὶ προΐκτῃ. »

Τὸν δ' ἀπαμειβόμενος προσέφη πολύμητις Ὀδυσσεύς·
« Ζεῦ ἄνα, Τηλέμαχόν μοι ἐν ἀνδράσιν ὄλβιον εἶναι,
» Καί οἱ πάντα γένοιθ', ὅσσα φρεσὶν ᾗσι μενοινᾷ. » 355

Ἦ ῥα, καὶ ἀμφοτέρῃσιν ἐδέξατο, καὶ κατέθηκεν
Αὖθι, ποδῶν προπάροιθεν, ἀεικελίης ἐπὶ πήρης.
Ἦσθιε δ', ὡς ὅτ' ἀοιδὸς ἐνὶ μεγάροισιν ἄειδεν,
Εὖθ' ὅδ' ἐδειπνήκει, ὁ δ' ἐπαύσατο θεῖος ἀοιδός.
Μνηστῆρες δ' ὁμάδησαν ἀνὰ μέγαρ'· αὐτὰρ Ἀθήνη, 360
Ἄγχι παρισταμένη, Λαερτιάδην Ὀδυσῆα
Ὤτρυν', ὡς ἂν πύρνα κατὰ μνηστῆρας ἀγείροι,

porta près de la table où étoit Télémaque, et s'assit vis-à-vis. Le héraut lui sert en même temps une portion et lui présente la corbeille où étoit le pain. Ulysse entre bientôt après lui sous la figure d'un mendiant et d'un vieillard fort cassé, appuyé sur son bâton et couvert de méchans haillons. Il s'assit hors de la porte sur le seuil qui étoit de frêne, et s'appuya contre le chambranle qui étoit de cyprès et fort bien travaillé. Télémaque appelle Eumée; et prenant un pain dans la corbeille et de la viande autant que ses deux mains en pouvoient tenir :

« Tenez, Eumée, lui dit-il, portez cela à cet étran-
» ger, et dites-lui qu'il aille demander à tous les pour-
» suivans. La honte est nuisible à tout homme qui est
» dans le besoin. »

Eumée s'approche en même temps d'Ulysse, et lui dit :

« Etranger, Télémaque vous envoie un pain et cette
» viande, il vous exhorte à aller demander à tous les
» poursuivans, et il m'a ordonné de vous dire que les
» conseils de la honte sont pernicieux à ceux qui se
» trouvent dans la nécessité. »

Le prudent Ulysse ne lui répondit que par des vœux:
« Grand Jupiter ! s'écrie-t-il, que Télémaque soit le
» plus heureux des hommes, et que tout ce qu'il aura
» le courage d'entreprendre lui réussisse selon ses
» désirs ! »

En disant ces mots, il reçut dans ses mains ce que son fils lui envoyoit, le mit à ses pieds sur sa besace qui lui servoit de table, et se mit à manger. Il mangea pendant que le chantre Phémius chanta et joua de la lyre. Son repas fut fini quand le chantre eut achevé de chanter. Les poursuivans s'étant levés, Minerve s'approcha d'Ulysse et le poussa à aller leur demander à tous la charité, afin qu'il pût juger par là de leur

Γνοίη θ', οἵ τινές εἰσιν ἐναίσιμοι, οἵ τ' ἀθέμιστοι·
Ἀλλ' οὐδ' ὣς τιν' ἔμελλ' ἀπαλεξήσειν κακότητος.
Βῆ δ' ἴμεν αἰτήσων ἐνδέξια φῶτα ἕκαστον,   365
Πάντοσε χεῖρ' ὀρέγων, ὡς εἰ πτωχὸς πάλαι εἴη.
Οἱ δ', ἐλεαίροντες δίδοσαν, καὶ ἐθάμβεον αὐτόν·
Ἀλλήλους τ' εἴροντο, τίς εἴη, καὶ πόθεν ἔλθοι.
Τοῖσι δὲ καὶ μετέειπε Μελάνθιος, αἰπόλος αἰγῶν·

« Κέκλυτέ μευ, μνηστῆρες ἀγακλειτῆς βασιλείης,
» Τοῦδε πέρι ξείνου· ἦ γάρ μιν πρόσθεν ὄπωπα.   371
» Ἤτοι μέν οἱ δεῦρο συβώτης ἡγεμόνευεν·
» Αὐτὸν δ' οὐ σάφα οἶδα, πόθεν γένος εὔχεται εἶναι.»

Ὣς ἔφατ'· Ἀντίνοος δ' ἔπεσιν νείκεσσε συβώτην·
« Ὦ ῥίγνωτε συβῶτα, τίη δὲ σὺ τόνδε πόλινδε   375
» Ἤγαγες; ἦ οὐχ ἅλις ἧμιν ἀλήμονές εἰσι καὶ ἄλλοι
» Πτωχοὶ ἀνιηροί, δαιτῶν ἀπολυμαντῆρες;
» Ἦ ὄνοσαι, ὅτι τοι βίοτον κατέδουσιν ἄνακτος
« Ἐνθάδ' ἀγειρόμενοι; σὺ δὲ καὶ ποθι τόνδ' ἐκάλεσσας; »

Τὸν δ' ἀπαμειβόμενος προσέφης, Εὔμαιε συβῶτα·
« Ἀντίνο', οὐ μὲν καλὰ καὶ ἐσθλὸς ἐὼν ἀγορεύεις·   381
» Τίς γὰρ δὴ ξεῖνον καλεῖ ἄλλοθεν αὐτὸς ἐπελθὼν
» Ἄλλον γ', εἰ μὴ τῶν, οἳ δημιοεργοὶ ἔασιν;
» Μάντιν, ἢ ἰητῆρα κακῶν, ἢ τέκτονα δούρων,
» Ἢ καὶ θέσπιν ἀοιδὸν, ὅ κεν τέρπῃσιν ἀείδων;   385
» Οὗτοι γὰρ κλητοί γε βροτῶν ἐπ' ἀπείρονα γαῖαν·
» Πτωχὸν δ' οὐκ ἄν τις καλέοι τρύξοντά ἑ αὐτόν.
» Ἀλλ' αἰεὶ χαλεπὸς πέρι πάντων εἷς μνηστήρων
» Δμωσὶν Ὀδυσσῆος, πέρι δ' αὖτ' ἐμοί· αὐτὰρ ἔγωγε
» Οὐκ ἀλέγω, εἵως μοι ἐχέφρων Πηνελόπεια   390
» Ζώει ἐνὶ μεγάροις καὶ Τηλέμαχος θεοειδής. »

caractère, et connoître ceux qui avoient de l'humanité
et de la justice, et ceux qui n'en avoient point, quoiqu'il fût résolu qu'il n'en sauveroit aucun. Il alla donc
aux uns et aux autres; mais avec un air si naturel,
qu'on eût dit qu'il n'avoit fait d'autre métier toute sa
vie. Les poursuivans, touchés de pitié, lui donnèrent
tous, et le regardant avec étonnement, ils se demandoient les uns aux autres qui il étoit et d'où il venoit.
Mélanthius, qui les vit dans cette peine, leur dit:

« Poursuivans de la plus célèbre des reines, tout ce
» que je puis vous dire sur cet étranger, car je l'ai
» déjà vu ce matin, c'est que c'étoit Eumée lui-même
» qui le conduisoit; mais je ne sais certainement ni qui
» il est, ni d'où il est. »

Antinoüs l'ayant entendu, se mit à gronder fortement
Eumée: « Vil gardien de cochons, lui dit-il, et que tout
» le monde prendra toujours pour tel, pourquoi nous
» as-tu amené ce gueux? N'avons-nous pas ici assez de
» vagabonds et assez de pauvres pour affamer nos tables?
» te plains-tu qu'il n'y en ait pas déjà assez pour manger
» le bien de ton maître, et falloit-il que tu nous ame-
» nasses encore celui-là? »

Eumée, piqué de ce reproche, lui dit: « Antinoüs,
» vous parlez fort mal pour un homme d'esprit. Qui
» est-ce qui s'est jamais avisé d'appeler des gueux chez
» soi? On y appelle des artisans dont on a besoin, un
» devin, un médecin, un menuisier, un chantre divin
» qui fait un grand plaisir par ses chants. Voilà les gens
» qu'on appelle chez soi, et vous ne trouverez personne
» qui fasse venir des pauvres qui ne peuvent qu'être à
» charge, et qui ne sont bons à rien. Mais de tous les
» poursuivans vous êtes celui qui aimez le plus à faire
» de la peine aux domestiques d'Ulysse, et surtout à m'en
» faire à moi. Je ne m'en soucie point, pendant que la
» sage Pénélope et son fils Télémaque seront vivans. »

Τὸν δ' αὖ Τηλέμαχος πεπνυμένος ἀντίον ηὔδα·
« Σίγα, μή μοι τοῦτον ἀμείβεο πόλλ' ἐπέεσσιν·
» Ἀντίνοος δ' εἴωθε κακῶς ἐρεθιζέμεν αἰεί
» Μύθοισιν χαλεποῖσιν, ἐποτρύνει δὲ καὶ ἄλλους. » 395

Ἦ ῥα, καὶ Ἀντίνοον ἔπεα πτερόεντα προσηύδα·
« Ἀντίνο', ἦ μεῦ καλὰ, πατὴρ ὣς, κήδεαι υἷος,
» Ὃς τὸν ξεῖνον ἄνωγας ἀπὸ μεγάροιο δίεσθαι
» Μύθῳ ἀναγκαίῳ· μὴ τοῦτο θεὸς τελέσειε.
» Δός οἱ ἑλών· οὔ τοι φθονέω· κέλομαι γὰρ ἔγωγε. 400
» Μήτ' οὖν μητέρ' ἐμὴν ἄζευ τόγε, μήτε τίν' ἄλλον
» Δμώων, οἳ κατὰ δώματ' Ὀδυσσῆος θείοιο.
» Ἀλλ' οὔ τοι τοιοῦτον ἐνὶ στήθεσσι νόημα·
» Αὐτὸς γὰρ φαγέμεν πολὺ βούλεαι, ἢ δόμεν ἄλλῳ. »

Τὸν δ' αὖτ' Ἀντίνοος ἀπαμειβόμενος προσέειπε· 405
« Τηλέμαχ' ὑψαγόρη, μένος ἄσχετε, ποῖον ἔειπες;
» Εἴ οἱ τόσσον ἅπαντες ὀρέξειαν μνηστῆρες,
» Καί κέν μιν τρεῖς μῆνας ἀπόπροθεν οἶκος ἐρύκοι. »

Ὣς ἄρ' ἔφη, καὶ θρῆνυν ἑλὼν ὑπέφηνε τραπέζῃ
Κείμενον, ᾧ ῥ' ἔπεχεν λιπαροὺς πόδας εἰλαπινάζων. 410
Οἱ δ' ἄλλοι πάντες δίδοσαν, πλῆσαν δ' ἄρα πήρην
Σίτου καὶ κρειῶν· τάχα δὴ καὶ ἔμελλεν Ὀδυσσεὺς,
Αὖτις ἐπ' οὐδὸν ἰών, προικὸς γεύσεσθαι Ἀχαιῶν·
Στῆ δὲ παρ' Ἀντίνοον, καί μιν πρὸς μῦθον ἔειπεν·

« Δός, φίλος· οὐ μέν μοι δοκέεις ὁ κάκιστος Ἀχαιῶν
» Ἔμμεναι, ἀλλ' ὤριστος, ἐπεὶ βασιλῆϊ ἔοικας.
» Τῷ σε χρὴ δόμεναι καὶ λώϊον, ἠέ περ ἄλλοι,
» Σίτου· ἐγὼ δ' ἄν σε κλείω κατ' ἀπείρονα γαῖαν.

« Taisez-vous, Eumée, repartit Télémaque en l'inter-
» rompant, et ne vous amusez point à lui répondre;
» Antinoüs est accoutumé à chagriner tout le monde
» par ses discours, et il excite les autres. »

Et se tournant du côté de cet emporté, il lui dit :
« Antinoüs, il faut avouer qu'un père n'a pas plus de
» soin de son fils que vous en avez de moi; car par vos
» paroles très-dures vous avez pensé obliger ce pauvre
» étranger à sortir de mon palais. Que Jupiter qui pré-
» side à l'hospitalité veuille empêcher ce malheur;
» donnez-lui plutôt, je ne vous en empêche point; au
» contraire, je vous en donne la permission, et je vous
» en prie même; n'ayez sur cela aucuns égards ni pour
» ma mère, ni pour les domestiques d'Ulysse. Mais il
» est aisé de voir que ce n'est pas là ce qui vous retient;
» vous aimez mieux garder tout pour vous, que de
» donner quelque chose aux autres. »

« Quel reproche venez-vous de me faire, audacieux
» Télémaque, répondit Antinoüs? je vous assure que si
» tous les poursuivans donnoient à ce gueux autant que
» moi, il n'auroit pas besoin de grand'chose, et seroit
» plus de trois mois sans rentrer dans cette maison. »

En achevant ces mots, il tira de dessous la table le
marchepied dont il se servoit pendant le repas. Tous
les autres princes donnèrent libéralement à Ulysse, et
remplirent sa besace de pain et de viande, de manière
qu'il avoit de quoi s'en retourner sur le seuil de la
porte et faire bonne chère. Mais il s'approcha d'Antinoüs, et lui dit :

« Mon ami, donnez-moi aussi quelque chose ; à votre
» mine, il est aisé de voir que vous tenez un des pre-
» miers rangs parmi les Grecs, car vous ressemblez à
» un roi; c'est pourquoi il faut que vous soyez encore
» plus libéral que les autres. Je célébrerai par toute la
» terre votre générosité. J'ai aussi été heureux autrefois;

» Καὶ γὰρ ἐγώ ποτε οἶκον ἐν ἀνθρώποισιν ἔναιον
» Ὄλβιος ἀφνειὸν, καὶ πολλάκι δόσκον ἀλήτη   420
» Τοίῳ, ὁποῖος ἔοι, καὶ ὅτευ κεχρημένος ἔλθοι·
» Ἦσαν δὲ δμῶες μάλα μυρίοι, ἄλλα τὲ πολλὰ,
» Οἷσίν τ' εὖ ζώουσι καὶ ἀφνειοὶ καλέονται·
» Ἀλλὰ Ζεὺς ἀλάπαξε Κρονίων, (ἤθελε γάρ που,)
» Ὅς μ' ἅμα λῃστῆρσι πολυπλάγκτοισιν ἀνῆκεν 425
» Αἰγυπτόνδ' ἰέναι, δολιχὴν ὁδὸν, ὄφρ' ἀπολοίμην·
» Στῆσα δ' ἐν Αἰγύπτῳ ποταμῷ νέας ἀμφιελίσσας.
» Ἔνθ' ἤτοι μὲν ἐγὼ κελόμην ἐρίηρας ἑταίρους
» Αὐτοῦ πὰρ νήεσσι μένειν, καὶ νῆας ἔρυσθαι·
» Ὀπτῆρας δὲ κατὰ σκοπιὰς ὤτρυνα νέεσθαι.   430
» Οἱ δ' ὕβρει εἴξαντες, ἐπισπόμενοι μένεϊ σφῷ,
» Αἶψα μάλ' Αἰγυπτίων ἀνδρῶν περικαλλέας ἀγροὺς
» Πόρθεον, ἐκ δὲ γυναῖκας ἄγον, καὶ νήπια τέκνα,
» Αὐτούς τ' ἔκτεινον· τάχα δ' ἐς πόλιν ἵκετ' ἀϋτή.
» Οἱ δὲ, βοῆς ἀΐοντες, ἅμ' ἠοῖ φαινομένηφιν,   435
» Ἦλθον· πλῆτο δὲ πᾶν πεδίον πεζῶν τε, καὶ ἵππων,
» Χαλκοῦ τε στεροπῆς· ἐν δὲ Ζεὺς τερπικέραυνος
» Φύζαν ἐμοῖς ἑτάροισι κακὴν βάλεν· οὐδέ τις ἔτλη
» Στῆναι ἐναντίβιον· περὶ γὰρ κακὰ πάντοθεν ἔστη.
» Ἔνθ' ἡμέων πολλοὺς μὲν ἀπέκτανον ὀξέϊ χαλκῷ, 440
» Τοὺς δ' ἄναγον ζωοὺς σφίσιν ἐργάζεσθαι ἀνάγκῃ.
» Αὐτὰρ ἔμ' ἐς Κύπρον ξείνῳ δόσαν ἀντιάσαντι
» Δμήτορι Ἰασίδῃ, ὃς Κύπρου ἶφι ἄνασσεν·
» Ἔνθεν δὲ νῦν δεῦρο τόδ' ἵκω, πήματα πάσχων. »

Τὸν δ' αὖτ' Ἀντίνοος ἀπαμείβετο, φώνησέν τε· 445
« Τίς δαίμων τόδε πῆμα προσήγαγε, δαιτὸς ἀνίην;

» j'habitois une maison opulente, et je donnois l'aumône
» sans distinction à tous les pauvres qui se présentoient.
» J'avois une foule d'esclaves, et rien ne manquoit chez
» moi de tout ce qui sert à la commodité de la vie, et
» que les grandes richesses peuvent seules donner; mais
» le fils de Saturne me précipita bientôt de cet état flo-
» rissant : tel fut son plaisir. Il me fit entreprendre un
» long voyage avec des corsaires qui courent les mers,
» afin que je périsse. J'allai donc au fleuve Egyptus ;
» dès que j'y fus entré, j'envoyai une partie de mes
» compagnons reconnoître le pays. Ces insensés, se lais-
» sant emporter à leur férocité et à leur courage, se
» mirent à ravager les terres fertiles des Egyptiens, à
» emmener leurs enfans et leurs femmes, et à passer
» au fil de l'épée tous ceux qui leur résistoient. Le bruit
» et les clameurs qu'excita un tel désordre retentirent
» bientôt jusque dans la ville ; tous les habitans, attirés
» par ce bruit, sortirent à la pointe du jour. Dans un
» moment toute la plaine fut couverte d'infanterie et
» de cavalerie, et parut toute en feu par l'éclat des armes
» qui brilloient de toutes parts. Dès le premier choc, le
» maître du tonnerre souffla la terreur dans le cœur
» de mes compagnons, ils prirent tous la fuite ; il n'y
» en eut pas un qui osât faire ferme, et nous fûmes
» enveloppés de tous côtés. Les Egyptiens tuèrent la
» meilleure partie de mes compagnons, et emmenèrent
» les autres prisonniers pour les réduire à une cruelle
» servitude. Je fus du nombre de ces derniers. Ils me
» vendirent à un étranger qui passoit, et qui me mena
» à Cypre, où il me vendit à Dmétor, fils de Jasus,
» qui régnoit dans cette île. De là je suis venu ici, après
» bien des traverses et des aventures qui seroient trop
» longues à vous conter. »

Alors Antinoüs s'écria : « Quel Dieu ennemi nous a
» amené ici ce fléau, cette peste des tables ! Eloigne-toi

» Στῆθ' οὕτως ἐς μέσσον, ἐμῆς ἀπάνευθε τραπέζης,
» Μὴ τάχα πικρὴν Αἴγυπτον καὶ Κύπρον ἴδηαι·
» Ὡς τις θαρσαλέος καὶ ἀναιδής ἐσσι προΐκτης.
» Ἐξείης πάντεσσι παρίστασαι· οἱ δὲ διδοῦσι   450
» Μαψιδίως· ἐπεὶ οὔτις ἐπίσχεσις, οὐδ' ἐλεητὺς
» Ἀλλοτρίων χαρίσασθαι, ἐπεὶ πάρα πολλὰ ἑκάστῳ. »

Τὸν δ' ἀναχωρήσας προσέφη πολύμητις Ὀδυσσεύς·
« Ὦ πόποι, οὐκ ἄρα σοί γ' ἐπὶ εἴδεϊ καὶ φρένες ἦσαν·
» Οὐ σύ γ' ἂν ἐξ οἴκου σῷ ἐπιστάτῃ οὐδ' ἅλα δοίης,
» Ὃς νῦν ἀλλοτρίοισι παρήμενος, οὔτι μοι ἔτλης 456
» Σίτου ἀποπροελὼν δόμεναι· τὰ δὲ πολλὰ πάρεστιν. »

Ὣς ἔφατ'· Ἀντίνοος δ' ἐχολώσατο κηρόθι μᾶλλον,
Καί μιν ὑπόδρα ἰδὼν ἔπεα πτερόεντα προσηύδα·

« Νῦν δή σ' οὐκ ἔτι καλὰ δι' ἐκ μεγάροιό γ' ὀΐω 460
» Ἂψ ἀναχωρήσειν, ὅτε δὴ καὶ ὀνείδεα βάζεις. »

Ὣς ἄρ' ἔφη· καὶ θρῆνυν ἑλὼν βάλε δεξιὸν ὦμον,
Πρυμνότατον κατὰ νῶτον· ὁ δ' ἐστάθη, ἠΰτε πέτρη,
Ἔμπεδον· οὐδ' ἄρα μιν σφῆλεν βέλος Ἀντινόοιο,
Ἀλλ' ἀκέων κίνησε κάρη, κακὰ βυσσοδομεύων.   465
Ἂψ δ' ἄρ' ἐπ' οὐδὸν ἰὼν κατ' ἄρ' ἕζετο, κὰδ δ' ἄρα πήρην
Θῆκεν ἐϋπλείην· μετὰ δὲ μνηστῆρσιν ἔειπεν·

« Κέκλυτέ μευ, μνηστῆρες ἀγακλειτῆς βασιλείης,
» Ὄφρ' εἴπω, τά με θυμὸς ἐνὶ στήθεσσι κελεύει.
» Οὐ μὰν οὐδ' ἄχος ἐστὶ μετὰ φρεσὶν, οὐδέ τι πένθος,
» Ὁππότ' ἀνὴρ περὶ οἷσι μαχειόμενος κτεάτεσσι 471
» Βλήεται, ἢ περὶ βουσὶν, ἢ ἀργεννῆς ὀΐεσσιν·

» de moi, de peur que je ne te fasse revoir cette triste
» terre d'Egypte ou de Cypre. Il n'y a pas de gueux plus
» importun, ni plus impudent ; va, adresse-toi à tous
» ces princes, ils te donneront sans mesure, car ils
» font volontiers largesse du bien d'autrui. »

« Ulysse s'éloignant, lui dit : « Antinoüs, vous êtes
» beau et bien fait, mais le bon sens n'accompagne pas
» cette bonne mine. On voit bien que chez vous vous
» ne donneriez pas un grain de sel à un mendiant qui
» seroit à votre porte, puisque vous n'avez pas même
» le courage de me donner une petite partie d'un superflu
» qui n'est pas à vous. »

Cette réponse ne fit qu'irriter davantage Antinoüs,
qui, le regardant de travers, lui dit :

« Je ne crois pas que tu t'en retournes en bon état de
» ce palais, puisque tu as eu l'insolence de me dire des
» injures. »

En même temps il prit son marchepied, le lui jeta
de toute sa force, et l'atteignit au haut de l'épaule. Le
coup, quoique rude, ne l'ébranla point ; Ulysse demeura
ferme sur ses pieds comme une roche ; il branla seulement
la tête sans dire une parole, et pensant profondément
aux moyens de se venger. Plein de cette pensée,
il retourne au seuil de la porte, et mettant à terre sa
besace pleine, il dit :

« Poursuivans de la plus célèbre des reines, écoutez,
» je vous prie, ce que j'ai à vous dire. On n'est point
» surpris qu'un homme soit blessé quand il combat
» pour défendre son bien, ou pour sauver ses troupeaux
» qu'on veut lui enlever ; mais qu'il le soit quand il ne
» fait que demander son pain et chercher à apaiser une
» faim impérieuse qui cause aux hommes des maux
» infinis, voilà ce qui doit paroître étrange, et c'est en
» cet état qu'Antinoüs m'a blessé. S'il y a des Dieux
» protecteurs des pauvres, s'il y a des Furies venge-

» Αὐτὰρ ἔμ᾽ Ἀντίνοος βάλε γαστέρος εἴνεκα λυγρῆς,
» Οὐλομένης, ἣ πολλὰ κάκ᾽ ἀνθρώποισι δίδωσιν.
» Ἀλλ᾽ εἴπου πτωχῶν γε θεοὶ καὶ ἐριννύες εἰσὶν, 475
» Ἀντίνοον πρὸ γάμοιο τέλος θανάτοιο κιχείη.

Τὸν δ᾽ αὖτ᾽ Ἀντίνοος προσέφη, Εὐπείθεος υἱός·
« Ἔσθι᾽ ἔκηλος, ξεῖνε, καθήμενος, ἢ ἄπιθ᾽ ἄλλῃ·
» Μή σε νέοι διὰ δώματ᾽ ἐρύσσωσ᾽, (οἷ᾽ ἀγορεύεις,)
» Ἢ ποδὸς, ἢ καὶ χειρὸς, ἀποδρύψωσι δὲ πάντα.» 480

Ὣς ἔφαθ᾽· οἱ δ᾽ ἄρα πάντες ὑπερφιάλως νεμέσησαν·
Ὧδε δέ τις εἴπεσκε νέων ὑπερηνορεόντων·

« Ἀντίνο᾽, οὐ μὲν κάλ᾽ ἔβαλες δύστηνον ἀλήτην.
» Οὐλόμεν᾽, εἰ δή που τὶς ἐπουράνιος θεός ἐστι;
» Καί τε θεοὶ ξείνοισιν ἐοικότες ἀλλοδαποῖσι, 485
» Παντοῖοι τελέθοντες, ἐπιστρωφῶσι πόληας,
» Ἀνθρώπων ὕβριν τὲ καὶ εὐνομίην ἐφορῶντες. »

Ὣς ἄρ᾽ ἔφαν μνηστῆρες· ὁ δ᾽ οὐκ ἐμπάζετο μύθων.
Τηλέμαχος δ᾽ ἐν μὲν κραδίῃ μέγα πένθος ἄεξε
Βλημένου· οὐδ᾽ ἄρα δάκρυ χαμαὶ βάλεν ἐκ βλεφάροιϊν,
Ἀλλ᾽ ἀκέων κίνησε κάρη, κακὰ βυσσοδομεύων. 491
Τοῦ δ᾽ ὡς οὖν ἤκουσε περίφρων Πηνελόπεια,
Βλημένου ἐν μεγάρῳ, μετ᾽ ἄρα δμωῇσιν ἔειπεν·

« Αἴθ᾽ οὕτως αὐτόν σε βάλοι κλυτότοξος Ἀπόλλων. »
Τὴν δ᾽ αὖτ᾽ Εὐρυνόμη ταμίη πρὸς μῦθον ἔειπεν· 495

« Εἰ γὰρ ἐπ᾽ ἀρῇσιν τέλος ἡμετέρῃσι γένοιτο,
» Οὐκ ἄν τις τούτων γὲ ἐΰθρονον ἠῶ ἵκοιτο. »

Τὴν δ᾽ αὖτε προσέειπε περίφρων Πηνελόπεια·
« Μαῖ᾽, ἐχθροὶ μὲν πάντες, ἐπεὶ κακὰ μηχανόωνται·
» Ἀντίνοος δὲ μάλιστα μελαίνῃ κηρὶ ἔοικεν. 500

» resses, puisse Antinoüs tomber dans les liens de la
» mort, avant qu'un mariage le mette en état d'avoir
» des fils qui lui ressemblent ! »

Antinoüs lui répondit : « Etranger, qu'on ne t'entende
» pas davantage ; mange tes provisions en repos sous
» cette porte, ou retire-toi ailleurs, de peur que ton inso-
» lence ne t'attire nos domestiques, qui te traîneront par
» les pieds et te mettront en pièces. »

Tous les poursuivans furent irrités des violences et des
emportemens d'Antinoüs, et quelqu'un d'entre eux lui dit :

« Vous avez fort mal fait, Antinoüs, de frapper ce
» pauvre qui vous demandoit l'aumône. Que deviendrez-
» vous, malheureux, si c'est quelqu'un des immortels?
» car souvent les Dieux, qui se revêtent comme il leur
» plaît de toutes sortes de formes, prennent la figure
» d'étrangers, et vont en cet état dans les villes pour
» être témoins des violences qu'on y commet et de la
» justice qu'on y observe. »

Ainsi parlèrent les poursuivans, mais il ne se mit
point en peine de leurs discours. Télémaque sentit dans
son cœur une douleur extrême de voir Ulysse si maltraité, il n'en versa pourtant pas une larme, il branla
seulement la tête sans dire une parole, et se prépara
à le venger avec éclat. Mais quand on eut rapporté à
la sage Pénélope que ce pauvre avoit été blessé, elle
dit à ses femmes :

« Qu'Apollon punisse cet impie, et qu'il lance sur lui
» ses traits ! » Eurynome, qui étoit l'intendante de sa
maison, répondit :

« Si Dieu vouloit exaucer nos imprécations, aucun
» de ces princes ne verroit le retour de l'aurore. »

« Ma chère Eurynome, répartit la reine, tous ces princes
» me sont odieux ; car ils sont insolens, injustes, et pleins
» de mauvais desseins. Mais le plus odieux de tous,
» c'est Antinoüs, je le hais comme la mort. Un étranger

» Ξεῖνός τις δύστηνος ἀλητεύει κατὰ δῶμα,
» Ἀνέρας αἰτίζων· (ἀχρημοσύνη γὰρ ἀνώγει·)
» Ἔνθ' ἄλλοι μὲν πάντες ἐνέπλησάν τ', ἔδοσάν τε·
» Οὗτος δὲ θρήνυϊ πρυμνὸν βάλε δεξιὸν ὦμον. »

Ἡ μὲν ἄρ' ὣς ἀγόρευε μετὰ δμῳῆσι γυναιξὶν,   505
Ἡμένη ἐν θαλάμῳ· ὁ δ' ἐδείπνεε δῖος Ὀδυσσεύς·
Ἡ δ' ἐπὶ οἷ καλέσασα προσηύδα δῖον ὑφορβόν·

« Ἔρχεο, δῖ' Εὔμαιε, κιὼν τὸν ξεῖνον ἄνωχθι
» Ἐλθέμεν, ὄφρα τί μιν προσπτύξομαι, ἠδ' ἐρέωμαι,
» Εἴ που Ὀδυσῆος ταλασίφρονος ἠὲ πέπυσται,   510
» Ἢ ἴδεν ὀφθαλμοῖσι· πολυπλάγκτῳ γὰρ ἔοικεν. »

Τὴν δ' ἀπαμειβόμενος προσέφης, Εὔμαιε συβῶτα·
« Εἰ γάρ τοι, βασίλεια, σιωπήσειαν Ἀχαιοί,
» Οἷ' ὅδε μυθεῖται, θέλγοιτο κέ τοι φίλον ἦτορ.
» Τρεῖς γὰρ δή μιν νύκτας ἔχον, τρία δ' ἤματ' ἔρυξα
» Ἐν κλισίῃ, (πρῶτον γὰρ ἔμ' ἵκετο νηὸς ἀποδράς·) 516
» Ἀλλ' οὔπω κακότητα διήνυσεν ἣν ἀγορεύων.
» Ὡς δ' ὅτ' ἀοιδὸν ἀνὴρ ποτιδέρκεται, ὅς τε θεῶν ἒξ
» Ἀείδει δεδαὼς ἔπε' ἱμερόεντα βροτοῖσι,
» Τοῦ δ' ἄμοτον μεμάασιν ἀκουέμεν, ὁππότ' ἀείδῃ· 520
» Ὡς ἐμὲ κεῖνος ἔθελγε παρήμενος ἐν μεγάροισι.
» Φησὶ δ' Ὀδυσῆος ξεῖνος πατρώϊος εἶναι,
» Κρήτῃ ναιετάων, ὅθι Μίνωος γένος ἐστίν.
» Ἔνθεν δὴ νῦν δεῦρο τόδ' ἵκετο πήματα πάσχων,
» Προπροκυλινδόμενος· στεῦται δ' Ὀδυσῆος ἀκοῦσαι,
» Ἀγχοῦ Θεσπρωτῶν ἀνδρῶν ἐν πίονι δήμῳ,   526
» Ζωοῦ· πολλὰ δ' ἄγει κειμήλια ὅνδε δόμονδε. »

» réduit par la nécessité à l'état de mendiant, est venu
» aujourd'hui dans le palais leur demander la charité;
» ils lui ont tous donné libéralement; le seul Antinoüs
» lui a jeté son marchepied, et l'a blessé à l'épaule. »

Ainsi parloit Pénélope dans son appartement au milieu de ses femmes, pendant qu'Ulysse, assis sur le seuil de la porte, achevoit son souper. Cette princesse ayant fait appeler Eumée, elle lui dit :

« Eumée, allez vous-en trouver l'étranger qui est à la
» porte du palais, et faites-le monter dans mon appar-
» tement, afin que je lui parle et que je sache s'il n'a
» point entendu parler d'Ulysse, ou même s'il ne l'au-
» roit point vu; car il paroît que ses malheurs l'ont pro-
» mené en diverses contrées. »

« Grande reine! répondit Eumée; je souhaite que ces
» princes lui donnent le temps de vous entretenir;
» je puis vous assurer que votre cœur sera ému des
» choses qu'il vous racontera. Je l'ai gardé trois jours et
» trois nuits dans ma maison; car après qu'il se fut sauvé
» de son vaisseau, je fus le premier à qui il s'adressa,
» et qui le reçus; et ces trois jours-là ne lui suffirent pas
» pour me raconter ses tristes aventures. Comme quand
» un chantre célèbre, que les Dieux eux-mêmes ont
» instruit, se met à chanter, on écoute avidement ses
» chants divins qui font un merveilleux plaisir, et l'on
» est toujours dans la crainte qu'il ne finisse; j'écoutois
» avec la même attention et le même plaisir le récit que
» cet étranger me faisoit des malheurs de sa vie. Il m'a
» appris que de père en fils il est lié avec Ulysse par les
» liens de l'hospitalité; qu'il demeure à Crète, où le sage
» Minos est né, et que de là, après avoir souffert des
» maux infinis et essuyé de grandes traverses, il est venu
» ici se rendre votre suppliant. Il assure qu'il a ouï dire
» qu'Ulysse est plein de vie près des terres de Thespro-
» tiens, et qu'il amène chez lui de grandes richesses. »

Τὸν δ' αὖτε προσέειπε περίφρων Πηνελόπεια·
« Ἔρχεο, δεῦρο κάλεσσον, ἵν' ἀντίον αὐτὸς ἐνίσπῃ.
» Οὗτοι δ' ἠὲ θύρῃσι καθήμενοι ἑψιαάσθων, 530
» Ἢ αὐτοῦ κατὰ δώματ'· ἐπεί σφίσι θυμὸς εὔφρων.
» Αὐτῶν μὲν γὰρ κτήματ' ἀκήρατα κεῖτ' ἐνὶ οἴκῳ,
» Σῖτος καὶ μέθυ ἡδύ· τὰ μὲν οἰκῆες ἔδουσιν·
» Οἱ δ' εἰς ἡμέτερον πωλεύμενοι, ἤματα πάντα,
» Βοῦς ἱερεύοντες, καὶ ὄϊς, καὶ πίονας αἶγας, 535
» Εἰλαπινάζουσι, πίνουσί τε αἴθοπα οἶνον
» Μαψιδίως· τὰ δὲ πολλὰ κατάνεται· οὐ γὰρ ἔπ' ἀνήρ,
» Οἷος Ὀδυσσεὺς ἔσκεν, ἀρὴν ἀπὸ οἴκου ἀμῦναι.
» Εἰ δ' Ὀδυσεὺς ἔλθοι, καὶ ἵκοιτ' ἐς πατρίδα γαῖαν,
» Αἶψά κε σὺν ᾧ παιδὶ βίας ἀποτίσεται ἀνδρῶν.» 540

Ὣς φάτο· Τηλέμαχος δὲ μέγ' ἔπταρεν· ἀμφὶ δὲ δῶμα
Σμερδαλέον κονάβησε· γέλασσε δὲ Πηνελόπεια·
Αἶψα δ' ἄρ' Εὔμαιον ἔπεα πτερόεντα προσηύδα·

« Ἔρχεό μοι, τὸν ξεῖνον ἐναντίον ὧδε κάλεσσον.
» Οὐχ ὁράᾳς, ὅ μοι υἱὸς ἐπέπταρε πᾶσιν ἔπεσσιν; 545
» Τῷ κε καὶ οὐκ ἀτελὴς θάνατος μνηστῆρσι γένοιτο
» Πᾶσι μάλ', οὐδέ κέ τις θάνατον καὶ κῆρας ἀλύξοι.
» Ἄλλο δέ τοι ἐρέω, σὺ δ' ἐνὶ φρεσὶ βάλλεο σῇσιν,
» Αἴκ' αὐτὸν γνώω νημερτέα πάντ' ἐνέποντα, 549
» Ἕσσω μιν χλαῖνάν τε, χιτῶνά τε, εἵματα καλά. »

Ὣς φάτο· βῆ δὲ συφορβός, ἐπεὶ τὸν μῦθον ἄκουσεν·
Ἀγχοῦ δ' ἱστάμενος ἔπεα πτερόεντα προσηύδα·

« Ξεῖνε πάτερ, καλέει σε περίφρων Πηνελόπεια,
» Μήτηρ Τηλεμάχοιο· μεταλλῆσαί τί ἑ θυμὸς
» Ἀμφὶ πόσει κέλεται, καὶ κήδεά περ πεπαθυίῃ. 555
» Εἰ δέ κέ σε γνοίη νημερτέα πάντ' ἐνέποντα,
» Ἕσσει σὲ χλαῖνάν τε, χιτῶνά τε, τῶν σὺ μάλιστα
» Χρηΐζεις· σῖτον δὲ καὶ αἰτίζων κατὰ δῆμον,
» Γαστέρα βοσκήσεις· δώσει δέ τοι, ὅς κ' ἐθέλῃσιν. »

« Faites-le donc venir promptement, lui dit la sage
» Pénélope, afin qu'il me raconte tout cela lui-même.
» Que les princes se divertissent à la porte du palais,
» ou dans la salle, puisqu'ils ont le cœur en joie; car
» leurs maisons ne sont ni saccagées ni pillées, et leurs
» biens sont épargnés, et ne servent qu'à l'entretien de
» leurs familles; au lieu que la maison et les biens
» d'Ulysse sont abandonnés au pillage de tous ces étran-
» gers, qui immolent tous les jours ses bœufs, ses brebis,
» ses chèvres, passent leur vie en festins, et font un
» dégât horrible qui consume tout. Car il n'y a point ici
» d'homme tel qu'Ulysse pour éloigner ce fléau de sa
» maison. Ah! si mon cher Ulysse revenoit, aidé de son
» fils, il seroit bientôt vengé de l'insolence de ces
» princes! »

Elle parla ainsi, et Télémaque éternua si fort, que
tout le palais en retentit; la reine en marqua sa joie:

« Allez donc, Eumée, dit-elle, faites-moi voir cet
» étranger, n'entendez-vous pas que mon fils a éternué
» sur ce que j'ai dit? ce signe ne sera pas vain; la mort
» menace sans doute la tête des poursuivans, et pas un
» d'eux ne l'évitera. Vous pouvez dire de ma part à cet
» étranger que s'il me dit la vérité, je lui donnerai de
» fort bons habits. »

Eumée part en même temps pour exécuter cet ordre,
et s'approchant de l'étranger:

« Mon bon homme, lui dit-il, la reine Pénélope vous
» mande de l'aller trouver; l'affliction où elle est de
» l'absence de son mari la presse de vous parler pour
» vous en demander des nouvelles, et elle m'a ordonné
» de vous dire que si elle trouve que vous lui ayez dit
» la vérité, elle vous donnera des habits dont vous avez
» grand besoin, et vous pourrez demander librement
» dans Ithaque, et recevoir la charité de ceux qui vou-
» dront vous donner. »

Τὸν δ᾽ αὖτε προσέειπε πολύτλας δῖος Ὀδυσσεύς· 560
« Εὔμαι᾽, αἶψά κ᾽ ἐγὼ νημερτέα πάντ᾽ ἐνέποιμι
» Κούρῃ Ἰκαρίοιο περίφρονι Πηνελοπείῃ.
» Οἶδα γὰρ εὖ περὶ κείνου, ὁμὴν δ᾽ ἀνεδέγμεθ᾽ ὀϊζύν.
» Ἀλλὰ μνηστήρων χαλεπῶν ὑποδείδι᾽ ὅμιλον,
» Τῶν ὕβρις τὲ, βίη τὲ, σιδήρεον οὐρανὸν ἵκει. 565
» Καὶ γὰρ νῦν, ὅτε μ᾽ οὗτος ἀνὴρ κατὰ δῶμα κιόντα
» Οὔτι κακὸν ῥέξαντα βαλὼν ὀδύνῃσιν ἔδωκεν,
» Οὔτε τί Τηλέμαχος τόγ᾽ ἐπήρκεσεν, οὔτε τις ἄλλος.
» Τῷ νῦν Πηνελόπειαν ἐνὶ μεγάροισιν ἄνωχθι
» Μεῖναι, ἐπειγομένην πὲρ, ἐς ἠέλιον καταδύντα. 570
» Καὶ τότε μ᾽ εἰρέσθω πόσιος πέρι νόστιμον ἦμαρ,
» Ἀσσοτέρω καθίσασα παραὶ πυρί· εἵματα γάρ τοι
» Λύγρ᾽ ἔχω· οἶσθα καὶ αὐτὸς, ἐπεί σε πρῶθ᾽ ἱκέτευσα. »

Ὣς φάτο· βῆ δὲ συφορβὸς, ἐπεὶ τὸν μῦθον ἄκουσεν.
Τὸν δ᾽ ὑπὲρ οὐδοῦ βάντα προσηύδα Πηνελόπεια· 575

« Οὐ σύ γ᾽ ἄγεις, Εὔμαιε; τί τοῦτ᾽ ἐνόησεν ἀλήτης;
» Ἦ τινά που δείσας ἐξαίσιον; ἠὲ καὶ ἄλλως
» Αἰδεῖται κατὰ δῶμα; κακὸς δ᾽ αἰδοῖος ἀλήτης. »

Τὴν δ᾽ ἀπαμειβόμενος προσέφης, Εὔμαιε συβῶτα·
« Μυθεῖται κατὰ μοῖραν, ἅπερ κ᾽ οἴοιτο καὶ ἄλλος,
» Ὕβριν ἀλυσκάζων ἀνδρῶν ὑπερηνορεόντων. 581
» Ἀλλά σε μεῖναι ἄνωγεν ἐς ἠέλιον καταδύντα.
» Καὶ δέ σοι ὧδ᾽ αὐτῇ πολὺ κάλλιον, ὦ βασίλεια,
» Οἴην πρὸς ξεῖνον φάσθαι ἔπος, ἠδ᾽ ἐπακοῦσαι. »

Τὸν δ᾽ αὖτε προσέειπε περίφρων Πηνελόπεια· 585
« Οὐκ ἄφρων ὁ ξεῖνος ὀΐεται, ὅς περ ἂν εἴη·

« Certainement, Eumée, repartit le patient Ulysse,
» je dirai la vérité à la reine, car je sais des nouvelles
» sûres de son mari; nous sommes lui et moi dans la
» même infortune. Mais je crains tous ces fiers poursui-
» vans, dont la violence et l'insolence n'ont point de
» bornes et montent jusqu'aux cieux; car tout à l'heure
» quand cet homme fougueux m'a jeté son marchepied
» et m'a blessé à l'épaule comme je marchois dans la
» salle sans faire la moindre chose qui pût m'attirer ce
» mauvais traitement, Télémaque ni aucun de sa maison
» ne se sont présentés pour me défendre. C'est pourquoi,
» Eumée, quelque impatience que la reine puisse avoir,
» obligez-la d'attendre que le soleil soit couché; alors
» elle aura le temps de me faire toutes ses questions sur
» le retour de son mari, après m'avoir fait approcher
» du feu, car j'ai des habits qui me défendent mal contre
» le froid. Vous le savez bien vous-même, puisque vous
» êtes le premier dont je me suis rendu le suppliant. »

Eumée le quitta pour aller rendre réponse à la reine.
Comme il entroit dans sa chambre, elle lui dit :

« Vous ne m'amenez donc pas cet étranger? Refuse-
» t-il de venir, parce qu'il craint quelque nouvelle
» insulte? ou a-t-il honte de se présenter devant moi?
» Un mendiant honteux fait mal ses affaires. »

« Grande Reine, répondit Eumée, ce mendiant pense
» fort bien, et il dit ce que tout autre à sa place diroit
» comme lui; il ne veut pas s'exposer à l'insolence des
» poursuivans, et il vous prie d'attendre que la nuit soit
» venue; il est même beaucoup mieux que vous preniez
» ce temps-là, pour pouvoir l'entretenir à loisir et sans
» témoins. »

« Cet étranger, quel qu'il puisse être, me paroît un
» homme de bons sens, reprit Pénélope; car il est cer-
» tain que dans tout le monde on ne trouveroit point

» Οὐ γάρ που τινὲς ὧδε καταθνητῶν ἀνθρώπων
» Ἀνέρες ὑβρίζοντες ἀτάσθαλα μηχανόωνται. »

Ἡ μὲν ἄρ᾽ ὣς ἀγόρευεν· ὁ δ᾽ ᾤχετο δῖος ὑφορβὸς
Μνηστήρων ἐς ὅμιλον, ἐπεὶ διεπέφραδε πάντα.   590
Αἶψα δὲ Τηλέμαχον ἔπεα πτερόεντα προσηύδα,
Ἄγχι σχὼν κεφαλήν, ἵνα μὴ πευθοίαθ᾽ οἱ ἄλλοι·

« Ὦ φίλ᾽, ἐγὼ μὲν ἄπειμι, σύας καὶ κεῖνα φυλάξων,
« Σὸν καὶ ἐμὸν βίοτον· σοὶ δ᾽ ἐνθάδε πάντα μελόντων.
» Αὐτὸν μέν σε πρῶτα σάω, καὶ φράζεο θυμῷ,   595
» Μή τι πάθῃς· πολλοὶ δὲ κακὰ φρονέουσιν Ἀχαιῶν·
» Τοὺς Ζεὺς ἐξολέσειε, πρὶν ἡμῖν πῆμα γενέσθαι. »

Τὸν δ᾽ αὖ Τηλέμαχος πεπνυμένος ἀντίον ηὔδα·
« Ἔσσεται οὕτως, ἄττα· σὺ δ᾽ ἔρχεο δειελιήσας·
» Ἠῶθεν δ᾽ ἰέναι καὶ ἄγειν ἱερήϊα καλά.   600
» Αὐτὰρ ἐμοὶ τάδε πάντα καὶ ἀθανάτοισι μελήσει. »

Ὣς φάθ᾽· ὁ δ᾽ αὖτις ἄρ᾽ ἕζετ᾽ ἐϋξέστου ἐπὶ δίφρου·
Πλησάμενος δ᾽ ἄρα θυμὸν ἐδητύος, ἠδὲ ποτῆτος,
Βῆ ῥ᾽ ἴμεναι μεθ᾽ ὕας· λίπε δ᾽ ἕρκεά τε μέγαρόν τε
Πλεῖον δαιτυμόνων· τοὶ δ᾽ ὀρχηστύϊ καὶ ἀοιδῇ   605
Τέρπont᾽· ἤδη γὰρ καὶ ἐπήλυθε δείελον ἦμαρ.

» un assemblage d'hommes aussi insolens, aussi injustes
» et aussi capables de faire une mauvaise action. »

Quand elle eut ainsi parlé, Eumée s'en retourna dans la salle où étoient les princes, et s'approchant de Télémaque, il lui dit à l'oreille, pour n'être pas entendu des autres :

« Télémaque, je m'en retourne à mes troupeaux pour
» conserver votre bien, que je garde comme le mien
» propre. De votre côté ayez soin de tout ce qui vous
» regarde ici. Surtout conservez-vous, et prenez toutes
» sortes de précautions pour vous mettre à couvert des
» maux dont vous êtes menacé, car vous êtes au milieu de
» vos ennemis. Que Jupiter les extermine avant qu'ils
» puissent nous faire le moindre mal ! »

« Je suivrai vos conseils, mon cher Eumée, lui répond
» le prudent Télémaque; allez, mais ne partez pas sans
» avoir soupé : demain matin vous nous amenerez des
» victimes que vous aurez choisies; j'aurai soin ici de
» tout, et j'espère que les Dieux ne m'abandonneront
» pas. »

Eumée lui obéit, et se mit à table; et après avoir fait son repas, il s'en retourna à ses troupeaux, et laissa le palais plein de gens qui ne pensoient qu'à la bonne chère, à la danse et à la musique, car le jour étoit déjà bien avancé.

ΟΜΗΡΟΥ

ΟΔΥΣΣΕΙΑΣ

ΡΑΨΩΔΙΑ Σ.

Ὀδυσσέως καὶ Ἴρου πυγμὴ γίνεται· φαίνεται δὲ καὶ Πηνελόπη τοῖς Μνηστῆρσι, καὶ παρ' αὐτῶν δῶρα λαμβάνει. Γίνεται δὲ καί τις κοινολογία ἐν τοῖς ἐξῆς Ὀδυσσέως πρὸς Εὐρύμαχον.

Σῖγμ', ἔριν Ἴρου, εὖχος Ὀδυσσεὺς, δῶρά τ' ἀνάκτων.

Ἦλθε δ' ἐπὶ πτωχὸς πανδήμιος, ὃς κατὰ ἄστυ
Πτωχεύεσκ' Ἰθάκης, μετὰ δ' ἔπρεπε γαστέρι μάργῃ,

L'ODYSSÉE D'HOMÈRE.

LIVRE DIX-HUITIÈME.
ARGUMENT.

Un célèbre mendiant, nommé Irus, vient à la porte du palais, et veut en chasser Ulysse; ce prince défend son poste, et ils en viennent tous deux aux mains; Ulysse remporte la victoire, et en est loué par les poursuivans, qui lui donnent le prix qu'il mérite. Ulysse fait de sages réflexions sur la misère de l'homme. Pénélope se présente aux poursuivans. Minerve prend elle-même le soin de l'embellir, afin qu'elle les charme davantage; ce soin n'est pas inutile, car ils lui font tous de beaux présens. Pénélope, après avoir fait des reproches à son fils de ce qu'il a laissé maltraiter son hôte, et après avoir reçu les présens, s'en retourne dans son appartement, et les princes continuent à prendre le plaisir de la danse et de la musique. Ulysse est choqué de la conduite des femmes du palais, qui paient ses remontrances par des injures. Eurymaque fait des railleries d'Ulysse, qui lui répond; Eurymaque s'emporte. Mais enfin Télémaque congédie l'assemblée, et les poursuivans se retirent après avoir fait les libations.

Eumée étoit à peine parti, qu'on vit se présenter à la porte du palais un mendiant qui étoit accoutumé de

Ἀζηχὲς φαγέμεν καὶ πιέμεν· οὐδέ οἱ ἦν ἲς,
Οὐδὲ βίη· εἶδος δὲ μάλα μέγας ἦν ὁράασθαι.
Ἀρναῖος δ᾽ ὄνομ᾽ ἔσκε· τὸ γὰρ θέτο πότνια μήτηρ 5
Ἐκ γενετῆς· Ἶρον δὲ νέοι κίκλησκον ἅπαντες,
Οὕνεχ᾽ ἀπαγγέλλεσκε κιών, ὅτε πού τις ἀνώγοι.
Ὅς ῥ᾽ ἐλθὼν Ὀδυσῆα διώκετο οἷο δόμοιο,
Καί μιν νεικείων ἔπεα πτερόεντα προσηύδα·

« Εἶκε, γέρον, προθύρου, μὴ δὴ τάχα καὶ ποδὸς ἕλκῃ·
» Οὐκ ἀΐεις, ὅτι δή μοι ἐπιλλίζουσιν ἅπαντες, 11
» Ἑλκέμεναι δὲ κέλονται; ἐγὼ δ᾽ αἰσχύνομαι ἔμπης.
» Ἀλλ᾽ ἄνα, μὴ τάχα νῶϊν ἔρις καὶ χερσὶ γένηται. »

Τὸν δ᾽ ἄρ᾽ ὑπόδρα ἰδὼν προσέφη πολύμητις Ὀδυσσεύς·
« Δαιμόνι᾽, οὔτε τί σε ῥέζω κακόν, οὔτ᾽ ἀγορεύω, 15
» Οὔτε τινὰ φθονέω δόμεναι, καὶ πόλλ᾽ ἀνελόντα.
» Οὐδὸς δ᾽ ἀμφοτέρους ὅδε χείσεται· οὐδέ τι σὲ χρὴ
» Ἀλλοτρίων φθονέειν· δοκέεις δέ μοι εἶναι ἀλήτης,
» Ὥς περ ἐγών· ὄλβον δὲ θεοὶ μέλλουσιν ὀπάζειν.
» Χερσὶ δὲ μήτι λίην προκαλίζεο, μή με χολώσῃς, 20
» Μή σε, γέρων πὲρ ἐών, στῆθος καὶ χείλεα φύρσω
» Αἵματος· ἡσυχίη δ᾽ ἂν ἐμοὶ καὶ μᾶλλον ἔτ᾽ εἴη
» Αὔριον· οὐ μὲν γάρ τί σ᾽ ὑποστρέψεσθαι ὀΐω
» Δεύτερον ἐς μέγαρον Λαερτιάδεω Ὀδυσῆος. »

Τὸν δὲ χολωσάμενος προσεφώνεεν Ἶρος ἀλήτης· 25
« Ὦ πόποι, ὡς ὁ μολοβρὸς ἐπιτροχάδην ἀγορεύει,
» Γρηῒ καμινοῖ ἶσος· ὃν ἂν κακὰ μητισαίμην,
» Κόπτων ἀμφοτέρῃσι, χαμαὶ δ᾽ ἐκ πάντας ὀδόντας
» Γναθμῶν ἐξελάσαιμι, συὸς ὣς ληϊβοτείρης.
» Ζῶσαι νῦν, ἵνα πάντες ἐπιγνώωσι καὶ οἵδε 30

demander son pain dans Ithaque, et qui par son horrible gloutonnerie s'étoit rendu fort célèbre, car il mangeoit toujours et étoit toujours affamé. Cependant, quoiqu'il fût d'une taille énorme, il n'avoit ni force ni courage; son véritable nom étoit Arnée : sa mère le lui avoit donné dès sa naissance; mais les jeunes gens de la ville l'appeloient Irus, parce qu'il faisoit tous les messages dont on le chargeoit. En arrivant, il voulut chasser Ulysse de son poste, et lui dit en l'insultant :

« Retire-toi de cette porte, vieillard décrépit, que je
» ne t'en arrache en te traînant par les pieds. Ne vois-tu
» pas que tous ces princes me font signe et m'ordonnent
» de te chasser? Mais je respecte ta profession. Lève-toi
» donc, de peur que nous n'en venions aux mains ; ce
» qui ne seroit pas à ton avantage. »

Ulysse le regardant d'un œil farouche, lui dit : « Mon
» ami, je ne te dis point d'injures, je ne te fais aucun
» mal, et je n'empêche point qu'on te donne; cette
» porte peut suffire à nous deux. Pourquoi es-tu fâché
» qu'on me fasse quelque part d'un bien qui ne t'appar-
» tient pas? Il me paroît que tu es mendiant comme
» moi. Ce sont les Dieux qui donnent les richesses. Ne
» me défie pas trop au combat, et n'échauffe point ma
» bile, de peur que, tout décrépit que je suis, je ne te
» mette tout en sang; j'en serois demain plus en repos,
» car je ne crois pas que de tes jours tu revinsses dans le
» palais d'Ulysse. »

« Grands Dieux! repartit Irus en colère, voilà un
» gueux qui a la langue bien pendue. Il ressemble tout-
» à-fait à une vieille ratatinée. Si je le prends, je l'accom-
» moderai mal, et je lui ferai sauter les dents de la
» mâchoire, comme à une bête qui fait le dégât dans les
» terres d'un voisin. Voyons donc, déshabille-toi, ceins-
» toi d'un linge, et entrons en lice, et que les princes
» soient spectateurs de notre combat : mais vieux comme

» Μαρναμένους· πῶς δ' ἂν σὺ νεωτέρῳ ἀνδρὶ μάχοιο; »
Ὣς οἱ μὲν προπάροιθε θυράων ὑψηλάων
Οὐδοῦ ἐπὶ ξεστοῦ πανθυμαδὸν ὀκριόωντο.
Τοῖϊν δὲ ξυνέηχ' ἱερὸν μένος Ἀντινόοιο,
Ἡδὺ δ' ἄρ' ἐκγελάσας μετεφώνεε μνηστήρεσσιν· 35

« Ὦ φίλοι, οὐ μέν πω τι πάρος τοιοῦτον ἐτύχθη·
» Οἵην τερπωλὴν θεὸς ἤγαγεν ἐς τόδε δῶμα·
» Ὁ ξεῖνός τε καὶ Ἶρος ἐρίζετον ἀλλήλοιϊν
» Χερσὶ μαχέσσασθαι· ἀλλὰ ξυνελάσσομεν ὦκα. »

Ὣς ἔφαθ'· οἱ δ' ἄρα πάντες ἀνήϊξαν γελόωντες. 40
Ἀμφὶ δ' ἄρα πτωχοὺς κακοείμονας ἠγερέθοντο.
Τοῖσιν δ' Ἀντίνοος μετέφη, Εὐπείθεος υἱός·

« Κέκλυτέ μευ, μνηστῆρες ἀγήνορες, ὄφρα τι εἴπω·
» Γαστέρες αἵδ' αἰγῶν κέατ' ἐν πυρί· τάς δ' ἐπὶ δόρπῳ
» Κατθέμεθα, κνίσσης τε καὶ αἵματος ἐμπλήσαντες· 45
» Ὁππότερος δέ κε νικήσῃ, κρείσσων τε γένηται,
» Τάων ἥν κ' ἐθέλῃσιν ἀναστὰς αὐτὸς ἑλέσθω·
» Αἰεὶ δ' αὖθ' ἡμῖν μεταδαίσεται, οὐδέ τιν' ἄλλον
» Πτωχὸν ἔσω μίσγεσθαι ἐάσομεν αἰτήσοντα. »

Ὣς ἔφατ' Ἀντίνοος· τοῖσιν δ' ἐπιήνδανε μῦθος. 50
Τοῖς δὲ δολοφρονέων μετέφη πολύμητις Ὀδυσσεύς·

« Ὦ φίλοι, οὔπως ἐστὶ νεωτέρῳ ἀνδρὶ μάχεσθαι
» Ἄνδρα γέροντα, δύῃ ἀρημένον· ἀλλά με γαστὴρ
» Ὀτρύνει κακοεργός, ἵνα πληγῇσι δαμείω.
» Ἀλλ' ἄγε νῦν μοι πάντες ὀμόσσατε καρτερὸν ὅρκον,
» Μή τις ἐπ' Ἴρῳ ἦρα φέρων ἐμὲ χειρὶ παχείῃ 36
» Πλήξῃ ἀτασθάλλων, τούτῳ δέ με ἴφι δαμάσσῃ. »

Ὣς ἔφαθ'· οἱ δ' ἄρα πάντες ἀπώμνυον, ὡς ἐκέλευεν·
Τοῖς δ' αὖτις μετέειφ' ἱερὴ ἲς Τηλεμάχοιο·

» tu es, comment soutiendras-tu un adversaire de mon
» âge? » C'est ainsi qu'Ulysse et Irus se querelloient
avec chaleur devant la porte du palais. Antinoüs les
entendit, et adressant aussitôt la parole aux poursuivans avec de grands cris :

« Mes amis, leur dit-il, vous n'avez encore rien vu
» de pareil au plaisir que Dieu nous envoie ; cet étran-
» ger et Irus se querellent, et ils vont terminer leur
» différent par un combat. Ne perdons pas cette occa-
» sion de nous divertir ; hâtons-nous de les mettre aux
» mains. »

Tous les princes se lèvent en même temps, et riant
de toute leur force, ils environnent les deux mendians,
et Antinoüs dit :

« Princes, voilà les ventres des victimes qu'on fait
» rôtir pour notre table après les avoir farcis de graisse
» et de sang, c'est un prix digne de ces champions. Que
» celui donc qui aura terrassé son adversaire, choisisse
» le meilleur ; il aura encore l'honneur de manger tou-
» jours avec nous, et nous ne souffrirons point qu'aucun
» autre mendiant partage avec lui cet avantage. »

Cette proposition d'Antinoüs plut à toute l'assemblée,
et le prudent Ulysse prenant alors la parole, dit avec
une ironie cachée :

« Princes, un vieillard comme moi, accablé de cala-
» mité et de misère, ne devroit pas entrer en lice avec
» un adversaire jeune, fort et vigoureux ; mais la faim,
» qui fait affronter les plus grands dangers, me force
» de hasarder ce combat si inégal, où ma défaite est
» presque sûre. Mais au moins promettez-moi, et avec
» serment, qu'aucun de vous, pour favoriser Irus, ne
» mettra la main sur moi, ne me poussera et ne fera
» aucune supercherie dont mon ennemi puisse profiter. »

Il dit, et tous les princes firent le serment qu'il demandoit, après quoi Télémaque dit :

« Ξεῖν', εἴ σ' ὀτρύνει κραδίη καὶ θυμὸς ἀγήνωρ,   60
» Τοῦτον ἀλέξασθαι, τῶν δ' ἄλλων μή τιν' Ἀχαιῶν
» Δείδιθ᾽· ἐπεὶ πλεόνεσσι μαχήσεται, ὅς κέ σε θείνῃ.
» Ξεινοδόκος μὲν ἐγών· ἐπὶ δ' αἰνεῖτον βασιλῆες
» Εὐρύμαχός τε καὶ Ἀντίνοος, πεπνυμένω ἄμφω. »

Ὣς ἔφαθ᾽· οἱ δ᾽ ἄρα πάντες ἐπήνεον· αὐτὰρ Ὀδυσσεὺς
Ζώσατο μὲν ῥάκεσιν περὶ μήδεα, φαῖνε δὲ μηροὺς
Καλούς τε, μεγάλους τε, φάνεν δέ οἱ εὐρέες ὦμοι,
Στήθεά τε, στιβαροί τε βραχίονες· αὐτὰρ Ἀθήνη
Ἄγχι παρισταμένη μέλε᾽ ἤλδανε ποιμένι λαῶν.
Μνηστῆρες δ᾽ ἄρα πάντες ὑπερφιάλως ἀγάσαντο·   70
Ὧδε δέ τις εἴπεσκεν ἰδὼν ἐς πλησίον ἄλλον.

« Ἦ τάχα Ἶρος Ἄϊρος ἐπίσπαστον κακὸν ἕξει·
» Οἵην ἐκ ῥακέων ὁ γέρων ἐπιγουνίδα φαίνει. »

Ὣς ἄρ᾽ ἔφαν· Ἴρῳ δὲ κακῶς ὠρίνετο θυμός·
Ἀλλὰ καὶ ὣς δρηστῆρες ἄγον ζώσαντες ἀνάγκῃ,   75
Δειδιότα· σάρκες δὲ περιτρομέοντο μέλεσσιν.
Ἀντίνοος δ᾽ ἐνένιπτεν, ἔπος τ᾽ ἔφατ᾽, ἔκ τ᾽ ὀνόμαζεν·

« Νῦν μὲν μήτ᾽ εἴης, βουγάϊε, μήτε γένοιο,
» Εἰ δὴ τοῦτόν γε τρομέεις καὶ δείδιας αἰνῶς,
» Ἄνδρα γέροντα, δύῃ ἀρημένον, ἥ μιν ἱκάνει.   80
» Ἀλλ᾽ ἔκ τοι ἐρέω, τὸ δὲ καὶ τετελεσμένον ἔσται,
» Αἴ κέν σ᾽ οὗτος νικήσῃ, κρείσσων τε γένηται,
» Πέμψω σ᾽ Ἤπειρόνδε, βαλὼν ἐν νηῒ μελαίνῃ,
» Εἰς Ἔχετον βασιλῆα, βροτῶν δηλήμονα πάντων,
» Ὅς κ᾽ ἀπὸ ῥῖνα τάμῃσι, καὶ οὔατα νηλέϊ χαλκῷ,   85
» Μήδεά τ᾽ ἐξερύσας, δώῃ κυσὶν ὠμὰ δάσασθαι. »

Ὣς φάτο· τῷ δ᾽ ἔτι μᾶλλον ὑπὸ τρόμος ἔλλαβε γυῖα·

« Etranger, si vous avez le courage d'entreprendre ce
» combat, ne craignez aucun des Grecs, car celui qui
» mettroit la main sur vous, attireroit sur lui tous les
» autres; je vous prends sous ma protection comme mon
» hôte, et je suis sûr que les deux rois Antinoüs et
» Eurymaque, tous deux aussi sages que braves, seront
» pour moi. »

Tous les princes applaudirent au discours de Télémaque. Alors Ulysse se dépouilla, quitta ses haillons, et en mit une partie devant lui. On vit avec étonnement ses cuisses fortes et nerveuses, ses épaules carrées, sa poitrine large, ses bras forts comme l'airain. Minerve, qui se tenoit près de lui, le faisoit paroître encore plus grand et plus robuste. Tous les princes, malgré leur fierté, en étoient dans l'admiration, et il y en eut quelques-uns qui dirent à ceux qui étoient près d'eux :

« Voilà Irus qui ne fera plus de message, il s'est
» attiré son malheur. Quelle force et quelle vigueur
» dans son adversaire! il n'y a point d'athlète qui puisse
» lui être comparé. »

Irus, en le voyant, sentit son courage abattu; mais malgré ses frayeurs, les domestiques des princes le menèrent sur le champ de bataille, après l'avoir dépouillé et ceint d'un linge ; on le voyoit trembler de tous ses membres. Antinoüs en colère de voir tant d'insolence avec tant de lâcheté, le tança rudement, et lui dit :

« Misérable, indigne de vivre, tu méprisois tant cet
» étranger, et présentement, tout accablé qu'il est de
» misère et d'années, sa seule vue te fait trembler.
» Je te déclare que si tu te laisses vaincre, je te jetterai
» dans un vaisseau, et je t'enverrai en Epire au roi
» Echétus, le plus cruel de tous les hommes, qui te
» fera couper le nez et les oreilles, et te retiendra
» dans une dure captivité. »

Cette menace augmenta encore sa frayeur, et diminua

Ἐς μέσσον δ' ἄναγον· τὼ δ' ἄμφω χεῖρας ἀνέσχον.
Δὴ τότε μερμήριξε πολύτλας δῖος Ὀδυσσεὺς,
Ἢ ἐλάσει, ὥς μιν ψυχὴ λίποι αὖθι πεσόντα, 90
Ἠέ μιν ἦκ' ἐλάσειε, τανύσσειέν τ' ἐπὶ γαίῃ.
Ὧδε δέ οἱ φρονέοντι δοάσσατο κέρδιον εἶναι,
Ἦκ' ἐλάσαι, ἵνα μή μιν ἐπιφρασσαίατ' Ἀχαιοί.
Δὴ τότ' ἀνασχομένω, ὁ μὲν ἤλασε δεξιὸν ὦμον
Ἶρος, ὁ δ' αὐχέν' ἔλασσεν ὑπ' οὔατος, ὀστέα δ' εἴσω 95
Ἔθλασεν· αὐτίκα δ' ἦλθεν ἀνὰ στόμα φοίνιον αἷμα,
Κὰδ δ' ἔπεσ' ἐν κονίῃσι μακών, σὺν δ' ἤλασ' ὀδόντας,
Λακτίζων ποσὶ γαῖαν· ἀτὰρ μνηστῆρες ἀγαυοὶ
Χεῖρας ἀνασχόμενοι γέλῳ ἔκθανον· αὐτὰρ Ὀδυσσεὺς
Εἷλκε δι' ἐκ προθύροιο, λαβὼν ποδός, ὄφρ' ἵκετ' αὐλὴν
Αἰθούσης τε θύρας, καί μιν ποτὶ ἑρκίον αὐλῆς
Εἷσεν ἀνακλίνας· σκῆπτρον δέ οἱ ἔμβαλε χειρί,
Καί μιν φωνήσας ἔπεα πτερόεντα προσηύδα·

« Ἐνταυθοῖ νῦν ἧσο, κύνας τε σύας τ' ἀπερύκων,
» Μηδὲ σύ γε ξείνων καὶ πτωχῶν κοίρανος εἶναι,
» Λυγρὸς ἐών· μή που τι κακὸν καὶ μεῖζον ἐπαύρῃ. »

Ἦ ῥα, καὶ ἀμφ' ὤμοισιν ἀεικέα βάλλετο πήρην,
Πυκνὰ ῥωγαλέην· ἐν δὲ στρόφος ἦεν ἀορτήρ.
Ἂψ δ' ὅγ' ἐπ' οὐδὸν ἰὼν κατ' ἄρ' ἕζετο· τοὶ δ' ἴσαν εἴσω
Ἡδὺ γελώοντες, καί ἑ δεικανόωντ' ἐπέεσσιν· 110

« Ζεύς τοι δοίη, ξεῖνε, καὶ ἀθάνατοι θεοὶ ἄλλοι,
» Ὅ,ττι μάλιστ' ἐθέλεις, καί σοι φίλον ἔπλετο θυμῷ,
» Ὃς τοῦτον τὸν ἄναλτον ἀλητεύειν ἀπέπαυσας
» Ἐν δήμῳ· τάχα γάρ μιν ἀνάξομεν Ἤπειρόνδε
» Εἰς Ἔχετον βασιλῆα, βροτῶν δηλήμονα πάντων. »

Ὣς ἄρ' ἔφαν· χαῖρεν δὲ κληηδόνι θεῖος Ὀδυσσεύς· 116

ses forces. On le mena au milieu de l'assemblée. Quand les deux champions furent en présence, ils levèrent les bras pour se charger. Ulysse délibéra en lui-même s'il l'étendroit mort à ses pieds du premier coup, ou s'il se contenteroit de le jeter à terre; et il prit ce dernier parti, comme le meilleur, dans la pensée que l'autre pourroit donner quelque soupçon aux princes, et le découvrir. Les voilà donc aux prises; Irus décharge un grand coup de poing sur l'épaule droite d'Ulysse, et Ulysse le frappe au haut du cou sous l'oreille avec tant de force, qu'il lui brise la mâchoire et l'étend à terre; le sang sort à gros bouillons de sa bouche avec les dents, et il ne fait que se débattre sur la poussière. Les poursuivans, pleins d'admiration, lèvent les mains avec de grands cris et de grandes risées. Mais Ulysse prenant son ennemi, le traîne par les pieds hors des portiques et de la basse-cour, et le faisant asseoir en dehors près de la porte, il lui met un bâton à la main, et lui dit:

« Demeure là, mon ami, pour garder cette porte,
» et ne t'avise plus, toi qui es le dernier des hommes,
» de traiter les étrangers et les mendians comme si tu
» étois leur roi, de peur qu'il ne t'arrive pis encore. »

Après avoir ainsi parlé, il va reprendre sa besace et se remettre à la porte dont Irus avoit voulu le chasser. Les princes entrent, et le félicitant de sa victoire, ils lui dirent :

« Etranger, que Jupiter et tous les autres Dieux vous
» accordent tout ce que vous désirez et qui peut vous
» être agréable, pour la bonne action que vous avez
» faite de délivrer cette ville de ce mendiant que rien
» ne peut rassasier. Car nous allons bientôt l'envoyer
» en Epire au roi Echétus, qui n'est pas accoutumé à
» bien traiter ceux qui tombent entre ses mains. »

Ulysse fut ravi d'entendre ces souhaits de la bouche

Ἀντίνοος δ' ἄρα οἷ μεγάλην παρὰ γαστέρα θῆκεν
Ἐμπλείην κνίσσης τὲ καὶ αἵματος· Ἀμφίνομος δὲ
Ἄρτους ἐκ κανέοιο δύω παρέθηκεν ἀείρας,
Καὶ δέπαϊ χρυσέῳ δειδίσκετο, φώνησέν τε·   120

« Χαῖρε, πάτερ, ὦ ξεῖνε· γένοιτό τοι ἔς περ ὀπίσσω
» Ὄλβος, ἀτὰρ μὲν νῦν γε κακοῖς ἔχεαι πολέεσσι. »

Τὸν δ' ἀπαμειβόμενος προσέφη πολύμητις Ὀδυσσεύς·
« Ἀμφίνομ', ἦ μάλα μοι δοκέεις πεπνυμένος εἶναι·
» Τοιούτου γὰρ πατρός· ἐπεὶ κλέος ἐσθλὸν ἄκουον, 125
» Νῖσον Δουλιχιῆα ἐΰν τ' ἔμεν, ἀφνειόν τε·
» Τοῦ σ' ἔκ φασι γενέσθαι· ἐπητῇ δ' ἀνδρὶ ἔοικας.
» Τοὔνεκά τοι ἐρέω· σὺ δὲ σύνθεο, καί μευ ἄκουσον·
» Οὐδὲν ἀκιδνότερον γαῖα τρέφει ἀνθρώποιο
» Πάντων, ὅσσα τὲ γαῖαν ἐπὶ πνείει τὲ καὶ ἕρπει. 130
» Οὐ μὲν γάρ ποτε φησὶ κακὸν πείσεσθαι ὀπίσσω,
» Ὄφρ' ἀρετὴν παρέχωσι θεοί, καὶ γούνατ' ὀρώρῃ·
» Ἀλλ' ὅτε δὴ καὶ λυγρὰ θεοὶ μάκαρες τελέσωσι,
» Καὶ τὰ φέρει ἀεκαζόμενος τετληότι θυμῷ.
» Τοῖος γὰρ νόος ἐστὶν ἐπιχθονίων ἀνθρώπων,   135
» Οἷον ἐπ' ἦμαρ ἄγῃσι πατὴρ ἀνδρῶν τε θεῶν τε.
» Καὶ γὰρ ἐγώ ποτ' ἔμελλον ἐν ἀνδράσιν ὄλβιος εἶναι,
» Πολλὰ δ' ἀτάσθαλ' ἔρεξα, βίῃ καὶ κάρτεϊ εἴκων,
» Πατρί τ' ἐμῷ πίσυνος, καὶ ἐμοῖσι κασιγνήτοισι.

des poursuivans, et en tira un bon augure. Antinoüs met devant lui en même temps le ventre d'une victime, farci de graisse et de sang et fort bien rôti. Amphinome lui sert deux pains qu'il tire d'une corbeille, et lui présentant une coupe d'or pleine de vin, il lui dit :

« Généreux étranger, qui venez de montrer tant de
» force et tant de courage, puissiez-vous être heureux,
» et qu'à l'avenir vous vous voyiez aussi comblé de
» richesses, que vous êtes présentement accablé de
» misère et de pauvreté ! »

Ulysse, touché de sa politesse, lui répondit : « Amphi-
» nome, vous êtes fils d'un père dont la réputation est
» venue jusqu'à moi ; la gloire, la valeur, les richesses
» et la sagesse de Nisus, qui régnoit dans l'île de Duli-
» chium, me sont connues, et je vois que vous n'avez
» pas dégénéré ; car vous me paroissez prudent et sage.
» C'est pourquoi je ne ferai pas difficulté de vous dire
» ma pensée, je vous prie de l'entendre et de vous en
» souvenir. De tous les animaux qui respirent ou qui
» rampent sur la terre, le plus foible et le plus misé-
» rable, c'est l'homme : pendant qu'il est dans la force
» de l'âge, et que les Dieux entretiennent le cours de
» sa prospérité, il est plein de présomption et d'inso-
» lence, et il croit qu'il ne sauroit lui arriver aucun mal.
» Et lorsque ces mêmes Dieux le précipitent de cet état
» heureux dans les malheurs qu'il a mérités par ses
» injustices, il souffre ce revers, mais avec un esprit
» de révolte et un courage forcé, et ce n'est que peti-
» tesse, que bassesse ; car l'esprit de l'homme est toujours
» tel que sont les jours qu'il plaît au père des Dieux et
» des hommes de lui envoyer. Moi-même, j'étois né
» pour être heureux ; je me suis oublié dans cet état,
» et j'ai commis beaucoup de violences et d'injustices,
» me laissant emporter à mon naturel altier et superbe,
» et me prévalant de l'autorité de mon père et de l'appui

» Τῷ μή τίς τοι πάμπαν ἀνὴρ ἀθεμίστιος εἴη, 140
» Ἀλλ᾿ ὅγε σιγῇ δῶρα θεῶν ἔχοι, ὅ,ττι διδοῖεν.
» Οἳ ὁρόω μνηστῆρας ἀτάσθαλα μηχανόωντας,
» Κτήματα κείροντας, καὶ ἀτιμάζοντας ἄκοιτιν
» Ἀνδρὸς, ὃν οὐκ ἔτι φημὶ φίλων καὶ πατρίδος αἴης
» Δηρὸν ἀπέσσεσθαι· μάλα δὲ σχεδόν· ἀλλά σε δαίμων
» Οἴκαδ᾽ ὑπεξαγάγοι, μηδ᾽ ἀντιάσειας ἐκείνῳ, 146
» Ὁππότε νοστήσειε φίλην ἐς πατρίδα γαῖαν·
» Οὐ γὰρ ἀναιμωτί γε διακρινέεσθαι ὀΐω
» Μνηστῆρας, κἀκεῖνον, ἐπεί κε μέλαθρον ὑπέλθοι. »

Ὣς φάτο· καὶ σπείσας ἔπιεν μελιηδέα οἶνον· 150
Ἂψ δ᾽ ἐν χερσὶν ἔθηκε δέπας κοσμήτορι λαῶν.
Αὐτὰρ ὁ βῆ κατὰ δῶμα, φίλον τετιημένος ἦτορ,
Νευστάζων κεφαλῇ· δὴ γὰρ κακὸν ὄσσετο θυμῷ.
Ἀλλ᾿ οὐδ᾽ ὣς φύγε κῆρα· πέδησε δὲ καὶ τὸν Ἀθήνη,
Τηλεμάχου ὑπὸ χερσὶ καὶ ἔγχεϊ ἶφι δαμῆναι. 155
Ἂψ δ᾽ αὖτις κατ᾽ ἄρ᾽ ἕζετ᾽ ἐπὶ θρόνου, ἔνθεν ἀνέστη.

Τῇ δ᾽ ἄρ᾽ ἐπὶ φρεσὶ θῆκε θεὰ γλαυκῶπις Ἀθήνη,
Κούρῃ Ἰκαρίοιο, περίφρονι Πηνελοπείῃ,
Μνηστήρεσσι φανῆναι, ὅπως πετάσειε μάλιστα
Θυμὸν μνηστήρων, ἰδὲ τιμήεσσα γένοιτο 160
Μᾶλλον πρὸς πόσιός τε, καὶ υἱέος, ἢ πάρος ἦεν.
Ἀχρεῖον δ᾽ ἐγέλασσεν, ἔπος τ᾽ ἔφατ᾽, ἔκ τ᾽ ὀνόμαζεν·

« Εὐρυνόμη, θυμός μοι ἐέλδεται, οὔτι πάρος γε,
» Μνηστήρεσσι φανῆναι, ἀπεχθομένοισί περ ἔμπης.
» Παιδὶ δέ κεν εἴποιμι ἔπος, τό κε κέρδιον εἴη, 165

» de mes frères; vous voyez l'état où je suis réduit. C'est
» pourquoi j'exhorte tout homme à n'être jamais ni
» emporté ni injuste, et à recevoir avec humilité et dans
» un respectueux silence tout ce qu'il plaît aux Dieux
» de lui départir. Je vois les poursuivans commettre ici
» des excès indignes, en consumant les biens et en man-
» quant de respect à la femme d'un homme qui, je
» pense, ne sera pas long-temps éloigné de ses amis
» et de sa patrie, et qui en est déjà bien près. Je souhaite
» de tout mon cœur, mon cher Amphinome, que Dieu
» vous ramène dans votre maison, en vous retirant du
« danger qui les menace, et que vous ne vous trou-
» viez pas devant lui quand il sera de retour; car je ne
» crois pas que dès qu'il sera une fois entré dans son
» palais, les poursuivans et lui se séparent sans qu'il y
» ait du sang répandu. »

En finissant ces mots, il fit ses libations, but le reste, et lui remit la coupe entre les mains. Ce prince rentra dans la salle, le cœur plein de tristesse et secouant la tête, comme présageant déjà le malheur qui lui devoit arriver. Mais, malgré ces avis et son pressentiment, il ne put éviter sa destinée; Minerve l'arrêta pour le faire tomber sous les coups de Télémaque. Il se remit donc à table sur le même siège qu'il avoit quitté.

Dans ce même moment, Minerve inspira à la fille d'Icarius, à la sage Pénélope, le dessein de se montrer aux poursuivans, afin qu'elle les amusât encore de vaines espérances, et qu'elle fût plus honorée de son fils et de son mari qu'elle n'avoit jamais été. Elle appela Eurynome, et avec un sourire qui n'effaçoit pas la tristesse peinte dans ses yeux, elle lui dit :

« Ma chère Eurynome, voici un nouveau dessein qui
» vous surprendra sans doute; j'ai résolu de me faire
» voir aux poursuivans, quoiqu'ils me soient toujours
» plus odieux. Je trouverai peut-être moyen de donner

» Μὴ πάντα μνηστῆρσιν ὑπερφιάλοισιν ὁμιλεῖν,
» Οἵτ' εὖ μὲν βάζουσι, κακῶς δ' ὄπιθεν φρονέουσιν. »

Τὴν δ' αὖτ' Εὐρυνόμη ταμίη πρὸς μῦθον ἔειπεν·
« Ναὶ δὴ ταῦτά γε πάντα, τέκος, κατὰ μοῖραν ἔειπες.
» Ἀλλ' ἴθι, καὶ σῷ παιδὶ ἔπος φάο, μηδ' ἐπίκευθε, 170
» Χρῶτ' ἀπονιψαμένη, καὶ ἐπιχρίσασα παρειάς.
» Μηδ' οὕτω δακρύοισι πεφυρμένη ἀμφὶ πρόσωπα
» Ἔρχευ· ἐπεὶ κάκιον πενθήμεναι ἄκριτον αἰεί·
» Ἤδη μὲν γάρ τοι παῖς τηλίκος, ὃν σὺ μάλιστα
» Ἠρῶ ἀθανάτοισι γενειήσαντα ἰδέσθαι. »   175

Τὴν δ' αὖτε προσέειπε περίφρων Πηνελόπεια·
« Εὐρυνόμη, μὴ ταῦτα παραύδα, κηδομένη περ,
» Χρῶτ' ἀπονίπτεσθαι, καὶ ἐπιχρίεσθαι ἀλοιφῇ·
» Ἀγλαΐην γὰρ ἔμοιγε θεοί, τοὶ Ὄλυμπον ἔχουσιν,
» Ὤλεσαν, ἐξ οὗ κεῖνος ἔβη κοίλης ἐνὶ νηυσίν.   180
» Ἀλλά μοι Αὐτονόην τε καὶ Ἱπποδάμειαν ἄνωχθι
» Ἐλθέμεν, ὄφρα κέ μοι παρστήετον ἐν μεγάροισιν·
» Οἴη δ' οὐκ εἴσειμι μετ' ἀνέρας· αἰδέομαι γάρ. »
Ὣς ἄρ' ἔφη· γρηῢς δὲ δι' ἐκ μεγάροιο βεβήκει,
Ἀγγελέουσα γυναιξί, καὶ ὀτρυνέουσα νέεσθαι.   185

Ἔνθ' αὖτ' ἄλλ' ἐνόησε θεὰ γλαυκῶπις Ἀθήνη·
Κούρῃ Ἰκαρίοιο κατὰ γλυκὺν ὕπνον ἔχευεν.
Εὖδε δ' ἀνακλινθεῖσα· λύθεν δέ οἱ ἅψεα πάντα
Αὐτοῦ ἐνὶ κλιντῆρι· τέως δ' ἄρα δῖα θεάων
Ἄμβροτα δῶρα δίδου, ἵνα μιν θησαίατ' Ἀχαιοί·   190
Κάλλεϊ μέν οἱ πρῶτα πρόσωπά τε καλὰ κάθηρεν

» à mon fils un avis utile, c'est de ne se point tant mêler
» avec ces hommes insolens et injustes, dont les dis-
» cours ne sont que douceur, mais dont le cœur est
» plein de fiel et de perfidie. »

« Ce dessein est très-sage, repartit Eurynome. Allez
» donc, chère Pénélope, allez donner à votre fils les
» avis dont il a besoin. Mais auparavant entrez dans le
» bain, et redonnez à votre visage, par des couleurs
» empruntées, l'éclat que vos afflictions ont terni, et
» n'allez point vous présenter le visage tout baigné de
» larmes; rien n'est si contraire à la beauté que de pleu-
» rer toujours. D'ailleurs je vous prie de vous souvenir
» que votre fils est déjà dans l'âge où vous avez tant
» demandé aux Dieux de le voir, c'est un homme fait. »

« Ah! Eurynome, répondit Pénélope, que le soin
» que vous avez de moi, et la part que vous prenez à
» mes douleurs, ne vous portent pas à me conseiller de
» me baigner, et d'emprunter le secours de l'art, pour
» rappeler ma beauté déjà effacée! Les Dieux immor-
» tels m'ont ravi le soin de m'embellir et de me parer,
» depuis le jour fatal que mon cher mari s'est embarqué
» pour Troie. Mais faites venir mes femmes, Autonoé
» et Hippodamie, afin qu'elles m'accompagnent, car je
» n'irai pas seule me présenter devant ces princes; la
» bienséance ne le permet pas. » En même temps Eurynome sort de l'appartement de la reine pour aller donner
l'ordre à ses femmes et les faire venir.

Cependant Minerve, qui vouloit relever la beauté de
Pénélope, s'avisa de ce moyen pour le faire sans sa par-
ticipation. Elle lui envoya un doux sommeil qui s'empara de tous ses sens; elle s'endort à l'instant sur son
siège même, et alors la Déesse lui fit les dons les plus
éclatans, afin que les Grecs fussent encore plus éblouis
de ses charmes. Premièrement, elle se servit pour son
beau visage d'un fard immortel, du même dont la

Ἀμβροσίῳ, οἵῳ πὲρ ἐϋστέφανος Κυθέρεια
Χρίεται, εὖτ' ἂν ἴῃ Χαρίτων χορὸν ἱμερόεντα.
Καί μιν μακροτέρην καὶ πάσσονα θῆκεν ἰδέσθαι·
Λευκοτέρην δ' ἄρα μιν θῆκεν πριστοῦ ἐλέφαντος· 195
Ἡ μὲν ἄρ' ὣς ἔρξασ' ἀπεβήσατο δῖα θεάων.
Ἦλθον δ' ἀμφίπολοι λευκώλενοι ἐκ μεγάροιο,
Φθόγγῳ ἐπερχόμεναι· τὴν δὲ γλυκὺς ὕπνος ἀνῆκε,
Καί ῥ' ἀπομόρξατο χερσὶ παρειὰς, φώνησέν τε· 199

« Ἦ με μάλ' αἰνοπαθῆ μαλακὸν περὶ κῶμ' ἐκάλυψεν·
» Αἴθε μοι ὡς μαλακὸν θάνατον πόροι Ἄρτεμις ἁγνὴ
» Αὐτίκα νῦν, ἵνα μηκέτ' ὀδυρομένη κατὰ θυμὸν
» Αἰῶνα φθινύθω, πόσιος ποθέουσα φίλοιο
» Παντοίην ἀρετήν· ἐπεὶ ἔξοχος ἦεν Ἀχαιῶν.»

Ὣς φαμένη, κατέβαιν' ὑπερώϊα σιγαλόεντα, 105
Οὐκ οἴη· ἅμα τῇγε καὶ ἀμφίπολοι δύ' ἔποντο.
Ἡ δ' ὅτε δὴ μνηστῆρας ἀφίκετο δῖα γυναικῶν,
Στῆ ῥα παρὰ σταθμὸν τέγεος πύκα ποιητοῖο,
Ἄντα παρειάων σχομένη λιπαρὰ κρήδεμνα·
Ἀμφίπολος δ' ἄρα οἱ κεδνὴ ἑκάτερθε παρέστη. 210
Τῶν δ' αὐτοῦ λύτο γούνατ', ἔρῳ δ' ἄρα θυμὸν ἔθελχθεν·
Πάντες δ' ἠρήσαντο παραὶ λεχέεσσι κλιθῆναι.
Ἡ δ' αὖ Τηλέμαχον προσεφώνεεν ὃν φίλον υἱόν·

« Τηλέμαχ', οὐκέτι τοὶ φρένες ἔμπεδοι, οὐδὲ νόημα·
» Παῖς ἔτ' ἐών, καὶ μᾶλλον ἐνὶ φρεσὶ κέρδε' ἐνώμας· 215
» Νῦν δ', ὅτε δὴ μέγας ἐσσὶ, καὶ ἥβης μέτρον ἱκάνεις,
» Καί κέν τις φαίη, γόνον ἔμμεναι ὀλβίου ἀνδρὸς,
» Ἐς μέγεθος καὶ κάλλος ὁρώμενος, ἀλλότριος φώς,
» Οὐκέτι τοὶ φρένες εἰσὶν ἐναίσιμοι, οὐδὲ νόημα.

charmante Cythérée se sert quand elle se prépare pour aller danser avec les Grâces ; elle la fit ensuite paroître plus grande et plus majestueuse, lui rendit tout son embonpoint, et lui donna une blancheur qui effaçoit celle de l'ivoire. Après l'avoir rendue si belle, la Déesse se retira, et les femmes de la reine entrèrent dans son appartement en parlant à haute voix. Ce bruit éveilla Pénélope, qui se frottant les yeux, s'écria :

« Hélas ! un doux assoupissement est venu suspendre
» un moment mes cruelles inquiétudes. Plût aux Dieux
» que la chaste Diane m'envoyât tout à l'heure une
» mort aussi douce, afin que je ne fusse plus réduite à
» passer ma vie dans les larmes et dans la douleur, sou-
» pirant toujours pour la mort, ou pour l'absence d'un
» mari qui, par ses rares qualités et par ses vertus, étoit
» au-dessus de tous les princes de la Grèce. »

En finissant ces mots, elle descendit de son appartement suivie de deux de ses femmes. En arrivant dans la salle où étoient les princes, elle s'arrêta sur le seuil de la porte, le visage couvert d'un voile, et ayant ses deux femmes à ses deux côtés. Les princes ne la voient pas plus tôt, que, ravis et comme en extase, ils n'eurent ni force ni mouvement ; car l'amour lioit toutes les puissances de leur ame. Le désir de l'épouser se réveille en eux avec plus de fureur.

La reine adressa d'abord la parole à Télémaque, et lui dit : « Mon fils, vous manquez bien de courage et
» de conduite. Quand vous n'étiez encore qu'enfant,
» vous étiez plus fier, plus hardi, et vous connoissiez
» mieux ce que vous vous devez à vous-même. Aujour-
» d'hui que vous êtes homme fait, et que les étrangers,
» à voir votre bonne mine et votre belle taille, vous
» prendroient pour un homme hardi et pour le fils de
» quelque grand prince, vous ne faites voir ni fierté,
» ni bienséance, ni courage. Quelle indigne action venez-

» Οἷον δὴ τόδε ἔργον ἐνὶ μεγάροισιν ἐτύχθη, 220
» Ὅς τὸν ξεῖνον ἔασας ἀεικισθήμεναι οὕτω.
» Πῶς νῦν; εἴτις ξεῖνος, ἐν ἡμετέροισι δόμοισιν
» Ἥμενος, ὧδε πάθοι ῥυστακτύος ἐξ ἀλεγεινῆς,
» Σοί κ' αἶσχος, λώβη τὲ, μετ' ἀνθρώποισι πέλοιτο.»

Τὴν δ' αὖ Τηλέμαχος πεπνυμένος ἀντίον ηὔδα· 225
« Μῆτερ ἐμὴ, τὸ μὲν οὔ σε νεμεσσῶμαι κεχολῶσθαι·
» Αὐτὰρ ἐγὼ θυμῷ νοέω καὶ οἶδα ἕκαστα,
» Ἐσθλά τε, καὶ τὰ χέρηα (πάρος δ' ἔτι νήπιος ἦα·)
» Ἀλλά τοι οὐ δύναμαι πεπνυμένα πάντα νοῆσαι·
» Ἐκ γάρ με πλήσσουσι, παρήμενοι ἄλλοθεν ἄλλος, 230
» Οἵδε, κακὰ φρονέοντες, ἐμοὶ δ' οὐκ εἰσὶν ἀρωγοί.
» Οὐ μέν τοι ξείνου γε καὶ Ἴρου μῶλος ἐτύχθη
» Μνηστήρων ἰότητι· βίῃ δ' ὅγε φέρτερος ἦεν.
» Αἲ γὰρ, Ζεῦ τε πάτερ, καὶ Ἀθηναίη, καὶ Ἄπολλον,
» Οὕτω νῦν μνηστῆρες ἐν ἡμετέροισι δόμοισι 235
» Νεύοιεν κεφαλὰς δεδμημένοι, οἱ μὲν ἐν αὐλῇ,
» Οἱ δ' ἔντοσθε δόμοιο, λέλυτο δὲ γυῖα ἑκάστου·
» Ὡς νῦν Ἴρος ἐκεῖνος ἐπ' αὐλείῃσι θύρῃσιν
» Ἧσται νευστάζων κεφαλῇ, μεθύοντι ἐοικώς,
» Οὐδ' ὀρθὸς δύναται στῆναι ποσὶν, οὐδὲ νέεσθαι 240
» Οἴκαδ', ὅπη οἱ νόστος· ἐπεὶ φίλα γυῖα λέλυνται. »

Ὣς οἱ μὲν τοιαῦτα πρὸς ἀλλήλους ἀγόρευον.
Εὐρύμαχος δ' ἐπέεσσι προσηύδα Πηνελόπειαν·

« Κούρη Ἰκαρίοιο, περίφρων Πηνελόπεια,
» Εἰ πάντες σὲ ἴδοιεν ἀν' Ἴασον Ἄργος Ἀχαιοί, 245
» Πλείονές κεν μνηστῆρες ἐν ὑμετέροισι δόμοισιν
» Ἠῶθεν δαινύατ'· ἐπεὶ περίεσσι γυναικῶν,

» vous de souffrir dans votre palais ! vous avez souffert
» qu'on ait ainsi maltraité votre hôte en votre presence ?
» Que pensera-t-on de vous ? si un étranger, à qui vous
» avez accordé votre protection et donné votre palais
» pour asile, est traité si indignement, l'affront en
» retombe tout entier sur vous, et vous êtes déshonoré
» parmi les hommes. »

Le prudent Télémaque lui répondit : « Ma mère, je
» je ne saurois trouver mauvais les reproches que vous
» me faites, quoique je ne les mérite pas. J'ai le cœur
» assez bien fait pour être frappé des bonnes actions et
» des mauvaises, et je n'ai jamais si bien connu toute
» l'étendue de mes devoirs que je la connois présente-
» ment ; mais je ne puis faire tout ce que je voudrois ;
» car tous les poursuivans, dont je sais les mauvais
» desseins, m'étonnent ; je me vois seul au milieu d'eux
» sans aucun secours. Pour ce qui est du démêlé de
» mon hôte avec Irus, il n'est nullement arrivé par la
» faute des princes ; et l'étranger, bien loin d'avoir été
» maltraité, a été le plus fort. Plût à Jupiter, à Apollon
» et à Minerve que tous les poursuivans fussent aussi
» foibles et aussi abattus que l'est présentement Irus à la
» porte de la basse-cour ! Il peut à peine se soutenir,
» et n'est point en état de s'en retourner chez lui, car
» tous ses membres sont disloqués, à peine peut-il porter
» sa tête. »

Pendant que Pénélope et son fils s'entretenoient ainsi,
Eurymaque s'approche, et adressant la parole à la reine,
il dit :

« Sage Pénélope, si tous les peuples qui sont répan-
» dus dans tout le pays d'Argos avoient le bonheur de
» vous voir, vous auriez demain dans votre palais un
» plus grand nombre de poursuivans ; car il n'y a point
» de femme qui vous soit comparable, ni en beauté, ni

» Εἶδός τε, μέγεθός τε, ἰδὲ φρένας ἔνδον ἐΐσας. »

Τὸν δ᾽ ἠμείβετ᾽ ἔπειτα περίφρων Πηνελόπεια·
« Εὐρύμαχ᾽, ἤτοι ἐμὴν ἀρετὴν, εἶδός τε, δέμας τέ, 250
» Ὤλεσαν ἀθάνατοι, ὅτε Ἴλιον εἰσανέβαινον
» Ἀργεῖοι· μετὰ τοῖσι δ᾽ ἐμὸς πόσις ἦεν Ὀδυσσεύς.
» Εἰ κεῖνός γ᾽ ἐλθὼν τὸν ἐμὸν βίον ἀμφιπολεύοι,
» Μεῖζόν κε κλέος εἴη ἐμὸν καὶ κάλλιον οὕτω.
» Νῦν δ᾽ ἄχομαι· τόσα γάρ μοι ἐπέσσευεν κακὰ δαίμων.
» Ἦ μὲν δὴ ὅτε τ᾽ ἤιε λιπὼν κάτα πατρίδα γαῖαν, 255
» Δεξιτερὴν ἐπὶ καρπῷ ἑλὼν ἐμὲ χεῖρα προσηύδα·
» Ὦ γύναι, οὐ γὰρ ὀίω ἐϋκνήμιδας Ἀχαιοὺς
» Ἐκ Τροίης εὖ πάντας ἀπήμονας ἀπονέεσθαι·
» Καὶ γὰρ Τρῶας φασὶ μαχητὰς ἔμμεναι ἄνδρας, 260
» Ἠμὲν ἀκοντιστὰς, ἠδὲ ῥυτῆρας ὀϊστῶν,
» Ἵππων τ᾽ ὠκυπόδων ἐπιβήτορας, οἵ κε τάχιστα
» Ἔκριναν μέγα νεῖκος ὁμοιίου πτολέμοιο.
» Τῷ οὐκ οἶδ᾽, εἰ κέν μ᾽ ἀνέσει θεός, ἦ κεν ἀλώω
» Αὐτοῦ ἐνὶ Τροίῃ· σοὶ δ᾽ ἐνθάδε πάντα μελόντων. 265
» Μεμνῆσθαι πατρὸς καὶ μητέρος ἐν μεγάροισιν,
» Ὡς νῦν, ἢ ἔτι μᾶλλον, ἐμεῦ ἀπονόσφιν ἐόντος.
» Αὐτὰρ ἐπὴν δὴ παῖδα γενειήσαντα ἴδηαι,
» Γήμασθ᾽, ᾧ κ᾽ ἐθέλῃσθα, τεὸν κατὰ δῶμα λιποῦσα.
» Κεῖνός θ᾽ ὣς ἀγόρευε· τὰ δὴ νῦν πάντα τελεῖται. 270
» Νὺξ δ᾽ ἔσται, ὅτε δὴ στυγερὸς γάμος ἀντιβολήσει
» Οὐλομένης ἐμέθεν, τῆς τε Ζεὺς ὄλβον ἀπηύρα.

» en belle taille, ni en sagesse, ni dans toutes les qua-
» lités de l'esprit. »

« Eurymaque, répond Pénélope, ne me parlez ni
» de mes belles qualités, ni de ma beauté, ni de ma
» belle taille. Les Dieux m'ont enlevé tous ces avantages
» le jour même que les Grecs se sont embarqués pour
» Ilion, et que mon cher Ulysse les a suivis. S'il reve-
» noit dans sa maison, ma gloire en seroit plus grande,
» et ce seroit là toute ma beauté. Présentement je suis
» dans une douleur qui m'accable, car rien n'égale les
» maux dont il a plu à Dieu de m'affliger. Quand Ulysse
» me quitta et me dit les derniers adieux, il mit ma
» main dans la sienne et me parla en ces termes, qui
» seront toujours gravés dans mon souvenir : *Ma femme,*
» *je ne crois pas que tous les Grecs qui vont à Troie*
» *reviennent de cette expédition, car on dit que les*
» *Troyens sont très-vaillans, qu'ils savent lancer le*
» *javelot, se battre de pied ferme, et bien mener la*
» *cavalerie, ce qui décide ordinairement de l'avantage*
» *des combats. C'est pourquoi je ne sais si Dieu me*
» *fera échapper aux dangers de cette guerre, ou si j'y*
» *périrai. Ayez soin de mes états et de ma maison ;*
» *souvenez-vous surtout de mon père et de ma mère,*
» *qui vont être accablés d'affliction ; témoignez-leur*
» *toujours la même tendresse, ou une plus grande*
» *encore, parce que je serai absent ; et lorsque vous*
» *verrez notre fils en âge de me succéder, rendez-lui*
» *ses états, choisissez pour votre mari le prince qui*
» *vous paroîtra le plus digne de vous, et quittez ce*
» *palais.* C'est ainsi qu'il me parla, et me voilà sur le
» point d'exécuter ses derniers ordres. Je vois appro-
» cher le jour ou plutôt la nuit fatale qui doit allumer
» le flambeau de l'odieux et funeste hymen de la plus
» malheureuse de toutes les princesses. Et ce qui

» Ἀλλὰ τόδ᾽ αἰνὸν ἄχος κραδίην καὶ θυμὸν ἱκάνει·
» Μνηστήρων οὐχ᾽ ἥδε δίκη τοπάροιθε τέτυκτο,
» Οἵτ᾽ ἀγαθήν τε γυναῖκα καὶ ἀφνειοῖο θύγατρα 275
» Μνηστεύειν ἐθέλωσι, καὶ ἀλλήλοις ἐρίσωσιν·
» Αὐτοὶ τοί γ᾽ ἀπάγουσι βόας, καὶ ἴφια μῆλα,
» Κούρης δαῖτα φίλοισι, καὶ ἀγλαὰ δῶρα διδοῦσιν·
» Ἀλλ᾽ οὐκ ἀλλότριον βίοτον νήποινον ἔδουσιν. »

Ὣς φάτο· γήθησεν δὲ πολύτλας δῖος Ὀδυσσεύς, 280
Οὕνεκα τῶν μὲν δῶρα παρέλκετο, θέλγε δὲ θυμὸν
Μειλιχίοις ἐπέεσσι· νόος δέ οἱ ἄλλα μενοίνα.

Τὴν δ᾽ αὖτ᾽ Ἀντίνοος προσέφη, Εὐπείθεος υἱός·
« Κούρη Ἰκαρίοιο, περίφρον Πηνελόπεια,
» Δῶρα μὲν ὅς κ᾽ ἐθέλησιν Ἀχαιῶν ἐνθάδ᾽ ἐνεῖκαι, 285
» Δέξασθ᾽· οὐ γὰρ καλὸν ἀνήνασθαι δόσιν ἐστίν.
» Ἡμεῖς δ᾽ οὔτ᾽ ἐπὶ ἔργα πάρος γ᾽ ἴμεν, οὔτε πῇ ἄλλῃ,
» Πρίν γέ σε τῷ γήμασθαι Ἀχαιῶν, ὅς τις ἄριστος. »

Ὣς ἔφατ᾽ Ἀντίνοος· τοῖσιν δ᾽ ἐπιήνδανε μῦθος·
Δῶρα δ᾽ ἄρ᾽ οἰσέμεναι πρόεσαν κήρυκα ἕκαστος. 290
Ἀντινόῳ μὲν ἔνεικε μέγαν περικαλλέα πέπλον
Ποικίλον· ἐν δ᾽ ἄρ᾽ ἔσαν περόναι δυοκαίδεκα πᾶσαι
Χρύσειαι, κληῖσιν εὐγνάμπτοις ἀραρυῖαι.
Ὅρμον δ᾽ Εὐρυμάχῳ πολυδαίδαλον αὐτίκ᾽ ἔνεικε,
Χρύσεον, ἠλέκτροισιν ἐερμένον, ἠέλιον ὥς. 295
Ἕρματα δ᾽ Εὐρυδάμαντι δύω θεράποντες ἔνεικαν,
Τρίγληνα, μορόεντα· χάρις δ᾽ ἀπελάμπετο πολλή.

» augmente encore mes déplaisirs, c'est de voir qu'on
» viole ici les lois et les coutumes les plus généralement
» reçues ; car tous ceux qui recherchent en mariage
» une femme considérable et de bonne maison, et qui
» la disputent entre eux, font venir de chez eux les
» bœufs et les moutons pour les sacrifices et pour la
» table des amis de leur maîtresse, et font tous les jours
» de nouveaux présens, bien loin de dissiper et de consu-
» mer le bien de celle qu'ils aiment, et de lui faire la
» cour à ses dépens. »

Ulysse fut ravi d'entendre le discours de la reine, et
de voir que par ce moyen elle alloit leur arracher beaucoup de présens. C'est ainsi que cette princesse les
amusoit par de belles paroles, qui n'étoient nullement
les interprètes des sentimens de son cœur.

Le fils d'Eupeithès, Antinoüs, s'approchant d'elle,
lui dit : « Sage Pénélope, vous pouvez recevoir tous les
» présens que ces princes voudront vous faire, car il est
» de la coutume et de la bienséance de les accepter. Mais
» je vous déclare que tous tant que nous sommes ici,
» nous ne nous en retournerons point dans nos maisons,
» et que nous ne partirons point de votre palais, que
» vous n'ayez choisi pour votre mari le plus brave de
» la troupe. »

Le discours d'Antinoüs plut à tous les princes. Ils
envoyerent chacun chez eux un héraut pour apporter
des présens. Celui d'Antinoüs lui apporta un grand
manteau très-magnifique, dont la broderie étoit admirable et les couleurs nuées avec beaucoup d'intelligence
et d'art ; il y avoit douze agrafes d'or parfaitement bien
travaillées. Celui d'Eurymaque apporta des bracelets
d'or et d'ambre qui brilloient comme le soleil. Deux
esclaves d'Eurydamas lui apportèrent des pendans
d'oreille à trois pendeloques, d'une beauté charmante

Ἐκ δ᾽ ἄρα Πεισάνδροιο, Πολυκτορίδαο ἄνακτος,
Ἴσθμιον ἤνεικεν θεράπων, περικαλλὲς ἄγαλμα.
Ἄλλο δ᾽ ἄρ᾽ ἄλλος δῶρον Ἀχαιῶν καλὸν ἔνεικεν. 300
Ἡ μὲν ἔπειτ᾽ ἀνέβαιν᾽ ὑπερώϊα δῖα γυναικῶν·
Τῇ δ᾽ ἄρ᾽ ἅμ᾽ ἀμφίπολοι ἔφερον περικαλλέα δῶρα.
Οἱ δ᾽ εἰς ὀρχηστύν τε καὶ ἱμερόεσσαν ἀοιδὴν
Τρεψάμενοι τέρποντο· μένον δ᾽ ἐπὶ ἕσπερον ἐλθεῖν·
Τοῖσι δὲ τερπομένοισι μέλας ἐπὶ ἕσπερος ἦλθεν. 305
Αὐτίκα λαμπτῆρας τρεῖς ἕστασαν ἐν μεγάροισιν
Ὄφρα φαείνοιεν· περὶ δὲ ξύλα κάγκανα θῆκαν
Αὖα πάλαι, περίκηλα, νέον κεκεασμένα χαλκῷ·
Καὶ δαΐδας μετέμισγον· ἀμοιβηδὶς δ᾽ ἀνέφαινον
Δμωαὶ Ὀδυσσῆος ταλασίφρονος· αὐτὰρ ὁ τῇσιν 310
Αὐτὸς διογενὴς μετέφη πολύμητις Ὀδυσσεύς·

« Δμωαὶ Ὀδυσσῆος, δὴν οἰχομένοιο ἄνακτος,
» Ἔρχεσθε πρὸς δῶμαθ᾽, ἵν᾽ αἰδοίη βασίλεια·
» Τῇ δὲ πάρ᾽ ἠλάκατα στροφαλίζετε· τέρπετε δ᾽ αὐτὴν
» Ἥμεναι ἐν μεγάρῳ, ἢ εἴρια πείκετε χερσίν. 315
» Αὐτὰρ ἐγὼ τούτοισι φάος πάντεσσι παρέξω.
» Ἤνπερ γάρ κ᾽ ἐθέλωσιν ἐΰθρονον Ἠῶ μίμνειν,
» Οὔτι με νικήσουσι· πολυτλήμων δὲ μάλ᾽ εἰμί. »

Ὣς ἔφαθ᾽· αἱ δ᾽ ἐγέλασσαν, ἐς ἀλλήλας δὲ ἴδοντο.
Τὸν δ᾽ αἰσχρῶς ἐνένιπτε Μελανθὼ καλλιπάρῃος, 320
Τὴν Δολίος μὲν ἔτικτε, κόμισσε δὲ Πηνελόπεια,
Παῖδα δὲ ὣς ἀτίταλλε, δίδον δ᾽ ἄρ᾽ ἀθύρματα θυμῷ·
Ἀλλ᾽ οὐδ᾽ ὣς σχέθε πένθος ἐνὶ φρεσὶ Πηνελοπείης.
Ἀλλ᾽ ἥ γ᾽ Εὐρυμάχῳ μισγέσκετο, καὶ φιλέεσκεν·
Ἥ ῥ᾽ Ὀδυσῆ᾽ ἐνένιπτεν ὀνειδείοις ἐπέεσσιν· 325

« Ξεῖνε τάλαν, σύ γέ τις φρένας ἐκπεπαταγμένος ἐσσί,
» Οὐδ᾽ ἐθέλεις εὕδειν χαλκήϊον ἐς δόμον ἐλθών,
» Ἠέ που ἐς λέσχην· ἀλλ᾽ ἐνθάδε πόλλ᾽ ἀγορεύεις

et d'un travail exquis. Celui de Pisandre, fils du roi
Polyctor, lui apporta un collier parfaitement beau et
d'un ornement admirable. On apporta de même à tous
les autres princes toutes sortes de bijoux très-précieux.
La reine s'en retourna dans son appartement, suivie de
ses deux femmes qui portoient les présens qu'elle avoit
reçus, et les poursuivans passèrent le reste de la journée
dans les plaisirs de la danse et de la musique. L'étoile
du soir les surprit dans ces divertissemens. Ils placèrent
dans la salle trois brasiers pour éclairer, et les remplirent d'un bois odoriférant qui étoit sec depuis longtemps, et qui ne venoit que d'être scié. Ils allumèrent
d'espace en espace des torches, et les femmes du palais
d'Ulysse éclairoient tour à tour. Ulysse choqué de cette
conduite, adressa la parole à ces femmes, et leur dit :

« Femmes de Pénélope, retournez-vous-en dans l'ap-
» partement de votre maîtresse, et allez la divertir en
» travaillant auprès d'elle à filer ou à préparer des laines.
» Je m'offre à éclairer les princes à votre place ; quand
» même ils voudroient passer ici la nuit et attendre le
» retour de l'aurore, je vous assure qu'ils ne me lasse-
» ront point, car je suis accoutumé à la patience. »

Il dit, et ces femmes se mirent à rire et à se regarder.
La belle Mélantho, fille de Dolius, que Pénélope avoit
prise toute jeune, et qu'elle avoit élevée comme sa
propre fille, en lui donnant tous les plaisirs que demandoit son âge, et qui, bien loin d'être touchée de reconnoissance et de partager les déplaisirs de sa maîtresse,
ne cherchoit qu'à se divertir, et avoit un commerce
criminel avec Eurymaque, répondit à Ulysse très-
insolemment :

« Malheureux vagabond, lui dit-elle, on voit bien
» que tu as l'esprit tourné : au lieu d'aller dormir dans
» quelque forge, ou dans quelque réduit, tu t'amuses

» Θαρσαλέως πολλοῖσι μετ' ἀνδράσιν· οὐδέ τι θυμῷ
» Ταρβεῖς· ἦ ῥά σε οἶνος ἔχει φρένας, ἢ νύ τοι αἰεὶ 330
» Τοιοῦτος νόος ἐστὶν, ὃ καὶ μεταμώλια βάζεις.
» Ἦ ἀλύεις, ὅτι Ἶρον ἐνίκησας τὸν ἀλήτην;
» Μή τίς τοι τάχα Ἴρου ἀμείνων ἄλλος ἀναστῇ,
» Ὅς τίς σ' ἀμφὶ κάρη κεκοπὼς χερσὶ στιβαρῇσι,
» Δώματος ἐκπέμψησι, φορύξας αἵματι πολλῷ. » 335
    Τὴν δ' ἄρ' ὑπόδρα ἰδὼν προσέφη πολύμητις Ὀδυσσεύς·
« Ἦ τάχα Τηλεμάχῳ ἐρέω, κύον, οἷ' ἀγορεύεις,
» Κεῖσ' ἐλθὼν, ἵνα σ' αὖθι διαμελεϊστὶ τάμῃσιν. »
    Ὣς εἰπὼν, ἐπέεσσι διεπτοίησε γυναῖκας.
Βὰν δ' ἴμεναι διὰ δῶμα· λύθεν δ' ὑπὸ γυῖα ἑκάστης 340
Ταρβοσύνῃ· φὰν γάρ μιν ἀληθέα μυθήσασθαι.
Αὐτὰρ ὁ πὰρ λαμπτῆρσι φαείνων αἰθομένοισιν
Εἱστήκει ἐς πάντας ὁρώμενος· ἄλλα δέ οἱ κῆρ
Ὥρμαινε φρεσὶν ᾗσιν, ἅ ῥ' οὐκ ἀτέλεστα γένοντο.
Μνηστῆρας δ' οὐ πάμπαν ἀγήνορας εἴα Ἀθήνη   345
Λώβης ἴσχεσθαι θυμαλγέος, ὄφρ' ἔτι μᾶλλον
Δύῃ ἄχος κραδίην Λαερτιάδεω Ὀδυσῆος.
Τοῖσιν δ' Εὐρύμαχος, Πολύβου παῖς, ἦρχ' ἀγορεύειν,
Κερτομέων Ὀδυσῆα· γέλων δ' ἑτάροισιν ἔτευξε·
    « Κέκλυτέ μευ, μνηστῆρες ἀγακλειτῆς βασιλείης,
» Ὄφρ' εἴπω, τά με θυμὸς ἐνὶ στήθεσσι κελεύει. 351
» Οὐκ ἀθεεὶ ὅδ' ἀνὴρ Ὀδυσήιον ἐς δόμον ἵκει·
» Ἔμπης μοι δοκέει δαΐδων σέλας ἔμμεναι αὐτοῦ,
» Καὶ κεφαλῆς· ἐπεὶ οὔ οἱ ἔνι τρίχες οὐδ' ἠβαιαί. »
    Ἦ ῥ', ἅμα τε προσέειπεν Ὀδυσῆα πτολίπορθον· 355
« Ξεῖν', ἦ ἄρ κ' ἐθέλεις θητευέμεν, εἴ σ' ἀνελοίμην,
» Ἀγροῦ ἐπ' ἐσχατιῆς, (μισθὸς δέ τοι ἄρκιος ἔσται,)
» Αἱμασιάς τε λέγων, καὶ δένδρεα μακρὰ φυτεύων;
» Ἔνθα δ' ἐγὼ σῖτον μὲν ἐπηετανὸν παρέχοιμι,
» Εἵματά τ' ἀμφιέσαιμι, πόσιν θ' ὑποδήματα δοίην. 360
» Ἀλλ' ἐπεὶ οὖν δὴ ἔργα κάκ' ἔμαθες, οὐκ ἐθελήσεις
» Ἔργον ἐποίχεσθαι· ἀλλὰ πτώσσειν κατὰ δῆμον

» à jaser ici avec audace au milieu de tous ces princes ;
» et tu ne crains rien ; est-ce que tu as bu, ou si c'est
» ta coutume de parler impertinemment ? Te voilà
» transporté de joie d'avoir vaincu ce gueux d'Irus ;
» mais prends garde que quelqu'un plus vaillant que
» lui ne se lève contre toi et ne te chasse de ce palais,
» après t'avoir cassé la tête et mis tout en sang. »

Ulysse jetant sur elle des regards terribles : « Malheu-
» reuse, lui dit-il, je vais bientôt rapporter à Télé-
» maque les beaux discours que tu tiens, afin qu'il te
» traite comme tu le mérites. »

Cette menace épouvanta ces femmes : elles commencèrent à se retirer, tremblant de peur ; car elles
voyoient bien qu'il ne les épargneroit pas, et que leur
conduite n'étoit pas bonne. Cependant Ulysse se tenoit
près des brasiers pour éclairer ces princes et pour les
mieux considérer, pensant toujours aux moyens d'exécuter ce qu'il méditoit. Minerve ne souffroit pas que les
poursuivans cessassent leurs brocards et leurs insultes,
afin qu'Ulysse en souffrît davantage, et qu'il fût pénétré
d'une plus vive douleur. Eurymaque, fils de Polybe,
commença le premier pour faire rire ses compagnons :

« Poursuivans de la plus vertueuse des reines, leur
» dit-il, écoutez ce que j'ai à vous dire. Ce n'est pas
» sans quelque providence particulière des Dieux sur
» nous que cet étranger est venu dans la maison d'Ulysse,
» car sa tête chauve peut nous servir de falot.

» Mon ami, lui dit-il, veux-tu entrer à mon service ?
» je t'enverrai à ma campagne, où tu auras soin de rac-
» commoder les haies et de planter des arbres. Tu seras
» bien nourri, bien vêtu, bien chauffé, et tu auras de
» bons gages. Mais tu es si accoutumé à la fainéantise,
» que tu ne voudrois pas aller travailler, et que tu aimes
» bien mieux gueuser par la ville, et vivre dans l'oisi-

» Βούλεαι, ὄφρ' ἂν ἔχῃς βόσκειν σὴν γαστέρ' ἄναλτον.»
Τὸν δ' ἀπαμειβόμενος προσέφη πολύμητις Ὀδυσσεύς.
« Εὐρύμαχ', εἰ γὰρ νῶϊν ἔρις ἔργοιο γένοιτο   365
» Ὥρῃ ἐν εἰαρινῇ, ὅτε τ' ἤματα μακρὰ πέλονται,
» Ἐν ποίῃ, δρέπανον μὲν ἐγὼν εὐκαμπὲς ἔχοιμι,
» Καὶ δὲ σὺ τοῖον ἔχοις, ἵνα πειρησαίμεθα ἔργου
» Νήστιες ἄχρι μάλα κνέφαος, ποίη δὲ παρείη.
» Εἰ δ' αὖ καὶ βόες εἶεν ἐλαυνέμεν, οἵ περ ἄριστοι, 370
» Αἴθωνες, μεγάλοι, ἄμφω κεκορηότε ποίης,
» Ἥλικες, ἰσοφόροι, τῶν τε σθένος οὐκ ἀλαπαδνόν,
» Τετράγυον δ' εἴη, εἴκοι δ' ὑπὸ βῶλος ἀρότρῳ,
» Τῷ κέ μ' ἴδοις, εἰ ὦλκα διηνεκέα προταμοίμην.
» Εἰ δ' αὖ καὶ πόλεμόν ποθεν ὁρμήσειε Κρονίων 375
» Σήμερον, αὐτὰρ ἐμοὶ σάκος εἴη, καὶ δύο δοῦρε,
» Καὶ κυνέη πάγχαλκος ἐπὶ κροτάφοις ἀραρυῖα·
» Τῷ κέ μ' ἴδοις πρώτοισιν ἐνὶ προμάχοισι μιγέντα,
» Οὐδ' ἄν μοι τὴν γαστέρ' ὀνειδίζων ἀγορεύοις.
» Ἀλλὰ μάλ' ὑβρίζεις, καί τοι νόος ἐστὶν ἀπηνής· 380
» Καί που τίς δοκέεις μέγας ἔμμεναι, ἠδὲ κραταιός,
» Οὕνεκα πὰρ παύροισι καὶ οὐκ ἀγαθοῖσιν ὁμιλεῖς·
» Εἰ δ' Ὀδυσεὺς ἔλθοι, καὶ ἵκοιτ' ἐς πατρίδα γαῖαν,
» Αἶψά κέ τοι τὰ θύρετρα, καὶ εὐρέα περ μάλ' ἐόντα,
» Φεύγοντι στείνοιντο δι' ἐκ προθύροιο θύραζε.» 385

Ὣς ἔφατ'· Εὐρύμαχος δ' ἐχολώσατο κηρόθι μᾶλλον,
Καί μιν ὑπόδρα ἰδών, ἔπεα πτερόεντα προσηύδα·

« Ἆ δείλ', ἦ τάχα τοι τελέω κακόν, οἷ' ἀγορεύεις
» Θαρσαλέως, πολλοῖσι μετ' ἀνδράσιν· οὐδέ τι θυμῷ
» Ταρβεῖς· ἦ ῥά σε οἶνος ἔχει φρένας, ἤ νύ τοι αἰεὶ 390
» Τοιοῦτος νόος ἐστίν, ὃ καὶ μεταμώλια βάζεις.

» veté, en satisfaisant ta gloutonnerie, que de gagner
» ta vie à la sueur de ton front. » Le prudent Ulysse
lui répondit : « Eurymaque, si nous avions tous deux
» à travailler, pour voir qui de vous ou de moi feroit
» le plus d'ouvrage à jeun dans l'un des plus longs jours
» d'été, et que dans une grande prairie on nous mît la
» faucille à la main, ou que dans une grande pièce de
» terre on nous donnât à chacun une bonne charrue
» attelée de bons bœufs, jeunes, grands, bien égaux
» et bien nourris, vous verriez bientôt de mon côté
» cette prairie rase et l'herbe par terre, et ce champ
» profondément labouré et les sillons bien droits et bien
» tracés. Que s'il plaisoit à Jupiter d'exciter aujourd'hui
» par quelque endroit dans cette île une sanglante guerre,
» et qu'on me donnât un bouclier, une épée, un casque
» et deux javelots, vous me verriez me jeter des pre-
» miers au milieu des ennemis, et vous n'oseriez m'ac-
» cuser de fainéantise et de gloutonnerie. Mais vous
» aimez à insulter les gens, et vous avez un esprit dur
» et intraitable. Vous vous croyez un grand personnage
» et un vaillant homme, parce que vous êtes renfermé
» ici avec peu de monde, et que vous ne voyez autour
» de vous que des hommes qui n'ont ni force ni courage,
» et qui ne valent pas mieux que vous. Mais si Ulysse
» revenoit dans son palais, ces portes, quelque larges
» qu'elles soient, vous paroîtroient bientôt trop étroites
» pour votre fuite. »

Eurymaque, piqué jusqu'au vif de ce reproche,
regarda Ulysse d'un œil farouche, et lui dit :

« Misérable, tu vas recevoir le châtiment de l'inso-
» lence avec laquelle tu parles au milieu de tant de
» princes, sans craindre leur ressentiment. Il faut ou que
» le vin t'ait troublé la raison, ou que tu sois naturelle-
» ment insensé, ou que la belle victoire que tu viens

» Ἦ ἀλύεις, ὅτι Ἶρον ἐνίκησας τὸν ἀλήτην; »

Ὣς ἄρα φωνήσας, σφέλας εἵλετο· αὐτὰρ Ὀδυσσεὺς
Ἀμφινόμου πρὸς γοῦνα καθέζετο Δουλιχιῆος,
Εὐρύμαχον δείσας· ὁ δ᾽ ἄρ᾽ οἰνοχόον βάλε χεῖρα 395
Δεξιτερήν· πρόχοος δὲ χαμαὶ βόμβησε πεσοῦσα·
Αὐτὰρ ὅγ᾽ οἰμώξας πέσεν ὕπτιος ἐν κονίῃσι.
Μνηστῆρες δ᾽ ὁμάδησαν ἀνὰ μέγαρα σκιόεντα·
Ὧδε δέ τις εἴπεσκεν ἰδὼν ἐς πλησίον ἄλλον·

« Αἴθ᾽ ὤφελλ᾽ ὁ ξεῖνος ἀλώμενος ἄλλοθ᾽ ὀλέσθαι, 400
» Πρὶν ἐλθεῖν· τῷ κ᾽ οὔτι τόσον κέλαδον μεθέηκεν.
» Νῦν δὲ περὶ πτωχῷ ἐριδαίνομεν· οὐδέ τι δαιτὸς
» Ἐσθλῆς ἔσσεται ἦδος, ἐπεὶ τὰ χερείονα νικᾷ. »

Τοῖσι δὲ καὶ μετέειφ᾽ ἱερὴ ἲς Τηλεμάχοιο·
« Δαιμόνιοι, μαίνεσθε, καὶ οὐκέτι κεύθετε θυμῷ 405
» Βρωτὺν, οὐδὲ ποτῆτα· θεῶν νύ τις ὔμμ᾽ ὀροθύνει.
» Ἀλλ᾽ εὖ δαισάμενοι κατακείετε οἴκαδ᾽ ἰόντες,
» Ὁππότε θυμὸς ἄνωγε· διώκω δ᾽ οὔτιν᾽ ἔγωγε. »

Ὣς ἔφαθ᾽· οἱ δ᾽ ἄρα πάντες ὀδὰξ ἐν χείλεσι φύντες,
Τηλέμαχον θαύμαζον, ὃ θαρσαλέως ἀγόρευεν. 410
Τοῖσιν δ᾽ Ἀμφίνομος ἀγορήσατο καὶ μετέειπεν,
Νίσου φαίδιμος υἱὸς, Ἀρητιάδαο ἄνακτος·

« Ὦ φίλοι, οὐκ ἂν δή τις ἐπὶ ῥηθέντι δικαίῳ
» Ἀντιβίοις ἐπέεσσι καθαπτόμενος χαλεπαίνοι.
» Μήτε τι τὸν ξεῖνον στυφελίζετε, μήτε τιν᾽ ἄλλον 415
» Δμώων, οἳ κατὰ δώματ᾽ Ὀδυσσῆος θείοιο.
» Ἀλλ᾽ ἄγετ᾽, οἰνοχόος μὲν ἐπαρξάσθω δεπάεσσιν,

» de remporter sur ce gueux d'Irus, à force de te rem-
» plir d'orgueil, t'ait renversé la cervelle. »

En achevant ces mots, il prend un marchepied qu'il lui jette à la tête ; Ulysse, pour l'éviter, se courbe sur les genoux d'Amphinome, et le marchepied, poussé avec beaucoup de force, va frapper l'échanson à l'épaule droite ; l'aiguière qu'il tient à la main tombe avec beaucoup de bruit, et il est renversé par terre, témoignant par ses plaintes la douleur qu'il ressent. En même temps les poursuivans se lèvent et font un grand tumulte dans la salle, et se disent les uns aux autres :

« Plût aux Dieux que ce vagabond fût mort avant
» que d'arriver dans cette île ! il n'auroit pas causé tant
» de désordre dans ce palais ! nous ne faisons que nous
» quereller pour ce misérable. Il n'y aura plus moyen
» de goûter les plaisirs de la table, puisque la division
» règne ainsi parmi nous. »

Alors Télémaque prenant la parole, dit : « Princes,
» vous avez perdu l'esprit, et vous ne pouvez plus cacher
» les excès que vous venez de faire, car vous découvrez
» trop visiblement les sentimens de votre cœur, il n'en
» faut plus douter, c'est quelque Dieu qui vous excite.
» Mais si vous m'en croyez, vous quitterez la table pour
» vous aller coucher ; vous en avez grand besoin ; je ne
» contrains pourtant personne. »

Tous les princes gardent le silence, et ne peuvent assez admirer la hardiesse de Télémaque de leur parler avec cette autorité. Enfin le sage Amphinome, fils de Nisus et petit-fils du roi Arétius, leur dit :

« Mes amis, qu'aucun de vous ne s'emporte et ne
» cherche à repousser des reproches qui sont justes et
» que nous méritons. Ne maltraitez point cet étranger,
» ni aucun des domestiques d'Ulysse. Mais que l'échan-
» son nous présente des coupes, afin que nous fassions

» Ὄφρα σπείσαντες κατακείομεν οἴκαδ᾽ ἰόντες·
» Τὸν ξεῖνον δὲ ἐῶμεν ἐνὶ μεγάροις Ὀδυσῆος
» Τηλεμάχῳ μελέμεν· τοῦ γὰρ φίλον ἵκετο δῶμα. » 420
Ὣς φάτο· τοῖσι δὲ πᾶσιν ἑαδότα μῦθον ἔειπε.
Τοῖσιν δὲ κρητῆρα κεράσσατο Μούλιος ἥρως,
Κῆρυξ Δουλιχιεύς· θεράπων δ᾽ ἦν Ἀμφινόμοιο·
Νώμησεν δ᾽ ἄρα πᾶσιν ἐπισταδόν· οἱ δὲ θεοῖσι
Σπείσαντες μακάρεσσι, πίον μελιηδέα οἶνον. 425
Αὐτὰρ ἐπεὶ σπεῖσάν τ᾽, ἔπιόν θ᾽, ὅσον ἤθελε θυμὸς,
Βάν ῥ᾽ ἴμεναι κείοντες ἑὰ πρὸς δώμαθ᾽ ἕκαστος.

» les libations et que nous allions nous coucher. Laissons
» cet étranger dans le palais d'Ulysse, il est juste que
» Télémaque en ait soin, puisqu'il est son hôte. »

Ce discours fut goûté de toute l'assemblée. Le héraut Mulius de Dulichium, qui étoit au service d'Amphinome, leur présenta le vin à la ronde; ils firent les libations, vidèrent les coupes, et quand ils eurent bu, ils se retirèrent chacun dans leurs maisons.

ΟΜΗΡΟΥ

ΟΔΥΣΣΕΙΑΣ

ΡΑΨΩΔΙΑ Τ.

Σὺν Τηλεμάχῳ ἔκθεσιν ποιεῖται τῶν ὅπλων Ὀδυσσεὺς, καὶ πρὸς Πηνελόπην ἐκ Κρήτης εἶναι ὑποκρίνεται. Γίγνεται δὲ αὐτοῦ δι᾽ οὐλῆς ἀναγνωρισμὸς πρὸς Εὐρύκλειαν, τοὺς πόδας αὐτοῦ νίπτουσαν· καὶ κατὰ παρέκβασιν ὁ ποιητὴς διηγεῖται, ὡς ἐν Παρνασσῷ ὑπὸ συὸς ἐπλήγη κυνηγῶν.

Ταῦ δ᾽, ἀναγνωρίζει ἐξ οὐλῆς γρηῢς Ὀδυσῆα.

Αὐτὰρ ὁ ἐν μεγάρῳ ὑπελείπετο δῖος Ὀδυσσεὺς,
Μνηστήρεσσι φόνον σὺν Ἀθήνῃ μερμηρίζων.

L'ODYSSÉE D'HOMÈRE.

LIVRE DIX-NEUVIÈME.

ARGUMENT.

Les poursuivans s'étant retirés, Ulysse et Télémaque en profitent pour retirer les armes de la salle, Minerve les éclairant d'une manière surprenante et miraculeuse. Pendant que Télémaque va se coucher, Ulysse demeure seul et attend le moment favorable pour entretenir Pénélope. Mélantho, une des femmes du palais, querelle encore Ulysse, qui enfin est introduit chez la reine. Dans cette conversation, Pénélope raconte comment elle a passé sa vie depuis le départ de son mari, et Ulysse fait une fausse histoire à Pénélope, et lui dit qu'il a reçu Ulysse chez lui en Crète, comme il alloit à Ilion; lui fait la description de l'habit qu'il portoit, et le portrait du héraut qu'il menoit avec lui; l'assure qu'Ulysse sera bientôt de retour. Pénélope, très-satisfaite, ordonne à ses femmes de le baigner: Ulysse refuse de se faire baigner par les jeunes femmes, et cet emploi est donné à Euryclée, la nourrice d'Ulysse, qui, en lui lavant les pieds, reconnoît ce prince à la cicatrice d'une blessure que lui avoit faite un sanglier sur le mont Parnasse. Ulysse lui ordonne le secret; et renouant la conversation avec Pénélope, il en apprend le songe merveilleux qu'elle a eu; elle lui fait part du parti qu'elle a pris de se remarier, et du moyen dont elle veut se servir pour choisir celui qu'elle veut épouser.

Ulysse étant demeuré seul dans le palais, prend avec Minerve les mesures pour donner la mort aux

Αἶψα δὲ Τηλέμαχον ἔπεα πτερόεντα προσηύδα·

« Τηλέμαχε, χρὴ τεύχε᾽ ἀρήϊα κατθέμεν εἴσω
» Πάντα μάλ᾽· αὐτὰρ μνηστῆρας μαλακοῖς ἐπέεσσι 5
» Παρφάσθαι, ὅτε κέν σε μεταλλῶσιν ποθέοντες·
» Ἐκ καπνοῦ κατέθηκ᾽· ἐπεὶ οὐκέτι τοῖσιν ἐῴκει,
» Οἷά ποτε Τροίηνδε κιὼν κατέλειπεν Ὀδυσσεύς,
» Ἀλλὰ κατήκισται, ὅσσον πυρὸς ἵκετ᾽ ἀϋτμή.
» Πρὸς δ᾽ ἔτι καὶ τόδε μεῖζον ἐνὶ φρεσὶν ἔμβαλε δαίμων,
» Μήπως οἰνωθέντες, ἔριν στήσαντες ἐν ὑμῖν,   10
» Ἀλλήλους τρώσητε, καταισχύνητε δὲ δαῖτα,
» Καὶ μνηστύν· αὐτὸς γὰρ ἐφέλκεται ἄνδρα σίδηρος. »

Ὣς φάτο· Τηλέμαχος δὲ φίλῳ ἐπεπείθετο πατρί·
Ἐκ δὲ καλλεσσάμενος προσέφη τροφὸν Εὐρύκλειαν· 15

« Μαῖ᾽, ἄγε δή μοι ἔρυξον ἐνὶ μεγάροισι γυναῖκας,
» Ὄφρά κεν ἐς θάλαμον καταθείομαι ἔντεα πατρὸς
» Καλά, τά μοι κατὰ οἶκον ἀκηδέα καπνὸς ἀμέρδει,
» Πατρὸς ἀποιχομένοιο· ἐγὼ δ᾽ ἔτι νήπιος ἦα·
» Νῦν δ᾽ ἐθέλω καταθέσθαι, ἵν᾽ οὐ πυρὸς ἵζετ᾽ ἀϋτμή. »

Τὸν δ᾽ αὖτε προσέειπε φίλη τροφὸς Εὐρύκλεια· 21
« Αἲ γὰρ δή ποτε, τέκνον, ἐπιφροσύνας ἀνέλοιο,
» Οἴκου κήδεσθαι, καὶ κτήματα πάντα φυλάσσειν.
» Ἀλλ᾽ ἄγε, τίς τοι ἔπειτα μετοιχομένη φάος οἴσει;
» Δμωὰς δ᾽ οὐκ εἴας προβλωσκέμεν, αἵ κεν ἔφαινον. »

Τὴν δ᾽ αὖ Τηλέμαχος πεπνυμένος ἀντίον ηὔδα· 26

poursuivans. Tout plein de cette pensée, il adresse la parole à Télémaque, et lui dit :

« Télémaque, ne perdons pas un moment : portons
» au haut du palais toutes ces armes, et quand les pour-
» suivans, fâchés de ne les avoir plus sous la main,
» vous demanderont pourquoi vous les avez ôtées, vous
» les amuserez par des paroles pleines de douceur : Je
» les ai ôtées de la fumée, leur direz-vous, parce qu'elles
» ne ressemblent plus à ces belles armes qu'Ulysse laissa
» ici en partant pour Troie, et qu'elles sont toutes gâtées
» par la vapeur du feu. D'ailleurs j'ai eu une considé-
» ration plus forte encore, et c'est pour votre bien que
» Jupiter m'a inspiré la pensée de les faire enlever, de
» peur que dans la chaleur du vin vous n'entriez en que-
» relle, et que vous jetant sur ces armes, vous ne vous
» blessiez les uns les autres, que vous ne souilliez votre
» table de votre propre sang, car le fer attire l'homme,
» et que vous ne ruiniez par là vos desseins. »

Télémaque obéit à son père, et en appelant Euryclée, il lui dit :

« Ma chère Euryclée, empêchez les femmes de ma
» mère de sortir de leur appartement, tandis que je
» transporterai au haut du palais ces belles armes de
» mon père, dont la fumée a terni l'éclat pendant son
» absence, parce que j'étois trop jeune pour en avoir
» soin. Mais aujourd'hui je veux les mettre dans un lieu
» où la vapeur du feu ne puisse les gâter. »

Euryclée lui répondit : « Dieu veuille, mon fils,
» qu'enfin vous fassiez paroître la prudence et la sagesse
» d'un homme, et que vous vous mettiez en état d'avoir
» soin de votre maison et de tout ce qui vous appartient.
» Mais dites-moi, je vous prie, qui est-ce qui vous
» éclairera, puisque vous voulez que je tienne renfer-
» mées toutes ces femmes qui pourroient vous éclairer ? »

« Ce sera cet étranger même qui m'éclairera, repartit

« Ξεῖνος ὅδ'· οὐ γὰρ ἀεργὸν ἀνέξομαι, ὅς κεν ἐμῆς γε
» Χοίνικος ἅπτηται, καὶ τηλόθεν εἰληλουθώς. »

Ὣς ἄρ' ἐφώνησεν· τῇ δ' ἄπτερος ἔπλετο μῦθος·
Κλῄισσεν δὲ θύρας μεγάρων εὖ ναιεταόντων.   30
Τὼ δ' ἄρ' ἀναΐξαντ' Ὀδυσεὺς καὶ φαίδιμος υἱὸς
Ἐσφόρεον κόρυθάς τε, καὶ ἀσπίδας ὀμφαλοέσσας,
Ἔγχεά τ' ὀξυόεντα· πάροιθε δὲ Παλλὰς Ἀθήνη,
Χρύσεον λύχνον ἔχουσα, φάος περικαλλὲς ἐποίει.
Δὴ τότε Τηλέμαχος προσεφώνεεν ὃν πατέρ' αἶψα· 35

« Ὦ πάτερ, ἦ μέγα θαῦμα τόδ' ὀφθαλμοῖσιν ὁρῶμαι·
» Ἔμπης μοι τοῖχοι μεγάρων, καλαί τε μεσόδμαι,
» Εἰλάτιναί τε δοκοί, καὶ κίονες ὑψόσ' ἔχοντες,
» Φαίνοντ' ὀφθαλμοῖς, ὡσεὶ πυρὸς αἰθομένοιο.
» Ἦ μάλα τις θεὸς ἔνδον, οἳ οὐρανὸν εὐρὺν ἔχουσι. » 40

Τὸν δ' ἀπαμειβόμενος προσέφη πολύμητις Ὀδυσσεύς·
« Σίγα, καὶ κατὰ σὸν νόον ἴσχανε, μηδ' ἐρέεινε·
» Αὕτη τοι δίκη ἐστὶ θεῶν, οἳ Ὄλυμπον ἔχουσιν.
» Ἀλλὰ σὺ μὲν κατάλεξαι· ἐγὼ δ' ὑπολείψομαι αὐτοῦ,
» Ὄφρα κ' ἔτι δμωὰς καὶ μητέρα σὴν ἐρεθίζω·   45
» Ἡ δέ μ' ὀδυρομένη εἰρήσεται ἀμφὶς ἕκαστα. »

Ὣς φάτο· Τηλέμαχος δὲ δι' ἐκ μεγάροιο βεβήκει
Κείων ἐς θάλαμον, δαΐδων ὑπολαμπομενάων,
Ἔνθα πάρος κοιμᾶθ', ὅτε μιν γλυκὺς ὕπνος ἱκάνοι.
Ἔνθ' ἄρα καὶ τότ' ἔλεκτο, καὶ Ἠῶ δῖαν ἔμιμνεν. 50
Αὐτὰρ ὁ ἐν μεγάρῳ ὑπελείπετο δῖος Ὀδυσσεύς,
Μνηστήρεσσι φόνον σὺν Ἀθήνῃ μερμηρίζων.
Ἡ δ' ἴεν ἐκ θαλάμοιο περίφρων Πηνελόπεια,
Ἀρτέμιδι ἰκέλη, ἠδὲ χρυσέῃ Ἀφροδίτῃ·
Τῇ παρὰ μὲν κλισίην πυρὶ κάτθεσαν, ἔνθ' ἄρ' ἔφιζε,
Δινωτὴν ἐλέφαντι καὶ ἀργύρῳ· ἣν ποτε τέκτων 55
Ποίησ' Ἰκμάλιος, καὶ ὑπὸ θρῆνυν ποσὶν ἧκε,

» Télémaque ; car je ne souffrirai pas qu'un homme
» qui mange le pain de ma table demeure oisif, quoi-
» qu'il vienne de loin et qu'il soit mon hôte. »

Il dit, et son ordre fut exécuté ; Euryclée ferme les
portes de l'appartement des femmes. En même temps
Ulysse et Télémaque se mettent à porter les casques,
les boucliers, les épées, les lances, et Minerve marche
devant eux avec une lampe d'or qui répand partout
une lumière extraordinaire.

Télémaque surpris dit à Ulysse : « Mon père, voilà
» un miracle étonnant qui frappe mes yeux, les murailles
» de ce palais, les siéges, les lambris, les colonnes
» brillent d'une si vive lumière, qu'elles paroissent
» toutes de feu. Assurément quelqu'un des Dieux immor-
» tels est avec nous et honore ce palais de sa présence. »

« Gardez le silence, mon fils, répondit Ulysse,
» retenez votre curiosité, et ne sondez pas les secrets
» du ciel. C'est là le privilége des Dieux, qui habitent
» l'Olympe, de se manifester aux hommes au milieu
» d'une brillante lumière, en se dérobant à leurs regards.
» Mais il est temps que vous alliez vous coucher : lais-
» sez-moi ici seul, afin que j'examine la conduite des
» femmes du palais, et que j'aie un entretien avec votre
» mère, qui, dans l'affliction où elle est, ne manquera
» pas de me faire bien des questions pour tirer de moi
» tout ce que j'ai vu et connu dans mes voyages. »

Il dit, et dans le moment Télémaque sort de la salle,
et à la clarté des torches il monte dans l'appartement
où il étoit accoutumé de se coucher. Il se met au lit,
et attend le retour de l'aurore. Ce prince étoit à peine
sorti, que la sage Pénélope, semblable à la chaste Diane
et à la belle Vénus, descend de son appartement suivie
de ses femmes, qui lui mettent d'abord près du feu un
beau siége, fait tout entier d'ivoire et d'argent, ouvrage
d'Icmalius, tourneur célèbre, qui y avoit employé tout

Προσφυέ᾽ ἐξ αὐτῆς, ὅθ᾽ ἐπὶ μέγα βάλλετο κῶας.
Ἔνθα καθέζετ᾽ ἔπειτα περίφρων Πηνελόπεια.
Ἦλθον δὲ δμωαὶ λευκώλενοι ἐκ μεγάροιο·   60
Αἱ δ᾽ ἀπὸ μὲν σῖτον πολὺν ἥρεον, ἠδὲ τραπέζας,
Καὶ δέπα, ἔνθεν ἄρ᾽ ἄνδρες ὑπερμενέοντες ἔπινον.
Πῦρ δ᾽ ἀπὸ λαμπτήρων χαμάδις βάλον· ἄλλα δ᾽ ἐπ᾽ αὐτῶν
Νήησαν ξύλα πολλὰ, φόως ἔμεν, ἠδὲ θέρεσθαι.
Ἡ δ᾽ Ὀδυσῆ᾽ ἐνένιπτε Μελανθὼ δεύτερον αὖτις·   65

« Ξεῖν᾽, ἔτι καὶ νῦν ἐνθάδ᾽ ἀνιήσεις διὰ νύκτα
» Δινεύων κατὰ οἶκον; ὀπιπτεύσεις δὲ γυναῖκας;
» Ἀλλ᾽ ἔξελθε θύραζε, τάλαν, καὶ δαιτὸς ὄνησο·
» Ἢ τάχα καὶ δαλῷ βεβλημένος εἶσθα θύραζε. »

Τὴν δ᾽ ἄρ᾽ ὑπόδρα ἰδὼν προσέφη πολύμητις Ὀδυσσεύς·
« Δαιμονίη, τί μοι ὧδ᾽ ἐπέχεις κεκοτηότι θυμῷ;
» Ἦ ὅτι οὐ λιπόω; κακὰ δὲ χροῒ εἵματα εἷμαι;
» Πτωχεύω δ᾽ ἀνὰ δῆμον; ἀναγκαίη γὰρ ἐπείγει.
» Τοιοῦτοι πτωχοὶ καὶ ἀλήμονες ἄνδρες ἔασι.
» Καὶ γὰρ ἐγώ ποτε οἶκον ἐν ἀνθρώποισιν ἔναιον   75
» Ὄλβιος ἀφνειὸν, καὶ πολλάκι δόσκον ἀλήτῃ
» Τοίῳ, ὁποῖος ἔοι, καὶ ὅτευ κεχρημένος ἔλθοι.
» Ἦσαν δὲ δμῶες μάλα μυρίοι, ἄλλα τε πολλὰ,
» Οἷσίν τ᾽ εὖ ζώουσι καὶ ἀφνειοὶ καλέονται·
» Ἀλλὰ Ζεὺς ἀλάπαξε Κρονίων· ἤθελε γάρ που.   80
» Τῷ νῦν μή ποτε καὶ σὺ, γύναι, ἀπὸ πᾶσαν ὀλέσσῃς
» Ἀγλαΐην, τῇ νῦν γε μετὰ δμωῇσι κέκασσαι,
» Μή πως τοι δέσποινα κοτεσσαμένη χαλεπήνῃ,

son art, et qui y avoit joint un marchepied très-magnifique et très-commode. On étendit des peaux sur ce siége, et Pénélope s'assit. Les femmes se mirent d'abord à desservir les restes des poursuivans et à emporter les tables et les coupes d'or et d'argent. Elles jetèrent à terre tout ce qui restoit dans les brasiers et mirent à la place quantité d'autres bois, afin qu'il servît à les éclairer et à les chauffer. Mélantho, la plus insolente des femmes de la reine, voyant encore Ulysse dans la salle, l'entreprit pour la seconde fois, et lui dit :

« Etranger, veux-tu nous importuner toujours par
» ta présence, en rôdant même pendant la nuit dans ce
» palais? C'est donc pour observer tout ce que font les
» femmes? sors au plus vite, misérable que tu es, et
» contente-toi d'avoir assouvi ta faim; autrement, avec
» cette torche allumée je te jeterai dehors. »

Ulysse la regardant avec des yeux enflammés de colère, lui dit : « Malheureuse, pourquoi m'attaquez-
» vous toujours avec tant d'aigreur? Est-ce parce que
» je ne suis plus jeune, que je n'ai que de méchans
» habits, et que je demande mon pain dans la ville?
» C'est la nécessité qui m'y force; le monde est rempli
» de mendians comme moi, qu'elle a réduit dans ce
» misérable état. J'étois autrefois favorisé de la fortune,
» j'habitois une maison opulente, et je donnois libéra-
» lement à tous les pauvres qui se présentoient et qui
» avoient besoin de mon secours; j'avois une foule d'es-
» claves et j'étois environné de toute la magnificence
» qui attire les yeux, et qui fait qu'on paroît heureux.
» Jupiter a renversé cette grande fortune, telle a été
» sa volonté. Que cet exemple vous rende plus sage;
» craignez que vous ne perdiez tous ces avantages et
» toute cette faveur qui vous relèvent au-dessus de vos
» compagnes, que votre maîtresse irritée ne vous punisse
» de vos emportemens, ou qu'Ulysse même ne revienne;

» Ἡ Ὀδυσεὺς ἔλθῃ· ἔτι γὰρ καὶ ἐλπίδος αἶσα.
» Εἰ δ᾽ ὁ μὲν ὡς ἀπόλωλε, καὶ οὐκέτι νόστιμός ἐστιν,
» Ἀλλ᾽ ἤδη παῖς τοῖος Ἀπόλλωνός γε ἕκητι   86
» Τηλέμαχος· τὸν δ᾽ οὔτις ἐνὶ μεγάροισι γυναικῶν
» Λήθει ἀτασθάλλουσ᾽· ἐπεὶ οὐκέτι τηλίκος ἐστίν. »

Ὣς φάτο· τοῦ δ᾽ ἤκουσε περίφρων Πηνελόπεια·   89
Ἀμφίπολον δ᾽ ἐνένιπτεν, ἔπος τ᾽ ἔφατ᾽, ἔκ τ᾽ ὀνόμαζεν·

« Πάντως, θαρσαλέη, κύον ἀδδεὲς, οὔτι μὲ λήθεις
» Ἔρδουσα μέγα ἔργον, ὃ σῇ κεφαλῇ ἀναμάξεις.
» Πάντα γὰρ εὖ ᾔδησθ᾽, ἐπεὶ ἐξ ἐμεῦ ἔκλυες αὐτῆς,
» Ὣς τὸν ξεῖνον ἔμελλον ἐνὶ μεγάροισιν ἐμοῖσιν
» Ἀμφὶ πόσει εἴρεσθαι· ἐπεὶ πυκινῶς ἀκάχημαι. »   95

Ἦ ῥα, καὶ Εὐρυνόμην ταμίην πρὸς μῦθον ἔειπεν·
« Εὐρυνόμη, φέρε δὴ δίφρον καὶ κῶας ἐπ᾽ αὐτοῦ,
» Ὄφρα καθεζόμενος εἴπῃ ἔπος, ἠδ᾽ ἐπακούσῃ
» Ὁ ξεῖνος ἐμέθεν· ἐθέλω δέ μιν ἐξερέεσθαι. »

Ὣς ἔφαθ᾽· ἡ δὲ μάλ᾽ ὀτραλέως κατέθηκε φέρουσα   100
Δίφρον εὔξεστον, καὶ ἐπ᾽ αὐτῷ κῶας ἔβαλλεν·
Ἔνθα καθέζετ᾽ ἔπειτα πολύτλας δῖος Ὀδυσσεύς.
Τοῖσι δὲ μύθων ἦρχε περίφρων Πηνελόπεια·

« Ξεῖνε, τὸ μέν σε πρῶτον ἐγὼν εἰρήσομαι αὐτή,   104
» Τίς; πόθεν εἰς ἀνδρῶν; πόθι τοι πόλις ἠδὲ τοκῆες; »

Τὴν δ᾽ ἀπαμειβόμενος προσέφη πολύμητις Ὀδυσσεύς·
« Ὦ γύναι, οὐκ ἄν τις σὲ βροτῶν ἐπ᾽ ἀπείρονα γαῖαν
» Νεικέοι· ἦ γάρ σευ κλέος οὐρανὸν εὐρὺν ἱκάνει,
» Ὥστε τεῦ ἠ βασιλῆος ἀμύμονος, ὅς τε θεουδὴς
» Ἀνδράσιν ἐν πολλοῖσι καὶ ἰφθίμοισιν ἀνάσσων,   119
» Εὐδικίας ἀνέχῃσι· φέρῃσι δὲ γαῖα μέλαινα
» Πυροὺς, καὶ κριθὰς, βρίθῃσι δὲ δένδρεα καρπῷ·

» car toute espérance de retour n'est pas perdue pour
» lui. Et quand même il seroit hors d'état de revenir,
» il a, par la faveur d'Apollon, un fils en âge de tenir
» sa place. Ce jeune prince connoît tous les désordres
» que les femmes commettent dans ce palais, et il en
» saura faire la punition qu'ils méritent. »

Il parloit assez haut pour être entendu de Pénélope.
Elle appelle cette femme, et lui dit:

« Insolente, tout le désordre de votre conduite m'est
» connu, et je sais l'affreux complot où vous êtes entrée;
» vous n'êtes descendue que pour m'épier, parce que
» vous avez su, et que vous me l'avez ouï dire à moi-
» même, que je devois venir parler à cet étranger pour
» lui demander des nouvelles de mon mari, dont l'ab-
» sence me tient dans une affliction continuelle: la mort
» sera le juste châtiment de votre perfidie. »

En achevant ces mots, elle appelle sa fidelle Eurynome à qui elle avoit commis le soin de sa maison:
« Eurynome, lui dit-elle, apportez ici un siége et cou-
» vrez-le d'une peau, afin que cet étranger s'asseye près
» de moi, car je veux l'entretenir. »

Eurynome apporte promptement le siége, le place
près de la reine, et le couvre d'une peau. Ulysse s'étant
assis, la reine lui parle la première en ces termes:

« Etranger, avant toutes choses, dites-moi, je
» vous prie, qui vous êtes, d'où vous êtes, et qui sont
» vos parens? »

« Princesse, répondit le prudent Ulysse, il n'y a
» point d'homme sur toute l'étendue de la terre qui ne
» soit forcé d'admirer votre sagesse, car votre gloire
» vole jusqu'aux cieux, et on vous regarde avec raison
» comme un grand roi qui, régnant sur plusieurs
» peuples avec piété, fait fleurir la justice, et sous le
» sceptre duquel les campagnes sont couvertes de riches
» moissons, les arbres chargés de fruits, les troupeaux

» Τίκτει δ' ἔμπεδα μῆλα, θάλασσα δὲ παρέχει ἰχθῦς
» Ἐξ εὐηγεσίης· ἀρετῶσι δὲ λαοὶ ὑπ' αὐτοῦ.
» Τῷ ἐμὲ νῦν τὰ μὲν ἄλλα μετάλλα σῷ ἐνὶ οἴκῳ· 115
» Μηδ' ἐμὸν ἐξερέεινε γένος καὶ πατρίδα γαῖαν,
» Μή μοι μᾶλλον θυμὸν ἐνιπλήσῃς ὀδυνάων
» Μνησαμένῳ· μάλα δ' εἰμὶ πολύστονος· οὐδέ τι μὲ χρὴ
» Οἴκῳ ἐν ἀλλοτρίῳ γοόωντά τε, μυρόμενόν τε,
» Ἧσθαι· ἐπεὶ κάκιον πενθήμεναι ἄκριτον αἰεί. 120
» Μή τις μοι δμωῶν νεμεσήσεται, ἠὲ σύ γ' αὐτή·
» Φῇ δὲ δακρυπλώειν βεβαρηότα μὲ φρένας οἴνῳ. »

Τὸν δ' ἠμείβετ' ἔπειτα περίφρων Πηνελόπεια·
« Ξεῖν', ἤτοι μὲν ἐμὴν ἀρετὴν, εἶδός τε, δέμας τέ,
» Ὤλεσαν ἀθάνατοι, ὅτε Ἴλιον εἰσανέβαινον 125
» Ἀργεῖοι· μετὰ τοῖσι δ' ἐμὸς πόσις ἦεν Ὀδυσσεύς.
» Εἰ κεῖνός γ' ἐλθὼν τὸν ἐμὸν βίον ἀμφιπολεύοι,
» Μεῖζόν κε κλέος εἴη ἐμὸν καὶ κάλλιον οὕτω·
» Νῦν δ' ἄχομαι· τόσα γάρ μοι ἐπέσσευεν κακὰ δαίμων.
» Ὅσσοι γὰρ νήσοισιν ἐπικρατέουσιν ἄριστοι, 130
» Δουλιχίῳ τέ, Σάμῃ τέ, καὶ ὑλήεντι Ζακύνθῳ,
» Οἵ τ' αὐτὴν Ἰθάκην εὐδείελον ἀμφινέμονται,
» Οἵ μ' ἀεκαζομένην μνῶνται, τρύχουσι δὲ οἶκον.
» Τῷ οὔτε ξείνων ἐμπάζομαι, οὔθ' ἱκετάων,
» Οὔτε τι κηρύκων, οἳ δημιοεργοὶ ἔασιν· 135
» Ἀλλ' Ὀδυσῆα ποθεῦσα, φίλον κατατήκομαι ἦτορ·
» Οἱ δὲ γάμον σπεύδουσιν· ἐγὼ δὲ δόλους τολυπεύω·

» féconds, la mer fertile, et les peuples toujours heu-
» reux; car voilà les effets d'un gouvernement pieux et
» juste. Faites-moi toutes les questions que vous vou-
» drez, mais ne me demandez, je vous prie, ni ma
» naissance, ni mon pays; épargnez-moi un souvenir
» qui me plonge dans les douleurs les plus cruelles. Je
» suis accablé de malheurs, et il est désagréable de ne
» porter chez les étrangers que des lamentations et des
» soupirs sur sa mauvaise fortune. Il est même honteux
» de soupirer toujours; vous vous lasseriez enfin de mes
» plaintes; vos femmes même s'en moqueroient, et me
» reprocheroient que le vin seroit bien plus la source de
» mes larmes que mon affliction. »

La sage Pénélope lui répondit: « Etranger, les Dieux
» ont détruit tous les avantages dont ils m'avoient favo-
» risée, et ruiné toute ma beauté depuis que les Grecs
» se sont embarqués pour Troie, et que mon mari les a
» suivis. Si ce cher mari revenoit reprendre la conduite
» de sa maison et de ses états, ma gloire en seroit plus
» grande, et c'est là la seule beauté dont une femme
» doit se piquer. Présentement je gémis sous le poids de
» mon affliction, si grands sont les maux qu'il a plu à
» Dieu de m'envoyer; car tous les plus grands princes
» des îles voisines, comme de Dulichium, de Samos,
» de Zacynthe, ceux même de cette île d'Ithaque s'opi-
» niâtrent à me faire la cour, et me poursuivent en
» mariage malgré l'aversion que j'ai pour eux, et en
» attendant que je me déclare, ils ruinent ma maison.
» Voilà ce qui m'empêche d'avoir soin de mes supplians
» et de mes hôtes. Je ne me mêle plus même de donner
» mes ordres à nos hérauts, qui sont des ministres
» publics et sacrés; mais je languis et je me consume
» en pleurant toujours mon cher Ulysse. Cependant les
» poursuivans font tous leurs efforts pour presser mon
» mariage, et moi j'invente tous les jours de nouvelles

» Φᾶρος μὲν μοι πρῶτον ἐνέπνευσε φρεσὶ δαίμων
» Στησαμένῃ μέγαν ἱστὸν ἐνὶ μεγάροισιν ὑφαίνειν,
» Λεπτὸν καὶ περίμετρον· ἄφαρ δ᾽ αὐτοῖς μετέειπον· 140
» Κοῦροι, ἐμοὶ μνηστῆρες, ἐπεὶ θάνε δῖος Ὀδυσσεὺς,
» Μίμνετ᾽ ἐπειγόμενοι τὸν ἐμὸν γάμον· εἰσόκε φᾶρος
» Ἐκτελέσω, (μή μοι μεταμώλια νήματ᾽ ὄληται,)
» Λαέρτῃ ἥρωϊ ταφήϊον, εἰσότε κέν μιν
» Μοῖρ᾽ ὀλοὴ καθέλῃσι τανηλεγέος θανάτοιο· 145
» Μή τις μοι κατὰ δῆμον Ἀχαιϊάδων νεμεσήσῃ,
» Αἴ κεν ἄτερ σπείρου κεῖται, πολλὰ κτεατίσσας.
» Ὣς ἐφάμην· τοῖσιν δ᾽ ἐπεπείθετο θυμὸς ἀγήνωρ.
» Ἔνθα κέν ἠματίη μὲν ὑφαίνεσκον μέγαν ἱστὸν,
» Νύκτας δ᾽ ἀλλύεσκον, ἐπὴν δαΐδας παραθείμην. 150
» Ὣς τρίετες μὲν ἔληθον ἐγὼ, καὶ ἔπειθον Ἀχαιούς·
» Ἀλλ᾽ ὅτε τέτρατον ἦλθεν ἔτος, καὶ ἐπήλυθον ὧραι,
» Μηνῶν φθινόντων, περὶ δ᾽ ἤματα πόλλ᾽ ἐτελέσθη,
» Καὶ τότε δή με, διὰ δμωὰς, κύνας οὐκ ἀλεγούσας,
» Εἷλον ἐπελθόντες, καὶ ὁμοκλήσαντ᾽ ἐπέεσσιν.   155
» Ὣς τὸ μὲν ἐξετέλεσσα καὶ οὐκ ἐθέλουσ᾽ ὑπ᾽ ἀνάγκης·
» Νῦν δ᾽ οὔτ᾽ ἐκφυγέειν δύναμαι γάμον, οὔτε τίν᾽ ἄλλην
» Μῆτιν ἐφευρίσκω· μάλα δ᾽ ὀτρύνουσι τοκῆες
» Γήμασθ᾽· ἀσχαλάᾳ δὲ πάϊς βίοτον κατεδόντων,
» Γιγνώσκων· ἤδη γὰρ ἀνὴρ οἷός τε μάλιστα   160
» Οἴκου κήδεσθαι, τῷ τε Ζεὺς κῦδος ὀπάζει.

» ruses pour l'éloigner. La première qu'un Dieu m'a
» inspirée pour me secourir, c'est de m'attacher à faire
» sur le métier un grand voile, et de tenir ce langage
» aux poursuivans : Jeunes princes qui m'avez choisie
» pour l'objet de vos feux, depuis la mort de mon cher
» Ulysse, quelque envie que vous ayez de hâter mon
» hymen, ayez patience, et afin que tout le travail que
» j'ai déjà fait ne soit pas perdu, attendez que j'aie
» achevé ce voile que je destine pour la sépulture du
» héros Laërte, quand la cruelle parque aura tranché
» le fil de ses jours ; car je craindrois d'être exposé aux
» reproches de toutes les femmes de Grèce, si un prince
» aussi riche que Laërte, et qui me doit être si cher,
» venoit à être porté sur le bûcher sans être couvert
» d'un drap mortuaire fait de ma main. C'est ainsi que
» je leur parlai, et ils se rendirent à ces raisons. Je
» dressai donc dans mon appartement un métier où je
» travaillois pendant le jour ; mais dès que la nuit étoit
» venue, et que les torches étoient allumées, je défaisois
» ce que j'avois fait le jour. Cela dura trois ans entiers,
» pendant lesquels je flattai leurs vœux de l'espérance
» d'un hymen très-prochain. Mais quand les jours et
» les mois eurent amené la quatrième année, alors ces
» amans, avertis par quelques-unes de mes femmes qu'ils
» avoient gagnées, et qui les introduisirent dans mon
» appartement, me surprirent ; et non contens de me
» faire des reproches, leur flamme insolente les porta à
» me menacer. Je fus donc obligée malgré moi d'ache-
» ver ce voile. Aujourd'hui je ne puis plus éviter cet
» hymen ; et je ne trouve aucun expédient pour le
» reculer. Tous mes parens me pressent de choisir un
» mari, mon fils est las de ces princes qui le ruinent,
» et le voilà en âge de gouverner lui-même sa maison.
» Daigne Jupiter lui donner la sagesse nécessaire pour
» la gouverner avec gloire. Mais quelque affligé que

» Ἀλλὰ καὶ ὣς μοι εἰπὲ τεὸν γένος, ὁππόθεν ἐσσί·
» Οὐ γὰρ ἀπὸ δρυός ἐσσι παλαιφάτου, οὐδ' ἀπὸ πέτρης. »

Τὴν δ' ἀπαμειβόμενος προσέφη πολύμητις Ὀδυσσεύς·
« Ὦ γύναι αἰδοίη Λαερτιάδεω Ὀδυσῆος,   165
» Οὐκ ἔτ' ἀπολλήξεις τὸν ἐμὸν γόνον ἐξερέουσα;
» Ἀλ' ἔκ τοι ἐρέω· ἦ μέν μ' ἀχέεσσί γε δώσεις
» Πλείοσιν, ἢ ἔχομαι· ἡ γὰρ δίκη, ὁππότε πάτρης
» Ἧς ἀπέῃσιν ἀνὴρ τόσσον χρόνον, ὅσσον ἐγὼ νῦν,
» Πολλὰ βροτῶν ἐπὶ ἄστε' ἀλώμενος, ἄλγεα πάσχων·
» Ἀλλὰ καὶ ὣς ἐρέω, ὅ μ' ἀνείρεαι, ἠδὲ μεταλλᾷς. 171
» Κρήτη τις γαῖ' ἐστί, μέσῳ ἐνὶ οἴνοπι πόντῳ,
» Καλὴ καὶ πίειρα, περίρρυτος· ἐν δ' ἄνθρωποι
» Πολλοί, ἀπειρέσιοι, καὶ ἐννήκοντα πόληες.
» Ἄλλη δ' ἄλλων γλῶσσα μεμιγμένη· ἐν μὲν Ἀχαιοί,
» Ἐν δ' Ἐτεόκρητες μεγαλήτορες, ἐν δὲ Κύδωνες, 176
» Δωριέες τε τριχάϊκες, δῖοί τε Πελασγοί.
» Τοῖσι δ' ἐνὶ Κνωσσὸς μεγάλη πόλις· ἔνθα τε Μίνως
» Ἐννέωρος βασίλευε Διὸς μεγάλου ὀαριστής,
» Πατρὸς ἐμοῖο πατήρ, μεγαθύμου Δευκαλίωνος. 180
» Δευκαλίων δέ μ' ἔτικτε, καὶ Ἰδομενῆα ἄνακτα·
» Ἀλλ' ὁ μὲν ἐν νήεσσι κορωνίσιν Ἴλιον εἴσω
» Ὤχεθ' ἅμ' Ἀτρείδῃσιν· ἐμοὶ δ' ὄνομα κλυτὸν Αἴθων·
» Ὁπλότερος γενεῇ· ὁ δ' ἄρα, πρότερος καὶ ἀρείων.
» Ἔνθ' Ὀδυσῆα ἐγὼν ἰδόμην, καὶ ξείνια δῶκα. 185
» Καὶ γὰρ τὸν Κρήτηνδε κατήγαγεν ἲς ἀνέμοιο,
» Ἱέμενον Τροίηνδε, παραπλάγξασα Μαλειῶν·
» Στῆσε δ' ἐν Ἀμνισῷ, ὅθι τε σπέος Εἰλειθυίης,
» Ἐν λιμέσιν χαλεποῖσι· μόλις δ' ὑπάλυξεν ἀέλλας.

» vous soyez, expliquez-moi, je vous prie, votre nais-
» sance, car vous n'êtes point de ces hommes inconnus
» qu'on dit nés d'un chêne ou d'un rocher. »

Le prudent Ulysse lui répondit : « Princesse, digne
» des respects de tous les hommes, puisque vous voulez
» absolument que je vous apprenne ma naissance, je
» vous la dirai : vous allez renouveler et augmenter
» mes maux : cela ne se peut autrement, quand un
» homme a été aussi long-temps que moi éloigné de
» son pays, errant de ville en ville parmi des traverses
» infinies et des dangers continuels, toujours en butte
» aux traits de la fortune ; mais vous le voulez, il faut
» vous obéir. Il y a au milieu de la vaste mer une grande
» île qu'on appelle Crète. Elle est belle et fertile, très-
» peuplée, et elle a quatre-vingt-dix villes considérables.
» Ses habitans ne parlent pas tous le même langage. Il
» y a des Achéens, des Crétois originaires du pays,
» hommes fiers, des Cydoniens, des Doriens qui occupent
» trois villes, et des Pélasges. La ville capitale, c'est
» Cnosse, grande ville où régnoit Minos, qui tous les
» neuf ans avoit l'honneur de jouir de la conversation
» de Jupiter, et d'entendre les oracles de sa bouche.
» Minos fut père du vaillant Deucalion, qui m'a donné
» le jour. Deucalion eut deux fils, Idoménée et moi.
» Idoménée s'embarqua avec les Grecs pour aller à
» Troie, car il étoit l'aîné, et homme de grand courage.
» Moi, comme le plus jeune, je restai dans le palais
» de mon père, et je m'appelois Æthon. Ce fut là que
» j'eus l'honneur de voir Ulysse et de lui faire les pré-
» sens de l'hospitalité, car les vents le firent relâcher
» en Crète comme il alloit avec sa flotte à Ilion, en
» l'empêchant de doubler le cap de Malée, et le pous-
» sèrent à l'embouchure du fleuve Amnisus, où est la
» caverne d'Ilithye, sur une rade très-difficile et très-
» dangereuse. La tempête étoit si violente, qu'il eut

» Αὐτίκα δ' Ἰδομενῆα μετάλλα, ἄστυδ' ἀνελθών· 190
» Ξεῖνον γάρ μιν ἔφασκε φίλον τ' ἔμεν, αἰδοῖόν τε.
» Τῷ δ' ἤδη δεκάτη, ἢ ἑνδεκάτη πέλεν ἠώς
» Οἰχομένῳ σὺν νηυσὶ κορωνίσιν Ἴλιον εἴσω.
» Τὸν μὲν ἐγὼ πρὸς δώματ' ἄγων εὖ ἐξείνισσα,
» Ἐνδυκέως φιλέων, πολλῶν κατὰ οἶκον ἐόντων· 195
» Καί οἱ, τοῖς τ' ἄλλοις ἑτάροις, οἳ ἅμ' αὐτῷ ἕποντο,
» Δημόθεν ἄλφιτα δῶκα, καὶ αἴθοπα οἶνον ἀγείρας,
» Καὶ βοῦς ἱρεύσασθαι· ἵνα πλησαίατο θυμόν.
» Ἔνθα δυώδεκα μὲν μένον ἤματα δῖοι Ἀχαιοί·
» (Εἴλει γὰρ Βορέης ἄνεμος μέγας, οὐδ' ἐπὶ γαίῃ 200
» Εἴα ἵστασθαι· χαλεπὸς δέ τις ὦρορε δαίμων·)
» Τῇ τρισκαιδεκάτῃ δ' ἄνεμος πέσε· τοὶ δ' ἀνάγοντο. »

Ἴσκεν, ψεύδεα πολλὰ λέγων ἐτύμοισιν ὁμοῖα·
Τῆς δ' ἄρ' ἀκουούσης ῥέε δάκρυα, τήκετο δὲ χρώς.
Ὡς δὲ χιὼν κατατήκετ' ἐν ἀκροπόλοισιν ὄρεσσιν, 205
Ἥν τ' Εὖρος κατέτηξεν, ἐπὴν Ζέφυρος καταχεύῃ,
Τηκομένης δ' ἄρα τῆς ποταμοὶ πλήθουσι ῥέοντες·
Ὡς τῆς τήκετο καλὰ παρήϊα δακρυχεούσης,
Κλαιούσης ἑὸν ἄνδρα παρήμενον· αὐτὰρ Ὀδυσσεὺς
Θυμῷ μὲν γοόωσαν ἑὴν ἐλέαιρε γυναῖκα, 210
Ὀφθαλμοὶ δ' ὡσεὶ κέρα ἕστασαν, ἠὲ σίδηρος,
Ἀτρέμας ἐν βλεφάροισι· δόλῳ δ' ὅγε δάκρυα κεῦθεν.
Ἡ δ' ἐπεὶ οὖν τάρφθη πολυδακρύτοιο γόοιο,
Ἐξαῦτίς μιν ἔπεσσιν ἀμειβομένη προσέειπεν·

« Νῦν μὲν δή σευ, ξεῖνέ γ', ὀΐω πειρήσεσθαι, 215
» Εἰ ἐτεὸν δὴ κεῖθι σὺν ἀντιθέοις ἑτάροισιν
» Ξείνισας ἐν μεγάροισιν ἐμὸν πόσιν, ὡς ἀγορεύεις.
» Εἰπέ μοι, ὁπποῖ' ἄσσα περὶ χροῒ εἵματα ἕστο,
» Αὐτός θ' οἷος ἔην, καὶ ἑταίρους, οἵ οἱ ἕποντο. »

» beaucoup de peine à se sauver. En arrivant à Cnosse
» il demanda d'abord mon frère Idoménée, avec lequel
» il disoit qu'il étoit lié par les sacrés liens de l'amitié
» et de l'hospitalité; mais il y avoit dix ou onze jours
» que mon frère étoit parti sur ses vaisseaux. Je le reçus
» donc le mieux qu'il me fut possible, et je n'oubliai
» rien pour le bien traiter. Je fis fournir abondamment
» par la ville à tous ceux de sa suite le pain, le vin et
» la viande dont ils avoient besoin. Tous ces Grecs
» demeurèrent douze jours chez moi, retenus par les
» vents contraires, car il souffloit un vent de nord si
» violent, qu'on avoit de la peine à se tenir même sur
» la terre ferme, et sans doute il étoit excité par quel-
» que Dieu ennemi. Le treizième jour le vent tomba,
» et ils partirent. »

C'est ainsi qu'Ulysse débitoit ses fables, en les mêlant et accommodant avec des vérités. Pénélope, en les entendant, versoit des ruisseaux de larmes : comme les neiges, que le violent zéphyr a entassées sur les sommets des montagnes, se fondent dès que le vent de midi relâche le temps par ses douces haleines, et cette fonte fait déborder les rivières et les torrens; de même Pénélope, attendrie par le récit d'Ulysse, fondoit toute en pleurs, et elle pleuroit son mari, qui étoit devant elle. Ulysse, la voyant en cet état, étoit touché de compassion; ses yeux étoient arrêtés et fixes, comme s'ils eussent été de corne ou de fer; et pour la mieux tromper, il eut la force de retenir ses larmes. Quand Pénélope eut adouci quelque temps ses déplaisirs par ses pleurs, elle reprit la parole, et dit :

« Etranger, je veux éprouver si vous m'avez dit la
» vérité, lorsque vous m'avez assuré que vous avez reçu
» Ulysse dans votre palais; dites-moi donc, je vous
» prie, quels habits il portoit quand il arriva chez vous,
» comment il étoit fait, et quelles gens il avoit à sa suite. »

Τὴν δ' ἀπαμειβόμενος προσέφη πολύμητις Ὀδυσσεύς·
« Ὦ γύναι, ἀργαλέον τόσσον χρόνον ἀμφὶς ἐόντα 221
» Εἰπέμεν· ἤδη γάρ οἱ ἐεικοστὸν ἔτος ἐστὶν,
» Ἐξ οὗ κεῖθεν ἔβη, καὶ ἐμῆς ἀπελήλυθε πάτρης·
» Ἀλλὰ καὶ ὣς ἐρέω, ὥς μοι ἰνδάλλεται ἦτορ.
» Χλαῖναν πορφυρέην οὔλην ἔχε δῖος Ὀδυσσεὺς, 225
» Διπλῆν· αὐτάρ οἱ περόνη χρυσοῖο τέτυκτο
» Αὐλοῖσιν διδύμοισι· πάροιθε δὲ δαίδαλον ἦεν·
» Ἐν προτέροισι πόδεσσι κύων ἔχε ποικίλον ἐλλὸν
» Ἀσπαίροντα λάων· τὸ δὲ θαυμάζεσκον ἅπαντες,
» Ὡς οἱ χρύσεοι ὄντες, ὁ μὲν λάε νεβρὸν ἀπάγχων, 230
» Αὐτὰρ ὁ ἐκφυγέειν μεμαὼς, ἤσπαιρε πόδεσσι.
» Τὸν δὲ χιτῶν' ἐνόησα περὶ χροΐ σιγαλόεντα,
» Οἷόν τε κρομύοιο λοπὸν κατὰ ἰσχαλέοιο.
» Τὼς μὲν ἔην μαλακὸς, λαμπρὸς δ' ἦν, ἠέλιος ὥς·
» Ἦ μὲν πολλαί γ' αὐτὸν ἐθηήσαντο γυναῖκες. 235
» Ἄλλο δέ τοι ἐρέω, σὺ δ' ἐνὶ φρεσὶ βάλλεο σῇσιν·
» Οὐκ οἶδ', εἰ τάδε ἔστο περὶ χροῒ οἴκοθ' Ὀδυσσεὺς,
» Ἦ τις ἑταίρων δῶκε θοῆς ἐπὶ νηὸς ἰόντι,
» Ἦ τίς πού κα ξεῖνος· ἐπεὶ πολλοῖσιν Ὀδυσσεὺς
» Ἔσκε φίλος· παῦροι γὰρ Ἀχαιῶν ἦσαν ὁμοῖοι. 240
» Καί οἱ ἐγὼ χάλκειον ἄορ, καὶ δίπλακα δῶκα
» Καλὴν, πορφυρέην, καὶ τερμιόεντα χιτῶνα·
» Αἰδοίως δ' ἀπέπεμπον ἐϋσσέλμου ἐπὶ νηός.
» Καὶ μέν οἱ κῆρυξ ὀλίγον προγενέστερος αὐτοῦ
» Εἵπετο· καὶ τόν τοι μυθήσομαι, οἷος ἔην περ· 245

« Après un si long temps qui s'est écoulé depuis,
» répondit Ulysse, il est difficile de se souvenir de ces
» particularités; car il y a déjà vingt années qu'il quitta
» Crète, et partit pour Troie. Cependant je vous le
» dirai à peu près selon l'idée que je puis en avoir
» conservée. Ulysse étoit vêtu ce jour-là d'un beau man-
» teau de pourpre très-fin et très-ample, qui s'attachoit
» avec une double agrafe d'or, et qui étoit brodé par-
» devant; on voyoit au bas un chien de chasse qui
» tenoit un faon de biche tout palpitant qu'il alloit
» déchirer. Cette peinture étoit si naturelle et si vive,
» qu'on ne pouvoit la voir sans admiration. Le chien
» et le faon étoient tous deux d'or. Le chien étrangloit
» le faon pour le dévorer, et on voyoit les efforts que
» faisoit le faon pour se tirer de sa gueule en se débattant.
» Sous ce manteau Ulysse avoit une tunique d'une étoffe
» très-fine, qui brilloit comme le soleil, et dont la bro-
» derie étoit admirable; les principales femmes de la
» ville la virent et furent charmées de sa beauté. Il est
» vrai que je ne saurois vous dire certainement si
» Ulysse étoit parti de chez lui habillé de cette manière,
» ou si c'étoit des habits que quelqu'un de ses compa-
» gnons lui eût donnés après qu'il se fût embarqué, ou
» qu'il eût même reçus en chemin de quelqu'un de ses
» hôtes; car il avoit plusieurs amis, et l'on peut dire
» qu'il y avoit peu de Grecs qui lui ressemblassent.
» Quelqu'un en le recevant chez lui, avoit pu lui donner
» ces habits, comme je lui fis présent d'une épée et d'un
» grand manteau de pourpre d'une assez grande beauté,
» et d'une tunique qui paroissoit avoir été faite pour
» lui, tant elle étoit bien à sa taille. A son départ je lui
» fis tous les honneurs qui étoient dus à sa naissance et
» à son mérite. Il étoit accompagné d'un héraut qui
» paroissoit un peu plus âgé que lui, et je vous dirai
» comme il étoit fait; il avoit les épaules hautes et

» Γυρὸς ἐν ὤμοισιν, μελανόχροος, οὐλοκάρηνος·
» Εὐρυβάτης δ' ὄνομ' ἔσκε· τίεν δέ μιν ἔξοχον ἄλλων
» Ὧν ἑτάρων Ὀδυσεύς, ὅτι οἱ φρεσὶν ἄρτια ᾔδη. »

Ὣς φάτο· τῇ δ' ἔτι μᾶλλον ὑφ' ἵμερον ὦρσε γόοιο,
Σήματ' ἀναγνούσῃ, τά οἱ ἔμπεδα πέφραδ' Ὀδυσσεύς.
Ἡ δ' ἐπεὶ οὖν τάρφθη πολυδακρύτοιο γόοιο, 251
Καὶ τότε μιν μύθοισιν ἀμειβομένη προσέειπε·

Νῦν μὲν δή μοι, ξεῖνε, πάρος περ ἐὼν ἐλεεινὸς
« Ἐν μεγάροισιν ἐμοῖσι, φίλος τ' ἔσῃ, αἰδοῖός τε·
» Αὐτὴ γὰρ τάδε εἵματ' ἐγὼ πόρον, οἷ' ἀγορεύεις, 255
» Πτύξασ' ἐκ θαλάμου· περόνην τ' ἐπέθηκα φαεινήν,
» Κείνῳ ἄγαλμ' εἶναι· τὸν δ' οὐχ ὑποδέξομαι αὖτις
» Οἴκαδε νοστήσαντα, φίλην ἐς πατρίδα γαῖαν.
» Τῷ ῥα κακῇ αἴσῃ κοίλης ἐπὶ νηὸς Ὀδυσσεὺς
» Ὤχετ' ἐποψόμενος κακοΐλιον οὐκ ὀνομαστήν. » 260

Τὴν δ' ἀπαμειβόμενος προσέφη πολύμητις Ὀδυσσεύς·
« Ὦ γύναι αἰδοίη Λαερτιάδεω Ὀδυσῆος,
» Μηκέτι νῦν χρόα καλὸν ἐναίρεο, μηδέ τι θυμὸν
» Τῆκε, πόσιν γοόωσα· νεμεσσῶμαί γε μὲν οὐδέν·
» Καὶ γάρ τίς τ' ἀλλοῖον ὀδύρεται ἄνδρ' ὀλέσασα 265
» Κουρίδιον, τῷ τέκνα τέκῃ φιλότητι μιγεῖσα,
» Ἢ Ὀδυσῆ', ὃν φασι θεοῖς ἐναλίγκιον εἶναι.
» Ἀλλὰ γόου μὲν παῦσαι, ἐμεῖο δὲ σύνθεο μῦθον·
» Νημερτέως γάρ τοι μυθήσομαι, οὐδ' ἐπικεύσω,
» Ὡς ἤδη Ὀδυσῆος ἐγὼ περὶ νόστου ἄκουσα, 270
» Ἀγχοῦ Θεσπρωτῶν ἀνδρῶν ἐν πίονι δήμῳ,
» Ζωοῦ· αὐτὰρ ἄγει κειμήλια πολλὰ καὶ ἐσθλά,
» Αἰτίζων ἀνὰ δῆμον· ἀτὰρ ἐρίηρας ἑταίρους

» amoncelées, le teint un peu basané et les cheveux
» crépus; il s'appeloit Eurybate. Ulysse le traitoit avec
» beaucoup de distinction, et lui faisoit plus d'honneur
» qu'à tous ses autres compagnons, parce qu'il trouvoit
» en lui une humeur conforme à la sienne, et les
» mêmes sentimens de justice et de piété. »

Ces marques certaines qu'Ulysse donnoit à Pénélope renouvelèrent ses regrets. Après qu'elle eut soulagé ses douleurs par ses larmes, elle reprit la parole et dit à Ulysse :

« Etranger, jusqu'ici je n'ai eu pour vous que les
» sentimens de compassion qu'excitent tous les malheu-
» reux, mais présentement ces sentimens sont accom-
» pagnés d'estime, d'amitié et de considération. Les
» habits que vous venez de me dépeindre sont les mêmes
» que je donnai à mon cher Ulysse quand il partit; j'y
» attachai moi-même cette belle agrafe. Hélas! je n'aurai
» jamais le plaisir de le recevoir dans son palais, car la
» fatale destinée l'a entraîné à cette malheureuse Troie,
» dont le seul nom me fait frémir. » Ces dernières paroles étoient suivies de pleurs et de sanglots.

« Femme du fils de Laërte, lui dit Ulysse, vivement
» touché, ne corrompez plus votre beauté, en pleurant
» toujours votre mari. Ce n'est pas que je blâme votre
» tendresse; on voit tous les jours des femmes pleurer
» leurs maris dont elles ont eu des enfans, et refuser
» d'être consolées. Comment ne pleureriez-vous point
» un mari tel qu'Ulysse, qui ressembloit aux Dieux
» immortels? Mais suspendez un peu votre douleur, et
» écoutez ce que j'ai à vous dire, je ne vous tromperai
» point, et je vous dirai certainement la vérité. J'ai ouï
» parler du retour d'Ulysse, et on m'a assuré qu'il étoit
» plein de vie près d'ici, dans le fertile pays des Thes-
» protiens, et qu'il vous apportoit quantité de richesses
» qui sont des présens qu'il a reçus des princes et des

» Ὤλεσε, καὶ νῆα γλαφυρὴν, ἐνὶ οἴνοπι πόντῳ,
» Θρινακίης ἀπὸ νήσου ἰών· ὀδύσαντο γὰρ αὐτῷ   275
» Ζεύς τε, καὶ Ἥλιος· τοῦ γὰρ βόας ἔκταν ἑταῖροι.
» Οἱ μὲν πάντες ὄλοντο πολυκλύστῳ ἐνὶ πόντῳ·
» Τὸν δ' ἄρ' ἐπὶ τρόπιος νεὸς ἔκβαλε κῦμ' ἐπὶ χέρσου
» Φαιήκων ἐς γαῖαν, οἳ ἀγχίθεοι γεγάασιν.
» Οἳ δή μιν περὶ κῆρι, θεὸν ὣς, τιμήσαντο,   280
» Καί οἱ πολλὰ δόσαν, πέμπειν τέ μιν ἤθελον αὐτοὶ
» Οἴκαδ' ἀπήμαντον· καί κεν πάλαι ἐνθάδ' Ὀδυσσεὺς
» Ἤην· ἀλλ' ἄρα οἷ τό γε κέρδιον εἴσατο θυμῷ,
» Χρήματ' ἀγυρτάζειν πολλὴν ἐπὶ γαῖαν ἰόντι·
» Ὣς περὶ κέρδεα πολλὰ καταθνητῶν ἀνθρώπων   285
» Οἶδ' Ὀδυσεύς· οὐδ' ἄν τις ἐρίσσειε βροτὸς ἄλλος,
» Ὥς μοι Θεσπρωτῶν βασιλεὺς μυθήσατο Φείδων.
» Ὤμνυε δὲ πρὸς ἔμ' αὐτὸν ἀποσπένδων ἐνὶ οἴκῳ,
» Νῆα κατειρύσθαι, καὶ ἐπαρτέας ἔμμεν' ἑταίρους,
» Οἳ δή μιν πέμψουσι φίλην ἐς πατρίδα γαῖαν.   290
» Ἀλλ' ἐμὲ πρὶν ἀπέπεμψε· τύχησε γὰρ ἐρχομένη νηῦς
» Ἀνδρῶν Θεσπρωτῶν ἐς Δουλίχιον πολύπυρον.
» Καί μοι κτήματ' ἔδειξεν, ὅσα ξυναγείρατ' Ὀδυσσεύς·
» Καί νύ κεν ἐς δεκάτην γενεὴν ἕτερόν γ' ἔτι βόσκοι,
» Ὅσσα οἱ ἐν μεγάροις κειμήλια κεῖτο ἄνακτος,   295
» Τὸν δ' ἐς Δωδώνην φάτο βήμεναι, ὄφρα θεοῖο
» Ἐκ δρυὸς ὑψικόμοιο Διὸς βουλὴν ἐπακούσῃ,
» Ὅππως νοστήσειε φίλην ἐς πατρίδα γαῖαν,
» Ἤδη δὴν ἀπεών, ἢ ἀμφαδὸν, ἠὲ κρυφηδόν·
» Ὣς ὁ μὲν οὕτως ἐστὶ σόος, καὶ ἐλεύσεται ἤδη   300
» Ἄγχι μάλ'· οὐδ' ἔτι τῆλε φίλων καὶ πατρίδος αἴης
» Δηρὸν ἀπεσσεῖται· ἔμπης δέ τοι ὅρκια δώσω·

» peuples. Il a perdu dans un naufrage son vaisseau et
» tous ses compagnons, en partant de l'île de Trinacrie,
» car il a attiré sur lui la colère de Jupiter et celle du
» Soleil, dont ses compagnons ont tué les troupeaux.
» Ces Dieux irrités ont fait périr tous ces malheureux
» dans la vaste mer. Il s'est sauvé lui seul; car comme
» il se tenoit attaché à son mât, le flot l'a jeté sur le
» rivage des Phéaciens, dont le bonheur égale celui des
» Dieux mêmes. Ces peuples l'ont reçu et honoré comme
» un Dieu, l'ont comblé de présens, et ils vouloient le
» renvoyer sain et sauf dans sa patrie, après l'avoir
» gardé assez long-temps, mais il a trouvé qu'il étoit
» plus utile d'aller faire encore plusieurs courses pour
» amasser de grands biens; car de tous les hommes du
» monde Ulysse est celui qui a le plus d'adresse et d'in-
» dustrie; personne ne peut lui rien disputer sur cela.
» Voilà ce que Phidon, roi des Thesprotiens, m'a dit
» de sa propre bouche; bien plus, il m'a juré, en fai-
» sant des libations, que le vaisseau qui devoit le rame-
» ner, et les rameurs pour le conduire, étoient prêts.
» J'aurois bien voulu l'attendre, mais je partis le pre-
» mier pour profiter de l'occasion d'un vaisseau de
» Thesprotie qui faisoit voile pour Dulichium. Avant
» mon départ, il me montra toutes les richesses qu'U-
» lysse avoit déjà amassées; elles sont si grandes,
» qu'elles suffiroient à nourrir une famille entière pen-
» dant dix générations. Et il me dit qu'il étoit allé à
» Dodone pour interroger le chêne miraculeux de Jupi-
» ter, et apprendre par son oracle comment il devoit
» retourner dans sa patrie après une si longue absence;
» s'il y retourneroit à découvert, ou sans se faire con-
» noître. Je puis donc vous assurer qu'il est vivant, qu'il
» ne sera pas encore éloigné de ses amis, et que vous
» le verrez plutôt que vous ne pensez; et ce que je vous
» dis, je vais vous le confirmer par serment : Je jure

» Ἴστω νῦν Ζεὺς πρῶτα, θεῶν ὕπατος καὶ ἄριστος,
» Ἱστίη τ' Ὀδυσῆος ἀμύμονος, ἣν ἀφικάνω,
» Ἡ μέν τοι τάδε πάντα τελείεται, ὡς ἀγορεύω· 305
» Τοῦ δ' αὐτοῦ λυκάβαντες ἐλεύσεται ἐνθάδ' Ὀδυσσεὺς,
» Τοῦ μὲν φθίνοντος μηνὸς, τοῦ δ' ἱσταμένοιο. »

Τὸν δ' αὖτε προσέειπε περίφρων Πηνελόπεια·
« Αἲ γὰρ τοῦτο, ξεῖνε, ἔπος τετελεσμένον εἴη·
» Τῷ κε τάχα γνοίης φιλότητά τε, πολλά τε δῶρα, 310
» Ἐξ ἐμεῦ· ὡς ἄν τις σὲ συναντόμενος μακαρίζοι.
» Ἀλλά μοι ὧδ' ἀνὰ θυμὸν οἴεται, ὡς ἔσεταί περ·
» Οὔτ' Ὀδυσεὺς ἔτι οἶκον ἐλεύσεται, οὔτε σὺ πομπῆς
» Τεύξῃ· ἐπεὶ οὔτοι σημάντορές εἰσιν ἐν οἴκῳ,
» Οἷος Ὀδυσσεὺς ἔσκε μετ' ἀνδράσιν, (εἴποτ' ἔην γε,
» Ξείνους αἰδοίους ἀποπεμπέμεν, ἠδὲ δέχεσθαι. 316
» Ἀλλά μιν, ἀμφίπολοι, ἀπονίψατε, κάτθετε δ' εὐνὴν,
» Δέμνια, καὶ χλαίνας, καὶ ῥήγεα σιγαλόεντα,
» Ὡς κ' εὖ θαλπιόων χρυσόθρονον ἠῶ ἵκηται.
» Ἠῶθεν δὲ μάλ' ἦρι λοέσσαι τέ, χρῖσαί τε, 320
» Ὡς κ' ἔνδον παρὰ Τηλεμάχῳ δείπνοιο μέδηται
» Ἥμενος ἐν μεγάρῳ· τῷ δ' ἄλγιον, ὅς κεν ἐκείνων
» Τοῦτον ἀνιάζῃ θυμοφθόρος, οὐδέ τι ἔργον
» Ἐνθάδ' ἔτι πρήξει, μάλα πὲρ κεχολωμένος αἰνῶς.
» Πῶς γὰρ ἐμεῦ σὺ, ξεῖνε, δαήσεαι, εἴ τι γυναικῶν
» Ἀλλάων περίειμι νόον καὶ ἐπίφρονα μῆτιν, 326
» Εἴ κεν ἀϋσταλέος, κακὰ εἱμένος, ἐν μεγάροισι
» Δαινύῃ; ἄνθρωποι δὲ μινυνθάδιοι τελέθουσιν.
» Ὅς μὲν ἀπηνής τ' αὐτὸς ἔῃ, καὶ ἀπηνέα εἰδῇ,

» par Jupiter, qui surpasse tous les autres Dieux en
» bonté et en puissance ; je jure par le foyer d'Ulysse,
» où je me suis réfugié, que tout ce que je dis aura son
» accomplissement, et qu'Ulysse reviendra dans cette
» même année ; oui, il reviendra à la fin d'un mois, et
» au commencement de l'autre. »

« Dieu veuille que ce bonheur m'arrive, comme vous
» me le promettez ! répondit la sage Pénélope. Si cela
» est, vous recevrez de moi des présens qui vous feront
» regarder avec envie. Mais si j'en crois les pressenti-
» mens de mon cœur, mon cher Ulysse ne reviendra
» point chez lui, et personne ne vous donnera les moyens
» de retourner dans votre patrie, car ceux qui gou-
» vernent dans ma maison ne sont pas comme Ulysse ;
» ils ne se piquent pas de bien recevoir nos hôtes, et de
» leur fournir les secours dont ils ont besoin. » En même
temps adressant la parole à ses femmes, elle leur dit :
« Allez laver les pieds à cet étranger, et dressez-lui un
» bon lit avec de bonne peaux et de bonnes couvertures,
» afin que, couché bien chaudement, il attende le lever
» de l'aurore. Demain, dès qu'il sera levé, vous le bai-
» gnerez et le parfumerez d'essences, afin qu'il dîne avec
» Télémaque. Celui qui le maltraitera, ou qui lui fera
» la moindre peine, quelque sujet qu'il croie en avoir,
» et quelque irrité qu'il soit contre lui, encourra mon
» indignation et n'avancera pas ses affaires. Car, mon
» hôte, comment pourriez-vous me flatter de quelque
» sorte d'avantage sur les autres femmes du côté de la
» sagesse et de la prudence, si je vous laissois dans mon
» palais avec ces haillons et dans cette malpropreté ?
» Les hommes n'ont sur la terre qu'un vie fort courte,
» c'est pourquoi il faut l'employer à faire du bien : ceux
» qui sont durs et inhumains, et qui ne savent faire
» que des actions de dureté et de cruauté, doiven

» Τῷδε καταρῶνται πάντες βροτοὶ ἄλγε' ὀπίσσω 330
» Ζωῷ· ἀτὰρ τεθνεῶτί γ' ἐφεψιόωνται ἅπαντες·
» Ὃς δ' ἂν ἀμύμων αὐτὸς ἔῃ, καὶ ἀμύμονα εἰδῇ,
» Τοῦ μέν τε κλέος εὐρὺ διὰ ξεῖνοι φορέουσι
» Πάντας ἐπ' ἀνθρώπους· πολλοὶ δέ μιν ἐσθλὸν ἔειπον.»

Τὴν δ' ἀπαμειβόμενος προσέφη πολύμητις Ὀδυσσεύς·
« Ὦ γύναι αἰδοίη Λαερτιάδεω Ὀδυσῆος, 336
» Ἤτοι ἐμοὶ χλαῖναι, καὶ ῥήγεα σιγαλόεντα
» Ἤχθεθ', ὅτε πρῶτον Κρήτης ὄρεα νιφόεντα
» Νοσφισάμην ἐπὶ νηὸς ἰὼν δολιχηρέτμοιο.
» Κείω δ', ὡς τὸ πάρος περ ἀΰπνους νύκτας ἴαυον. 340
» Πολλὰς γὰρ δὴ νύκτας ἀεικελίῳ ἐνὶ κοίτῃ
» Ἄεσα, καί τ' ἀνέμεινα ἐΰθρονον ἠῶ δῖαν.
» Οὐδέ τι μοι ποδάνιπτρα ποδῶν ἐπιήρανα θυμῷ
» Γίγνεται· οὐδὲ γυνὴ ποδὸς ἅψεται ἡμετέροιο
» Τάων, αἵ τοι δῶμα κάτα δρήστειραί ἔασιν, 345
» Εἰ μή τις γρηῦς ἐστὶ παλαιή, κεδν' εἰδυῖα,
» Ἥτις τέτληκεν τόσσα φρεσίν, ὅσσα τ' ἐγώ περ·
» Τήνδε δ' ἂν οὐ φθονέοιμι ποδῶν ἅψασθαι ἐμεῖο. »

Τὸν δ' αὖτε προσέειπε περίφρων Πηνελόπεια·
« Ξεῖνε φίλ', οὐ γάρ πω τις ἀνὴρ πεπνυμένος ὧδε 350
» Ξείνων τηλεδαπῶν φιλίων ἐμὸν ἵκετο δῶμα,
» Ὡς σὺ μάλ' εὐφραδέως πεπνυμένα πάντ' ἀγορεύεις.
» Ἔστι δέ μοι γρηῦς, πυκινὰ φρεσὶ μήδε' ἔχουσα,
» Ἣ κεῖνον δύστηνον ἐῢ τρέφεν, ἠδ' ἀτίταλλεν,
» Δεξαμένη χείρεσσ', ὅτε μιν πρῶτον τέκε μήτηρ, 355
» Ἥ σε πόδας νίψει, ὀλιγηπελέουσά περ ἔμπης.
» Ἀλλ' ἄγε νῦν ἀνστᾶσα, περίφρων Εὐρύκλεια,
» Νίψον σεῖο ἄνακτος ὁμήλικα. καί που Ὀδυσσεὺς

» s'assurer que le monde les charge d'imprécations
» pendant leur vie et les maudit après leur mort; au lieu
» que ceux qui ont de l'humanité, de la bonté, et qui
» ne perdent jamais l'occasion de faire tout le bien qu'ils
» peuvent, sont sûrs que leur gloire est répandue dans
» tout l'univers par les hôtes qu'ils ont bien traités, et
» que tout le monde les comble de bénédictions et de
» louanges. »

« Généreuse princesse, répond le prudent Ulysse,
» j'ai renoncé aux habits magnifiques et aux bons lits
» depuis le jour que j'ai quitté les montagnes de Crète,
» pour m'embarquer. Je coucherai comme j'ai fait jus-
» qu'ici. Je suis accoutumé à coucher sur la dure et à
» passer les nuits entières sans dormir. N'ordonnez point
» qu'on me lave les pieds; je ne souffrirai point qu'au-
» cune des femmes qui ont l'honneur de vous servir
» approche de moi et me touche, à moins qu'il n'y en
» ait quelqu'une de fort âgée, dont la sagesse soit connue,
» et à qui le grand âge ait appris de combien d'ennuis et
» de maux notre vie est traversée; pour celle-là je n'em-
» pêcherai point qu'elle me lave les pieds. »

Pénélope charmée lui répondit : « Mon hôte, de tous
» les amis que nous avons dans les pays éloignés et qui
» sont venus dans mon palais, il n'y en a point qui aient
» marqué dans leurs discours et dans leurs actions tant
» de vertu et tant de sagesse. J'ai auprès de moi une
» femme fort âgée, dont je connois la prudence et la
» fidélité, qui a élevé ce malheureux prince, l'unique
» objet de mon amour, et qui le reçut entre ses bras
» quand sa mère le mit au monde; ce sera elle qui vous
» lavera les pieds, quoiqu'elle n'ait presque plus qu'un
» souffle de vie. » En même temps elle l'appela, et lui
dit : « Euryclée, allez laver les pieds de cet étranger,
» qui paroît de même âge que votre cher prince; je

» Ἤδη τοιόσδ᾽ ἐστὶ πόδας, τοῖος δέ τε χεῖρας·
» Αἶψα γὰρ ἐν κακότητι βροτοὶ καταγηράσκουσιν. » 360

Ὣς ἄρ᾽ ἔφη· γρηῦς δὲ κατέσχετο χερσὶ πρόσωπα,
Δάκρυα δ᾽ ἔκβαλε θερμά, ἔπος δ᾽ ὀλοφυδνὸν ἔειπεν·

« Ὤ μοι ἐγὼ σέο, τέκνον, ἀμήχανος· ἦ σε περὶ Ζεὺς
» Ἀνθρώπων ἤχθηρε θεουδέα θυμὸν ἔχοντα.
» Οὐ γάρ πώ τις τόσσα βροτῶν Διῒ τερπικεραύνῳ 365
» Πίονα μηρί᾽ ἔκη᾽, οὐδ᾽ ἐξαίτους ἑκατόμβας,
» Ὅσσα σὺ τῷ ἐδίδως, ἀρώμενος ἕως ἵκοιο
» Γῆράς τε λιπαρόν, θρέψαιό τε φαίδιμον υἱόν·
» Νῦν δέ τοι ὧδέ σε πάμπαν ἀφείλετο νόστιμον ἦμαρ.
» Οὕτω πού κἀκείνῳ ἐφεψιόωντο γυναῖκες   370
» Ξείνων τηλεδαπῶν, ὅτε τεῦ κλυτὰ δώμαθ᾽ ἵκοιτο,
» Ὣς σέθεν αἱ κύνες αἵδε καθεψιόωνται ἅπασαι·
» Τάων νῦν λώβην τε, καὶ αἴσχεα πόλλ᾽ ἀλεείνων,
» Οὐκ ἐάᾳς νίζειν· ἐμὲ δ᾽ οὐκ ἀέκουσαν ἀνώγει
» Κούρη Ἰκαρίοιο, περίφρων Πηνελόπεια.   375
» Τῷ σε πόδας νίψω, ἅμα τ᾽ αὐτῆς Πηνελοπείης,
» Καὶ σέθεν εἵνεκ᾽· ἐπεί μοι ὀρώρεται ἔνδοθι θυμὸς
» Κήδεσιν· ἀλλ᾽ ἄγε νῦν ξυνίει ἔπος, ὅ,ττι κεν εἴπω·
» Πολλοὶ δὴ ξεῖνοι ταλαπείριοι ἐνθάδ᾽ ἵκοντο,
» Ἀλλ᾽ οὔπω τινά φημι ἐοικότα ὧδε ἰδέσθαι,   380
» Ὡς σὺ, δέμας, φωνήν τε, πόδας τ᾽, Ὀδυσῆϊ ἔοικας. »

» m'imagine qu'Ulysse est fait comme lui et dans un
» état aussi pitoyable; car les hommes dans la misère
» vieillissent très-promptement. »

A ces mots, Euryclée met ses mains devant son visage, fond en larmes, et d'une voix entrecoupée de sanglots, elle s'écrie :

« Ah, malheureuse ! c'est votre absence, mon cher
» fils, mon cher Ulysse, qui cause tous mes chagrins :
» vous êtes donc l'objet de la haine de Jupiter avec
» toute votre piété ; car jamais prince n'a offert à ce
» Dieu tant de sacrifices, ni des hécatombes si parfaites
» et si bien choisies que vous en avez fait brûler sur ses
» autels, le priant tous les jours de vous faire parvenir
» à une heureuse vieillesse, et de vous donner la conso-
» lation d'élever votre fils et de le mettre en état de bien
» gouverner ses peuples : mais Jupiter, sourd à vos
» prières, vous a refusé de vous ramener chez vous.
» Peut-être, continua-t-elle, en se tournant du côté de
» l'étranger, que chez les princes où mon cher Ulysse
» a cherché un asile, les femmes du palais l'ont insulté,
» comme ces insolentes, qui sont ici, vous insultent.
» C'est sans doute pour ne pas vous commettre et vous
» exposer encore à leurs insultes et à leurs injures gros-
» sières, que vous n'avez pas voulu qu'elles vous
» lavassent les pieds, et que la sage Pénélope m'a char-
» gée de cet emploi ; je l'accepte de tout mon cœur. Je
» m'en acquitterai le mieux qu'il me sera possible pour
» obéir à ma maîtresse et aussi pour l'amour de vous ;
» car je vous avoue que mon cœur tressaillit au dedans
» de moi, et que je sens de cruelles agitations, dont
» vous allez connoître la cause. Nous avons vu arriver
» dans ce palais plusieurs étrangers persécutés par la
» fortune, mais je n'en ai jamais vu un qui ressemblât
» à Ulysse comme vous lui ressemblez ; c'est sa taille,
» sa voix, toute sa démarche. »

Τὴν δ᾽ ἀπαμειβόμενος προσέφη πολύμητις Ὀδυσσεύς·
« Ὦ γρηῦ, οὕτω φασὶν, ὅσοι ἴδον ὀφθαλμοῖσιν
» Ἡμέας ἀμφοτέρους, μάλα εἰκέλω ἀλλήλοιϊν
» Ἔμμεναι· ὡς σύ περ αὐτὴ ἐπιφρονέουσ᾽ ἀγορεύεις. »

Ὣς ἄρ᾽ ἔφη· γρηῢς δὲ λέβηθ᾽ ἕλε παμφανόωντα, 386
Τῷ πόδας ἐξαπένιζεν, ὕδωρ δ᾽ ἐνεχεύατο πουλὺ
Ψυχρόν· ἔπειτα δὲ θερμὸν ἐπήφυσεν· αὐτὰρ Ὀδυσσεὺς
Ἷζεν ἐπ᾽ ἐσχαρόφιν, ποτὶ δὲ σκότον ἐτράπετ᾽ αἶψα·
Αὐτίκα γὰρ κατὰ θυμὸν ὀΐσσατο, μή ἑ λαβοῦσα 390
Οὐλὴν ἀμφράσσαιτο, καὶ ἀμφαδὰ ἔργα γένοιτο.
Νίζε δ᾽ ἄρ᾽ ἆσσον ἰοῦσα ἄναχθ᾽ ἑόν· αὐτίκα δ᾽ ἔγνω
Οὐλήν· τὴν ποτέ μιν σῦς ἤλασε λευκῷ ὀδόντι
Παρνησσόνδ᾽ ἐλθόντα, μετ᾽ Αὐτόλυκόν τε καὶ υἷας,
Μητρὸς ἑῆς πατέρ᾽ ἐσθλόν, ὃς ἀνθρώπους ἐκέκαστο 395
Κλεπτοσύνῃ θ᾽, ὅρκῳ τέ· θεὸς δέ οἱ αὐτὸς ἔδωκεν
Ἑρμείας· τῷ γὰρ κεχαρισμένα μηρία καῖεν
Ἀρνῶν ἠδ᾽ ἐρίφων· ὁ δέ οἱ πρόφρων ἅμ᾽ ὀπήδει.
Αὐτόλυκος δ᾽ Ἰθάκης ἐλθὼν ἐς πίονα δῆμον,
Παῖδα νέον γεγαῶτα κιχήσατο θυγατέρος ἧς· 400
Τόν ῥά οἱ Εὐρύκλεια φίλοις ἐπὶ γούνασι θῆκε
Παυομένῳ δόρποιο· ἔπος τ᾽ ἔφατ᾽, ἔκ τ᾽ ὀνόμαζεν·

« Αὐτόλυκ᾽, αὐτὸς νῦν ὄνομ᾽ εὕρεο, ὅ, ττι κὲ θείης
» Παιδὸς παιδὶ φίλῳ· πολυάρητος δέ τοι ἐστί. »

Τὴν δ᾽ αὖτ᾽ Αὐτόλυκος ἀπαμείβετο, φώνησέν τε· 405
« Γαμβρὸς ἐμὸς, θυγάτηρ τὲ, τίθεσθ᾽ ὄνομ᾽, ὅ,ττι κὲν εἴπω·

Ulysse alarmé de ce soupçon d'Euryclée, lui répondit : « Vous avez raison ; car il est vrai que tous ceux qui
» nous ont vus, Ulysse et moi, ont été frappés, comme
» vous de cette ressemblance. »

Euryclée prit en même temps un vaisseau de cuivre ;
elle y versa d'abord quantité d'eau froide où elle mêla
ensuite de l'eau bouillante. Ulysse étoit assis près du
foyer, et il tournoit adroitement le dos à la lumière ;
car il lui vint tout d'un coup dans l'esprit que cette
bonne femme, en lui lavant les pieds, pourroit apercevoir une cicatrice qu'il avoit au-dessus du genou, et
que cela acheveroit de le faire reconnoître. Cette bonne
femme commença donc à lui laver les pieds, et aussitôt
elle reconnut cette cicatrice, qui lui restoit d'une blessure que lui avoit faite un sanglier sur le mont Parnasse,
où il étoit allé chasser autrefois avec le fils d'Autolycus,
son aïeul maternel, père d'Anticlée sa mère, prince
qui surpassoit tous ceux de son temps en prudence et
en adresse pour cacher ses desseins et pour surprendre
ses ennemis, et en bonne foi pour garder religieusement sa parole, et ne violer jamais ses sermens. Mercure
lui avoit donné ces deux grandes qualités, parce qu'Autolycus avoit pour lui une dévotion particulière, et
qu'il offroit tous les jours sur ses autels des agneaux et
des chèvres ; c'est pourquoi ce Dieu l'accompagnoit toujours et lui donnoit des marques de sa protection en
toutes rencontres. Un jour ce prince arriva à Ithaque,
dans le temps que sa fille venoit d'accoucher d'un fils.
Euryclée prit cet enfant, le mit sur les genoux de son
aïeul comme il achevoit de souper, et lui dit :

« Autolycus, voyez quel nom vous voulez donner à
» l'enfant de la reine votre fille ; c'est un fils que les
» Dieux ont accordé à vos vœux. »

Autolycus répondit : « Que mon gendre et ma fille
» lui donnent le nom que je vais dire. J'ai été autre-

» Πολλοῖσιν γὰρ ἔγωγε ὀδυσσάμενος τόδ' ἱκάνω
» Ἀνδράσιν, ἠδὲ γυναιξὶν, ἀνὰ χθόνα πουλυβότειραν·
» Τῷ δ' Ὀδυσεὺς ὄνομ' ἔστω ἐπώνυμον· αὐτὰρ ἔγωγε,
» Ὁππότ' ἂν ἡβήσας μητρώϊον ἐς μέγα δῶμα   410
» Ἔλθῃ Παρνησσόνδ', ὅθι πού μοι κτήματ' ἔασιν,
» Τῶν οἱ ἐγὼ δώσω, καί μιν χαίροντ' ἀποπέμψω. »
    Τῶν ἕνεκ' ἦλθ' Ὀδυσεὺς, ἵνα οἱ πόροι ἀγλαὰ δῶρα.
Τὸν μὲν ἄρ' Αὐτόλυκός τε, καὶ υἱέες Αὐτολύκοιο
Χερσίν τ' ἠσπάζοντο, ἔπεσσί τε μειλιχίοισι.   415
Μήτηρ δ' Ἀμφιθέη μητρὸς, περιφῦσ' Ὀδυσῆϊ,
Κύσσ' ἄρα μιν κεφαλήν τε, καὶ ἄμφω φάεα καλά.
Αὐτόλυκος δ' υἱοῖσιν ἐκέκλετο κυδαλίμοισι,
Δεῖπνον ἐφοπλίσσαι· τοὶ δ' ὀτρύνοντος ἄκουσαν.
Αὐτίκα δ' εἰσάγαγον βοῦν ἄρσενα πενταέτηρον·   420
Τὸν δέρον, ἀμφί θ' ἕπον, καί μιν διέχευαν ἅπαντα.
Μίστυλλόν τ' ἄρ' ἐπισταμένως, πεῖράν τ' ὀβελοῖσιν,
Ὤπτησάν τε περιφραδέως, δάσσαντό τε μοίρας.
Ὣς τότε μὲν πρόπαν ἦμαρ ἐς ἠέλιον καταδύντα
Δαίνυντ'· οὐδέ τι θυμὸς ἐδεύετο δαιτὸς ἐΐσης.   425
Ἦμος δ' ἠέλιος κατέδυ, καὶ ἐπὶ κνέφας ἦλθε,
Δὴ τότε κοιμήσαντο, καὶ ὕπνου δῶρον ἕλοντο.
Ἦμος δ' ἠριγένεια φάνη ῥοδοδάκτυλος ἠὼς,
Βάν ῥ' ἴμεν ἐς θήρην ἠμὲν κύνες, ἠδὲ καὶ αὐτοὶ
Υἱέες Αὐτολύκου· μετὰ τοῖσι δὲ δῖος Ὀδυσσεὺς   430
Ἤϊεν· αἰπὺ δ' ὄρος προσέβαν καταειμένον ὕλῃ
Παρνησσοῦ· τάχα δ' ἵκανον πτύχας ἠνεμοέσσας.
Ἠέλιος μὲν ἔπειτα νέον προσέβαλλεν ἀρούρας,
Ἐξ ἀκαλαρρείταο βαθυρρόου Ὠκεανοῖο·
Οἱ δ' ἐς βῆσσαν ἵκανον ἐπακτῆρες· πρὸ δ' ἄρ' αὐτῶν
Ἴχνη ἐρευνῶντες κύνες ᾔϊσαν· αὐτὰρ ὄπισθεν   436
Υἱέες Αὐτολύκου· μετὰ τοῖσι δὲ δῖος Ὀδυσσεὺς
Ἤϊεν ἄγχι κυνῶν, κραδάων δολιχόσκιον ἔγχος.
Ἔνθα δ' ἄρ' ἐν λόχμῃ πυκινῇ κατέκειτο μέγας σῦς·
Τὴν μὲν ἄρ' οὔτ' ἀνέμων διάει μένος ὑγρὸν ἀέντων, 440

» fois la terreur de mes ennemis jusqu'aux bouts de la
» terre; qu'on tire de là le nom de cet enfant, qu'on
» l'appelle Ulysse, c'est-à-dire, le terrible. Quand il
» sera grand et qu'il viendra à la maison maternelle
» sur le Parnasse où j'ai de grandes possessions, je
» lui en donnerai une partie, et je le renverrai bien
» content. »

Dès qu'Ulysse fut sorti de l'enfance, il alla chez son grand-père pour recevoir ces beaux présens qu'il lui avoit promis. Autolycus et ses enfans le reçurent avec toutes les marques de tendresse, et sa grand'mère Amphitée, l'embrassant étroitement, ne pouvoit se lasser de le baiser. Après les premières caresses, Autolycus ordonna à ses enfans de préparer le souper. Ils font donc venir un taureau de cinq ans, ils le dépouillent, le préparent, le mettent en quartiers, en garnissent plusieurs broches, le font rôtir et servent les portions; on se met à table, on y demeure jusqu'au coucher du soleil; et quand la nuit est venue, chacun va se coucher et jouir des paisibles dons du sommeil. Le lendemain, dès que l'aurore eut annoncé le jour, les fils d'Autolycus, qui avoient tout disposé pour donner à Ulysse le divertissement de la chasse du sanglier, le vont prendre; ils partent ensemble avec leurs chiens et leurs veneurs, et vont sur le Parnasse, qui est couvert d'une grande forêt. Ils traversent bientôt les sommets de cette montagne; le soleil sortant du paisible sein de l'océan, commençoit à répandre ses rayons sur la plaine. Les veneurs descendent dans une vallée, les chiens marchent devant eux sur la piste du sanglier. Les princes suivent, et Ulysse est des premiers à la queue des chiens, tenant

Οὔτε μὶν ἠέλιος φαέθων ἀκτῖσιν ἔβαλλεν,
Οὔτ' ὄμβρος περάασκε διαμπερές· ὣς ἄρα πυκνὴ
Ἦεν, ἀτὰρ φύλλων ἐνέην χύσις ἤλιθα πολλή.
Τὸν δ' ἀνδρῶν τε κυνῶν τε περὶ κτύπος ἦλθε ποδοῖϊν,
Ὣς ἐπάγοντες ἐπῆσαν· ὁ δ' ἀντίος ἐκ ξυλόχοιο   445
Φρίξας εὖ λοφιὴν, πῦρ δ' ὀφθαλμοῖσι δεδορκὼς,
Στῆ ῥ' αὐτῶν σχεδόθεν· ὁ δ' ἄρα πρώτιστος Ὀδυσσεὺς
Ἔσσυτ', ἀνασχόμενος δολιχὸν δόρυ χειρὶ παχείῃ,
Οὐτάμεναι μεμαώς· ὁ δέ μιν φθάμενος ἔλασεν σῦς
Γουνὸς ὕπερ· πολλὸν δὲ διήφυσε σαρκὸς ὀδόντι   450
Λικριφὶς ἀΐξας, οὐδ' ὀστέον ἵκετο φωτός.
Τὸν δ' Ὀδυσεὺς οὔτησε, τυχὼν κατὰ δεξιὸν ὦμον,
Ἀντικρὺ δὲ διῆλθε φαεινοῦ δουρὸς ἀκωκή·
Κὰδ δ' ἔπεσ' ἐν κονίῃσι μακών· ἀπὸ δ' ἔπτατο θυμός.
Τὸν μὲν ἄρ' Αὐτολύκου παῖδες φίλοι ἀμφεπένοντο, 455
Ὠτειλὴν δ' Ὀδυσῆος ἀμύμονος ἀντιθέοιο
Δῆσαν ἐπισταμένως· ἐπαοιδῇ δ' αἷμα κελαινὸν
Ἔσχεθον· αἶψα δ' ἵκοντο φίλου πρὸς δώματα πατρός.
Τὸν μὲν ἄρ' Αὐτόλυκός τε, καὶ υἱέες Αὐτολύκοιο
Εὖ ἰησάμενοι, ἠδ' ἀγλαὰ δῶρα πορόντες,   460
Καρπαλίμως χαίροντα φίλην χαίροντες ἔπεμπον
Εἰς Ἰθάκην· τῷ μέν ῥα πατὴρ καὶ πότνια μήτηρ
Χαῖρον νοστήσαντι, καὶ ἐξερέεινον ἕκαστα,
Οὐλὴν, ὅ, ττι πάθοι· ὁ δ' ἄρα σφίσιν εὖ κατέλεξεν,
Ὥς μιν θηρεύοντ' ἔλασεν σῦς λευκῷ ὀδόντι   465
Παρνησσόνδ' ἐλθόντα σὺν υἱάσιν Αὐτολύκοιο.

Τὴν γρηῢς χείρεσσι καταπρηνέσσι λαβοῦσα,
Γνῶ ῥ' ἐπιμασσαμένη· πόδα δὲ προέηκε φέρεσθαι·
Ἐν δὲ λέβητι πέσε κνήμη· κανάχησε δὲ χαλκὸς,
Ἂψ δ' ἑτέρωσ' ἐκλίθη· τὸ δ' ἐπὶ χθονὸς ἐξέχυθ' ὕδωρ. 470
Τὴν δ' ἅμα χάρμα καὶ ἄλγος ἕλε φρένα· τὼ δέ οἱ ὄσσε
Δακρυόφιν πλῆσθεν· θαλερὴ δέ οἱ ἔσχετο φωνή.
Ἁψαμένη δὲ γενείου Ὀδυσσῆα προσέειπεν·

à la main une longue pique. Le sanglier étoit dans un fort si épais, que ni les vents, ni la pluie, ni le soleil même ne pouvoient le pénétrer; la bête étoit cachée sous quantité de feuilles et de branches entrelacées; le bruit des chiens et des chasseurs qui s'approchoient pour le lancer, l'excita; il quitte son fort, va à leur rencontre, les soies hérissées, jetant le feu par les yeux, et s'arrête à leur vue; Ulysse, la pique à la main, va sur lui pour avoir l'honneur de le blesser le premier; mais le sanglier le prévient, et d'une de ses défenses il lui fait une large blessure au-dessus du genou, en le frappant de côté; heureusement la dent meurtrière ne pénétra pas jusqu'à l'os : Ulysse, sans s'étonner, lui porte un grand coup de pique à l'épaule droite et le perce de part en part; cet énorme sanglier tombe et expire sur-le-champ. Les princes le font emporter, et dans le moment ils bandent la plaie d'Ulysse, et par des paroles enchantées ils arrêtent le sang, et s'en retournent dans le palais de leur père. Dès qu'Ulysse fut guéri, Autolycus et ses fils, charmés d'avoir vu ces marques de son courage, le comblent de magnifiques présens, et le renvoient à Ithaque, où Laërte et Anticlée avoient grande impatience de le revoir. Son retour les combla de joie. Ils lui firent raconter son voyage, et lui demandèrent des nouvelles de sa blessure. Il leur fit le détail de tout ce qui s'étoit passé, et s'étendit particulièrement sur la chasse du mont Parnasse où il avoit été blessé.

La bonne Euryclée touchant avec ses mains la cicatrice de cette plaie, la reconnut aussitôt, et frappée de cette aventure et hors d'elle-même, elle laissa aller la jambe qu'elle tenoit, et qui tomba dans l'eau si rudement, que le vaisseau fut renversé et l'eau répandue. En même temps elle sentit dans son cœur un mélange de douleur et de joie; ses yeux furent baignés de pleurs et sa voix arrêtée. Enfin, faisant effort sur elle-même, et lui portant la main au menton, elle lui dit :

« Ἦ μάλ' Ὀδυσσεύς ἐσσι, φίλον τέκος· οὐδέ σ' ἔγωγε
» Πρὶν ἔγνων, πρὶν πάντα ἄνακτ' ἐμὸν ἀμφαφάασθαι. »

Ἦ, καὶ Πηνελόπειαν ἐσέδρακεν ὀφθαλμοῖσι,   476
Πεφραδέειν ἐθέλουσα φίλον πόσιν ἔνδον ἐόντα.
Ἡ δ' οὔτ' ἀθρῆσαι δύνατ' ἀντίη, οὔτε νοῆσαι·
Τῇ γὰρ Ἀθηναίη νόον ἔτραπεν· αὐτὰρ Ὀδυσσεὺς
Χεῖρ' ἐπιμασσάμενος, φάρυγος λάβε δεξιτερῆφι·   480
Τῇ δ' ἑτέρῃ ἕθεν ἆσσον ἐρύσσατο, φώνησέν τε·

« Μαῖα, τίη μ' ἐθέλεις ὀλέσαι; σὺ δέ μ' ἔτρεφες αὐτὴ
» Τῷ σῷ ἐπὶ μαζῷ· νῦν δ' ἄλγεα πολλὰ μογήσας,
» Ἤλυθον εἰκοστῷ ἔτεϊ ἐς πατρίδα γαῖαν.
» Ἀλλ' ἐπεὶ ἐφράσθης, καί τοι θεὸς ἔμβαλε θυμῷ, 485
» Σίγα, μήτις τ' ἄλλος ἐνὶ μεγάροισι πύθηται.
» Ὧδε γὰρ ἐξερέω, τὸ δὲ καὶ τετελεσμένον ἔσται,
» Εἴ χ' ὑπ' ἐμοί γε θεὸς δαμάσῃ μνηστῆρας ἀγαυούς,
» Οὐδὲ τροφοῦ οὔσης σεῦ ἀφέξομαι, ὁππότ' ἂν ἄλλας
» Δμωὰς ἐν μεγάροισιν ἐμοῖς κτείναιμι γυναῖκας. » 490

Τὸν δ' αὖτε προσέειπε περίφρων Εὐρύκλεια·
« Τέκνον ἐμὸν, ποῖόν σε ἔπος φύγεν ἕρκος ὀδόντων;
» Οἶσθα μὲν, οἷον ἐμὸν μένος ἔμπεδον, οὐκ ἐπιεικτόν·
» Ἕξω δ', ὡς ὅτε τις στερεὴ λίθος, ἠὲ σίδηρος.
» Ἄλλο δέ τοι ἐρέω, σὺ δ' ἐνὶ φρεσὶ βάλλεο σῇσιν·   495
» Εἴ χ' ὑπὸ σοί γε θεὸς δαμάσῃ μνηστῆρας ἀγαυούς,
» Δὴ τότε τοι καταλέξω ἐνὶ μεγάροισι γυναῖκας,
» Αἵ τέ σ' ἀτιμάζουσι, καὶ αἳ νηλητεῖς εἰσιν. »

Τὴν δ' ἀπαμειβόμενος ..., ἔφη πολύμητις Ὀδυσσεύς·
« Μαῖα, τίη δὲ σὺ τὰς μυθήσεαι; οὐδέ τι σὲ χρή· 500
» Εὖ νυ καὶ αὐτὸς ἐγὼ φράσομαι καὶ εἴσομ' ἑκάστην.
» Ἀλλ' ἔχε σιγῇ μῦθον, ἐπίτρεψον δὲ θεοῖσιν. »

Ὣς ἄρ' ἔφη· γρηῢς δὲ δι' ἐκ μεγάροιο βεβήκει,
Οἰσομένη ποδάνιπτρα· τὰ γὰρ πρότερ' ἔκχυτο πάντα.

« Ah ! mon cher fils, vous êtes Ulysse, et je ne vous
» ai reconnu qu'après avoir touché cette cicatrice ! »

En prononçant ces mots elle regardoit Pénélope, pour lui annoncer que son cher mari étoit devant ses yeux. Mais elle ne put attirer ses regards ni son attention ; car, outre que Minerve avait distrait l'esprit de cette princesse, et la tenoit appliquée à d'autres objets, Ulysse se jetant tout d'un coup sur elle, lui mit une main sur la bouche, et de l'autre il la tira à lui, et lui dit :

« Ma chère nourrice, voulez-vous me perdre, vous
» qui m'avez allaité ? Je suis revenu dans mon palais
» après avoir souffert pendant vingt années des maux
» infinis. Mais puisque vous m'avez reconnu et que les
» soupçons que quelqu'un des Dieux vous a inspirés
» sont changés en certitude, n'en dites rien, de peur que
» quelqu'un ne vous entende dans ce palais ; car je puis
» vous assurer que, toute ma nourrice que vous êtes, si
» vous me découvrez et que Dieu fasse tomber sous mes
» coups les poursuivans, je ne vous épargnerai point le
» jour que je punirai ces malheureuses femmes qui ont
» commis tant de désordres dans ma maison. »

La prudente Euryclée lui répond : « Ah ! mon cher
» fils, quelle parole venez vous de me dire ? Ne con-
» noissez-vous pas ma fidélité et ma constance ? Je gar-
» derai votre secret, et je serai aussi impénétrable que
» la plus dure pierre et que le fer. Je vous promets même
» que si Dieu vous donne la victoire sur ces insolens,
» je vous nommerai toutes les femmes du palais qui
» méritent châtiment pour avoir déshonoré votre mai-
» son, et celles dont l'attachement pour la reine et pour
» vous est digne de récompense. »

« Il n'est pas nécessaire, ma chère nourrice, que
» vous me les nommiez, dit le prudent Ulysse, je les
» connoîtrai bien sans vous, et je serai informé de toute
» leur conduite. Gardez seulement le silence, et laissez
» faire les Dieux. »

Il dit, et la nourrice sortit de la salle pour aller chercher d'autre eau, la première ayant été répandue.

Αὐτὰρ ἐπεὶ νίψεν τὲ, καὶ ἤλειψεν λίπ' ἐλαίῳ,   505
Αὖτις ἄρ' ἀσσοτέρω πυρὸς ἕλκετο δίφρον Ὀδυσσεὺς
Θερσόμενος, οὐλὴν δὲ κατὰ ῥακέεσσι κάλυψε.
Τοῖσι δὲ μύθων ἦρχε περίφρων Πηνελόπεια·

« Ξεῖνε, τὸ μέν σ' ἔτι τυτθὸν ἐγὼν εἰρήσομαι αὐτή·
» Καὶ γὰρ δὴ κοίτοιο τάχ' ἡδέος ἔσσεται ὥρη,   510
» Ὅντινά γ' ὕπνος ἕλοι γλυκερὸς, καὶ κηδόμενόν περ.
» Αὐτὰρ ἐμοὶ καὶ πένθος ἀμέτρητον πόρε δαίμων·
» Ἤματα μὲν γὰρ τέρπομ' ὀδυρομένη, γοόωσα,
» Ἔς τ' ἐμὰ ἔργ' ὁρόωσα καὶ ἀμφιπόλων, ἐνὶ οἴκῳ·
» Αὐτὰρ ἐπὴν νὺξ ἔλθῃ, ἕλῃσί τε κοῖτος ἅπαντας,   515
» Κεῖμαι ἐνὶ λέκτρῳ, πυκιναὶ δέ μοι ἀμφ' ἀδινὸν κῆρ
» Ὀξεῖαι μελεδῶναι ὀδυρομένην ἐρέθουσιν.
» Ὡς δ' ὅτε Πανδαρέου κούρη, χλωρηῒς ἀηδὼν,
» Καλὸν ἀείδῃσιν, ἔαρος νέον ἱσταμένοιο,
» Δενδρέων ἐν πετάλοισι καθεζομένη πυκινοῖσιν,   520
» Ἥ τε θαμὰ τρωπῶσα χέει πολυηχέα φωνὴν,
» Παῖδ' ὀλοφυρομένη Ἴτυλον φίλον, ὅν ποτε χαλκῷ
» Κτεῖνε δι' ἀφραδίας, κοῦρον Ζήθοιο ἄνακτος·
» Ὣς καὶ ἐμοὶ δίχα θυμὸς ὀρώρεται ἔνθα καὶ ἔνθα,
» Ἠὲ μένω παρὰ παιδὶ, καὶ ἔμπεδα πάντα φυλάσσω,
» Κτῆσιν ἐμὴν, δμωάς τε, καὶ ὑψερεφὲς μέγα δῶμα, 526
» Εὐνήν τ' αἰδομένη πόσιος, δήμοιό τε φῆμιν·
» Ἦ ἤδη ἅμ' ἕπωμαι Ἀχαιῶν, ὅστις ἄριστος
» Μνᾶται ἐνὶ μεγάροισι, πορὼν ἀπερείσια ἕδνα.
» Παῖς δ' ἐμὸς, ἕως μὲν ἔην ἔτι νήπιος, ἠδὲ χαλίφρων,
» Γήμασθ' οὔ μ' εἴα, πόσιος κατὰ δῶμα λιποῦσαν· 531
» Νῦν δ' ὅτε δὴ μέγας ἐστὶ, καὶ ἥβης μέτρον ἱκάνει,
» Καὶ δή μ' ἀρᾶται πάλιν ἐλθέμεν ἐκ μεγάροιο,

Après qu'elle eut achevé de laver les pieds d'Ulysse, et qu'elle les eut frottés et parfumés avec des essences, il approcha son siége du feu pour se chauffer; et avec ses vieux haillons il cacha le mieux qu'il put la cicatrice qui l'avoit déjà fait reconnoître. Alors Pénélope s'approchant, lui dit :

« Etranger, je ne vous demande plus qu'un moment
» d'entretien, car voilà bientôt l'heure d'aller se coucher,
» pour ceux que leurs chagrins n'empêchent pas de
» goûter les douceurs du sommeil. Pour moi, Dieu m'a
» plongée dans un deuil qui n'a point de fin ; car le jour
» je n'ai d'autre consolation que de gémir et de me
» plaindre, en travaillant et en prenant garde au travail
» de mes femmes. Et quand la nuit est venue et que
» tout le monde jouit du repos, moi seule je veille dans
» mon lit, et toutes mes inquiétudes, se réveillant avec
» plus de vivacité, m'empêchent de fermer la paupière.
» Comme la plaintive Philomèle, fille de Pandare, tou-
» jours cachée entre les branches et les feuilles des
» arbres, dès que le printemps est venu, fait entendre
» sa voix, et pleure son cher Ityle qu'elle a tué par une
» cruelle méprise, et dans ses plaintes continuelles elle
» varie ses tristes accens ; moi de même je pleure sans
» cesse, et mon esprit est agité de différentes pensées.
» Je ne sais le parti que je dois prendre; dois-je, tou-
» jours fidèle aux cendres de mon mari, et respectant
» la renommée, demeurer auprès de mon fils pour
» avoir soin de ses affaires, et lui aider à gouverner ses
» états? ou dois-je choisir pour mon mari celui d'entre
» les poursuivans qui me paroîtra le plus digne de moi,
» et qui me fera les plus grands avantages? Pendant que
» mon fils a été enfant, et qu'il a eu besoin de mon
» secours, je n'ai pu ni dû le quitter, ni penser à un
» second mariage. Mais présentement qu'il est homme
» fait, il est forcé de souhaiter lui-même que je sorte de

» Κτήσιος ἀσχαλόων, τήν οἱ κατέδουσιν Ἀχαιοί.
» Ἀλλ' ἄγε μοι τὸν ὄνειρον ὑπόκριναι, καὶ ἄκουσον· 535
» Χῆνές μοι κατὰ οἶκον ἐείκοσι πυρὸν ἔδουσιν
» Ἐξ ὕδατος, καί τέ σφιν ἰαίνομαι εἰσορόωσα·
» Ἐλθὼν δ' ἐξ ὄρεος μέγας αἰετὸς ἀγκυλοχείλης
» Πᾶσι κατ' αὐχένας ἧξε, καὶ ἔκτανεν· οἱ δ' ἐκέχυντο
» Ἀθρόοι ἐν μεγάροις· ὁ δ' ἐς αἰθέρα δῖαν ἀέρθη. 540
» Αὐτὰρ ἐγὼ κλαῖον καὶ ἐκώκυον, ἔν περ ὀνείρῳ,
» Ἀμφὶ δέ μ' ἠγερέθοντο ἐϋπλοκαμῖδες Ἀχαιαί,
» Οἴκτρ' ὀλοφυρομένην, ὅ μοι αἰετὸς ἔκτανε χῆνας.
» Ἂψ δ' ἐλθὼν κατ' ἄρ' ἕζετ' ἐπὶ προὔχοντι μελάθρῳ·
» Φωνῇ δὲ βροτέῃ κατερήτυε, φώνησέν τε· 545
» Θάρσει, Ἰκαρίου κούρη τηλεκλειτοῖο·
» Οὐκ ὄναρ, ἀλλ' ὕπαρ ἐσθλὸν, ὅ τοι τετελεσμένον ἔσται.
» Χῆνες μὲν, μνηστῆρες· ἐγὼ δέ τοι αἰετὸς ὄρνις
» Ἦα πάρος, νῦν αὖτε τεὸς πόσις εἰλήλουθα,
» Ὃς πᾶσι μνηστῆρσιν ἀεικέα πότμον ἐφήσω. 550
» Ὣς ἔφατ'· αὐτὰρ ἐμὲ μελιηδὴς ὕπνος ἀνῆκε.
» Παπτήνασα δὲ χῆνας ἐνὶ μεγάροισι νόησα
» Πυρὸν ἐρεπτομένους παρὰ πύελον, ᾗχι πάρος πέρ. »

Τὴν δ' ἀπαμειβόμενος προσέφη πολύμητις Ὀδυσσεύς·
« Ὦ γύναι, οὔπως ἐστὶν ὑποκρίνασθαι ὄνειρον 555
» Ἄλλῃ ἀποκλίναντ'· ἐπειὴ ῥά τοι αὐτὸς Ὀδυσσεὺς
» Πέφραδ', ὅπως τελέει· μνηστῆρσι δὲ φαίνετ' ὄλεθρος
» Πᾶσι μάλ'· οὐδέ κέ τις θάνατον καὶ κῆρας ἀλύξει. »

Τὸν δ' αὖτε προσέειπε περίφρων Πηνελόπεια·
« Ξεῖν', ἤτοι μὲν ὄνειροι ἀμήχανοι, ἀκριτόμυθοι 560

» sa maison, où tout est en proie à ces poursuivans qui
» le ruinent. Mais écoutez, je vous prie, un songe que
» j'ai fait la nuit dernière, pendant qu'un moment de
» sommeil suspendoit mes ennuis; et tâchez de me l'ex-
» pliquer. J'ai dans ma basse-cour vingt oisons domes-
» tiques que je nourris et que j'aime à voir. Il m'a
» semblé qu'un grand aigle est venu du sommet de la
» montagne voisine fondre sur ces oisons, leur a rompu
» le cou; et, reprenant aussitôt son vol, il a disparu dans
» les nues. J'ai vu mes oisons étendus les uns sur les
» autres, je me suis mise à pleurer et à me lamenter.
» Toutes les femmes d'Ithaque sont venues pour me
» consoler dans ma douleur. En même temps j'ai vu ce
» même aigle revenir; il s'est posé sur un des créneaux
» de la muraille, et avec une voix articulée, comme
» celle d'un homme, il m'a dit pour mettre fin à mes
» regrets : Fille du célèbre Icarius, prenez courage, ce
» n'est pas un vain songe, mais un songe vrai et qui
» aura son accomplissement. Ces oisons, ce sont les
» poursuivans, et moi qui vous ai paru un aigle, je
» suis votre mari, qui vient vous délivrer et les punir.
» A ces mots, mon sommeil s'est dissipé, et, toute
» tremblante encore, j'ai d'abord été voir si mes oisons
» étoient vivans, et j'ai vu qu'ils mangeoient à leur
» ordinaire. »

« Grande reine, reprit Ulysse, vous avez la véritable
» explication de ce songe, il est impossible de l'expli-
» quer autrement. Ulysse lui-même vous l'a expliqué,
» et vous a dit ce qu'il va exécuter. N'en doutez point,
» la mort menace la tête des poursuivans, et aucun
» d'eux ne pourra se dérober à sa malheureuse des-
» tinée. »

« Mais, mon hôte, dit la sage Pénélope, j'ai toujours
» ouï dire que les songes sont difficiles à entendre, qu'on
» a de la peine à percer leur obscurité, et que l'événe-

» Γίνοντ', οὐδέ τι πάντα τελείεται ἀνθρώποισι.
» Δοιαὶ γάρ τε πύλαι ἀμενηνῶν εἰσιν ὀνείρων·
» Αἱ μὲν γὰρ κεράεσσι τετεύχαται, αἱ δ' ἐλέφαντι·
» Τῶν οἳ μέν κ' ἔλθωσιν διὰ πριστοῦ ἐλέφαντος,
» Οἵ ῥ' ἐλεφαίρονται, ἔπε' ἀκράαντα φέροντες· 565
» Οἳ δὲ διὰ ξεστῶν κεράων ἔλθωσι θύραζε,
» Οἵ ῥ' ἔτυμα κραίνουσι, βροτῶν ὅτε κέν τις ἴδηται.
» Ἀλλ' ἐμοὶ οὐκ ἐντεῦθεν οἴομαι αἰνὸν ὄνειρον
» Ἐλθέμεν· ἦ κ' ἀσπαστὸν ἐμοὶ καὶ παιδὶ γένοιτο.
» Ἄλλο δέ τοι ἐρέω, σὺ δ' ἐνὶ φρεσὶ βάλλεο σῇσιν· 570
» Ἥδε δὴ ἠὼς εἶσι δυσώνυμος, ἥ μ' Ὀδυσῆος
» Οἴκου ἀποσχήσει· νῦν γὰρ καταθήσω ἄεθλον,
» Τοὺς πελέκεας, τοὺς κεῖνος ἐνὶ μεγάροισιν ἑοῖσιν
» Ἵστασχ' ἑξείης, δρυόχους ὥς, δώδεκα πάντας,
» Στὰς δ' ὅγε πολλὸν ἄνευθε, διαρρίπτασκεν ὀϊστόν.
» Νῦν δὲ μνηστήρεσσιν ἄεθλον τοῦτον ἐφήσω· 576
» Ὃς δέ κε ῥηΐτατ' ἐντανύσῃ βιὸν ἐν παλάμῃσι,
» Καὶ διοϊστεύσῃ πελέκεων δυοκαίδεκα πάντων,
» Τῷ κεν ἅμ' ἑσποίμην, νοσφισσαμένη τόδε δῶμα
» Κουρίδιον, μάλα καλόν, ἐνίπλειον βιότοιο· 580
» Τοῦ ποτὲ μεμνήσεσθαι οἴομαι, ἔν περ ὀνείρῳ. »

Τὴν δ' ἀπαμειβόμενος προσέφη πολύμητις Ὀδυσσεύς·
« Ὦ γύναι αἰδοίη Λαερτιάδεω Ὀδυσῆος,
» Μηκέτι νῦν ἀνάβαλλε δόμοις ἔνι τοῦτον ἄεθλον·
» Πρὶν γάρ τοι πολύμητις ἐλεύσεται ἐνθάδ' Ὀδυσσεύς,
» Πρὶν τούτους, τόδε τόξον ἔϋξοον ἀμφαφόωντας, 585
» Νευρήν τ' ἐντανύσαι, διοϊστεῦσαί τε σιδήρου. »

Τὸν δ' αὖτε προσέειπε περίφρων Πηνελόπεια·

» ment ne répond pas toujours à ce qu'ils sembloient
» promettre. Car on dit qu'il y a deux portes des songes;
» l'une est de corne et l'autre d'ivoire; ceux qui viennent
» par la porte d'ivoire, ce sont les songes trompeurs,
» qui font attendre des choses qui n'arrivent jamais: et
» ceux qui ne trompent point, et qui sont véritables,
» sont les songes qui viennent par la porte de corne.
» Hélas! je n'ose me flatter que le mien, qui paroît si
» mystérieux, soit venu par cette dernière porte. Qu'il
» seroit agréable pour moi et pour mon fils! J'ai encore
» une chose à vous dire, je vous prie d'y faire attention.
» Le jour de demain est le malheureux jour qui va m'ar-
» racher du palais d'Ulysse; je vais proposer un combat
» dont je serai le prix. Mon cher mari avoit dressé une
» lice, où il avoit disposé d'espace en espace douze
» piliers chacun avec sa potence; à chaque potence il
» pendoit une bague, et prenant son arc et ses flèches,
» et se tenant à une assez grande distance, il s'exerçoit
» à tirer, et avec une justesse admirable il faisoit passer
» ses flèches dans les bagues sans les toucher. Voilà le
» combat que je vais proposer aux poursuivans. Celui
» qui se servira le mieux de l'arc d'Ulysse, et qui fera
» passer les flèches dans les bagues de ces douze piliers,
» m'emmenera avec lui; et pour le suivre je quitterai
» ce palais si riche, où je suis venue dès ma première
» jeunesse, et dont je ne perdrai jamais le souvenir, non
» pas même dans mes songes. »

Ulysse, plein d'admiration pour la prudence de Pénélope, lui répondit: « Princesse, ne différez pas plus
» long-temps de proposer ce combat; car je vous assure
» que vous verrez plutôt Ulysse de retour que vous ne
» verrez ces poursuivans se servir de l'arc d'Ulysse,
» et faire passer leurs flèches au travers de tous ces
» anneaux. »

« Si vous voulez continuer cette conversation, repartit

« Εἴ κ' ἐθέλοις μοί, ξεῖνε, παρήμενος ἐν μεγάροισι
» Τέρπειν, οὔ μοι ὕπνος ἐπὶ βλεφάροισι χυθείη. 590
» Ἀλλ' οὐ γάρ πως ἐστὶν ἀΰπνους ἔμμεναι αἰὲν
» Ἀνθρώπους· ἐπὶ γάρ τοι ἑκάστῳ μοῖραν ἔθηκαν
» Ἀθάνατοι θνητοῖσιν ἐπὶ ζείδωρον ἄρουραν.
» Ἀλλ' ἤτοι μὲν ἐγὼν, ὑπερώϊον εἰσαναβᾶσα,
» Λέξομαι εἰς εὐνὴν, ἥ μοι στονόεσσα τέτυκται, 595
» Αἰεὶ δάκρυσ' ἐμοῖσι πεφυρμένη, ἐξ οὗ Ὀδυσσεὺς
» Ὤχετ' ἐποψόμενος κακοΐλιον οὐκ ὀνομαστήν.
» Ἔνθα κὲ λεξαίμην· σὺ δὲ λέξεο τῷδ' ἐνὶ οἴκῳ,
» Ἢ χαμάδις στορέσας, ἤ τοι κατὰ δέμνια θέντων. »

Ὣς εἰποῦσ' ἀνέβαιν' ὑπερώϊα σιγαλόεντα, 600
Οὐκ οἴη· ἅμα τῇ γε καὶ ἀμφίπολοι κίον ἄλλαι.
Ἐς δ' ὑπερῷ' ἀναβᾶσα σὺν ἀμφιπόλοισι γυναιξὶ,
Κλαῖεν ἔπειτ' Ὀδυσῆα, φίλον πόσιν· ὄφρα οἷ ὕπνον
Ἡδὺν ἐπὶ βλεφάροισι βάλε γλαυκῶπις Ἀθήνη.

» Pénélope, j'y trouve tant de charmes, que je renon-
» cerois volontiers au sommeil ; mais il n'est pas juste
» de vous empêcher de dormir ; les Dieux ont réglé la
» vie des hommes, ils ont fait le jour pour le travail, et
» la nuit pour le repos. Je m'en retourne dans mon
» appartement, et je vais me coucher dans ce triste lit,
» témoin de mes douleurs, et que je noie toutes les nuits
» de mes larmes, depuis le jour fatal qu'Ulysse partit
» pour cette malheureuse Troie, dont je ne saurois
» prononcer le nom sans horreur. Et pour vous, puis-
» que vous voulez coucher dans cette salle, vous cou-
» cherez à terre sur des peaux, ou vous vous ferez
» dresser un lit. »

En finissant ces mots, elle le quitte, et monte dans son magnifique appartement, suivie de ses femmes. Dès qu'elle y fut entrée, ses larmes recommencèrent, elle se mit à pleurer son cher Ulysse ; enfin Minerve lui envoya un doux sommeil qui ferma ses paupières.

ΟΜΗΡΟΥ

ΟΔΥΣΣΕΙΑΣ

ΡΑΨΩΔΙΑ Υ.

Βουληθεὶς ἀνελεῖν Ὀδυσσεὺς τὰς μιγνυμένας τοῖς μνηστῆρσι θεραπαινίδας, καὶ μεταγνοὺς, διὰ τῶν ἑξῆς πρὸς Εὔμαιον καὶ Φιλοίτιον διαλέγεται· ἐν ᾧ καὶ τῶν μνηστήρων γίνεται ὁμιλία.

Υ, βρονταῖς Ζεὺς θάρσυν' Ὀδυσσέα καὶ σχέθ' Ἀχαιούς.

ΑΥΤΑΡ ὁ ἐν προδόμῳ εὐνάζετο δῖος Ὀδυσσεύς·
Κὰμ μὲν ἀδέψητον βοέην στόρεσ', αὐτὰρ ὕπερθε

L'ODYSSÉE
D'HOMÈRE.

LIVRE VINGTIÈME.
ARGUMENT.

Ulysse couche dans le vestibule, et voit les désordres des femmes du palais. Minerve se présente à lui, et lui envoie un doux sommeil. Pénélope, voyant le jour auquel elle doit être obligée de se remarier, marque son désespoir par ses plaintes, et désire la mort. Ulysse demande à Jupiter des signes favorables, et est exaucé. Euryclée donne ses ordres pour le festin de ce jour, qui est une fête d'Apollon. Les bergers amènent les victimes pour le sacrifice et pour le repas, et Mélanthius attaque encore Ulysse. Jupiter envoie aux poursuivans un signe malheureux. Ils se mettent à table, et font grande chère, pendant que d'un autre côté le peuple d'Ithaque offre un sacrifice hors de la ville, dans un bois consacré à Apollon. Télémaque parle aux princes avec autorité, mais Ulysse ne laisse pas d'être encore insulté. Les ris insensés et les plaisanteries de ces princes se tournent contre Télémaque pendant leur dîner. Prodiges inouïs que voit le divin Théoclymène, et les prédictions qu'il fait sur cela aux princes.

ULYSSE se coucha dans le vestibule sur une peau de bœuf qui n'avoit point été préparée, et qu'il couvrit de

Κώεα πόλλ' οἴων, τοὺς ἱρεύεσκον Ἀχαιοί·
Εὐρυνόμη δ' ἄρ' ἐπὶ χλαῖναν βάλε κοιμηθέντι.
Ἔνθ' Ὀδυσεὺς μνηστῆρσι κακὰ φρονέων ἐνὶ θυμῷ, 5
Κεῖτ' ἐγρηγορόων· ταὶ δ' ἐκ μεγάροιο γυναῖκες
Ἤϊσαν, αἳ μνηστῆρσιν ἐμισγέσκοντο πάρος πέρ,
Ἀλλήλῃσι γέλωτα καὶ εὐφροσύνην παρέχουσαι.
Τοῦ δ' ὠρίνετο θυμὸς ἐνὶ στήθεσσι φίλοισι·
Πολλὰ δὲ μερμήριζε κατὰ φρένα καὶ κατὰ θυμὸν, 10
Ἠὲ μεταΐξας θάνατον τεύξειεν ἑκάστῃ,
Ἦ ἔτ' ἐῷ μνηστῆρσιν ὑπερφιάλοισι μιγῆναι
Ὕστατα καὶ πύματα· κραδίη δέ οἱ ἔνδον ὑλάκτει.
Ὡς δὲ κύων ἀμαλῇσι περὶ σκυλάκεσσι βεβῶσα,
Ἄνδρ' ἀγνοιήσασ' ὑλάει, μέμονέν τε μάχεσθαι· 15
Ὥς ῥα τοῦ ἔνδον ὑλάκτει ἀγαιομένου κακὰ ἔργα.
Στῆθος δὲ πλήξας, κραδίην ἠνίπαπε μύθῳ·

« Τέτλαθι δὴ, κραδίη· καὶ κύντερον ἄλλο πότ' ἔτλης,
» Ἤματι τῷ, ὅτε τοι μένος ἄσχετος ἤσθιε Κύκλωψ
» Ἰφθίμους ἑτάρους· σὺ δ' ἐτόλμας, ὄφρα σὲ μῆτις 20
» Ἐξάγαγ' ἐξ ἄντροιο, ὀϊόμενον θανέεσθαι. »

Ὣς ἔφατ', ἐν στήθεσσι καθαπτόμενος φίλον ἦτορ·
Τῷ δὲ μάλ' ἐν πείσῃ κραδίη μένε τετληυῖα
Νωλεμέως· ἀτὰρ αὐτὸς ἑλίσσετο ἔνθα καὶ ἔνθα.
Ὡς δ' ὅτε γαστέρ' ἀνὴρ, πολέος πυρὸς αἰθομένοιο, 25
Ἐμπλείην κνίσσης τε καὶ αἵματος, ἔνθα καὶ ἔνθα
Αἰόλλει, μάλα δ' ὦκα λιλαίεται ὀπτηθῆναι·
Ὣς ἄρ' ὅγ' ἔνθα καὶ ἔνθα ἑλίσσετο, μερμηρίζων,
Ὅππως δὴ μνηστῆρσιν ἀναιδέσι χεῖρας ἐφήσει,

plusieurs peaux de moutons; car les festins et les sacrifices continuels que faisoient les poursuivans, en fournissoient en abondance. Quand il fut couché, Eurynome étendit sur lui une couverture pour le garantir du froid. Le sommeil ne ferma pourtant pas ses paupières; il pensoit toujours aux moyens dont il pourroit se servir pour se venger de ses ennemis. Cependant les femmes de Pénélope, qui se facilitoient les unes aux autres les occasions de rire et de se divertir, sortent de l'appartement de la reine pour aller au rendez-vous ordinaire qu'elles avoient avec les poursuivans. La vue de ce désordre excita la colère d'Ulysse; il délibéra d'abord dans son cœur s'il les puniroit sur l'heure, ou s'il les laisseroit satisfaire leur passion criminelle pour la dernière fois. Son cœur rugissoit au dedans de lui, comme un lion rugit autour d'une bergerie où il ne sauroit entrer. Tel étoit le rugissement d'Ulysse sur cette prostitution horrible qu'il détestoit et qu'il ne pouvoit empêcher. Mais enfin, se frappant la poitrine, il se dit à lui-même :

« Supporte encore cet affront ; tu as supporté des
» choses plus terribles. Lorsque l'épouvantable Cyclope
» dévoroit tes compagnons, tu eus la force de soutenir
» cette horreur sans foiblesse, jusqu'à ce que ta pru-
» dence t'eût fait sortir de la caverne où tu n'attendois
» plus que la mort. »

C'est ainsi qu'Ulysse réprima sa colère; et son cœur soumis demeura paisible, et retint son ressentiment. Mais il n'étoit pas un seul moment dans une même situation. Comme un homme qui fait rôtir un ventre de victime rempli de graisse et de sang, le tourne sans cesse sur un grand feu, dans l'impatience qu'il soit rôti pour s'en rassasier; de même Ulysse se tournoit de côté et d'autre dans son lit, pensant comment il pourroit faire tomber les poursuivans sous ses coups, et se rassasier

Μοῦνος ἐὼν πολέσιν· σχεδόθεν δέ οἱ ἦλθεν Ἀθήνη, 30.
Οὐρανόθεν καταβᾶσα· δέμας δ' ἤϊκτο γυναικί·
Στῆ δ' ἄρ' ὑπὲρ κεφαλῆς, καί μιν πρὸς μῦθον ἔειπε·

« Τίπτ' αὖτ' ἐγρήσσεις, πάντων πέρι κάμμορε φωτῶν;
» Οἶκος μέν τοι ὅδ' ἐστί, γυνὴ δέ τοι ἥδ' ἐνὶ οἴκῳ,
» Καὶ πάϊς, οἷόν πού τις ἐέλδεται ἔμμεναι υἷα. » 35

Τὴν δ' ἀπαμειβόμενος προσέφη πολύμητις Ὀδυσσεύς·
« Ναὶ δὴ ταῦτά γε πάντα, θεά, κατὰ μοῖραν ἔειπες.
» Ἀλλά τι μοι τόδε θυμὸς ἐνὶ φρεσὶ μερμηρίζει,
» Ὅππως δὴ μνηστῆρσιν ἀναιδέσι χεῖρας ἐφήσω
» Μοῦνος ἐών· οἱ δ' αἰὲν ἀολλέες ἔνδον ἔασι. 40
» Πρὸς δ' ἔτι καὶ τόδε μεῖζον ἐνὶ φρεσὶ μερμηρίζω,
» Εἴπερ γὰρ κτείναιμι, Διός τε, σέθεν τε ἕκητι,
» Πῆ κεν ὑπεκπροφύγοιμι; τὸ σὲ φράζεσθαι ἄνωγα. »

Τὸν δ' αὖτε προσέειπε θεὰ γλαυκῶπις Ἀθήνη·
« Σχέτλιε, καὶ μέν τίς τε χερείονι πείθεθ' ἑταίρῳ, 45
» Ὅσπερ θνητός τ' ἐστί, καὶ οὐ τόσα μήδεα οἶδεν·
» Αὐτὰρ ἐγὼ θεός εἰμι, διαμπερὲς ἥ σε φυλάσσω
» Ἐν πάντεσσι πόνοις· ἐρέω δέ τοι ἐξαναφανδόν·
» Εἴπερ πεντήκοντα λόχοι μερόπων ἀνθρώπων
» Νῶϊ περισταῖεν, κτεῖναι μεμαῶτες ἄρηϊ, 50
» Καί κεν τῶν ἐλάσαιο βόας καὶ ἴφια μῆλα.
» Ἀλλ' ἕλέτω σε καὶ ὕπνος· ἀνίη καὶ τὸ φυλάσσειν
» Πάννυχον ἐγρήσσοντα· κακῶν δ' ὕπο δύσεαι ἤδη. »

de leur sang, se voyant seul contre un si grand nombre. Comme il étoit dans ces agitations, Minerve descendit des cieux sous la figure d'une femme, se plaça sur sa tête, et lui dit :

« O le plus malheureux des hommes, pourquoi pas-
» sez-vous ainsi la nuit sans dormir? Vous vous retrou-
» vez dans votre maison ; votre femme est fidèle, et
» vous avez un fils tel, qu'il n'y a point de père qui ne
» voulût que son fils lui ressemblât. »

« Je mérite vos reproches, grande Minerve, répon-
» dit Ulysse ; mais je suis dans une cruelle agitation ; je
» pense toujours comment je pourrai faire tomber les
» poursuivans sous mes coups ; je suis seul, et ils sont en
» grand nombre, et toujours ensemble sans jamais se
» quitter. Je pense encore à une autre chose, qui est
» même plus importante : en cas que, par le secours de
» Jupiter et par le vôtre, je vienne à bout de tant d'en-
» nemis, où pourrai-je me retirer pour me mettre à
» couvert du ressentiment de tant de peuples, qui ne
» manqueront pas de venir sur moi, les armes à la
» main, pour venger leurs princes? Soulagez-moi dans
» cette détresse, je vous en conjure. »

« Homme trop incrédule et trop défiant, lui dit
» Minerve, on voit tous les jours des hommes suivre le
» conseil de leurs amis, qui sont hommes comme eux,
» et qui souvent même leur sont inférieurs en pru-
» dence. Et moi, je suis une Déesse qui vous aime, qui
» vous protége, et qui vous assiste dans tous vos tra-
» vaux. Je vous déclare que si nous avions là devant
» nous en bataille cinquante bataillons d'ennemis, avec
» moi vous remporteriez aisément la victoire, et vous
» emmeneriez tous leurs troupeaux. Rassurez-vous donc,
» et laissez le sommeil fermer vos paupières ; il est triste
» de passer toute la nuit sans dormir. Bientôt vous sor-
» tirez de tous les malheurs qui vous accablent. »

Ὡς φάτο· καί ῥά οἱ ὕπνον ἐπὶ βλεφάροισιν ἔχευεν·
Αὐτὴ δ᾽ ἂψ ἐς Ὄλυμπον ἀφίκετο δῖα θεάων,   65
Εὖτε τὸν ὕπνος ἔμαρπτε, λύων μελεδήματα θυμοῦ,
Λυσιμελής. Ἄλοχος δ᾽ ἄρ᾽ ἐπέγρετο κέδν᾽ εἰδυῖα·
Κλαῖε δ᾽ ἄρ ἐν λέκτροισι καθεζομένη μαλακοῖσιν·
Αὐτὰρ ἐπεὶ κλαίουσα κορέσσατο ὃν κατὰ θυμὸν,
Ἀρτέμιδι πρώτιστον ἐπεύξατο δῖα γυναικῶν·   60

« Ἄρτεμι, πότνα θεὰ, θύγατερ Διὸς, αἴθε μοι ἤδη
» Ἰὸν ἐνὶ στήθεσσι βαλοῦσ᾽ ἐκ θυμὸν ἕλοιο
» Αὐτίκα νῦν· ἢ ἔπειτά μ᾽ ἀναρπάξασα θύελλα
» Οἴχοιτο προφέρουσα κατ᾽ ἠερόεντα κέλευθα,
» Ἐν προχοῇς δὲ βάλοι ἀψορρόου Ὠκεανοῖο.   65
» Ὡς δ᾽ ὅτε Πανδάρεου κούρας ἀνέλοντο θύελλαι·
» Τῇσι τοκῆας μὲν φθῖσαν θεοί· αἱ δὲ λίποντο
» Ὀρφαναὶ ἐν μεγάροισι, κόμισσε δὲ δῖ᾽ Ἀφροδίτη
» Τυρῷ, καὶ μέλιτι γλυκερῷ, καὶ ἡδέϊ οἴνῳ·
» Ἥρη δ᾽ αὐτῇσιν περὶ πασέων δῶκε γυναικῶν   70
» Εἶδος καὶ πινυτὴν, μῆκος δ᾽ ἔπορ᾽ Ἄρτεμις ἁγνή,
» Ἔργα δ᾽ Ἀθηναίη δέδαε κλυτὰ ἐργάζεσθαι.
» Εὖτ᾽ Ἀφροδίτη δῖα προσέστιχε μακρὸν Ὄλυμπον,
» Κούρῃσ᾽ αἰτήσουσα τέλος θαλεροῖο γάμοιο,
» Ἐς Δία τερπικέραυνον· (ὁ γάρ τ᾽ εὖ οἶδεν ἅπαντα,
» Μοῖράν τ᾽, ἀμμορίην τὲ, καταθνητῶν ἀνθρώπων·) 76
» Τόφρα δὲ τὰς κούρας Ἅρπυιαι ἀνηρείψαντο,
» Καί ῥ᾽ ἔδοσαν στυγερῇσιν Ἐρινύσιν ἀμφιπολεύειν·
» Ὡς ἔμ᾽ ἀϊστώσειαν Ὀλύμπια δώματ᾽ ἔχοντες,
» Ἠέ μ᾽ ἐϋπλόκαμος βάλοι Ἄρτεμις, ὄφρ᾽ Ὀδυσῆα 80
» Ὀσσομένη, καὶ γαῖαν ὑπὸ στυγερὴν ἀφικοίμην,
» Μηδέ τι χείρονος ἀνδρὸς εὐφραίνοιμι νόημα.
» Ἀλλὰ τὸ μὲν καὶ ἀνεκτὸν ἔχει κακὸν, ὁππότε κέν τις

En finissant ces mots, la Déesse versa sur ses yeux un doux sommeil qui calma ses chagrins, elle reprit son vol vers l'Olympe, et Ulysse dormit tranquillement et sans aucune inquiétude. Mais la sage Pénélope s'étant réveillée, se remit à pleurer dans son lit, et lorsqu'elle fut rassasiée de gémissemens et de larmes, elle se leva, et d'abord elle adressa cette prière à la chaste Diane :

« Vénérable Déesse, fille de Jupiter, décochez sur
» moi tout présentement une de vos flèches mortelles,
» ou permettez qu'une violente tempête vienne m'enle-
» ver, et que m'emportant au milieu des airs, elle aille
» me jeter dans les flots de l'Océan, comme les tempêtes
» enlevèrent autrefois les filles de Pandare ; car après
» que les Dieux les eurent fait orphelines, en tuant leur
» père et leur mère, elles restèrent dans la maison pater-
» nelle; la déesse Vénus eut soin de les nourrir de lait,
» de miel et de vin ; Junon leur donna en partage la
» beauté et la sagesse au-dessus de toutes les femmes de
» leur temps; Diane leur fit présent de la belle taille,
» et Minerve les instruisit à faire toutes sortes de beaux
» ouvrages ; et quand elles furent en âge d'être mariées,
» Vénus alla sur le haut Olympe prier Jupiter de fixer
» le jour de leurs noces, et de leur donner des maris;
» car c'est Jupiter qui règle le sort des hommes, et qui
» les rend heureux ou malheureux. Cependant les Har-
» pies enlevèrent ces princesses, et les livrèrent aux
» Furies. Que la même aventure m'arrive ! Que les
» Dieux, témoins de mon désespoir, permettent aux
» Harpies de m'enlever, ou que Diane m'envoie une
» mort soudaine, afin que j'aille rejoindre mon cher
» Ulysse dans le séjour même des ténèbres et de l'hor-
» reur; que je ne sois pas réduite à faire la joie d'un
» second mari, qui ne pourroit qu'être fort inférieur au
» premier et faire mon supplice ! Les maux sont sup-
» portables encore, quand on ne fait que pleurer et

» Ἤματα μὲν κλαίῃ πυκινῶς ἀκαχήμενος ἦτορ,   84
» Νύκτας δ' ὕπνος ἔχῃσιν· (ὁ γάρ τ' ἐπέλησεν ἁπάντων
» Ἐσθλῶν, ἠδὲ κακῶν, ἐπεὶ ἄρ βλέφαρ' ἀμφικαλύψῃ·)
» Αὐτὰρ ἐμοὶ καὶ ὀνείρατ' ἐπέσσευεν κακὰ δαίμων.
» Τῇδε γὰρ αὖ μοι νυκτὶ παρέδραθεν εἴκελος αὐτῷ,
» Τοῖος ἐών, οἷος ἦεν ἅμα στρατῷ· αὐτὰρ ἐμὸν κῆρ
» Χαῖρ', ἐπεὶ οὐκ ἐφάμην ὄναρ ἔμμεναι, ἀλλ' ὕπαρ ἤδη.»

Ὣς ἔφατ'· αὐτίκα δὲ χρυσόθρονος ἤλυθεν ἠώς.   91
Τῆς δ' ἄρα κλαιούσης ὄπα σύνθετο δῖος Ὀδυσσεύς·
Μερμήριζε δ' ἔπειτα, δόκησε δέ οἱ κατὰ θυμὸν
Ἤδη γινώσκουσα παρεστάμεναι κεφαλῆφι.
Χλαῖναν μὲν συνελὼν καὶ κώεα, τοῖσιν ἔνευδεν,   95
Ἐς μέγαρον κατέθηκεν ἐπὶ θρόνου· ἐκ δὲ βοείην
Θῆκε θύραζε φέρων· Διὶ δ' εὔχετο, χεῖρας ἀνασχών·

« Ζεῦ πάτερ, εἴ μ' ἐθέλοντες ἐπὶ τραφερήν τε καὶ ὑγρὴν
» Ἤγετ' ἐμὴν ἐς γαῖαν, ἐπεί μ' ἐκακώσατε λίην,
» Φήμην τίς μοι φάσθω ἐγειρομένων ἀνθρώπων   100
» Ἔνδοθεν· ἔκτοσθεν δὲ Διὸς τέρας ἄλλο φανήτω.»

Ὣς ἔφατ' εὐχόμενος· τοῦ δ' ἔκλυε μητίετα Ζεύς·
Αὐτίκα δ' ἐβρόντησεν ἀπ' αἰγλήεντος Ὀλύμπου
Ὑψόθεν ἐκ νεφέων· γήθησε δὲ δῖος Ὀδυσσεύς.
Φήμην δ' ἐξ οἴκοιο γυνὴ προέηκεν ἀλετρὶς   105
Πλησίον, ἔνθ' ἄρα οἱ μύλαι εἴατο ποιμένι λαῶν·
Τῇσι δὲ δώδεκα πᾶσαι ἐπερρώοντο γυναῖκες,

» gémir pendant le jour, et que la nuit, entre les bras
» du sommeil, on peut oublier tous ses malheurs et
» toutes ses inquiétudes; mais pour moi, les nuits res-
» semblent aux jours; et si par hasard le sommeil vient
» fermer un moment mes paupières, un Dieu cruel
» m'envoie des songes qui ne font que renouveler mes
» douleurs. Cette même nuit j'ai vu dans ma couche un
» homme entièrement semblable à Ulysse, et tel qu'il
» étoit quand il partit avec l'armée. Je sentois une joie
» que je ne puis exprimer; car j'étois persuadée que ce
» n'étoit pas un songe, mais une réalité. »

Comme elle achevoit ces mots, l'Aurore sur son trône d'or vint annoncer la lumière aux hommes. Ulysse entendit la voix de Pénélope qui fondoit en larmes; d'abord il lui vint dans l'esprit que la reine pouvoit l'avoir reconnu, et qu'elle étoit prête à sortir de son appartement pour le venir trouver. C'est pourquoi, pliant aussitôt la couverture et les peaux de brebis, sur lesquelles il avoit couché, il les porta dans la salle sur son siége, et mit à la porte la peau de bœuf; et levant les mains au ciel, il fit aux Dieux cette prière:

Père des Dieux et des hommes, grand Jupiter, et tous les autres Dieux, si c'est par un effet de votre bonté pour moi que vous m'avez ramené dans ma patrie au travers de tant de terres et de mers, après m'avoir affligé de maux sans nombre, je vous prie que je puisse tirer quelque bon augure de la voix de quelque homme dans ce palais, et qu'au dehors Jupiter daigne m'envoyer quelque prodige qui me rassure.

Jupiter exauça sa prière sur le moment; il fit entendre ses tonnerres du haut des cieux, et Ulysse fut ravi de joie. En même temps une femme, qui étoit occupée à moudre de l'orge et du froment, dit une chose dont il tira un heureux présage. Dans un lieu fort vaste et voisin de la salle où étoit Ulysse, il y avoit douze meules

Ἄλφιτα τεύχουσαι καὶ ἀλείατα, μυελὸν ἀνδρῶν.
Αἱ μέν ἄρ' ἄλλαι εὗδον, ἐπεὶ κατὰ πυρὸν ἄλεσαν·
Ἡ δὲ μί' οὔπω παύετ', ἀφαυροτάτη δ' ἐτέτυκτο· 110
Ἡ ῥα μύλην στήσασα, ἔπος φάτο, σῆμα ἄνακτι·

« Ζεῦ πάτερ, ὅστε θεοῖσι καὶ ἀνθρώποισιν ἀνάσσεις,
» Ἦ μεγάλ' ἐβρόντησας ἀπ' οὐρανοῦ ἀστερόεντος,
» Οὐδέ ποθι νέφος ἐστί· τέρας νύ τεῳ τόδε φαίνεις·
« Κρήνον νῦν καὶ ἐμοὶ δειλῇ ἔπος, ὅ, ττι κεν εἴπω· 115
» Μνηστῆρες πύματόν τε καὶ ὕστατον ἤματι τῷδε
» Ἐν μεγάροις Ὀδυσῆος ἑλοίατο δαῖτ' ἐρατεινήν·
» Οἳ δή μοι καμάτῳ θυμαλγέϊ γούνατ' ἔλυσαν,
» Ἄλφιτα τευχούσῃ· νῦν ὕστατα δειπνήσειαν. »

Ὣς ἄρ' ἔφη· χαῖρεν δὲ κληδόνι δῖος Ὀδυσσεύς, 120
Ζηνός τε βροντῇ· φάτο γὰρ τίσασθαι ἀλείτας.
Αἱ δ' ἄλλαι δμωαὶ κατὰ δώματα κάλ' Ὀδυσῆος
Ἀγρόμεναι ἀνέκαιον ἐπ' ἐσχάρῃ ἀκάματον πῦρ.
Τηλέμαχος δ' εὐνῆθεν ἀνίστατο ἰσόθεος φώς,
Εἵματα ἑσσάμενος· περὶ δὲ ξίφος ὀξὺ θέτ' ὤμῳ· 125
Ποσσὶ δ' ὑπαὶ λιπαροῖσιν ἐδήσατο καλὰ πέδιλα,
Εἵλετο δ' ἄλκιμον ἔγχος, ἀκαχμένον ὀξέϊ χαλκῷ.
Στῆ δ' ἄρ' ἐπ' οὐδὸν ἰών, πρὸς δ' Εὐρύκλειαν ἔειπεν·

« Μαῖα φίλη, πῶς ξεῖνον ἐτιμήσασθ' ἐνὶ οἴκῳ
» Εὐνῇ καὶ σίτῳ; ἢ αὔτως κεῖται ἀκηδής; 130
» Τοιαύτη γὰρ ἐμοὶ μήτηρ, πινυτή περ ἐοῦσα,
» Ἐμπλήγδην ἕτερόν γε τίει μερόπων ἀνθρώπων

que douze femmes faisoient travailler ordinairement pour moudre le grain qui fait la force de l'homme. Toutes les autres ayant achevé leur travail, dormoient : il n'y en avoit qu'une qui, plus foible que les autres, n'avoit pas encore fini. Quand elle entendit le tonnerre, elle arrêta sa meule, et prononça ces paroles, qui furent pour Ulysse un signe certain :

Grand Jupiter, qui régnez sur les hommes et sur les Dieux, s'écria-t-elle, *vous nous avez fait entendre le bruit éclatant de votre tonnerre sur le vaste Olympe, et le ciel est sans nuages. Sans doute que vous envoyez à quelqu'un ce merveilleux prodige. Hélas ! daignez accomplir le désir qu'une malheureuse ose vous témoigner. Qu'aujourd'hui les poursuivans prennent leur dernier repas dans le palais d'Ulysse, eux pour qui j'ai usé mes forces et ma vie à fournir la farine nécessaire pour leurs festins ! Puisse le dîner d'aujourd'hui être le dernier dîner !*

Elle parla ainsi, et Ulysse eut une joie extrême d'avoir eu un prodige dans le ciel, et un bon augure sur la terre ; et il ne douta plus qu'il n'exterminât bientôt ces scélérats. Toutes les femmes du palais s'étant assemblées dans la salle, avoient allumé du feu dans les brasiers. Pendant ce temps-là, Télémaque, semblable à un Dieu, se leva, mit ses habits et son baudrier, d'où pendoit une forte épée, prit de beaux brodequins, et armant son bras d'une pique, il descendit de son appartement, et s'arrêtant sur le seuil de la porte de la salle, il dit à Euryclée :

« Ma mère, comment avez-vous traité mon hôte dans
» ma maison ? a-t-il été bien couché et bien nourri ? ou
» l'avez-vous laissé là sans en avoir eu soin ? Car, pour
» la reine ma mère, quoique pleine de prudence et de
» sagesse, elle est si occupée de son affliction, qu'elle ne
» distingue personne ; elle accablera d'honneurs un

*13

» Χείρονα, τὸν δέ τ' ἀρείον' ἀτιμήσασ' ἀποπέμπει. »

Τὸν δ' αὖτε προσέειπε περίφρων Εὐρύκλεια·
« Οὐκ ἄν μιν νῦν, τέκνον, ἀναίτιον αἰτιόῳο.   135
» Οἶνον μὲν γὰρ πίνε καθήμενος, ὄφρ' ἔθελ' αὐτός·
» Σίτου δ' οὐκέτ' ἔφη πεινήμεναι· εἴρετο γὰρ μιν.
» Ἀλλ' ὅτε δὴ κοίτοιο καὶ ὕπνου μιμνήσκοιτο,
» Ἡ μὲν δέμνι' ἄνωγεν ὑποστορέσαι δμωῇσιν·
» Αὐτὰρ ὅγ', ὥς τις πάμπαν ὀϊζυρὸς καὶ ἄποτμος, 140
» Οὐκ ἔθελ' ἐν λέκτροισι καὶ ἐν ῥήγεσσι καθεύδειν,
» Ἀλλ' ἐν ἀδεψήτῳ βοέῃ καὶ κώεσιν οἰῶν
» Ἔδραθεν ἐν προδόμῳ· χλαῖναν δ' ἐπιέσσαμεν ἡμεῖς. »

Ὣς φάτο· Τηλέμαχος δὲ δι' ἐκ μεγάροιο βεβήκει,
Ἔγχος ἔχων· ἅμα τῷ γε κύνες πόδας ἀργοὶ ἕποντο. 145
Βῆ δ' ἴμεν εἰς ἀγορὴν μετ' εὐκνήμιδας Ἀχαιούς·
Ἡ δ' αὖτε δμωῇσιν ἐκέκλετο δῖα γυναικῶν
Εὐρύκλει', Ὦπος θυγάτηρ Πεισηνορίδαο·

« Ἀγρεῖθ', αἱ μὲν δῶμα κορήσατε ποιπνύσασαι,
» Ῥάσσατέ τ'· ἐν δὲ θρόνοις εὐποιήτοισι τάπητας 150
» Βάλλετε πορφυρέους· αἱ δὲ σπόγγοισι τραπέζας
» Πάσας ἀμφιμάσασθε, καθήρατε δὲ κρητῆρας,
» Καὶ δέπα ἀμφικύπελλα τετυγμένα· ταὶ δὲ μεθ' ὕδωρ
» Ἔρχεσθε κρήνηνδε, καὶ οἴσετε θᾶσσον ἰοῦσαι·
» Οὐ γὰρ δὴν μνηστῆρες ἀπέσσονται μεγάροιο, 155
» Ἀλλὰ μάλ' ἦρι νέονται, ἐπεὶ καὶ πᾶσιν ἑορτή. »

Ὣς ἔφαθ'· αἱ δ' ἄρα τῆς μάλα μὲν κλύον, ἠδ' ἐπίθοντο.
Αἱ μὲν ἐείκοσι βῆσαν ἐπὶ κρήνην μελάνυδρον·
Αἱ δ' αὐτοῦ κατὰ δώματ' ἐπισταμένως πονέοντο.
Ἐς δ' ἦλθον μνηστῆρες ἀγήνορες· οἱ μὲν ἔπειτα   160
Εὖ καὶ ἐπισταμένως κέασαν ξύλα· αἱ δὲ γυναῖκες
Ἦλθον ἀπὸ κρήνης· ἐπὶ δέ σφισιν ἦλθε συβώτης,
Τρεῖς σιάλους κατάγων, οἳ ἔσαν μετὰ πᾶσιν ἄριστοι.

» homme de néant, et ne fera aucune honnêteté à un
» homme considérable. »

La prudente Euryclée lui repartit : « Mon fils, ne
» faites pas à la reine ces reproches qu'elle ne mérite
» point ; votre hôte a été fort bien traité, la reine elle-
» même l'a pressé de manger, il s'en est excusé, et n'a
» demandé qu'un peu de vin ; et quand l'heure de se
» coucher est venue, elle a commandé à ses femmes de
» lui dresser un lit ; mais lui, comme un malheureux
» que les Dieux persécutent, il n'a pas voulu coucher
» dans un lit ; il a étendu à terre une peau de bœuf non
» préparée ; il a mis sur cette peau plusieurs peaux de
» brebis, et s'est couché là-dessus, et nous avons jeté sur
» lui une couverture. »

Voilà ce que dit Euryclée ; et Télémaque, la pique à
la main, sort du palais, suivi de deux chiens, et se rend
à la place publique où les Grecs étoient assemblés. La
sage Euryclée appelle toutes les femmes du palais pour
leur donner ses ordres :

« Dépêchez, leur dit-elle ; que les unes se hâtent de
» nettoyer cette salle, de l'arroser, et de mettre des tapis
» sur tous les siéges ; que les autres nettoient les tables
» avec des éponges, qu'elles lavent les urnes et les
» coupes, et qu'il y en ait qui aillent à la fontaine pour
» en apporter promptement de l'eau ; car les poursui-
» vans ne se feront pas long-temps attendre ; ils vien-
» dront de bon matin, c'est aujourd'hui une grande
» fête. »

Elle dit, et ces femmes exécutent ses ordres ; il y en
eut vingt qui allèrent à la fontaine, et les autres se
mirent à orner la salle et à dresser le buffet. Les cuisi-
niers arrivent et commencent à fendre le bois nécessaire pour préparer le festin. Les femmes reviennent de
la fontaine ; après elles arrive Eumée qui mène trois
cochons engraissés, les meilleurs de son troupeau ; il les

Καὶ τοὺς μὲν ῥ᾽ εἴασε καθ᾽ ἕρκεα καλὰ νέμεσθαι,
Αὐτὸς δ᾽ αὖτ᾽ Ὀδυσῆα προσηύδα μειλιχίοισι· 165

« Ξεῖν᾽, ἢ ἄρτι σὲ μᾶλλον Ἀχαιοὶ εἰσορόωσιν,
» Ἠέ σ᾽ ἀτιμάζουσι κατὰ μέγαρ᾽, ὡς τοπάρος περ; »

Τὸν δ᾽ ἀπαμειβόμενος προσέφη πολύμητις Ὀδυσσεύς·
« Αἲ γὰρ δὴ, Εὔμαιε, θεοὶ τισαίατο λώβην,
» Ἣν οἵδ᾽ ὑβρίζοντες, ἀεικέα μηχανόωνται 170
» Οἴκῳ ἐν ἀλλοτρίῳ, οὐδ᾽ αἰδοῦς μοῖραν ἔχουσιν. »

Ὣς οἱ μὲν τοιαῦτα πρὸς ἀλλήλους ἀγόρευον.
Ἀγχίμολον δέ σφ᾽ ἦλθε Μελάνθιος, αἰπόλος αἰγῶν,
Αἶγας ἄγων, αἳ πᾶσι μετέπρεπον αἰπολίοισι,
Δεῖπνον μνηστήρεσσι· δύω δ᾽ ἅμ᾽ ἕποντο νομῆες, 175
Καὶ τὰς μὲν κατέδησεν ὑπ᾽ αἰθούσῃ ἐριδούπῳ·
Αὐτὸς δ᾽ αὖτ᾽ Ὀδυσῆα προσηύδα κερτομίοισι·

« Ξεῖν᾽, ἔτι καὶ νῦν ἐνθάδ᾽ ἀνιήσεις κατὰ δῶμα,
» Ἀνέρας αἰτίζων; ἀτὰρ οὐκ ἔξεισθα θύραζε;
» Πάντως οὐκέτι νῶϊ διακρινέεσθαι ὀΐω, 180
» Πρὶν χειρῶν γεύσασθαι· ἐπεὶ σύ περ οὐ κατὰ κόσμον
» Αἰτίζεις· εἰσὶν δὲ καὶ ἄλλαι δαῖτες Ἀχαιῶν. »

Ὣς φάτο· τὸν δ᾽ οὔτι προσέφη πολύμητις Ὀδυσσεύς,
Ἀλλ᾽ ἀκέων κίνησε κάρη, κακὰ βυσσοδομεύων.
Τοῖσι δ᾽ ἐπὶ τρίτος ἦλθε Φιλοίτιος, ὄρχαμος ἀνδρῶν,
Βοῦν στεῖραν μνηστῆρσιν ἄγων καὶ πίονας αἶγας. 186
(Πορθμῆες δ᾽ ἄρα τούς γε διήγαγον, οἵτε καὶ ἄλλους
Ἀνθρώπους πέμπουσιν, ὅτις σφέας εἰσαφίκηται·)
Καὶ τὰ μὲν εὖ κατέδησ᾽ ὑπ᾽ αἰθούσῃ ἐριδούπῳ·
Αὐτὸς δ᾽ αὖτ᾽ ἐρέεινε συβώτην, ἄγχι παραστάς· 190

« Τίς δὴ ὅδε ξεῖνος εἰλήλουθε, συβῶτα,
» Ἡμέτερον πρὸς δῶμα; τέων δ᾽ ἐξ εὔχεται εἶναι
» Ἀνδρῶν; ποῦ δέ νυ οἱ γενεὴ καὶ πατρὶς ἄρουρα;

laisse paître dans la basse-cour, et cependant, ayant aperçu Ulysse, il s'approche de lui, et lui dit :

« Étranger, les Grecs ont-ils pour vous la considéra-
» tion et les égards que vous méritez, ou vous traitent-
» ils avec mépris, comme ils ont fait d'abord ? »

« Mon cher Eumée, répondit le prudent Ulysse, que
» les Dieux punissent bientôt ces insolens qui com-
» mettent tant de désordres dans le palais d'un prince
» qu'ils devroient respecter, et qui n'ont ni la moindre
» pudeur, ni la moindre retenue. »

Comme ils s'entretenoient ainsi, on voit arriver le berger Mélanthius, qui amenoit les chèvres les plus grasses de sa bergerie pour le repas des poursuivans; il avoit avec lui deux autres bergers; ils lièrent les chèvres sous le portique, et Mélanthius adressant insolemment la parole à Ulysse :

« Quoi, lui dit-il, te voilà donc encore à importuner
» ces princes? ne veux-tu donc pas sortir de cette mai-
» son? Je vois bien que nous ne nous séparerons point
» avant d'avoir éprouvé la force de nos bras. Il est ridi-
» cule que tu sois toujours à cette porte. Il y a aujour-
» d'hui tant d'autres tables où tu peux aller mendier. »

Ulysse ne daigna pas lui répondre ; il branla la tête sans dire une parole, méditant le châtiment qu'il lui préparoit. Enfin arrive Philoétius, qui avoit l'inten-dance des troupeaux d'Ulysse dans l'île des Céphalé-niens; il menoit une génisse grasse et des chèvres pour la fête. Des mariniers qui avoient là des barques pour passer ceux qui alloient de Céphalénie à Ithaque, les avoient passé, Mélanthius et lui. Après que Philoétius eut attaché ses chèvres et sa génisse, il s'approche d'Eu-mée, et lui dit :

« Mon cher Eumée, qui est cet étranger nouvelle-
» ment arrivé dans le palais de notre maître ? De quel
» pays est-il, et de quelle famille ? Malgré l'état malheu-

» Δύσμορος· ἥτε ἔοικε δέμας βασιλῆϊ ἄνακτι.
» Ἀλλὰ θεοὶ δυόωσι πολυπλάγκτους ἀνθρώπους, 195
» Ὁππότε καὶ βασιλεῦσιν ἐπικλώσονται ὀϊζύν.»

Ἦ, καὶ δεξιτερῇ δειδίσκετο χειρὶ παραστάς·
Καί μιν φωνήσας ἔπεα πτερόεντα προσηύδα·

« Χαῖρε, πάτερ, ὦ ξεῖνε, γένοιτό τοι ὅς περ ὀπίσσω
» Ὄλβος· ἀτὰρ μὲν νῦν γε κακοῖς ἔχεαι πολέεσσιν
» Ζεῦ πάτερ, οὔτις σεῖο θεῶν ὀλοώτερος ἄλλος· 201
» Οὐκ ἐλεαίρεις ἄνδρας, ἐπὴν δὴ γείνεαι αὐτός,
» Μισγέμεναι κακότητι καὶ ἄλγεσι λευγαλέοισιν.
» Ἴδιον, ὡς ἐνόησα, δεδάκρυνται δέ μοι ὄσσε
» Μνησαμένῳ Ὀδυσῆος· ἐπεὶ κἀκεῖνον ὀΐω 205
» Τοιάδε λαίφε᾽ ἔχοντα κατ᾽ ἀνθρώπους ἀλάλησθαι,
» Εἴπου ἔτι ζώει, καὶ ὁρᾷ φάος ἠελίοιο.
» Εἰ δ᾽ ἤδη τέθνηκε, καὶ εἰν Ἀΐδαο δόμοισιν,
» Ὤ μοι ἔπειτ᾽ Ὀδυσῆος ἀμύμονος, ὅς μ᾽ ἐπὶ βουσὶν
» Εἷσ᾽ ἔτι τυτθὸν ἐόντα, Κεφαλλήνων ἐνὶ δήμῳ· 210
» Νῦν δ᾽ αἱ μὲν γίνονται ἀθέσφατοι, οὐδέ κεν ἄλλως
» Ἀνδρί γ᾽ ὑποσταχύοιτο βοῶν γένος εὐρυμετώπων·
» Τὰς δ᾽ ἄλλοι μὲ κέλονται ἀγινέμεναι σφίσιν αὐτοῖς
» Ἔδμεναι· οὐδέ τι παιδὸς ἐνὶ μεγάροις ἀλέγουσιν,
» Οὐδ᾽ ὄπιδα τρομέουσι θεῶν· μεμάασι γὰρ ἤδη 215
» Κτήματα δάσσασθαι δὴν οἰχομένοιο ἄνακτος.
» Αὐτὰρ ἐμοὶ τόδε θυμὸς ἐνὶ στήθεσσι φίλοισι
» Πόλλ᾽ ἐπιδινεῖται· μάλα μὲν κακὸν, υἷος ἐόντος,

» reux où il est, il a la majesté d'un roi. Hélas! com-
» ment les Dieux épargneroient-ils les hommes du
» commun, s'ils n'épargnent pas les rois mêmes, et s'ils
» les assujettissent à toutes sortes de misères et d'humi-
» liations? »

En disant ces mots, il s'approche d'Ulysse, le prend
par la main, et lui parle en ces termes :

« Etranger, mon bon père, puissiez-vous être heu-
» reux, et qu'à tous vos malheurs succède une prospé-
» rité qui vous accompagne toute votre vie. Grand
» Jupiter, vous êtes le plus cruel des Dieux! Après que
» vous avez donné la naissance aux hommes, vous n'avez
» d'eux aucune compassion, et vous les plongez dans
» toutes sortes de calamités et de souffrances. Nous en
» avons un grand exemple dans ce palais. Je ne puis
» retenir mes larmes toutes les fois que je me souviens
» d'Ulysse ; car je m'imagine que, vêtu de méchans hail-
» lons comme cet étranger, il erre de royaume en
» royaume, si tant est même qu'il soit en vie et qu'il
» jouisse de la lumière du soleil. Que si la Parque a
» tranché le fil de ses jours, et l'a précipité dans les
» enfers, je ne cesserai jamais de pleurer un si bon
» maître, qui, malgré ma grande jeunesse, eût la bonté
» de m'établir sur ses troupeaux dans l'île de Céphalé-
» nie. Ses troupeaux ont tellement multiplié entre mes
» mains, que je ne crois pas que jamais pasteur ait vu
» un plus grand fruit de ses travaux et de ses veilles.
» Mais des étrangers me forcent de leur amener ici pour
» leurs festins ce que j'ai de plus beau et de meilleur. Ils
» n'ont aucun égard pour notre jeune prince, et ils ne
» craignent pas même la vengeance des Dieux, à qui
» rien n'est caché; car leur insolence va jusqu'à vouloir
» partager entre eux les biens de ce roi absent. Cepen-
» dant mon cœur est combattu de différentes pensées.
» D'un côté, je vois que ce seroit une très-mauvaise

» Ἄλλων δῆμον ἱκέσθαι, ἰόντ' αὐτῇσι βόεσσιν,
» Ἄνδρας ἐς ἀλλοδαπούς· τὸ δὲ ῥίγιον, αὖθι μένοντα
» Βουσὶν ἐπ' ἀλλοτρίῃσι καθήμενον ἄλγεα πάσχειν. 221
» Καί κεν δὴ πάλαι ἄλλον ὑπερμενέων βασιλήων
» Ἐξικόμην φεύγων· (ἐπεὶ οὐκέτ' ἀνεκτὰ πέλονται·)
» Ἀλλ' ἔτι τὸν δύστηνον οἴομαι, εἴποθεν ἐλθὼν
» Ἀνδρῶν μνηστήρων σκέδασιν κατὰ δώματα θείη. » 225

Τὸν δ' ἀπαμειβόμενος προσέφη πολύμητις Ὀδυσσεύς·
« Βουκόλ', ἐπεὶ οὔτε κακῷ, οὔτ' ἄφρονι φωτὶ ἔοικας,
» Γινώσκω δὲ καὶ αὐτός, ὅ τοι πινυτὴ φρένας ἵκει,
» Τοὔνεκά τοι ἐρέω, καὶ ἐπὶ μέγαν ὅρκον ὀμοῦμαι·
» Ἴστω νῦν Ζεὺς πρῶτα θεῶν, ξενίη τε τράπεζα, 230
» Ἱστίη τ' Ὀδυσῆος ἀμύμονος, ἣν ἀφικάνω,
» Ἦ σέθεν ἐνθάδ' ἐόντος ἐλεύσεται οἴκαδ' Ὀδυσσεύς·
» Σοῖσιν δ' ὀφθαλμοῖσιν ἐπόψεαι, αἴ κ' ἐθέλῃσθα,
» Κτεινομένους μνηστῆρας, οἳ ἐνθάδε κοιρανέουσι. »

Τὸν δ' αὖτε προσέειπε βοῶν ἐπιβουκόλος ἀνήρ, 235
« Αἲ γὰρ τοῦτο, ξεῖνε, ἔπος τελέσειε Κρονίων·
» Γνοίης, οἵη ἐμὴ δύναμις καὶ χεῖρες ἕπονται. »

Ὣς δ' αὔτως Εὔμαιος ἐπεύξατο πᾶσι θεοῖσι,
Νοστῆσαι Ὀδυσῆα πολύφρονα ὅνδε δόμονδε.

Ὣς οἱ μὲν τοιαῦτα πρὸς ἀλλήλους ἀγόρευον. 240
Μνηστῆρες δ' ἄρα Τηλεμάχῳ θάνατόν τε μόρον τε
Ἤρτυον· αὐτὰρ ὁ τοῖσιν ἀριστερὸς ἦλθεν ὄρνις,
Αἰετὸς ὑψιπέτης, ἔχε δὲ τρήρωνα πέλειαν.

» action, pendant que le jeune prince est en vie, de m'en
» aller chez quelque autre peuple, et d'emmener tous
» ses troupeaux ; mais, d'un autre côté aussi, il est bien
» fâcheux, en gardant les troupeaux d'un maître, de
» passer sa vie dans la douleur, exposé aux insolences
» de ces poursuivans. Les désordres qu'ils commettent
» sont si insupportables, qu'il y a déjà long-temps que
» je me serois retiré chez quelque roi puissant ; mais je
» prends patience, et je diffère toujours pour voir si ce
» malheureux prince ne viendra point enfin chasser ces
» insolens de son palais. »

« Pasteur, reprit le prudent Ulysse, vos paroles
» témoignent que vous êtes un homme sensé et plein
» de courage et de sagesse ; c'est pourquoi je ne ferai
» pas difficulté de vous apprendre une nouvelle qui
» vous réjouira ; et afin que vous n'en puissiez douter,
» je vous la confirmerai par serment : Oui, je vous jure
» par Jupiter et par tous les autres Dieux, par cette
» table où j'ai été reçu, et par ce foyer d'Ulysse où j'ai
» trouvé un asile, Ulysse sera arrivé dans son palais
» avant que vous en sortiez ; et si vous voulez, vous
» verrez de vos yeux les poursuivans, qui font ici les
» maîtres, tomber sous ses coups, et inonder cette salle
» de leur sang. »

« Ah ! répondit le pasteur, daigne le grand Jupiter
» accomplir cette grande promesse ! Vous seriez content
» ce jour-là de mon courage et de la force de mon
» bras. »

Eumée pria de même tous les Dieux qu'Ulysse pût revenir dans son palais.

Pendant qu'Ulysse s'entretenoit ainsi avec ses pasteurs, les poursuivans dressoient de nouveaux piéges à Télémaque pour le faire périr. Et comme ils étoient entièrement occupés de cette pensée, un grand aigle parut à leur gauche sur le haut des nuées, tenant dans

Τοῖσιν δ' Ἀμφίνομος ἀγορήσατο, καὶ μετέειπεν·

« Ὦ φίλοι, οὐχ ἡμῖν συνθεύσεται ἥδε γὲ βουλὴ, 245
» Τηλεμάχοιο φόνος· ἀλλὰ μνησώμεθα δαιτός. »

Ὣς ἔφατ' Ἀμφίνομος· τοῖσιν δ' ἐπιήνδανε μῦθος·
Ἐλθόντες δ' ἐς δώματ' Ὀδυσσῆος θείοιο,
Χλαίνας μὲν κατέθεντο κατὰ κλισμούς τε, θρόνους τέ·
Οἱ δ' ἱέρευον ὄϊς μεγάλους καὶ πίονας αἶγας,   250
Ἱέρευον δὲ σύας σιάλους καὶ βοῦν ἀγελαίην·
Σπλάγχνα δ' ἄρ' ὀπτήσαντες ἐνώμων· ἐν δ' ἄρα οἶνον
Κρητῆρσιν κερόωντο· κύπελλα δὲ νεῖμε συβώτης.
Σῖτον δέ σφ' ἐπένειμε Φιλοίτιος, ὄρχαμος ἀνδρῶν,
Καλοῖς ἐν κανέοισιν· ἐῳνοχόει δὲ Μελανθεύς.   255
Οἱ δ' ἐπ' ὀνείαθ' ἑτοῖμα προκείμενα χεῖρας ἴαλλον.
Τηλέμαχος δ' Ὀδυσῆα καθίδρυε, κέρδεα νωμῶν,
Ἐντὸς εὐσταθέος μεγάρου, παρὰ λάϊνον οὐδὸν,
Δίφρον ἀεικέλιον παραθεὶς, ὀλίγην τὲ τράπεζαν·
Πὰρ δ' ἐτίθει σπλάγχνων μοίρας, ἐν δ' οἶνον ἔχευεν 260
Ἐν δέπαϊ χρυσέῳ, καί μιν πρὸς μῦθον ἔειπεν·

« Ἐνταυθοῖ νῦν ἦσο μετ' ἀνδράσιν οἰνοποτάζων·
» Κερτομίας δέ τοι αὐτὸς ἐγὼ καὶ χεῖρας ἀφέξω
» Πάντων μνηστήρων· ἐπεὶ οὔτοι δήμιός ἐστιν
» Οἶκος ὅδ', ἀλλ' Ὀδυσῆος· ἐμοὶ δ' ἐκτήσατο κεῖνος.
» Ὑμεῖς δὲ, μνηστῆρες, ἐπίσχετε θυμὸν ἐνιπῆς   266
» Καὶ χεῖρας· ἵνα μή τις ἔρις καὶ νεῖκος ὄρηται. »

Ὣς ἔφαθ'· οἱ δ' ἄρα πάντες ὀδὰξ ἐν χείλεσι φύντες
Τηλέμαχον θαύμαζον, ὃ θαρσαλέως ἀγόρευεν.
Τοῖσιν δ' Ἀντίνοος μετέφη, Εὐπείθεος υἱός·   270

« Καὶ χαλεπόν περ ἐόντα δεχώμεθα μῦθον, Ἀχαιοί,
» Τηλεμάχου· μάλα δ' ἡμῖν ἀπειλήσας ἀγορεύει.

ses serres une timide colombe. En même temps, Amphinome prenant la parole, leur dit :

« Mes amis, le complot que nous tramons contre
» Télémaque ne nous réussira point ; ne pensons donc
» qu'à faire bonne chère. »

L'avis d'Amphinome plut aux poursuivans. Ils entrent tous dans le palais, et quittant leurs manteaux, qu'ils mettent sur des siéges, ils commencent à égorger les victimes pour le sacrifice et pour leur repas. Quand les entrailles furent rôties, ils firent les portions et mêlèrent le vin dans les urnes. Eumée donnoit les coupes, Philoétius présentoit le pain dans les corbeilles, et Mélanthius servoit d'échanson. Pendant qu'ils se livroient au plaisir de la table, Télémaque, dont la prudence éclatoit dans toute sa conduite, fit entrer Ulysse dans la salle, lui donna un méchant siége près de la porte, mit devant lui une petite table, lui servit une portion, et lui versant du vin dans une coupe d'or, il lui dit :

« Mon bon homme, asseyez-vous là pour manger
» comme les autres, et ne craignez ni les railleries ni
» les insultes des poursuivans, je les empêcherai de
» vous maltraiter, car ce n'est point ici une maison
» publique, c'est le palais d'Ulysse, et j'y suis le maître. »
Se tournant ensuite du côté des poursuivans : « Et vous,
» princes, leur dit-il, retenez vos mains et vos langues,
» de peur qu'il n'arrive ici quelque désordre qui ne vous
» seroit pas avantageux. »

Il dit, et tous ces princes étonnés se mordent les lèvres, et admirant la hardiesse avec laquelle Télémaque vient de leur parler, ils gardent long-temps le silence. Enfin Antinoüs le rompit et leur parla en ces termes :

« Princes, obéissons aux ordres de Télémaque,
» quelque durs qu'ils soient ; car vous voyez bien qu'ils

» Οὐ γὰρ Ζεὺς εἴασε Κρονίων· τῷ κέ μιν ἤδη
» Παύσαμεν ἐν μεγάροισι, λιγύν περ ἐόντ' ἀγορητήν.»

Ὣς ἔφατ' Ἀντίνοος· ὁ δ' ἄρ' οὐκ ἐμπάζετο μύθων. 275
Κήρυκες δ' ἀνὰ ἄστυ θεῶν ἱερὴν ἑκατόμβην
Ἦγον· τοὶ δ' ἀγέροντο καρηκομόωντες Ἀχαιοὶ
Ἄλσος ὑπὸ σκιερὸν ἑκατηβόλου Ἀπόλλωνος·
Οἱ δ' ἐπεὶ ὤπτησαν κρέ' ὑπέρτερα καὶ ἐρύσαντο
Μοίρας δασσάμενοι δαίνυντ' ἐρικυδέα δαῖτα. 280
Πὰρ δ' ἄρ' Ὀδυσσῆι μοῖραν θέσαν, οἳ πονέοντο,
Ἴσην, ὡς αὐτοί περ ἐλάγχανον· ὣς γὰρ ἀνώγει
Τηλέμαχος, φίλος υἱὸς Ὀδυσσῆος θείοιο.
Μνηστῆρας δ' οὐ πάμπαν ἀγήνορας εἴα Ἀθήνη
Λώβης ἴσχεσθαι θυμαλγέος· ὄφρ' ἔτι μᾶλλον 285
Δύη ἄχος κραδίην Λαερτιάδην Ὀδυσῆα.
Ἦν δέ τις ἐν μνηστῆρσιν ἀνήρ, ἀθεμίστια εἰδώς,
(Κτήσιππος δ' ὄνομ' ἔσκε, Σάμῃ δ' ἔνι οἰκία ναῖεν·)
Ὃς δή τοι κτεάτεσσι πεποιθὼς πατρὸς ἑοῖο,
Μνάσκετ' Ὀδυσσῆος δὴν οἰχομένοιο δάμαρτα· 290
Ὅς ῥα τότε μνηστῆρσιν ὑπερφιάλοισι μετηύδα·

« Κέκλυτέ μευ, μνηστῆρες ἀγήνορες, ὄφρα τι εἴπω·
» Μοῖραν μὲν δὴ ξεῖνος ἔχει πάλαι, ὡς ἐπέοικεν,
» Ἴσην· οὐ γὰρ καλὸν ἀτέμβειν, οὐδὲ δίκαιον,
» Ξείνους Τηλεμάχου, ὅς κεν τάδε δώμαθ' ἵκηται. 295
» Ἀλλ' ἄγε οἱ καὶ ἐγὼ δῶ ξείνιον· ὄφρα καὶ αὐτὸς
» Ἠὲ λοετροχόῳ δώῃ γέρας, ἠέ τῳ ἄλλῳ
» Δμώων, οἳ κατὰ δώματ' Ὀδυσσῆος θείοιο. »

Ὣς εἰπών, ἔρριψε βοὸς πόδα χειρὶ παχείῃ,
Κείμενον, ἐκ κανέοιο λαβών· ὁ δ' ἀλεύατ' Ὀδυσσεύς,
Ἦκα παρακλίνας κεφαλήν· μείδησε δὲ θυμῷ 301

» sont accompagnés de menaces. Si Jupiter ne s'étoit
» pas opposé à nos desseins, ce véhément harangueur
» ne nous étourdiroit pas aujourd'hui de sa vive élo-
» quence. »

Télémaque ne se mit point en peine du discours
d'Antinoüs, et ne daigna pas lui répondre. Cependant
les hérauts publics menoient en pompe par la ville,
l'hécatombe que l'on alloit offrir aux Dieux, et tout
le peuple d'Ithaque étoit assemblé dans un bois consacré
à Apollon, auquel on offroit particulièrement ce sacrifice.
Quand on eut fait rôtir les chairs des victimes, on fit les
portions, tout le peuple se mit à table, et fut régalé à
ce festin solennel. D'un autre côté, dans le palais, ceux
qui servoient donnèrent à Ulysse une portion égale à
celle des princes, car Télémaque l'avoit ainsi ordonné.
Mais la Déesse Minerve ne permit pas que les poursuivans retinssent leurs langues empoisonnées, afin qu'U-
lysse fût encore plus maltraité, et que la douleur et la
colère aiguisassent son ressentiment. Parmi les poursuivans, il y avoit un jeune homme des plus insolens et
des plus emportés : il s'appeloit Ctésippe, et il étoit de
Samé ; et plein de confiance dans les grands biens de son
père, il poursuivoit en mariage, comme les princes, la
femme d'Ulysse. Ce Ctésippe haussant la voix, dit:

« Fiers poursuivans de la reine, écoutez ce que j'ai
» à vous dire ; cet étranger a une portion égale à la
» nôtre, comme cela est juste, car la justice et l'honnê-
» teté veulent que l'on ne méprise pas les hôtes d'un
» prince comme Télémaque. J'ai envie de lui faire aussi
» pour ma part un présent dont il pourra régaler celui
» qui l'aura baigné, ou quelque autre des domestiques
» d'Ulysse. »

En finissant ces mots, il prend dans une corbeille un
pied de bœuf, et le jette de toute sa force à la tête
d'Ulysse. Ce prince se baisse et évite le coup, en riant

Σαρδάνιον μάλα τοῖον· ὁ δ᾽ εὔδμητον βάλε τοῖχον.
Κτήσιππον δ᾽ ἄρα Τηλέμαχος ἠνίπαπε μύθῳ·
 « Κτήσιππ᾽, ἦ μάλα τοι τόδε κέρδιον ἔπλετο θυμῷ·
» Οὐκ ἔβαλες τὸν ξεῖνον· ἀλεύατο γὰρ βέλος αὐτός·
» Ἦ γάρ κέν σε μέσον βάλον ἔγχεϊ ὀξυόεντι,   306
» Καί κέ τοι ἀντὶ γάμοιο πατὴρ τάφον ἀμφεπονεῖτο
» Ἐνθάδε· τῷ μή τις μοι ἀεικείας ἐνὶ οἴκῳ
» Φαινέτω· ἤδη γὰρ νοέω καὶ οἶδα ἕκαστα,
» Ἐσθλά τε, καὶ τὰ χέρεια· πάρος δ᾽ ἔτι νήπιος ἦα.
» Ἀλλ᾽ ἔμπης τάδε μὲν καὶ τέτλαμεν εἰσορόωντες,   311
» Μήλων σφαζομένων, οἴνοιό τε πινομένοιο,
» Καὶ σίτου· χαλεπὸν γὰρ ἐρυκακέειν ἕνα πολλούς.
» Ἀλλ᾽ ἄγε μηκέτι μοι κακὰ ῥέζετε δυσμενέοντες·
» Εἰ δ᾽ ἤδη μ᾽ αὐτὸν κτεῖναι μενεαίνετε χαλκῷ,   315
» Καί κε τὸ βουλοίμην, καί κεν πολὺ κέρδιον εἴη
» Τεθνάμεν, ἢ τάδε αἰὲν ἀεικέα ἔργ᾽ ὁράασθαι,
» Ξείνους τε στυφελιζομένους, δμωάς τε γυναῖκας
» Ῥυστάζοντας ἀεικελίως κατὰ δώματα καλά. »
    Ὣς ἔφαθ᾽· οἱ δ᾽ ἄρα πάντες ἀκὴν ἐγένοντο σιωπῇ.
Ὀψὲ δὲ δὴ μετέειπε Δαμαστορίδης Ἀγέλαος·   321
 « Ὦ φίλοι, οὐκ ἂν δή τις ἐπὶ ῥηθέντι δικαίῳ
» Ἀντιβίοις ἐπέεσσι καθαπτόμενος χαλεπαίνοι.
» Μήτ᾽ ἔτι τὸν ξεῖνον στυφελίζετε, μήτε τιν᾽ ἄλλον
» Δμώων, οἳ κατὰ δώματ᾽ Ὀδυσσῆος θείοιο.   325
» Τηλεμάχῳ δέ κε μῦθον ἐγὼ καὶ μητέρι φαίην
» Ἤπιον, εἰ σφῶϊν κραδίη ἅδοι ἀμφοτέροισιν·
» Ὄφρα μὲν ἡμῖν θυμὸς ἐνὶ στήθεσσιν ἐώλπει
» Νοστῆσαι Ὀδυσῆα πολύφρονα ὅνδε δόμονδε,
» Τόφρ᾽ οὔτις νέμεσις μενέμεν τ᾽ ἦν, ἰσχέμεναί τε, 330
» Μνηστῆρας κατὰ δώματ᾽· (ἐπεὶ τόδε κέρδιον ἦεν,
» Εἰ νόστησ᾽ Ὀδυσεύς, καὶ ὑπότροπος ἵκετο δῶμα·)
» Νῦν δ᾽ ἤδη τόδε δῆλον, ὅτ᾽ οὐκέτι νόστιμός ἐστιν.
» Ἀλλ᾽ ἄγε σῇ τάδε μητρὶ παρεζόμενος κατάλεξον,

d'un ris qui cachoit sa douleur, et qui ne lui promettoit rien que de funeste; le coup alla donner contre le mur. Télémaque en colère de la brutalité de Ctésippe, lui dit :

« Tu es bien heureux, Ctésippe, tu n'as pas frappé
» mon hôte, il a évité le coup; si tu l'eusses atteint, je
» t'aurois percé de ma pique, et ton père, au lieu de se
» réjouir de tes noces, auroit été occupé du soin de te
» préparer un tombeau. Que personne ne s'avise de
» suivre ton exemple. Je suis présentement en âge de
» connoître le bien et le mal, ce que je n'étois pas en état
» de faire pendant mon enfance; jusqu'ici j'ai souffert
» vos excès et tout le dégât que vous faites dans ma mai-
» son : car seul que pouvois-je faire contre un si grand
» nombre ! Mais ne continuez plus ces désordres, ou
» tuez-moi; car j'aime encore mieux mourir que de
» souffrir plus long-temps vos insolences, et que de voir
» à mes yeux mes hôtes maltraités et les femmes de mon
» palais déshonorées. »

Il parla ainsi, et le silence régna parmi tous ces princes. Enfin Agélaüs, fils de Damastor, élevant sa voix, dit :

« Mes amis, on ne doit ni répondre à des reproches
» justes, ni s'en fâcher. N'insultez pas davantage cet
» étranger, et ne maltraitez aucun domestique d'Ulysse.
» Pour moi, je donnerois à Télémaque et à la reine sa
» mère un conseil plein de douceur, si cela leur étoit
» agréable. Pendant qu'ils ont pu se flatter qu'Ulysse
» pouvoit revenir, il n'est pas étonnant qu'ils nous
» aient amusés dans ce palais, en flattant nos vœux
» d'une espérance éloignée; car ce retardement-là leur
» étoit utile, et ils ne devoient penser qu'à gagner du
» temps. Mais aujourd'hui qu'ils voient certainement
» qu'il n'y a plus de retour pour Ulysse, Télémaque
» doit conseiller à sa mère de choisir au plus tôt pour

» Γήμασθ', ὅστις ἄριστος ἀνὴρ καὶ πλεῖστα πόρῃσιν·
» Ὄφρα σὺ μὲν χαίρων πατρώϊα πάντα νέμηαι, 335
» Ἔσθων καὶ πίνων· ἡ δ' ἄλλου δῶμα ἵκηται. »

Τὸν δ' αὖ Τηλέμαχος πεπνυμένος ἀντίον ηὔδα·
» Οὐ μὰ Ζῆν', Ἀγέλαε, καὶ ἄλγεα πατρὸς ἐμοῖο,
» Ὅς που τῆλ' Ἰθάκης ἢ ἔφθιται, ἢ ἀλάληται, 340
» Οὔτι διατρίβω μητρὸς γάμον· ἀλλὰ κελεύω
» Γήμασθ', ᾧ κ' ἐθέλῃ, ποτὶ δ' ἄσπετα δῶρα δίδωσι.
» Αἰδέομαι δ' ἀέκουσαν ἀπὸ μεγάροιο δίεσθαι
» Μύθῳ ἀναγκαίῳ· μὴ τοῦτο θεὸς τελέσειεν. »

Ὣς φάτο Τηλέμαχος· μνηστῆρσι δὲ Παλλὰς Ἀθήνη
Ἄσβεστον γέλον ὦρσε, παρέπλαγξεν δὲ νόημα. 346
Οἱ δ' ἤδη γναθμοῖσι γελώων ἀλλοτρίοισιν·
Αἱμοφόρυκτα δὲ δὴ κρέα ἤσθιον· ὄσσε δ' ἄρα σφέων
Δακρυόφιν πίμπλαντο· γόον δ' ὠΐετο θυμός.
Τοῖσι δὲ καὶ μετέειπε Θεοκλύμενος θεοειδής· 350

« Ἆ δειλοί, τί κακὸν τόδε πάσχετε; νυκτὶ μὲν ὑμέων
» Εἰλύαται κεφαλαί τε, πρόσωπά τε, νέρθε τέ γοῦνα·
» Οἰμωγὴ δὲ δέδηε, δεδάκρυνται δὲ παρειαί·
» Αἵματι δ' ἐῤῥάδαται τοῖχοι, καλαί τε μεσόδμαι.
» Εἰδώλων δὲ πλέον πρόθυρον, πλείη δὲ καὶ αὐλὴ, 355
» Ἱεμένων Ἔρεβόσδε ὑπὸ ζόφον· ἤέλιος δὲ
» Οὐρανοῦ ἐξαπόλωλε, κακὴ δ' ἐπιδέδρομεν ἀχλύς. »

Ὣς ἔφαθ'· οἱ δ' ἄρα πάντες ἐπ' αὐτῷ ἡδὺ γέλασσαν.
Τοῖσιν δ' Εὐρύμαχος, Πολύβου παῖς, ἦρχ' ἀγορεύειν·

» mari celui qui lui sera le plus agréable, et qui lui fera
» les plus beaux présens, afin qu'entrant en possession
» de tous les biens de son père, il mange et boive et se
» réjouisse, et que sa mère se retire dans le palais de ce
» second mari. »

Télémaque lui répondit avec beaucoup de sagesse :
« Agélaüs, je vous jure par Jupiter et par les douleurs
» de mon père, qui est ou mort loin d'Ithaque, ou
» errant de ville en ville, que je ne cherche point à
» éloigner l'hymen de ma mère, et que je l'exhorte
» très-sincèrement à choisir pour mari celui qui lui
» plaira davantage, et qui lui fera les plus beaux pré-
» sens. Mais la bienséance et le respect me défendent
» de la faire sortir par force de mon palais, et de l'y
» contraindre en aucune manière. Que les Dieux ne me
» laissent jamais commettre une si grande indignité ! »

Ainsi parla ce prince ; mais Minerve inspira aux poursuivans une envie démesurée de rire, car elle leur
aliéna l'esprit ; ils rioient à gorge déployée, et en
riant ils avaloient des morceaux de viande tout sanglans ;
leurs yeux étoient noyés de larmes, et ils poussoient de
profonds soupirs, avant-coureurs des maux dont leur
ame avoit déjà des pressentimens sans les connoître. Le
devin Théoclymène, effrayé lui-même de ce qu'il
voyoit, s'écria :

« Ah ! malheureux, qu'est-ce que je vois ! Que vous
» est-il arrivé de funeste ? Je vous vois tous enveloppés
» d'une nuit obscure ; j'entends de sourds gémissemens ;
» vos joues sont baignées de larmes ; ces murs et ces
» lambris dégouttent de sang ; le vestibule et la cour
» sont pleins d'ombres qui descendent dans les enfers ;
» le soleil a perdu sa lumière, et d'épaisses ténèbres ont
» chassé le jour. »

Il dit, et les poursuivans recommencent à rire en se
moquant de lui, et Eurymaque leur parle en ces termes :

« Ἀφραίνει ξεῖνος νέον ἄλλοθεν εἰληλουθώς. 360
» Ἀλλά μιν αἶψα, νέοι, δόμου ἐκπέμψασθε θύραζε
» Εἰς ἀγορὴν ἔρχεσθαι· ἐπεὶ τάδε νυκτὶ ἔΐσκει. »

Τὸν δ' αὖτε προσέειπε Θεοκλύμενος θεοειδής·
« Εὐρύμαχ', οὔτι σ' ἄνωγα ἐμοὶ πομπῆας ὀπάζειν·
» Εἰσί μοι ὀφθαλμοί τε, καὶ οὔατα, καὶ πόδες ἄμφω,
» Καὶ νόος ἐν στήθεσσι τετυγμένος οὐδὲν ἀεικής· 366
» Τοῖς ἔξειμι θύραζε, ἐπεὶ νοέω κακὸν ὔμμιν
» Ἐρχόμενον, τό κεν οὔτις ὑπεκφύγοι, οὐδ' ἀλέαιτο
» Μνηστήρων, οἳ δῶμα κατ' ἀντιθέου Ὀδυσῆος
» Ἀνέρας ὑβρίζοντες ἀτάσθαλα μηχανάασθε. » 370

Ὣς εἰπών, ἐξῆλθε δόμων εὖ ναιεταόντων·
Ἵκετο δ' ἐς Πείραιον, ὅ μιν πρόφρων ὑπέδεκτο.
Μνηστῆρες δ' ἄρα πάντες ἐς ἀλλήλους ὁρόωντες,
Τηλέμαχον ἐρέθιζον, ἐπὶ ξείνοις γελόωντες·
Ὧδε δέ τις εἴπεσκε νέων ὑπερηνορεόντων· 375

« Τηλέμαχ', οὔτις σεῖο κακοξεινώτερος ἄλλος·
» Οἷον μέν τινα τοῦτον ἔχεις ἐπίμαστον ἀλήτην,
» Σίτου καὶ οἴνου κεχρημένον· οὐδέ τι ἔργων
» Ἔμπαιον, οὐδὲ βίης, ἀλλ' αὔτως ἄχθος ἀρούρης.
» Ἄλλος δ' αὖτέ τις οὗτος ἀνέστη μαντεύεσθαι. 380
» Ἀλλ' εἴ μοι πείθοιο, τό κεν πολὺ κέρδιον εἴη·
» Τοὺς ξείνους ἐν νηΐ πολυκληΐδι βαλόντες
» Ἐς Σικελοὺς πέμψωμεν, ὅθεν κέ τοι ἄξιον ἄλφοι. »

Ὣς ἔφασαν μνηστῆρες· ὁ δ' οὐκ ἐμπάζετο μύθων·
Ἀλλ' ἀκέων πατέρα προσεδέρκετο, δέγμενος αἰεί, 385

« Cet étranger extravague, il vient sans doute tout
» fraîchement de l'autre monde, » et en même temps
s'adressant aux domestiques qui servoient : « Garçons,
» leur dit-il, menez promptement ce fou hors de la
» salle, et conduisez-le à la place publique, puisqu'il
» prend ici le grand jour pour la nuit. »

Le devin Théoclymène lui répond : « Eurymaque,
» je n'ai nullement besoin de conducteur, j'ai les yeux,
» les oreilles et les pieds fort bons, et l'esprit encore
» meilleur. Je sortirai fort bien tout seul de cette salle,
» et j'en sortirai avec un très-grand plaisir, car je vois
» ce que vous ne voyez pas ; je vois les maux qui vont
» fondre sur vos têtes ; pas un ne pourra les éviter. Vous
» allez tous périr, vous qui vous tenant insolemment
» dans la maison d'Ulysse, insultez les étrangers, et
» commettez toutes sortes de violences et d'injustices. »

En achevant ces mots, il sortit, et se retira chez
Pirée, qui le reçut avec beaucoup d'amitié. Les poursuivans se regardent les uns les autres ; et pour piquer
et irriter davantage Télémaque, ils commencent à le
railler sur ses hôtes :

« Télémaque, lui dit un des plus emportés, je ne
» connois point d'homme qui soit si mal en hôtes que
» vous. Quel misérable mendiant avez-vous là, toujours
» affamé, incapable de rendre le moindre service, qui
» n'a ni force ni vertu, et qui n'est sur la terre qu'un
» fardeau inutile ? Et cet autre qui s'avise de venir faire
» ici le devin ? En vérité, si vous me vouliez croire,
» vous feriez une chose très-sensée, nous mettrions ces
» deux honnêtes gens dans un vaisseau, et nous les
» enverrions en Sicile ; vous en auriez plus qu'ils ne
» valent, à quelque bon marché qu'on les donnât. »

Tels étoient les propos que tenoient les poursuivans ;
Télémaque ne daigna pas y répondre et ne dit pas un
mot ; il regarda seulement son père, comme attendant

Ὁππότε δὴ μνηστῆρσιν ἀναιδέσι χεῖρας ἐφήσει.
Ἡ δὲ κατάντηστιν θεμένη περικαλλέα δίφρον
Κούρη Ἰκαρίοιο περίφρων Πηνελόπεια,
Ἀνδρῶν ἐν μεγάροισιν ἑκάστου μῦθον ἄκουε.
Δεῖπνον μὲν γὰρ τοί γε γελοίωντες τετύκοντο,   390
Ἡδύ τε καὶ μενοεικὲς, ἐπεὶ μάλα πόλλ᾽ ἱέρευσαν·
Δόρπου δ᾽ οὐκ ἄν πως ἀχαρίστερον ἄλλο γένοιτο,
Οἷον δὴ τάχ᾽ ἔμελλε θεὰ καὶ καρτερὸς ἀνὴρ
Θησέμεναι· πρότεροι γὰρ ἀεικέα μηχανόωντο.

qu'il lui donnât le signal de se jeter sur les poursuivans, et de commencer le carnage. Pénélope, qui avoit mis un siége vis-à-vis de la porte de la salle, entendoit tout ce qui s'y disoit. C'est ainsi que ces princes, par leurs plaisanteries et par leurs risées, égayoient un dîner que la bonne chère et le bon vin rendoient d'ailleurs très-excellent ; car ils avoient immolé quantité de victimes. Mais si ce dîner leur fut agréable, le souper qui le suivit ne lui ressembla pas; Minerve et Ulysse le leur rendirent très-funeste, en récompense de tous ceux qu'ils avoient faits jusque-là avec tant d'excès, d'insolence et d'indignité.

ΟΜΗΡΟΥ

ΟΔΥΣΣΕΙΑΣ

ΡΑΨΩΔΙΑ Φ.

Πηνελόπη τῷ τείνοντι τὸ τόξον ὁμολογεῖ τὸν αὐτῆς γάμον. Ὀδυσσεὺς δὲ Εὐμαίῳ καὶ Φιλοιτίῳ ἐντειλάμενος περὶ τῆς τῶν θυρῶν ἀσφαλείας, αὐτὸς ἀφίησι τὸ βέλος διὰ τῶν πελέκεων, ἄλλου τεῖναι τὸ τόξον μὴ δυνηθέντος.

Φῖ δὲ, βιὸν προτίθησιν ἄεθλον Πηνελόπεια.

Τῇ δ' ἄρ' ἐπὶ φρεσὶ θῆκε θεὰ γλαυκῶπις Ἀθήνη
Κούρῃ Ἰκαρίοιο περίφρονι Πηνελοπείῃ

L'ODYSSÉE D'HOMÈRE.

LIVRE VINGT-UNIÈME.

ARGUMENT.

Pénélope ne pouvant plus éluder les poursuites de ses amans, leur propose, par l'inspiration de Minerve, l'exercice de tirer la bague avec l'arc, et promet d'épouser celui qui y réussira. Les princes acceptent la proposition de la reine; Télémaque veut aussi entrer en lice pour retenir sa mère, s'il est victorieux; et il essaie par trois fois de tendre l'arc, mais en vain; et comme il alloit y réussir, Ulysse l'arrête. Ce prince sortant ensuite, se fait connoître à deux de ses bergers qui lui sont fidèles. D'autres poursuivans tentent aussi de tendre l'arc, mais inutilement; sur quoi l'un d'eux propose de remettre la partie au lendemain. Avant que de finir, Ulysse demande qu'il lui soit permis d'éprouver ses forces. Cette proposition déplaît aux poursuivans, ils s'emportent contre lui et le menacent. Pénélope les rassure et les apaise. Ulysse, après avoir bien examiné l'arc, le bande très-aisément; Jupiter l'encourage par un signe favorable; il tire et fait passer sa flèche dans tous les anneaux. Télémaque prend ses armes, se tient près de son père, et attend toujours le signal.

La déesse Minerve inspira à la sage Pénélope de proposer dès ce jour-là aux poursuivans l'exercice de

Τόξον μνηστήρεσσι θέμεν, πολιόν τε σίδηρον,
Ἐν μεγάροις Ὀδυσῆος, ἀέθλιά, καὶ φόνου ἀρχήν.
Κλίμακα δ᾽ ὑψηλὴν προσεβήσατο οἷο δόμοιο· 5
Εἵλετο δὲ κληῖδ᾽ εὐκαμπέα χειρὶ παχείῃ
Καλὴν, χαλκείην· κώπη δ᾽ ἐλέφαντος ἐπῆεν·
Βῆ δ᾽ ἴμεναι θαλαμόνδε, σὺν ἀμφιπόλοισι γυναιξὶν,
Ἔσχατον· ἔνθα δέ οἱ κειμήλια κεῖτο ἄνακτος,
Χαλκός τε, χρυσός τε, πολύκμητός τε σίδηρος. 10
Ἔνθα δὲ τόξον ἔκειτο παλίντονον, ἠδὲ φαρέτρη
Ἰοδόκος, πολλοὶ δ᾽ ἔνεσαν στονόεντες ὀϊστοί·
Δῶρα, τά οἱ ξεῖνος Λακεδαίμονι δῶκε τυχήσας,
Ἴφιτος Εὐρυτίδης, ἐπιείκελος ἀθανάτοισι.
Τὼ δ᾽ ἐν Μεσσήνῃ ξυμβλήτην ἀλλήλοιϊν, 15
Οἴκῳ ἐν Ὀρσιλόχοιο δαΐφρονος· ἤτοι Ὀδυσσεὺς
Ἦλθε μετὰ χρεῖος, τό ῥά οἱ πᾶς δῆμος ὄφελλε·
Μῆλα γὰρ ἐξ Ἰθάκης Μεσσήνιοι ἄνδρες ἄειραν
Νηυσὶ πολυκλήϊσι τριηκόσι᾽, ἠδὲ νομῆας.
Τῶν ἕνεκ᾽ ἐξεσίην πολλὴν ὁδὸν ἦλθεν Ὀδυσσεὺς, 20
Παιδνὸς ἐών· πρὸ γὰρ ἧκε πατὴρ, ἄλλοι τε γέροντες.
Ἴφιτος αὖθ᾽ ἵππους διζήμενος, αἵ οἱ ὄλοντο,
Δώδεκα θήλειαι, ὑπὸ δ᾽ ἡμίονοι ταλαεργοί·
Αἳ δή οἱ καὶ ἔπειτα φόνος καὶ μοῖρα γένοντο·
Ἐπειδὴ Διὸς υἱὸν ἀφίκετο καρτερόθυμον 25
Φῶθ᾽ Ἡρακλῆα, μεγάλων ἐπιΐστορα ἔργων,
Ὅς μιν ξεῖνον ἐόντα κατέκτανεν ᾧ ἐνὶ οἴκῳ·
Σχέτλιος, οὐδὲ θεῶν ὄπιν ᾐδέσατ᾽, οὐδὲ τράπεζαν,
Τὴν δή οἱ παρέθηκεν· ἔπειτα δὲ πέφνε καὶ αὐτόν·
Ἵππους δ᾽ αὐτὸς ἔχε κρατερώνυχας ἐν μεγάροισι. 30
Τὰς ἐρέων Ὀδυσῆϊ συνήντετο· δῶκε δὲ τόξον,
Τὸ πρὶν μὲν ῥ᾽ ἐφόρει μέγας Εὔρυτος, αὐτὰρ ὁ παιδὶ
Κάλλιπ᾽ ἀποθνήσκων ἐν δώμασιν ὑψηλοῖσιν.
Τῷ δ᾽ Ὀδυσεὺς ξίφος ὀξὺ, καὶ ἄλκιμον ἔγχος ἔδωκεν,
Ἀρχὴν ξεινοσύνης προσκηδέος· οὐδὲ τραπέζῃ 35

tirer la bague avec l'arc, qui n'étant en apparence qu'un jeu, devoit devenir un combat très-sérieux et donner lieu à un horrible carnage. Elle monta au haut de son palais, et prenant une clef à manche d'ivoire et faite en faucille, elle entra avec ses femmes dans l'appartement le plus reculé. Là, dans un grand cabinet, étoient les richesses qu'Ulysse avoit laissées, l'airain, l'or, le fer, et parmi d'autres armes étoient l'arc de ce prince et le carquois rempli de flèches, sources de gémissemens et de pleurs. C'étoit un présent qu'Iphitus, fils d'Eurytus, égal aux immortels, lui avoit fait autrefois dans le pays de Lacédémone, où ils s'étoient rencontrés dans le palais d'Orsiloque. Car Ulysse étoit allé dans la Messénie demander le paiement d'une somme que devoient les Messéniens, qui, ayant fait une descente dans l'île d'Ithaque, avoient enlevé sur leurs vaisseaux trois cents moutons avec leurs bergers. Le roi Laërte et les vieillards d'Ithaque avoient envoyé Ulysse, jeune encore, en ambassade demander aux Messéniens ou l'équivalent, ou le prix de ce butin qu'ils avoient fait sans qu'ils fussent en guerre. Et de son côté Iphitus y étoit allé pour chercher douze mules et autant de jumens qu'il avoit perdues, et qui dans la suite furent la cause de sa mort; car il arriva chez le fils de Jupiter, chez Hercule, si renommé par son grand courage et par ses merveilleux travaux. Hercule le reçut dans son palais, mais malgré l'hospitalité il le tua; ce cruel ne redouta point la vengeance des Dieux et ne respecta point la table sacrée où il l'avoit admis, il le tua avec inhumanité et retint ses jumens et ses mules. Comme Iphitus alloit donc les chercher, il rencontra Ulysse, et lui donna cet arc que son père Eurytus étoit accoutumé de porter et qu'il lui avoit laissé en mourant. Ulysse, de son côté, lui donna une épée et une pique pour gages de l'amitié et de l'hospitalité qu'il contractoit avec lui.

Γνώτην ἀλλήλων· πρὶν γὰρ Διὸς υἱὸς ἔπεφνεν
Ἴφιτον Εὐρυτίδην, ἐπιείκελον ἀθανάτοισιν·
Ὅς οἱ τόξον ἔδωκε· τὸ δ᾽ οὔποτε δῖος Ὀδυσσεὺς,
Ἐρχόμενος πόλεμόνδε μελαινάων ἐπὶ νηῶν
Ἡρεῖτ᾽· ἀλλ᾽ αὐτοῦ μνῆμα ξείνοιο φίλοιο   40
Κέσκετ᾽ ἐνὶ μεγάροισι· φόρει δέ μιν ἧς ἐπὶ γαίης.

Ἡ δ᾽ ὅτε δὴ θάλαμον τὸν ἀφίκετο δῖα γυναικῶν,
Οὐδόν τε δρύϊνον προσεβήσατο, τόν ποτε τέκτων
Ξέσσεν ἐπισταμένως, καὶ ἐπὶ στάθμην ἴθυνεν,
Ἐν δὲ σταθμοὺς ἄρσε, θύρας δ᾽ ἐπέθηκε φαεινάς· 45
Αὐτίκ᾽ ἄρ᾽ ἥγ᾽ ἱμάντα θοῶς ἀπέλυσε κορώνης,
Ἐν δὲ κληῖδ᾽ ἧκε, θυρέων δ᾽ ἀνέκοπτεν ὀχῆας,
Ἄντα τιτυσκομένη· τὰ δ᾽ ἀνέβραχεν, ἠΰτε ταῦρος
Βοσκόμενος λειμῶνι· τόσ᾽ ἔβραχε καλὰ θύρετρα
Πληγέντα κληῖδι, πετάσθησαν δέ οἱ ὦκα.   50
Ἡ δ᾽ ἄρ᾽ ἐφ᾽ ὑψηλῆς σανίδος βῆ, ἔνθα δὲ χηλοὶ
Ἕστασαν· ἐν δ᾽ ἄρα τῇσι θυώδεα εἵματα κεῖτο.
Ἔνθεν ὀρεξαμένη, ἀπὸ πασσάλου αἴνυτο τόξον
Αὐτῷ γωρυτῷ, ὅς οἱ περίκειτο φαεινός.
Ἑζομένη δὲ κατ᾽ αὖθι, φίλοις ἐπὶ γούνασι θεῖσα, 55
Κλαῖε μάλα λιγέως· ἐκ δ᾽ ᾕρεε τόξον ἄνακτος.
Ἡ δ᾽ ἐπεὶ οὖν τάρφθη πολυδακρύτοιο γόοιο,
Βῆ ῥ᾽ ἴμεναι μέγαρόνδε μετὰ μνηστῆρας ἀγαυοὺς,
Τόξον ἔχουσ᾽ ἐν χειρὶ παλίντονον, ἠδὲ φαρέτρην
Ἰοδόκον· πολλοὶ δ᾽ ἔνεσαν στονόεντες ὀϊστοί.   60
Τῇ δ᾽ ἄρ᾽ ἅμ᾽ ἀμφίπολοι φέρον ὄγκιον· ἔνθα σίδηρος
Κεῖτο πολὺς καὶ χαλκὸς, ἀέθλια τοῖο ἄνακτος.
Ἡ δ᾽ ὅτε δὴ μνηστῆρας ἀφίκετο δῖα γυναικῶν,
Στῆ ῥα παρὰ σταθμὸν τέγεος πύκα ποιητοῖο,
Ἄντα παρειάων σχομένη λιπαρὰ κρήδεμνα·   65
Ἀμφίπολος δ᾽ ἄρα οἱ κεδνὴ ἑκάτερθε παρέστη·
Αὐτίκα δὲ μνηστῆρσι μετηύδα, καὶ φάτο μῦθον·

« Κέκλυτέ μευ, μνηστῆρες ἀγήνορες, οἳ τόδε δῶμα

Mais ils n'eurent pas le plaisir de les confirmer dans leurs palais, car avant qu'ils pussent se revoir l'un chez l'autre, le fils de Jupiter tua Iphitus, qui par sa bonne mine et par sa sagesse ressembloit aux immortels. Ulysse, en partant pour Troie, n'avoit pas pris avec lui cet arc; il l'avoit laissé dans son palais pour ne le perdre jamais, et pour se souvenir toujours de celui qui lui avoit fait ce présent; il s'étoit contenté de s'en servir pendant qu'il étoit resté à Ithaque.

Pénélope étant donc arrivée à la porte de ce cabinet, dont le seuil et le chambranle étoient parfaitement bien travaillés, et dont les deux battans éblouissoient les yeux par leur éclat, elle détache du marteau la couronne qui couvre l'entrée de la serrure, insinue la clef, pousse les leviers qui servent de verrous, et la porte s'ouvre avec un mugissement semblable à celui d'un taureau qui paît dans une prairie. Elle monte dans une chambre haute, toute pleine de coffres où étoient ses habits qui répandoient l'odeur d'un parfum très-agréable; et haussant le bras, elle prend cet arc merveilleux, qui étoit pendu à la muraille dans son étui; elle le tire de cet étui, s'assied, le pose sur ses genoux, et se met à pleurer à chaudes larmes sur cet arc dont Ulysse s'étoit servi. Quand elle se fut assez abandonnée au plaisir qu'elle trouvoit à pleurer et à se plaindre, elle descendit dans la salle où étoient les poursuivans, tenant dans ses mains cet arc et le carquois tout rempli de flèches bien acérées. Ses femmes, qui la suivoient, portoient un coffre où étoient les bagues qui servoient aux plaisirs d'Ulysse lorsqu'il vouloit s'exercer. En arrivant elle s'arrêta sur le seuil de la porte, appuyée sur deux de ses femmes, et le visage couvert d'un voile; et adressant la parole aux poursuivans, elle leur dit :

« Princes, qui ruinez par vos festins continuels et

» Ἐχράετ' ἐσθιέμεν καὶ πινέμεν ἐμμενὲς αἰεί,
» Ἀνδρὸς ἀποιχομένοιο πολὺν χρόνον· οὐδέ τιν' ἄλλην
» Μύθου ποιήσασθαι ἐπισχεσίην ἐδύνασθε,   71
» Ἀλλ' ἐμὲ ἱέμενοι γῆμαι, θέσθαι τὲ γυναῖκα.
» Ἀλλ' ἄγετε, μνηστῆρες, ἐπεὶ τόδε φαίνετ' ἄεθλον·
» Θήσω γὰρ μέγα τόξον Ὀδυσσῆος θείοιο·
» Ὃς δέ κε ῥηΐτατ' ἐντανύσῃ βιὸν ἐν παλάμῃσι,   75
» Καὶ διοϊστεύσῃ πελέκεων δυοκαίδεκα πάντων,
» Τῷ κεν ἅμ' ἑσποίμην, νοσφισσαμένη τόδε δῶμα
» Κουρίδιον, μάλα καλὸν, ἐνίπλειον βιότοιο·
» Τοῦ ποτε μεμνήσεσθαι ὀΐομαι, ἔνπερ ὀνείρῳ. »

Ὣς φάτο· καί ῥ' Εὔμαιον ἀνώγει, δῖον ὑφορβὸν, 80
Τόξον μνηστήρεσσι θέμεν, πολιόν τε σίδηρον.
Δακρύσας δ' Εὔμαιος ἐδέξατο, καὶ κατέθηκεν·
Κλαῖε δὲ βουκόλος ἄλλοθ', ἐπεὶ ἴδε τόξον ἄνακτος.
Ἀντίνοος δ' ἐνένιπτεν, ἔπος τ' ἔφατ', ἔκ τ' ὀνόμαζε·

« Νήπιοι ἀγροιῶται, ἐφημέρια φρονέοντες,   85
» Ἀ δειλοί, τί νυ δάκρυ κατείβετον, ἠδὲ γυναικὶ
» Θυμὸν ἐνὶ στήθεσσιν ὀρίνετον; ἤ τε καὶ ἄλλως
» Κεῖται ἐν ἄλγεσι θυμὸς, ἐπεὶ φίλον ὤλεσ' ἀκοίτην.
» Ἀλλ' ἀκέων δαίνυσθε, καθήμενοι, ἠὲ θύραζε
» Κλαίετον ἐξελθόντε, κατ' αὐτόθι τόξα λιπόντε, 90
» Μνηστήρεσσιν ἄεθλον ἀάατον· οὐ γὰρ ὀΐω
» Ῥηϊδίως τόδε τόξον ἔΰξοον ἐντανύεσθαι.
» Οὐ γάρ τις μέτα τοῖος ἀνὴρ ἐν τοῖσδεσι πᾶσιν,
» Οἷος Ὀδυσσεὺς ἔσκεν· ἐγὼ δέ μιν αὐτὸς ὄπωπα,
» (Καὶ γὰρ μνήμων εἰμὶ,) πάϊς δ' ἔτι νήπιος ἦα. » 95

Ὣς φάτο· τῷ, δ' ἄρα θυμὸς ἐνὶ στήθεσσι ἐώλπει
Νευρὴν ἐντανύσειν, διοϊστεύσειν τὲ σιδήρου.
Ἤτοι ὀϊστοῦ γε πρῶτος γεύσεσθαι ἔμελλεν
Ἐκ χειρῶν Ὀδυσῆος ἀμύμονος, ὃν ποτ' ἀτίμα

» par vos débauches outrées la maison de mon mari,
» qui est absent depuis si long-temps, et qui ne donnez
» d'autre prétexte à votre conjuration que l'envie de
» m'épouser, voici le moment de vous satisfaire, le
» combat va être ouvert, vous n'avez qu'à entrer
» en lice, je vais vous mettre l'arc d'Ulysse entre les
» mains. Celui qui le tendra le plus facilement et qui
» fera passer sa flèche dans toutes les bagues de ces douze
» piliers, sera mon mari ; je le suivrai, et je quitterai
» ce palais où j'ai passé ma première jeunesse, ce palais
» rempli de toutes sortes de biens, et dont je ne per-
» drai jamais le souvenir, non pas même dans mes
» songes. »

En achevant ces mots, elle ordonne à Eumée de prendre l'arc, de le présenter aux poursuivans avec les bagues. Eumée prend l'arc, et en le voyant, il ne peut retenir ses larmes. Philoétius pleure aussi de son côté. Antinoüs les voyant pleurer, s'emporte contre eux :

« Malheureux pâtres, leur dit-il, qui vivez au jour
» la journée, et qui ne voyez que ce qui est à vos pieds,
» pourquoi pleurez-vous, et pourquoi venez-vous
» attendrir ainsi le cœur de la reine, qui n'est que trop
» affligée de la perte de son mari? Tenez-vous à table
» sans dire une parole, ou sortez ; allez pleurer dehors
» et laissez démêler aux princes cette grande affaire,
» dont ils ne sortiront point à leur honneur. Sur ma
» parole ils ne tendront pas facilement cet arc ; car, il
» faut l'avouer, parmi nous il n'y a point d'homme tel
» qu'Ulysse. Je l'ai vu, et je m'en souviens très-bien,
» quoique je fusse fort jeune. »

En parlant ainsi, il se flattoit qu'il seroit le premier qui tendroit l'arc, et qu'il feroit passer sa flèche dans toutes les bagues ; mais il devoit le premier sentir les flèches qui partiroient de la main d'Ulysse, comme il

Ἥμενος ἐν μεγάρῳ, ἐπὶ δ' ὤρνυε πάντας ἑταίρους. 100
Τοῖσι δὲ καὶ μετέειφ' ἱερὴ ἲς Τηλεμάχοιο·

« Ὦ πόποι, ἦ μάλα με Ζεὺς ἄφρονα θῆκε Κρονίων.
» Μήτηρ μέν μοι φησὶ φίλη, πινυτή περ' ἐοῦσα,
» Ἄλλῳ ἅμ' ἕψεσθαι, νοσφισσαμένη τόδε δῶμα·
» Αὐτὰρ ἐγὼ γελόω, καὶ τέρπομαι ἄφρονι θυμῷ. 105
» Ἀλλ' ἄγετε, μνηστῆρες, ἐπεὶ τόδε φαίνετ' ἄεθλον,
» Οἵη νῦν οὐκ ἔστι γυνὴ κατ' Ἀχαιΐδα γαῖαν,
» Οὔτε Πύλου ἱερῆς, οὔτ' Ἄργεος, οὔτε Μυκήνης,
» Οὔτ' αὐτῆς Ἰθάκης, οὔτ' Ἠπείροιο μελαίνης.
» Καὶ δ' αὐτοὶ τόδε ἴστε· τί με χρὴ μητέρος αἴνου; 110
» Ἀλλ' ἄγε μὴ μύνῃσι παρέλκετε, μηδ' ἔτι τόξου
» Δηρὸν ἀποτρωπᾶσθε τανυστύος, ὄφρα ἴδωμεν.
» Καὶ δέ κεν αὐτὸς ἐγὼ τοῦ τόξου πειρησαίμην·
» Εἰ δέ κεν ἐκτανύσω, διοϊστεύσω τε σιδήρου,
» Οὔ κέ μοι ἀχνυμένῳ τάδε δώματα πότνια μήτηρ 115
» Λείποι ἅμ' ἄλλῳ ἰοῦσ', ὅτ' ἐγὼ κατόπισθε λιποίμην,
» Οἷός τ' ἤδη πατρὸς ἀέθλια κάλ' ἀνελέσθαι. »

Ἦ, καὶ ἀπ' ὤμοιϊν χλαῖναν θέτο φοινικόεσσαν,
Ὀρθὸς ἀναΐξας· ἀπὸ δὲ ξίφος ὀξὺ θέτ' ὤμων.
Πρῶτον μὲν πελέκεας στῆσεν, διὰ τάφρον ὀρύξας 120
Πᾶσι μίαν μακρήν, καὶ ἐπὶ στάθμην ἴθυνεν·
Ἀμφὶ δὲ γαῖαν ἔναξε· τάφος δ' ἕλε πάντας, ἰδόντας,
Ὡς εὐκόσμως στῆσε· πάρος δ' οὐ πώποτ' ὀπώπει.

étoit le premier qui l'avoit maltraité et qui avoit excité contre lui les autres princes.

Alors Télémaque prenant la parole, dit : « Il faut » que Jupiter m'ait envoyé un esprit de vertige et » d'étourdissement ; je vois que ma mère, toute sage et » prudente qu'elle est, se prépare à quitter mon palais, » et à suivre un second mari ; et dans une situation si » triste, je ne pense qu'à rire, qu'à me divertir, et qu'à » être simple spectateur d'un combat qui doit me coûter » si cher. Non, non ; comme vous allez faire vos efforts » pour m'enlever Pénélope, il faut que je fasse aussi les » miens pour la retenir. C'est un prix trop grand : ni » dans toute l'Achaïe, ni dans la sacrée ville de Pylos, » ni dans Argos, ni dans Mycènes, ni dans Ithaque, » ni dans toute l'Epire, il n'y a point de femme qui » puisse être comparée à la reine. Vous n'en êtes que » trop persuadés, qu'est-il besoin que j'en fasse ici » l'éloge ? Ne cherchez donc point de prétexte pour » différer. Allons, venez éprouver vos forces, j'essaierai » aussi comme vous de tendre cet arc ; et si je suis assez » heureux pour y réussir et pour faire passer la flèche » au travers de toutes les bagues, je n'aurai pas la dou- » leur de voir ma mère me quitter et suivre un second » mari ; car elle n'abandonnera pas un fils qu'elle verra » en état d'imiter les grands exemples de son père, et de » remporter comme lui les prix de tous les combats. »

Il dit, et se levant en même temps, il quitte son manteau de pourpre et son épée, et se met lui-même à dresser les piliers dans les trous qu'il fait et dont il aplanit la terre au pied. Il les dresse tous à distance égale sur la même ligne, comme s'il eût assisté plusieurs fois à cette sorte d'exercice, quoiqu'il ne l'eût jamais vu. Les poursuivans en furent étonnés ; car ils savoient que Télémaque n'avoit jamais vu faire ces pré-

Στῆ δ' ἄρ' ἐπ' οὐδὸν ἰὼν, καὶ τόξου πειρήτιζεν·
Τρὶς μέν μιν πελέμιξεν, ἐρύσσεσθαι μενεαίνων, 125
Τρὶς δὲ μεθῆκε βίης, ἐπιελπόμενος τόγε θυμῷ,
Νευρὴν ἐντανύσειν, διοϊστεύσειν τε σιδήρου.
Καί νύ κε δή ῥ' ἐτάνυσσε βίῃ τὸ τέταρτον ἀνέλκων,
Ἀλλ' Ὀδυσσεὺς ἀνένευε, καὶ ἔσχεθεν ἱέμενόν περ.
Τοῖς δ' αὖτις μετέειφ' ἱερὴ ἲς Τηλεμάχοιο· 130

« Ὢ πόποι, ἦ καὶ ἔπειτα κακός τ' ἔσομαι καὶ ἄκικυς,
» Ἠὲ νεώτερός εἰμι, καὶ οὔπω χερσὶ πέποιθα
» Ἄνδρ' ἀπαμύνεσθαι, ὅτε τὶς πρότερος χαλεπήνῃ.
» Ἀλλ' ἄγεθ', οἵπερ ἐμεῖο βίῃ προφερέστεροί ἐστε,
» Τόξου πειρήσασθε, καὶ ἐκτελέωμεν ἄεθλον. » 135

Ὡς εἰπὼν, τόξον μὲν ἀπὸ ἕο θῆκε χαμᾶζε,
Κλίνας κολλητῇσιν ἐϋξέστῃς σανίδεσσιν·
Αὐτοῦ δ' ὠκὺ βέλος καλῇ προσέκλινε κορώνῃ.
Ἂψ δ' αὖτις κατ' ἄρ' ἕζετ' ἐπὶ θρόνου, ἔνθεν ἀνέστη.
Τοῖσιν δ' Ἀντίνοος μετέφη, Εὐπείθεος υἱός· 140

« Ὄρνυσθ' ἑξείης ἐπιδέξια πάντες, ἑταῖροι,
» Ἀρξάμενοι τοῦ χώρου, ὅθεν τέ περ οἰνοχοεύει. »

Ὣς ἔφατ' Ἀντίνοος· τοῖσιν δ' ἐπιήνδανε μῦθος.
Λειώδης δὲ πρῶτος ἀνίστατο, Οἴνοπος υἱὸς,
Ὅς σφι θυοσκόος ἔσκε, παρὰ κρητῆρα δὲ καλὸν 145
Ἶζε μυχοίτατος αἰεί· ἀτασθαλίαι δέ οἱ οἴῳ
Ἐχθραὶ ἔσαν, πᾶσιν δὲ νεμέσσα μνηστήρεσσιν·
Ὅς ῥα τότε πρῶτος τόξον λάβε καὶ βέλος ὠκύ·
Στῆ δ' ἄρ' ἐπ' οὐδὸν ἰὼν, καὶ τόξου πειρήτιζεν·
Οὐδέ μιν ἐντάνυσε· πρὶν γὰρ κάμε χεῖρας ἀνέλκων, 150
Ἀτρίπτους, ἀπαλάς· μετὰ δὲ μνηστῆρσιν ἔειπεν·

« Ὦ φίλοι, οὐ μὲν ἐγὼ τανύω· λαβέτω δὲ καὶ ἄλλος·
» Πολλοὺς γὰρ τόδε τόξον ἀριστῆας κεκαδήσει
» Θυμοῦ καὶ ψυχῆς· ἐπειὴ πολὺ φέρτερόν ἐστι

paratifs. Les piliers dressés et les bagues mises, il retourna à la porte de la cour, et prenant l'arc, il essaya trois fois de le bander; mais ses efforts furent inutiles. Il en approchoit pourtant si fort, qu'il espéroit qu'à la quatrième tentative il en viendroit à bout, et il y alloit employer avec succès toutes ses forces, lorsque Ulysse, qui vit que cela pourroit être contraire à ses desseins, lui fit signe de se retirer et d'y renoncer.

Télémaque, qui comprit le signe, s'écria: « O Dieux! » est-ce en moi foiblesse naturelle? ou est-ce seulement » que je suis trop jeune encore pour entrer en lice » contre des hommes faits qui ont toutes leurs forces! » Je renonce donc au prix. Mais vous, poursuivans, » qui êtes plus forts et plus robustes, essayez de tendre » cet arc, et achevons cet exercice. »

En même temps il pose l'arc à terre sur le seuil de la porte, met la flèche sur son manche, et va se remettre à la même place où il étoit assis. Antinoüs prit en même temps la parole, et dit:

« Mes amis, levez-vous l'un après l'autre pour entrer » en lice, en défilant par la droite du côté que l'échan- » son verse le vin. »

L'avis d'Antinoüs fut suivi, et Léiodès, fils d'Œnops, qui étoit toujours assis au bout de la salle près de l'urne, et qui étoit leur devin, se leva le premier. Il étoit le seul qui s'opposoit à toutes les violences des poursui- vans, et qui leur remontroit leurs injustices. Il prit l'arc, et s'efforça de le bander, mais en vain; car ses mains, peu accoutumées à manier les armes, furent lasses avant que d'en venir à bout; il remet donc l'arc, et dit:

« Mes amis, je ne puis tendre cet arc, et je suis » obligé d'y renoncer. Qu'un autre vienne donc prendre » ma place. Mais cet arc va faire perdre la vie à beaucoup » de braves gens; car il vaut mille fois mieux périr,

» Τεθνάμεν, ἢ ζώοντας ἁμαρτεῖν, οὔθ᾽ ἕνεκ᾽ αἰεὶ 155
» Ἐνθάδ᾽ ὁμιλέομεν, ποτιδέγμενοι ἤματα πάντα.
» Νῦν μέν τις καὶ ἔλπετ᾽ ἐνὶ φρεσὶν, ἠδὲ μενοινᾷ
» Γῆμαι Πηνελόπειαν, Ὀδυσσῆος παράκοιτιν·
» Αὐτὰρ ἐπὴν τόξου πειρήσεται, ἠδὲ ἴδηται,
» Ἄλλην δή τιν᾽ ἔπειτα Ἀχαιϊάδων ἐϋπέπλων   160
» Μνάσθω ἐέδνοισιν διζήμενος· ἡ δέ κ᾽ ἔπειτα
» Γήμαιθ᾽, ὅς κεν πλεῖστα πόροι, καὶ μόρσιμος ἔλθοι. »

Ὣς ἄρ᾽ ἐφώνησεν, καὶ ἀπὸ ἕο τόξον ἔθηκε,
Κλίνας κολλητῇσιν ἐϋξέστῃς σανίδεσσιν,
Αὐτοῦ δ᾽ ὠκὺ βέλος καλῇ προσέκλινε κορώνῃ·   165
Ἂψ δ᾽ αὖτις κατ᾽ ἄρ᾽ ἕζετ᾽ ἐπὶ θρόνου, ἔνθεν ἀνέστη.
Ἀντίνοος δ᾽ ἐνένιπτεν, ἔπος τ᾽ ἔφατ᾽, ἔκ τ᾽ ὀνόμαζε·

« Λειῶδες, ποῖόν σε ἔπος φύγεν ἕρκος ὀδόντων,
» Δεινόν τ᾽, ἀργαλέον τέ; νεμεσσῶμαι δέ τ᾽ ἀκούων,
» Εἰ δὴ τοῦτό γε τόξον ἀριστῆας κεκαδήσει   170
» Θυμοῦ καὶ ψυχῆς· ἐπεὶ οὐ δύνασαι σὺ τανύσσαι.
» Οὐ γάρ τοι σέ γε τοῖον ἐγείνατο πότνια μήτηρ,
» Οἷόν τε ῥυτῆρα βιοῦ τ᾽ ἔμεναι, καὶ ὀϊστῶν·
» Ἀλλ᾽ ἄλλοι τανύσουσι τάχα μνηστῆρες ἀγαυοί. »

Ὣς φάτο· καί ῥ᾽ ἐκέλευσε Μελάνθιον, αἰπόλον αἰγῶν·
« Ἄγρει δὴ πῦρ κεῖον ἐνὶ μεγάροισι, Μελανθεῦ, 176
» Πὰρ δὲ τίθει δίφρον τε μέγαν, καὶ κῶας ἐπ᾽ αὐτοῦ,
» Ἐκ δὲ στέατος ἔνεικε μέγαν τροχὸν, ἔνδον ἐόντος,
» Ὄφρα νέοι θάλποντες, ἐπιχρίοντες ἀλοιφῇ,
» Τόξου πειρώμεσθα, καὶ ἐκτελέσωμεν ἄεθλον. » 180

Ὣς φάθ᾽· ὁ δ᾽ αἶψ᾽ ἀνέκαιε Μελάνθιος ἀκάματον πῦρ·
Πὰρ δὲ φέρων δίφρον θῆκεν, καὶ κῶας ἐπ᾽ αὐτοῦ,
Ἐκ δὲ στέατος ἔνεικε μέγαν τροχὸν, ἔνδον ἐόντος,
Τῷ ῥα νέοι θάλποντες ἐπειρῶντ᾽· οὐδ᾽ ἐδύναντο
Ἐντανύσαι, πολλὸν δὲ βίης ἐπιδευέες ἦσαν·   185
Ἀντίνοος δ᾽ ἔτ᾽ ἐπεῖχε, καὶ Εὐρύμαχος θεοειδὴς,

» que de vivre privé d'un prix tel que celui que nous
» poursuivons ici depuis tant d'années. Quelqu'un espère
» et se promet d'épouser bientôt Pénélope femme
» d'Ulysse ; mais quand il aura manié et considéré cet
» arc, je lui conseille d'aller faire la cour à quelque
» autre des femmes grecques, de la disputer par ses
» libéralités, et de laisser la femme d'Ulysse se choisir
» celui qui lui fera les plus beaux présens et à qui elle
» est destinée. »

En parlant ainsi, il met l'arc et la flèche à terre, et va s'asseoir au même lieu d'où il étoit parti. Antinoüs, offensé de cette prophétie, lui dit d'un ton d'aigreur :

« Léiodès, quelle parole dure et fâcheuse venez-vous
» de laisser échapper! je n'ai pu l'entendre sans indigna-
» tion. Cet arc, dites-vous, va faire mourir beaucoup
» de braves gens, parce que vous n'avez pu le tendre ?
» Mais votre mère, en vous mettant au monde, ne vous
» a pas fait propre à manier un arc et des flèches; vos
» mains sont trop délicates; vous allez voir que les pour-
» suivans vont faire ce que vous n'avez pas fait. »

En même temps, s'adressant à Mélanthius : « Allez,
» Mélanthius, allez promptement dans la salle, allumez-y
» du feu, mettez tout auprès un siége couvert de bonnes
» peaux, et apportez-nous une grosse masse de graisse,
» afin que frottant et échauffant cet arc avec cette
» graisse, nous le rendions plus souple et plus maniable,
» et que nous sortions de ce combat avec honneur. »

Mélanthius part sur l'heure même ; il entre dans la salle, y allume du feu, met auprès du feu un siége garni de bonnes peaux, et apporte un grand rouleau de graisse avec laquelle les poursuivans tâchent d'amollir l'arc, et de le rendre flexible, mais inutilement. Ils ont beau frotter et échauffer l'arc, aucun d'eux ne peut venir à bout de le tendre, ils manquent tous de force; Antinoüs et Eurymaque, qui étoient à la tête des

Ἀρχοὶ μνηστήρων· ἀρετῇ δ' ἔσαν ἔξοχ' ἄριστοι.
Τὼ δ' ἐξ οἴκου ἔβησαν ὁμαρτήσαντες ἅμ' ἄμφω
Βουκόλος ἠδὲ συφορβὸς Ὀδυσσῆος θείοιο·
Ἐκ δ' αὐτὸς μετὰ τοὺς δόμου ἤλυθε δῖος Ὀδυσσεύς. 190
Ἀλλ' ὅτε δή ῥ' ἐκτὸς θυρέων ἔσαν, ἠδὲ καὶ αὐλῆς,
Φθεγξάμενός σφ' ἐπέεσσι προσηύδα μειλιχίοισι·

« Βουκόλε, καὶ σὺ, συφορβὲ, ἔπος τί κε μυθησαίμην,
» Ἦ αὐτὸς κεύθω; φάσθαι δέ με θυμὸς ἀνώγει.
» Ποῖοί κ' εἶτ' Ὀδυσῆϊ ἀμυνέμεν, εἴ ποθεν ἔλθοι 195
» Ὧδε μάλ' ἐξαπίνης, καί τις θεὸς αὐτὸν ἐνείκοι;
» Ἦ κεν μνηστήρεσσιν ἀμύνοιτ', ἢ Ὀδυσῆϊ;
» Εἴπαθ', ὅπως ὑμέας κραδίη θυμός τε κελεύει. »

Τὸν δ' αὖτε προσέειπε βοῶν ἐπιβουκόλος ἀνήρ·
« Ζεῦ πάτερ, αἲ γὰρ τοῦτο τελευτήσειας ἐέλδωρ, 200
» Ὡς ἔλθοι μὲν κεῖνος ἀνήρ, ἀγάγοι δέ ἑ δαίμων,
» Γνοίης χ', οἵη ἐμὴ δύναμις, καὶ χεῖρες ἕπονται. »

Ὣς δ' αὔτως Εὔμαιος ἐπεύχετο πᾶσι θεοῖσι,
Νοστῆσαι Ὀδυσῆα πολύφρονα ὅνδε δόμονδε.
Αὐτὰρ ἐπειδὴ τῶν γε νόον νημερτέ' ἀνέγνω, 205
Ἐξαῦτίς σφ' ἐπέεσσιν ἀμειβόμενος προσέειπεν·

« Ἔνδον μὲν δὴ ὅδ' αὐτὸς ἐγώ, κακὰ πολλὰ μογήσας,
» Ἤλυθον εἰκοστῷ ἔτεϊ ἐς πατρίδα γαῖαν.
» Γιγνώσκω δ', ὡς σφῶϊν ἐελδομένοισιν ἱκάνω
» Οἴοισι δμώων· τῶν δ' ἄλλων οὔ τευ ἄκουσα 210
» Εὐξαμένου ἐμὲ αὖτις ὑπότροπον οἴκαδ' ἱκέσθαι.
» Σφῶϊν δ', ὡς ἔσεταί περ, ἀληθείην καταλέξω·

poursuivans, et les plus robustes, sont obligés eux-mêmes d'y renoncer. Dans ce moment les deux pasteurs, Eumée et Philoétius, sortent de la salle, et Ulysse les suit. Quand ils furent hors de la cour, et un peu éloignés des portes, Ulysse prenant la parole, leur dit avec beaucoup de douceur :

« Pasteurs, je ne sais si je dois vous déclarer ou vous
» cacher une pensée qui m'est venue, mais mon cœur
» m'inspire de m'ouvrir à vous. Dites-moi franchement
» dans quelle disposition vous êtes pour Ulysse? S'il arri-
» voit ici tout d'un coup, et qu'un Dieu vous l'amenât,
» prendriez-vous son parti, ou vous déclareriez-vous
» pour les poursuivans? Parlez, faites-moi cette confi-
» dence, je n'en abuserai point. »

« Ah! s'écria Eumée, Jupiter, père des Dieux et des
» hommes, accomplissez notre désir! Que ce cher
» maître revienne, qu'un Dieu favorable daigne nous
» l'amener! Si ce bonheur nous arrivoit, étranger, vous
» verriez des preuves de l'amour que nous lui conser-
» vons, et vous seriez témoin des efforts que nous ten-
» terions pour son service. »

C'est ainsi qu'Eumée prioit les Dieux de ramener Ulysse; et Philoétius ne désiroit pas moins ardemment son retour. Ulysse instruit par là des sentimens de ces deux fidèles serviteurs, et assuré de leur zèle, leur dit :

« Vous voyez devant vos yeux cet Ulysse; c'est moi,
» qui, après avoir souffert pendant vingt années des maux
» infinis, suis enfin revenu dans ma patrie. Je connois
» que vous êtes les seuls de mes domestiques qui fassiez
» des vœux pour mon retour; car parmi tous les autres,
» je n'en ai pas entendu un seul qui désirât de me revoir,
» et qui demandât aux Dieux que je revinsse dans mon
» palais. Je suis si touché des marques de votre affec-
» tion, que vous pouvez compter que si Dieu me

» Αἴ χ' ὑπ' ἐμοί γε θεὸς δαμάσῃ μνηστῆρας ἀγαυοὺς,
» Ἄξομαι ἀμφοτέροις ἀλόχους, καὶ κτήματ' ὀπάσσω,
» Οἰκία τ' ἐγγὺς ἐμεῖο τετυγμένα· καί μοι ἔπειτα 215
» Τηλεμάχου ἑτάρω τε κασιγνήτω τε ἔσεσθον.
» Εἰ δ' ἄγε δὴ καὶ σῆμα ἀριφραδὲς ἄλλο τι δείξω,
» (Ὄφρα μὲ εὖ γνῶτον, πιστωθήτόν τ' ἐνὶ θυμῷ,)
» Οὐλὴν, τὴν ποτέ με σῦς ἤλασε λευκῷ ὀδόντι,
» Παρνησόνδ' ἐλθόντα, σὺν υἱάσιν Αὐτολύκοιο. » 220

Ὣς εἰπὼν, ῥάκεα μεγάλης ἀποέργαθεν οὐλῆς.
Τὼ δ' ἐπεὶ εἰσιδέτην, εὖ τ' ἐφράσσαντο ἕκαστα,
Κλαῖον ἄρ', ἀμφ' Ὀδυσῆα δαΐφρονα χεῖρε βαλόντε,
Καὶ κύνεον ἀγαπαζόμενοι κεφαλήν τε καὶ ὤμους.
Ὣς δ' αὔτως Ὀδυσεὺς κεφαλὰς καὶ χεῖρας ἔκυσσε. 225
Καί νύ κ' ὀδυρομένοισιν ἔδυ φάος ἠελίοιο,
Εἰ μὴ Ὀδυσσεὺς αὐτὸς ἐρύκακε, φώνησέν τε·

« Παύεσθον κλαυθμοῖο, γόοιό τε· μή τις ἴδηται
» Ἐξελθὼν μεγάροιο· ἀτὰρ εἴπῃσι καὶ εἴσω.
» Ἀλλὰ προμνηστῖνοι ἐσέλθετε, μηδ' ἅμα πάντες· 230
» Πρῶτος ἐγώ, μετὰ δ' ὕμμες· ἀτὰρ τόδε σῆμα τετύχθω·
» Ἄλλοι μὲν γὰρ πάντες, ὅσοι μνηστῆρες ἀγαυοὶ,
» Οὐκ ἐάσουσιν ἐμοὶ δόμεναι βιὸν ἠδὲ φαρέτρην·
» Ἀλλὰ σὺ, δῖ' Εὔμαιε, φέρων ἀνὰ δώματα τόξον,
» Ἐν χείρεσσιν ἐμοὶ θέμεναι· εἰπεῖν τε γυναιξὶ 235
» Κληΐσσαι μεγάροιο θύρας πυκινῶς ἀραρυίας.
» Ἢν δέ τις ἢ στοναχῆς ἠὲ κτύπου ἔνδον ἀκούσῃ
» Ἀνδρῶν ἡμετέροισιν ἐν ἕρκεσι, μή τι θύραζε

» donne la victoire sur les poursuivans, je vous marierai
» l'un et l'autre, et je vous comblerai de biens; je vous
» ferai bâtir des maisons près de mon palais, et vous
» serez non-seulement les amis et les compagnons de
» Télémaque, mais comme ses frères. Et afin que vous
» ne doutiez pas de la vérité de ce que je vous dis, et
» que vous soyez forcés de me reconnoître, je vais
» vous montrer une marque sûre qui ne vous laissera
» aucun doute; je vais vous faire voir la cicatrice de la
» blessure que me fit autrefois un sanglier sur le mont
» Parnasse, où j'étois allé à la chasse avec les fils d'Au-
» tolycus, et qui vous est très-connue. »

En achevant ces mots, il écarte ses haillons, et découvre cette large cicatrice. Les deux pasteurs en la voyant se mettent à pleurer, et se jetant au cou d'Ulysse, ils l'embrassent, et le baisent avec des transports de joie mêlés d'un profond respect. Ulysse, touché de ces marques de tendresse, y répond par tous les témoignages d'une véritable affection; la nuit les auroit surpris dans ces caresses réciproques mêlées de larmes et de soupirs, si Ulysse n'eût modéré cet excès trop dangereux, en leur disant:

« Mes amis, cessez ces larmes de joie, de peur que
» quelqu'un venant à sortir du palais, ne les voie, et
» n'aille en faire aux princes un rapport qui pourroit
» découvrir notre intelligence et nous rendre suspects.
» Rentrez l'un après l'autre, et non pas tous deux
» ensemble. Je vais rentrer le premier, vous me sui-
» vrez; et voici l'ordre que je vous donne: Il est bien
» sûr que les fiers poursuivans ne souffriront point
» qu'on me remette l'arc et le carquois; mais vous,
» Eumée, dès que vous l'aurez retiré de leurs mains,
» ne manquez pas de me le donner, et d'aller ordonner
» aux femmes du palais de bien fermer les portes de
» leur appartement; et si elles entendent des cris et des

» Προβλώσκειν, ἀλλ' αὐτοῦ ἀκὴν ἔμεναι παρὰ ἔργῳ.
» Σοὶ δὲ, Φιλοίτιε, δῖε, θύρας ἐπιτέλλομαι αὐλῆς 240
» Κληῖσσαι κληῗδι, θοῶς δ' ἐπὶ δεσμὸν ἰῆλαι. »

Ὣς εἰπὼν, εἰσῆλθε δόμους εὖ ναιετάοντας·
Ἕζετ' ἔπειτ' ἐπὶ δίφρον ἰὼν, ἔνθεν πὲρ ἀνέστη·
Ἐς δ' ἄρα καὶ τὼ δμῶε ἴτην θείου Ὀδυσῆος.
Εὐρύμαχος δ' ἤδη τόξον μετὰ χερσὶν ἐνώμα, 245
Θάλπων ἔνθα καὶ ἔνθα σέλα πυρός· ἀλλά μιν οὐδ' ὣς
Ἐντανύσαι δύνατο· μέγα δ' ἔστενε κυδάλιμον κῆρ·
Ὀχθήσας δ' ἄρα εἶπεν, ἔπος τ' ἔφατ', ἔκ τ' ὀνόμαζε·

« Ὢ πόποι, ἦ μοι ἄχος περί τ' αὐτοῦ καὶ περὶ πάντων·
» Οὔτι γάμου τοσσοῦτον ὀδύρομαι, ἀχνύμενός περ· 250
» (Εἰσὶ καὶ ἄλλαι πολλαὶ Ἀχαιΐδες, ἠμὲν ἐν αὐτῇ
» Ἀμφιάλῳ Ἰθάκῃ, ἠδ' ἄλλῃσιν πολίεσσιν·)
» Ἀλλ' εἰ δὴ τοσσόνδε βίης ἐπιδευέες εἰμὲν
» Ἀντιθέου Ὀδυσῆος, ὅτ' οὐ δυνάμεσθα τανύσσαι
» Τόξον· ἐλεγχείη δὲ καὶ ἐσσομένοισι πυθέσθαι. » 255

Τὸν δ' αὖτ' Ἀντίνοος προσέφη, Εὐπείθεος υἱός·
« Εὐρύμαχ', οὐχ οὕτως ἔσται· νοέεις δὲ καὶ αὐτός.
» Νῦν μὲν γὰρ κατὰ δῆμον ἑορτὴ τοῖο θεοῖο
» Ἁγνή· τίς δέ κε τόξα τιταίνοιτ'; ἀλλὰ ἔκηλοι
» Κάτθετ'· ἀτὰρ πελέκεάς γε καὶ εἴ κ' εἰῶμεν ἅπαντας
» Ἑστάμεν, οὐ μὲν γάρ τιν' ἀναιρήσεσθαι ὀΐω, 261
» Ἐλθόντ' ἐς μέγαρον Λαερτιάδεω Ὀδυσῆος.
» Ἀλλ' ἄγετ'· οἰνοχόος μὲν ἐπαρξάσθω δεπάεσσιν,
» Ὄφρα σπείσαντες καταθείομεν ἀγκύλα τόξα.
» Ἠῶθεν δὲ κέλεσθε Μελάνθιον, αἰπόλον αἰγῶν, 265
» Αἶγας ἄγειν, αἳ πᾶσι μέγ' ἔξοχοι αἰπολίοισιν,

» gémissemens, de ne point sortir, mais de demeurer
» tranquillement dans leurs chambres. Et pour vous,
» mon cher Philoétius, je vous donne la garde de la
» porte de la cour; tenez-là bien fermée à la clef. »

En parlant ainsi, il rentre et va se placer dans le siége
qu'il venoit de quitter. Les deux pasteurs rentrent un
moment après, mais séparément, comme il leur avoit
ordonné. En entrant, ils trouvent qu'Eurymaque tenoit
l'arc, et que le chauffant et le frottant de tous côtés,
il tâchoit de le rendre plus aisé; mais toutes ces précautions ne servirent de rien, il ne put le tendre. Il
en soupiroit de colère, et dans l'excès de son désespoir,
il s'écria :

« O Dieux! que je souffre pour moi et pour ces
» princes! Ma douleur ne peut s'exprimer; elle ne
» vient pas tant de ce que je suis forcé de renoncer à
» l'hymen de la reine; car, et dans Ithaque et dans
» toutes les autres villes de Grèce, il y a assez d'autres
» princesses qui pourront me consoler de cette perte;
» elle vient de ce que nous nous trouvons si inférieurs
» en forces au divin Ulysse, que nous ne saurions faire
» aucun usage d'un arc dont il se servoit facilement;
» quelle honte pour nous dans tous les siècles! »

Antinoüs prenant la parole, lui dit : « Non, non,
» Eurymaque, nous n'y renonçons point, et vous allez
» penser comme moi; mais nous avons mal pris notre
» temps; c'est aujourd'hui une des grandes fêtes d'Apol-
» lon et des plus solennelles, est-il permis de tendre
» l'arc? Tenons-nous en repos pour aujourd'hui, et
» laissons ici les piliers et les bagues; personne, je
» crois, ne viendra les enlever. Que l'échanson vienne
» promptement verser du vin dans les coupes et nous
» les présenter, afin que nous fassions nos libations avant
» que de finir, et ordonnez à Mélanthius de nous ame-
» ner demain l'élite de ses troupeaux; nous ferons un

» Ὄφρ' ἐπὶ μηρία θέντες Ἀπόλλωνι κλυτοτόξῳ,
» Τόξου πειρώμεσθα, καὶ ἐκτελέωμεν ἄεθλον. »

Ὣς ἔφατ' Ἀντίνοος· τοῖσιν δ' ἐπιήνδανε μῦθος.
Τοῖσι δὲ κήρυκες μὲν ὕδωρ ἐπὶ χεῖρας ἔχευαν,   270
Κοῦροι δὲ κρητῆρας ἐπεστέψαντο ποτοῖο·
Νώμησαν δ' ἄρα πᾶσιν ἐπαρξάμενοι δεπάεσσιν.
Οἱ δ' ἐπεὶ οὖν σπεῖσάν τ', ἔπιόν θ', ὅσον ἤθελε θυμός,
Τοῖσδε δολοφρονέων μετέφη πολύμητις Ὀδυσσεύς·

« Κέκλυτέ μευ, μνηστῆρες ἀγακλειτῆς βασιλείης,
» Ὄφρ' εἴπω, τά με θυμὸς ἐνὶ στήθεσσι κελεύει.   276
» Εὐρύμαχον δὲ μάλιστα καὶ Ἀντίνοον θεοειδέα
» Λίσσομ', ἐπεὶ καὶ τοῦτο ἔπος κατὰ μοῖραν ἔειπε·
» Νῦν μὲν παῦσαι τόξον, ἐπιτρέψαι δὲ θεοῖσιν·
» Ἠῶθεν δὲ θεὸς δώσει κράτος, ᾧ κ' ἐθέλῃσιν.   280
» Ἀλλ' ἄγε μοι δότε τόξον ἐΰξοον, ὄφρα μεθ' ὑμῖν
» Χειρῶν καὶ σθένεος πειρήσομαι, εἴ μοι ἔτ' ἐστὶν
» Ἲς, οἵη πάρος ἔσκεν ἐνὶ γναμπτοῖσι μέλεσσιν,
» Ἦ ἤδη μοι ὄλεσσεν ἄλη τ', ἀκομιστίη τέ. »

Ὣς ἔφαθ'· οἱ δ' ἄρα πάντες ὑπερφιάλως νεμέσησαν,
Δείσαντες, μὴ τόξον ἐΰξοον ἐντανύσειεν.   286
Ἀντίνοος δ' ἐνένιπτεν, ἔπος τ' ἔφατ', ἔκ τ' ὀνόμαζε·

« Ἆ δειλὲ ξείνων, ἔνι τοι φρένες οὐδ' ἠβαιαί·
» Οὐκ ἀγαπᾷς, ὅθ' ἕκηλος ὑπερφιάλοισι μεθ' ἡμῖν
» Δαίνυσαι; οὐδέ τι δαιτὸς ἀμέρδεαι, αὐτὰρ ἀκούεις
» Μύθων ἡμετέρων καὶ ῥήσιος; οὐδέ τις ἄλλος   291
» Ἡμετέρων μύθων ξεῖνος καὶ πτωχὸς ἀκούει.
» Οἶνός σε τρώει μελιηδής, ὅστε καὶ ἄλλους
» Βλάπτει, ὃς ἄν μιν χανδὸν ἕλῃ, μηδ' αἴσιμα πίνῃ.
» Οἶνος καὶ Κένταυρον ἀγακλυτὸν Εὐρυτίωνα   295
» Ἄασεν ἐν μεγάρῳ μεγαθύμου Πειριθόοιο,
» Ἐς Λαπίθας ἐλθόνθ'· ὁ δ' ἐπεὶ φρένας ἄασεν οἴνῳ,

» sacrifice à Apollon qui préside à l'art de tirer des
» flèches, et, favorisés de son secours, nous achèverons
» heureusement cet exercice. »

Cet avis fut goûté des poursuivans; les hérauts
donnent à laver, et des jeunes gens remplissent de vin
les coupes et les présentent à toute l'assemblée. Chacun
ayant fait ses libations et bu autant qu'il en avoit envie,
Ulysse se lève, plein du dessein qu'il machinoit contre
eux, il leur dit :

« Princes, qui aspirez à l'hymen de la reine, écoutez-
» moi, je vous prie; je m'adresse surtout à Eurymaque
» et à Antinoüs qui vient de parler avec beaucoup de
» sagesse; cessez pour aujourd'hui ce combat, et cédez
» aux Dieux; demain Dieu donnera la victoire à celui
» qu'il daignera favoriser. Mais permettez-moi de manier
» un moment cet arc, et que j'éprouve ici devant vous
» mes forces, pour voir si elles sont encore entières et
» comme elles étoient autrefois, ou si les fatigues de
» mes voyages et une longue misère ne les ont pas
» diminuées. »

Les poursuivans, irrités de cette audace, s'emportent
contre lui, moins par mépris, que de crainte qu'il ne
vînt à bout de tendre l'arc. Antinoüs surtout, le regardant d'un œil de colère, lui dit :

« Ah! le plus indigne de tous les hôtes, malheureux
» vagabond! c'est ton esprit qui n'est pas en son entier.
» N'est-ce pas beaucoup pour toi, et n'es-tu pas content
» d'être souffert à nos festins, d'être admis à notre
» table, et d'entendre tout ce que nous disons? Tu es
» le seul mendiant que nous souffrions dans cette salle;
» assurément le vin t'a troublé l'esprit, comme il le
» trouble à tous ceux qui en prennent avec excès, et
» qui ne gardent aucune mesure. N'est-ce pas le vin
» qui renversa la cervelle d'Eurytion chez les Lapithes
» aux noces du brave Pirithoüs? car ce ne fut qu'après

» Μαινόμενος κάκ' ἔρεξε, δόμον κάτα Πειριθόοιο·
» Ἥρωας δ' ἄχος εἷλε, δι' ἐκ προθύρου δὲ θύραζε
» Ἕλκον ἀναΐξαντες, ἀπ' οὔατα νηλέϊ χαλκῷ, 300
» Ῥῖνάς τ' ἀμήσαντες· ὁ δὲ, φρεσὶν ᾗσιν ἀασθεὶς,
» Ἤϊεν ἣν ἄτην ὀχέων ἀεσίφρονι θυμῷ,
» Ἐξ οὗ Κενταύροισι καὶ ἀνδράσι νεῖκος ἐτύχθη,
» Οἵ τ' αὐτῷ πρώτῳ κακὸν εὕρετο οἰνοβαρείων.
» Ὣς καί σοι μέγα πῆμα πιφαύσκομαι, αἴκε τὸ τόξον
» Ἐντανύσῃς· οὐ γάρ τευ ἐπητύος ἀντιβολήσεις 306
» Ἡμετέρῳ ἐνὶ δήμῳ, ἄφαρ δέ σε νηῒ μελαίνῃ
» Εἰς Ἔχετον βασιλῆα, βροτῶν δηλήμονα πάντων,
» Πέμψομεν· ἔνθεν δ' οὔτι σαώσεαι· ἀλλὰ ἔκηλος
» Πίνέ τε, μηδ' ἐρίδαινε μετ' ἀνδράσι κουροτέροισι. » 310

Τὸν δ' αὖτε προσέειπε περίφρων Πηνελόπεια·
« Ἀντίνο', οὐ μὲν καλὸν ἀτέμβειν, οὐδὲ δίκαιον,
» Ξείνους Τηλεμάχου, ὅς κεν τάδε δώμαθ' ἵκηται.
» Ἔλπεαι, αἴχ' ὁ ξεῖνος Ὀδυσσῆος μέγα τόξον
» Ἐντανύσῃ, χερσίν τε βίηφί τε ἶφι πιθήσας, 315
» Οἴκαδέ μ' ἄξεσθαι, καὶ ἑὴν θήσεσθαι ἄκοιτιν;
» Οὐδ' αὐτός που τοῦτό γ' ἐνὶ στήθεσσιν ἔολπε·
» Μηδέ τις ὑμείων τοῦ γ' εἵνεκα θυμὸν ἀχεύων
» Ἐνθάδε δαινύσθω· ἐπεὶ οὐδὲ μὲν οὐδὲ ἔοικεν. »

Τὴν δ' αὖτ' Εὐρύμαχος, Πολύβου παῖς, ἀντίον ηὔδα·
« Κούρη Ἰκαρίοιο, περίφρων Πηνελόπεια, 321
» Οὔτι σὲ τόνδ' ἄξεσθαι ὀϊόμεθ'· οὐδὲ ἔοικεν·
» Ἀλλ' αἰσχυνόμενοι φάτιν ἀνδρῶν, ἠδὲ γυναικῶν,
» Μή ποτέ τις εἴπῃσι κακώτερος ἄλλος Ἀχαιῶν,
» Ἦ πολὺ χείρονες ἄνδρες ἀμύμονος ἀνδρὸς ἄκοιτιν 325

» avoir bu que ce centaure, devenu furieux, commit
» des insolences qui excitèrent la colère de ces héros ;
» ils se jetèrent sur lui, le traînèrent hors de la salle
» du festin et lui coupèrent le nez et les oreilles. Ainsi
» ce malheureux fut puni de son emportement ; et voilà
» l'origine de la cruelle guerre qui s'alluma entre les
» centaures et ces vaillans hommes, et qui fut fatale à
» son auteur, qui porta le premier la peine de son
» ivrognerie. Je te déclare que quelque grand malheur
» t'arrivera, si tu viens à bout de tendre cet arc, et
» n'espère pas trouver aucun secours ni aucun soula-
» gement dans Ithaque ; nous t'enverrons sur un vais-
» seau, pieds et poings liés, au roi Echétus, qui est
» le plus cruel de tous les hommes, et qui ne fait aucun
» quartier à ceux qui tombent entre ses mains ; tu ne
» t'en tireras pas mieux que les autres. Demeure donc
» en repos, si tu m'en crois, et ne cherche point à
» entrer en lice avec des hommes plus jeunes que toi. »

Alors Pénélope prenant la parole, dit : » Antinoüs,
» il n'est ni honnête ni juste de maltraiter les hôtes de
» Télémaque, comme vous faites. Vous imaginez-vous
» que si cet étranger, plein de confiance en son adresse
» et en sa force, entreprend de tendre l'arc d'Ulysse,
» et qu'il en vienne à bout, il aura pour cela l'avantage
» de m'épouser, et que je me résoudrai à devenir sa
» femme ? Je m'assure qu'il n'est pas lui-même assez
» insensé pour se flatter d'une telle espérance. Que cette
» pensée ne trouble donc point vos plaisirs, elle m'est
» trop injurieuse. »

« Sage Pénélope, répondit Eurymaque, nous ne
» nous imaginons point que vous puissiez jamais épouser
» cet homme ; il y a trop de disproportion ; mais nous
» craignons les mauvaises langues. Qui est-ce qui empê-
» chera les plus lâches, et les femmes même, de dire :
» Voilà des princes qui ont aspiré à l'hymen d'une

» Μνῶνται· ὅτ' οὐδέ τι τόξον ἐύξοον ἐντανύουσιν,
» Ἀλλ' ἄλλος τίς πτωχὸς ἀνὴρ ἀλαλήμενος ἐλθών,
» Ῥηϊδίως ἐτάνυσσε βιόν, διὰ δ' ἦκε σιδήρου.
» Ὣς ἐρέουσ'· ἡμῖν δὲ ἐλέγχεα ταῦτα γένοιτο. »

Τὸν δ' αὖτε προσέειπε περίφρων Πηνελόπεια· 330
« Εὐρύμαχ', οὔπως ἐστὶν ἐϋκλείας κατὰ δῆμον
» Ἔμμεναι, οἳ δὴ οἶκον ἀτιμάζοντες ἔδουσιν
» Ἀνδρὸς ἀριστῆος· τί δ' ἐλέγχεα ταῦτα τίθεσθε;
» Οὗτος δὲ ξεῖνος, μάλα μὲν μέγας, ἠδ' εὐπηγής,
» Ἀνδρὸς δ' ἐξ ἀγαθοῦ γένος εὔχεται ἔμμεναι υἱός. 335
» Ἀλλ' ἄγε οἱ δότε τόξον ἐΰξοον, ὄφρα ἴδωμεν·
» Ὧδε γὰρ ἐξερέω, τὸ δὲ καὶ τετελεσμένον ἔσται·
» Εἴ κέ μιν ἐντανύσῃ, δώῃ δέ οἱ εὖχος Ἀπόλλων,
» Ἕσσω μιν χλαῖνάν τε, χιτῶνά τε, εἵματα καλά·
» Δώσω δ' ὀξὺν ἄκοντα, κυνῶν ἀλκτῆρα καὶ ἀνδρῶν,
» Καὶ ξίφος ἄμφηκες· δώσω δ' ὑπὸ ποσσὶ πέδιλα· 341
» Πέμψω δ', ὅππῃ μιν κραδίη θυμός τε κελεύει. »

Τὴν δ' αὖ Τηλέμαχος πεπνυμένος ἀντίον ηὔδα·
« Μῆτερ ἐμή, τόξον μὲν Ἀχαιῶν οὔτις ἐμεῖο
» Κρείσσων, ᾧ κ' ἐθέλω δόμεναί τε, καὶ ἀρνήσασθαι·
» Οὐδ' ὅσσοι κραναὴν Ἰθάκην κατακοιρανέουσιν, 346
» Οὐδ' ὅσσοι νήσοισι πρὸς Ἤλιδος ἱπποβότοιο.
» Τῶν οὔτις μ' ἀέκοντα βιήσεται, αἴ κ' ἐθέλοιμι
» Καὶ καθάπαξ ξείνῳ δόμεναι τάδε τόξα φέρεσθαι.
» Ἀλλ' εἰς οἶκον ἰοῦσα, τὰ σαυτῆς ἔργα κόμιζε, 350
» Ἰστόν τ', ἠλακάτην τε, καὶ ἀμφιπόλοισι κέλευε
» Ἔργον ἐποίχεσθαι· τόξον δ' ἄνδρεσσι μελήσει
» Πᾶσι, μάλιστα δ' ἐμοί· τοῦ γὰρ κράτος ἔστ' ἐνὶ οἴκῳ. »

Ἡ μὲν θαμβήσασα, πάλιν οἰκόνδε βεβήκει·

» princesse dont le mari valoit mieux qu'eux; ils n'ont
» jamais pu tendre son arc, et remporter une victoire
» dont elle devroit être le prix; mais un vagabond, un
» vil mendiant est venu, a tendu l'arc et a enfilé toutes
» les bagues; voilà comme on parleroit, et nous serions
» couverts de confusion et de honte. »

Pénélope lui répondit avec beaucoup de sagesse :
« Eurymaque, il est impossible d'acquérir de la gloire
» et de la réputation dans le monde, quand on ne fait,
» comme vous, que déshonorer et ruiner la maison
» d'un prince d'un très-grand mérite, qui n'est pas en
» état de la défendre. Voilà d'où viendra votre honte et
» votre confusion; pourquoi les placez-vous où elles ne
» sont point? Cet étranger est grand et bien fait, et il
» se vante d'être issu d'un sang illustre. Donnez-lui
» donc l'arc, afin que nous voyions ce qu'il sait faire;
» car je vous assure que s'il vient à bout de le tendre,
» et qu'Apollon lui accorde cette gloire, je lui don-
» nerai une belle tunique, un beau manteau et de
» magnifiques brodequins; je lui donnerai aussi une
» belle épée et un long javelot, et je l'enverrai où il
» désirera le plus d'aller. »

Quand la reine eut achevé de parler, Télémaque
prit la parole, et dit : « Ma mère, je suis le seul des
» Grecs qui ait le pouvoir de donner ou de refuser l'arc
» d'Ulysse à qui je voudrai; et il n'y a aucun prince
» ni d'Ithaque, ni de toutes les îles voisines de l'Elide,
» qui puisse m'empêcher de le donner, si je veux, à
» cet étranger. Mais, ma mère, retirez-vous dans votre
» appartement, reprenez vos occupations ordinaires,
» vos toiles, vos fuseaux, vos laines, et distribuez à vos
» femmes leur ouvrage; les hommes auront soin de ce
» qui regarde cet exercice, et moi surtout, que cela
» regarde, et qui dois commander ici. »

Pénélope étonnée se retire, l'esprit rempli du dis-

Παιδὸς γὰρ μῦθον πεπνυμένον ἔνθετο θυμῷ.   355
Ἐς δ' ὑπερῷ' ἀναβᾶσα, σὺν ἀμφιπόλοισι γυναιξὶν,
Κλαῖεν ἔπειτ' Ὀδυσῆα, φίλον πόσιν· ὄφρα οἱ ὕπνον
Ἡδὺν ἐπὶ βλεφάροισι βάλε γλαυκῶπις Ἀθήνη.
Αὐτὰρ ὁ τόξα λαβὼν φέρε καμπύλα δῖος ὑφορβός·
Μνηστῆρες δ' ἄρα πάντες ὁμόκλεον ἐν μεγάροισιν·360
Ὧδε δέ τις εἴπεσκε νέων ὑπερηνορεόντων·
« Πῆ δὴ καμπύλα τόξα φέρεις, ἀμέγαρτε συβῶτα,
» Πλαγκτέ; τάχ' αὖ σ' ἐφ' ὕεσσι κύνες ταχέες κατέδονται
» Οἶον ἀπ' ἀνθρώπων, οὓς ἔτρεφες· εἴ κεν Ἀπόλλων
» Ἡμῖν ἱλήκῃσι καὶ ἀθάνατοι θεοὶ ἄλλοι. »   365
Ὣς φάσαν· αὐτὰρ ὁ θῆκε φέρων αὐτῷ ἐνὶ χώρῳ,
Δείσας, οὕνεκα πολλοὶ ὁμόκλεον ἐν μεγάροισι.
Τηλέμαχος δ' ἑτέρωθεν ἀπειλήσας ἐγεγώνει·
« Ἄττα, πρόσω φέρε τόξα· (τάχ' οὐκ εὖ πᾶσι πιθήσεις·)
» Μή σε, καὶ ὁπλότερός περ ἐών, ἀγρόνδε δίωμαι 370
» Βάλλων χερμαδίοισι· βίηφι δὲ φέρτερός εἰμι·
» Αἲ γὰρ πάντων τόσσον, ὅσοι κατὰ δώματ' ἔασι,
» Μνηστήρων χερσίν τε, βίηφί τε, φέρτερος εἴην·
» Τῷ κε τάχα στυγερῶς τιν' ἐγὼ πέμψαιμι νέεσθαι
» Ἡμετέρου ἐξ οἴκου· ἐπεὶ κακὰ μηχανόωνται. » 375
Ὣς ἔφαθ'· οἱ δ' ἄρα πάντες ἐπ' αὐτῷ ἡδὺ γέλασσαν
Μνηστῆρες· καὶ δὴ μεθίεν χαλεποῖο χόλοιο
Τηλεμάχῳ· τὰ δὲ τόξα φέρων ἀνὰ δῶμα συβώτης
Ἐν χείρεσσ' Ὀδυσῆι δαΐφρονι θῆκε παραστάς.
Ἐκ δὲ καλεσσάμενος προσέφη τροφὸν Εὐρύκλειαν·380
« Τηλέμαχος κέλεταί σε, περίφρων Εὐρύκλεια,
» Κληίσσαι μεγάροιο θύρας πυκινῶς ἀραρυίας.
» Ἢν δέ τις ἢ στοναχῆς, ἠὲ κτύπου ἔνδον ἀκούσῃ
» Ἀνδρῶν ἡμετέροισιν ἐν ἕρκεσι, μή τι θύραζε
» Προβλώσκειν, ἀλλ' αὐτοῦ ἀκὴν ἔμεναι παρὰ ἔργῳ. »
Ὣς ἄρ' ἐφώνησεν· τῇ δ' ἄπτερος ἔπλετο μῦθος· 386
Κλήισσεν δὲ θύρας μεγάρων εὖ ναιεταόντων.
Σιγῇ δ' ἐξ οἴκοιο Φιλοίτιος ἆλτο θύραζε,

cours de son fils. Dès qu'elle fut remontée à son appartement avec ses femmes, elle se met à pleurer son cher mari, jusqu'à ce que Minerve lui eût envoyé un paisible sommeil qui suspendit toutes ses inquiétudes. Cependant Eumée ayant pris l'arc, le portoit à Ulysse. Les poursuivans se mettent à faire grand bruit dans la salle et à le menacer, et un des plus insolens lui dit :

« Misérable gardeur de cochons, insensé, où portes-tu
» cet arc ? Bientôt les chiens que tu as nourris, man-
» geront ton cadavre dans quelque lieu désert, si
» Apollon et les autres Dieux veulent nous être pro-
» pices. »

Eumée, effrayé de ces menaces, pose à terre l'arc. Mais Télémaque le menace de son côté, et lui crie :

« Mon ami, apportez ici cet arc ; bientôt vous
» n'obéirez plus à tant de maîtres, et si vous continuez,
» vous vous en trouverez fort mal, car je vous chasserai
» et je vous renverrai à vos troupeaux après vous avoir
» traité comme un vil esclave. Plût aux Dieux que
» j'eusse aussi bien la force de chasser de ma maison
» ces insolens, ils en sortiroient bientôt, et on verroit
» promptement finir tous ces désordres ! »

Les poursuivans se mirent à rire de ces vaines menaces, car toute leur bile s'étoit changée en douceur. Eumée remet l'arc entre les mains d'Ulysse, et ayant été chercher Euryclée, il l'appelle et lui dit :

« Télémaque vous ordonne de fermer toutes les
» portes de l'appartement des femmes, afin que si elles
» entendent des cris et des plaintes dans la salle ou dans
» la cour, elles ne puissent sortir, et qu'elles se tiennent
» tranquillement à leur ouvrage. »

Euryclée obéit promptement à cet ordre, et ferme les portes de l'appartement. Dans le même temps Philœtius, sans rien dire, sort dans la cour, se saisit de

Κλήϊσσεν δ' ἄρ' ἔπειτα θύρας εὐερκέος αὐλῆς.
Κεῖτο δ' ὑπ' αἰθούσῃ ὅπλον νεὸς ἀμφιελίσσης 390
Βύβλινον, ᾧ ῥ' ἐπέδησε θύρας, ἐς δ' ἤϊεν αὐτός.
Ἕζετ' ἔπειτ' ἐπὶ δίφρον ἰών, ἔνθεν πὲρ ἀνέστη,
Εἰσορόων Ὀδυσῆα· ὁ δ' ἤδη τόξον ἐνώμα,
Πάντη ἀναστρωφῶν, πειρώμενος ἔνθα καὶ ἔνθα,
Μὴ κέρα ἶπες ἔδοιεν, ἀποιχομένοιο ἄνακτος. 395
Ὧδε δέ τις εἴπεσκεν ἰδὼν ἐς πλησίον ἄλλον·

« Ἦ τις θηητὴρ καὶ ἐπίκλοπος ἔπλετο τόξων,
» Ἦ ῥα νύ που τοιαῦτα καὶ αὐτῷ οἴκοθι κεῖται,
» Ἦ ὅγ' ἐφορμᾶται ποιησέμεν· ὡς ἐνὶ χερσὶ
» Νωμᾷ ἔνθα καὶ ἔνθα κακῶν ἔμπαιος ἀλήτης. » 400

Ἄλλος δ' αὖτ' εἴπεσκε νέων ὑπερηνορεόντων·
« Αἲ γὰρ δὴ τοσσοῦτον ὀνήσιος ἀντιάσειεν,
» Ὡς οὗτός ποτε τοῦτο δυνήσεται ἐντανύσασθαι. »

Ὣς ἄρ' ἔφαν μνηστῆρες· ἀτὰρ πολύμητις Ὀδυσσεύς,
Αὐτίκ' ἐπεὶ μέγα τόξον ἐβάστασε, καὶ ἴδε πάντη, 405
Ὡς ὅτ' ἀνὴρ φόρμιγγος ἐπιστάμενος καὶ ἀοιδῆς
Ῥηϊδίως ἐτάνυσσε νέῳ ἐπὶ κόλλοπι χορδήν,
Ἅψας ἀμφοτέρωθεν ἐϋστρεφὲς ἔντερον οἰός·
Ὣς ἄρ' ἄτερ σπουδῆς τάνυσε μέγα τόξον Ὀδυσσεύς.
Δεξιτερῇ δ' ἄρα χειρὶ λαβὼν πειρήσατο νευρῆς· 410
Ἡ δ' ὑπὸ καλὸν ἄεισε, χελιδόνι εἰκέλη αὐδήν.
Μνηστῆρσιν δ' ἄρ' ἄχος γένετο μέγα, πᾶσι δ' ἄρα χρὼς
Ἐτράπετο· Ζεὺς δὲ μεγάλ' ἔκτυπε, σήματα φαίνων.
Γήθησέν τ' ἄρ' ἔπειτα πολύτλας δῖος Ὀδυσσεύς,
Ὅττι ῥά οἱ τέρας ἧκε Κρόνου παῖς ἀγκυλομήτεω. 415
Εἵλετο δ' ὠκὺν ὀϊστόν, ὅς οἱ παρέκειτο τραπέζῃ
Γυμνός· τοὶ δ' ἄλλοι κοίλης ἔντοσθε φαρέτρης
Κείατο, τῶν τάχ' ἔμελλον Ἀχαιοὶ πειρήσεσθαι.
Τόν ῥ' ἐπὶ πήχει ἑλών, εἷλκεν νευρὴν γλυφίδας τέ,
Αὐτόθεν ἐκ δίφροιο καθήμενος· ἧκε δ' ὀϊστὸν 420

la porte, la ferme; et ayant aperçu sous un portique un câble d'Egypte, dont on se servoit pour les vaisseaux, il le prend et s'en sert pour la mieux fermer. Il rentre ensuite et se remet à sa place, les yeux toujours attachés sur Ulysse. Ce héros ayant pris l'arc, le manioit et le considéroit de tous côtés, et regardoit avec soin si les vers n'en avoient point piqué la corne pendant son absence. Les poursuivans voyant cette grande attention, en faisoient des railleries. Les uns disoient :

« Celui qui admire si fort cet arc auroit bonne envie
» de le voler, ou peut-être qu'il en a chez lui un tout
» semblable, et que cette ressemblance réveille en lui
» quelque agréable souvenir; ou peut-être enfin qu'il
» voudroit en faire faire un de la même tournure;
» voyez comme ce vagabond, plein de ruses et de malice,
» le manie et l'examine de tous côtés. »

Les autres disoient : « Que les Dieux fassent réussir
» tous ses désirs, comme il viendra à bout de tendre
» cet arc! »

Pendant que les poursuivans parlent ainsi, Ulysse, après avoir bien examiné son arc et vu qu'il étoit en bon état, le tend sans aucun effort et aussi facilement qu'un maître de lyre tend une corde à boyau en tournant une cheville. Ulysse tendit son arc avec la même facilité, et pour éprouver la corde, il la lâcha; la corde lâchée raisonna, et fit un bruit semblable à la voix de l'hirondelle; une douleur amère s'empara du cœur de tous les poursuivans, ils changèrent de couleur; en même temps Jupiter, pour augmenter leur effroi par ses signes, fait retentir son tonnerre. Ulysse, ravi d'entendre ce signe, et fortifié par ce grand prodige, prend la flèche qui étoit sur une table; car toutes les autres étoient encore dans le carquois d'où elles devoient sortir pour la perte des poursuivans; il la pose sur l'arc à l'endroit par où on l'empoigne, et après avoir tiré à lui la corde pour le bander, il ajuste la flèche sans se lever

Ἄντα τιτυσκόμενος· πελέκεων δ' οὐκ ἤμβροτε πάντων
Πρώτης στειλειῆς, διὰ δ' ἀμπερὲς ἦλθε θύραζε
Ἰὸς χαλκοβαρής· ὁ δὲ Τηλέμαχον προσέειπεν·

« Τηλέμαχ', οὔ σ' ὁ ξεῖνος ἐνὶ μεγάροισιν ἐλέγχει
» Ἥμενος· οὐδέ τι ͜ τοῦ σκοποῦ ἤμβροτον, οὐδέ τι τόξον
» Δὴν ἔκαμον τανύων· ἔτι μοὶ μένος ἔμπεδόν ἐστιν· 426
» Οὐχ ὥς με μνηστῆρες ἀτιμάζοντες ὄνονται.
» Νῦν δ' ὥρη καὶ δόρπον Ἀχαιοῖσιν τετυκέσθαι
» Ἐν φάει, αὐτὰρ ἔπειτα καὶ ἄλλως ἐψιάασθαι
» Μολπῇ καὶ φόρμιγγι· τὰ γάρ τ' ἀναθήματα δαιτός.

Ἦ, καὶ ἐπ' ὀφρύσι νεῦσεν· ὁ δ' ἀμφέθετο ξίφος ὀξὺ 431
Τηλέμαχος, φίλος υἱὸς Ὀδυσσῆος θείοιο·
Ἀμφὶ δὲ χεῖρα φίλην βάλεν ἔγχεϊ· ἄγχι δ' ἄρ' αὐτοῦ
Πὰρ θρόνῳ εἱστήκει, κεκορυθμένος αἴθοπι χαλκῷ.

de son siége, et tire avec tant d'adresse et de justesse, qu'il enfile les anneaux de tous les piliers, depuis le premier jusqu'au dernier; et que la flèche armée d'airain va donner de roideur dans la porte, qu'elle perce de part en part.

Après ce succès, il adresse la parole à Télémaque, et lui dit : « Jeune prince, votre hôte ne vous fait
» point de honte, il n'a point manqué le but; je n'ai
» pas beaucoup sué à tendre cet arc, et mes forces sont
» assez entières ; je ne méritois pas le mépris, ni les
» reproches des poursuivans. Mais il est temps qu'ils
» pensent à souper pendant qu'il est encore jour, et
» qu'ils se divertissent à entendre chanter et jouer de
» la lyre; car c'est là le plus doux assaisonnement des
» festins. »

En achevant ces mots, il fait signe à Télémaque. Ce prince l'entend; il prend son épée, arme son bras d'une bonne pique, et ainsi armé de ce fer étincelant, il se tient debout près du siége de son père.

ΟΜΗΡΟΥ

ΟΔΥΣΣΕΙΑΣ

ΡΑΨΩΔΙΑ Χ.

Τὰ περὶ τὴν μνηστηροφονίαν ἐργασάμενος Ὀδυσσεὺς παρούσης Ἀθηνᾶς, ἐν τοῖς ἑξῆς τὰς θεραπαίνας διὰ Τηλεμάχου καὶ τῶν οἰκείων κολάζει, ἅμα Μελανθίῳ.

Χῖ, Ὀδυσεὺς μνηστῆρας ἐκαίνυτο νηλέϊ χαλκῷ.

Αὐτὰρ ὁ γυμνώθη ῥακέων πολύμητις Ὀδυσσεύς·
Ἆλτο δ' ἐπὶ μέγαν οὐδὸν, ἔχων βιὸν, ἠδὲ φαρέτρην

L'ODYSSÉE D'HOMÈRE.

LIVRE VINGT-DEUXIÈME.

ARGUMENT.

Ulysse commence sa vengeance par la mort d'Antinoüs, et se fait connoître aux poursuivans. Ceux-ci, par leurs soumissions, tâchent de désarmer sa colère; mais se voyant rebutés, ils prennent le parti de se défendre. Tandis que Télémaque va chercher des armes pour son père, pour lui et pour les deux pasteurs, l'infidèle Mélanthius en fait autant pour les poursuivans; mais au second voyage, il est surpris par Eumée et par Philoétius, qui l'attachent à une colonne. Minerve s'approche d'Ulysse sous la figure de Mentor, et relève son courage. Ulysse et ses trois compagnons font des exploits terribles. Ils épargnent le chantre Phémius et le héraut Médon. Tous les poursuivans étant tués, Ulysse donne ses ordres pour la punition des femmes qui avoient déshonoré sa maison. L'on punit ensuite Mélanthius, après quoi Ulysse purifie son palais avec le feu et le soufre.

Ulysse ayant quitté ses haillons, saute sur le seuil de la porte avec son arc et son carquois, verse à ses pieds

Ἰῶν ἐμπλείην· ταχέας δ᾽ ἐκχεύατ᾽ ὀϊστοὺς
Αὐτοῦ πρόσθε ποδῶν· μετὰ δὲ μνηστῆρσιν ἔειπεν·
« Οὗτος μὲν δὴ ἄεθλος ἄατος ἐκτετέλεσται·   5
» Νῦν αὖτε σκοπὸν ἄλλον, ὃν οὔπω τις βάλεν ἀνήρ,
» Εἴσομαι, αἴ κε τύχοιμι, πόρῃ δέ μοι εὖχος Ἀπόλλων. »
Ἦ, καὶ ἐπ᾽ Ἀντινόῳ ἰθύνετο πικρὸν ὀϊστόν.
Ἤτοι ὁ καλὸν ἄλεισον ἀναιρήσεσθαι ἔμελλε
Χρύσεον, ἄμφωτον· καὶ δὴ μετὰ χερσὶν ἐνώμα,   10
Ὄφρα πίοι οἴναιο· φόνος δέ οἱ οὐκ ἐνὶ θυμῷ
Μέμβλετο· τίς κ᾽ οἴοιτο μετ᾽ ἀνδράσι δαιτυμόνεσσι,
Μοῦνον ἐνὶ πλεόνεσσι, καὶ εἰ μάλα καρτερὸς εἴη,
Οἱ τεύξειν θάνατόν τε κακὸν καὶ κῆρα μέλαιναν;
Τὸν δ᾽ Ὀδυσεὺς κατὰ λαιμὸν ἐπισχόμενος βάλεν ἰῷ·   15
Ἀντικρὺ δ᾽ ἁπαλοῖο δι᾽ αὐχένος ἤλυθ᾽ ἀκωκή.
Ἐκλίνθη δ᾽ ἑτέρωσε, δέπας δέ οἱ ἔκπεσε χειρὸς
Βλημένου· αὐτίκα δ᾽ αὐλὸς ἀνὰ ῥῖνας παχὺς ἦλθεν
Αἵματος ἀνδρομέοιο· θοῶς δ᾽ ἀπὸ οἷο τράπεζαν
Ὦσε ποδὶ πλήξας, ἀπὸ δ᾽ εἴδατα χεῦεν ἔραζε·   20
Σῖτός τε, κρέα τ᾽ ὀπτά, φορύνετο. Τοὶ δ᾽ ὁμάδησαν
Μνηστῆρες κατὰ δῶμα, ὅπως ἴδον ἄνδρα πεσόντα.
Ἐκ δὲ θρόνων ἀνόρουσαν, ὀρινθέντες κατὰ δῶμα,
Πάντοσε παπταίνοντες ἐϋδμήτους ποτὶ τοίχους·
Οὐδέ πῃ ἀσπὶς ἔην, οὐδ᾽ ἄλκιμον ἔγχος, ἑλέσθαι.   25
Νείκειον δ᾽ Ὀδυσῆα χολωτοῖσιν ἐπέεσσιν·
« Ξεῖνε, κακῶς ἀνδρῶν τοξάζεαι· οὐκ ἔτ᾽ ἀέθλων
» Ἄλλων ἀντιάσεις· νῦν τοι σῶς αἰπὺς ὄλεθρος·
» Καὶ γὰρ δὴ νῦν φῶτα κατέκτανες, ὃς μέγ᾽ ἄριστος
» Κούρων εἰν Ἰθάκῃ· τῷ σ᾽ ἐνθάδε γῦπες ἔδονται. »   30
Ἴσκεν ἕκαστος ἀνήρ, ἐπειὴ φάσαν οὐκ ἐθέλοντα
Ἄνδρα κατακτεῖναι· τὸ δὲ νήπιοι οὐκ ἐνόησαν,
Ὡς δή σφιν καὶ πᾶσιν ὀλέθρου πείρατ᾽ ἐφῆπτο.
Τοὺς δ᾽ ἄρ᾽ ὑπόδρα ἰδὼν προσέφη πολύμητις Ὀδυσσεύς·
« Ὦ κύνες, οὔ μ᾽ ἔτ᾽ ἐφάσκεθ᾽ ὑπότροπον οἴκαδ᾽ ἱκέσθαι

toutes ses flèches, et adressant la parole aux poursuivans, il leur dit :

« Voilà un jeu innocent, et un exercice plutôt qu'un
» combat, que vous venez de faire. Présentement ceci
» va changer de face, et je me propose un autre but, un
» but tout nouveau. Nous verrons si je l'atteindrai, et
» si Apollon m'accordera cette gloire. »

Il dit, et il tire en même temps sur Antinoüs. Ce prince tenoit une coupe pleine de vin et la portoit à sa bouche; la pensée de la mort étoit alors bien éloignée de lui. Eh! qui auroit pu croire que parmi tant de gens à table, un homme seul, quelque vaillant qu'il fût, eût pu concevoir le téméraire dessein de lui ôter la vie ? Ulysse le frappe à la gorge, et la pointe mortelle lui perce le cou. Il est renversé de son siége, la coupe lui tombe des mains, un ruisseau de sang lui sort par les narines, il renverse la table avec ses pieds, et jette par terre les viandes, qui nagent pêle-mêle dans le sang. Les poursuivans, le voyant tomber, font un grand bruit, se lèvent avec précipitation et cherchent de tous côtés des armes, mais ils ne trouvent ni bouclier ni pique. Ulysse avoit eu la précaution de les faire enlever. Ne pouvant donc se venger de lui par la force, ils ont recours aux injures :

« Malheureux étranger, lui disent-ils, tu es bien
» audacieux de blesser ainsi les gens; tu ne seras plus
» reçu à aucun combat; la mort pend sur ta tête. Tu
» viens de tuer un prince qui étoit la fleur de toute la
» jeunesse d'Ithaque; tu vas être la proie des vautours. »

Chacun parloit ainsi, car ils pensoient tous qu'il l'avoit tué par mégarde et sans le vouloir. Insensés! ils ne voyoient pas que leur dernière heure étoit venue. Ulysse les regardant avec des yeux terribles :

« Lâches, leur dit-il, vous ne vous attendiez pas que

» Δήμου ἀπὸ Τρώων, ὅτι μοὶ κατεκείρετε οἶκον,   36
» Δμωῇσιν δὲ γυναιξὶ παρευνάζεσθε βιαίως,
» Αὐτοῦ τε ζώοντος ὑπεμνάασθε γυναῖκα,
» Οὔτε θεοὺς δείσαντες, οἳ οὐρανὸν εὐρὺν ἔχουσιν,
» Οὔτε τιν' ἀνθρώπων νέμεσιν κατόπισθεν ἔθεσθε.   40
» Νῦν ὑμῖν καὶ πᾶσιν ὀλέθρου πείρατ' ἐφῆπται. »
  Ὣς φάτο· τοὺς δ' ἄρα πάντας ὑπὸ χλωρὸν δέος εἷλεν·
Πάπτηνεν δὲ ἕκαστος, ὅπῃ φύγοι αἰπὺν ὄλεθρον.
Εὐρύμαχος δέ μιν οἶος ἀμειβόμενος προσέειπεν·
  « Εἰ μὲν δὴ Ὀδυσεὺς Ἰθακήσιος εἰλήλουθας,   45
» Ταῦτα μὲν αἴσιμα εἶπες, ὅσα ῥέζεσκον Ἀχαιοὶ,
» Πολλὰ μὲν ἐν μεγάροισιν ἀτάσθαλα, πολλὰ δ' ἐπ' ἀγροῦ·
» Ἀλλ' ὁ μὲν ἤδη κεῖται, ὃς αἴτιος ἔπλετο πάντων,
» Ἀντίνοος· οὗτος γὰρ ἐπίηλεν τάδε ἔργα,
» Οὔτι γάμου τόσσον κεχρημένος, οὔτε χατίζων,   50
» Ἀλλ' ἄλλα φρονέων, τά οἱ οὐκ ἐτέλεσσε Κρονίων·
» Ὄφρ' Ἰθάκης κατὰ δῆμον ἐϋκτιμένης βασιλεύῃ
» Αὐτὸς, ἀτὰρ σὸν παῖδα κατακτείνειε λοχήσας.
» Νῦν δ' ὁ μὲν ἐν μοίρῃ πέφαται· σὺ δὲ φείδεο λαῶν
» Σῶν· ἀτὰρ ἄμμες ὄπισθεν ἀρεσσάμενοι κατὰ δῆμον,
» Ὅσσά τοι ἐκπέποται καὶ ἐδήδοται ἐν μεγάροισιν,   56
» Τιμὴν ἀμφὶς ἄγοντες ἐεικοσάβοιον ἕκαστος,
» Χαλκόν τε χρυσόν τ' ἀποδώσομεν, εἰσόκε σὸν κῆρ
» Ἰανθῇ· πρὶν δ' οὔτι νεμεσσητὸν κεχολῶσθαι. »
  Τὸν δ' ἄρ' ὑπόδρα ἰδὼν προσέφη πολύμητις Ὀδυσσεύς·
« Εὐρύμαχ', οὐδ' εἴ μοι πατρώϊα πάντ' ἀποδοῖτε,   61
» Ὅσσά τε νῦν ὔμμ' ἐστί, καὶ εἴ ποθεν ἄλλ' ἐπιθεῖτε,
» Οὐδέ κεν ὣς ἔτι χεῖρας ἐμὰς λήξαιμι φόνοιο,
» Πρὶν πᾶσαν μνηστῆρας ὑπερβασίην ἀποτῖσαι.
» Νῦν ὑμῖν παράκειται, ἐναντίον ἠὲ μάχεσθαι,   65
» Ἢ φεύγειν, ὅς κεν θάνατον καὶ κῆρας ἀλύξῃ.
» Ἀλλά τιν' οὐ φεύξεσθαι ὀίομαι αἰπὺν ὄλεθρον. »
  Ὣς φάτο· τῶν δ' αὐτοῦ λύτο γούνατα καὶ φίλον ἦτορ.
Τοῖσιν δ' Εὐρύμαχος προσεφώνεε δεύτερον αὖτις·

» je reviendrois des rivages de Troie, et dans cette
» confiance vous consumiez ici tous mes biens, vous
» déshonoriez ma maison par vos infâmes débauches, et
» vous poursuiviez ma femme, sans vous remettre devant
» les yeux ni la crainte des Dieux, ni la vengeance des
» hommes; vous voilà tombés dans les filets de la
» mort. »

Il dit, et une pâle frayeur glace leurs esprits. Chacun regarde par où il pourra se dérober à la mort, qui le menace. Le seul Eurymaque eut l'assurance de répondre :

« Si vous êtes véritablement Ulysse, roi d'Ithaque,
» lui dit-il, vous vous plaignez avec raison des poursui-
» vans, ils ont commis toutes sortes de désordres dans
» votre palais et dans vos terres; mais celui qui en étoit
» le principal auteur, et qui excitoit tous les autres,
» vient d'être puni; c'est Antinoüs seul qui nous portoit
» à toutes ces violences et à ces injustices, et en cela il
» sacrifioit bien moins à l'amour qu'à l'ambition, il
» vouloit régner à Ithaque, et s'assurer du trône par la
» mort du prince votre fils. Jupiter n'a pas permis qu'il
» ait exécuté ses pernicieux desseins; il a reçu le salaire
» dû à ses crimes : épargnez présentement vos sujets,
» nous vous serons toujours fidèles, nous vous dédom-
» magerons de tout le dégât que nous avons fait, nous
» vous donnerons des troupeaux, de l'or et de l'airain,
» jusqu'à ce que vous soyez satisfait; jusque-là votre
» colère est juste. »

Ulysse jetant sur lui un regard terrible, lui dit :
« Eurymaque, quand vous me donneriez tous les biens
» que vous possédez chacun en particulier, et que vous
» en ajouteriez de plus grands encore, je ne retiendrois
» pas mon bras : je ne serai satisfait qu'après m'être ras-
» sasié de vengeance, et avoir puni tous les poursuivans.
» Vous n'avez qu'à vous défendre, ou à prendre la fuite,
» mais je ne crois pas qu'aucun de vous échappe à mon
» ressentiment. »

Ces mots portent la terreur dans l'ame de tous les princes, et lient leurs forces. Eurymaque leur dit :

« Ὦ φίλοι, οὐ γὰρ σχήσει ἀνὴρ ὅδε χεῖρας ἀάπτους·
» Ἀλλ' ἐπεὶ ἔλλαβε τόξον ἔΰξοον, ἠδὲ φαρέτρην, 71
» Οὐδοῦ ἀπὸ ξεστοῦ τοξάσσεται, εἰσόκε πάντας
» Ἄμμε κατακτείνῃ· ἀλλὰ μνησώμεθα χάρμης·
» Φάσγανά τε σπάσσασθε, καὶ ἀντίσχεσθε τραπέζας
» Ἰῶν ὠκυμόρων· ἐπὶ δ' αὐτῷ πάντες ἔχωμεν 75
» Ἀθρόοι, εἴ κε μὶν οὐδοῦ ἀπώσομεν, ἠδὲ θυράων.
» Ἔλθωμεν δ' ἀνὰ ἄστυ, βοὴ δ' ὤκιστα γένοιτο·
» Τῷ κε τάχ' οὗτος ἀνὴρ νῦν ὕστατα τοξάσσαιτο. »
Ὣς ἄρα φωνήσας, εἰρύσσατο φάσγανον ὀξὺ,
Χάλκεον, ἀμφοτέρωθεν ἀκαχμένον· ἆλτο δ' ἐπ' αὐτῷ
Σμερδαλέα ἰάχων· ὁ δ' ὁμαρτῆ δῖος Ὀδυσσεὺς 81
Ἰὸν ἀποπροϊεὶς βάλλε στῆθος παρὰ μαζὸν,
Ἐν δέ οἱ ἥπατι πῆξε θοὸν βέλος· ἐκ δ' ἄρα χειρὸς
Φάσγανον ἧκε χαμᾶζε, περιῤῥηδὴς δὲ τραπέζῃ
Κάππεσε δινηθείς· ἀπὸ δ' εἴδατα χεῦεν ἔραζε, 85
Καὶ δέπας ἀμφικύπελλον· ὁ δὲ χθόνα τύπτε μετώπῳ,
Θυμῷ ἀνιάζων· ποσὶ δὲ θρόνον ἀμφοτέροισι
Λακτίζων ἐτίναξε· κατ' ὀφθαλμῶν δ' ἔχυτ' ἀχλύς.
Ἀμφίνομος δ' Ὀδυσῆος ἐείσατο κυδαλίμοιο
Ἀντίος ἀΐξας· εἴρυτο δὲ φάσγανον ὀξὺ, 90
Εἴπως οἱ εἴξειε θυράων· ἀλλ' ἄρα μὶν φθῆ
Τηλέμαχος κατόπισθε βαλὼν χαλκήρεϊ δουρὶ,
Ὤμων μεσσηγὺς, διὰ δὲ στήθεσφιν ἔλασσε·
Δούπησεν δὲ πεσὼν, χθόνα δ' ἤλασε παντὶ μετώπῳ.
Τηλέμαχος δ' ἀπόρουσε, λιπὼν δολιχόσκιον ἔγχος 95
Αὐτοῦ ἐν Ἀμφινόμῳ· περὶ γὰρ δίε, μή τις Ἀχαιῶν
Ἔγχος ἀνελκόμενον δολιχόσκιον, ἢ ἐλάσειε,
Φασγάνῳ ἀΐξας, ἠὲ προπρηνέϊ τύψας.
Βῆ δὲ θέων· μάλα δ' ὦκα φίλον πατέρ' εἰσαφίκανεν·
Ἀγχοῦ δ' ἱστάμενος ἔπεα πτερόεντα προσηύδα· 100
« Ὦ πάτερ, ἤδη τοι σάκος οἴσω καὶ δύο δοῦρε,
» Καὶ κυνέην εὔχαλκον, ἐπὶ κροτάφοις ἀραρυῖαν,

« Mes amis, n'attendons aucun quartier de cet homme
» irrité; car, puisqu'il est maître de l'arc et du car-
» quois, aucune de ses flèches ne lui sera infidèle, et il
» ne cessera de tirer qu'il ne nous ait tous tués les uns
» après les autres. Ranimons donc notre courage, met-
» tons l'épée à la main, opposons ces tables à ses flèches,
» et jetons-nous tous ensemble sur lui pour tâcher de le
» chasser de son poste, et de nous faire jour pour sortir
» et pour appeler du secours; c'est le seul moyen de
» mettre cet imposteur en état de se servir aujourd'hui
» pour la dernière fois de son arc et de ses flèches. »

En parlant ainsi il tire son épée, et se lance sur Ulysse avec de grands cris. Ulysse le prévient et lui perce le cœur d'une flèche. Eurymaque percé, lâche son épée, tombe sur la table tout couvert de sang, renverse les plats, la coupe et le siége, et empoigne la poussière en combattant contre la mort; une éternelle nuit ferme ses paupières. Amphinome se jette sur Ulysse, l'épée à la main, voulant forcer le passage; mais Télémaque le perce de sa pique par derrière entre les deux épaules; le fer de sa pique sort par-devant: Amphinome tombe avec un grand bruit sur le visage. Télémaque se retire en même temps, laissant sa pique dans le corps d'Amphinome, car il craignoit que s'il s'arrêtoit à la retirer, quelqu'un des Grecs ne profitât de ce moment pour se jeter sur lui, et ne le perçât de son épée. Il s'approche de son père, et lui dit:

« Mon père, je vais vous apporter tout à l'heure un
» bouclier, deux javelots et un casque: je m'armerai

» Αὐτός τ' ἀμφιβαλεῦμαι ἰών· δώσω δὲ συβώτῃ
» Καὶ τῷ βουκόλῳ ἄλλα· τετευχῆσθαι γὰρ ἄμεινον. »
  Τὸν δ' ἀπαμειβόμενος προσέφη πολύμητις Ὀδυσσεύς·
« Οἶσε θέων, εἵως μοι ἀμύνεσθαι πάρ' ὀϊστοί,   105
» Μή μ' ἀποκινήσωσι θυράων μοῦνον ἐόντα. »
  Ὣς φάτο· Τηλέμαχος δὲ φίλῳ ἐπεπείθετο πατρί.
Βῆ δ' ἴμεναι θάλαμόνδ', ὅθι οἱ κλυτὰ τεύχεα κεῖτο.
Ἔνθεν τέσσαρα μὲν σάκε' ἔξελε, δούρατα δ' ὀκτώ,   110
Καὶ πίσυρας κυνέας χαλκήρεας ἱπποδασείας·
Βῆ δὲ φέρων, μάλα δ' ὦκα φίλον πατέρ' εἰσαφίκανεν.
Αὐτὸς δὲ πρώτιστα περὶ χροῒ δύσατο χαλκόν·
Ὣς δ' αὔτως τὼ δμῶε δυέσθην τεύχεα καλά,
Ἔσταν δ' ἀμφ' Ὀδυσῆα δαΐφρονα ποικιλομήτην.   115
Αὐτὰρ ὅγ', ὄφρα μὲν αὐτῷ ἀμύνασθαι ἔσαν ἰοί,
Τόφρα μνηστήρων ἕνα γ' αἰεὶ ᾧ ἐνὶ οἴκῳ
Βάλλε τιτυσκόμενος, τοὶ δ' ἀγχιστῖνοι ἔπιπτον.
Αὐτὰρ ἐπεὶ λίπον ἰοὶ ὀϊστεύοντα ἄνακτα,
Τόξον μὲν πρὸς σταθμὸν ἐϋσταθέος μεγάροιο   120
Ἔκλιν' ἑστάμεναι, πρὸς ἐνώπια παμφανόωντα·
Αὐτὸς δ' ἀμφ' ὤμοισι σάκος θέτο τετραθέλυμνον·
Κρατὶ δ' ἐπ' ἰφθίμῳ κυνέην εὔτυκτον ἔθηκεν
Ἵππουριν, δεινὸν δὲ λόφος καθύπερθεν ἔνευεν·
Εἵλετο δ' ἄλκιμα δοῦρε δύω κεκορυθμένα χαλκῷ.   125
Ὀρσοθύρη δέ τις ἔσκεν ἐϋδμήτῳ ἐνὶ τοίχῳ·
Ἀκρότατον δὲ παρ' οὐδὸν ἐϋσταθέος μεγάροιο
Ἦν ὁδὸς ἐς λαύρην, σανίδες δ' ἔχον εὖ ἀραρυῖαι·
Τὴν δ' Ὀδυσεὺς φράζεσθαι ἀνώγει δῖον ὑφορβὸν
Ἑσταότ' ἄγχ' αὐτῆς· μία δ' οἴη γίνετ' ἐφορμή.   130
Τοῖς δ' Ἀγέλαος ἔειπεν, ἔπος πάντεσσι πιφαύσκων·
« Ὦ φίλοι, οὐκ ἂν δή τις ἂν' ὀρσοθύρην ἀναβαίη,
» Καὶ εἴποι λαοῖσι; βοὴ δ' ὤκιστα γένοιτο;
» Τῷ κε τάχ' οὗτος ἀνὴρ νῦν ὕστατα τοξάσσαιτο. »
  Τὸν δ' αὖτε προσέειπε Μελάνθιος, αἰπόλος αἰγῶν·
« Οὔπως ἔστ', Ἀγέλαε διοτρεφές· ἄγχι γὰρ αἰνῶς

» aussi, et j'armerai de même nos deux pasteurs ; les
» armes sont nécessaires, surtout dans un combat si
» inégal. »

« Allez, mon fils, répondit Ulysse, apportez-moi ces
» armes pendant que j'ai encore ici assez de flèches pour
» me défendre ; mais ne tardez pas ; car on forceroit
» enfin ce poste, que je défends seul. »

Télémaque, sans perdre un moment, monte à l'appartement où étoient les armes. Il prend quatre boucliers, huit javelots, et quatre casques ornés de leurs aigrettes, va rejoindre Ulysse, s'arme auprès de lui, et fait armer les deux pasteurs. Ulysse avoit déjà employé presque toutes ses flèches, et aucune n'étoit partie inutilement de sa main. Il s'étoit fait autour de lui un rempart de morts. Quand il n'eut plus de traits, il pendit son arc à une colonne qui étoit dans le vestibule même dont il occupoit l'entrée, prend son bouclier, arme sa tête d'un casque orné d'aigrettes au-dessus desquelles flottoit un grand panache, et prend deux javelots. Il y avoit au bout de la salle une petite porte de dégagement, d'où on descendoit dans la cour ; cette porte étoit si bien fermée, qu'on ne l'apercevoit presque pas ; Ulysse commande à Eumée de la bien garder ; ce qui n'étoit pas difficile : car il n'y pouvoit passer qu'un homme à la fois. Agélaüs, qui vit qu'il n'y avoit pour eux aucune autre ressource que de forcer ce passage, s'écrie :

« Mes amis, quelqu'un de vous n'ira-t-il point par
» cette petite porte appeler le peuple à notre secours ?
» c'est le seul moyen de nous dérober à la fureur de cet
» ennemi si terrible. »

Mélanthius prenant la parole, dit : « Agélaüs, ce que
» vous proposez n'est pas praticable ; car, outre qu'il y

» Αὐλῆς καλὰ θύρετρα, καὶ ἀργαλέον στόμα λαύρης·
» Καί χ' εἷς πάντας ἐρύκοι ἀνήρ, ὅστ' ἄλκιμος εἴη.
» Ἀλλ' ἄγεθ', ὑμῖν τεύχε' ἐνείκω θωρηχθῆναι
» Ἐκ θαλάμου· ἔνδον γὰρ, (οἴομαι,) οὐδέ πη ἄλλη
» Τεύχεα κατθέσθην Ὀδυσεὺς καὶ φαίδιμος υἱός. » 141
  Ὣς εἰπών, ἀνέβαινε Μελάνθιος, αἰπόλος αἰγῶν,
Ἐς θαλάμους Ὀδυσῆος, ἀνὰ ῥῶγας μεγάροιο·
Ἔνθεν δώδεκα μὲν σάκε' ἔξελε, τόσσα δὲ δοῦρα,
Καὶ τόσσας κυνέας χαλκήρεας ἱπποδασείας·   145
Βῆ δ' ἴμεναι, μάλα δ' ὦκα φέρων μνηστῆρσιν ἔδωκε.
Καὶ τότ' Ὀδυσσῆος λύτο γούνατα καὶ φίλον ἦτορ,
Ὡς περιβαλλομένους ἴδε τεύχεα, χερσὶ δὲ δοῦρα
Μακρὰ τινάσσοντας· μέγα δ' αὐτῷ φαίνετο ἔργον.
Αἶψα δὲ Τηλέμαχον ἔπεα πτερόεντα προσηύδα·   150
  « Τηλέμαχ', ἦ μάλα δή τις ἐνὶ μεγάροισι γυναικῶν
» Νῶϊν ἐποτρύνει πόλεμον κακόν, ἠὲ Μελανθεύς. »
  Τὸν δ' αὖ Τηλέμαχος πεπνυμένος ἀντίον ηὔδα·
« Ὦ πάτερ, αὐτὸς ἐγὼ τόδε γ' ἤμβροτον, (οὐδέ τις ἄλλος
» Αἴτιος,) ὃς θαλάμοιο θύρην πυκινῶς ἀραρυῖαν 155
» Κάλλιπον ἀγκλίνας· τῶν δὲ σκοπὸς ἦεν ἀμείνων.
» Ἀλλ' ἴθι, δῖ' Εὔμαιε, θύρην ἐπίθες θαλάμοιο,
» Καὶ φράσαι, εἴτις ἄρ' ἐστὶ γυναικῶν, ἢ τάδε ῥέζει,
» Ἢ υἱὸς Δολίοιο, Μελανθεύς, τόν περ ὀΐω. »
  Ὣς οἱ μὲν τοιαῦτα πρὸς ἀλλήλους ἀγόρευον.   160
Βῆ δ' αὖτις θαλαμόνδε Μελάνθιος, αἰπόλος αἰγῶν,
Οἴσων τεύχεα καλά· νόησε δὲ δῖος ὑφορβός,
Αἶψα δ' Ὀδυσῆα προσεφώνεεν, ἐγγὺς ἐόντα·
  « Διογενὲς Λαερτιάδη, πολυμήχαν' Ὀδυσσεῦ,
» Κεῖνος δ' αὖτ' ἀΐδηλος ἀνήρ, ὃν οἰόμεθ' αὐτοί, 165
» Ἔρχεται ἐς θάλαμον· σὺ δέ μοι νημερτὲς ἔνισπε,
» Ἤ μιν ἀποκτείνω, αἴ κεν κρείσσων γε γένωμαι·
» Ἠέ σοι ἐνθάδ' ἄγω, ἵν' ὑπερβασίας ἀποτίσῃ
» Πολλάς, ὅσσας οὗτος ἐμήσατο σῷ ἐνὶ οἴκῳ. »

» a encore la porte de la cour, le passage de cette fausse
» porte est si étroit, qu'un homme seul suffit pour le
» défendre. Mais attendez un moment, je vais vous
» apporter des armes, car je ne doute pas qu'Ulysse et
» son fils ne les aient serrées dans leur appartement. »

Il part en même temps, monte dans l'appartement d'Ulysse par un escalier dérobé. Il prend douze boucliers, autant de javelots et autant de casques, et les porte aux poursuivans. Quand Ulysse vit ses ennemis ainsi armés, il sentit son courage abattu, et ses forces diminuées ; car le combat devenoit difficile. Se tournant donc vers Télémaque, il lui dit :

« Mon fils, ou nous sommes trahis par quelqu'une des
» femmes du palais, ou c'est ici une suite de la perfidie
» de Mélanthius. »

« Mon père, répondit Télémaque, c'est un effet de
» mon imprudence, et il ne faut accuser que moi, qui,
» en sortant, ai oublié de fermer la porte, et me suis
» contenté de la pousser ; je devois y prendre mieux
» garde ; mais il faut prévenir les suites fâcheuses que
» cette faute pourroit avoir. » S'adressant donc à Eumée, il lui dit : « Allez, Eumée, allez promptement fermer
» la porte, et tâchez d'éclaircir si ce sont les femmes
» du palais qui nous trahissent en assistant nos enne-
» mis, ou si c'est Mélanthius ; je soupçonne plutôt ce
» dernier. »

Pendant qu'ils parloient de la sorte, Mélanthius étoit monté à l'appartement pour en apporter des armes ; Eumée, qui s'en aperçut, se rapprocha d'Ulysse en même temps, et lui dit :

« Voilà l'homme que nous avions soupçonné avec
» justice ; il va remonter, voulez-vous que je le tue, ou
» que je vous l'amène, afin que vous le punissiez vous-
» même de toutes ses perfidies ? »

Τὸν δ' ἀπαμειβόμενος προσέφη πολύμητις Ὀδυσσεύς·
« Ἤ τοι ἐγὼ καὶ Τηλέμαχος μνηστῆρας ἀγαυοὺς
» Σχήσομεν ἔντοσθεν μεγάρων, μάλα πὲρ μεμαῶτας·
» Σφῶϊ δ' ἀποστρέψαντε πόδας καὶ χεῖρας ὕπερθεν,
» Ἐς θάλαμον βαλέειν, σανίδας δ' ἐκδῆσαι ὄπισθε·
» Σειρὴν δὲ πλεκτὴν ἐξ αὐτοῦ πειρήναντες,   175
» Κίον' ἀν' ὑψηλὴν ἐρύσαι, πελάσαι τὲ δοκοῖσιν,
» Ὡς κεν δηθὰ ζωὸς ἐὼν, χαλέπ' ἄλγεα πάσχῃ. »
Ὣς ἔφαθ'· οἱ δ' ἄρα τοῦ μάλα μὲν κλύον, ἠδ' ἐπίθοντο·
Βὰν δ' ἴμεν ἐς θάλαμον· λαθέτην δέ μιν ἔνδον ἐόντα.
Ἤτοι ὁ μὲν θαλάμοιο μυχὸν κάτα τεύχε' ἐρεύνα·   180
Τὼ δ' ἔσταν ἑκάτερθε παρὰ σταθμοῖσι μένοντε.
Εὖθ' ὑπὲρ οὐδὸν ἔβαινε Μελάνθιος, αἰπόλος αἰγῶν,
Τῇ ἑτέρῃ μὲν χειρὶ φέρων καλὴν τρυφάλειαν,
Τῇ δ' ἑτέρῃ σάκος εὐρὺ, γέρον, πεπαλαγμένον ἄζῃ,
Λαέρτεω ἥρωος, ὃ κουρίζων φορέεσκε·   185
Δὴ τότε γ' ἤδη κεῖτο, ῥαφαὶ δ' ἐλέλυντο ἱμάντων.
Τὼ δ' ἄρ' ἐπαΐξανθ' ἑλέτην, ἔρυσαν τέ μιν εἴσω
Κουρίξ· ἐν δαπέδῳ δὲ χαμαὶ βάλον ἀχνύμενον κῆρ.
Σὺν δὲ πόδας χεῖράς τε δέον θυμαλγέϊ δεσμῷ,
Εὖ μάλ' ἀποστρέψαντε διαμπερὲς, ὣς ἐκέλευσεν   190
Υἱὸς Λαέρταο πολύτλας, δῖος Ὀδυσσεύς.
Σειρὴν δὲ πλεκτὴν ἐξ αὐτοῦ πειρήναντες,
Κίον' ἀν' ὑψηλὴν ἔρυσαν, πέλασάν τε δοκοῖσι.
Τὸν δ' ἐπικερτομέων προσέφης, Εὔμαιε συβῶτα·
« Νῦν μὲν δὴ μάλα πάγχυ, Μελάνθιε, νύκτα φυλάξεις
» Εὐνῇ ἐνὶ μαλακῇ καταλέγμενος, ὥς σε ἔοικεν·
» Οὐδέ σέ γ' ἠριγένεια παρ' Ὠκεανοῖο ῥοάων
» Λήσει ἐπερχομένη χρυσόθρονος, ἡνίκ' ἀγινεῖς
» Αἶγας μνηστήρεσσι δόμον κάτα, δαῖτα πένεσθαι. »
Ὣς ὁ μὲν αὖθι λέλειπτο, ταθεὶς ὀλοῷ ἐνὶ δεσμῷ.
Τὼ δ' ἐς τεύχεα δύντε, θύρην τ' ἐπιθέντε φαεινὴν,
Βήτην εἰς Ὀδυσῆα δαΐφρονα, ποικιλομήτην.

Ulysse lui dit: « Eumée, nous soutiendrons, Télé-
» maque et moi, l'effort de tous ces ennemis, quelque
» méchans qu'ils soient. Allez, Philoétius et vous, sui-
» vez le perfide, jetez-le à terre, liez-lui par derrière
» les pieds et les mains ensemble, et l'attachant par le
» milieu du corps, avec une corde, élevez-le jusqu'au
» haut d'une colonne près du plancher; fermez bien la
» porte, et le laissez là tout en vie souffrir long-temps
» les peines qu'il a méritées. »

Les pasteurs exécutent ponctuellement cet ordre; ils montent après Mélanthius, et se cachent pour l'attendre. Ce perfide fouille dans tous les coins pour chercher des armes. Ils se tiennent tous deux en embuscade aux deux côtés de la porte en dehors. Ce malheureux, après avoir cherché partout, sort, portant d'une main un beau casque, et de l'autre un vieux bouclier tout couvert de rouille, et qui avoit servi autrefois au héros Laërte pendant qu'il étoit jeune; mais on l'avoit négligé depuis ce temps-là, et ses courroies étoient toutes usées. Quand il voulut passer le seuil de la porte, Eumée et Philoétius se jettent sur lui, le prennent par les cheveux et le remontent dans la chambre, où ils le jettent à terre, lui attachent par derrière les pieds et les mains ensemble, et le liant d'une bonne corde, ils le guindent au haut d'une colonne près du plancher; et, en sortant, Eumée lui dit d'un ton moqueur:

« Mon pauvre Mélanthius, tu vas passer la nuit bien
» commodément dans un bon lit, et tel que tu le mérites.
» Quand l'Aurore sortira du sein de l'Océan, elle ne
» pourra se dérober à ta vue, tu en apercevras les pre-
» miers rayons, et tu ne manqueras pas de partir pour
» amener aux poursuivans l'élite de tes troupeaux à l'or-
» dinaire. »

En parlant ainsi, ils le laissent dans ces durs liens, ferment bien la porte, prennent le casque et le bouclier, et vont rejoindre Ulysse. Voilà donc eu un petit

Ἔνθα μένος πνείοντες ἐφέστασαν· οἱ μὲν ἐπ' οὐδοῦ,
Τέσσαρες, οἱ δ' ἔντοσθε δόμων, πολέες τὲ, καὶ ἐσθλοί.
Τοῖσι δ' ἐπ' ἀγχίμολον θυγάτηρ Διὸς ἦλθεν Ἀθήνη, 205
Μέντορι εἰδομένη ἠμὲν δέμας, ἠδὲ καὶ αὐδήν.
Τὴν δ' Ὀδυσεὺς γήθησεν ἰδών, καὶ μῦθον ἔειπε·

« Μέντορ, ἄμυνον ἀρήν, μνῆσαι δ' ἑτάροιο φίλοιο,
» Ὅς σ' ἀγαθὰ ῥέζεσκον· ὁμηλικίη δέ μοι ἐσσί. »

Ὣς ἔφατ', οἰόμενος λαοσσόον ἔμμεν' Ἀθήνην. 210
Μνηστῆρες δ' ἑτέρωθεν ὁμόκλεον ἐν μεγάροισι·
Πρῶτος τήν γ' ἐνένιπτε Δαμαστορίδης Ἀγέλαος·

« Μέντορ, μή σ' ἐπέεσσι παραιπεπίθησιν Ὀδυσσεὺς,
» Μνηστήρεσσι μάχεσθαι, ἀμυνέμεναι δέ οἱ αὐτῷ.
» Ὧδε γὰρ ἡμέτερόν γε νόον τελέεσθαι ὀΐω· 215
» Ὁππότε κεν τούτους κτέομεν, πατέρ' ἠδὲ καὶ υἱὸν,
» Ἐν δὲ σὺ τοῖσιν ἔπειτα πεφήσεαι, οἷα μενοινᾷς
» Ἔρδειν ἐν μεγάροις· σῷ δ' αὐτοῦ κράατι τίσεις.
» Αὐτὰρ ἐπὴν ὑμέων γὲ βίας ἀφελώμεθα χαλκῷ,
» Κτήμαθ', ὁπόσσα τοι ἐστι, τά τ' ἔνδοθι, καὶ τὰ θύρηφι,
» Τοῖσιν Ὀδυσσῆος μεταμίξομεν· οὐδέ τοι υἷας 221
» Ζώειν ἐν μεγάροισιν ἐάσομεν, οὐδὲ θύγατρας,
» Οὐδ' ἄλοχον κεδνὴν Ἰθάκης κατὰ ἄστυ πολεύειν. »

Ὣς φάθ'· Ἀθηναίη δὲ χολώσατο κηρόθι μᾶλλον·
Νείκεσσεν δ' Ὀδυσῆα χολωτοῖσιν ἐπέεσσιν· 225

« Οὐκέτι σοί γ', Ὀδυσεῦ, μένος ἔμπεδον, οὐδέ τις ἀλκὴ,
» Οἵη ὅτ' ἀμφ' Ἑλένῃ λευκωλένῳ, εὐπατερείῃ,
» Εἰνάετες Τρώεσσιν ἐμάρναο νωλεμὲς αἰεί·
» Πολλοὺς δ' ἄνδρας ἔπεφνες ἐν αἰνῇ δηϊοτῆτι,
» Σῇ δ' ἥλω βουλῇ Πριάμου πόλις εὐρυάγυια, 230
» Πῶς δὴ νῦν, ὅτε σόν γε δόμον καὶ κτήμαθ' ἱκάνεις,
» Ἄντα μνηστήρων ὀλοφύρεαι ἄλκιμος εἶναι;
» Ἀλλ' ἄγε δεῦρο, πέπον, παρ' ἔμ' ἵστατο, καὶ ἴδε ἔργον,

espace tous ces guerriers qui ne respirent que le sang et le carnage; quatre d'un côté et une nombreuse troupe de l'autre. La fille de Jupiter, Minerve, s'approche des premiers sous la figure de Mentor. Ulysse, ravi de le voir, lui dit :

« Mentor, venez me défendre, secourez votre com-
» pagnon d'armes que vous avez toujours aimé, et
» n'oubliez pas ce que j'ai fait pour vous en tant de ren-
» contres; nous sommes de même âge tous deux. »

Il parla ainsi, quoiqu'il se doutât bien que c'étoit la guerrière Minerve. Mais les poursuivans le menaçoient de leur côté, et Agélaüs, fils de Damastor, lui cria :

« Mentor, qu'Ulysse ne vous séduise pas par ses
» paroles, et qu'il ne vous oblige pas à combattre contre
» nous pour le secourir; car, si vous l'assistez, je vous
» promets qu'après que nous les aurons tués, son fils et
» lui, vous serez la victime de notre ressentiment; vous
» paierez de votre tête le secours que vous lui aurez
» donné, et après votre mort, nous confondrons tous
» vos biens avec ceux d'Ulysse, que nous partagerons;
» nous chasserons de votre maison vos fils et vos filles,
» et nous ne souffrirons pas que votre femme trouve un
» asile dans Ithaque, nous l'enverrons dans quelque
» pays éloigné. »

Ces paroles insolentes excitèrent la colère de Minerve; elle tança Ulysse et lui marqua en ces termes son indignation :

« Quoi donc, Ulysse, n'avez-vous plus de courage ni
» de force? N'êtes-vous plus cet Ulysse qui a combattu
» tant d'années pour Hélène contre les Troyens, qui les
» a battus en tant de rencontres, et qui en a fait un car-
» nage affreux? Avez-vous oublié que c'est par vos con-
» seils que la grande ville de Troie a été prise? N'est-ce
» que lorsqu'il s'agit de défendre votre palais, vos biens,
» votre femme, que vous n'avez plus la même valeur?
» Approchez, et voyez ce que je vais faire pour vous;
» vous allez connoître aujourd'hui, par la défaite de vos

» Ὄφρ' εἰδῇς, οἷός τοι ἐν ἀνδράσι δυσμενέεσσι
» Μέντωρ Ἀλκιμίδης εὐεργεσίας ἀποτίνειν. »   235
   Ἦ ῥα· καὶ οὔπω πάγχυ δίδου ἑτεραλκέα νίκην,
Ἀλλ' ἔτ' ἄρα σθένεός τε καὶ ἀλκῆς πειρήτιζεν,
Ἠμὲν Ὀδυσσῆος, ἠδ' υἱοῦ κυδαλίμοιο.
Αὐτὴ δ' αἰθαλόεντος ἀνὰ μεγάροιο μέλανθρον
Ἕζετ' ἀναΐξασα, χελιδόνι εἰκέλη ἄντην.   240
Μνηστῆρας δ' ὤτρυνε Δαμαστορίδης Ἀγέλαος,
Εὐρύνομός τε, καὶ Ἀμφιμέδων, Δημοπτόλεμός τε,
Πείσανδρός τε Πολυκτορίδης, Πόλυβός τε δαΐφρων·
Οἱ γὰρ μνηστήρων ἀρετῇ ἔσαν ἔξοχ' ἄριστοι,
Ὅσσοι ἔτ' ἔζωον, περί τε ψυχέων ἐμάχοντο·   245
Τοὺς δ' ἤδη ἐδάμασσε βιὸς καὶ ταρφέες ἰοί.
Τοῖς δ' Ἀγέλαος ἔειπεν, ἔπος πάντεσσι πιφαύσκων·
   « Ὦ φίλοι, ἤδη σχήσει ἀνὴρ ὅδε χεῖρας ἀάπτους·
» Καὶ δή οἱ Μέντωρ μὲν ἔβη κενὰ εὔγματα εἰπών,
» Οἱ δ' οἶοι λείπονται ἐπὶ πρώτῃσι θύρῃσι.   250
» Τῷ νῦν μὴ ἅμα πάντες ἀφίετε δούρατα μακρά·
» Ἀλλ' ἄγεθ', οἱ ἓξ πρῶτον ἀκοντίσατ', αἴ κε πόθι Ζεὺς
» Δώῃ Ὀδυσσῆα βλῆσθαι, καὶ κῦδος ἀρέσθαι·
» Τῶν δ' ἄλλων οὐ κῆδος, ἐπὴν οὗτός γε πέσῃσιν. »
   Ὣς ἔφαθ'· οἱ δ' ἄρα πάντες ἀκόντισαν, ὡς ἐκέλευσεν,
Ἱέμενοι· τὰ δὲ πάντα ἐτώσια θῆκεν Ἀθήνη.   255
Τῶν ἄλλος μὲν σταθμὸν ἐϋσταθέος μεγάροιο
Βεβλήκει, ἄλλος δὲ θύρην πυκινῶς ἀραρυῖαν·
Ἄλλου δ' ἐν τοίχῳ μελίη πέσε χαλκοβάρεια,
Αὐτὰρ ἐπειδὴ δούρατ' ἀλεύαντο μνηστήρων,   260
Τοῖς ἄρα μύθων ἦρχε πολύτλας, δῖος Ὀδυσσεύς·
   « Ὦ φίλοι, ἤδη μέν κεν ἐγὼν εἴποιμι καὶ ἄμμι,
» Μνηστήρων ἐς ὅμιλον ἀκοντίσαι, οἳ μεμάασιν
» Ἡμέας ἐξεναρίξαι ἐπὶ προτέροισι κακοῖσιν. »
   Ὣς ἔφαθ'· οἱ δ' ἄρα πάντες ἀκόντισαν ὀξέα δοῦρα,
Ἄντα τιτυσκόμενοι· Δημοπτόλεμον μὲν Ὀδυσσεὺς,
Εὐρυάδην δ' ἄρα Τηλέμαχος, Ἔλατον δὲ συβώτης,

» ennemis, quel homme est Mentor quand il s'agit de
» marquer à ses bienfaiteurs sa reconnoissance. »

La Déesse ne donna pourtant pas encore la victoire à
Ulysse ; elle se contenta d'exciter son courage et celui
de son fils, après quoi elle disparut et s'envola au haut
du plancher de la salle, semblable à une hirondelle.
Agélaüs, voyant Mentor parti, exhorte ses compagnons, et il est secondé par Eurynome, Amphimédon,
Démoptolême, Pisandre et Polybe, qui étoient les plus
vaillans de ceux qui restoient et qui combattoient encore
pour défendre leur vie; tous les autres avoient été tués.
Agélaüs haussant la voix, dit:

« Mes amis, cet homme, tout furieux qu'il est, ne
» sera pas long-temps en état de nous résister; voilà
» Mentor parti, après n'avoir fait que de vaines menaces.
» Ils ne sont que quatre qui défendent l'entrée de la
» porte, c'est pourquoi, ne lancez pas tous ensemble
» vos javelots, vous ne feriez que vous nuire; que les six
» premiers qui sont à votre tête tirent seuls sur Ulysse;
» car si Jupiter nous accorde la grâce de le tuer, il ne
» faut pas nous mettre en peine des autres, nous en
» aurons bon marché. »

Ils obéissent à cet ordre; les six plus braves lancent
les premiers leurs javelots sur Ulysse; mais Pallas les
détourne et les rend inutiles. L'un frappe le chambranle
de la porte, l'autre perce la porte même, et un troisième
donne dans la muraille, qui est ébranlée du coup.
Ulysse, voyant que tous les coups des poursuivans
avoient été vains, dit à sa petite troupe:

« Tirons tous quatre ensemble sur nos ennemis, qui,
» après tous les maux qu'ils nous ont faits, en veulent
» encore à notre vie; mais tâchons de mieux viser. »

En même temps ils lancent leurs javelots, et aucun
ne part inutilement de leurs mains. Démoptolême est
tué par Ulysse, Euryade par Télémaque, Elatus par

Πείσανδρον δ' ἄρ' ἔπεφνε βοῶν ἐπιβουκόλος ἀνήρ·
Οἱ μὲν ἔπειθ' ἅμα πάντες ὀδὰξ ἕλον ἄσπετον οὖδας.
Μνηστῆρες δ' ἀνεχώρησαν μεγάροιο μυχόνδε· 270
Τοῖς δ' ἄρ' ἐπήϊξαν, νεκύων δ' ἐξ ἔγχε' ἕλοντο.
Αὖτις δὲ μνηστῆρες ἀκόντισαν ὀξέα δοῦρα,
Ἱέμενοι· τὰ δὲ πολλὰ ἐτώσια θῆκεν Ἀθήνη.
Τῶν ἄλλος μὲν σταθμὸν ἐϋσταθέος μεγάροιο
Βεβλήκει, ἄλλος δὲ θύρην πυκινῶς ἀραρυῖαν· 275
Ἄλλου δ' ἐν τοίχῳ μελίη πέσε χαλκοβάρεια.
Ἀμφιμέδων δ' ἄρα Τηλέμαχον βάλε χεῖρ' ἐπὶ καρπῷ
Λίγδην, ἄκρην δὲ ῥινὸν δηλήσατο χαλκός.
Κτήσιππος δ' Εὔμαιον ὑπὲρ σάκος ἔγχεϊ μακρῷ
Ὦμον ἐπέγραψεν· τὸ δ' ὑπέρπτατο, πίπτε δ' ἔραζε. 280
Τοὶ δ' αὖτ' ἀμφ' Ὀδυσῆα δαΐφρονα, ποικιλομήτην,
Μνηστήρων ἐς ὅμιλον ἀκόντισαν ὀξέα δοῦρα·
Ἔνθ' αὖτ' Εὐρυδάμαντα βάλε πτολίπορθος Ὀδυσσεύς,
Ἀμφιμέδοντα δὲ Τηλέμαχος, Πόλυβον δὲ συβώτης·
Κτήσιππον δ' ἄρ' ἔπειτα βοῶν ἐπιβουκόλος ἀνὴρ 285
Βεβλήκει πρὸς στῆθος· ἐπευχόμενος δὲ προσηύδα·

« Ὦ Πολυθερσίδη φιλοκέρτομε, μήποτε πάμπαν
» Εἴκων ἀφραδίης μέγα εἰπεῖν, ἀλλὰ θεοῖσι
» Μῦθον ἐπιτρέψαι· ἐπειὴ πολὺ φέρτεροί εἰσι.
» Τοῦτό τοι ἀντὶ ποδὸς ξεινήϊον, ὅν ποτ' ἔδωκας 290
» Ἀντιθέῳ Ὀδυσῆϊ, δόμον κάτ' ἀλητεύοντι. »

Ἦ ῥα βοῶν ἑλίκων ἐπιβουκόλος· αὐτὰρ Ὀδυσσεὺς
Οὖτα Δαμαστορίδην αὐτοσχεδὸν ἔγχεϊ μακρῷ·
Τηλέμαχος δ' Εὐηνορίδην Λειώκριτον οὖτα
Δουρὶ μέσον κενεῶνα, διαπρὸ δὲ χαλκὸν ἔλασσεν· 295
Ἤριπε δὲ πρηνής, χθόνα δ' ἤλασε παντὶ μετώπῳ.
Δὴ τότ' Ἀθηναίη φθισίμβροτον αἰγίδ' ἀνέσχεν
Ὑψόθεν ἐξ ὀροφῆς· τῶν δὲ φρένες ἐπτοίηθεν.
Οἱ δ' ἐφέβοντο κατὰ μέγαρον, βόες ὣς ἀγελαῖαι,

Eumée, et Pisandre par Philoétius. Quand les poursuivans virent que quatre de leurs braves chefs étoient tués, ils se retirèrent au fond de la salle; Ulysse et ses compagnons quittent leur poste, et les vont attaquer avec les mêmes javelots qu'ils arrachent du corps de ceux qu'ils ont tués. Le combat recommence avec une nouvelle furie; les poursuivans lancent encore leurs javelots avec aussi peu de succès; car Minerve les détourne encore: mais à une seconde décharge, Amphimédon blesse Télémaque à la main fort légèrement; le fer ne fit qu'emporter la peau, et Ctésippe blessa Eumée; son javelot, volant par-dessus son bouclier, lui effleura le haut de l'épaule, et alla tomber à terre derrière lui. Ulysse et ses compagnons firent payer bien chèrement à leurs ennemis ces légères blessures. Ulysse tua Eurydamas, Télémaque fit mordre la poussière à Amphimédon, Eumée se défit de Polybe, et Philoétius choisit pour sa victime Ctésippe, et en le frappant au milieu de l'estomac, il l'insulta en ces termes:

« Fils de Polytherse, qui n'aimes qu'à vomir des
» injures, ne cède plus à ton emportement et à ta folie,
» qui te rendent si insolent et si hautain; et apprends
» enfin à être plus modeste dans tes discours, en te sou-
» mettant aux Dieux, qui sont plus puissans que les
» hommes. Voilà le présent que je te fais pour le pied de
» bœuf dont tu régalas Ulysse qui mendioit dans sa
» maison. »

Ainsi parla ce fidèle pasteur. Ulysse ayant joint le fils de Damastor, le perça de sa pique; Télémaque enfonça la sienne dans le ventre de Léocrite; le fer déchire ses entrailles, et sort par l'épine du dos: Léocrite tombe sur sa plaie, et frappe rudement la terre du front. Alors Minerve fait paroître au haut du plancher de la salle son égide qui porte la terreur et la mort. Cette vue rend éperdus les poursuivans, et jette le désespoir dans leur

Τὰς μέν τ' αἰόλος οἶστρος ἐφορμηθεὶς ἐδόνησεν,   300
Ὥρῃ ἐν εἰαρινῇ, ὅτε τ' ἤματα μακρὰ πέλονται.
Οἱ δ', ὥστ' αἰγυπιοὶ γαμψώνυχες, ἀγκυλοχεῖλαι,
Ἐξ ὀρέων ἐλθόντες ἐπ' ὀρνίθεσσι θορῶσι,
Ταὶ μέν τ' ἐν πεδίῳ νέφεα πτώσσουσαι ἴενται,
Οἱ δέ τε τὰς ὀλέκουσιν ἐπάλμενοι, οὐδέ τις ἀλκὴ   305
Γίγνεται, οὐδὲ φυγή· χαίρουσι δέ τ' ἀνέρες ἄγρῃ·
Ὣς ἄρα τοὶ μνηστῆρας ἐπεσσύμενοι κατὰ δῶμα
Τύπτον ἐπιστροφάδην· τῶν δὲ στόνος ὤρνυτ' ἀεικὴς
Κράτων τυπτομένων· δάπεδον δ' ἅπαν αἵματι θῦεν.
Λειώδης δ' Ὀδυσῆος ἐπεσσύμενος λάβε γούνων.   310
Καί μιν λισσόμενος ἔπεα πτερόεντα προσηύδα·

« Γουνοῦμαί σ', Ὀδυσεῦ· σὺ δέ μ' αἴδεο, καί μ' ἐλέησον·
» Οὐ γάρ πώ τινὰ φημὶ γυναικῶν ἐν μεγάροισιν
» Εἰπεῖν, οὐδέ τι ῥέξαι, ἀτάσθαλον· ἀλλὰ καὶ ἄλλους
» Παύεσκον μνηστῆρας, ὅτις τοιαῦτά γε ῥέζοι.   315
» Ἀλλά μοι οὐ πείθοντο κακῶν ἀπὸ χεῖρας ἔχεσθαι·
» Τῷ καὶ ἀτασθαλίῃσιν ἀεικέα πότμον ἐπέσπον.
» Αὐτὰρ ἐγὼ μετὰ τοῖσι θυοσκόος, οὐδὲν ἐοργὼς,
» Κείσομαι· ὡς οὐκ ἔστι χάρις μετόπισθ' εὐεργέων. »

Τὸν δ' ἄρ' ὑπόδρα ἰδὼν προσέφη πολύμητις Ὀδυσσεύς·
« Εἰ μὲν δὴ μετὰ τοῖσι θυοσκόος εὔχεαι εἶναι,   321
» Πολλάκι πού μέλλεις ἀρήμεναι ἐν μεγάροισι,
» Τηλοῦ ἐμοὶ νόστοιο τέλος γλυκεροῖο γενέσθαι,
» Σοὶ δ' ἄλοχόν τε φίλην σπέσθαι, καὶ τέκνα τεκέσθαι·
» Τῷ οὐκ ἂν θάνατόν γε δυσηλεγέα προφύγοισθα. » 325

ame. Ils courent dans la salle sans savoir ce qu'ils font, comme un troupeau de taureaux que les taons ont piqués dans quelque prairie pendant un des plus chauds jours de l'été. Ulysse et ses compagnons fondent sur eux, comme des éperviers fondent du haut des montagnes sur des volées d'oiseaux, qui, fuyant les rets qu'on leur a tendus dans la plaine, s'envolent par troupes ; ces éperviers en font un carnage horrible ; car ces bandes timides ne peuvent ni se défendre, ni se retirer, et les assistans prennent un merveilleux plaisir à cette chasse. Tels Ulysse et ses compagnons poursuivent les princes dans la salle, frappant à droite et à gauche. On n'entend que cris, que gémissemens, tout est plein de confusion et de désordre, et le plancher de la salle est inondé de sang. Léiodès se jetant aux pieds d'Ulysse, lui dit :

« Généreux Ulysse, j'embrasse vos genoux ; laissez-
» vous fléchir ; ayez pitié de ma jeunesse ; les femmes de
» votre palais me rendront témoignage que je ne leur
» ai jamais rien dit, ni rien fait qui pût les offenser. Je
» m'opposois même toujours aux insolences des autres
» poursuivans, et je tâchois de les retenir ; mais ils
» refusoient d'écouter mes remontrances, c'est pourquoi
» ils ont reçu le salaire qu'ils ont mérité. Mais pour moi
» qui suis innocent, et qui n'ai fait auprès d'eux que la
» fonction de devin, périrai-je aussi comme les cou-
» pables ? Est-ce là la récompense des bonnes actions ? »

Ulysse le regardant avec des yeux pleins de colère, lui dit : « Puisque tu faisois auprès d'eux la fonction de
» devin, combien de fois as-tu souhaité dans mon palais
» qu'il n'y eût jamais de retour pour moi ? combien de
» fois même as-tu prédit qu'on ne devoit plus m'at-
» tendre, te flattant que tu épouserois ma femme, et
» que tu en aurois des enfans ? C'est pourquoi tu n'évi-
» teras pas la mort, qui sera le prix de tes fausses pré-
» dictions et de tes folles espérances. »

Ὣς ἄρα φωνήσας, ξίφος εἵλετο χειρὶ παχείῃ
Κείμενον, ὅ ῥ' Ἀγέλαος ἀποπροέηκε χαμᾶζε
Κτεινόμενος· τῷ τόνγε κατ' αὐχένα μέσσον ἔλασσε.
Φθεγγομένου δ' ἄρα τοῦ γε κάρη κονίῃσιν ἐμίχθη.
Τερπιάδης δέ τ' ἀοιδὸς ἀλύσκανε κῆρα μέλαιναν 330
Φήμιος, ὅς ῥ' ἤειδε μετὰ μνηστῆρσιν ἀνάγκῃ·
Ἔστη δ' ἐν χείρεσσιν ἔχων φόρμιγγα λίγειαν
Ἄγχι παρ' ὀρσοθύρην· δίχα δὲ φρεσὶ μερμήριζεν,
Ἢ ἐκδὺς μεγάροιο, Διὸς μεγάλου ποτὶ βωμὸν
Ἑρκείου ἵζοιτο τετυγμένον, ἔνθ' ἄρα πολλὰ 335
Λαέρτης Ὀδυσεύς τε βοῶν ἐπὶ μηρί' ἔκαιον·
Ἦ γούνων λίσσοιτο προσαΐξας Ὀδυσῆα.
Ὧδε δέ οἱ φρονέοντι δοάσσατο κέρδιον εἶναι,
Γούνων ἅψασθαι Λαερτιάδεω Ὀδυσῆος.
Ἤτοι ὁ φόρμιγγα γλαφυρὴν κατέθηκε χαμᾶζε 340
Μεσσηγὺς κρητῆρος, ἰδὲ θρόνου ἀργυροήλου·
Αὐτὸς δ' αὖτ' Ὀδυσῆα προσαΐξας λάβε γούνων,
Καί μιν λισσόμενος ἔπεα πτερόεντα προσηύδα·

« Γουνοῦμαί σ', Ὀδυσεῦ· σὺ δέ μ' αἴδεο, καί μ' ἐλέησον·
» Αὐτῷ τοι μετόπισθ' ἄχος ἔσσεται, εἴ κεν ἀοιδὸν 345
» Πέφνῃς, ὅστε θεοῖσι καὶ ἀνθρώποισιν ἀείδω.
» Αὐτοδίδακτος δ' εἰμί· θεὸς δέ μοι ἐν φρεσὶν οἴμας
» Παντοίας ἐνέφυσεν· ἔοικα δέ τοι παραείδειν,
» Ὥστε θεῷ· τῷ μή με λιλαίεο δειροτομῆσαι.
» Καί κεν Τηλέμαχος τάδε γ' εἴποι, σὸς φίλος υἱός,
» Ὡς ἐγὼ οὔτι ἑκὼν ἐς σὸν δόμον, οὐδὲ χατίζων, 351
» Πωλεύμην μνηστῆρσιν ἀεισόμενος μετὰ δαῖτας,
» Ἀλλὰ πολὺ πλέονες καὶ κρείσσονες ἦγον ἀνάγκῃ. »

Ὣς φάτο· τοῦ δ' ἤκουσ' ἱερὴ ἲς Τηλεμάχοιο,
Αἶψα δ' ἑὸν πατέρα προσεφώνεεν ἐγγὺς ἐόντα· 355
« Ἴσχεο, μηδέ τι τοῦτον ἀναίτιον οὔταε χαλκῷ.
» Καὶ κήρυκα Μέδοντα σαώσομεν, ὅστε μευ αἰεὶ
» Οἴκῳ ἐν ἡμετέρῳ κηδέσκετο παιδὸς ἐόντος·

Ayant ainsi parlé, il lève de terre l'épée qu'Agélaüs avoit laissé tomber en mourant, et lui abat la tête, qui tombe sur la poussière, en prononçant quelques mots mal articulés. Le chantre Phémius, qui étoit forcé de chanter devant les poursuivans, cherchoit à éviter la mort dont il étoit menacé. Il se tenoit près de la fausse porte de la salle, sa lyre entre ses mains; il délibéroit en lui-même s'il sortiroit de la salle par cette petite porte pour aller se réfugier à l'autel de Jupiter domestique qui étoit dans la cour, et sur lequel Laërte et Ulysse avoient fait brûler les cuisses de tant de taureaux; ou plutôt s'il iroit se jeter aux genoux d'Ulysse. Ce dernier parti lui parut le meilleur. Il met sa lyre à terre entre une grande urne et le siége où il étoit assis, et se jetant aux pieds d'Ulysse, il embrasse ses genoux, en lui disant ces paroles:

« Fils de Laërte, vous me voyez à vos pieds, ayez
» pitié de moi, donnez-moi la vie. Vous auriez une dou-
» leur amère et un cuisant repentir, si vous aviez tué un
» chantre qui fait les délices des hommes et des Dieux.
» Je n'ai eu dans mon art d'autre maître que mon génie;
» c'est Dieu même, par ses inspirations, qui m'a ensei-
» gné toutes sortes de chants. Je suis prêt de chanter
» devant vous comme devant un Dieu: c'est pourquoi
» épargnez-moi, sauvez-moi la vie pour votre propre
» intérêt. Le prince votre fils pourra vous dire que je ne
» suis venu dans votre palais, ni volontairement, ni par
» aucun intérêt pour chanter devant ces princes après
» leur repas, mais qu'ils m'y ont forcé et entraîné mal-
» gré moi. Pouvois-je résister à des princes si fiers, qui
» avoient en main l'autorité et la force? »

Télémaque l'entendant, se hâte de parler à Ulysse:

« Retenez votre bras, mon père, lui dit-il, et ne
» le souillez pas du sang d'un innocent; sauvons aussi
» la vie au héraut Médon, qui a toujours eu soin de moi

» Εἰ δὴ μή μιν ἔπεφνε Φιλοίτιος, ἠὲ συβώτης,
» Ἠέ σοι ἀντεβόλησεν ὀρινομένῳ κατὰ δῶμα. »   360

Ὣς φάτο· τοῦ δ' ἤκουσε Μέδων, πεπνυμένα εἰδώς·
Πεπτηὼς γὰρ ἔκειτο ὑπὸ θρόνου, ἀμφὶ δὲ δέρμα
Ἕστο βοὸς νεόδαρτον, ἀλύσκων κῆρα μέλαιναν.
Αἶψα δ' ἀπὸ θρόνου ὦρτο, θοῶς δ' ἀπέδυνε βοείην·
Τηλέμαχον δ' ἄρ' ἔπειτα προσαΐξας λάβε γούνων,   365
Καί μιν λισσόμενος ἔπεα πτερόεντα προσηύδα·

Ὦ φίλ', ἐγὼ μὲν ὅδ' εἰμί· σὺ δ' ἴσχεο· εἰπὲ δὲ πατρὶ,
« Μή με περισθενέων δηλήσεται ὀξέϊ χαλκῷ,
» Ἀνδρῶν μνηστήρων κεχολωμένος· οἳ οἱ ἔκειρον
» Κτήματ' ἐνὶ μεγάροις, σὲ δὲ νήπιοι οὐδὲν ἔτιον. »   370

Τὸν δ' ἐπιμειδήσας προσέφη πολύμητις Ὀδυσσεύς·
» Θάρσει, ἐπειδή σ' οὗτος ἐρύσσατο καὶ ἐσάωσεν,
» Ὄφρα γνῷς κατὰ θυμὸν, ἀτὰρ εἴπησθα καὶ ἄλλῳ,
» Ὡς κακοεργίης εὐεργεσίη μέγ' ἀμείνων. —
» Ἀλλ' ἐξελθόντες μεγάρων ἕζεσθε θύραζε   375
» Ἐκ φόνου εἰς αὐλὴν, σύ τε καὶ πολύφημος ἀοιδὸς,
» Ὄφρ' ἂν ἐγὼ κατὰ δῶμα πονήσομαι, ὅττεό με χρή. »

Ὣς φάτο· τὼ δ' ἔξω βήτην μεγάροιο κιόντε.
Ἑζέσθην δ' ἄρα τώγε Δι'· μεγάλου ποτὶ βωμὸν,
Πάντοσε παπταίνοντε, φόνον ποτιδεγμένω αἰεί.   380
Πάπτηνεν δ' Ὀδυσεὺς καθ' ἑὸν δόμον, εἴτις ἔτ' ἀνδρῶν
Ζωὸς ὑποκλοπέοιτο, ἀλύσκων κῆρα μέλαιναν.
Τοὺς δὲ ἴδεν μάλα πάντας ἐν αἵματι καὶ κονίῃσι

» pendant mon enfance; mais je crains bien qu'il n'ait
» déjà été tué par Eumée ou par Philoétius, ou que
» vous même vous ne l'ayez enveloppé dans votre ven-
» geance avec les coupables qui ont été les victimes de
» votre fureur. »

Médon entendit ces paroles avec un très-grand plaisir. Il étoit tapi sous un siége, et pour se dérober à la mort, il s'étoit couvert d'une peau de bœuf nouvellement dépouillé. Il sort en même temps de son asile, tire la peau qui le cachoit et va se jeter aux pieds de Télémaque, et lui adresse cette prière :

« Mon cher Télémaque, je suis ce Médon dont vous
» avez reconnu la fidélité et le zèle, prenez-moi sous
» votre protection, et employez-vous pour moi auprès
» du roi votre père, afin que dans sa colère il ne me
» punisse pas des désordres que les plus insolens de tous
» les hommes ont commis dans son palais, et du peu de
» respect que ces insensés ont eu pour vous et pour la
» reine. »

Ulysse lui répondit en souriant: « Ne craignez rien,
» Médon, mon fils vous a garanti de ma fureur et vous
» a sauvé la vie, afin que vous reconnoissiez et que
» vous appreniez aux autres combien les bonnes actions
» sont plus utiles que les mauvaises. Sortez de cette
» salle, Phémius et vous; tirez-vous du milieu de ce
» carnage, et allez vous asseoir dehors, pendant que je
» vais achever ce qui me reste encore à faire. »

Ils sortent tous deux sans différer et vont dans la cour s'asseoir près de l'autel de Jupiter, regardant de tous côtés, et ne pouvant encore se rassurer contre les frayeurs de la mort, dont l'image leur étoit toujours présente. Ulysse chercha dans toute la salle pour voir si quelqu'un des poursuivans ne s'étoit point caché pour se dérober à sa vengeance. Il les vit tous étendus sur la poussière, couverts de sang, et haletant encore, comme

Πεπτεῶτας πολλούς ὥστ᾽ ἰχθύας, οὔτθ᾽ ἁλιῆες
Κοῖλον ἐς αἰγιαλὸν πολιῆς ἔκτοσθε θαλάσσης   385
Δικτύῳ ἐξέρυσαν πολυωπῷ· οἱ δέ τε πάντες
Κύμαθ᾽ ἁλὸς ποθέοντες ἐπὶ ψαμάθοισι κέχυνται,
Τῶν μέν τ᾽ ἠέλιος φαέθων ἐξείλετο θυμόν·
Ὣς τότ᾽ ἄρα μνηστῆρες ἐπ᾽ ἀλλήλοισι κέχυντο.
Δὴ τότε Τηλέμαχον προσέφη πολύμητις Ὀδυσσεύς·   390
« Τηλέμαχ᾽, εἰ δ᾽ ἄγε μοι κάλεσον τροφὸν Εὐρύκλειαν,
» Ὄφρα ἔπος εἴποιμι, τό μοι καταθύμιόν ἐστιν. »
Ὣς φάτο· Τηλέμαχος δὲ φίλῳ ἐπεπείθετο πατρί·
Κινήσας δὲ θύρην, προσέφη τροφὸν Εὐρύκλειαν·
« Δεῦρο δὴ ὄρσο, γρηῢ παλαιγενές, ἥτε γυναικῶν
» Δμωάων σκοπός ἐσσι κατὰ μέγαρ᾽ ἡμετεράων·   396
» Ἔρχεο· κικλήσκει σὲ πατὴρ ἐμὸς, ὄφρα τι εἴπῃ. »
Ὣς ἄρ᾽ ἐφώνησεν· τῇ δ᾽ ἄπτερος ἔπλετο μῦθος·
Ὤϊξεν δὲ θύρας μεγάρων εὖ ναιεταόντων·
Βῆ δ᾽ ἴμεν· αὐτὰρ Τηλέμαχος πρόσθ᾽ ἡγεμόνευεν·   400
Εὗρεν ἔπειτ᾽ Ὀδυσῆα μετὰ κταμένοις νεκύεσσιν,
Αἵματι καὶ λύθρῳ πεπαλαγμένον· ὥστε λέοντα,
Ὅς ῥά τε βεβρωκὼς βοὸς ἔρχεται ἀγραύλοιο,
Πᾶν δ᾽ ἄρα οἱ στῆθός τε, παρήϊά τ᾽ ἀμφοτέρωθεν
Αἱματόεντα πέλει· δεινὸς δ᾽ εἰς ὦπα ἰδέσθαι·   405
Ὣς Ὀδυσεὺς πεπάλακτο πόδας καὶ χεῖρας ὕπερθεν.
Ἡ δ᾽ ὡς οὖν νέκυάς τε, καὶ ἄσπετον εἴσιδεν αἷμα,
Ἴθυσέν ῥ᾽ ὀλολύξαι, ἐπεὶ μέγα εἴσιδεν ἔργον·
Ἀλλ᾽ Ὀδυσεὺς κατέρυκε καὶ ἔσχεθεν, ἱεμένην πέρ.
Καί μιν φωνήσας ἔπεα πτερόεντα προσηύδα·   410
« Ἐν θυμῷ, γρηῢ, χαῖρε, καὶ ἴσχεο, μηδ᾽ ὀλόλυζε·
» Οὐχ ὁσίη, κταμένοισιν ἐπ᾽ ἀνδράσιν εὐχετάασθαι.
» Τούσδε δὲ μοῖρ᾽ ἐδάμασσε θεῶν, καὶ σχέτλια ἔργα·
» Οὔτινα γὰρ τίεσκον ἐπιχθονίων ἀνθρώπων,
» Οὐ κακὸν, οὐδὲ μὲν ἐσθλὸν, ὅτις σφέας εἰσαφίκοιτο·
» Τῷ καὶ ἀτασθαλίῃσιν ἀεικέα πότμον ἐπέσπον. 416

des poissons que des pêcheurs ont tirés de leurs filets et jetés sur le rivage, et qui, entassés sur le sable aride, désirent les ondes qu'ils viennent de quitter, et sont réduits à la dernière extrémité par la chaleur et la sécheresse de l'air qui leur ôte la vie. Les poursuivans, entassés de même les uns sur les autres, rendent les derniers soupirs. Alors le prudent Ulysse dit à Télémaque :

« Mon fils, allez appeler Euryclée, afin que je lui
» donne mes ordres. »

Télémaque ouvre la porte, et haussant la voix, il appelle Euryclée, il lui dit :

« Euryclée, vous qui avez l'inspection sur toutes les
» femmes du palais, descendez, mon père veut vous par-
» ler, et vous donner ses ordres. »

Euryclée obéit; elle ouvre les portes de l'appartement qu'elle avoit toujours tenues fermées, descend et vient se rendre auprès d'Ulysse, conduite par Télémaque. Elle trouve ce prince environné de morts et tout couvert de sang et de poussière : comme un lion qui vient de dévorer un taureau dans un pâturage, dont la gueule et la crinière sont dégouttantes de sang, et dont on ne peut soutenir la vue; tel parut Ulysse, ses yeux étoient comme des éclairs, et le sang, dont il étoit couvert, le rendoit un objet terrible. Quand Euryclée vit tout ce carnage, elle se mit à jeter de grands cris de joie sur ce grand exploit, mais Ulysse la retint, et lui dit :

« Euryclée, renfermez votre joie dans votre cœur,
» et ne la faites pas éclater davantage; il y a de l'impiété
» à se réjouir du malheur des hommes et à les insulter
» après leur mort. Ces princes ont hâté sur eux la ven-
» geance divine par leurs mauvaises actions; car ils com-
» mettoient toutes sortes de violences et d'injustices, et
» n'avoient aucun respect pour les étrangers que la for-
» tune amenoit près d'eux; voilà pourquoi ils ont attiré
» sur eux un sort si funeste. Mais nommez-moi présen-

» Ἀλλ' ἄγε μοί σὺ γυναῖκας ἐνὶ μεγάροις κατάλεξον,
» Αἵ τέ μ' ἀτιμάζουσι καὶ αἳ νηλητεῖς εἰσι. »
  Τὸν δ' αὖτε προσέειπε φίλη τροφὸς Εὐρύκλεια·
« Τοιγὰρ ἐγώ τοι, τέκνον, ἀληθείην καταλέξω. 420
» Πεντήκοντά τοι εἰσὶν ἐνὶ μεγάροισι γυναῖκες
» Δμωαί, τὰς μέν τ' ἔργα διδάξαμεν ἐργάζεσθαι,
» Εἴριά τε ξαίνειν, καὶ δουλοσύνης ἀνέχεσθαι·
» Τάων δώδεκα πᾶσαι ἀναιδείης ἐπέβησαν,
» Οὔτ' ἐμὲ τίουσαι, οὔτ' αὐτὴν Πηνελόπειαν. 425
» Τηλέμαχος δὲ νέον μὲν ἀέξετο, οὐδέ ἑ μήτηρ
» Σημαίνειν εἴασκεν ἐπὶ δμωῇσι γυναιξίν.
» Ἀλλ' ἄγ' ἐγὼν ἀναβᾶσ' ὑπερώϊα σιγαλόεντα.
» Εἴπω σῇ ἀλόχῳ, τῇ τις θεὸς ὕπνον ἐπῶρσε. »
  Τὴν δ' ἀπαμειβόμενος προσέφη πολύμητις Ὀδυσσεύς·
« Μήπω τήνδ' ἐπέγειρε· σὺ δ' ἐνθάδε εἰπὲ γυναιξίν, 431
» Ἐλθέμεν, αἵπερ πρόσθεν ἀεικέα μηχανόωντο. »
  Ὣς ἄρ' ἔφη· γρηῦς δὲ δι' ἐκ μεγάροιο βεβήκει,
Ἀγγελέουσα γυναιξί, καὶ ὀτρυνέουσα νέεσθαι.
Αὐτὰρ ὁ Τηλέμαχον, καὶ βουκόλον, ἠδὲ συβώτην 435
Εἰς ἓ καλεσσάμενος, ἔπεα πτερόεντα προσηύδα·
  « Ἄρχετε νῦν νέκυας φορέειν, καὶ ἄνωχθε γυναῖκας·
» Αὐτὰρ ἔπειτα θρόνους περικαλλέας, ἠδὲ τραπέζας,
» Ὕδατι καὶ σπόγγοισι πολυτρήτοισι καθαίρειν.
» Αὐτὰρ ἐπὴν δὴ πάντα δόμον κατακοσμήσησθε, 440
» Δμωὰς ἐξαγαγόντες ἐϋσταθέος μεγάροιο,
» Μεσσηγύς τε θόλου καὶ ἀμύμονος ἕρκεος αὐλῆς
» Θεινέμεναι ξίφεσιν τανυήκεσιν, εἰσόκε πασέων
» Ψυχὰς ἐξαφέλοισθε, καὶ ἐκλελάθοιντ' Ἀφροδίτης,
» Τὴν ἄρ' ὑπὸ μνηστῆρσιν ἔχον, μίσγοντό τε λάθρῃ. »
  Ὣς ἔφαθ'· αἱ δὲ γυναῖκες ἀολλέες ἦλθον ἅπασαι, 446
Αἴν' ὀλοφυρόμεναι, θαλερὸν κατὰ δάκρυ χέουσαι.
Πρῶτα μὲν οὖν νέκυας φόρεον κατατεθνειῶτας,

» tement les femmes du palais qui ont participé à leurs
» crimes, et celles qui ont fait leur devoir et qui sont
» demeurées fidèles. »

Euryclée lui dit : « Mon fils, je vous dirai la vérité
» sans aucun déguisement. Vous avez dans votre palais
» cinquante femmes à qui nous avons appris à travailler
» à toutes sortes d'ouvrages, et que nous avons tâché
» d'accoutumer à la servitude avec beaucoup de dou-
» ceur. De ces cinquante il y en a douze qui ont foulé
» aux pieds les bienséances les plus indispensables, et
» qui n'ont eu aucun respect pour moi, ni même pour
» la reine. Le prince votre fils étoit trop jeune pour
» avoir de l'autorité, et la reine ne souffriroit pas qu'il
» eût avec elles aucun commerce. Mais permettez que je
» remonte promptement, et que j'aille annoncer cette
» grande nouvelle à Pénélope, à qui un Dieu favorable
» vient d'envoyer un doux sommeil. »

« Ne la réveillez pas encore, repartit Ulysse, il n'est
» pas temps; faites seulement venir ici les femmes qui
» ont manqué au respect et à la fidélité qu'elles lui
» devoient. »

Euryclée quitte Ulysse en même temps pour aller
faire descendre ces femmes, et Ulysse ayant appelé
Télémaque et les deux pasteurs, il leur dit :

« Commencez à emporter ces morts; faites-vous aider
» par les femmes; et quand vous aurez bien lavé et
» nettoyé avec de l'eau et des éponges les siéges et les
» tables, et bien balayé le plancher et remis tout en
» bon état, vous ferez sortir ces femmes, et les ayant
» menées entre le dongeon et la cour, vous leur ôterez
» la vie, afin que par leur sang elles expient toutes les
» débauches dont elles ont déshonoré mon palais. »

Comme il parloit ainsi, ces douze femmes descendirent faisant de grands cris et le visage couvert de
larmes. Elles se mirent d'abord à emporter les morts

Κὰδ δ' ἄρ' ὑπ' αἰθούσῃ τίθεσαν εὐερκέος αὐλῆς,
Ἀλλήλῃσιν ἐρείδουσαι· σήμαινε δ' Ὀδυσσεὺς   450
Αὐτὸς ἐπισπέρχων· ταὶ δ' ἐκφόρεον καὶ ἀνάγκῃ.
Αὐτὰρ ἔπειτα θρόνους περικαλλέας, ἠδὲ τραπέζας,
Ὕδατι καὶ σπόγγοισι πολυτρήτοισι κάθαιρον.
Αὐτὰρ Τηλέμαχος καὶ βουκόλος ἠδὲ συβώτης,
Λίστροισιν δάπεδον πύκα ποιητοῖο δόμοιο   455
Ξῦον· ταὶ δ' ἐφόρεον δμωαί, τίθεσαν δὲ θύραζε.
Αὐτὰρ ἐπειδὴ πᾶν μέγαρον διεκοσμήσαντο,
Δμωὰς ἐξαγαγόντες ἐϋσταθέος μεγάροιο,
Μεσσηγύς τε θόλου, καὶ ἀμύμονος ἕρκεος αὐλῆς,
Εἴλεον ἐν στείνει, ὅθεν οὔπως ἦεν ἀλύξαι.   460
Τοῖσι δὲ Τηλέμαχος πεπνυμένος ἦρχ' ἀγορεύειν·

« Μὴ μὲν δὴ καθαρῷ θανάτῳ ἀπὸ θυμὸν ἑλοίμην
» Τάων, αἳ δὴ ἐμῇ κεφαλῇ κατ' ὀνείδεα χεῦαν,
» Μητέρι θ' ἡμετέρῃ, παρά τε μνηστῆρσιν ἴαυον. »

Ὣς ἄρ' ἔφη· καὶ πεῖσμα νεὼς κυανοπρώροιο   465
Κίονος ἐξάψας μεγάλης, περίβαλλε θόλοιο,
Ὑψόσ' ἐπεντανύσας, μήτις ποσὶν οὖδας ἵκηται.
Ὡς δ' ὅτ' ἂν ἢ κίχλαι τανυσίπτεροι, ἠὲ πέλειαι,
Ἕρκει ἐνιπλήξωσι, τόθ' ἑστήκει ἐνὶ θάμνῳ,
Αὖλιν ἐσιέμεναι, στυγερὸς δ' ὑπεδέξατο κοῖτος· 470
Ὣς αἵγ' ἑξείης κεφαλὰς ἔχον, ἀμφὶ δὲ πάσαις
Δειρῇσιν βρόχοι ἦσαν, ὅπως οἴκτιστα θάνοιεν.
Ἤσπαιρον δὲ πόδεσσι μίνυνθά περ, οὔτι μάλα δήν.
Ἐκ δὲ Μελάνθιον ἦγον ἀνὰ πρόθυρόν τε καὶ αὐλήν·
Τοῦ δ' ἀπὸ μὲν ῥῖνάς τε, καὶ οὔατα νηλέϊ χαλκῷ 475
Τάμνον· μήδεά τ' ἐξέρυσαν, κυσὶν ὠμὰ δάσασθαι,
Χεῖράς τ', ἠδὲ πόδας κόπτον, κεκοτηότι θυμῷ.
Οἱ μὲν ἔπειτ' ἀπονιψάμενοι χεῖράς τε πόδας τέ,
Εἰς Ὀδυσῆα δόμονδε κίον· τετέλεστο δὲ ἔργον.
Αὐτὰρ ὅγε προσέειπε φίλην τροφὸν Εὐρύκλειαν· 480

qu'elles entassoient sous les portiques de la cour. Ulysse les hâtoit lui-même et les forçoit d'emporter ces corps qui leur étoient auparavant si agréables. Après qu'elles eurent lavé et nettoyé les siéges et les tables, Télémaque et les deux pasteurs exécutèrent le dernier ordre d'Ulysse : ils firent sortir les femmes, et les enfermèrent entre le dongeon et la cour, d'où elles ne pouvoient échapper en aucune manière. Là Télémaque adresse la parole aux deux pasteurs, et leur dit :

« Il ne faut point faire finir par une mort honorable » des créatures qui nous ont couverts d'opprobre la » reine et moi par la vie infâme qu'elles ont menée et » par tous les désordres qu'elles ont commis. »

Il dit, et en même temps elles furent attachées à une corde, qu'on tendit d'une colonne à la pointe du dongeon. Comme des grives ou des colombes se trouvent prises aux collets qu'on leur a tendus, et que leur gourmandise les a empêchées de voir; de même ces malheureuses se trouvèrent prises aux lacets que leur intempérance leur avoit cachés. Cette horrible exécution faite, ils firent descendre Mélanthius dans la cour, près du vestibule, et là ils lui coupèrent le nez et les oreilles, et après l'avoir horriblement mutilé pour assouvir leur ressentiment, ils lui ôtèrent la vie. Ils se lavèrent ensuite les pieds et les mains, et se rendirent auprès d'Ulysse pour lui apprendre qu'il étoit délivré de tous ses ennemis. Ulysse ordonne à Euryclée de lui apporter du feu et du soufre, dont on se sert pour les expiations. »

« Οἶσε θέειον, γρηῦ, κακῶν ἄκος, οἶσε δέ μοι πῦρ,
» Ὄφρα θεειώσω μέγαρον· σὺ δὲ Πηνελόπειαν
» Ἐλθεῖν ἐνθάδ᾽ ἄνωχθι, σὺν ἀμφιπόλοισι γυναιξίν·
» Πάσας δ᾽ ὄτρυνον δμωὰς κατὰ δῶμα νέεσθαι· »
Τὸν δ᾽ αὖτε προσέειπε φίλη τροφὸς Εὐρύκλεια· 485
« Ναὶ δὴ ταῦτά γε, τέκνον ἐμὸν, κατὰ μοῖραν ἔειπες,
» Ἀλλ᾽ ἄγε τοι χλαῖνάν τε χιτῶνά τε, εἵματ᾽ ἐνείκω·
» Μηδ᾽ οὕτω ῥάκεσιν πεπυκασμένος εὐρέας ὤμους
» Ἕσταθ᾽ ἐνὶ μεγάροισι· νεμεσσητὸν δέ κεν εἴη. »
Τὴν δ᾽ ἀπαμειβόμενος προσέφη πολύμητις Ὀδυσσεύς·
« Πῦρ νῦν μοι πρώτιστον ἐνὶ μεγάροισι γενέσθω. » 491
Ὣς ἔφαθ᾽· οὐδ᾽ ἀπίθησε φίλη τροφὸς Εὐρύκλεια,
Ἤνεγκεν δ᾽ ἄρα πῦρ καὶ θήϊον· αὐτὰρ Ὀδυσσεὺς
Εὖ διεθείωσεν μέγαρον καὶ δῶμα καὶ αὐλήν.
Γρηὺς δ᾽ αὖτ᾽ ἀνέβη διὰ δώματα κάλ᾽ Ὀδυσῆος. 495
Ἀγγελέουσα γυναιξὶ, καὶ ὀτρυνέουσα νέεσθαι·
Αἱ δ᾽ ἴσαν ἐκ μεγάροιο, δάος μετὰ χερσὶν ἔχουσαι.
Αἱ μὲν ἄρ᾽ ἀμφεχέοντο, καὶ ἠσπάζοντ᾽ Ὀδυσῆα,
Καὶ κύνεον ἀγαπαζόμεναι κεφαλήν τε καὶ ὤμους,
Χεῖράς τ᾽ αἰνύμεναι· τὸν δὲ γλυκὺς ἵμερος ᾕρει   500
Κλαυθμοῦ καὶ στοναχῆς· γίνωσκε δ᾽ ἄρα φρεσὶ πάσας.

« Je veux, lui dit-il, purifier mon palais. » Il lui ordonna aussi d'aller en même temps faire descendre Pénélope avec toutes ses femmes et toutes les esclaves.

« Ce que vous dites est très-juste, mon fils, reprit
» Euryclée ; mais permettez auparavant que je vous
» apporte un manteau et une tunique ; ne vous présentez
» pas à la reine avec ces vieux haillons ; cela seroit
» horrible, et vous lui feriez peur. »

« Faites ce que je vous dis, reprit Ulysse, apportez-
» moi auparavant le soufre et le feu. »

Elle obéit, et Ulysse lui-même parfuma la cour, la salle et le vestibule. Cependant Euryclée va annoncer cette grande nouvelle à toutes les femmes et les faire descendre dans la salle. Elles descendent toutes avec des flambeaux allumés ; et se jetant à l'envi au cou de ce prince, elles lui témoignent leur zèle et leur tendresse ; elles lui baisent la tête, les épaules, les mains. Ulysse les reconnut toutes, et il répondit à leurs caresses par des larmes et par des sanglots.

ΟΜΗΡΟΥ

ΟΔΥΣΣΕΙΑΣ

ΡΑΨΩΔΙΑ Ψ.

Ἀναγνωρισμὸς Ὀδυσσέως πρὸς τὴν γυναῖκα, καὶ τῶν τῆς πλάνης διηγημάτων ἀνακεφαλαίωσις, καὶ Ὀδυσσέως καὶ Τηλεμάχου μετὰ τῶν οἰκείων ἔξοδος.

Ψῖ δ', ἀναγνωρίζει πόσιν ὅν ποτε Πηνελόπεια.

ΓΡΗΥΣ δ' εἰς ὑπερῷ' ἀνεβήσατο καγχαλόωσα,
Δεσποίνῃ ἐρέουσα φίλον πόσιν ἔνδον ἐόντα·

L'ODYSSÉE D'HOMÈRE.

LIVRE VINGT-TROISIÈME.

ARGUMENT.

Euryclée va éveiller Pénélope pour lui apprendre le retour d'Ulysse et la mort des poursuivans; mais la reine la traite de folle, et s'imagine que quelque Dieu vengeur a puni ces princes. Enfin elle descend sans être persuadée; ce qui rendit la première entrevue d'Ulysse et de Pénélope très-froide. Télémaque reproche à sa mère ses froideurs; elle se justifie. Ulysse cependant ordonne des danses dans sa maison, afin que les passans croient que Pénélope se remarie. Minerve rend à ce prince les traits de sa jeunesse; et sa femme néanmoins refuse encore de le reconnoître. Enfin, sur ce qu'elle parle d'un certain lit qu'Ulysse s'étoit fait, ce prince en dit des particularités qui ne laissent plus aucun doute dans l'esprit de la reine; elle le reconnoît, lui donne des marques d'un véritable amour, et demande pardon des précautions outrées qu'elle a prises, et qui marquent sa grande vertu. Ils se rendent compte mutuellement de ce qu'ils ont souffert. Ulysse raconte ses aventures depuis son départ de Troie. En s'éveillant, il s'arme et fait armer son fils et ses deux bergers, et sort avec eux d'Ithaque, pour aller à sa maison de campagne se faire reconnoître à son père.

Euryclée, transportée de joie, monte à l'appartement de la reine pour lui annoncer qu'Ulysse est dans son

Γούνατα δ' ἐρρώσαντο, πόδες δ' ὑπερικταίνοντο·
Στῆ δ' ἄρ' ὑπὲρ κεφαλῆς, καί μιν πρὸς μῦθον ἔειπεν·

« Ἔγρεο, Πηνελόπεια, φίλον τέκος, ὄφρα ἴδηαι   5
» Ὀφθαλμοῖσι τεοῖσι, τά τ' ἔλδεαι ἤματα πάντα·
» Ἦλθ' Ὀδυσεὺς, καὶ οἶκον ἱκάνεται, ὀψέ περ ἐλθών.
» Μνηστῆρας δ' ἔκτεινεν ἀγήνορας, οἵθ' ἑὸν οἶκον
» Κήδεσκον, καὶ κτήματ' ἔδον, βιόωντό τε παῖδα. »

Τὴν δ' αὖτε προσέειπε περίφρων Πηνελόπεια·   10
« Μαῖα φίλη, μάργην σὲ θεοὶ θέσαν· οἵτε δύνανται
» Ἄφρονα ποιῆσαι, καὶ ἐπίφρονά περ μάλ' ἐόντα,
» Καί τε χαλιφρονέοντα σαοφροσύνης ἐπέβησαν·
» Οἵ σέ περ ἔβλαψαν· πρὶν δὲ φρένας αἰσίμη ἦσθα.
» Τίπτε μὲ λωβεύεις, πολυπενθέα θυμὸν ἔχουσαν,   15
» Ταῦτα παρὲξ ἐρέουσα; καὶ ὕπνου μ' ἀνεγείρεις
» Ἡδέος, ὅς μ' ἐπέδησε φίλα βλέφαρ' ἀμφικαλύψας;
» Οὐ γάρ πω τοιόνδε κατέδραθον, ἐξ οὗ Ὀδυσσεὺς
» Ὤχετ' ἐποψόμενος κακοΐλιον οὐκ ὀνομαστήν.
» Ἀλλ' ἄγε νῦν κατάβηθι, καὶ ἂψ ἔρχευ μεγαρόνδε.   20
» Εἰ γάρ τις ἄλλη γε γυναικῶν, αἵ μοι ἔασι,
» Ταῦτ' ἐλθοῦσ' ἤγγειλε, καὶ ἐξ ὕπνου μ' ἀνέγειρε,
» Τῷ κε τάχα στυγερῶς μιν ἐγὼν ἀπέπεμψα νέεσθαι
» Αὖτις ἔσω μεγάρων· σὲ δὲ τοῦτό γε γῆρας ὀνήσει. »

Τὴν δ' αὖτε προσέειπε φίλη τροφὸς Εὐρύκλεια·   25
« Οὔτι σὲ λωβεύω, τέκνον φίλον· ἀλλ' ἔτυμόν τοι
» Ἦλθ' Ὀδυσεὺς, καὶ οἶκον ἱκάνεται, ὡς ἀγορεύω,
» Ὁ ξεῖνος, τὸν πάντες ἀτίμων ἐν μεγάροισι·

palais. Le zèle lui redonne toutes les forces de sa jeunesse ; elle marche d'un pas ferme et assuré, et dans un moment elle arrive près du lit de cette princesse, et se penchant sur sa tête, elle lui dit :

« Eveillez-vous, ma chère Pénélope, ma chère fille,
» pour voir de vos propres yeux ce que vous désirez
» depuis tant d'années, et que vous n'osiez presque plus
» espérer; Ulysse est enfin revenu ; il est dans son
» palais ; il a tué tous les princes qui commettoient
» tant de désordres dans sa maison, qui consumoient
» son bien, et qui traitoient son fils avec tant d'in-
» solence. »

La sage Pénélope, éveillée par ces discours, lui répond : « Ma chère Euryclée, les Dieux vous ont ôté
» l'esprit ; il dépend d'eux de rendre folle la personne
» la plus sensée, et de la plus insensée d'en faire une
» sage. Ils ont voulu exercer sur vous leur pouvoir, car
» jusqu'ici vous avez été un modèle de bon sens et de
» prudence. Pourquoi venez-vous me tromper dans
» mon affliction, en me donnant une nouvelle si fausse ?
» Pourquoi venez-vous troubler un sommeil si doux,
» qui, en fermant mes yeux à la lumière, suspendoit
» toutes mes douleurs ? Je n'ai point encore dormi d'un
» sommeil si profond et si tranquille depuis le jour
» fatal que mon cher Ulysse est parti pour aller à cette
» malheureuse Troie, dont le seul nom me remplit d'hor-
» reur. Retournez-vous-en. Si toute autre de mes femmes
» étoit venue m'éveiller et me tromper d'une si cruelle
» manière, je ne l'aurois pas renvoyée sans lui marquer
» mon indignation ; mais votre grand âge, et l'affection
» que je sais bien que vous avez pour moi, sont pour
» vous une bonne sauvegarde. »

« Ma chère Pénélope, reprit Euryclée, je ne vous
» trompe point, je vous dis la vérité, Ulysse est de
» retour ; c'est l'étranger même à qui vous avez parlé,

» Τηλέμαχος δ' ἄρα μιν πάλαι ᾔδεεν ἔνδον ἐόντα,
» Ἀλλὰ σαοφροσύνῃσι νοήματα πατρὸς ἔκευθεν, 30
» Ὄφρ' ἀνδρῶν τίσαιτο βίην ὑπερηνορεόντων. »

Ὣς ἔφαθ'· ἡ δ' ἐχάρη, καὶ ἀπὸ λέκτροιο θοροῦσα
Γρηῒ περιπλέχθη, βλεφάρων δ' ἄπο δάκρυον ἧκε·
Καί μιν φωνήσασ' ἔπεα πτερόεντα προσηύδα·

« Εἰ δ' ἄγε δή μοι, μαῖα φίλη, νημερτὲς ἔνισπε, 35
» Εἰ ἐτεὸν δὴ οἶκον ἱκάνεται, ὡς ἀγορεύεις,
» Ὅππως δὴ μνηστῆρσιν ἀναιδέσι χεῖρας ἐφῆκε,
» Μοῦνος ἐών, οἱ δ' αἰὲν ἀολλέες ἔνδον ἔμιμνον. »

Τὴν δ' αὖτε προσέειπε φίλη τροφὸς Εὐρύκλεια·
« Οὐκ ἴδον, οὐ πυθόμην, ἀλλὰ στόνον οἶον ἄκουον 40
» Κτεινομένων· ἡμεῖς δὲ μυχῷ θαλάμων εὐπήκτων
» Ἥμεθ' ἀτυζόμεναι, σανίδες δ' ἔχον εὖ ἀραρυῖαι·
» Πρίν γ' ὅτε δή με σὸς υἱὸς ἀπὸ μεγάροιο κάλεσσε
» Τηλέμαχος· τὸν γάρ ῥα πατὴρ προέηκε καλέσσαι.
» Εὗρον ἔπειτ' Ὀδυσῆα μετὰ κταμένοις νεκύεσσιν 45
» Ἑσταόθ'· οἱ δέ μιν ἀμφὶ κραταίπεδον οὖδας ἔχοντες,
» Κεῖατ' ἐπ' ἀλλήλοισιν· ἰδοῦσά κε θυμὸν ἰάνθης,
» Αἵματι καὶ λύθρῳ πεπαλαγμένον, ὥστε λέοντα.
» Νῦν οἱ μὲν δὴ πάντες ἐπ' αὐλείῃσι θύρῃσιν
» Ἀθρόοι· αὐτὰρ ὁ δῶμα θεειοῦται περικαλλές, 50
» Πῦρ μέγα κειάμενος· σὲ δέ με προέηκε καλέσσαι.
» Ἀλλ' ἕπευ, ὄφρα σφῶϊν εὐφροσύνης ἐπιβῆτον
» Ἀμφοτέρω φίλον ἦτορ· ἐπεὶ κακὰ πολλὰ πέποσθε.
» Νῦν δ' ἤδη τόδε μακρὸν ἐέλδωρ ἐκτετέλεσται·
» Ἦλθε μὲν αὐτὸς ζωὸς ἐφέστιος, εὗρε δὲ καὶ σὲ; 55

» et que l'on a si maltraité dans cette maison; il s'étoit
» déjà fait connoître à Télémaque, mais ce jeune prince,
» par un effet de sa sagesse, dissimuloit pour cacher les
» desseins de son père, et pour lui donner le temps de
» les exécuter et de se venger de ses ennemis. »

Elle dit : Pénélope ouvre son cœur à la joie, saute de son lit, embrasse sa chère nourrice, et le visage couvert de larmes :

« Je vous conjure, ma chère Euryclée, lui dit-elle,
» dites-moi s'il est vrai qu'Ulysse soit de retour comme
» vous m'en assurez. Comment a-t-il pu seul se défaire
» de tous ces insolens, qui étoient toujours ensemble
» et en si grand nombre ? »

« Je ne saurois vous le dire, répartit Euryclée, car
» je ne l'ai pas vu, et on n'a pas eu le temps de m'en
» instruire; j'ai seulement entendu le bruit du combat,
» les cris et les gémissemens des mourans et des blessés.
» Nous étions toutes dans le fond de notre appartement,
» transies et troublées de frayeur, et j'avois eu soin de
» bien fermer les portes. Quand le combat a été fini,
» Ulysse a envoyé votre fils m'appeler, je suis descen-
» due bien vite. J'ai trouvé Ulysse au milieu de tous
» les princes morts, entassés çà et là les uns sur les
» autres. Vous auriez été ravie de voir ce héros tout
» couvert de sang et de poussière, comme un lion qui
» vient de faire un carnage horrible au milieu d'un
» troupeau. On a déjà emporté de la salle tous les morts,
» et on les a mis à la porte de la cour. Ulysse purifie
» son palais avec du feu et du soufre, et il m'a envoyé
» vous appeler. Venez donc, ma princesse, descendez
» avec moi, afin que vous vous rassasiiez tous deux de
» joie et de plaisir, après tant de maux et de chagrins
» dont vous avez été accablés. Voilà enfin ce grand désir
» accompli; Ulysse est de retour plein de vie, il est
» dans son palais, il vous retrouve, il retrouve son

» Καὶ παῖδ᾽ ἐν μεγάροισι· κακῶς δ᾽ οἵπερ μιν ἔρεζον
» Μνηστῆρες, τοὺς πάντας ἐτίσατο ᾧ ἐνὶ οἴκῳ. »

Τὴν δ᾽ αὖτε προσέειπε περίφρων Πηνελόπεια·
« Μαῖα φίλη, μή πω μέγ᾽ ἐπεύχεο καγχαλόωσα·
» Οἶσθα γὰρ, ὥς κ᾽ ἀσπαστὸς ἐνὶ μεγάροισι φανείη   60
» Πᾶσι, μάλιστα δ᾽ ἐμοί τε, καὶ υἱέϊ, τὸν τεκόμεσθα.
» Ἀλλ᾽ οὐκ ἔσθ᾽ ὅδε μῦθος ἐτήτυμος, ὡς ἀγορεύεις·
» Ἀλλά τις ἀθανάτων κτεῖνε μνηστῆρας ἀγαυοὺς,
» Ὕβριν ἀγασσάμενος θυμαλγέα καὶ κακὰ ἔργα·
» Οὔτινα γὰρ τίεσκον ἐπιχθονίων ἀνθρώπων,   65
» Οὐ κακὸν, οὐδὲ μὲν ἐσθλὸν, ὅτις σφέας εἰσαφίκοιτο·
» Τῷ δι᾽ ἀτασθαλίας ἔπαθον κακόν· αὐτὰρ Ὀδυσσεὺς
» Ὤλεσε τηλοῦ νόστον Ἀχαιΐδος, ὤλετο δ᾽ αὐτός. »

Τὴν δ᾽ ἠμείβετ᾽ ἔπειτα φίλη τροφὸς Εὐρύκλεια·
« Τέκνον ἐμὸν, ποῖόν σε ἔπος φύγεν ἕρκος ὀδόντων;
» Ἣ πόσιν, ἔνδον ἐόντα παρ᾽ ἐσχάρῃ, οὔποτ᾽ ἔφησθα
» Οἴκαδ᾽ ἐλεύσεσθαι; θυμὸς δέ τοι αἰὲν ἄπιστος.
» Ἀλλ᾽ ἄγε τοι καὶ σῆμα ἀριφραδὲς ἄλλο τι εἴπω,
» Οὐλήν, τήν ποτέ μιν σῦς ἤλασε λευκῷ ὀδόντι,
» Τὴν ἀπονίζουσα φρασάμην· ἔθελον δέ σοι αὐτὴ   75
» Εἰπέμεν· ἀλλά με κεῖνος ἑλὼν ἐπὶ μάστακα χερσὶν,
» Οὐκ ἔα εἰπέμεναι, πολυϊδρείῃσι νόοιο.
» Ἀλλ᾽ ἕπευ· αὐτὰρ ἐγὼν ἐμέθεν περιδώσομαι αὐτῆς,
» Αἴ κέν σ᾽ ἐξαπάφω, κτεῖναί μ᾽ οἰκτίστῳ ὀλέθρῳ. »

Τὴν δ᾽ ἠμείβετ᾽ ἔπειτα περίφρων Πηνελόπεια·   80

» fils, et il a tiré une vengeance éclatante de tous ces
» fiers poursuivans qui vouloient le déshonorer. »

« Ma chère Euryclée, repart Pénélope, que l'excès
» de votre joie ne vous fasse pas grossir nos succès;
» vous savez combien le retour d'Ulysse seroit agréable
» à toute sa maison, et surtout à moi et à son fils, qui
» est le seul fruit de notre mariage. Mais ce sont des
» contes; ce que vous me rapportez là n'est point vrai,
» comme vous le dites, ce n'est point Ulysse, c'est quel-
» qu'un des immortels, qui, ne pouvant souffrir les
» violences et les mauvaises actions de ces princes,
» leur a donné la mort, car ils ne respectoient per-
» sonne; ils confondoient l'homme de bien avec le
» méchant, et fouloient aux pieds l'hospitalité, l'hu-
» manité et la justice; et c'est par leur folie qu'ils ont
» attiré sur eux la vengeance divine. Mais pour mon
» cher Ulysse, il a perdu loin de la Grèce toute espé-
» rance de retour, il a perdu la vie. »

« Que venez-vous de dire, ma chère fille, lui dit
» Euryclée? Vous vous opiniâtrez à assurer que le
» prince votre mari ne reviendra jamais, quand on
» vous assure qu'il est revenu, et qu'il est près de son
» foyer. Voulez-vous donc être toujours incrédule ?
» Permettez que je vous donne une autre preuve bien
» sensible de la vérité de ce que je vous dis : hier, quand
» je lui lavois les pieds par votre ordre, je reconnus la
» cicatrice de la plaie que lui fit autrefois un sanglier
» sur le mont Parnasse. Je voulus d'abord crier et vous
» le dire; mais il me mit la main sur la bouche, et,
» par une prudence dont il est seul capable, il m'em-
» pêcha de parler. Mais, encore une fois, descendez
» avec moi; si vous trouvez que je vous aie trompée,
» je me soumets à tout ce qu'il vous plaira, faites-moi
» mourir de la mort la plus cruelle. »

« Ma chère nourrice, répondit la reine, quelque

« Μαῖα φίλη, χαλεπόν σε θεῶν αἰειγενετάων
» Δήνεα εἴρυσθαι, μάλα πὲρ πολυΐδριν ἐοῦσαν·
» Ἀλλ' ἔμπης ἴομεν μετὰ παῖδ' ἐμόν, ὄφρα ἴδωμαι
» Ἄνδρας μνηστῆρας τεθνηότας, ἠδ' ὃς ἔπεφνεν. »

Ὣς φαμένη, κατέβαιν' ὑπερώϊα· πολλὰ δέ οἱ κῆρ 85
Ὥρμαιν', ἢ ἀπάνευθε φίλον πόσιν ἐξερεείνοι,
Ἢ παρστᾶσα κύσειε κάρη καὶ χεῖρε λαβοῦσα.
Ἢ δ' ἐπεὶ εἰσῆλθεν καὶ ὑπέρβη λάϊνον οὐδὸν,
Ἕζετ' ἔπειτ' Ὀδυσῆος ἐναντίον ἐν πυρὸς αὐγῇ,
Τοίχου τοῦ ἑτέρου· ὁ δ' ἄρα πρὸς κίονα μακρὴν   90
Ἧστο κάτω ὁρόων, ποτιδέγμενος, εἴτι μιν εἴποι
Ἰφθίμη παράκοιτις, ἐπεὶ ἴδεν ὀφθαλμοῖσιν.
Ἢ δ' ἄνεω δὴν ἧστο, τάφος δέ οἱ ἦτορ ἵκανεν.
Ὄψει δ' ἄλλοτε μέν μιν ἐνωπιδίως ἐσίδεσκεν,
Ἄλλοτε δ' ἀγνώσσασκε, κακὰ χροῒ εἵματ' ἔχοντα.   95
Τηλέμαχος δ' ἐνένιπτεν, ἔπος τ' ἔφατ', ἔκ τ' ὀνόμαζε·

« Μῆτερ ἐμὴ, δύσμητερ, ἀπηνέα θυμὸν ἔχουσα,
» Τίφθ' οὕτω πατρὸς νοσφίζεαι, οὐδὲ παρ' αὐτὸν
» Ἑζομένη μύθοισιν ἀνείρεαι, οὐδὲ μεταλλᾷς;
» Οὐ μέν κ' ἄλλη γ' ὧδε γυνὴ τετληότι θυμῷ   100
» Ἀνδρὸς ἀφεσταίη, ὅς οἱ κακὰ πολλὰ μογήσας
» Ἔλθοι ἐεικοστῷ ἔτεϊ ἐς πατρίδα γαῖαν·
» Σοὶ δ' αἰεὶ κραδίη στερεωτέρη ἐστὶ λίθοιο. »

Τὸν δ' αὖτε προσέειπε περίφρων Πηνελόπεια·
« Τέκνον ἐμὸν, θυμός μοι ἐνὶ στήθεσσι τέθηπεν·   105
» Οὐδέ τι προσφάσθαι δύναμαι ἔπος, οὐδ' ἐρέεσθαι,
» Οὐδ' εἰς ὦπα ἰδέσθαι ἐναντίον· εἰ δ' ἐτεὸν δὴ
» Ἔστ' Ὀδυσεὺς, καὶ οἶκον ἱκάνεται, ἦ μάλα νῶϊ
» Γνωσόμεθ' ἀλλήλων καὶ λώϊον· ἔστι γὰρ ἡμῖν

» habile et quelque expérimentée que vous soyez, il
» ne vous est pas possible de sonder et de pénétrer la
» conduite des Dieux. Cependant descendons, allons
» trouver mon fils, pour voir tous ces poursuivans pri-
» vés de vie, et l'auteur de ce grand exploit. »

En finissant ces mots, elle commence à descendre,
et en descendant elle délibéroit en son cœur si elle
parleroit à son mari sans l'approcher, ou si elle l'abor-
deroit pour le saluer et l'embrasser. Quand elle fut
arrivée dans la salle, elle s'assit près de la muraille
vis-à-vis d'Ulysse, qu'elle vit à la clarté du feu, et qui,
assis près d'une colonne, les yeux baissés depuis qu'il
l'eut aperçue, attendoit ce que lui diroit cette vertueuse
épouse. Mais elle gardoit le silence, le cœur serré de
crainte et d'étonnement. Tantôt elle jetoit les yeux sur
lui, et sembloit le reconnoître, et tantôt elle les détour-
noit, et le méconnoissoit, trompée par les haillons dont
il étoit couvert. Télémaque surpris de cette froideur,
dont il ne pénétroit pas la cause, lui dit :

« Ma mère, mère cruelle, dont le cœur est toujours
» dur et insensible, pourquoi vous tenez-vous ainsi à
» l'écart loin de mon père ? Pourquoi ne vous appro-
» chez-vous pas de lui pour le saluer et pour lui parler ?
» Dans tout le monde entier trouveroit-on une autre
» femme de cette dureté et de cette fierté, qui reçût si
» froidement un mari qui, après une absence de vingt
» années et des travaux infinis, reviendroit enfin auprès
» d'elle ? Non, le marbre n'est pas si dur que votre
» cœur. »

« Mon fils, répondit la sage Pénélope, je suis si
» saisie, que je n'ai la force ni de lui parler, ni de le
» regarder ; mais s'il est véritablement mon cher Ulysse,
» il lui sera bien aisé de se faire connoître plus sûre-
» ment ; car il s'est passé entre nous des choses secrètes,

» Σήμαθ', ἃ δὴ καὶ νῶϊ κεκρυμμένα ἴδμεν ἀπ' ἄλλων.»

Ὣς φάτο· μείδησεν δὲ πολύτλας δῖος Ὀδυσσεύς, 111
Αἶψα δὲ Τηλέμαχον ἔπεα πτερόεντα προσηύδα.

« Τηλέμαχ', ἤτοι μητέρ' ἐνὶ μεγάροισιν ἔασον
» Πειράζειν ἐμέθεν· τάχα δὲ φράσεται καὶ ἄρειον.
» Νῦν δ' ὅττι ῥυπόω, κακὰ δὲ χροῒ εἵματα εἷμαι, 115
» Τοὔνεκ' ἀτιμάζει με, καὶ οὔπω φησὶ τὸν εἶναι.
» Ἡμεῖς δὲ φραζώμεθ', ὅπως ὄχ' ἄριστα γένηται.
» Καὶ γάρ τίς θ' ἕνα φῶτα κατακτείνας ἐνὶ δήμῳ,
» Ὧ μὴ πολλοὶ ἔωσιν ἀοσσητῆρες ὀπίσσω,
» Φεύγει, πηούς τε προλιπὼν καὶ πατρίδα γαῖαν· 120
» Ἡμεῖς δ' ἕρμα πόληος ἀπέκταμεν, οἳ μέγ' ἄριστοι
» Κούρων εἰν Ἰθάκῃ, τῷ σε φράζεσθαι ἄνωγα.»

Τὸν δ' αὖ Τηλέμαχος πεπνυμένος ἀντίον ηὔδα·
« Αὐτὸς ταῦτά γε λεῦσσε, πάτερ φίλε· σὴν γὰρ ἀρίστην
» Μῆτιν ἐπ' ἀνθρώπους φάσ' ἔμμεναι, οὐδέ κέ τίς τοι
» Ἄλλος ἀνὴρ ἐρίσειε καταθνητῶν ἀνθρώπων. 126
» Ἡμεῖς δὲ μεμαῶτες ἅμ' ἑψόμεθ', οὐδέ τι φημὶ
» Ἀλκῆς δευήσεσθαι, ὅση δύναμίς γε πάρεστι.»

Τὸν δ' ἀπαμειβόμενος προσέφη πολύμητις Ὀδυσσεύς·
« Τοιγὰρ ἐγὼν ἐρέω, ὥς μοι δοκεῖ εἶναι ἄριστα· 130
» Πρῶτα μὲν ἄρ λούσασθε, καὶ ἀμφιέσασθε χιτῶνας,
» Δμωάς τ' ἐν μεγάροισιν ἀνώγετε εἵμαθ' ἑλέσθαι·
» Αὐτὰρ θεῖος ἀοιδὸς, ἔχων φόρμιγγα λίγειαν,
» Ἡμῖν ἡγείσθω φιλοπαίγμονος ὀρχηθμοῖο,
» Ὣς κέν τις φαίη γάμον ἔμμεναι, ἐκτὸς ἀκούων, 135

» qui ne sont connues que de nous deux. Voilà ce qui
» peut me porter à le reconnoître. »

Elle dit : Ulysse se prit à sourire, et dit à Télémaque :
« Mon fils, donnez le temps à votre mère de m'exa-
» miner, et de me faire des questions, elle ne sera pas
» long-temps sans être désabusée. Elle me méprise et
» me méconnoît, parce qu'elle me voit malpropre et
» couvert de méchans habits, et elle ne peut s'imaginer
» que je suis Ulysse; cela changera. Pensons présente-
» ment comment nous nous tirerons de tout ceci ; on
» voit tous les jours que celui qui n'a tué qu'un seul
» homme, un homme de peu de considération, un
» homme même qui ne laisse pas beaucoup de ven-
» geurs après lui, est pourtant obligé de quitter ses
» parens et sa patrie, et d'aller en exil ; et nous, nous
» venons de mettre à mort les princes les plus consi-
» dérables d'Ithaque ; pensez donc aux moyens dont
» nous pourrons nous servir pour nous mettre à cou-
» vert des suites que nous devons craindre. »

« C'est à vous, mon père, à y penser, reprit Télé-
» maque ; car tout le monde vous donne cette louange,
» que du côté de la prudence il n'y a point d'homme
» qui puisse vous rien disputer. Nous vous suivrons
» partout, et nous sommes prêts à tout faire ; je ne
» crois pas que nous manquions de force et de cou-
» rage, conduits par un homme de votre prudence et
» de votre valeur. »

« Je m'en vais donc vous dire ce que je trouve de
» plus expédient, reprit Ulysse : baignez-vous tous ;
» après le bain, prenez de beaux habits ; obligez toutes
» les femmes du palais à se parer de même, et que le
» divin Phémius, prenant sa lyre, viennent en jouer ici
» et nous faire danser à ses chansons, afin que tous
» les voisins et tous ceux qui passeront près du palais,

» Ἢ ἀν' ὁδὸν στείχων, ἢ οἳ περιναιετάουσιν·
» Μὴ πρόσθε κλέος εὐρὺ φόνου κατὰ ἄστυ γένηται
» Ἀνδρῶν μνηστήρων, πρίν γ' ἡμέας ἐλθέμεν ἔξω
» Ἀγρὸν ἐς ἡμέτερον πολυδένδρεον· ἔνθα δ' ἔπειτα 139
» Φρασσόμεθ', ὅ, ττι κὲ κέρδος Ὀλύμπιος ἐγγυαλίξῃ. »

Ὣς ἔφαθ'· οἱ δ' ἄρα τοῦ μάλα μὲν κλύον, ἠδ' ἐπίθοντο·
Πρῶτα μὲν οὖν λούσαντο, καὶ ἀμφιέσαντο χιτῶνας·
Ὅπλισθεν δὲ γυναῖκες· ὁ δ' εἵλετο θεῖος ἀοιδὸς
Φόρμιγγα γλαφυρὴν, ἐν δέ σφισιν ἵμερον ὦρσεν
Μολπῆς τε γλυκερῆς, καὶ ἀμύμονος ὀρχηθμοῖο.   145
Τοῖσιν δὲ μέγα δῶμα περιστοναχίζετο ποσσὶν
Ἀνδρῶν παιζόντων, καλλιζώνων τε γυναικῶν.
Ὧδε δέ τις εἴπεσκε, δόμων ἔκτοσθεν ἀκούων·

« Ἦ μάλα δή τις ἔγημε πολυμνήστην βασίλειαν·
» Σχετλίη, οὐδ' ἔτλη πόσιος οὗ κουριδίοιο   150
» Εἴρυσθαι μέγα δῶμα διαμπερές, ὄφρ' ἂν ἵκοιτο. »

Ὣς ἄρα τις εἴπεσκε· τὰ δ' οὐκ ἴσαν, ὡς ἐτέτυκτο.
Αὐτὰρ Ὀδυσσῆα μεγαλήτορα ᾧ ἐνὶ οἴκῳ
Εὐρυνόμη ταμίη λοῦσεν, καὶ χρῖσεν ἐλαίῳ·
Ἀμφὶ δέ μιν φᾶρος καλὸν βάλεν, ἠδὲ χιτῶνα.   155
Αὐτὰρ κακκεφαλῆς χεῦεν πολὺ κάλλος Ἀθήνη,
Μείζονά τ' εἰσιδέειν καὶ πάσσονα· καδδὲ κάρητος
Οὔλας ἧκε κόμας, ὑακινθίνῳ ἄνθει ὁμοίας.
Ὡς δ' ὅτε τις χρυσὸν περιχεύεται ἀργύρῳ ἀνὴρ
Ἴδρις, ὃν Ἥφαιστος δέδαεν καὶ Παλλὰς Ἀθήνη   160
Τέχνην παντοίην, χαρίεντα δὲ ἔργα τελείει·
Ὣς μὲν τῷ περίχευε χάριν κεφαλῇ τε καὶ ὤμοις.
Ἐκ δ' ἀσαμίνθου βῆ δέμας ἀθανάτοισιν ὁμοῖος·
Ἂψ δ' αὖτις κατ' ἄρ' ἕζετ' ἐπὶ θρόνου, ἔνθεν ἀνέστη,

» entendant ce bruit, croient qu'il y a ici une noce;
» et que le bruit du massacre qui vient d'être fait, ne
» se répande pas dans la ville avant que nous ayons le
» temps de nous retirer à la campagne. Là nous pen-
» serons plus à loisir à exécuter les bons conseils que
» Jupiter nous inspirera. »

Il parla ainsi, et on se met à exécuter ses ordres. Ils se baignent, et prennent les habits les plus magnifiques. Toutes les femmes se parent de ce qu'elles ont de plus précieux. Le chantre Phémius prend sa lyre, et par ses divines chansons il inspire l'amour de la danse et de la musique. Le palais retentit du bruit d'hommes et de femmes qui dansent ensemble, et qui dansent pour être entendus. Les voisins et les passans, frappés de ce grand bruit, ne manquent pas de se dire les uns aux autres :

« Voilà donc la reine qui vient d'épouser un des
» princes qui lui faisoient la cour. L'infortunée ! elle
» n'a pas eu le courage de conserver la maison de son
» mari jusqu'à ce qu'il fût de retour. »

Voilà comme parloit tout le monde, mais tout le monde ignoroit ce qui se passoit. Cependant Eurynome, après avoir baigné et parfumé Ulysse, lui présente de magnifiques habits, et Minerve lui donne un éclat extraordinaire de beauté et de bonne mine, le fait paroître plus grand et plus majestueux, et lui rend ses grands et beaux cheveux, qui, frisés par grosses boucles, ombragent ses épaules : comme un habile ouvrier, que Vulcain et Minerve ont instruit dans son art, mêle l'or avec l'argent, et en fait un ouvrage très-gracieux ; de même Minerve relève la bonne mine d'Ulysse par une grâce merveilleuse qu'elle donne à sa tête et qu'elle répand sur toute sa personne. Il sort de la chambre du bain, semblable à un des immortels,

Ἀντίον ἧς ἀλόχου, καί μιν πρὸς μῦθον ἔειπε· 165

« Δαιμονίη, περὶ σοί γε γυναικῶν θηλυτεράων
» Κῆρ ἀτέραμνον ἔθηκαν Ὀλύμπια δώματ' ἔχοντες·
» Οὐ μέν κ' ἄλλη ὧδε γυνὴ τετληότι θυμῷ
» Ἀνδρὸς ἀφεσταίη, ὅς οἱ κακὰ πολλὰ μογήσας
» Ἔλθοι ἐεικοστῷ ἔτεϊ ἐς πατρίδα γαῖαν. 170
» Ἀλλ' ἄγε μοι, μαῖα, στόρεσον λέχος, ὄφρα καὶ αὐτὸς
» Λέξομαι· ἦ γὰρ τῇγε σιδήρεος ἐν φρεσὶ θυμός. »

Τὸν δ' αὖτε προσέειπε περίφρων Πηνελόπεια·
« Δαιμόνι', οὔτ' ἄρ τι μεγαλίζομαι, οὐδ' ἀθερίζω,
» Οὐδὲ λίην ἄγαμαι· μάλα δ' εὖ οἶδ', οἷος ἔησθα, 175
» Ἐξ Ἰθάκης ἐπὶ νηὸς ἰὼν δολιχηρέτμοιο.
» Ἀλλ' ἄγε οἱ στόρεσόν πυκινὸν λέχος, Εὐρύκλεια,
» Ἐκτὸς ἐϋσταθέος θαλάμου, τόν ῥ' αὐτὸς ἐποίει.
» Ἔνθα οἱ ἐκθεῖσαι πυκινὸν λέχος, ἐμβάλετ' εὐνὴν,
» Κώεα, καὶ χλαίνας, καὶ ῥήγεα σιγαλόεντα. » 180

Ὣς ἄρ' ἔφη, πόσιος πειρωμένη· αὐτὰρ Ὀδυσσεὺς
Ὀχθήσας ἄλοχον προσεφώνεε, κέδν' εἰδυῖαν·

Ὦ γύναι, ἦ μάλα τοῦτο ἔπος θυμαλγὲς ἔειπες.
« Τίς δέ μοι ἄλλοσε θῆκε λέχος; χαλεπὸν δέ κεν εἴη
» Καὶ μάλ' ἐπισταμένῳ, ὅτε μὴ θεὸς αὐτὸς ἐπελθὼν
» Ῥηϊδίως ἐθέλων θείη ἄλλῃ ἐνὶ χώρῃ. 186

et va s'asseoir vis-à-vis de la reine, à qui il parle en ces termes :

« Princesse, les Dieux vous ont donné un cœur plus
» fier et plus dur qu'à toutes les autres femmes. En trou-
» veroit-on encore une qui reçût si froidement son
» mari revenu auprès d'elle après vingt années d'ab-
» sence et après tant de peines et de travaux ? » En
même temps adressant la parole à Euryclée, il lui dit:
« Euryclée, dressez-moi un lit, afin que j'aille goûter
» quelque repos ; le cœur de la reine est un cœur de
» fer que rien ne peut amolir. »

Pénélope lui répond : « Prince, ce n'est ni fierté ni
» mépris, mais aussi je ne me laisse point éblouir par
» tout ce qui me parle en votre faveur. Je me souviens
» très-bien comment vous étiez quand vous vous embar-
» quâtes sur vos vaisseaux pour aller à Troie, vous me
» paroissez le même aujourd'hui; mais je ne me fie
» pas encore assez à mes yeux ; et la fidélité que je
» dois à mon mari, et ce que je me dois à moi-même,
» demandent les plus exactes précautions et les sûretés
» les plus grandes. Mais, Euryclée, allez, faites porter
» hors de la chambre de mon mari le lit qu'il s'est fait
» lui-même ; garnissez-le de tout ce que nous avons
» de meilleur et de plus beau, afin qu'il aille se cou-
» cher. »

Elle parla de la sorte pour éprouver son mari. Ulysse, qui le connut, profita de cette ouverture pour éclaircir tous les doutes de la reine, et pour ne lui laisser aucun scrupule dans l'esprit : »

« Princesse, lui dit-il d'un ton de colère, vous venez
» de lui dire là une chose qui m'afflige. Qui est-ce qui
» pourroit porter hors de ma chambre le lit que je me
» suis fait? cela seroit bien difficile; à moins qu'un Dieu
» ne s'en mêlât; car les Dieux peuvent tout; mais pour

» Ἀνδρῶν δ' οὐκ ἄν τις ζωὸς βροτὸς, οὐδὲ μάλ' ἡϐῶν,
» Ῥεῖα μετοχλίσσειεν· ἐπεὶ μέγα σῆμα τέτυκται
» Ἐν λέχει ἀσκητῷ· τὸ δ' ἐγὼ κάμον, οὐδέ τις ἄλλος.
» Θάμνος ἔφυ τανύφυλλος ἐλαίης ἕρκεος ἐντὸς,   190
» Ἀκμηνὸς θαλέθων· πάχετος δ' ἦν, ἠΰτε κίων·
» Τῷ δ' ἐγὼ ἀμφιϐαλὼν θάλαμον δέμον, ὄφρ' ἐτέλεσσα
» Πυκνῇσιν λιθάδεσσι, καὶ εὖ καθύπερθεν ἔρεψα·
» Κολλητὰς δ' ἐπέθηκα θύρας, πυκινῶς ἀραρυίας.
» Καὶ τότ' ἔπειτ' ἀπέκοψα κόμην τανυφύλλου ἐλαίης·
» Κορμὸν δ' ἐκ ῥίζης προταμὼν, ἀμφέξεσα χαλκῷ 196
» Εὖ καὶ ἐπισταμένως, καὶ ἐπὶ στάθμην ἴθυνα,
» Ἑρμῖν' ἀσκήσας· τέτρηνα δὲ πάντα τερέτρῳ.
» Ἐκ δὲ τοῦ ἀρχόμενος λέχος ἔξεον, ὄφρ' ἐτέλεσσα,
» Δαιδάλλων χρυσῷ τε, καὶ ἀργύρῳ, ἠδ' ἐλέφαντι, 200
» Ἐκ δ' ἐτάνυσσα ἱμάντα βοὸς, φοίνικι φαεινόν.
» Οὕτω τοι τόδε σῆμα πιφαύσκομαι· οὐδέ τι οἶδα,
» Εἴ μοι ἔτ' ἔμπεδόν ἐστι, γύναι, λέχος, ἠέ τις ἤδη
» Ἀνδρῶν ἄλλοσε θῆκε, ταμὼν ὑπὸ πυθμέν' ἐλαίης. »

Ὣς φάτο· τῆς δ' αὐτοῦ λύτο γούνατα καὶ φίλον ἦτορ,
Σήματ' ἀναγνούσῃ, τά οἱ ἔμπεδα πέφραδ' Ὀδυσσεύς. 206
Δακρύσασα δ' ἔπειτ' ἰθὺς δράμεν, ἀμφὶ δὲ χεῖρας
Δειρῇ βάλλ' Ὀδυσῆϊ, κάρη δ' ἔκυσ', ἠδὲ προσηύδα·

« Μή μοι, Ὀδυσσεῦ, σκύζευ, ἐπεὶ τά περ ἄλλα μάλιστα
» Ἀνθρώπων πέπνυσο· θεοὶ δ' ὤπαζον ὀϊζὺν,   210
» Οἳ νῶϊν ἀγάσαντο παρ' ἀλλήλοισι μένοντε
» Ἥϐης ταρπῆναι, καὶ γήραος οὐδὸν ἱκέσθαι·
» Αὐτὰρ μὴ νῦν μοι τόδε χώεο, μηδὲ νεμέσσα,
» Οὕνεκά σ' οὐ τοπρῶτον, ἐπεὶ ἴδον, ὧδ' ἀγάπησα·
» Αἰεὶ γάρ μοι θυμὸς ἐνὶ στήθεσσι φίλοισιν   215
» Ἐρρίγει, μή τίς με βροτῶν ἀπάφοιτ' ἐπέεσσιν

» les hommes, il n'y en a point, quelque fort qu'il soit,
» qui puisse le changer de place. Et en voici une grande
» preuve. C'est un lit que j'ai pris plaisir à faire moi-
» même. Je l'ai façonné moi-même avec soin. Il y avoit
» dans ma cour un bel olivier de la grosseur d'une grosse
» colonne. Je fis bâtir tout autour une chambre à cou-
» cher ; quand elle fut achevée, je coupai les branches
» de l'olivier, et après avoir scié le tronc à une certaine
» hauteur, j'accommodai le pied, je l'aplanis pour en
» faire le bois de lit, je le perçai d'espace en espace, et
» quand cela fut fait, pour l'enrichir je prodiguai l'or,
» l'argent et l'ivoire ; je tendis au-dessus des sangles
» faites de bandes de cuir de bœuf teintes en pourpre,
» et ses pieds tiennent au plancher. Voilà de bons indices
» que je vous donne. Je ne sais si on a laissé ce lit dans
» ma chambre ; ou si on a scié les pieds pour le déta-
» cher du plancher et pour le porter ailleurs. »

A ces mots, la reine tomba presque évanouie, les genoux et le cœur lui manquent, elle ne peut se soutenir ; elle ne doute plus que ce ne soit son cher Ulysse ; enfin, revenue de sa foiblesse, elle court à lui, le visage baigné de pleurs ; et en l'embrassant avec toutes les marques d'une véritable tendresse, elle lui dit :

« Mon cher Ulysse, ne soyez point fâché contre moi ;
» vous surpassez tous les hommes en prudence, et les
» Dieux ont voulu épuiser sur nous tous les traits de leur
» colère en nous accablant de maux ; ils nous ont envié
» le bonheur de vivre toujours ensemble ; de jouir
» ensemble de notre jeunesse, et de parvenir ensemble
» à la dernière vieillesse, sans nous être jamais quittés.
» Ne soyez donc point irrité contre moi, et ne me repro-
» chez pas que je ne vous ai pas donné des marques de
» mon amour dès le moment que je vous ai vu. Depuis
» votre départ, j'ai été dans une appréhension conti-
» nuelle que quelqu'un ne vînt me surprendre par des

» Ἐλθών· πολλοὶ γὰρ κακὰ κέρδεα βουλεύουσιν.
» Οὐδέ κεν Ἀργείη Ἑλένη, Διὸς ἐκγεγαυῖα,
» Ἀνδρὶ παρ' ἀλλοδαπῷ ἐμίγη φιλότητι καὶ εὐνῇ,
» Εἰ ᾔδη, ὅ μιν αὖτις ἀρήιοι υἷες Ἀχαιῶν   220
» Ἀξέμεναι οἶκόνδε φίλην ἐς πατρίδ' ἔμελλον.
» Τὴν δ' ἤτοι ῥέξαι θεὸς ὤρορεν ἔργον ἀεικές·
» Τὴν δ' ἄτην οὐ πρόσθεν ἑῷ ἐγκάτθετο θυμῷ
» Λυγρήν, ἐξ ἧς πρῶτα καὶ ἡμέας ἵκετο πένθος.
» Νῦν δ', ἐπεὶ ἤδη σήματ' ἀριφραδέως κατέλεξας 225
» Εὐνῆς ἡμετέρης, τὴν οὐ βροτὸς ἄλλος ὀπώπει,
» Ἀλλ' οἶοι σύ τ', ἐγώ τε, καὶ ἀμφίπολος μία μούνη
» Ἀκτορίς, (ἥν μοι δῶκε πατὴρ ἔτι δεῦρο κιούσῃ,
» Ἥ νῶϊν εἴρυτο θύρας πυκινοῦ θαλάμοιο,)
» Πείθεις δή μευ θυμὸν, ἀπηνέα περ μάλ' ἐόντα. » 230

Ὣς φάτο· τῷ δ' ἔτι μᾶλλον ὑφ' ἵμερον ὦρσε γόοιο·
Κλαῖε δ' ἔχων ἄλοχον θυμαρέα, κεδν' εἰδυῖαν.
Ὡς δ' ὅτ' ἂν ἀσπασίως γῇ νηχαμένοισι φανείη,
Ὧντε Ποσειδάων εὐεργέα νῆ' ἐνὶ πόντῳ
Ῥαίσῃ ἐπειγομένην ἀνέμῳ καὶ κύματι πηγῷ,   235
Παῦροι δ' ἐξέφυγον πολιῆς ἁλὸς ἤπειρόνδε
Νηχόμενοι, πολλὴ δὲ περὶ χροῒ τέτροφεν ἄλμη,
Ἀσπάσιοι δ' ἐπέβαν γαίης, κακότητα φυγόντες·
Ὣς ἄρα τῇ ἀσπαστὸς ἔην πόσις εἰσοροώσῃ·
Δειρῆς δ' οὔπω πάμπαν ἀφίετο πήχεε λευκώ.   240

» apparences trompeuses, comme il n'y a que trop
» d'hommes qui ne cherchent qu'à nous abuser. Com-
» bien d'exemples de ces surprises ! Hélène même,
» quoique fille de Jupiter, ne fut-elle pas trompée ?
» Jamais elle n'auroit reçu dans sa couche cet étranger,
» si elle avoit prévu que la Grèce entière prendroit les
» armes pour aller l'enlever à son ravisseur, et pour la
» ramener dans le palais de son mari. Mais une Déesse,
» dont on ne sauroit trop se défier, l'a portée à com-
» mettre cette action indigne, et elle n'envisagea pas les
» suites funestes que devoit avoir cette passion honteuse,
» qui a été la source de tous nos malheurs. Présentement
» que vous me donnez des preuves si fortes en parlant
» de notre lit, de ce lit qui n'est connu que de vous et
» de moi et d'Actoris, que mon père mit auprès de moi
» quand il m'envoya dans vos états, et qui étoit celle de
» mes femmes qui avoit soin de l'appartement où il est
» et qui en gardoit les portes ; ces preuves sont si évi-
» dentes, que mon cœur, quelque dur et inflexible qu'il
» soit, ne peut s'empêcher de se rendre, et d'être entiè-
» rement convaincu que vous êtes mon cher Ulysse que
» je pleure depuis si long-temps. »

Ces paroles attendrirent Ulysse, il pleura de joie
d'avoir une femme si charmante et si pleine de prudence et de vertu. Comme au milieu d'un naufrage la
terre paroît agréable aux matelots dont Neptune a
brisé le vaisseau dans la haute mer, en excitant contre
eux les vents et les vagues, le plus grand nombre, après
avoir long-temps lutté contre la fureur des flots, est
englouti dans les abîmes ; le reste, couvert d'algue et d'é-
cume, a beaucoup de peine à se sauver, et ceux qui
ont le bonheur de gagner le rivage, l'embrassent avec
grand plaisir : tel et plus agréable encore Ulysse paroît
à Pénélope ; cette chaste épouse ne peut se rassasier d'embrasser son mari ; elle le serre avec ses beaux bras sans

Καί νύ κ' ὀδυρομένοισι φάνη ῥοδοδάκτυλος ἠὼς,
Εἰ μὴ ἄρ' ἄλλ' ἐνόησε θεὰ γλαυκῶπις Ἀθήνη.
Νύκτα μὲν ἐν περάτῃ δολιχὴν σχέθεν, ἠῶ δ' αὖτε
Ῥύσατ' ἐπ' Ὠκεανῷ χρυσόθρονον, οὐδ' ἔα ἵππους
Ζεύγνυσθ' ὠκύποδας, φάος ἀνθρώποισι φέροντας, 245
Λάμπον καὶ Φαέθονθ', οἵτ' ἠῶ πῶλοι ἄγουσι.
Καὶ τότ' ἄρ' ἣν ἄλοχον προσέφη πολύμητις Ὀδυσσεύς·

« Ὦ γύναι, οὐ γάρ πω πάντων ἐπὶ πείρατ' ἀέθλων
» Ἤλθομεν, ἀλλ' ἔτ' ὄπισθεν ἀμέτρητος πόνος ἔσται
» Πολλὸς καὶ χαλεπός, τὸν ἐμὲ χρὴ πάντα τελέσσαι.
» Ὡς γάρ μοι ψυχὴ μυθήσατο Τειρεσίαο   250
» Ἤματι τῷ, ὅτε δὴ κατέβην δόμον ἄϊδος εἴσω,
» Νόστον ἑταίροισιν διζήμενος, ἠδ' ἐμοὶ αὐτῷ.
» Ἀλλ' ἔρχευ, λέκτρονδ' ἴομεν, γύναι, ὄφρα καὶ ἤδη
» Ὕπνῳ ὑπὸ γλυκερῷ ταρπώμεθα κοιμηθέντε. »   255

Τὸν δ' αὖτε προσέειπε περίφρων Πηνελόπεια·
» Εὐνὴ μὲν δὴ σοί γε τότ' ἔσσεται, ὁππότε θυμῷ
» Σῷ ἐθέλῃς· ἐπεὶ ἄρ σε θεοὶ ποίησαν ἱκέσθαι
» Οἶκον ἐϋκτίμενον, καὶ σὴν ἐς πατρίδα γαῖαν.
» Ἀλλ' ἐπεὶ ἐφράσθης, καί τοι θεὸς ἔμβαλε θυμῷ, 260
» Εἴπ' ἄγε μοὶ τὸν ἄεθλον· ἐπεὶ καὶ ὄπισθεν, (ὀΐω,)
» Πεύσομαι· αὐτίκα δ' ἐστὶ δαήμεναι οὔτι χέρειον. »

Τὴν δ' ἀπαμειβόμενος προσέφη πολύμητις Ὀδυσσεύς·
« Δαιμονίη, τί τ' ἄρ' αὖ με μάλ' ὀτρυνέουσα κελεύεις
» Εἰπέμεν; αὐτὰρ ἐγὼ μυθήσομαι, οὐδ' ἐπικεύσω. 265
» Οὐ μέν τοι θυμὸς κεχαρήσεται· οὐδὲ γὰρ αὐτὸς
» Χαίρω· ἐπεὶ μάλα πολλὰ βροτῶν ἐπὶ ἄστε' ἄνωγεν
» Ἐλθεῖν, ἐν χείρεσσιν ἔχοντ' εὐῆρες ἐρετμόν·
» Εἰσόκε τοὺς ἀφίκωμαι, οἳ οὐκ ἴσασι θάλασσαν,
» Ἀνέρας, οὐδὲ θ' ἅλεσσι μεμιγμένον εἶδαρ ἔδουσιν,
» Οὐδ' ἄρα τοί γ' ἴσασι νέας φοινικοπαρήους,   271
» Οὐδ' εὐήρε' ἐρετμά, τά τε πτερὰ νηυσὶ πέλονται.

pouvoir le quitter, et Ulysse répond à ces marques d'amour avec toutes les marques de la plus grande tendresse. L'aurore, en venant chasser les flambeaux de la nuit, les auroit trouvés en cet état, si Minerve ne l'eût retardée. Cette Déesse retint la nuit à la fin de sa course, et empêcha l'aurore d'atteler à son char ses brillans coursiers, Lampus et Phaéton, et de sortir de l'Océan pour annoncer la lumière aux hommes. Ulysse prenant la parole, dit :

« Pénélope, nous ne sommes pas encore à la fin de
» tous nos travaux. Il m'en reste un à essuyer, et c'est
» le plus long et le plus difficile, comme Tirésias me le
» déclara le jour que je descendis dans le ténébreux
» palais de Pluton, pour consulter ce devin sur les
» moyens de retourner dans ma patrie et d'y ramener
» mes compagnons. Mais finissons cet entretien, et allons
» oublier entre les bras du sommeil toutes nos inquié-
» tudes. »

« Nous irons nous coucher quand il vous plaira,
» répondit Pénélope; vous êtes le maître, je dois vous
» obéir; trop heureuse que les Dieux vous aient enfin
» conduit dans votre patrie et dans ce palais. Mais
» puisque vous m'avez parlé de ce nouvel exploit que
» vous avez encore à terminer, expliquez-le moi, je
» vous prie; vous auriez la bonté de m'en informer
» dans la suite, et j'aime mieux l'être dès à présent ;
» l'incertitude ne feroit qu'augmenter mes craintes. »

« Ma chère Pénélope, reprit Ulysse, pourquoi me
» forcez-vous à vous déclarer une chose qui m'afflige et
» qui vous affligera aussi ? Je vais vous la dire, puisque
» vous le voulez. Le devin m'a ordonné de courir encore
» le monde, et d'aller dans plusieurs villes, tenant dans
» les mains une rame, jusqu'à ce que j'arrive chez un
» peuple qui ne connoisse point la mer, qui ne mange
» point de sel dans ses viandes, et qui n'ait jamais vu ni

» Σῆμα δέ μοι τόδ᾽ ἔειπεν ἀριφραδές· (οὐδέ σε κεύσω·)
» Ὁππότε κέν δή μοι ξυμβλήμενος ἄλλος ὁδίτης
» Φήῃ ἀθηρηλοιγὸν ἔχειν ἀνὰ φαιδίμῳ ὤμῳ,   275
» Καὶ τότε μ᾽ ἐν γαίῃ πήξαντ᾽ ἐκέλευεν ἐρετμὸν,
» Ἔρξανθ᾽ ἱερὰ καλὰ Ποσειδάωνι ἄνακτι,
» Ἀρνειὸν, ταῦρόν τε, συῶν τ᾽ ἐπιβήτορα κάπρον,
» Οἴκαδ᾽ ἀποστείχειν, ἔρδειν θ᾽ ἱερὰς ἑκατόμβας
» Ἀθανάτοισι θεοῖσι, τοὶ οὐρανὸν εὐρὺν ἔχουσι,   280
» Πᾶσι μάλ᾽ ἐξείης· θάνατος δέ μοι ἐξ ἁλὸς αὐτῷ
» Ἀβληχρὸς μάλα τοῖος ἐλεύσεται, ὅς κέ με πέφνῃ
» Γήρᾳ ὕπαι λιπαρῷ ἀρημένον· ἀμφὶ δὲ λαοὶ
» Ὄλβιοι ἔσσονται· τάδε μοι φάτο πάντα τελεῖσθαι. »
Τὸν δ᾽ αὖτε προσέειπε περίφρων Πηνελόπεια·   285
« Εἰ μὲν δὴ γῆράς γε θεοὶ τελέουσιν ἄρειον,
» Ἐλπωρή τοι ἔπειτα κακῶν ὑπάλυξιν ἔσεσθαι. »
Ὣς οἱ μὲν τοιαῦτα πρὸς ἀλλήλους ἀγόρευον·
Τόφρα δ᾽ ἄρ᾽ Εὐρυνόμη τὲ, ἰδὲ τροφὸς ἔντυον εὐνὴν
Ἐσθῆτος μαλακῆς, δαΐδων ὑπολαμπομενάων.   290
Αὐτὰρ ἐπεὶ στόρεσαν πυκινὸν λέχος ἐγκονέουσαι,
Γρηῢς μὲν κείουσα, πάλιν οἰκόνδε βεβήκει.
Τοῖσιν δ᾽ Εὐρυνόμη θαλαμηπόλος ἡγεμόνευεν
Ἐρχομένοισι λέχοσδε, δάος μετὰ χερσὶν ἔχουσα·
Ἐς θάλαμον δ᾽ ἀγαγοῦσα, πάλιν κίεν· οἱ μὲν ἔπειτα
Ἀσπάσιοι λέκτροιο παλαιοῦ θεσμὸν ἵκοντο.   296
Αὐτὰρ Τηλέμαχος καὶ βουκόλος ἠδὲ συβώτης
Παῦσαν ἄρ᾽ ὀρχηθμοῖο πόδας, παῦσαν δὲ γυναῖκας·
Αὐτοὶ δ᾽ εὐνάζοντο κατὰ μέγαρα σκιόεντα.
Τὼ δ᾽ ἐπεὶ οὖν φιλότητος ἐταρπήτην ἐρατεινῆς,   300
Τερπέσθην μύθοισι πρὸς ἀλλήλους ἐνέποντες,
Ἡ μέν, ὅσ᾽ ἐν μεγάροισιν ἀνέσχετο δῖα γυναικῶν,
Ἀνδρῶν μνηστήρων ἐσορῶσ᾽ ἀΐδηλον ὅμιλον·
Οἳ ἔθεν εἵνεκα πολλὰ, βόας, καὶ ἴφια μῆλα
Ἔσφαζον, πολλὸς δὲ πίθων ἠφύσσετο οἶνος.   305

» vaisseaux ni rames. Et voici le signe auquel il m'a dit
» que je le connoîtrai : Quand un autre voyageur, venant
» à ma rencontre, me dira que je porte un van sur mon
» épaule, je dois alors planter ma rame en terre, et
» après avoir fait sur-le-champ un sacrifice au roi Nep-
» tune d'un agneau, d'un taureau et d'un verrat, m'en
» retourner chez moi et offrir des hécatombes à tous les
» Immortels qui habitent l'Olympe, sans en oublier un
» seul. Il a ajouté que la mort viendroit du fond de la
» mer terminer ma vie au bout d'une longue et paisible
» vieillesse, et que je verrois mes peuples heureux et flo-
» rissans; il m'assura que cet oracle s'accompliroit dans
» toutes ses parties.

« Puisque les Dieux vous promettent une longue vie
» et une vieillesse heureuse, repartit Pénélope, nous
» pouvons donc espérer que vous viendrez glorieuse-
» ment à bout de vos longs travaux. »

Pendant qu'ils s'entretenoient ainsi, Eurynome et Euryclée, à la clarté des flambeaux, préparoient leur couche. Quand elles l'eurent préparée, Euryclée alla se coucher dans l'appartement des femmes, et Eurynome prenant un flambeau, conduisit Ulysse et Pénélope dans leur appartement, et les ayant éclairés, elle se retira. Le roi et la reine revirent avec une joie extrême leur ancienne couche, et en remercièrent les Dieux. Télémaque et les bergers cessèrent de danser et firent cesser les femmes, les renvoyèrent se coucher, et allèrent eux-mêmes goûter les douceurs du sommeil. Ulysse et Pénélope, à qui le plaisir de se retrouver ensemble après une si longue absence tenoit lieu de sommeil, se racontèrent réciproquement leurs peines. Pénélope conta à Ulysse tout ce qu'elle avoit eu à souffrir de cette insolente troupe de poursuivans qui, pour l'amour d'elle, égorgeoient tant de bœufs, consumoient ses troupeaux en festins et en sacrifices, et vidoient ses tonneaux de

Αὐτὰρ ὁ διογενὴς Ὀδυσεὺς, ὅσα κήδε᾽ ἔθηκε
Ἀνθρώποις, ὅσα τ᾽ αὐτὸς ὀϊζύσας ἐμόγησε,
Πάντ᾽ ἔλεγ᾽· ἡ δ᾽ ἄρ᾽ ἐτέρπετ᾽ ἀκούουσ᾽, οὐδέ οἱ ὕπνος
Πίπτεν ἐπὶ βλεφάροισι, πάρος καταλέξαι ἅπαντα.
Ἤρξατο δ᾽, ὡς πρῶτον Κίκονας δάμασ᾽· αὐτὰρ ἔπειτα
Ἦλθ᾽ ὡς Λωτοφάγων ἀνδρῶν πίειραν ἄρουραν· 311
Ἠδ᾽ ὅσα Κύκλωψ ἔρξε, καὶ ὡς ἀπετίσατο ποινὴν
Ἰφθίμων ἑτάρων, οὓς ἤσθιεν, οὐδ᾽ ἐλέαιρεν.
Ἠδ᾽ ὡς Αἴολον ἵκεθ᾽, ὅ μιν πρόφρων ὑπέδεκτο,
Καὶ πέμπ᾽· οὐδέ πω αἶσα φίλην ἐς πατρίδ᾽ ἱκέσθαι 315
Ἤην, ἀλλά μιν αὖτις ἀναρπάξασα θύελλα
Πόντον ἐπ᾽ ἰχθυόεντα φέρεν μεγάλα στενάχοντα·
Ἠδ᾽ ὡς Τηλέπυλον Λαιστρυγονίην ἀφίκανεν,
Οἵ νῆάς τ᾽ ὄλεσαν καὶ ἐϋκνήμιδας ἑταίρους
Πάντας· Ὀδυσσεὺς δ᾽ οἶος ὑπέκφυγε νηΐ μελαίνῃ· 320
Καὶ Κίρκης κατέλεξε δόλον, πολυμηχανίην τέ·
Ἠδ᾽ ὡς Ἀΐδεω δόμον ἤλυθεν εὐρώεντα,
Ψυχῇ χρησόμενος Θηβαίου Τειρεσίαο
Νηΐ πολυκληΐδι, καὶ εἴσιδε πάντας ἑταίρους,
Μητέρα θ᾽, ἥ μιν ἔτικτε, καὶ ἔτρεφε τυτθὸν ἐόντα· 325
Ἠδ᾽ ὡς Σειρήνων ἀδινάων φθόγγον ἄκουσεν·
Ὥς θ᾽ ἵκετο πλαγκτὰς πέτρας, δεινήν τε Χάρυβδιν,
Σκύλλην θ᾽, ἣν οὐ πώποτ᾽ ἀκήριοι ἄνδρες ἄλυξαν·
Ἠδ᾽ ὡς Ἠελίοιο βόας κατέπεφνον ἑταῖροι·
Ἠδ᾽ ὡς νῆα θοὴν ἔβαλε ψολόεντι κεραυνῷ 330
Ζεὺς ὑψιβρεμέτης· ἀπὸ δ᾽ ἔφθιθεν ἐσθλοὶ ἑταῖροι
Πάντες ὁμῶς, αὐτὸς δὲ κακὰς ὑπὸ κῆρας ἄλυξεν·
Ὥς θ᾽ ἵκετ᾽ Ὠγυγίην νῆσον, Νύμφην τε Καλυψώ,
Ἥ δή μιν κατέρυκε, λιλαιομένη πόσιν εἶναι,
Ἐν σπέσσι γλαφυροῖσι, καὶ ἔτρεφεν, ἠδὲ ἔφασκε 335
Θήσειν ἀθάνατον καὶ ἀγήραον ἤματα πάντα·
Ἀλλὰ τῷ οὔποτε θυμὸν ἐνὶ στήθεσσιν ἔπειθεν·

vin. Et Ulysse raconta à la reine tout ce qu'il avoit fait contre les étrangers, et tous les travaux qu'il avoit essuyés. Elle étoit charmée de l'entendre, et ne laissa fermer ses paupières au sommeil, qu'après qu'il eut achevé. Il commença par la défaite des Ciconiens; il lui dit après comment il étoit arrivé dans les fertiles terres des Lotophages; il lui fit le détail des cruautés du Cyclope, et de la vengeance qu'il avoit tirée du meurtre de ses compagnons, que ce monstre avoit dévorés sans pitié; il lui raconta son arrivée chez Eole, les soins que ce prince eut de lui, les secours qu'il lui donna pour son retour; la tempête dont il fut accueilli, et qui l'éloigna de sa route; son arrivée chez les Lestrygons; les maux que ces barbares lui firent en brûlant et brisant ses vaisseaux, et en tuant ses compagnons; sa fuite sur le seul vaisseau qui lui restât; les caresses insidieuses de Circé, et tous les moyens qu'elle employa pour le retenir; sa descente aux enfers pour consulter l'ame de Tirésias, et comment il y trouva ses compagnons et vit sa mère. Il lui peignit les rivages des Sirènes, les merveilles de leurs chants, et le péril qu'il y avoit à les entendre. Il lui parla des effroyables roches errantes, et des écueils de l'épouvantable Charybde et de Scylla, que personne n'a jamais pu approcher sans périr; de son arrivée dans l'île de Trinacrie; de l'imprudence de ses compagnons qui tuèrent les bœufs du soleil; de la punition que Jupiter en fit, en brisant son vaisseau d'un coup de foudre; de la mort de ses compagnons qui périrent tous dans ce naufrage, et de la pitié que les Dieux eurent de lui, en le faisant aborder dans l'île d'Ogygie. Il s'étendit particulièrement sur l'amour que la déesse Calypso eut pour lui; sur les efforts qu'elle fit pour le retenir et en faire son mari, en lui offrant l'immortalité, accompagnée d'une éternelle jeunesse, et sur la constante fermeté dont il refusa ses offres. Enfin il lui raconta comment, après

Ἠδ' ὡς ἐς Φαίηκας ἀφίκετο, πολλὰ μογήσας,
Οἳ δή μιν περὶ κῆρι, θεὸν ὣς, τιμήσαντο,
Καὶ πέμψαν σὺν νηΐ φίλην ἐς πατρίδα γαῖαν,   340
Χαλκόν τε, χρυσόν τε ἅλις, ἐσθῆτά τε δόντες.
Τοῦτ' ἄρα δεύτατον εἶπεν ἔπος, ὅτε οἱ γλυκὺς ὕπνος
Λυσιμελὴς ἐπόρουσε, λύων μελεδήματα θυμοῦ.

Ἡ δ' αὖτ' ἄλλ' ἐνόησε θεὰ γλαυκῶπις Ἀθήνη·
Ὁππότε δή ῥ' Ὀδυσῆα ἐέλπετο, ὃν κατὰ θυμὸν,   345
Εὐνῆς ἧς ἀλόχου ταρπήμεναι, ἠδὲ καὶ ὕπνου,
Αὐτίκ' ἀπ' Ὠκεανοῦ χρυσόθρονον ἠριγένειαν
Ὦρσεν, ἵν' ἀνθρώποισι φόως φέρῃ· ὦρτο δ' Ὀδυσσεὺς
Εὐνῆς ἐκ μαλακῆς, ἀλόχῳ δ' ἐπὶ μῦθον ἔτελλεν·

« Ὦ γύναι, ἤδη μὲν πολέων κεκορήμεθ' ἀέθλων   350
» Ἀμφοτέρω· σὺ μὲν ἐνθάδ' ἐμὸν πολυκηδέα νόστον
» Κλαίους'· αὐτὰρ ἐμὲ Ζεὺς ἄλγεσι καὶ θεοὶ ἄλλοι
» Ἱέμενον πεδάασκον ἐμῆς ἀπὸ πατρίδος αἴης.
» Νῦν δ' ἐπεὶ ἀμφοτέρω πολυήρατον ἱκόμεθ' εὐνὴν,   354
» Κτήματα μὲν, τά μοι ἐστὶ, κομιζέμεν ἐν μεγάροισι·
» Μῆλα δ', ἅ μοι μνηστῆρες ὑπερφίαλοι κατέκειραν,
» Πολλὰ μὲν αὐτὸς ἐγὼ ληΐσσομαι, ἄλλα δ' Ἀχαιοὶ
» Δώσουσ', εἰσόκε πάντας ἐνιπλήσωσιν ἐπαύλους.
» Ἀλλ' ἤτοι μὲν ἐγὼ πολυδένδρεον ἀγρὸν ἔπειμι,
» Ὀψόμενος πατέρ' ἐσθλὸν, ὅ μοι πυκινῶς ἀκάχηται.
» Σοὶ δὲ, γύναι, τάδ' ἐπιτέλλω, πινυτῇ περ ἐούσῃ·   361
» Αὐτίκα γὰρ φάτις εἶσιν ἅμ' ἠελίῳ ἀνιόντι
» Ἀνδρῶν μνηστήρων, οὓς ἔκτανον ἐν μεγάροισιν·
» Εἰς ὑπερῷ' ἀναβᾶσα, σὺν ἀμφιπόλοισι γυναιξὶν,
» Ἧσθαι, μηδέ τινα προτιόσσεο, μηδ' ἐρέεινε. »   365

tant de travaux, il étoit arrivé chez les Phéaciens, qui l'honorèrent comme un Dieu, et qui, après l'avoir comblé de présens, lui donnèrent un vaisseau et des rameurs pour le ramener en sa patrie. Il finit là son histoire, et le sommeil vint le délasser de ses fatigues, et suspendre les soins dont il étoit encore agité.

Minerve, qui veilloit toujours pour lui, ne le laisse pas long-temps jouir des douceurs du sommeil; dès qu'elle vit que ce qu'il avoit dormi suffisoit pour réparer ses forces, elle permit à l'aurore de sortir du sein de l'océan et de porter la lumière aux hommes. Elle n'eut pas plutôt paru, qu'Ulysse se leva, et avant que de sortir il donna cet ordre à la reine :

« Ma femme, lui dit-il, nous avons passé tous deux
» par de grandes épreuves, vous en pleurant toujours un
» mari dont vous n'espériez plus le retour, et moi en me
» voyant toujours traversé par de nouveaux malheurs
» qui m'éloignoient de plus en plus de ma chère patrie.
» Présentement, puisque la faveur des Dieux nous a
» redonnés l'un à l'autre, ayez soin de notre bien; les
» troupeaux que les poursuivans ont consumés seront
» remplacés avantageusement, soit par ceux que j'irai
» enlever à main armée, soit par ceux que les Grecs me
» donneront de leur bon gré, jusqu'à ce que mes parcs
» soient bien remplis et mes bergeries bien nombreuses.
» Je m'en vais voir mon père à sa maison de campagne,
» où mon absence le tient encore plongé dans une cruelle
» affliction. Voici le seul ordre que je vous donne,
» quoique votre prudence, qui m'est connue, pourroit me
» dispenser de le donner : le soleil n'aura pas plus tôt commencé à monter sur l'horizon, que le bruit du carnage
» que j'ai fait des poursuivans sera répandu dans toute
» la ville; montez donc dans votre appartement avec
» vos femmes; ne parlez à personne, et ne vous laissez
» voir à qui que ce soit. »

Ἦ ῥα, καὶ ἀμφ' ὤμοισιν ἐδύσατο τεύχεα καλά·
Ὦρσε δὲ Τηλέμαχον, καὶ βουκόλον, ἠδὲ συβώτην,
Πάντας δ' ἔντε' ἄνωγεν ἀρήϊα χερσὶν ἑλέσθαι.
Οἱ δέ οἱ οὐκ ἀπίθησαν· ἐθωρήσσοντο δὲ χαλκῷ,
Ὤϊξαν δὲ θύρας, ἐκ δ' ἤϊον· ἦρχε δ' Ὀδυσσεύς.   370
Ἤδη μὲν φάος ἦεν ἐπὶ χθόνα· τοὺς δ' ἄρ' Ἀθήνη
Νυκτὶ κατακρύψασα, θοῶς ἐξῆγε πόληος.

En finissant ces mots, il prend ses armes, fait lever Télémaque et les deux pasteurs, et leur ordonne de s'armer. Ils obéirent dans le moment, et dès qu'ils furent armés, ils ouvrirent les portes et sortirent, Ulysse marchant à leur tête. Le jour commençoit déjà à répandre sa lumière, Minerve les couvrit d'un nuage épais, et les fit sortir de la ville sans que personne les aperçût.

ΟΜΗΡΟΥ

ΟΔΥΣΣΕΙΑΣ

ΡΑΨΩΔΙΑ Ω.

Τὰς τῶν μνηστήρων ψυχὰς Ἑρμῆς εἰς ᾅδου κατάγει· καὶ ἀναγνωρισμὸς Ὀδυσσέως γίνεται πρὸς τὸν ἑαυτοῦ πατέρα Λαέρτην· καὶ ταραχὴν τοῖς Ἰθακησίοις γεγενημένην ἐπὶ τῇ τῶν μνηστήρων ἀναιρέσει Ἀθηνᾶ διακωλύει.

Ω δ', Ὀδυσεὺς σὺν πατρὶ καὶ υἱέϊ μάρνατ' Ἀχαιοῖς.

Ἑρμῆς δὲ ψυχὰς Κυλλήνιος ἐξεκαλεῖτο
Ἀνδρῶν μνηστήρων· ἔχε δὲ ῥάβδον μετὰ χερσὶν

L'ODYSSÉE D'HOMÈRE.

LIVRE VINGT-QUATRIÈME.

ARGUMENT.

Mercure conduit aux Enfers les ames des princes qu'Ulysse a tués. Entretien de l'ame d'Agamemnon avec celle d'Achille, à qui il apprend les honneurs qui lui furent rendus à ses funérailles, et le deuil des Muses autour de son lit. Agamemnon, reconnoissant Amphimédon parmi cette nombreuse jeunesse, lui fait des questions sur leur malheur. Ulysse arrive à la campagne chez Laërte, qu'il trouve inconsolable de la mort de son fils. La conversation qu'ils ont ensemble augmente encore l'affliction de ce bon vieillard, jusqu'à ce qu'Ulysse, en se faisant connoître, la changea en joie. Dans cet intervalle, le peuple d'Ithaque s'assemble, et donne ordre à l'enterrement des morts. Le père d'Antinoüs excite le peuple à les venger. Le héros Médon et le divin Halitherse tâchent de le détourner, et en retiennent la plus grande partie; les autres vont en armes pour assiéger Ulysse. Ce héros arme sa petite troupe, se met à leur tête et sort au-devant de ses ennemis, qui avoient pour chef le père d'Antinoüs. Laërte le tue, et Ulysse et son fils font un grand carnage; Minerve fait poser les armes au peuple, et la paix est enfin rétablie.

Cependant Mercure avoit assemblé les ames des poursuivans. Il tenoit à la main sa verge d'or avec laquelle

Καλὴν, χρυσείην, τῇ τ' ἀνδρῶν ὄμματα θέλγει,
Ὧν ἐθέλει, τοὺς δ' αὖτε καὶ ὑπνώοντας ἐγείρει.
Τῇ ῥ' ἄγε κινήσας· ταὶ δὲ τρίζουσαι ἕποντο. 5
Ὡς δ' ὅτε νυκτερίδες μυχῷ ἄντρου θεσπεσίοιο
Τρίζουσαι ποτέονται, ἐπεί κέ τις ἀποπέσῃσιν
Ὁρμαθοῦ ἐκ πέτρης, ἀνά τ' ἀλλήλῃσιν ἔχονται·
Ὡς αἱ τετριγυῖαι ἅμ' ἤϊσαν, ἦρχε δ' ἄρα σφιν
Ἑρμείας ἀκάκητα κατ' εὐρώεντα κέλευθα. 10
Πὰρ δ' ἴσαν Ὠκεανοῦ τε ῥοὰς καὶ λευκάδα πέτρην,
Ἠδὲ παρ' Ἡελίοιο πύλας, καὶ δῆμον Ὀνείρων,
Ἤϊσαν· αἶψα δ' ἵκοντο κατ' ἀσφοδελὸν λειμῶνα,
Ἔνθα τε ναίουσι ψυχαί, εἴδωλα καμόντων.
Εὗρον δὲ ψυχὴν Πηληϊάδεω Ἀχιλῆος, 15
Καὶ Πατροκλῆος, καὶ ἀμύμονος Ἀντιλόχοιο,
Αἴαντός θ', ὃς ἄριστος ἔην εἶδός τε δέμας τε
Τῶν ἄλλων Δαναῶν, μετ' ἀμύμονα Πηλείωνα.
Ὣς οἱ μὲν περὶ κεῖνον ὁμίλεον· ἀγχίμολον δὲ
Ἤλυθ' ἐπὶ ψυχὴ Ἀγαμέμνονος Ἀτρείδαο 20
Ἀχνυμένη· περὶ δ' ἄλλαι ἀγηγέραθ', ὅσσαι ἅμ' αὐτῷ
Οἴκῳ ἐν Αἰγίσθοιο θάνον καὶ πότμον ἐπέσπον.
Τὸν προτέρη ψυχὴ προσεφώνεε Πηλείωνος·

« Ἀτρείδη, πέρι μέν σε φάμεν Διὶ τερπικεραύνῳ
» Ἀνδρῶν ἡρώων φίλον ἔμμεναι ἤματα πάντα, 25
» Οὕνεκα πολλοῖσίν τε καὶ ἰφθίμοισιν ἄνασσες,
» Δήμῳ ἐνὶ Τρώων, ὅθι πάσχομεν ἄλγε' Ἀχαιοί.
» Ἦ τ' ἄρα καὶ σοὶ πρῶτα παραστήσεσθαι ἔμελλε
» Μοῖρ' ὀλοή, τὴν οὔτις ἀλεύεται, ὅς κε γένηται.
» Ὡς ὄφελες τιμῆς ἀπονήμενος, ᾗπερ ἄνασσες, 30
» Δήμῳ ἐνὶ Τρώων θάνατον καὶ πότμον ἐπισπεῖν·
» Τῷ κέν τοι τύμβον μὲν ἐποίησαν παναχαιοί,

il plonge quand il veut les hommes dans un profond sommeil et les en retire de même. Il marchoit à la tête de ces ames, comme un berger à la tête de son troupeau, et ces ames le suivoient avec une espèce de frémissement. Comme on voit une troupe de chauve-souris voler dans le creux d'un antre avec un murmure aigu, lorsque quelqu'un les oblige à quitter la roche où elles étoient attachées toutes ensemble ; ces ames suivoient le Dieu de Cyllène avec un murmure tout pareil, et il les conduisoit dans les chemins ténébreux qui mènent dans une nuit éternelle. Elles traversèrent les flots de l'océan, passèrent près de la célèbre roche Leucade, entrèrent par les portes du soleil dans le pays des songes, et bientôt elles arrivèrent dans les prairies d'Asphodèle, où habitent les ames qui ne sont que les vaines images des morts. Elles trouvèrent dans cette prairie l'ame d'Achille, celle de Patrocle, celle d'Antiloque et celle d'Ajax, le plus beau et le plus vaillant des Grecs après le fils de Pélée. Ces héros étoient autour du grand Achille, l'ame d'Agamemnon étoit venue les joindre fort triste ; elle étoit suivie des ames de ceux qui avoient été tués avec lui dans le palais d'Egisthe. L'ame d'Achille adressant d'abord la parole à celle d'Agamemnon, lui dit :

« Fils d'Atrée, nous pensions que de tous les héros
» vous étiez le plus aimé du maître du tonnerre, parce
» que sur le rivage de Troie, où nous avons souffert
» tant de peines et de travaux, nous nous vîmes com-
» mander à une infinité de peuples et à un grand nombre
» de rois. La parque inexorable, à laquelle tous les
» hommes sont assujettis par leur naissance, a donc
» tranché aussi vos jours avant le temps. Vous auriez
» été plus heureux de périr devant les remparts de
» Troie au milieu de la gloire dont vous étiez environné ;
» car tous les Grecs vous auroient élevé un tombeau

» Ἡδέ κε καὶ σῷ παιδὶ μέγα κλέος ἦρα' ὀπίσσω
» Νῦν δ' ἄρα οἰκτίστῳ θανάτῳ εἴμαρτο ἁλῶναι. »

Τὸν δ' αὖτε ψυχὴ προσεφώνεεν Ἀτρείδαο· 35
« Ὄλβιε Πηλέος υἱὲ, θεοῖς ἐπιείκελ' Ἀχιλλεῦ,
» Ὃς θάνες ἐν Τροίῃ, ἑκὰς Ἄργεος· ἀμφὶ δέ σ' ἄλλοι
» Κτείνοντο Τρώων καὶ Ἀχαιῶν υἷες ἄριστοι,
» Μαρνάμενοι περὶ σεῖο· σὺ δὲ στροφάλιγγι κονίης
» Κεῖσο μέγας μεγαλωστί, λελασμένος ἱπποσυνάων. 40
» Ἡμεῖς δὲ πρόπαν ἦμαρ ἐμαρνάμεθ'· οὐδέ κε πάμπαν
» Παυσάμεθα πτολέμου, εἰ μὴ Ζεὺς λαίλαπι παῦσεν.
» Αὐτὰρ ἐπεί σ' ἐπὶ νῆας ἐνείκαμεν ἐκ πολέμοιο,
» Κάτθεμεν ἐν λεχέεσσι, καθήραντες χρόα καλὸν,
» Ὕδατί τε λιαρῷ καὶ ἀλείφατι· πολλὰ δέ σ' ἀμφὶς 45
» Δάκρυα θερμὰ χέον Δαναοί, κείροντό τε χαίτας.
» Μήτηρ δ' ἐξ ἁλὸς ἦλθε σὺν ἀθανάτῃσ' ἁλίῃσιν,
» Ἀγγελίης ἀΐουσα· βοὴ δ' ἐπὶ πόντον ὀρώρει
» Θεσπεσίη· ὑπὸ δὲ τρόμος ἔλλαβε πάντας Ἀχαιούς·
» Καί νύ κ' ἀναΐξαντες ἔβαν κοίλας ἐπὶ νῆας, 50
» Εἰ μὴ ἀνὴρ κατέρυκε, παλαιά τε, πολλά τε εἰδὼς,
» Νέστωρ, οὗ καὶ πρόσθεν ἀρίστη φαίνετο βουλή·
» Ὅς σφιν ἐϋφρονέων ἀγορήσατο καὶ μετέειπεν·
» Ἴσχεσθ', Ἀργεῖοι, μὴ φεύγετε, κοῦροι Ἀχαιῶν·
» Μήτηρ ἐξ ἁλὸς ἥδε, σὺν ἀθανάτῃσ' ἁλίῃσιν, 55
» Ἔρχεται, οὗ παιδὸς τεθνηότος ἀντιόωσα.
» Ὣς ἔφαθ'· οἱ δ' ἔσχοντο φόβου μεγάθυμοι Ἀχαιοί.
» Ἀμφὶ δέ σ' ἔστησαν κοῦραι ἁλίοιο γέροντος,

» superbe, et vous auriez laissé une gloire immor-
» telle à votre fils, au lieu que vous avez eu une fin
» très-malheureuse. »

L'ame d'Agamemnon lui répondit : « Fils de Pélée,
» Achille semblable aux Dieux, que vous êtes heureux
» d'avoir terminé vos jours sur le rivage d'Ilion, loin
» de votre patrie ! les plus braves des Grecs et des
» Troyens furent tués autour de vous ; environné de
» monceaux de morts, vous étiez glorieusement étendu
» sur la poussière loin de votre char, et en cet état,
» redoutable aux bandes troyennes. Nous continuâmes
» le combat toute la journée, et nous ne nous serions pas
» retirés, si Jupiter n'eût séparé les combattans par une
» horrible tempête. Nous vous retirâmes de la bataille,
» nous vous portâmes sur les vaisseaux, et après avoir
» lavé votre corps avec de l'eau tiède et l'avoir parfumé
» avec de précieuses essences, nous le plaçâmes sur un
» lit funèbre ; tous les Grecs autour de ce lit fondoient
» en larmes, et pour marque de leur deuil ils se cou-
» pèrent les cheveux. La Déesse votre mère ayant
» appris cette funeste nouvelle, sortit du milieu des
» flots accompagnée de ses nymphes ; car les cris et les
» gémissemens de l'armée avoient pénétré le sein de la
» vaste mer et s'étoient fait entendre dans ses plus pro-
» fonds abîmes. Les Grecs les voyant sortir des ondes,
» furent saisis de frayeur, et ils auroient regagné leurs
» vaisseaux, si Nestor, dont la sagesse étoit fortifiée
» par une longue expérience, qui étoit savant dans
» les histoires anciennes, et dont on avoit toujours
» admiré les conseils, ne les eût retenus ; arrêtez,
» leur cria-t-il, troupes grecques, pourquoi fuyez-vous ?
» C'est la déesse Thétis, c'est une mère affligée, qui,
» suivie de ses nymphes immortelles, vient pleurer la
» mort de son fils. Ces mots arrêtèrent leur fuite. Les
» filles du vieux Nérée environnèrent votre lit avec

» Οἴκτρ᾽ ὀλοφυρόμεναι, περὶ δ᾽ ἄμβροτα εἵματα ἕσσαν.
» Μοῦσαι δ᾽ ἐννέα πᾶσαι, ἀμειβόμεναι ὀπὶ καλῇ, 60
» Θρήνεον· ἔνθα κεν οὔτιν᾽ ἀδάκρυτόν γ᾽ ἐνόησας
» Ἀργείων· τοῖον γὰρ ὑπώρορε Μοῦσα λίγεια.
» Ἑπτὰ δὲ καὶ δέκα μέν σε ὁμῶς νύκτας τε καὶ ἦμαρ,
» Κλαίομεν, ἀθάνατοί τε θεοί, θνητοί τ᾽ ἄνθρωποι·
» Ὀκτωκαιδεκάτῃ δ᾽ ἔδομεν πυρί, πολλὰ δέ σ᾽ ἀμφὶς 65
» Μῆλα κατεκτάνομεν μάλα πίονα, καὶ ἕλικας βοῦς.
» Καίεο δ᾽ ἔν τ᾽ ἐσθῆτι θεῶν, καὶ ἀλείφατι πολλῷ,
» Καὶ μέλιτι γλυκερῷ· πολλοὶ δ᾽ ἥρωες Ἀχαιοὶ
» Τεύχεσιν ἐρρώσαντο πυρὴν πέρι καιομένοιο,
» Πεζοί θ᾽ ἱππῆές τε· πολὺς δ᾽ ὀρυμαγδὸς ὀρώρει. 70
» Αὐτὰρ ἐπεὶ δή σε φλὸξ ἤνυσεν Ἡφαίστοιο,
» Ἠῶθεν δή τοι λέγομεν λεύκ᾽ ὀστέ᾽, Ἀχιλλεῦ,
» Οἴνῳ ἐν ἀκρήτῳ καὶ ἀλείφατι· δῶκε δὲ μήτηρ
» Χρύσεον ἀμφιφορῆα· Διωνύσοιο δὲ δῶρον
» Φάσκ᾽ ἔμεναι, ἔργον δὲ περικλυτοῦ Ἡφαίστοιο. 75
» Ἐν τῷ τοι κεῖται λεύκ᾽ ὀστέα, φαίδιμ᾽ Ἀχιλλεῦ,
» Μίγδα δὲ, Πατρόκλοις Μενοιτιάδαο θανόντος·
» Χωρὶς δ᾽, Ἀντιλόχοιο· τὸν ἔξοχα τῖες ἁπάντων
» Τῶν ἄλλων ἑτάρων, μετὰ Πάτροκλόν γε θανόντα·
» Ἀμφ᾽ αὐτοῖσι δ᾽ ἔπειτα μέγαν καὶ ἀμύμονα τύμβον 80
« Χεύαμεν Ἀργείων ἱερὸς στρατὸς αἰχμητάων,
» Ἀκτῇ ἐπὶ προὐχούσῃ, ἐπὶ πλατεῖ Ἑλλησπόντῳ·
» Ὥς κεν τηλεφανὴς ἐκ ποντόφιν ἀνδράσιν εἴη
» Τοῖς, οἳ νῦν γεγάασι, καὶ οἳ μετόπισθεν ἔσονται.
Μήτηρ δ᾽, αἰτήσασα θεοὺς, περικαλλέ᾽ ἄεθλα, 85

» des cris lamentables, et vous revêtirent d'habits
» immortels, et les neuf Muses firent entendre tour à
» tour leurs gémissemens et leurs plaintes lugubres.
» Vous n'auriez pu trouver dans toute l'armée un seul
» des Grecs qui ne fondît en pleurs, si touchans
» étoient les regrets de ces divines filles de Jupiter.
» Pendant dix-sept jours entiers nous pleurâmes jour
» et nuit autour de ce lit funèbre avec toutes ces Déesses.
» Le dix-huitième nous vous portâmes sur le bûcher.
» Nous égorgeâmes tout autour un nombre infini de
» moutons et de bœufs; vous étiez couché sur le haut
» avec les habits magnifiques dont les Déesses vous
» avoient revêtu. On vous couvrit de graisse, on mit
» tout autour de vous quantité de vaisseaux pleins
» d'huile et d'autres pleins de miel, et les héros de
» l'armée, les uns à pied, les autres sur leurs chars,
» firent plusieurs fois en armes le tour de votre bûcher,
» avec un bruit qui fit retentir toute la plaine et les
» rives de l'Hellespont. Quand les flammes de Vulcain
» eurent achevé de vous consumer, nous recueillîmes
» vos os après avoir éteint la cendre avec du vin, et
» pour les conserver nous les enveloppâmes d'une double
» graisse. La Déesse votre mère donna une urne d'or
» pour les enfermer; elle dit que c'étoit un présent
» de Bacchus et un chef-d'œuvre de Vulcain. Vos os
» sont dans cette urne mêlés avec ceux de Patrocle, et
» dans la même urne on mit séparément ceux d'Anti-
» loque, qui, après Patrocle, étoit celui de tous vos
» compagnons que vous honoriez le plus de votre
» amitié. Toute l'armée travailla ensuite à vous élever
» à tous trois un tombeau magnifique sur le rivage de
» l'Hellespont, afin qu'il fût exposé à la vue de tous
» ceux qui navigueront dans cette mer, non seulement
» de notre temps, mais dans tous les âges. Le tombeau
» achevé, la Déesse demanda aux Dieux la permission

» Θῆκε μέσῳ ἐν ἀγῶνι ἀριστήεσσιν Ἀχαιῶν.
» Ἤδη μὲν πολέων τάφῳ ἀνδρῶν ἀντεβόλησα
» Ἡρώων, ὅτε κέν ποτ' ἀποφθιμένου βασιλῆος
» Ζώννυνταί τε νέοι, καὶ ἐπεντύνονται ἄεθλα·
» Ἀλλά κε κεῖνα μάλιστα ἰδὼν ἐτεθήπεα θυμῷ,   90
» Οἵ' ἐπὶ σοὶ κατέθηκε θεὰ περικαλλέ' ἄεθλα,
» Ἀργυρόπεζα Θέτις· μάλα γὰρ φίλος ἦσθα θεοῖσιν.
» Ὣς σὺ μὲν οὐδὲ θανὼν ὄνομ' ὤλεσας, ἀλλά τοι αἰεὶ
» Πάντας ἐπ' ἀνθρώπους κλέος ἔσσεται ἐσθλόν, Ἀχιλλεῦ·
» Αὐτὰρ ἐμοὶ τί τόδ' ἦδος, ἐπεὶ πόλεμον τολύπευσα;   95
» Ἐν νόστῳ γάρ μοι Ζεὺς μήσατο λυγρὸν ὄλεθρον
» Αἰγίσθου ὑπὸ χερσὶ, καὶ οὐλομένης ἀλόχοιο. »

Ὣς οἱ μὲν τοιαῦτα πρὸς ἀλλήλους ἀγόρευον·
Ἀγχίμολον δέ σφ' ἦλθε διάκτορος Ἀργειφόντης,
Ψυχὰς μνηστήρων κατάγων Ὀδυσῆϊ δαμέντων.   100
Τὼ δ' ἄρα θαμβήσαντ' ἰθὺς κίον, ὡς ἐσιδέσθην·
Ἔγνω δὲ ψυχὴ Ἀγαμέμνονος Ἀτρείδαο
Παῖδα Μελανθῆος, τὸν ἀγακλυτὸν Ἀμφιμέδοντα·
Ξεῖνος γάρ οἱ ἔην, Ἰθάκῃ ἔνι οἰκία ναίων.
Τὸν προτέρη ψυχὴ προσεφώνεεν Ἀτρείδαο·   105

« Ἀμφίμεδον, τί παθόντες ἐρεμνὴν γαῖαν ἔδυτε,
» Πάντες κεκριμένοι καὶ ὁμήλικες; οὐδέ κεν ἄλλος
» Κρινάμενος λέξαιτο κατὰ πτόλιν ἄνδρας ἀρίστους.
» Ἦ ὕμμ' ἐν νήεσσι Ποσειδάων ἐδάμασσεν,

» de faire exécuter des jeux et des combats par les plus
» braves de l'armée autour de ce superbe tombeau.
» Pendant ma vie, j'ai assisté aux funérailles de plu-
» sieurs héros. Dans ces occasions, après la mort de
» quelque grand roi, les plus braves guerriers se pré-
» sentent pour les jeux ; mais je n'en ai jamais vu de
» si beaux, ni de si admirables que ceux que la déesse
» Thétis fit célébrer ce jour-là pour honorer vos
» obsèques et pour marquer son affliction. Il étoit aisé
» de voir que vous étiez cher aux Dieux : de sorte,
» divin Achille, que la mort même n'a eu aucun pou-
» voir sur votre nom ; il passera d'âge en âge avec
» votre gloire jusqu'à la dernière postérité. Et moi,
» quel avantage ai-je tiré de mes travaux ? que me
» revient-il d'avoir terminé glorieusement une si
» longue et si terrible guerre ? Jupiter a souffert qu'à
» mon retour j'aie péri malheureusement, et que je
» sois tombé dans les embûches du traître Egisthe et
» de ma pernicieuse femme. »

Ils s'entretenoient encore de même, lorsque Mercure arriva près d'eux à la tête des ames des poursuivans qu'Ulysse avoit glorieusement fait tomber sous ses coups. Achille et Agamemnon étonnés ne les virent pas plus tôt, qu'ils s'avancèrent au-devant d'elles. L'ame du fils d'Atrée reconnut d'abord le fils de Mélanthée, le vaillant Amphimédon ; car il étoit lié avec lui par les liens de l'hospitalité, ayant logé chez lui dans un voyage qu'il fit à Ithaque. Il lui adressa le premier la parole, et lui dit :

« Amphimédon, quel accident a fait descendre dans
» ce séjour ténébreux une si nombreuse et si florissante
» jeunesse ? Il n'y a point de prince qui, en choisissant
» la fleur de sa ville capitale, pût assembler un si
» grand nombre de jeunes gens aussi bien faits et d'aussi
» bonne mine. Est-ce Neptune qui, vous ayant surpris

» Ὅρσας ἀργαλέους ἀνέμους καὶ κύματα μακρά; 110
» Ἦ που ἀνάρσιοι ἄνδρες ἐδηλήσαντ' ἐπὶ χέρσου
» Βοῦς περιταμνομένους, ἠδ' οἰῶν πώεα καλά;
» Ἠὲ περὶ πτόλιος μαχεούμενοι, ἠδὲ γυναικῶν;
» Εἰπέ μοι εἰρομένῳ· ξεῖνος δέ τοι εὔχομαι εἶναι.
» Ἦ οὐ μέμνῃ, ὅτε κεῖσε κατήλυθον ὑμέτερον δῶ, 115
» Ὀτρυνέων Ὀδυσῆα, σὺν ἀντιθέῳ Μενελάῳ,
» Ἴλιον εἰς ἅμ' ἕπεσθαι, ἐϋσσέλμων ἐπὶ νηῶν;
» Μηνὶ δ' ἄρ' οὔλῳ πάντα περήσαμεν εὐρέα πόντον,
» Σπουδῇ παρπεπιθόντες Ὀδυσῆα πτολίπορθον. »

Τὸν δ' αὖτε ψυχὴ προσεφώνεεν Ἀμφιμέδοντος· 120
« Ἀτρείδη, κύδιστε, ἄναξ ἀνδρῶν Ἀγάμεμνον,
» Μέμνημαι τάδε πάντα, καὶ ἀτρεκέως καταλέξω
» Ἡμετέρου θανάτοιο κακὸν τέλος, οἷον ἐτύχθη.
» Μνώμεθ' Ὀδυσσῆος δὴν οἰχομένοιο δάμαρτα·
» Ἡ δ' οὔτ' ἠρνεῖτο στυγερὸν γάμον, οὔτ' ἐτελεύτα, 125
» Ἡμῖν φραζομένη θάνατον καὶ κῆρα μέλαιναν.
» Ἀλλὰ δόλον τόνδ' ἄλλον ἐνὶ φρεσὶ μερμήριξε·
» Στησαμένη μέγαν ἱστὸν ἐνὶ μεγάροισιν ὕφαινε
» Λεπτὸν καὶ περίμετρον· ἄφαρ δ' ἡμῖν μετέειπε·
» Κοῦροι, ἐμοὶ μνηστῆρες, ἐπεὶ θάνε δῖος Ὀδυσσεὺς,
» Μίμνετ' ἐπειγόμενοι τὸν ἐμὸν γάμον, εἰσόκε φᾶρος 131
» Ἐκτελέσω, (μή μοι μεταμώλια νήματ' ὄληται,)
» Λαέρτῃ ἥρωϊ ταφήϊον, εἰσότε κέν μιν
» Μοῖρ' ὀλοὴ καθέλῃσι τανηλεγέος θανάτοιο·

» sur la vaste mer, vous a fait périr, en excitant contre
» vous ses flots et ses tempêtes ? Avez-vous été battu
» dans quelque descente que vous ayez faite pour enle-
» ver les bœufs et les nombreux troupeaux de moutons
» de vos ennemis, ou devant quelque ville que vous
» ayez attaquée pour la piller et pour emmener les
» femmes captives ? Répondez-moi, je vous prie; car
» je suis votre hôte. Ne vous souvenez-vous pas que
» je fus reçu dans votre maison, lorsque j'allai à Ithaque
» avec Ménélas pour presser Ulysse de venir avec nous
» à Troie ? Nous fûmes un mois à ce voyage, et ce ne
» fut pas sans beaucoup de peine que nous persuadâmes
» Ulysse de nous accompagner. »

L'ame d'Amphimédon répondit : « Fils d'Atrée, le
» plus grand des rois, je me souviens que mon père
» a eu l'honneur de vous recevoir chez lui, et je vais
» vous raconter notre malheureuse aventure et ce qui
» a causé notre mort. Long-temps après le départ
» d'Ulysse, comme on n'en avoit aucunes nouvelles,
» et qu'on le croyoit mort, tout ce que nous étions de
» jeunes princes nous nous appliquâmes à faire la cour
» à Pénélope pour parvenir à l'épouser. Cette princesse
» ne rejetoit ni n'acceptoit un hymen qui lui étoit
» odieux, pour avoir le temps de machiner notre
» perte ; et entre autres ruses, en voici une qu'elle
» imagina. Elle fit dresser dans son palais un métier,
» se mit à travailler elle-même à un grand voile, et
» nous parla en ces termes : Jeunes princes, qui me
» poursuivez en mariage depuis la mort de mon mari,
» modérez votre impatience, et attendez que j'aie achevé
» ce voile, afin que ce que j'ai filé moi-même ne soit
» pas perdu. Je le destine pour les funérailles du héros
» Laërte, quand la parque inexorable aura tranché ses
» jours, pour me mettre à couvert des reproches que
» les femmes d'Ithaque ne manqueroient pas de me

» Μή τις μοι κατὰ δῆμον Ἀχαιϊάδων νεμεσήσῃ, 135
» Αἴκεν ἄτερ σπείρου κεῖται, πολλὰ κτεατίσσας.
» Ὣς ἔφαθ'· ἡμῖν δ' αὖτ' ἐπεπείθετο θυμὸς ἀγήνωρ.
» Ἔνθα κεν ἠματίη μὲν ὑφαίνεσκεν μέγαν ἱστὸν,
» Νύκτας δ' ἀλλύεσκεν, ἐπὴν δαΐδας παραθεῖτο.
» Ὣς τρίετες μὲν ἔληθε δόλῳ, καὶ ἔπειθεν Ἀχαιούς.
» Ἀλλ' ὅτε τέτρατον ἦλθεν ἔτος, καὶ ἐπήλυθον ὧραι, 141
» Μηνῶν φθινόντων, περὶ δ' ἤματα πόλλ' ἐτελέσθη·
» Καὶ τότε δή τις ἔειπε γυναικῶν, ἣ σάφα ᾔδη,
» Καὶ τήν γ' ἀλλύουσαν ἐφεύρομεν ἀγλαὸν ἱστόν.
» Ὣς τὸ μὲν ἐξετέλεσσε, καὶ οὐκ ἐθέλουσ', ὑπ' ἀνάγκης.
» Εὖθ' ἡ φᾶρος ἔδειξεν, ὑφήνασα μέγαν ἱστὸν, 146
» Πλύνασ', ἠελίῳ ἐναλίγκιον, ἠὲ σελήνῃ.
» Καὶ τότε δή ῥ' Ὀδυσῆα κακός ποθεν ἤγαγε δαίμων
» Ἀγροῦ ἐπ' ἐσχατιὴν, ὅθι δώματα ναῖε συβώτης.
» Ἔνθ' ἦλθεν φίλος υἱὸς Ὀδυσσῆος θείοιο, 150
» Ἐκ Πύλου ἠμαθόεντος ἰὼν σὺν νηῒ μελαίνῃ.
» Τὼ δὲ μνηστῆρσιν θάνατον κακὸν ἀρτύναντε,
» Ἵκοντο προτὶ ἄστυ περικλυτόν· ἤτοι Ὀδυσσεὺς
» Ὕστερος, αὐτὰρ Τηλέμαχος πρόσθ' ἡγεμόνευε.
» Τὸν δὲ συβώτης ἦγε, κακὰ χροΐ εἵματ' ἔχοντα, 155
» Πτωχῷ λευγαλέῳ ἐναλίγκιον, ἠδὲ γέροντι,
» Σκηπτόμενον· τὰ δὲ λυγρὰ περὶ χροῒ εἵματα ἔστο.
» Οὐδέ τις ἡμείων δύνατο γνῶναι τὸν ἐόντα,
» Ἐξαπίνης προφανέντ', οὐδ' οἱ προγενέστεροι ἦσαν·
» Ἀλλ' ἔπεσίν τε κακοῖσιν ἐνίπτομεν, ἠδὲ βολῇσιν. 160
» Αὐτὰρ ὁ τέως μὲν ἐτόλμα ἐνὶ μεγάροισιν ἑοῖσι
» Βαλλόμενος καὶ ἐνισσόμενος, τετληότι θυμῷ·
» Ἀλλ' ὅτε δή μιν ἔγειρε Διὸς νόος Αἰγιόχοιο,
» Σὺν μὲν Τηλεμάχῳ περικαλλέα τεύχε' ἀείρας,
» Ἐς θάλαμον κατέθηκε, καὶ ἐκλήϊσσεν ὀχῆας· 165

» faire, si un prince comme Laërte, un prince si riche,
» et que j'avois autant de raison de respecter et d'aimer,
» n'avoit pas sur son bûcher un voile fait de ma main.
» Elle nous parla ainsi, et nous nous laissâmes persua-
» der. Pendant le jour elle travailloit avec beaucoup
» d'assiduité à ce voile; mais la nuit, dès que les flam-
» beaux étoient allumés, elle défaisoit ce qu'elle avoit
» fait le jour. Cette fraude nous fut cachée trois ans
» entiers, pendant lesquels elle nous remettoit d'un
» jour à l'autre; mais enfin la quatrième année venue,
» une de ses femmes, que nous avions gagnée, la trahit,
» et nous la surprîmes en défaisant son ouvrage. Elle
» fut donc obligée, malgré elle de l'achever. Mais à
» peine eut-elle ôté de dessus le métier ce voile plus
» éclatant que le flambeau de la nuit, et même que
» celui du jour, qu'un Dieu jaloux fit aborder Ulysse
» à une maison de campagne qu'habitoit Eumée, inten-
» dant de ses troupeaux. Son fils Télémaque y arriva
» en même temps à son retour de Pylos. Ces deux
» princes se rendirent dans la ville après avoir pris
» ensemble des mesures pour nous faire tous périr.
» Télémaque arriva le premier. Ulysse le suivit, conduit
» par Eumée. Il ne marchoit qu'avec peine, appuyé
» sur un bâton; il n'avoit pour habit que de vieux
» haillons, et il ressembloit si parfaitement à un gueux
» accablé de misère et d'années, qu'aucun de nous ne
» put le reconnoître, ni même aucun de ceux qui
» étoient plus âgés que nous et qui l'avoient vu plus
» long-temps. Il fut continuellement l'objet de nos bro-
» cards, nous le maltraitâmes même en sa personne. Il
» souffroit nos railleries et nos coups avec beaucoup
» de patience. Mais après que Jupiter eut excité son
» courage, alors aidé par Télémaque, il ôta de la
» salle toutes les armes, et les porta dans son apparte-
» ment, dont il ferma soigneusement les portes. Après

» Αὐτὰρ ὁ ἦν ἄλοχον πολυκερδείῃσιν ἄνωγε
» Τόξον μνηστήρεσσι θέμεν πολιόν τε σίδηρον,
» Ἡμῖν αἰνομόροισιν ἄεθλια, καὶ φόνου ἀρχήν.
» Οὐδέ τις ἡμείων δύνατο κρατεροῖο βιοῖο
» Νευρὴν ἐντανύσαι, πολλὸν δ᾽ ἐπιδευέες ἦμεν· 170
» Ἀλλ᾽ ὅτε χεῖρας ἵκανεν Ὀδυσσῆος μέγα τόξον,
» Ἔνθ᾽ ἡμεῖς μὲν πάντες ὁμοκλέομεν ἐπέεσσι,
» Τόξον μὴ δόμεναι, μηδ᾽ εἰ μάλα πόλλ᾽ ἀγορεύοι·
» Τηλέμαχος δέ μιν οἶος ἐποτρύνων ἐκέλευσεν,
» Αὐτὰρ ὁ δέξατο χειρὶ πολύτλας, δῖος Ὀδυσσεύς, 175
» Ῥηϊδίως δ᾽ ἐτάνυσσε βιὸν, διὰ δ᾽ ἧκε σιδήρου.
» Στῆ δ᾽ ἄρ᾽ ἐπ᾽ οὐδὸν ἰών, ταχέας δ᾽ ἐκχεύατ᾽ ὀϊστούς,
» Δεινὸν παπταίνων· βάλε δ᾽ Ἀντίνοον βασιλῆα.
» Αὐτὰρ ἔπειτ᾽ ἄλλοις ἐφίει βέλεα στονόεντα,
» Ἄντα τιτυσκόμενος· τοὶ δ᾽ ἀγχιστῖνοι ἔπιπτον. 180
» Γνωτὸν δ᾽ ἦν, ὅ ῥά τίς σφι θεῶν ἐπιτάρροθος ἦεν.
» Αὐτίκα γὰρ κατὰ δώματ᾽ ἐπισπόμενοι μένεϊ σφῷ
» Κτεῖνον ἐπιστροφάδην· τῶν δὲ στόνος ὤρνυτ᾽ ἀεικὴς,
» Κράτων τυπτομένων, δάπεδον δ᾽ ἅπαν αἵματι θῦεν.
» Ὡς ἡμεῖς, Ἀγάμεμνον, ἀπωλόμεθ᾽, ὧν ἔτι καὶ νῦν
» Σώματ᾽ ἀκηδέα κεῖται ἐνὶ μεγάροις Ὀδυσῆος·
» Οὐ γάρ πω ἴσασι φίλοι κατὰ δώμαθ᾽ ἑκάστου,
» Οἵ κ᾽ ἀπονίψαντες μέλανα βρότον ἐξ ὠτειλέων,
» Κατθέμενοι γοάοιεν· ὃ γὰρ γέρας ἐστὶ θανόντων. »

Τὸν δ᾽ αὖτε ψυχὴ προσεφώνεεν Ἀτρείδαο· 190

» quoi, par une ruse dont il étoit seul capable, il
» obligea la reine de nous proposer l'exercice de tirer
» la bague avez l'arc, exercice qui nous devoit être
» si funeste, et qui fut l'occasion et la cause de notre
» mort. Aucun de nous n'eut la force de tendre son
» arc, nous en étions bien éloignés. On voulut ensuite
» le faire passer entre les mains d'Ulysse; nous nous y
» opposâmes, et nous criâmes qu'on se donnât bien de
» garde de le lui remettre, quoi qu'il pût dire et faire;
» mais Télémaque ordonna qu'on le lui donnât malgré
» nous. Dès qu'Ulysse l'eut pris, il le tendit très-faci-
» lement; et de sa flèche il enfila toutes les bagues.
» Après cet exploit, il s'empara de la porte, jetant sur
» nous des regards farouches ; il versa à ses pieds toutes
» les flèches, et mirant d'abord le roi Antinoüs, il en
» fit sa première victime. Il tira ensuite sur les autres
» avec un pareil succès. Les morts s'accumuloient, et
» il étoit aisé de voir que deux hommes seuls ne fai-
» soient pas de si grands exploits sans le secours de
» quelque Dieu qui les animoit par sa présence. Bien-
» tôt, s'abandonnant à l'impétuosité de leur courage,
» ils fondirent sur nous et firent main-basse sur tous
» ceux qu'ils rencontroient. Tout le palais retentissoit
» de cris et de gémissemens des mourans et des blessés,
» et dans un moment toute la salle fut inondée de sang.
» Voilà, grand Agamemnon, comment nous avons
» tous péri. Nos corps sont encore dans la cour du
» palais d'Ulysse sans être enterrés; car la nouvelle de
» notre malheur n'a pas encore été portée dans nos
» maisons; nos parens et nos amis n'auroient pas man-
» qué, après avoir lavé le sang de nos blessures,
» de nous mettre sur le bûcher, et d'honorer de leur
» deuil nos funérailles; car c'est là le partage des
» morts. »

Amphimédon n'eut pas plus tôt fini, qu'Agamemnon

« Ὄλβιε Λαέρταο πάϊ, πολυμήχαν' Ὀδυσσεῦ,
» Ἦ ἄρα σὺν μεγάλῃ ἀρετῇ ἐκτήσω ἄκοιτιν.
» Ὡς ἀγαθαὶ φρένες ἦσαν ἀμύμονι Πηνελοπείῃ,
» Κούρῃ Ἰκαρίου, ὡς εὖ μέμνητ' Ὀδυσῆος,
» Ἀνδρὸς κουριδίου· τῷ οἱ κλέος οὔποτ' ὀλεῖται   195
» Ἧς ἀρετῆς· τεύξουσι δ' ἐπιχθονίοισιν ἀοιδὴν
» Ἀθάνατοι χαρίεσσαν ἐχέφρονι Πηνελοπείῃ.
» Οὐχ ὡς Τυνδαρέου κούρη κακὰ μήσατο ἔργα,
» Κουρίδιον κτείνασα πόσιν· στυγερὴ δέ τ' ἀοιδὴ
» Ἔσσετ' ἐπ' ἀνθρώπους· χαλεπὴν δέ τε φῆμιν ὄπασσε
» Θηλυτέρῃσι γυναιξί, καὶ ἥ κ' εὐεργὸς ἔῃσιν. »   201

Ὣς οἱ μὲν τοιαῦτα πρὸς ἀλλήλους ἀγόρευον,
Ἑσταότ' εἰν ἀΐδαο δόμοις, ὑπὸ κεύθεσι γαίης.
Οἱ δ' ἐπεὶ ἐκ πόλιος κατέβαν, τάχα δ' ἀγρὸν ἵκοντο
Καλὸν Λαέρταο τετυγμένον, ὅν ῥά ποτ' αὐτὸς   205
Λαέρτης κτεάτισσεν, ἐπεὶ μάλα πόλλ' ἐμόγησεν·
Ἔνθα οἱ οἶκος ἔην, περὶ δὲ κλίσιον θέε πάντῃ,
Ἐν τῷ σιτέσκοντο, καὶ ἵζανον, ἠδὲ ἴαυον
Δμῶες ἀναγκαῖοι, τοί οἱ φίλα ἐργάζοντο·
Ἐν δὲ γυνὴ Σικελὴ γρηῦς πέλεν, ἥ ῥα γέροντα   210
Ἐνδυκέως κομέεσκεν ἐπ' ἀγροῦ, νόσφι πόληος.
Ἔνθ' Ὀδυσεὺς δμώεσσι καὶ υἱέϊ μῦθον ἔειπεν·

« Ὑμεῖς μὲν νῦν ἔλθετ' ἐϋκτίμενον δόμον εἴσω·
» Δεῖπνον δ' αἶψα συῶν ἱερεύσατε, ὅστις ἄριστος.
» Αὐτὰρ ἐγὼν πατρὸς πειρήσομαι ἡμετέροιο,   215
» Αἴ κ' ἔμ' ἐπιγνοίη καὶ φράσσεται ὀφθαλμοῖσιν,
» Ἠέ κεν ἀγνοίῃσι, πολὺν χρόνον ἀμφὶς ἐόντα. »

Ὣς εἰπὼν, δμώεσσιν ἀρήϊα τεύχε' ἔδωκεν.
Οἱ μὲν ἔπειτα δόμονδε θοῶς κίον· αὐτὰρ Ὀδυσσεὺς
Ἆσσον ἴεν πολυκάρπου ἀλωῆς, πειρητίζων·   220

s'écria : « Fils de Laërte, prudent Ulysse, que vous
» êtes heureux d'avoir trouvé une femme si sage et si
» vertueuse ! Quelle prudence dans cette fille d'Icarius !
» Quelle fidélité pour son mari ! La mémoire de sa
» vertu ne mourra jamais. Les Dieux feront à l'hon-
» neur de la sage Pénélope des chants gracieux pour
» l'instruction des mortels, et elle recevra l'hommage
» de tous les siècles. Elle n'a pas fait comme la fille
» de Tyndare, qui a trempé ses mains parricides dans
» le sang de son mari. Aussi sera-t-elle éternellement
» le sujet de chants odieux et tragiques ; et la honte
» dont son nom sera à jamais couvert rejaillira sur
» toutes les femmes, même sur les plus vertueuses. »

Ainsi s'entretenoient ces ombres dans le royaume de Pluton sous les profonds abîmes de la terre. Cependant Ulysse et Télémaque, qui étoient sortis de la ville avec les deux pasteurs, furent bientôt arrivés à la maison de campagne du vieux Laërte ; elle consistoit en quelques pièces de terres qu'il avoit augmentées par ses soins et par son travail, et en une petite maison qu'il avoit bâtie. Tout auprès il y avoit une espèce de ferme : c'étoit un bâtiment rond où logeoient le peu qu'il avoit de domestiques. Car il n'avoit gardé que ceux qui lui étoient nécessaires pour cultiver ses terres et son jardin. Il avoit auprès de lui une vieille femme de Sicile qui gouvernoit sa maison, et qui avoit soin de sa vieillesse dans ce désert où il s'étoit confiné. Là Ulysse dit à son fils et à ses deux bergers :

« Allez-vous-en tous trois à la maison, préparez le
» cochon le plus gras pour le dîner, pendant que je
» vais me présenter à mon père pour voir s'il me recon-
» noîtra après une si longue absence. »

En finissant ces mots, il leur donne ses armes à emporter ; ils allèrent promptement dans la maison exécuter ses ordres, et Ulysse entra dans un grand

Οὐδ' εὗρεν Δολίον, μέγαν ὄρχατον ἐσκαταβαίνων,
Οὐδέ τινα δμώων, οὐδ' υἱῶν· ἀλλ' ἄρα τοίγε
Αἱμασιὰς λέξοντες, ἀλωῆς ἔμμεναι ἕρκος,
Ὤχοντ'· αὐτὰρ ὁ τοῖσι γέρων ὁδὸν ἡγεμόνευεν.
Τὸν δ' οἶον πατέρ' εὗρεν ἐϋκτιμένῃ ἐν ἀλωῇ,   225
Διστρεύοντα φυτόν· ῥυπόωντα δὲ ἕστο χιτῶνα,
Ῥαπτὸν, ἀεικέλιον· περὶ δὲ κνήμῃσι βοείας
Κνημῖδας ῥαπτὰς δέδετο, γραπτῦς ἀλεείνων·
Χειρίδας τ' ἐπὶ χερσὶ, βάτων ἕνεκ'· αὐτὰρ ὕπερθεν
Αἰγείην κυνέην κεφαλῇ ἔχε, πένθος ἀέξων.   230
Τὸν δ' ὡς οὖν ἐνόησε πολύτλας δῖος Ὀδυσσεὺς
Γήραϊ τειρόμενον, μέγα δὲ φρεσὶ πένθος ἔχοντα,
Στὰς ἄρ' ὑπὸ βλωθρὴν ὄγχνην κατὰ δάκρυον εἶβε.
Μερμήριξε δ' ἔπειτα κατὰ φρένα καὶ κατὰ θυμὸν,
Κῦσαι καὶ περιφῦναι ἑὸν πατέρ', ἠδὲ ἕκαστα   235
Εἰπεῖν, ὡς ἔλθοι καὶ ἵκοιτ' ἐς πατρίδα γαῖαν·
Ἢ πρῶτ' ἐξερέοιτο, ἕκαστά τε πειρήσαιτο.
Ὧδε δέ οἱ φρονέοντι δοάσσατο κέρδιον εἶναι,
Πρῶτον κερτομίοις ἐπέεσσιν πειρηθῆναι.
Τὰ φρονέων ἰθὺς κίεν αὐτοῦ δῖος Ὀδυσσεύς·   240
Ἤτοι ὁ μὲν κάτ' ἔχων κεφαλήν, φυτὸν ἀμφελάχαινε,
Τὸν δὲ παριστάμενος προσεφώνεε φαίδιμος υἱός·

« Ὦ γέρον, οὐκ ἀδαημονίη σ' ἔχει ἀμφιπολεύειν
» Ὄρχατον· ἀλλ' εὖ τοι κομιδὴ ἔχει, οὐδέ τι πάμπαν
» Οὐ φυτόν, οὐ συκῆ, οὐκ ἄμπελος, οὐ μὲν ἐλαίη, 245
» Οὐκ ὄγχνη, οὐ πρασιὴ τοι ἄνευ κομιδῆς κατὰ κῆπον.
» Ἄλλο δέ τοι ἐρέω, σὺ δὲ μὴ χόλον ἔνθεο θυμῷ·
» Αὐτόν σ' οὐκ ἀγαθὴ κομιδὴ ἔχει, ἀλλ' ἅμα γῆρας
» Λυγρὸν ἔχεις, αὐχμεῖς τε κακῶς, καὶ ἀεικέα ἕσσαι·

verger; il n'y trouva ni Dolius, ni aucun de ses
enfans, ni le moindre de ses domestiques; ils étoient
tous allés couper des buissons et des épines pour rac-
commoder les haies du jardin, et le bon vieillard Dolius
étoit à leur tête. Il trouva son père seul dans le jardin,
où il s'occupoit à arracher les méchantes herbes d'une
jeune plante. Il étoit vêtu d'une tunique fort sale et fort
usée; il avoit à ses jambes des bottines de cuir de bœuf
toutes rapiécées pour se défendre des épines. Il avoit
aussi des gants forts épais pour garantir ses mains, et sa
tête étoit couverte d'une espèce de casque de peau de
chèvre. Il nourrissoit ainsi dans cet équipage sa triste
douleur. Quand Ulysse vit son père accablé de vieillesse et dans un abattement qui marquoit son deuil, il
s'appuya contre un grand arbre, et fondit en pleurs.
Enfin, faisant effort sur lui-même, il délibéra en son
cœur s'il iroit d'abord embrasser ce bon homme, lui
apprendre son arrivée, et lui raconter comment il étoit
revenu; ou s'il l'approcheroit pour s'entretenir avec
lui avant que de se faire connoître. Ce dernier parti lui
parut le meilleur, et il voulut avoir pour un moment
le plaisir de réveiller un peu sa douleur, afin de lui
rendre ensuite sa joie plus sensible. Dans ce dessein,
Ulysse s'approche de Laërte, et comme il étoit baissé
pour émonder son jeune arbre, son fils haussant la
voix, lui adressa la parole, et lui dit:

« Vieillard, on voit bien que vous êtes un des plus
» habiles jardiniers du monde; votre jardin est très-bien
» tenu; il n'y a pas une plante ni un carré qui ne soit
» en très-bon état; vos plants de vignes, vos oliviers,
» vos poiriers, en un mot, tous vos arbres marquent
» le soin que vous en avez. Mais j'oserai vous dire,
» et je vous prie de ne vous en pas fâcher, que vous
» avez plus soin de votre jardin que de vous-même.
» Vous affligez votre vieillesse, vous voilà tout couvert

» Οὐ μὲν ἀεργίης γέ ἄναξ ἕνεκ' οὔ σε κομίζει, 250
» Οὐδέ τι τοι δούλειον ἐπιπρέπει εἰσοράασθαι
» Εἶδος καὶ μέγεθος· βασιλῆι γὰρ ἀνδρὶ ἔοικας.
» Τοιούτῳ δὲ ἔοικας, ἐπεὶ λούσαιτο φάγοι τέ,
» Εὑδέμεναι μαλακῶς· ἥ γὰρ δίκη ἐστὶ γερόντων.
» Ἀλλ' ἄγε μοι τόδε εἰπέ, καὶ ἀτρεκέως κατάλεξον, 255
» Τεῦ δμὼς εἶς ἀνδρῶν; τεῦ δ' ὄρχατον ἀμφιπολεύεις;
» Καί μοι τοῦτ' ἀγόρευσον ἐτήτυμον, ὄφρ' εὖ εἰδῶ,
» Εἰ ἐτεόν γ' Ἰθάκην τήνδ' ἱκόμεθ', ὥς μοι ἔειπεν
» Οὗτος ἀνὴρ νῦν δὴ ξυμβλήμενος ἐνθάδ' ἰόντι,
» Οὔτι μάλ' ἀρτίφρων· ἐπεὶ οὐ τόλμησεν ἕκαστα 260
» Εἰπεῖν, ἠδ' ἐπακοῦσαι ἐμὸν ἔπος, ὡς ἐρέεινον
» Ἀμφὶ ξείνῳ ἐμῷ, εἴπου ζώει τε καὶ ἐστί,
» Ἦ ἤδη τέθνηκε, καὶ εἰν ἀΐδαο δόμοισιν.
» Ἐκ γάρ τοι ἐρέω, σὺ δὲ σύνθεο, καί μευ ἄκουσον·
» Ἄνδρα ποτ' ἐξείνισσα φίλῃ ἐνὶ πατρίδι γαίῃ, 265
» Ἡμέτερόνδ' ἐλθόντα· καὶ οὔπω τις βροτὸς ἄλλος
» Ξείνων τηλεδαπῶν φιλίων ἐμὸν ἵκετο δῶμα·
» Εὔχετο δ' ἐξ Ἰθάκης γένος ἔμμεναι, αὐτὰρ ἔφασκε
» Λαέρτην Ἀρκεισιάδην πατέρ' ἔμμεναι αὐτοῦ.
» Τὸν μὲν ἐγὼ πρὸς δώματ' ἄγων εὖ ἐξείνισσα 270
» Ἐνδυκέως φιλέων, πολλῶν κατὰ οἶκον ἐόντων,
» Καί οἱ δῶρα πόρον ξεινήϊα, οἷα ἐῴκει·
» Χρυσοῦ μέν οἱ δῶκ' εὐεργέος ἑπτὰ τάλαντα,
» Δῶκα δέ οἱ κρητῆρα πανάργυρον ἀνθεμόεντα, 274
» Δώδεκα δ' ἁπλοΐδας χλαίνας, τόσσους δὲ τάπητας,
» Τόσσα δὲ φάρεα καλά, τόσους δ' ἐπὶ τοῖσι χιτῶνας·
» Χωρὶς δ' αὖτε γυναῖκας ἀμύμονας, ἔργ' εἰδυίας,
» Τέσσαράς εἰδαλίμας, ἃς ἤθελεν αὐτὸς ἑλέσθαι. »

Τὸν δ' ἠμείβετ' ἔπειτα πατὴρ κατὰ δάκρυον εἴβων·

» de crasse et de poussière, et vous n'avez que de
» méchans habits. Ce ne peut être un maître qui vous
» tient si mal à cause de votre paresse ; on voit bien à
» votre air que vous n'êtes pas né pour servir ; car vous
» avez la majesté d'un roi. Oui, vous ressemblez à un
» roi, et un roi doit goûter les douceurs d'une vie plus
» convenable à sa naissance. Tous les jours, après vous
» vous être baigné, vous devriez vous mettre à table et
» aller ensuite vous coucher dans un bon lit ; voilà ce
» qui convient surtout à votre âge. Mais si la fortune
» injuste vous a réduit à cette triste servitude, dites-moi
» quel maître vous servez, et pour qui vous cultivez ce
» jardin ? Dites-moi aussi, je vous prie, s'il est vrai que
» je sois dans Ithaque, comme me l'a assuré un homme
» que je viens de rencontrer en arrivant, et qui n'a pas
» eu l'honnêteté de s'arrêter un moment pour me
» donner des nouvelles que je lui demandois d'un
» homme de ce pays que j'ai autrefois reçu dans ma
» maison ; je voulois savoir s'il est revenu, et s'il est en
» vie, ou s'il est mort : car je vous dirai, et je vous prie
» de m'entendre, qu'il y a quelques années que je logeai
» chez moi un homme qui passoit dans ma patrie. De
» tous les hôtes que j'ai eu l'honneur de recevoir, je
» n'en ai jamais vu un comme celui-là ; il se disoit
» d'Ithaque, et il se vantoit d'être fils de Laërte fils
» d'Arcésius. Il reçut de moi tous les bons traitemens
» qu'il pouvoit attendre d'un hôte. Je lui fis les présens
» qu'exige l'hospitalité ; je lui donnai sept talens d'or,
» une urne d'argent cizelé, où l'ouvrier avoit repré-
» senté les plus belles fleurs, douze manteaux, douze
» tuniques, autant de tapis et autant de voiles précieux,
» et je lui fis encore présent de quatre belles esclaves
» adroites à tous les beaux ouvrages, et qu'il prit lui-
» même la peine de choisir. »

« Étranger, répondit Laërte, le visage baigné de pleurs

« Ξεῖν', ἤτοι μὲν γαῖαν ἱκάνεις, ἣν ἐρεείνεις·   280
» Ὑβρισταὶ δ' αὐτὴν καὶ ἀτάσθαλοι ἄνδρες ἔχουσι.
» Δῶρα δ' ἐτώσια ταῦτα χαρίζεο μυρί' ὀπάζων·
» Εἰ γάρ μιν ζωόν γ' ἐκίχεις Ἰθάκης ἐνὶ δήμῳ,
» Τῷ κέν σ' εὖ δώροισιν ἀμειψάμενος ἀπέπεμψε,
» Καὶ ξενίῃ ἀγαθῇ· ἡ γὰρ θέμις, ὅστις ὑπάρξῃ.   285
» Ἀλλ' ἄγε μοι τόδε εἰπὲ, καὶ ἀτρεκέως κατάλεξον,
» Πόστον δὴ ἔτος ἐστὶν, ὅτε ξείνισσας ἐκεῖνον
» Σὸν ξεῖνον δύστηνον, ἐμὸν παῖδ', εἴ ποτ' ἔην γέ·
» Δύσμορον, ὅν που, τῆλε φίλων καὶ πατρίδος αἴης,
» Ἤ που ἐν πόντῳ φάγον ἰχθύες, ἢ ἐπὶ χέρσου   290
» Θηρσὶ καὶ οἰωνοῖσιν ἕλωρ γένετ'· οὐδέ ἑ μήτηρ
» Κλαῦσε περιστείλασα, πατήρ θ', οἵ μιν τεκόμεσθα·
» Οὐδ' ἄλοχος πολύδωρος ἐχέφρων Πηνελόπεια
» Κώκυσ' ἐν λεχέεσσι φίλον πόσιν, ὡς ἐπέοικεν,
» Ὀφθαλμοὺς καθελοῦσα· τὸ γὰρ γέρας ἐστὶ θανόντων.
» Καί μοι τοῦτ' ἀγόρευσον ἐτήτυμον, ὄφρ' εὖ εἰδῶ, 296
» Τίς; πόθεν εἰς ἀνδρῶν; πόθι τοι πόλις, ἠδὲ τοκῆες;
» Ποῦ δὲ νηῦς ἕστηκε θοή, ἥ σ' ἤγαγε δεῦρο,
» Ἀντιθέους θ' ἑτάρους; ἦ ἔμπορος εἰλήλουθας
» Νηὸς ἐπ' ἀλλοτρίης, οἱ δ' ἐκβήσαντες ἔβησαν; » 300

Τὸν δ' ἀπαμειβόμενος προσέφη πολύμητις Ὀδυσσεύς·
« Τοιγὰρ ἐγώ τοι ταῦτα μάλ' ἀτρεκέως καταλέξω.
» Εἰμὶ γὰρ ἐξ Ἀλύβαντος, ὅθι κλυτὰ δώματα ναίω,
» Υἱὸς Ἀφείδαντος Πολυπημονίδαο ἄνακτος·
» Αὐτὰρ ἐμοί γ' ὄνομ' ἐστὶν Ἐπήριτος· ἀλλά με δαίμων
» Πλάγξ' ἀπὸ Σικανίης δεῦρ' ἐλθέμεν, οὐκ ἐθέλοντα. 306
» Νηῦς δέ μοι ἥδ' ἕστηκεν ἐπ' ἀγροῦ νόσφι πόληος,
» Αὐτὰρ Ὀδυσσῆϊ τόδε δὴ πέμπτον ἔτος ἐστὶν,
» Ἐξ οὗ κεῖθεν ἔβη, καὶ ἐμῆς ἀπελήλυθε πάτρης,

» vous êtes dans Ithaque, comme on vous l'a dit; le peuple
» qui l'habite est grossier et insolent. Tous vos beaux
» présens sont perdus, car vous ne trouverez point en
» vie celui à qui vous les avez faits. S'il étoit vivant, il
» répondroit à votre générosité, et en vous recevant
» chez lui, il tâcheroit de ne se laisser pas surpasser en
» libéralité et en magnificence; car c'est le devoir des
» honnêtes gens qui ont reçu des bienfaits. Mais dites-
» moi, je vous prie, sans me rien déguiser, combien
» d'années y a-t-il que vous avez logé chez vous mon fils,
» ce malheureux prince qui n'est plus? car, éloigné de
» ses amis et de sa patrie, il a été ou déchiré par les
» bêtes dans quelque campagne déserte, ou dévoré par
» les poissons dans les gouffres de la mer. Sa mère et moi
» n'avons pas eu la consolation de l'arroser de nos larmes
» et de lui rendre les derniers devoirs; et sa femme, la
» sage Pénélope, n'a pu le pleurer sur son lit funèbre,
» ni lui fermer les yeux, ni lui faire des funérailles
» honorables, ce qui est le dernier partage des morts.
» Mais ayez la bonté de m'apprendre qui vous êtes, quel
» est votre pays et qui sont vos parens, où vous avez
» laissé le vaisseau sur lequel vous êtes venu, et où sont
» vos compagnons. Etes-vous venu sur un vaisseau étran-
» ger pour négocier dans ce pays? et votre vais-
» seau, après vous avoir descendu sur nos côtes, s'en
» est-il retourné?

« Je satisferai à vos demandes, répondit Ulysse. Je
» suis de la ville d'Alybas, où j'ai ma maison assez con-
» nue dans le monde, et je suis fils du roi Aphidas, à
» qui le généreux Polypémon donna la naissance, je
» m'appelle Epéritus; j'allois en Sicile, mais un Dieu
» ennemi m'a écarté de ma route et m'a fait relâcher
» sur cette côte malgré moi. J'ai laissé mon vaisseau à
» la rade loin de la ville. Voici la cinquième année
» depuis qu'Ulysse arriva chez moi à son retour de Troie,

» Δύσμοροι· ἦ τέ οἱ ἐσθλοὶ ἔσαν ὄρνιθες ἰόντι   310
» Δεξιοί, οἷς χαίρων μὲν ἐγὼν ἀπέπεμπον ἐκεῖνον,
» Χαῖρε δὲ κεῖνος ἰών· θυμὸς δ' ἔτι νῶϊν ἐώλπει
» Μίξεσθαι ξενίῃ, ἠδ' ἀγλαὰ δῶρα διδώσειν.»

Ὣς φάτο· τὸν δ' ἄχεος νεφέλη ἐκάλυψε μέλαινα·
Ἀμφοτέρῃσι δὲ χερσὶν ἑλὼν κόνιν αἰθαλόεσσαν   315
Χεύατο κακκεφαλῆς πολιῆς, ἀδινὸν στεναχίζων.
Τοῦ δ' ὠρίνετο θυμός, ἀνὰ ῥῖνας δέ οἱ ἤδη
Δριμὺ μένος προῦτυψε, φίλον πατέρ' εἰσορόωντι·
Κύσσε δέ μιν περιφὺς ἐπιάλμενος, ἠδὲ προσηύδα·

« Κεῖνος μέντοι ὅδ' αὐτὸς ἐγώ, πάτερ, ὃν σὺ μεταλλᾷς,
» Ἤλυθον εἰκοστῷ ἔτεϊ ἐς πατρίδα γαῖαν·   321
» Ἀλλ' ἴσχεο κλαυθμοῖο, γόοιό τε δακρυόεντος.
» Ἐκ γάρ τοι ἐρέω· (μάλα δὲ χρὴ σπευδέμεν ἔμπης·)
» Μνηστῆρας κατέπεφνον ἐν ἡμετέροισι δόμοισι,
» Λώβην τινύμενος θυμαλγέα καὶ κακὰ ἔργα. »   325

Τὸν δ' αὖ Λαέρτης ἀπαμείβετο, φώνησέν τε·
« Εἰ μὲν δὴ Ὀδυσεύς γε, ἐμὸς πάϊς, ἐνθάδ' ἱκάνεις,
» Σῆμά τί μοι νῦν εἰπὲ ἀριφραδές, ὄφρα πεποίθω. »

Τὸν δ' ἀπαμειβόμενος προσέφη πολύμητις Ὀδυσσεύς.
« Οὐλὴν μὲν πρῶτον τήνδε φράσαι ὀφθαλμοῖσι,   330
» Τὴν ἐν Παρνησῷ μ' ἔλασεν σῦς λευκῷ ὀδόντι
» Οἰχόμενον· σὺ δέ με προΐεις καὶ πότνια μήτηρ
» Ἐς πατέρ' Αὐτόλυκον μητρὸς φίλον, ὄφρ' ἂν ἑλοίμην
» Δῶρα, τὰ δεῦρο μολὼν μοι ὑπέσχετο, καὶ κατένευσεν.
» Εἰ δ' ἄγε, τοι καὶ δένδρε', ἐϋκτιμένην κατ' ἀλωὴν   335
» Εἴπω, ἅ μοι πότ' ἔδωκας, ἐγὼ δ' ᾔτεόν σε ἕκαστα,
» Παιδνὸς ἐών, κατὰ κῆπον ἐπισπόμενος· διὰ δ' αὐτῶν

» après avoir essuyé beaucoup de malheurs. Quand il
» voulut partir, il vit à sa droite des oiseaux favorables.
» Cet heureux augure me fit un très-grand plaisir; je lui
» fournis avec joie les moyens de s'en retourner, et il
» partit plein d'espérance; nous nous témoignâmes réci-
» proquement l'un à l'autre le désir que nous avions de
» de nous revoir pour cimenter l'hospitalité que nous
» avions contractée. »

A ces mots, Laërte est enveloppé d'un nuage de tristesse, et plongé dans une profonde douleur. Il prend de la poussière brûlante et la jette à pleines mains sur ses cheveux blancs, en poussant de grands soupirs et en versant des torrens de larmes. Le cœur d'Ulysse en est ému, il se sent attendri, il ne peut plus soutenir cette vue, ni laisser son père en cet état; il se jette à son cou, et le tenant tendrement embrassé, il lui dit:

« Mon père, je suis celui que vous pleurez, et dont
» vous demandez des nouvelles; après une absence de
» vingt années entières, je suis de retour auprès de vous
» dans ma chère patrie. Essuyez donc vos larmes et ces-
» sez vos soupirs. Je vous dirai tout en peu de mots, car
» le temps presse: je viens de tuer tous les poursuivans
» dans mon palais, et de me venger de toutes les inso-
» lences et de toutes les injustices qu'ils y ont commises. »

Si vous êtes Ulysse, ce fils si cher, répondit Laërte, donnez-moi un signe certain qui me force à vous croire.

« Vous n'avez, lui dit Ulysse, qu'à voir de vos yeux
» cette cicatrice de la plaie que me fit autrefois un san-
» glier sur le mont Parnasse, lorsque vous m'envoyâtes,
» ma mère et vous, chez mon grand-père Autolycus,
» pour recevoir les présens qu'il m'avoit promis dans
» un voyage qu'il fit à Ithaque. Si ce signe ne suffit pas,
» je vais vous montrer dans ce jardin les arbres que
» vous me donnâtes autrefois en mon particulier, lorsque
» dans mon enfance, me promenant avec vous, je vous

» Ἱκνεύμεσθα, σὺ δ' ὠνόμασας καὶ ἔειπες ἕκαστα.
» Ὄγχνας μοι δῶκας τρεισκαίδεκα, καὶ δέκα μηλέας,
» Συκέας τεσσαράκοντ'· ὄρχους δέ μοι ὧδ' ὀνόμηνας 340
» Δώσειν πεντήκοντα, διατρύγιος δὲ ἕκαστος
» Ἤην· ἔνθα δ' ἀνὰ σταφυλαὶ παντοῖαι ἔασιν,
» Ὁππότε δὴ Διὸς ὧραι ἐπιβρίσειαν ὕπερθεν. »

Ὣς φάτο· τοῦ δ' αὐτοῦ λύτο γούνατα καὶ φίλον ἦτορ,
Σήματ' ἀναγνόντος, τά οἱ ἔμπεδα πέφραδ' Ὀδυσσεύς.
Ἀμφὶ δὲ παιδὶ φίλῳ βάλε πήχεε· τὸν δὲ ποτὶ οἷ 346
Εἷλεν ἀποψύχοντα πολύτλας, δῖος Ὀδυσσεύς.
Αὐτὰρ ἐπεί ῥ' ἄμπνυτο, καὶ ἐς φρένα θυμὸς ἀγέρθη,
Ἐξαῦτις μύθοισιν ἀμειβόμενος προσέειπε·

« Ζεῦ πάτερ, ἦ ῥα ἔτ' ἐστὲ θεοὶ κατὰ μακρὸν Ὄλυμπον·
» Εἰ ἐτεὸν μνηστῆρες ἀτάσθαλοι ὕβριν ἔτισαν. 351
» Νῦν δ' αἰνῶς δείδοικα κατὰ φρένα, μὴ τάχα πάντες
» Ἐνθάδ' ἐπέλθωσίν ῥ' Ἰθακήσιοι, ἀγγελίας δὲ
» Πάντῃ ἐποτρύνωσι Κεφαλλήνων πολίεσσι. »

Τὸν δ' ἀπαμειβόμενος προσέφη πολύμητις Ὀδυσσεύς·
« Θάρσει, μή τοι ταῦτα μετὰ φρεσὶ σῇσι μελόντων· 356
» Ἀλλ' ἴομεν προτὶ οἶκον; ὃς ὀρχάτου ἐγγύθι κεῖται.
» Ἔνθα δὲ Τηλέμαχον, καὶ βουκόλον, ἠδὲ συβώτην
» Προὔπεμψ', ὡς ἂν δεῖπνον ἐφοπλίσσωσι τάχιστα. »

Ὣς ἄρα φωνήσαντε βάτην πρὸς δώματα καλά. 360
Οἱ δ' ὅτε δὴ ῥ' ἵκοντο δόμους εὖ ναιετάοντας,
Εὗρον Τηλέμαχον, καὶ βουκόλον, ἠδὲ συβώτην
Ταμνομένους κρέα πολλά, κερῶντάς τ' αἴθοπα οἶνον.
Τόφρα δὲ Λαέρτην μεγαλήτορα ᾧ ἐνὶ οἴκῳ
Ἀμφίπολος Σικελὴ λοῦσεν, καὶ χρῖσεν ἐλαίῳ 365
Ἀμφὶ δ' ἄρα χλαῖναν καλὴν βάλεν· αὐτὰρ Ἀθήνη
Ἄγχι παρισταμένη μέλε' ἤλδανε ποιμένι λαῶν,
Μείζονα δ', ἠὲ πάρος, καὶ πάσσονα θῆκεν ἰδέσθαι.
Ἐκ δ' ἀσαμίνθου βῆ· θαύμαζε δέ μιν φίλος υἱός,

» les demandai. En me les donnant vous les nommâtes
» tous. Vous me donnâtes treize poiriers, dix pommiers,
» quarante de vos figuiers, et vous promîtes de me don-
» ner cinquante rangs de ceps de vignes de différentes
» espèces, qui, lorsque l'automne venoit étaler toutes ses
» richesses, étoient toujours chargés d'excellens fruits. »

A ces mots, le cœur et les genoux manquent à Laërte ; il se laisse aller sur son fils, qu'il ne peut s'empêcher de reconnoître, et il l'embrasse. Ulysse le reçoit entre ses bras, comme il étoit près de s'évanouir. Après qu'il fut un peu revenu de cette foiblesse, que l'excès de la joie lui avoit causée, et que le trouble de son esprit fut dissipé, il s'écria : « Grand Jupiter ! il y a donc encore des
» Dieux dans l'Olympe, puisque ces impies de poursui-
» vans ont été punis de leurs violences et de leurs injus-
» tices. Présentement je crains que les habitans d'Ithaque
» ne viennent nous assiéger, et qu'ils ne dépêchent des
» couriers dans toutes les villes de Céphalénie, pour
» exciter les peuples et les appeler à leur secours. »

« Ne craignez rien, répond Ulysse, et chassez toutes
» ces pensées de votre esprit ; tout ira bien. Mais allons
» dans la maison où j'ai déjà envoyé Télémaque avec
» Eumée et Philoétius pour préparer le dîner. »

En parlant ainsi, ils sortent du jardin et prennent le chemin de la maison. En y entrant ils trouvent Télémaque et les deux pasteurs qui préparoient les viandes et qui mêloient le vin dans une urne. L'esclave sicilienne baigne son maître Laërte, le parfume d'essence et lui donne un habit magnifique pour honorer ce grand jour ; et la déesse Minerve prend soin de relever la bonne mine de ce vieillard ; elle le fait paroître plus grand et lui donne plus d'embonpoint. Quand il sortit de la chambre du bain, son fils fut étonné de le voir si différent de ce qu'il étoit auparavant ; il ne pouvoit se lasser de l'admirer,

Ὃς ἔην ἀθανάτοισι θεοῖς ἐναλίγκιον ἄντην· 370
Καί μιν φωνήσας ἔπεα πτερόεντα προσηύδα·

« Ὦ πάτερ, ἦ μάλα τίς σε θεῶν αἰειγενετάων
» Εἶδός τε μέγεθός τε ἀμύμονα θῆκεν ἰδέσθαι. »

Τὸν δ' αὖ Λαέρτης πεπνυμένος ἀντίον ηὔδα·
» Αἲ γὰρ, Ζεῦ τε πάτερ, καὶ Ἀθηναίη, καὶ Ἄπολλον,
» Οἷος Νήρικον εἷλον, ἐϋκτίμενον πτολίεθρον, 376
» Ἀκτὴν Ἠπείροιο, Κεφαλλήνεσσιν ἀνάσσων,
» Τοῖος ἐών τοι χθιζὸς ἐν ἡμετέροισι δόμοισι,
» Τεύχε' ἔχων ὤμοισιν, ἐφεστάμεναι, καὶ ἀμύνειν
» Ἄνδρας μνηστῆρας· τῷ κε σφέων γούνατ' ἔλυσα 380
» Πολλῶν ἐν μεγάροισι, σὺ δὲ φρένας ἔνδον ἰάνθης. »

Ὣς οἱ μὲν τοιαῦτα πρὸς ἀλλήλους ἀγόρευον.
Οἱ δ' ἐπεὶ οὖν παύσαντο πόνου, τετύκοντό τε δαῖτα,
Ἑξείης ἕζοντο κατὰ κλισμούς τε θρόνους τε·
Ἔνθ' οἱ μὲν δείπνῳ ἐπεχείρεον· ἀγχίμολον δὲ 385
Ἦλθ' ὁ γέρων Δολίος, σὺν δ' υἱεῖς τοῖο γέροντος,
Ἐξ ἔργων μογέοντες, ἐπεὶ προμολοῦσα κάλεσσεν
Μήτηρ, γρηῦς Σικελή, ἥ σφεας τρέφε· καί ῥα γέροντα
Ἐνδυκέως κομέεσκεν, ἐπεὶ κατὰ γῆρας ἔμαρπτεν.
Οἱ δ' ὡς οὖν Ὀδυσῆα ἴδον, φράσσαντό τε θυμῷ, 390
Ἔσταν ἐνὶ μεγάροισι τεθηπότες· αὐτὰρ Ὀδυσσεὺς
Μειλιχίοις ἐπέεσσι καθαπτόμενος προσέειπεν·

» Ὦ γέρον, ἵζ' ἐπὶ δεῖπνον, ἀπεκλελάθεσθε δὲ θάμβευς·
« Δηρὸν γὰρ σίτῳ ἐπιχειρήσειν μεμαῶτες
» Μίμνομεν ἐν μεγάροις, ὑμέας ποτιδέγμενοι αἰεί. » 395

Ὣς ἄρ' ἔφη· Δολίος δ' ἰθὺς κίε, χεῖρε πετάσσας
Ἀμφοτέρας· Ὀδυσεὺς δὲ λαβὼν κύσε χεῖρ' ἐπὶ καρπῷ,
Καί μιν φωνήσας ἔπεα πτερόεντα προσηύδα·

« Ὦ φίλ', ἐπεὶ νόστησας ἐελδομένοισι μάλ' ἡμῖν,
» Οὐδέ τ' ὀϊομένοισι, θεοὶ δέ σε ἤγαγον αὐτοί, 400

car il ressembloit à un des Immortels, et il lui témoigna
sa surprise en ces termes :

« Mon père, il faut que les Dieux aient fait le mer-
» veilleux changement que je vois en votre personne,
» c'est une marque visible que vous leur êtes cher. »

« Mon fils, reprit le sage Laërte, plût à Jupiter, à
» Minerve et à Apollon que je fusse encore tel que j'étois
» lorsqu'à la tête des Céphaléniens je pris la belle ville
» de Nérice sur les côtes du continent de l'Acarnanie,
» et que j'eusse pu me trouver avec mes armes au com-
» bat que vous donnâtes hier contre les poursuivans !
» vous auriez été ravi de voir avec quelle force et quelle
» ardeur j'aurois secondé votre courage. »

Pendant qu'ils s'entretenoient ainsi, on acheva de
préparer le dîner; et comme on étoit prêt à se mettre à
table, Dolius arriva du travail avec ses enfans; l'esclave
sicilienne, leur mère qui les avoit nourris, et qui avoit
grand soin du bon homme Dolius, depuis que la vieillesse l'avoit accueilli, étoit allée elle-même les appeler.
Dès qu'ils furent entrés et qu'ils eurent vu et reconnu
Ulysse, ils furent dans un étonnement qui les rendit
immobiles. Mais Ulysse les voyant en cet état, les
réveilla par ces paroles pleines de douceur :

« Bon homme, dit-il à Dolius, mettez-vous à table
» avec nous, et revenez de votre surprise; il y a long-
» temps que la faim nous presse de nous mettre à table,
» nous n'attendions que vous. »

Dolius n'eut pas plus tôt entendu ces paroles, qu'il
court à son maître, les bras ouverts, et lui prenant la
main, il la baise, et après les premiers transports de sa
joie, ce serviteur fidèle s'écrie :

« Cher prince, puisque vous êtes enfin revenu selon
» nos désirs et contre nos espérances, et que les Dieux
» eux-mêmes ont pris soin de vous ramener, que ce

» Οὐλέ τε, καὶ μέγα χαῖρε, θεοὶ δέ τοι ὄλβια δοῖεν,
» Καί μοι τοῦτ᾽ ἀγόρευσον ἐτήτυμον, ὄφρ᾽ εὖ εἰδῶ,
» Ἢ ἤδη σάφα οἶδε περίφρων Πηνελόπεια
» Νοστήσαντά σε δεῦρ᾽, ἢ ἄγγελον ὀτρύνωμεν. »

Τὸν δ᾽ ἀπαμειβόμενος προσέφη πολύμητις Ὀδυσσεύς·
» Ὦ γέρον, ἤδη οἶδε· τί σε χρὴ ταῦτα πένεσθαι ;   406

Ὣς φάθ᾽· ὁ δ᾽ αὖτις ἄρ᾽ ἕζετ᾽ ἐϋξέστου ἐπὶ δίφρου.
Ὣς δ᾽ αὔτως παῖδες Δολίου κλυτὸν ἀμφ᾽ Ὀδυσῆα
Δεικανόωντ᾽ ἐπέεσσι, καὶ ἐν χείρεσσι φύοντο·
Ἑξείης δ᾽ ἕζοντο παραὶ Δολίον πατέρα σφῶν.   410

Ὣς οἱ μὲν περὶ δεῖπνον ἐνὶ μεγάροισι πένοντο.
Ὄσσα δ᾽ ἄρ᾽ ἄγγελος ὦκα κατὰ πτόλιν ᾤχετο πάντῃ,
Μνηστήρων στυγερὸν θάνατον καὶ κῆρ᾽ ἐνέπουσα.
Οἱ δ᾽ ἄρ᾽ ὁμῶς ἀΐοντες ἐφοίτων ἄλλοθεν ἄλλος,
Μυχμῷ τε στοναχῇ τε, δόμων προπάροιθ᾽ Ὀδυσῆος·   415
Ἐκ δὲ νέκυς οἴκων φόρεον, καὶ θάπτον ἕκαστοι·
Τοὺς δ᾽ ἐξ ἀλλάων πολίων οἶκόνδε ἕκαστον
Πέμπον ἄγειν ἁλιεῦσι, θοῇς ἐπὶ νηυσὶ τιθέντες·
Αὐτοὶ δ᾽ εἰς ἀγορὴν κίον ἀθρόοι, ἀχνύμενοι κῆρ.
Αὐτὰρ ἐπεί ῥ᾽ ἤγερθεν, ὁμηγερέες τ᾽ ἐγένοντο,   420
Τοῖσιν δ᾽ Εὐπείθης ἀνά θ᾽ ἵστατο, καὶ μετέειπεν·
Παιδὸς γάρ οἱ ἄλαστον ἐνὶ φρεσὶ πένθος ἔκειτο,
Ἀντινόου, τὸν πρῶτον ἐνήρατο δῖος Ὀδυσσεύς·
Τοῦ ὅγε δακρυχέων, ἀγορήσατο καὶ μετέειπεν·   424

« Ὦ φίλοι, ἦ μέγα ἔργον ἀνὴρ ὅδε μήσατ᾽ Ἀχαιοῖς·
» Τοὺς μὲν σὺν νήεσσιν ἄγων πολέας τε καὶ ἐσθλούς,
» Ὤλεσε μὲν νῆας γλαφυράς, ἀπὸ δ᾽ ὤλεσε λαούς·
» Τοὺς δ᾽ ἐλθὼν ἔκτεινε Κεφαλλήνων ὄχ᾽ ἀρίστους.
» Ἀλλ᾽ ἄγετε, πρὶν τοῦτον ἢ ἐς Πύλον ὦκα ἱκέσθαι,
» Ἢ καὶ ἐς Ἤλιδα δῖαν, ὅθι κρατέουσιν Ἐπειοί,   430
» Ἴομεν· ἢ καὶ ἔπειτα κατηφέες ἐσσόμεθ᾽ αἰεί·

» retour soit aussi heureux qu'il nous est agréable, et
» que ces mêmes Dieux vous comblent de toutes sortes
» de prospérités. Mais permettez-moi de vous demander
» si Pénélope est déjà informée que vous êtes ici, ou
» si nous lui enverrons annoncer une si bonne nou-
» velle ? »

« Bon homme, repartit Ulysse, Pénélope sait mon
» arrivée, n'ayez sur cela aucun souci, et que rien ne
» vous fasse de la peine. »

Il dit, et Dolius s'assied : ses enfans s'approchant
d'Ulysse, lui rendent leurs respects, et s'asséyent près
de leur père.

Cependant la renommée avoit annoncée dans toute la
ville la défaite entière des poursuivans et leur funeste
sort. A cette nouvelle, le peuple s'assemble et vient en
foule devant le palais d'Ulysse avec des cris horribles
et d'effroyables gémissemens. On emporte les morts.
Ceux d'Ithaque sont enterrés par leurs parens, et ceux
qui étoient des îles voisines, on les donne à des mariniers pour les transporter sur leurs barques, chacun
dans leur pays, afin qu'on leur rende les devoirs de la
sépulture. Après quoi, ils se rendent tous à une assemblée, accablés de douleur. Quand ils furent tous assemblés, et que chacun fut placé, Eupéithès, inconsolable de
la mort de son fils Antinoüs, qui avoit été la première
victime d'Ulysse, se leva, et le visage baigné de larmes,
il dit :

« Mes amis, quel horrible carnage Ulysse vient-il de
» faire des Grecs ! A son départ, il a emmené nos meil-
» leurs vaisseaux et l'élite de notre plus brave jeunesse,
» et il a perdu toute cette belle jeunesse et tous nos
» vaisseaux. Non content de nous avoir causé toutes ces
» pertes, à son retour il a tué tous les plus braves des
» Céphaléniens. Dépêchons donc avant qu'il ait le temps
» de se retirer à Pylos, ou en Elide chez les Epéens,

» Λώβη γὰρ τάδε γ' ἐστὶ καὶ ἐσσομένοισι πυθέσθαι.
» Εἰ δὴ μὴ παίδων τε κασιγνήτων τε φονῆας
» Τισόμεθ', οὐκ ἂν ἔμοιγε μετὰ φρεσὶν ἡδὺ γένοιτο
» Ζωέμεν· ἀλλὰ τάχιστα θανὼν φθιμένοισι μετείην.
» Ἀλλ' ἴομεν, μὴ φθέωσι περαιωθέντες ἐκεῖνοι. » 436

Ὣς φάτο δακρυχέων· οἶκτος δ' ἕλε πάντας Ἀχαιούς.
Ἀγχίμολον δέ σφ' ἦλθε Μέδων καὶ θεῖος ἀοιδὸς,
Ἐκ μεγάρων Ὀδυσῆος, ἐπεὶ σφέας ὕπνος ἀνῆκεν·
Ἔσταν δ' ἐν μέσσοισι· τάφος δ' ἕλεν ἄνδρα ἕκαστον.
Τοῖσι δὲ καὶ μετέειπε Μέδων, πεπνυμένα εἰδώς· 441

« Κέκλυτε δὴ νῦν μευ, Ἰθακήσιοι· οὐ γὰρ Ὀδυσσεὺς
» Ἀθανάτων ἀέκητι θεῶν τάδε μήσατο ἔργα·
» Αὐτὸς ἐγὼν εἶδον θεὸν ἄμβροτον, ὅς ῥ' Ὀδυσῆϊ
» Ἐγγύθεν εἱστήκει, καὶ Μέντορι πάντα ἐῴκει. 445
» Ἀθάνατος δὲ θεὸς ποτὲ μὲν προπάροιθ' Ὀδυσῆος
» Φαίνετο θαρσύνων, ποτὲ δὲ μνηστῆρας ὀρίνων
» Θῦνε κατὰ μέγαρον· τοὶ δ' ἀγχιστῖνοι ἔπιπτον. »

Ὣς φάτο· τοὺς δ' ἄρα πάντας ὑπὸ χλωρὸν δέος ᾕρει.
Τοῖσι δὲ καὶ μετέειπε γέρων ἥρως Ἁλιθέρσης 450
Μαστορίδης· ὁ γὰρ οἶος ὅρα πρόσσω καὶ ὀπίσσω·
Ὅς σφιν ἐϋφρονέων ἀγορήσατο καὶ μετέειπεν·

« Κέκλυτε δὴ νῦν μευ, Ἰθακήσιοι, ὅ, ττι κέν εἴπω.
» Ὑμετέρῃ κακότητι, φίλοι, τάδε ἔργα γένοντο·
» Οὐ γὰρ ἐμοὶ πείθεσθ', οὐ Μέντορι ποιμένι λαῶν, 455

» allons l'attaquer et le punir, l'occasion presse : si nous
» le laissons échapper, nous passerons toute notre vie
» dans l'humiliation, nous n'oserons lever la tête, et nous
» serons l'opprobre des hommes jusqu'à la dernière pos-
» térité; car voilà une honte qui ne sera jamais effacée.
» Pour moi, si nous ne vengeons la mort de nos enfans
» et de nos frères, je ne puis plus souffrir la vie, et je
» prie les Dieux de me faire descendre dans les enfers.
» Mais allons, marchons tout à l'heure, de peur que la
» mer ne le dérobe à notre ressentiment. »

Il accompagna ces paroles d'un torrent de pleurs, les Grecs touchés de compassion, ne respiroient déjà que la vengeance, lorsque le héraut Médon et le chantre Phémius, sortis du palais d'Ulysse après leur réveil, arrivèrent et se placèrent au milieu de l'assemblée. Tout le peuple, saisi d'étonnement et de respect, attendoit dans le silence ce qu'ils venoient leur annoncer; le sage Médon parla en ces termes :

« Peuple d'Ithaque, écoutez ce que j'ai à vous dire :
» Sachez qu'Ulysse n'a pas exécuté ces grandes choses
» sans la volonté des Dieux. J'ai vu moi-même un des
» Immortels qui se tenoit près de lui sous la forme de
» Mentor. Oui, j'ai vu ce Dieu qui tantôt encourageoit
» et fortifioit Ulysse, et tantôt épouvantoit les poursui-
» vans et les offroit à ses coups, c'est pourquoi ils sont
» tous tombés les uns sur les autres sous la force de son
» bras. »

Il dit, et une pâle frayeur s'empara de tous les cœurs. Le héros Halitherse, fils de Mastor, qui avoit seul la connoissance du passé, du présent et de l'avenir, parla après Médon, et plein d'affection pour ce peuple, il lui cria :

« Peuple d'Ithaque, écoutez aussi ce que j'ai à vous
» déclarer : Mes amis, c'est par votre injustice que tous
» ces maux sont arrivés, vous n'avez jamais voulu

» Ὑμετέρους παῖδας καταπαυέμεν ἀφροσυνάων·
» Οἳ μέγα ἔργον ἔρεζον ἀτασθαλίῃσι κακῇσι,
» Κτήματα κείροντες, καὶ ἀτιμάζοντες ἄκοιτιν
» Ἀνδρὸς ἀριστῆος· τὸν δ' οὐκ ἔτι φάντο νέεσθαι.
» Καὶ νῦν ὧδε γένοιτο· πίθεσθέ μοι, ὡς ἀγορεύω· 460
» Μὴ ἴομεν, μή που τὶς ἐπίσπαστον κακὸν εὕρῃ. »

Ὣς ἔφαθ'· οἱ δ' ἄρ' ἀνήϊξαν μεγάλῳ ἀλαλητῷ,
Ἡμισέων πλείους· τοὶ δ' ἀθρόοι αὐτόθι μεῖναν.
Οὐ γάρ σφιν ἅδε μῦθος ἐνὶ φρεσὶν, ἀλλ' Εὐπείθει
Πείθοντ'· αἶψα δ' ἔπειτ' ἐπὶ τεύχεα ἐσσεύοντο. 465
Αὐτὰρ ἐπεί ῥ' ἔσσαντο περὶ χροΐ νώροπα χαλκὸν,
Ἀθρόοι ἠγερέθοντο πρὸ ἄστεος εὐρυχόροιο.
Τοῖσιν δ' Εὐπείθης ἡγήσατο νηπιέῃσιν·
Φῆ δ' ὅγε τίσεσθαι παιδὸς φόνον· οὐδ' ἄρ' ἔμελλεν
Ἂψ ἀπονοστήσειν, ἀλλ' αὐτοῦ πότμον ἐφέψειν. 470
Αὐτὰρ Ἀθηναίη Ζῆνα Κρονίωνα προσηύδα·

« Ὦ πάτερ ἡμέτερε, Κρονίδη, ὕπατε κρειόντων,
» Εἰπέ μοι εἰρομένῃ, τί νύ τοι νόος ἔνδοθι κεύθει;
» Ἢ προτέρω πόλεμόν τε κακὸν καὶ φύλοπιν αἰνὴν
» Τεύξεις; ἢ φιλότητα μετ' ἀμφοτέροισι τίθησθα; » 475

Τὴν δ' ἀπαμειβόμενος προσέφη νεφεληγερέτα Ζεύς·
« Τέκνον ἐμὸν, τί με ταῦτα διείρεαι, ἠδὲ μεταλλᾷς;
» Οὐ γὰρ δὴ τοῦτον μὲν ἐβούλευσας νόον αὐτή,
» Ὡς ἤτοι κείνους Ὀδυσεὺς ἀποτίσεται ἐλθών;
» Ἔρξον, ὅπως ἐθέλεις· ἐρέω δέ τοι, ὡς ἐπέοικεν. 480
» Ἐπειδὴ μνηστῆρας ἐτίσατο δῖος Ὀδυσσεὺς,

» écouter mes remontrances, ni déférer aux conseils de
» Mentor, lorsque nous vous pressions de faire cesser les
» insolences de vos enfans, qui, par leur folie et par leur
» intempérance, commettoient des désordres inouïs,
» dissipant les biens d'un des plus braves princes de la
» Grèce, et manquant de respect à sa femme, dans l'es-
» pérance qu'il ne reviendroit jamais. Soyez donc aujour-
» d'hui plus raisonnables, et suivez mes avis; n'allons
» point où Eupéithès veut nous mener, de peur qu'il
» n'arrive à quelqu'un quelque grand malheur qu'il se
» sera attiré lui-même. »

Il parla ainsi, et plus de la moitié du peuple, effrayé
de ces menaces, se retira avec de grands cris. Le reste
demeura dans le lieu de l'assemblée, ne voulant ni croire
à la déclaration de Médon, ni suivre les avis d'Halitherse, et donnant aveuglément dans la passion d'Eupéithès. Ils courent aux armes, et après s'être armés, ils
s'assemblent en foule devant les murailles de la ville;
Eupéithès, transporté par son ressentiment, se met à
leur tête. Il pensoit aller venger son fils, mais au lieu de
le venger, il alloit le suivre. Dans ce moment Minerve
s'adressa à Jupiter et lui parla ainsi :

« Père des Dieux et des hommes, le plus grand de
» tous les Immortels, permettez-moi de vous interroger,
» et daignez me déclarer ce que vous avez résolu de
» faire. Allez-vous encore exciter une guerre pernicieuse
» et de nouveaux combats? ou voulez-vous faire naître
» l'amitié et la paix parmi ce peuple? »

« Ma fille, répondit le maître du tonnerre, pourquoi
» me faites-vous cette demande? n'est-ce pas vous-même
» qui avez conduit toute cette grande affaire, afin qu'U-
» lysse à son retour pût se venger des poursuivans? faites
» tout ce que vous voudrez, je vous dirai seulement ce
» que je juge le plus à propos : Puisque Ulysse a puni ces

» Ὅρκια πιστὰ ταμόντες, ὁ μὲν βασιλευέτω αἰεί,
» Ἡμεῖς δ' αὖ παίδων τε κασιγνήτων τε φόνοια
» Ἔκλησιν θέωμεν· τοὶ δ' ἀλλήλους φιλεόντων
» Ὡς τοπάρος· πλοῦτος δὲ καὶ εἰρήνη ἅλις ἔστω. » 485

Ὣς εἰπὼν, ὤτρυνε πάρος μεμαυῖαν Ἀθήνην·
Βῆ δὲ κατ' Οὐλύμποιο καρήνων ἀΐξασα.

Οἱ δ' ἐπεὶ οὖν σίτοιο μελίφρονος ἐξ ἔρον ἕντο,
Τοῖς ἄρα μύθων ἦρχε πολύτλας δῖος Ὀδυσσεύς·

« Ἐξελθών τις ἴδοι, μὴ δὴ σχεδὸν ὦσι κιόντες. » 490
Ὣς ἔφατ'· ἐκ δ' υἱὸς Δολίου κίεν, ὡς ἐκέλευεν·
Στῆ δ' ἄρ' ἐπ' οὐδὸν ἰών, τοὺς δὲ σχεδὸν εἴσιδε πάντας·
Αἶψα δ' Ὀδυσσῆα ἔπεα πτερόεντα προσηύδα·

« Οἵδε δὴ ἐγγὺς ἔασ'· ἀλλ' ὁπλιζώμεθα θᾶσσον. »
Ὣς ἔφαθ'· οἱ δ' ὤρνυντο, καὶ ἐν τεύχεσσι δύοντο, 495
Τέσσαρες ἀμφ' Ὀδυσῆ', ἓξ δ' υἱεῖς Δολίοιο·
Ἐν δ' ἄρα Λαέρτης, Δολίος τ' ἐς τεύχε' ἔδυνον,
Καὶ πολιοί περ ἐόντες, ἀναγκαῖοι πολεμισταί·
» Αὐτὰρ ἐπεί ῥ' ἔσσατο περὶ χροῒ νώροπα χαλκὸν,
Ὤιξαν δὲ θύρας, ἐκ δ' ἤϊον, ἦρχε δ' Ὀδυσσεύς. 500
Τοῖσι δ' ἐπ' ἀγχίμολον θυγάτηρ Διὸς ἦλθεν Ἀθήνη,
Μέντορι εἰδομένη, ἠμὲν δέμας, ἠδὲ καὶ αὐδήν.
Τὴν μὲν ἰδὼν γήθησε πολύτλας, δῖος Ὀδυσσεύς·
Αἶψα δὲ Τηλέμαχον προσεφώνεεν ὃν φίλον υἱόν·

« Τηλέμαχ', ἤδη μὲν τόδε γ' εἴσεαι αὐτὸς ἐπελθών,
» Ἀνδρῶν μαρναμένων, ἵνα τε κρίνονται ἄριστοι, 506
» Μήτι καταισχύνειν πατέρων γένος, οἳ τοπάρος περ
» Ἀλκῇ τ' ἠνορέῃ τε κεκάσμεθα πᾶσαν ἐπ' αἶαν. »

» princes et qu'il est satisfait, qu'on mette bas les armes,
» qu'on fasse la paix, et qu'on la confirme par des ser-
» mens : qu'Ulysse et sa postérité règnent à jamais dans
» Ithaque, et nous de notre côté inspirons un oubli géné-
» ral du meurtre des fils et des frères; que l'amitié et
» l'union soient rétablies comme auparavant, et que
» l'abondance et la paix consolent de toutes les misères
» passées. »

Par ces paroles Jupiter excita Minerve, qui étoit déjà disposée à faire finir ces malheurs. Elle s'élance aussitôt des sommets de l'Olympe pour l'exécution de ses desseins.

Après que les trois princes et leurs bergers eurent achevé leur repas, Ulysse prenant la parole, leur dit :

« Que quelqu'un sorte pour voir si nos ennemis ne
» paroissent point. » Un des fils de Dolius sortit en même temps; il eut à peine passé le seuil de la porte, qu'il vit les ennemis déjà fort près, et d'abord s'adressant à Ulysse, il cria :

« Voilà les ennemis sur nous; prenons promptement
» les armes. » Il dit, et toute la maison s'arme aussitôt, Ulysse, Télémaque, Eumée, Philoétius, six fils de Dolius. Laërte et Dolius prirent aussi les armes, quoique accablés par le poids des ans, mais la nécessité les rendoit soldats et réveilloit leur courage. Dès qu'il furent armés, ils ouvrent les portes et sortent fièrement; Ulysse marche à leur tête; Minerve s'approche de lui sous la figure de Mentor; Ulysse voyant cette Déesse, eut une joie qui éclata dans ses yeux, et se tournant vers Télémaque, lui dit :

« Mon fils, voici une de ces occasions où les braves se
» distinguent et paroissent ce qu'ils sont; ne déshonorez
» pas vos ancêtres, dont la valeur est célèbre dans tout
» l'univers. »

Τὸν δ' αὖ Τηλέμαχος πεπνυμένος ἀντίον ηὔδα·
« Ὄψεαι, αἴκ' ἐθέλησθα, πάτερ φίλε, τῷδ' ἐνὶ θυμῷ,
» Οὔτι καταισχύνοντα τεὸν γένος, ὡς ἀγορεύεις. » 511

Ὣς φάτο· Λαέρτης δ' ἐχάρη, καὶ μῦθον ἔειπε·
« Τίς νύ μοι ἡμέρη ἥδε, θεοὶ φίλοι; ἦ μάλα χαίρω·
» Υἱός θ' υἱωνός τ' ἀρετῆς πέρι δῆριν ἔχουσι. »

Τὸν δὲ παρισταμένη προσέφη γλαυκῶπις Ἀθήνη· 515
« Ὦ Ἀρκεισιάδη, πάντων πολὺ φίλταθ' ἑταίρων,
» Εὐξάμενος κούρῃ γλαυκώπιδι, καὶ Διὶ πατρί,
» Αἶψα μάλ' ἀμπεπαλὼν προΐει δολιχόσκιον ἔγχος. »

Ὣς φάτο, καί ῥ' ἔμπνευσε μένος μέγα Παλλὰς Ἀθήνη·
Εὐξάμενος δ' ἄρ' ἔπειτα Διὸς κούρῃ μεγάλοιο, 520
Αἶψα μάλ' ἀμπεπαλὼν προΐει δολιχόσκιον ἔγχος,
Καὶ βάλεν Εὐπείθεα, κόρυθος διὰ χαλκοπαρήου·
Ἡ δ' οὐκ ἔγχος ἔρυτο, διαπρὸ δὲ εἴσατο χαλκός·
Δούπησεν δὲ πεσών, ἀράβησε δὲ τεύχε' ἐπ' αὐτῷ.
Ἐν δ' ἔπεσον προμάχοις Ὀδυσεὺς καὶ φαίδιμος υἱός· 525
Τύπτον δὲ ξίφεσίν τε καὶ ἔγχεσιν ἀμφιγύοισι.
Καί νύ κε δὴ πάντας τ' ὄλεσαν καὶ ἔθηκαν ἀνόστους,
Εἰ μὴ Ἀθηναίη, κούρη Διὸς Αἰγιόχοιο,
Ἤϋσεν φωνῇ, κατὰ δ' ἔσχεθε λαὸν ἅπαντα·

« Ἴσχεσθε πτολέμου, Ἰθακήσιοι, ἀργαλέοιο, 530
» Ὥς κεν ἀναιμωτεί γε διακρινθεῖτε τάχιστα. »

Ὣς φάτ' Ἀθηναίη· τοὺς δὲ χλωρὸν δέος εἷλε·
Τῶν δ' ἄρα δεισάντων ἐκ χειρῶν ἔπτατο τεύχεα,
Πάντα δ' ἐπὶ χθονὶ πίπτε, θεᾶς ὄπα φωνησάσης·
Πρὸς δὲ πόλιν τρωπῶντο, λιλαιόμενοι βιότοιο. 535
Σμερδαλέον δ' ἐβόησε πολύτλας δῖος Ὀδυσσεύς,
Οἴμησεν δὲ ἀλείς, ὥστ' αἰετὸς ὑψιπετήεις.
Καὶ τότε δὴ Κρονίδης ἀφίει ψολόεντα κεραυνόν,
Κὰδδ' ἔπεσεν πρόσθεν Γλαυκώπιδος ὀβριμοπάτρης.

« Mon père, répondit Télémaque, vous allez voir
» tout à l'heure que je ne vous ferai point rougir, ni
» vous, ni Laërte, et que vous reconnoîtrez votre sang. »

Laërte, ravi d'entendre ces paroles pleines d'une fierté
si noble, s'écrie : « Grands Dieux, quel jour pour moi !
» quelle joie ! je vois de mes yeux mon fils et mon petit-
» fils disputer de valeur et se montrer à l'envi dignes de
» leur naissance. »

La Déesse s'approche en même temps de ce vénérable
vieillard, et lui dit : « Fils d'Arcésius, vous qui êtes le
» plus cher de mes compagnons, faites vos prières à
» Minerve et à Jupiter, et lancez votre pique. »

En finissant ces mots, elle lui inspire une force
extraordinaire; il fait cette prière à cette Déesse et à
Jupiter, et lance sa pique, qui va donner d'une extrême
roideur au milieu du casque d'Eupéithès. Ce casque ne
peut soutenir le coup, l'airain mortel le perce et brise le
crâne d'Eupéithès; ce vieillard tombe mort à la tête de
ses troupes, et le bruit de ses armes retentit au loin. Alors
Ulysse et son généreux fils se jettent sur les premiers
rangs, les rompent à coups d'épées et de piques ; ils
sèment le champ de bataille de morts. Il ne seroit pas
échappé un seul de ces rebelles, si la fille de Jupiter
n'eût élevé sa voix et retenu toutes ses troupes :

« Peuples d'Ithaque, s'écria-t-elle, mettez bas les
« armes pour épargner votre sang, et que le combat
» finisse. »

Ainsi parla Minerve, et le peuple est saisi d'une
frayeur si grande, que les armes lui tombent des mains;
dans un moment la terre en est semée au cri de la
Déesse, et ces mutins, pour sauver leur vie, reprennent
le chemin de la ville. Ulysse, en jetant des cris effroyables,
vole après eux avec la rapidité d'un aigle. Alors
Jupiter lance sa foudre embrasée, qui va tomber aux
pieds de sa fille. A ce terrible signal la Déesse connut

Καὶ τότ' Ὀδυσσῆα προσέφη γλαυκῶπις Ἀθήνη· 540

« Διογενὲς Λαερτιάδη, πολυμήχαν' Ὀδυσσεῦ,
» Ἴσχεο, παῦε δὲ νεῖκος ὁμοιΐου πολέμοιο,
» Μήπως τοι Κρονίδης κεχολώσεται εὐρύοπα Ζεύς. »

Ὣς φάτ' Ἀθηναίη· ὁ δ' ἐπείθετο, χαῖρε δὲ θυμῷ.
Ὅρκια δ' αὖ κατόπισθε μετ' ἀμφοτέροισιν ἔθηκε 545
Παλλὰς Ἀθηναίη, κούρη Διὸς Αἰγιόχοιο,
Μέντορι εἰδομένη, ἠμὲν δέμας, ἠδὲ καὶ αὐδήν.

ΤΕΛΟΣ.

la volonté de son père; elle adresse la parole à Ulysse, et lui dit:

« Fils de Laërte, prudent Ulysse, cessez le combat,
» et n'attirez pas sur vous le courroux du fils de
» Saturne. »

Ulysse obéit à la voix de Minerve, le cœur rempli de joie de la constante protection dont elle l'honoroit. Bientôt après, cette Déesse, continuant d'emprunter la figure et la voix du sage Mentor, cimenta la paix entre le roi et ses peuples par les sacrifices et les sermens accoutumés.

FIN.

CHEZ LE MÊME LIBRAIRE.

Conciones, sive orationes ex græcis historicis excerptæ, deux parties, texte grec, *in*-12, Paris, (*sous presse*). —Les mêmes, grec-français, traduction de M. l'abbé Auger, nouvelle édition, revue et corrigée par M. Longueville, 2 vol. *in*-12, (*sous presse*).

Homère. Iliade, grec seul, avec des sommaires en français et en latin, divisée en six parties, la première contenant les chants 1, 2, 3, 4.—La deuxième, 5, 6, 7, 8.—La troisième, 9, 10, 11, 12.—La quatrième, 13, 14, 15, 16.—La cinquième, 17, 18, 19, 20.—La sixième, 21, 22, 23, 24.—La même, grec-français en regard, traduction de madame Dacier, 2 vol. *in*-12.—La même, français seul, *in*-12.

Homère. Iliade, grec-français-latin, avec traduction française, et la version latine interlinéaire, par M. Gail, 6 vol. *in*-8°., Paris.—Le même, 6 vol. *in*-12, Paris.

Homère. Odyssée, texte-grec, avec sommaire français, *in*-12. — La même, divisée en quatre parties, la première contenant les chants 1, 2, 3, 4, 5, 6. — La deuxième, 7, 8, 9, 10, 11, 12. — La troisième, 13, 14, 15, 16, 17, 18. — La quatrième, 19, 20, 21, 22, 23, 24.—La même, français seul, *in*-12.

Homerica (Clavis) (Clef d'Homère), précédée de dissertations grammaticales, d'un tableau des verbes primitifs, etc.; par M. Gail, *in*-8°.—La même, *in*-12.

www.ingramcontent.com/pod-product-compliance
Lightning Source LLC
Chambersburg PA
CBHW051816230426
43671CB00008B/726